살아 있는 협동학습 3

5학년 수학 수업

협동학습으로 디자인하다

이상우 지음

Σ 시그마프레스

5학년 **수학 수업** 협동학습으로 디자인하다

발행일 | 2016년 4월 1일 1쇄 발행

지은이 | 이상우
발행인 | 강학경
발행처 | **(주)시그마프레스**
디자인 | 이상화
편집 | 김성남

등록번호 | 제10-2642호
주소 | 서울시 영등포구 양평로 22길 21 선유도코오롱디지털타워 A401~403호
전자우편 | sigma@spress.co.kr
홈페이지 | http://www.sigmapress.co.kr
전화 | (02)323-4845, (02)2062-5184~8
팩스 | (02)323-4197

ISBN | 978-89-6866-720-6

머리말

수학 수업, 문제 풀이 방법에 대한 설명?
NO! 아이들 스스로 수학적 개념, 원리에 대한 탐구, 이해 및 설명하기 활동

협동학습을 알고 시작한 지도 15년이 다 되었다. 그동안 많은 시행착오를 겪었고 다양한 교과, 다양한 내용을 협동학습 수업에 담아 보고자 했지만 제일 힘들고 어려웠던 교과목은 역시 수학이었다. 나만 그런 것은 아닐 것이다. 여기저기에서 공유되고 있는 협동학습 수업 사례를 보면 제일 찾기 힘든 사례가 바로 수학이기 때문이다. 반면 협동학습 수업 사례로 제일 많이 나타나고 있는 사례를 보면 사회, 국어 정도다. 왜 수학 수업 사례가 제일 부족한가에 대한 핵심이유를 살펴보면 우리나라 수학 교육에 대한 관점의 문제에서 비롯되었다는 것을 알 수 있다.

우리나라 수학 교육은 과거부터 지금까지 문제 풀이 방법을 설명하는 교사와 그것을 배워 다양한 문제를 풀고 좋은 점수를 맞을 수 있도록 끊임없는 훈련과정을 반복하는 아이들, 왜 그렇게 되는지 몰라도 답만 맞으면 된다는 식의 생각을 바탕으로 아이들을 점수 따는 기계로 생각하게 만든 학원교육과 학부모, 그것에 암묵적으로 동조한 교육계가 만들어 낸 비극적 상황이 전부였다. 그래서일까 여전히 수학이라는 과목에 대하여 과거나 현재나 아이들은 쉽게 접근하지 못하는 성스러운 영역처럼 인식하고 있다. 참으로 많은 아이들이 수학 때문에 '학습부진아'라는 불명예스러운 꼬리표를 달고 부진아 수업반, 방과 후 보충 활동반, 사교육시장을 전전긍긍하고 있다. 시대가 변했지만 여전히 변화를 거부하고 있는 오늘의 우리나라 수학 교육을 성찰적으로 바라보면 참으로 암담할 수밖에 없다.

하지만 늦었다고 생각할 때가 가장 빠른 시기라고 했던가. 이제부터라도 변해야 한다. 수학 교육은 문제 풀이 방식을 설명해 주고 그것을 배워 수많은 문제를 반복적으로 풀이하는 것이 아니라 아이들의 실생활과 관련된 많은 영역에 대하여 공부해 나가는 과정 속에서 자신들이 무엇을 하고 있고, 그것이 자신들의 삶과 어떤 관련을 맺고 있는지를 알아 가는 것이어야 한다. 또한 개념을 정확하게 이해하는 과정에서 왜 그렇게 되는지를 협동적으로 탐구해 나가고 왜 그렇게 되는지를 설명할 수 있는 방향으로 바뀌어야 한다. 이런 관점으로 수학 교육을 바라본다면 협동학습을 적용하기 가장 좋은 교과가 바로 수학이라는 것을 알게 된다.

왜냐하면 개념을 이해하는 과정에서 각자 배움의 속도와 수준, 폭과 깊이가 다른 아이들이 한 모둠을 구성하여 과제를 해결해 나가면서 도움을 주고받고 사고력 및 문제해결력을 자연스럽게 키워 나갈 수 있도록 수업을 디자인할 수 있는 대표적인 과목이 바로 수학이기 때문이다.

한편 수학은 개념부터 명확히 이해하여 자신의 것으로 만드는 것이 매우 중요하다. 왜냐하면 개념과 개념 사이의 체계성이 매우 강한 학문이기 때문이다. 따라서 아이가 어떤 단계에서 수학적 개념을 명확히 이해하고 설명할 수 없다면 그 개념과 연관된 이후의 수학적 개념을 학습하는 데 매우 어려워할 수밖에 없게 된다.(학습이 발달을 선도한다는 비고츠키의 근접발달영역 개념을 확실히 따르고 있는 학문이 바로 수학이다. 때문에 자신의 교실 상황과 아이들 수준에 맞게 비계를 설정하고 아이들 간의 적절한 상호작용이 일어날 수 있도록 하는 일은 수학 교육의 기본이자 핵심이라 할 수 있다. 이런 측면에서 볼 때 협동학습은 수학 교육에 잘 맞는 활동이 아닐 수 없다.) 예를 들어 분수의 개념을 명확히 이해하고 설명하지 못하는 아이가 분수나 소수의 덧셈 원리를 이해한다는 것은 거의 불가능한 일이다.(물론 이해는 하지 못하더라도 나름대로 문제만은 풀 수 있다. 그러나 문제를 풀었다고 해서 그것을 이해하고 있다고 말할 수는 없는 일이다.) 또한 직사각형의 넓이를 구하는 원리를 제대로 이해하지 못한 아이가 사다리꼴이나 마름모 같은 도형의 넓이 구하는 원리를 확실히 이해한다는 것도 있을 수 없는 일이다.(물론 기계적으로 공식을 외워서 그와 관련된 문제를 해결할 수는 있을 것이다. 하지만 왜 그런 공식이 만들어졌는지 설명은 할 수 없을뿐더러 얼마 시간이 지나지 않아 "그 공식이 기억이 나지 않아요."라고 말할 수밖에 없게 된다.) 결국 이렇게(단순한 암기, 반복, 훈련에 의존) 자란 아이들은 자신들의 삶 속에서 맞이하게 될 여러 가지 수학적 문제 상황에 대한 대처 능력이 현저히 떨어질 수밖에 없다.

이런 문제점을 극복하기 위해서는 아이들이 각 단계별로 수학적 개념을 명확히 하고 충분히 설명할 수 있는 수준에 도달할 수 있도록 교사가 나름의 교육과정, 나다움이 물씬 풍겨나는 교육과정을 설계하고 차근차근 펼쳐 나갈 수 있어야 한다. 특히 수학 교육에 있어서 교사 자신은 살아 있는 협동학습, 살아 있는 교육과정 그 자체여야만 한다. 그렇다면 어떻게 자신의 교실에서 살아 있는 협동학습, 살아 있는 수학 교육과정의 실현을 경험할 수 있을까? 아직도 학원 강사, 적지 않은 교사, 대부분의 학부모들은 아이들이 수학적 개념을 바르게 이해하고 있는지 여부와 상관없이 공식 또는 알고리즘의 암기, 다양한 유형의 문제를 반복적으로 풀기만 하면 충분히 성적을 올릴 수 있다고 믿고 있다. 하지만 이런 방식의 수업 속에서는 고학년으로 갈수록 수학 부진아는 점점 늘어날 수밖에 없다. 자신의 교실에서 살아 있는 협동학습, 살아 있는 수학 교육과정을 실현하려면 아이들이 그 개념이나 원리를 충분히 이해할 수 있을 때까지 아이들끼리 상호작용하면서 사고한 것을 자신의 언어로 다른 아이들과 나누고 공유할 수 있도록 해야 하며 그 과정을 교사가 차근히 지켜보며 기다려 줄 필요가 있다. 또한 교사는 아이들이 정답만을 이야기하는 것보다 오답을 이야기하는 것에 더 관심을 가지고 수업의 중요한 재료로 삼을 줄 알아야 한다. 왜냐하면 아이들이 오답을 말한다는 것은 그들이 사고하고 있다는 것의 증거, 배움을 위한 자기 나름의 노력을 하고 있다는 증거이기 때문이다.

아이들의 사고력 및 집중력은 우리 교사들이 생각하는 것 이상으로 뛰어날 뿐만 아니라 아이들 스스로는 사고 과정을 통해 알아낸 것들에 대하여 말하고 검증받고자 하는 욕구가 매우 강하다. 하지만 짧은 시간에 너무 많은 것을 가르쳐 주려는 욕심 또는 의무감 때문에 아이들이 수학적 원리나 개념을 충분히 탐구하거나 사고하지 못한 채 암기를 해 버리고 마는 식의 수학 수업, 문제 풀이만을 반복하게 하는 수학 수업, 정답만을 강요하며 오답에 대하여 그렇게 생각한 이유를 말할 기회 및 스스로 생각하여 배울 수 있는 기회를 주지 않은 채 "땡, 틀렸어!"라고 말하며 경쟁적으로 정답을 말할 수 있는 또 다른 아이를 찾아 눈을 돌리면서 아이들의 자존감에 상처를 내고 마는 수업, 아이들의 사고력 및 집중력을 향상시켜 주지 못하는 일방적인 설명 및 문제 풀이 위주의 지루하고 재미없는 수업, 오직 점수와 결과만을 중요시하는 수업, 아이들 간의 상호작용은 고려하지 않은 채 교사와 아이들 간의 일방적인 상호작용만을 고집하면서 아이들끼리 교실 속에서 지적인 이방인으로 살아가게 만들고 있는 수업, 아이들의 상상력과 창의성을 오히려 말살시키고 있는 수학 수업이 학교 현장을 지배하고 있는 것 같아서 안타깝기만 하다. 이제부터라도 이런 것들에 대한 심각한 반성과 고민이 필요하다. 그리고 그 고민에 대한 해결책으로 살아 있는 협동학습 수학 수업은 충분히 대안이 될 수 있다고 믿는다. 이 책은 앞의 생각들을 바탕으로 다음과 같이 구성되어 있다.

제1장 '협동학습으로 생각이 살아 있는 수학 수업 만들기'에서는 수업에 대한 질적인 고민을 바탕으로 수업혁신이란 무엇인지를 살펴보고 현재 수학 교육에 가장 큰 영향을 준 RME 수학과 협동학습의 연결 짓기를 시도해 보고자 하였다. 아울러 수학 수업에 대한 고민을 꾸준히 해 오면서 그동안 정리해 두었던 수학 수업에 대한 비결 몇 가지를 정리해 보았다.

제2장 '협동학습으로 만드는 5학년 수학 수업'에서는 현행 교육과정에 따른 수학 교과서를 나름대로 심층 분석하고 재구성하여 협동학습으로 디자인한 수업 계획 및 실제 활동 결과를 있는 그대로 담아 보았다. 내 고민의 결과가 여러분의 교실에서 수학 시간에 똑같이 펼쳐지는 것을 나는 반대한다. 분명히 부족한 것이 많음에도 불구하고 내 고민의 과정과 결과를 있는 그대로 드러내 보이는 이유는 이것을 발판 삼아 여러분의 교실에서 협동학습이 생기가 살아 넘치는 수학 수업을 만들어 가는 데 도움이 되었으면 하는 마음이 간절하기 때문이다. 부디 이 내용을 바탕으로 여러분의 교실에서 자신만의 고민이 잘 드러나는 '나다운 협동학습 수업, 살아 있는 협동학습 수학 수업'을 만들어 가기를 바란다.

이제 10년 넘게 간직해 왔던 협동학습으로 교과 수업하기의 첫 번째 작품인 살아 있는 협동학습 3-5학년 수학 수업 협동학습으로 디자인하다가 세상의 빛을 보려고 한다. 이를 위해 수년간 관심을 갖고 관련 서적도 살펴보고 논문도 참고하면서 준비해 왔다. 그리고 이제 2015년 1년 동안 나의 교실에서 아이들과 나다운 협동학습 수학 수업을 펼쳐 나가기 위해 5학년 수학 교육과정을 재구성하고 단원별, 차시별로 수업을 설계 및 디자인하고 실천하고 반성하고 정리한 것들에 대하여 마침표를 찍으려 한다. 늘 그렇듯이 부족한 점들이 보인다. 또 다시 아쉬움이 밀려온다. 하지만 부족한 점들은 이 책을 읽는 분들 스스로가 보완해 나갈 것으로 생각하고 믿어 의심치 않는다.

　이것으로 나의 다섯 번째 작품이자 버킷 리스트가 실현되었다. 그 힘든 과정에서 가장 큰 힘이 되었던 것은 역시 나의 가족인 부모님 이정식님, 이선덕님, 나의 사랑하는 아내 정해영님과 두 보물 동현과 성경이었다. 이들이 있었기에 긴 시간 동안의 고민이 또 한 번 세상의 빛을 보게 되었던 것 같다. 아울러 이번에도 나의 부족한 고민들이 세상 속으로 던져질 수 있도록 도움을 주신 (주)시그마프레스 강학경 대표님을 비롯한 많은 분들께 진심으로 감사의 마음을 전한다.

늘 살아 있는 협동학습, 살아 있는 수학 교육과정, 살아 있는 수학 수업을 고민하고
나 스스로가 살아 있는 협동학습이자 수학 교육과정 그 자체이기를 꿈꾸며 살고 있는
2016년 3월 끝자락의 어느 날
이 상 우

차례

협동학습으로 생각이 살아 있는
수학 수업 만들기

제 1 장

01 수업의 코페르니쿠스적 전환

근래에 들어 혁신교육이라는 교육운동이 꽤 활발히 진행되면서 수업에 대한 변화를 추구하는 목소리와 움직임 그리고 질적인 차원에서의 접근을 주장하는 목소리가 점차로 확산되기 시작하였다. 혁신학교에서는 수업혁신을 최고의 꽃이라 한다. 그래서 무엇보다 중요한 과제로 삼고 있다. 이를 위해 학교 조직을 정비하고 불필요한 활동이나 행사를 줄이거나 없애고 교사들의 문화를 바꾸고 교사들의 잡무를 없애거나 줄이는 방향으로 혁신학교의 방향을 설정하고 있다. 그리고 그 방향은 주효했다. 제대로 된 방향으로 가고 있는 혁신학교들은 그 효과를 톡톡히 누리고 있다. 그 과정에서 교사들은 소통 또한 얼마나 소중한 것인지를 절실히 느끼게 되었다. 그러나 아직 갈 길은 멀다. 이 모든 것은 결국 수업혁신을 위한 과정이었으니까 말이다.

수업혁신을 이루지 못하면 이 모든 과정은 "무엇을 위한 것이었나?"에 대한 답을 스스로 부정하는 꼴이 된다. 그렇기 때문에 수업혁신이 혁신학교의 가장 정점에 있다는 것은 누구도 부정할 수 없는 일이다. 하지만 현재 혁신학교에서 이루어지고 있는 수업혁신의 사례나 방향을 살펴보면 "과연 이것이 수업혁신이라 말할 수 있는가?" 하고 의구심을 갖게 만든다.

많은 혁신학교 교사들이 수업혁신을 말하지만 그 상황이나 내용을 살펴보면 주제통합 수업, 프로젝트 수업, 협동학습, 발도르프 교육, 프레네 교육, 배움의 공동체, 아이 눈으로 수업 보기 등으로 범위가 한정되어 있고 각각의 내용들이 서로 다른 주장을 하면서 서로를 배척하거나 부정하고 폄하하려고 한다. 각자 자신이 최고라고만 한다. 하지만 이런 모든 주장을 살펴보면 결국 수업혁신이라는 개념에 대한 그릇된 인식에서 출발하였기 때문이라는 것을 알 수 있다. 아니 어쩌면 앞의 다양한 학문은 잘못되지 않았지만 그것을 받아들이고 이용하는 교사들의 왜곡된 인식에서 비롯된 결과라고 말해야 더 정확한 지적이 될 수 있지 않을까 생각한다.

그런 탓인지 현재 학교에서의 수업혁신은 '수업방법 개선' 차원[1]에서 접근되고 있는 경향이 매우 강하다. 그렇게 생각한다면 어찌 보면 혁신학교 및 수업혁신은 이미 실패한 것이나 다름없다고 볼 수 있다. 이미 혁신학교 이전에 많은 교사들이 수업방법 개선을 위해 많은 노력을 해 왔고 수업방법적인 차원에서 우리나라 교사들의 수준은 전 세계 어디에 내놓아도 손색이 없을 만큼의 실력들을 갖추고 있으니까 말이다. 그런데도 우리나라의 교육을 혁신하자고 목청 높여 외치고 있다면 분명 이는 다른 차원에서 고민하고 바라볼 필요가 있다는 것을 깨닫지 않으면 안 된다. 그 내용을 구체적으로 살펴보면 다음과 같다.

---

1 본문 내용에서 제시했던 현재 우리나라 혁신학교의 수업 사례는 수업방법이라는 차원에서 주로 접근하고 있다고 해도 과언이 아니다. 우리의 현실에서 "왜?"에 대한 명확한 이해와 공감, 그리고 공유 및 합의는 제대로 이루어지지 않았기 때문이다. 교사들 각자 현재의 위치에서 받아들이고 싶은 것만 받아들여 각개전투 방식으로 한 학교에서조차도 다양한 이론과 방법이 난무하면서 서로 "내가 맞아. 내가 옳아!" 하면서 싸움을 벌이고 있는 것과 같은 양상을 꽤 많이 접하게 된다. 마치 작자·연대 미상의 가전체(假傳體) 작품인 "규중칠우쟁론기"라는 고전소설을 보고 있는 것 같다고 해야 할까?

기본적으로 혁신학교는 '배움과 돌봄의 공동체'라는 교육철학에 합의한 교사들에 의하여 만들어졌다고 볼 수 있다. 그리고 그에 공감하고 합의한 교사들이 혁신학교에 유입되었을 때 보다 완성도 높은 혁신학교와 수업혁신이 이루어질 수 있을 것이라는 것은 자명한 사실이다. 하지만 지금의 혁신학교는 대부분 그런 상황이 아니다. 교장 주도의 혁신학교가 대부분이고, 그렇지 않은 학교들도 특정 몇몇 교사들의 주도에 의하여 이루어지고 있는 상황이어서 어려움을 겪고 있다.[2] 그러다 보니 수업혁신은커녕 학교문화 혁신과 소통에 더 많은 어려움을 겪고 있는 상황에 머물러 있다고 해야 할까. 아직도 대부분의 혁신학교 교사들은 혁신학교가 왜 시작되었는지, 혁신교육의 철학과 방향성이 무엇인지, 왜 수업혁신을 해야만 하는지에 대한 이해가 많이 부족하다. 그래서 어려움을 겪고 있다. 어떤 일이든 제대로 알고 열심히 한다면 최상이다. 그리고 제대로 알려고도 하지 않고 열심히 노력도 하지 않는다면 최악일 것이다. 하지만 현실은 다음의 두 가지 경우의 수일 때가 참으로 많다. (1) 제대로 이해는 하지만 열심히 하지 않고 대충 할 때 (2) 제대로 된 이해는 부족하지만 굉장히 무조건 열심히 할 때가 바로 그 경우의 수이다. 이 두 가지 경우의 수 중 어떤 상황이 더 위험하다고 여겨지는가? 그렇다. 두 번째 경우가 더 위험하다. 잘못된 길로 들어선다면 돌이킬 수 없는 상황으로 가게 될 터이니까 말이다. 현재 혁신학교의 상황과 수업혁신은 바로 두 번째 경우에서와 같은 상황이 아닐까 나는 생각한다.

둘째로 교사의 자율권 보장을 통한 교육과정의 특성화 및 다양화라는 혁신학교 방향성을 어느 정도 깊이까지 이해하고 받아들일 수 있느냐의 차원에서 생각해 볼 필요가 있다. 교육과정의 다양화 및 특성화를 교육과정 재구성이라는 의미로 이해하고 있는 경우가 대부분인데 그것은 지엽적인 의미일 뿐이다. 학교별로 특색 사업은 다 다르다. 특성화고등학교를 예로 들면 이해가 빠를 것이다. 그 혁신학교 나름의 특색 활동들이 교육과정 및 실제 수업 속에 잘 녹아 들어갈 수 있도록 해야만 특성화 및 다양화라는 방향성이 잘 실현되고 있다고 볼 수 있다. 그러나 현재의 혁신학교들을 살펴보면 과연 그 학교 교육과정의 특성화 및 다양화는 무엇을 핵심(중점)으로 하여 체계를 마련하고 진행되고 있는지 잘 알 수 없다. 그냥 많은 활동과 프로그램들을 종합선물세트식으로 마련해 놓았을 뿐이다.

셋째로 혁신교육이 왜 시작되었나에 대한 시대적 필요성을 어느 정도까지 이해하고 받아들일 수 있느냐

---

2 이런 이유 때문에 혁신학교를 싫어하는 교사들도 많다. 특히 교장 주도하에 이루어지는 혁신학교는 혁신학교를 시범학교 수준 정도로 생각하거나 혁신학교에 지원되는 예산 때문에 운영되고 있는 경우가 많다. 그런 학교들은 혁신학교를 행사 중심으로, 실적 중심으로 운영할 수밖에 없다. 그런 학교에서 교사들은 늘 행사와 잡무 등에 시달려 수업혁신에 집중할 겨를조차 없게 된다. 그런 학교에서 수업혁신은 그림의 떡일 뿐이다. 또한 일부 사람들이 주도하는 혁신학교의 경우 소통이라는 것에 대한 부재로 인하여 불통을 느끼면서 같은 학교 내에서 두세 집단으로 나뉘어 서로 힘 싸움을 벌이거나 아니면 각 집단이나 개인별로 혁신학교의 본질이나 방향성과 다른 길을 걷게 되는 경우도 꽤 있다. 그런 학교에서도 수업혁신은 그림의 떡일 뿐이고 일부 사람들만 하려고 노력하거나 수업방법 개선 정도 차원에서 소극적으로 이루어지고 있는 수준이라 해도 과언이 아닐 것이다. 이에 대한 대안 마련은 매우 시급한 상황이다. 예를 들자면 혁신학교가 싫은 교사들은 혁신학교에서 떠날 수 있는 보완책이 필요하고 거꾸로 혁신학교에 가고 싶어 하는 교사들은 지원할 수 있는 제도 개선이 필요한 상황이다. 또한 모든 학교를 혁신학교로 바꾸려고 하거나 학교 숫자만 늘려 갈 것이 아니라 작은 수의 혁신학교라도 제대로 만들어 가려는 노력이 현재는 더 필요한 시점이다.

의 차원에서 생각해 볼 필요가 있다. 현재 교육부 차원에서도 '핵심역량'[3]이라는 것을 공식적으로 문서에 사용하며 변화를 꾀하고 있다. 지금까지의 교육으로는 앞으로 다가올 미래 사회의 변화에 제대로 대처할 수 없다는 인식에서 출발하였다고 보면 무리가 없을 것이다. 이미 세계 여러 나라 교육자들은 암기중심 교육의 종말을 오래전부터 예고해 왔고 이미 그런 시대가 되었다고 해도 무리가 없을 것이다. 지금은 적시지식, 적시학습의 시대다. 암기학습은 2020년에는 그 중요성이 매우 감소한다고 하면서 평생학습을 위한 유비쿼터스 컴퓨팅과 교육으로 인해 '적시지식'은 이미 일상적인 것이 되었다고 유엔미래포럼 제롬 글렌 회장이 2007년 3월 발표했다. 암기학습(지식 중심, 성적 중심, 점수 중심)의 교육목표 달성 실패, 개인화 학습에 대한 욕구, 인공지능 분야에서의 지속적인 진보, 모든 분야에서 급속하게 변화하고 있는 지식을 따라잡기 위한 유일한 방법은 이 적시학습뿐이라는 자각 등이 이 적시학습을 위한 집단지성의 대형 포털 사이트의 실현을 촉진할 요소들이며 이미 세상은 그렇게 변화 및 진보를 거듭해 나가고 있다. 인생은 너무도 복잡해서 알 필요가 있는 대상과 시점을 미리 아는 것은 거의 불가능하므로, 적시학습이 필요하며 이를 위한 집단지성이 필연적으로 실현될 수밖에 없다는 시대적 요구와 변화의 흐름은 거스를 수 없는 일이다. 가령 내년에 비행기를 타러 공항에 가야 하는데 공항에 가는 길을 지금부터 알 필요는 없다. 내년에 비행기를 타야 할 즈음에 '공항 가는 길'이라는 검색어를 치면 공항에 가는 방법을 집단지성에서 가르쳐 준다. 지금 알아 두어도 길과 도로와 전철요금이 다 바뀔 수 있기 때문에 그럴 필요가 없다는 것이다. 이처럼 생활에서 아니면 지적인 능력을 시와 때에 맞춰 가장 적당한 시기에 가장 업데이트된 정보를 무료로 꺼내 와서 배우면 되는 것, 미리부터 배울 필요가 없는 것들이 일상 사회과학에 관한 내용들이다. 언어나 수리과목은 지금처럼 지능 향상, 지적 발달을 위해 가르쳐야 하지만, 매일 변하는 사회과학에 관한 내용은 가장 최신 정보나 지식을 꺼내 오도록 교사와 학생들이 언제나 활용 가능한 인프라를 전 세계가 마련하는 데 노력을 하면 된다.

한편 현재도 그렇지만 앞으로 다가올 미래사회는 더욱더 집단 구성원들 간의 소통과 협동적 사고 및 행동 능력, 문제해결력, 정보 수집 및 분석력, 이를 바탕으로 한 새로운 콘텐츠를 창출해 낼 줄 아는 힘(창의성 및 상상력)이 필요한 시대가 될 것이라는 것을 우리는 예상하고 있다. 이미 많은 분야에서 그렇게 진행되었다. 때문에 최근 우리 사회에서는 이런 능력을 갖춘 사람들을 더 많이 원하고 있으며 학교 교육에 그런 능력을 갖출 수 있도록 요구하고 있다.

프로젝트 수업이나 주제통합 수업도 바로 이런 차원에서 바라본다면 그 필요성에 대하여 더 공감하게 될 것이다. 특히 주제통합 수업 및 프로젝트 수업은 우리 삶이 교과목처럼 분절적으로 나뉘어 있지 않다는 차

---

3 이 용어는 유로 교육위원회가 미래 사회를 대비하기 위한 차원에서 마련한 보고서에 처음 등장했던 용어로 2007년 우리나라 서울시교육청이 이 내용을 그대로 번역하면서 "핵심역량"이라는 말을 선택하였고, 그 이후부터 우리나라 또한 핵심역량을 중심으로 한 교육과정 연구에 집중하게 된다. 현재 가장 많이 이야기되고 있는 핵심역량은 도구 사용 능력(말과 글), 의사소통능력, 문제해결력, 창의성, 대인관계능력, 협동적 사고 및 활동능력, 자기주도 학습능력, 민주시민성 등을 들고 있다. 그러나 이런 용어들은 대체로 어른들 수준의 용어라 할 수 있다. 이런 용어들이 초등교육 수준의 단계에서는 어떤 용어로 대체되어야 하고 그런 것들의 밑바탕에는 어떤 역량들이 갖추어져야 하는지를 정확하게 이해하여 학년(군) 수준에 맞게 뽑아 낼 수 있어야 한다. 그렇지 않으면 뜬구름 잡기식(피상적)으로 핵심역량 중심의 교육과정과 수업이 이루어질 수밖에 없다.

원에서 하나의 주제 속에 다양한 교과의 내용을 넣어서 수업을 진행해 보면서 실제 삶의 상황을 수업 속 다양한 소재로 삼아 아이들의 사고와 살아가는 힘(핵심역량)을 길러 주고자 하는 차원에서 실행해야만 제대로 실천할 수 있다. 왜 해야 하는지를 제대로 이해하지 못한 채 그냥 좋아 보여서 무조건적이고도 너무 무리한 주제통합이나 프로젝트 수업을 해 나가거나 교과서 내용을 전달하는 수업방법적인 측면에서 진행하는 것은 차라리 하지 않는 것보다 못할 수 있다. 현재 적지 않은 학교에서 마치 프로젝트 수업이나 주제통합 수업이 대세인 양 왜 해야 하는지에 대한 명확한 이해가 없거나 부족한 상태에서 너무 과도한 수준과 범위로 이루어지고 있는 듯하여 안타까운 마음을 금할 길이 없다.

넷째로 혁신교육 및 수업혁신이 태동하게 된 계기가 무엇이었는가에 대한 고민이라는 차원에서 생각해 볼 필요가 있다. 공교육이 그동안 어떤 일을 해 왔는지 생각해 보자. 아이들을 점수 따는 기계로 만들고, 아이들에게 지식이라는 것을 그냥 전달하고 암기하게 하고 그것을 평가하고 서열화하고 경쟁을 조장하면서 교육이라는 것이 지향해야 할 가치를 놓쳤고 그 역할을 제대로 수행해 오지 못했다. 이런 반성에서 혁신교육은 출발했다고 해도 과언이 아니다. 그렇다면 공교육의 제1역할은 무엇인가? 바로 한 인간의 발달을 다루는 일이다. 인간의 전면적 발달을 꾀한다는 것이 교육의 제1역할이자 소임이라 한다면 혁신교육 및 수업혁신도 바로 이런 철학적 바탕 위에서 생각하고 고민하는 것이 당연한 것 아닐까? 전면적 발달이라는 것은 완성된 결과로서의 한 인간이 아니라 거기까지 가는 과정으로서 끊임없이 변화하고 발달을 거듭하는 과정으로서의 발달을 의미한다. 그리고 거기에는 지덕체(인지, 정의, 신체 3영역)의 고른 발달이 내포되어 있다. 그렇기 때문에 다양한 교육활동을 통해 균형 있는 경험을 아이들에게 제공해야 한다. 그러나 이렇게만 이해한다면 아직 부족하다. 여기에도 "왜 전면적 발달인가?"에 대한 좀 더 의미 있는 이해가 필요하다.

사람들은 왜 교육을 받고 공부를 해야만 하는가?[4] 왜 인간만이 누릴 수 있는 최고의 특권을 마치 하기 싫은 의무처럼 여기게 되었을까? 그것은 경쟁을 조장하는 사회 속에서 살아남기 위한 수단으로서 교육을 이용했기 때문이 아닐까? 그리고 교육이라는 것이 사회적 지위와 권력, 부의 승계 수단으로 이용되었기 때문이 아닐까? 사람들은 왜 사는가? 각자 답은 다를지 모르겠지만 결론은 하나다. 행복하기 위해서이다. 그럼 행복이란 무엇일까? 돈일까? 명예일까? 권력일까? 아니다. 행복은 서로 다른 말을 사용하여 설명할 수는 있겠지만 그 밑바탕에는 바로 이런 의미들이 다 포함되어 있다. "자아실현－내가 좋아하고 잘하는 것을 하면서 느끼는 감정"이 바로 그것이다. 그렇다면 아이들이 공부하는 이유도 바로 이런 것이어야 하고 아이들

---

4 어찌 보면 이런 질문 자체가 잘못된 것일 수도 있다. 공부는 해야 하는 것이 아니라 하게 되는 것이기 때문이다. 살아가면서 만나게 되는 다양한 상황에서 그것을 이해하고 내 앞에 놓인 상황을 극복하다 보면 자연스럽게 세상의 모든 것에 대하여 알아 가게 되기 때문이다. 처음 세상에 태어난 아기는 온갖 신기한 것들로 가득한 세상을 만나게 된다. 나를 안아 주는 사람은 누굴까. 저 앞에 반짝이는 것들은 무얼까. 이 모든 것을 하나씩 알아 가게 되면서 아기는 엄마라는 말도 하게 되고 장난감도 갖고 놀 수 있게 되는 것이다. 이렇게 배우고 익혀 나가는 과정이 바로 공부인 것이다. 공부는 교과서에만 있는 것도 아니다. 공부는 시험을 치기 위해서만 있는 것도 아니다. 모든 인간이 가진 세상에 대한 순수한 호기심과 그 호기심을 풀어 나가는 과정이 공부인 것이다. 그러니 좋은 대학, 직장이 공부의 목적일 수는 없다. 시험과 성적이 공부의 모든 결과일 수 없다. 많은 사람들이 공부는 하기 싫은 의무쯤으로 생각하지만 공부는 인간만이 누릴 수 있는 최고의 특권이다.

에게도 이런 것을 알게 해 주어야 하지 않을까? 그렇기 위해서는 전면적 발달이라는 의미 속에 "아이들이 자신의 재능과 적성을 파악하고 개발해 나가는 과정"이라는 의미 또한 들어 있는 것이라고 봐야 할 것이며 수업혁신이라는 것 또한 이런 의미를 담고 있어야 한다. 이런 생각으로 현재 혁신학교에서 이루어지고 있는 수업혁신이라는 상황을 살펴보면 아직 갈 길은 멀었다는 생각이 들 수밖에 없다.

다섯째로 수업혁신을 위한 교육과정 재구성이라는 차원에서 생각해 볼 필요가 있다. 교육과정 재구성은 왜 해야만 하는지에 대한 개념과 이해가 아직은 매우 부족하다. 그래서인지 수업혁신의 방향을 '성취기준 중심'으로 돌려놓으려고 한다. 이렇게 되면 결국 수업은 평가를 중심으로 바라볼 수밖에 없고 결국 지식 중심, 암기 중심, 결과 중심으로 흐를 수밖에 없다. 결국 이런 현상은 수업혁신을 수업방법 개선의 수준으로 되돌려놓고 만다. 그렇게 되면 혁신교육, 혁신학교는 물거품이 되어 버리고 만다.

교육과정 재구성은 왜 필요한가? 우선은 시대적 흐름에 의한 필요성이 있다. 세상은 교과목처럼 분절되어 있지 않다는 것이 교육과정과 수업을 이전과 다른 시각으로 바라보지 않으면 안 된다는 위기의식을 심어 주기에 충분했다. 그래서 주제통합이라는 자원의 교육과정 및 교과서 편찬과 수업이 필요했던 것이다. 우리나라 교육과정도 현재 그런 차원에서 개정 및 개편되고 있는 것이 그 증거라 할 수 있다.

다음으로 현장에서의 수업이 교과서를 별 고민 없이 그대로 가르치고 있다는 것에 대한 문제의식에서 출발했다고 보면 무리가 없을 것이다. 우리나라 교육은 교과서를 성경책처럼 여기고 있다. 그러나 교과서는 교육과정을 실현하는 데 주어진 하나의 자료라는 것 또한 교사들은 잘 알고 있다. 교과서 내용대로 가르치지 않아도 된다. 교육과정을 무시하지 않는다면. 하지만 교사들은 '교육과정=교과서'라고 인식하는 경향이 매우 강하다. 학부모들은 말할 필요도 없고. 그래서 이런 문제점들을 극복하기 위해 교육과정 재구성이라는 것이 꼭 필요했고, 혁신학교에서도 수업혁신이라는 관점에서 이런 점을 굉장히 강조했던 것이다.[5] 하지만 혁신학교 교사들조차도 그 이해가 부족하여 이런 의미를 주제통합 수업이나 프로젝트 수업, 발도르프 수업 등에 제대로 반영시키지 못했기 때문에 어려움을 겪고 있는 것이다. 정확히 이야기하자면 실제 교실에서 이루어지고 있는 상황은 교육과정의 재구성이라기보다는 교육과정에 근거한 '교육 내용 및 수업 과정의 재구성'이라고 해야 마땅할 것이며 그냥 특정 주제를 중심으로 관련 있는 것들을 억지스럽게 꿰어 맞춘 것과 같은 수준의 것들이 상당히 많다고 볼 수 있다. 왜 이런 상황이 벌어지는 것일까? 단적으로 말하여 수업혁신이라는 것을 너무 어렵게만 생각하기 때문이거나 그냥 교육과정의 재구성 정도 혹은 수업방법의 변화 정도의 수준으로 여기고 있기 때문이다. 수업혁신이라는 것, 좀 더 쉽게 말해서 교과서 중심으로 한 차시 한 차시 수업을 하더라도 "왜 이것을 아이들이 배워야 하는가?"를 제대로 이해하고 그것을 바탕으로 아

---

5 심지어 어떤 혁신학교에서는 교육과정의 재구성을 위해 교과서 없이 수업을 하라고 강요(?)하였다가 교사들의 반발에 막혀 하는 수 없이 교과서를 나누어 주었다는 해프닝도 벌어졌었다. 하지만 우리는 교과서 없이도 수업을 할 수 있어야 하고 진정한 교육과정의 재구성은 교과서 없이 진행될 때 가장 잘 이루어진다고 볼 수 있지 않을까? 그리고 수업혁신이라는 것도 바로 그런 과정이 연계될 때 좀 더 바람직한 방향으로 흘러갈 수 있지 않을까?

이들이 지적 호기심과 탐구심을 바탕으로 차근차근 배움이라는 것을 경험해 나갈 수 있도록 하여 아이들의 전면적 발달을 돕는 일이라고 여긴다면 너무 거창하지 않으면서도 큰 부담이 없게 다가오지 않을까? 그리고 이런 수업이 실제로 이루어진다면 그보다 더 좋은 수업혁신이 어디 있겠는가? 좀 더 구체적인 예로 수학 교과 수업 사례를 들어 살펴보도록 하겠다.[6]

혁신학교 교사들도 예외가 아닌 것이 대부분의 교사들은 수학 수업을 아이들이 문제를 잘 풀 수 있는 방법 설명과 안내, 교과서 문제 풀이, 학습지 활동 등으로 여기고 진행하고 있다. 여기에는 선생님이 하는 방식으로 잘만 따라 하면 수학을 잘할 수 있다는 전제가 깔려 있다고 봐도 무리는 아닐 것이다. 하지만 아이들은 문제 푸는 기계가 아니라는 인식은 못하고 있다.[7] 수학 교과 차원에서 수업혁신을 생각한다면 그동안 우리가 가져왔던 오해와 편견, 억압에서 벗어나 수학의 참모습을 되살리고 우리 아이들이 원래부터 갖고 있는 지적 호기심을 회복하면서 교사로서 교직의 전문성을 되찾고자 하는 차원이라 볼 필요가 있다. 이를 위해서는 이 글의 제목에서처럼 근본적인 패러다임의 변화가 필요했던 것이다. 그것이 바로 수업혁신이라는 개념이었다. 단지 교과서 내용만을 수정한다거나 외국의 교육이론을 접목한다거나 좋은 수업방법을 끌어들인다거나 하는 겉모습의 변화 차원을 넘어서서 교육을 바라보는 관점, 수학이라는 과목에 대한 관점, 아이들에 대한 관점의 변화라는 전면적인 변화를 꾀하여야만 한다는 것이 바로 수업혁신 이야기의 본질이자 핵심인 것이다.

좀 더 이해를 돕기 위해 세부적으로 들어가 보도록 하겠다. 먼저 수학 교육에 대한 오해와 편견부터 살펴보면 다음과 같다. 혁신학교 교사들조차도 수업혁신이라는 관점에서 수학교과에 대한 사례를 그리 많이 내놓고 있지 못하다. 왜냐하면 수학이라는 과목은 답이 명쾌하게 떨어지고 교과서에 나와 있는 문제나 과정을 있는 그대로 하나하나 설명하면서 진행하면 큰 무리 없이 수업이 이루어진다는 생각과 함께 중·고등 수학에 비하여 내용이 비교적 쉽기 때문이라는 생각이 밑바탕에 깔려 있기 때문일 것이다. 그러나 초등 수학을 안다는 것과 잘 가르칠 수 있다는 것은 별개의 문제다. 수업이 그리 쉽지만은 않다. 다른 과목도 마찬가지다. 특히 저·중·고학년을 모두 지도해 본 교사라면 고학년 수학 수업을 하는 것보다 저학년 수학 수업(내용은 훨씬 단순하지만 가르치는 일은 더 어렵다.)을 하는 것이 더 어렵다는 것을 알 수 있다는 면만 봐도 이해할 수 있는 일이다. 하지만 이보다 더 큰 문제는 수학 수업의 쉽고 어려움이 아니라 수학 수업에 대한 잘못된 인식이라는 것이다. 수학 수업을 한다는 것은 "교과서에 제시된 문제를 풀이하여 정답을 구하는 방법이나 길을 알려 주는 것(문제 풀이와 동일시하는 일 : 중·고등 수학 수업도 마찬가지)"이라고 인식하고 있다는 점에 있다. 그렇게 본다면 음악 수업을 할 때 교사가 악기 연주만 하고 노래만 들려주면 될 일이

---

6 나는 수업혁신이라는 척도로 특정 과목을 예를 들어 많이 생각한다. 그리고 그 대표 교과로서 주로 수학 수업을 생각한다. 왜냐하면 집필된 교과서 가운데 가장 문제가 많다고 여기기 때문이다. 교육과정을 재구성하여 지도해야 할 대표 교과목이 바로 수학인데 현장에서의 교육과정 재구성 사례를 보면 주로 사회와 국어교과 중심의 프로젝트, 주제통합 사례가 대부분이어서 아쉽기만 하다.
7 수업혁신이라는 차원에서 다른 교과목에 대한 고민도 이런 맥락에서 생각해 보기를 바란다.

다. 미술 시간에는 교사가 직접 그림을 그려 주고 잘 그리는 방법만 알려 주면 될 일이다. 문학 수업 시간에는 교사가 직접 시나 소설을 창작하고 그것을 보여 주면 될 일이다. 그런데도 불구하고 수학 수업을 수학 문제 풀이와 같이 인식하는 이유는 무엇일까? 그것은 우리의 수학 수업이(단지 수학뿐만이 아니라 대개의 교과목 수업이 그러하다.) 시험에서 중요하다고 여겨지는 것들만을 잘 정리하여 떠먹여 주는 식(이는 어떤 면에서 보면 진도 나가기에 급급한 수업과도 동일한 맥락으로 여겨질 수 있다.)으로 이루어져 왔기 때문이다.[8] 그리고 이러한 상황은 수학 수업을 인터넷 특강을 통해 수업을 듣는 것과 별반 차이가 없게 만들고 있다.(문제 제시 후 특별한 해법-자신만이 알고 있는 비법을 통해 능숙하게 문제를 풀이하는 과정 설명하기 및 익히게 하기)

하지만 수업혁신이라는 차원에서 이런 행위는 진정한 수학 수업이라 말할 수 없다. 왜냐하면 수학 수업은 '길 찾기'와 비슷하기 때문이다. 어딘가를 찾아갈 때 갈 수 있는 길은 한 가지만 있는 것이 아니다. 그러나 문제 풀이식의 수학 수업은 한 가지 길만을 가르쳐 주고 가르쳐 주는 대로만 길을 찾아가라고 지시하는 것과 다르지 않다. 아이들 스스로가 생각하고 고민하여 풀이를 어떻게 시작하고 어떤 과정을 거쳐야 하는지 결정해야 함에도 불구하고 아이들에게 그런 여지를 주지 않고 다른 사람이 풀어 주는 방식이나 모범 과정이란 것을 별 생각 없이 따라 하게만 하여 정답이 나오도록 하기 때문에 문제가 되는 것이다. 이럴 경우 학습은 끊임없이 같은 과정과 비슷한 문제 풀이만을 반복하게 될 수밖에 없다. 그런 과정은 수업이 아니라 기능이 몸에 밸 수 있도록 반복만 하는 훈련일 수밖에 없다. 이럴 경우 학습자는 서커스에서 볼 수 있는 동물들과 다르지 않다고 봐도 과언이 아니다.

이런 모습은 학교 밖의 학원, 인터넷 강의 등에서 많이 볼 수 있다. 하지만 학교에서의 수업마저도 이런 모습을 보인다면 학교 교육은 더 이상 필요 없지 않을까? 이런 모습을 극복하고 수학의 본질을 찾기 위한 진정한 수학 수업을 만들기 위해서 수업혁신이라는 개념이 필요했던 것이라 생각한다면 무리일까?(다른 교과목도 이런 맥락에서 생각해 봐야 한다.) 기존의 그런 수학 교육의 개념은 아이들 차원에서는 억압과 폭력의 기제로 사용되었다는 차원에서도 굉장히 심각한 문제의식을 갖게 된다. 예를 들어 수 연산 영역에서 아이들에게 학습지 반복 훈련을 강요(대표적인 사례가 바로 **기적의 계산법** 책, 그리고 혁신학교에서 이루어지고 있는 기초학습 영역 학습지라고 하여 만들어지는 반복 훈련 개념의 것들이 다 같은 맥락이라 봐도 무리가 없을 듯하다. 심지어는 시간까지 재어 가면서 아이들을 심리적으로 억압하고 실수가 없어야 한다는 강박관념까지 심어 주고 있으며 누가 더 빨리 풀이하는가 하는 경쟁심리까지 조장하고 있는 현실이다. 이게 교육이라 말할 수 있는 것인가?)하고 있는 것이 바로 그런 사례 가운데 하나라고 할 수 있다. 내가 볼 때 이

---

8 여기에는 수동적 존재라는 학습자관이 존재하고, 지식의 결과에 주목하고 이미 누군가가 만들어 놓은 지식의 집합체라는 교과관(시험에 나오지 않는 지식은 필요 없고 수업은 시험에 대비하기 위한 것이며 지적인 사고활동이 아니라 그 결과에만 주목한다는 것)이 존재하며, 지식의 결과물들을 아이들에게 가르치는 행위가 수업이라고 여기는 교수관(여기에는 교사와 아동, 아동들 간의 상호작용에 의한 지적인 사고 과정을 통해 아이들의 배움이 형성되고 인지 발달과 성장이 이루어진다는 의미가 결여되어 있다.)이 자리하고 있기 때문이다.

런 현상은 거의 고문 수준에 가깝다고 여겨진다 해도 지나치지 않을 것이다.

이런 아이들은 수학을 과연 어떤 과목이라 생각할까? 수학이라는 과목이 과연 사고력을 키워 주기 위한 것이라 여길 수 있을까? 오히려 수학이라는 것을 지겹고 하기 싫고 어렵게만 느껴지는 과목으로 여기게 만들고 있지는 않는가? 이런 수업에 익숙해졌기 때문에 아이들이 본래부터 갖고 있는 바람직한 지적 호기심은 사라지고 결국은 생각하기 싫어하고 조금 어려운 질문을 만나면 쉽게 포기해 버리는 사람으로 바뀌어가고 있는 것은 아닐까?[9]

이런 여러 가지 문제점을 극복하기 위해서 수업혁신과 교육과정의 재구성이라는 과업과 패러다임의 변화가 필요했던 것이라 여겨 본다면 수업혁신이라는 것이 그렇게 큰 부담으로 다가올까 하는 생각이 든다. 하지만 현실은 그리 만만하지 않다. 학원에서의 선행학습, 그런 아이들과 학부모들을 대상으로 힘겨운 싸움을 해야 한다는 현실적 어려움이 산적해 있다. 혁신학교에서의 수업조차 앞에서 언급했던 일들을 반복한다면 당연히 아이들은 수업에 관심을 보이지 않을 것이고 아이들은 학교에서 행복하지 않을 것이며 교사 또한 행복하지 않을 것이다. 혁신학교의 구호 가운데 하나가 아이들과 학부모와 교사 모두가 행복한 학교를 만들어 나가는 것이라고 한다면 지금까지의 수업에 대한 문제점들을 극복해 나가는 일이라는 단순한 차원에서 접근하는 일만으로도 수업혁신에 대한 이해는 그리 어렵지 않을 것이다. 수학의 본질에 다가가도록 하는 수학 수업, 지극히 본질적이고도 상식적이며 평범한 주장(수학이라는 과목을 통해 아이들이 자신의 머릿속에 인지 지도를 그릴 수 있도록 돕는 일). 그게 그렇게 힘들고 어려운 것일까? 다른 교과목도 마찬가지다. 수업혁신과 교육과정 재구성의 핵심은 바로 이 지점에 있다.[10]

끝으로 수업혁신이라는 것을 동학년 혹은 같은 학교 교사들 여럿이 모여서 교재 연구를 하고 그대로 수업을 진행하고 피드백하는 정도의 수준으로 여기고 있다는 점에 대한 고민이 필요하다. 물론 수업혁신의 첫 출발점은 이런 활동으로 시작된다는 것을 부정할 수는 없다. 하지만 거기에 머문다면 수업혁신은 제대로 이루기 어렵다. 이렇게 모여서 협의를 하되 앞에서 강조한 다양한 이야기를 바탕으로 "왜, 무엇을, 어떻게"라는 고민과 함께 녹여내려는 연구 및 실천과 공유가 필요한 것이 바로 수업혁신의 이야기다. 그래서 함께 수업을 고민하고 공동연구하고 그 내용이 실연되는 모습을 함께 살피고(수시 공개수업) 피드백하고 다시 투입하는 과정이 끊임없이 반복되면서 아이들과 교사 모두 함께 성장해 나갈 수 있도록 노력하자는 이야기를 많은 사람들이 하고 있는 것이다. 하지만 혁신학교 현장은 수시로 수업 공유를 꺼리는 모습과 분위기가 아직도 사라지지 않고 있다. 교사의 입장에서 수업혁신이라는 것은 전문성 신장이라는 차원에서 다가

---

9 이런 식의 수학 수업은 아이들 스스로 수학을 만들어 갈 수 있는 활동을 포기하게 만들었고, 의미 없이 지식과 기능을 기계적으로 익혀 분절된 사고를 하게 만들었고, 스스로 문제를 해결하기보다는 다른 사람에게 의존하게 만드는 수동적인 아이들을 만들어왔던 것이라 나는 생각한다. 교육은 결코 훈련이어서는 안 된다.

10 그 출발점은 쉽게 표현하여 기존의 교육과 교과서에 대하여 "과연 그러한가?"라는 근본적인 의문을 제기하고 비판적 검토를 통해 이루어진다. 물론 이때의 기준은 아이들의 눈높이이고 아이들의 사고 수준이며 아이들의 발달과정이다(아이들이 어떻게 받아들일 수 있는가 하는 점에 초점). 비판 없이 혁신은 없다.

설 수 있다. 교사의 전문성은 수업에서 나온다. 그것은 단지 수업 기술이나 방법을 이야기하지 않는다. 또한 그 전문성은 다른 교사들과 함께 사전에 수업에 대한 고민을 나누고 실천하고 피드백하는 과정 속에서 신장될 수 있다. 단지 남의 수업을 많이 본다고 해서 되는 것이 아니다. 공개수업 자체보다 수업 전 공동 협의 및 연구가 더 중요하다. 그렇다고 한다면 의무방어전과도 같은 공개수업방식을 버리고 교실의 문을 열어 동료교사들과 자신의 수업에 대한 고민과 생각을 수시로 나누고 수업의 실재를 공유하고 사후 협의하는 과정을 꾸준히 반복하면서 교사로서의 성장을 경험해 나가는 일이 필요하다. 이럴 때 도움이 되는 것이 바로 수업 비평의 눈으로 읽기, 아이 눈으로 수업 보기, 성찰의 눈으로 수업 보기다. 수업 비평 또는 아이 눈으로 수업 보기, 성찰의 눈으로 수업 보기 자체만으로 수업혁신을 이루어 낸다는 것은 말도 안 되는 일이다. 좋은 수업이란 다양한 요소가 시너지를 발휘하여 조화롭게 이루어졌을 때 만들어지는 예술적인 활동이라 말할 수 있다면 어떤 한 가지만으로 수업혁신을 이루겠다는 욕심과 편견은 버려야만 한다.

마무리하면서 우리는 남한산초등학교의 한 졸업생이 한 말을 돌이켜 볼 필요가 있다.

"학교를 다니며 점수로 환산할 수 없는 삶에 대한 내면의 힘을 가지게 되었어요."

아이들은 학교에서 스스로 익힌 삶의 길을 찾아가는 경험을 평생 기억하고 그것을 기반으로 자신만의 세상을 만들어 살아가는 법이며, 수업혁신은 교사가 그것을 도와 가며 아이들과 함께 배우고 성장하는 기나긴 여행과도 같은 과정인 것이다.

02 RME 수학 교육과 협동학습

1) RME의 의미

RME(Realistic Mathematics Education)는 네덜란드의 수학자인 프로이덴탈의 수학 교육에 대한 이론을 말한다. 우리나라에는 현재 '현실적 수학 교육'이라는 이름으로 소개되어 있다.

RME는 수학이란 무엇인가에 대한 과거의 관점을 뛰어넘어 교과를 바라보는 새로운 패러다임과 가르쳐 주는 것을 받아 넣기만 하는 수동적 존재가 아닌 실존적 자아를 지닌 능동적 존재로서의 아동관을 토대로 '바람직한 수학 교육이란 무엇인가?'에 대하여 새로운 시각과 관점에서 생각해 볼 수 있게 해 주는 철학적 차원의 수학 교육 이론이라 말할 수 있겠다.

프로이덴탈은 우리의 삶과 동떨어진 전통적인 수학 교육을 극복하자는 차원에서 reality라는 단어를 사용하였다.[11] 전통적 수학 교육은 이미 정해진 학문적 지식이 아이들에게 일방적으로 전해지는 방식을 취하

---

11 프로이덴탈이 말한 reality는 완성된 지식을 단편적, 일방적으로 던져 주고 받아 넣으라는 식의 전통적인 수학 교육의 문제점, 즉 아이들의 reality를 고려하지 않는 근대적 수학 교육에 대한 비판에서 출발한 것으로 아이들이 처한 현재 상황이라는 맥락 속에서 개별적 특수성을 고려한 것이라 말할 수 있다. 아이들 개개인의 reality를 고려해야만 비로소 아이들의 상식선에서 수학 학습

였지만 프로이덴탈의 RME는 아이들 각자가 처한 현재 상황에서 스스로 탐구하여 학문적 지식을 성취해 내는 방식을 매우 중요하게 여기고 있다. 일종의 자기주도 학습과도 같은 것으로 아이들 각자가 꼬마 수학자가 되어 스스로 수학적 성취를 이룰 수 있도록 해야 한다는 것을 매우 강조하고 있다고 볼 수 있다.

그러나 여기에서 주의해야 할 점 한 가지가 있다. Realistic을 real로 인식해서는 안 된다는 점이다. 결코 Realistic은 real 그 자체라 말할 수 없다. 그런데 우리나라에서는 RME를 '실생활 속의 수학'이라는 차원에서 인식하여 실생활 속에서 접할 수 있는 상황들을 교과서에 제시하고(어떤 부분은 억지스러운 느낌마저 들게 한다. 최근 들어서는 여기에 스토리텔링까지 더해져 수학 수업을 한층 더 혼란스럽고 어렵게 만들고 있다.) RME 수학 교육을 지향하고 있다고 말하고 있다.

RME에서 말하는 Realistic은 실제로 일어나는 현실세계를 가리키는 것이 아니라 아이들의 생각을 통해 상상이 가능한 모든 상황(아이들이 상상할 수 있는 모든 세계 그 자체)을 가리키는 것, 그리고 아이들이 그것을 reality라고 인식하는 순간 모든 상황은 reality에 포함된다는 것을 가리킨다.[12] 이는 프로이덴탈의 수학이 바로 아이들 개개인의 주체적 삶, 아이들 스스로가 만들어 가는 삶을 존중하는 것에서 출발하였다는 것을 알 수 있게 해 주는 대목이라 말할 수 있다. 이는 구성주의적 사고와도 일맥상통한다고 볼 수 있으며 수학 교육에 협동학습이 매우 큰 도움이 된다는 것을 증명해 주는 것이기도 하다.[13] 결론적으로 RME는 수학을 통해 세상을 바라보고 이해할 수 있도록 돕는 차원에서 접근한 철학이었다고 말할 수 있겠다.

2) RME의 기본 원리

최근의 수학 교육은 RME의 영향을 받아 학습자의 활동, 구체적 조작물 활용, 수학의 실용성, 수학적 사고력 및 문제해결력 신장을 강조하고 있다. 이러한 RME 수학 교육의 핵심 원리는 아래의 네 가지다.

❶ 점진적인 수학화 : 현실을 적절히 재구성하여 새로운 것으로 조직해 내는 활동을 의미한다. 현실에 대한 인식은 개인마다 다른데 각 개인이 지속적으로 변화하는 현실을 받아들이는 한 수학화는 지속되며 점진적으로 심화된다는 것이다.[14]

이 제대로 이루어질 수 있음을 강조한 것이라 말할 수 있다.

12 양의 정수와 음의 정수를 이해하지 못하는 아이들에게 '4−9 = −5다'라는 문제는 도저히 이해할 수 없고 실제로 있을 수도 없는 상황으로 여겨지겠지만 정수론을 공부한 사람들에게는 이해할 수 있는 상황임과 동시에 실제 삶에서 경험할 수 있는 문제로 다가설 수 있게 된다. 왜냐하면 음의 정수는 그것을 이해하고 있는 사람들의 reality 범주에 포함되어 있기 때문이다.

13 구성주의적 사고에 기반을 둔 협동학습은 아이들에 대한 세 가지 믿음을 기반으로 한다. 첫째, 아이들의 배움의 과정을 중시한다. 둘째, 아이들의 무한한 가능성을 믿는다. 셋째, 아이들 스스로 자신들의 세계를 만들어 나갈 수 있다는 것을 믿는다. 이런 믿음을 기초로 아이들 간의 상호작용을 통해 자신의 지식을 스스로 만들어 나갈 수 있는 상황을 만드는 일이 바로 협동학습이 중요하게 여기는 점이다. 그리고 그 상황 속에서 아이들이 다루는 모든 상황과 맥락이 바로 reality라고 말할 수 있으며 그 상황과 맥락 속에서 오고 가는 이야기를 통해 아이들은 세상을 이해하게 된다. 아이들이 놓인 협동적 상황과 맥락 속에서 오고 가는 내용이나 주제가 수학적 주제라면 수학이라는 과목은 아이들이 세상을 들여다보고 이해하는 하나의 창이 되는 것이며 내용이나 주제가 음악적 주제라면 음악이라는 과목은 아이들이 세상을 들여다보고 이해하는 또 다른 창이 되는 것이다.

14 (1) 아이들의 현실 상황을 수학적으로 재구성해 보는 경험으로부터 출발 (2) 수학은 과거에도 지금도 현실의 삶과 분리되어 있지

② 안내된 재발명 : 수학자들이 발명했던 수학적 성과들을 아이들이 발명자의 입장에서 다시 한 번 발명해 낸다는 것으로 아이들을 꼬마 수학자로 만들어 보자는 것이다. 안내된 재발명이라고 한 것은 아이들이 교사의 안내를 받기 때문이다.[15]

③ 수준 이론 : 수학 학습을 수준의 상승으로 설명하는 이론으로 반 힐 부부가 주장한 수준 이론이 이에 해당된다.[16]

수준	제1수준(영상)	제2수준(분석)	제3수준(정리)	제4수준(연역)	제5수준(엄밀)
대상	주변 사물	도형	성질	명제	논리
수단	도형	성질	명제	논리	
사례	도형의 명칭 사용 (상자 모양, 공 모양)	마름모의 네 변의 길이는 같다. 직사각형 대각선의 길이는 같다.	정사각형은 직사각형이다. 정사각형은 마름모다.	증명을 구성(삼각형의 내각의 합은 180°)	공리체계를 이해 (수학 학자 수준)

④ 맥락적 상황 활용 : 일상생활에서 아이들이 충분히 경험할 수 있는 소재들로 구성된 상황을 통해 자기 나름대로의 다양한 전략을 사용함으로써 각각의 문제를 설명하고 해결하는 활동을 시도할 수 있도록 한다.[17]

RME에서 중요한 것은 단순히 아이들의 현실 세계에서 시작한다는 것뿐만 아니라 수업 상황 자체가 아이들의 체험의 일부, 즉 현실화되도록 하는 것이다. 안내된 재발명은 바로 이를 반영시킨 것으로 아이들의 현실로부터 시작된 수학화 경험을 제공함으로써 현상을 수학적으로 바라보고 이를 해결하는 과정에서 수학적 사고력 및 문제해결력을 향상시키고자 했던 것이라 말할 수 있다.

않다는 생각이 중요 (3) 전문가가 아닌 아이들은 자신의 삶에서부터 수학 교육을 시작해야 함 (4) 수학과 과정을 경험시키기 위해 아이들에게 풍부한 맥락적 상황을 제공할 필요가 있음(이야기, 신문, 게임, 각종 그래프, 프로젝트 활동 등)

15 (1) 아이들이 교사의 안내에 따라 수학화 경험을 통해 수학이 발명된 과정을 경험하게 함 (2) 교사의 주도 아래 수학의 역사적 발달 과정을 단축된 형태로 재구성하여 경험하게 함 (3) 과거의 발명 과정 그대로가 아니라 현재 아이들의 상황에 맞게 재해석하여 제시함(아이들의 현실을 바탕으로 이미 발명된 수학을 아이들 스스로 재창조해 냄)

16 네덜란드의 반 힐 부부(Dina van Hiele-Geldof, Pierre Marie van Hiele)에 의해 제시된 수학 학습 이론으로 이 이론에 따르면 수학 학습의 과정에서 아이들의 수준을 시각적 수준, 기술적 수준(도형 분석적 수준 : 초등 단계의 아이들이 여기에 해당됨), 국소적인 논리적 관계를 파악하는 이론적 수준(비형식적 추론 수준), 형식적인 연역적 체계를 파악하는 수준, 논리적 법칙의 본질을 파악하는 수준(기하학의 엄밀화 수준)의 5개 사고 수준으로 구별할 수 있다. 반 힐은 본래 기하 영역의 학습을 염두에 두고 자신의 수준 이론을 개발해 왔으나 후에 이러한 생각을 일반화하여 자신의 이론이 모든 수학 학습에 적용될 수 있다고 주장하였다.

17 이미 완성된 채로 주어진 수학을 전달하기 위해 수학 속에서 맥락을 찾는 CIM(Context in Mathematics)이 아니라 주어진 문제 상황이 문제해결의 주체인 학습자의 심상으로 이어질 뿐만 아니라 이후에 전개될 학습 상황에 그대로 이어진다는 뜻에서 MIC(Mathematics in Context)로서의 맥락적 상황을 말한다.

3) RME 학습 지도 원리와 협동학습

(1) 구체적 현상 탐구 – 맥락 문제 활용

수학적인 개념뿐만 아니라 다른 학문과의 연결 고리를 갖고 있으면서 아이들이 자신의 상상력을 발휘하여 실제(reality)로 느낄 수 있는 현실을 풍부한 맥락이 있는 상황이라고 한다. 우리나라 수학책이나 문제 등에서 볼 수 있는 문장제 문제보다 훨씬 폭이 넓은 개념이라 할 수 있다. 예를 들어 시속 20km로 달리는 자전거가 120km 거리를 가는 데 걸리는 시간은 얼마인지 탐구하는 문제 상황은 시간, 거리, 속력이라는 세 요소의 관계 이외에는 다른 것과 연결되지 않는 빈약한 문제 상황이다. 그러나 자전거, 자동차, 걸어가기, 오토바이, 달리기, 기차 등 여러 대상이 똑같은 120km 거리를 가는 상황을 그래프로 그려 놓고 이를 탐구하는 것은 시간, 거리, 속력의 관계뿐만 아니라 그래프와 시간, 속력, 거리 사이의 관련성, 여러 대상 사이의 운동의 차이와 그래프와의 관계 등 여러 요소가 결합된 풍부한 맥락을 가진 상황이라는 것이다. 이를 위해 이야기, 게임, 프로젝트, 각종 도표 자료, 신문이나 방송, 잡지 등의 스크랩 자료 등이 많이 활용된다. RME 수학 학습의 과정을 내 나름대로 재해석하여 아래와 같이 정리해 보았다.

1단계 수학적 탐구	2단계 수학적 개념 추출	3단계 수학적 정의	4단계 수학적 전이
호기심을 가지고 맥락 문제를 직관적으로 탐구하여 수학적 측면을 알아내고 규칙성을 발견해 낸다.	아이들 간의 상호작용을 통해 수학적 개념을 뽑아낸다. 형식화, 추상화 능력이 크게 활용된다.	추상화, 형식화를 통해 탐구해 낸 수학적 개념 및 결과를 정의하고 문장으로 기술한다.	탐구해 낸 개념을 다른 상황에 응용함으로써 개념을 강화하고 전이시켜 일반화하게 된다.

(2) 수학적 도구에 의한 수준 상승 – 수학적 모델의 전략적 활용

초등 수학에서는 구체적인 활동물을 활용한 수업을 매우 중요하게 여긴다. 구체물의 활용을 통해 교사는 아이들에게 수학적 성과를 재발명하도록 도와야 한다. 이를 위해 수학적 성과가 역사적으로 어떤 과정을 거쳐 발생했는지를 생각하며 더 개선되고 더 잘 인도된 과정을 만들어 내지 않으면 안 된다. 수학적 성과가 이루어졌던 과정을 아이들의 현실 속에 와 닿으면서도 보다 더 풍부한 맥락을 가진 상황으로 재구성하여 제시한다면 분명히 아이들은 이를 통해 활발히 상호작용하면서 재발명에 이를 수 있게 된다. 여기에 가장 많이 활용되는 수학적 모델은 시각적 모델, 도식화, 밴 다이어그램, 상황 모델, 기호화하기, 공식화하기 등이다.

(3) 활동을 통한 반성적 사고 촉진 – 아이들 스스로 구성

수학적 발명이 이루어졌던 과정과 비슷하게 재구성된 다양한 맥락적 상황을 경험하면서 아이들은 지식을 스스로 재구성해 나간다. 그 과정에서 반성적 사고가 길러지게 된다.(활동에 의한 구성, 반성을 통한 산물) 여기에서 가장 중요한 점은 아이들이 어떤 수학적 개념을 모르더라도 그것과 관련된 낱말이나 용어를 사용하고 그 의미를 포함하고 있는 다양한 현상을 지속적으로 경험하게 됨으로써 자연스럽게 개념을 형성하고 관련된 아이디어를 갖게 된다는 점이다.(예를 들어 아이들에게 분수 개념을 형식적으로 제시하기 전에 분수가 활용된 다양한 실제적 상황을 경험해 보도록 하는 과정 속에서 분수 개념을 아이들 스스로 반성적으로 구성해 나가도록 하는 것이 매우 중요하다는 것이다.) 결국 가장 중요한 핵심은 개념을 형성하고 다양한 생각을 가질 수 있는 경험들을 아이들에게 많이 제공하고 아이들 간의 상호작용이 활발하게 이루어질 수 있도록 해야 한다는 것이다. 바로 이 지점에서 구성주의를 바탕으로 한 협동학습이 왜 수학 교육에 큰 도움을 주는지 잘 드러난다고 볼 수 있다. 이를 위해서는 개방형 문제 다루기, 불완전한 문제 다루기, 문제 상황 만들기, 기존에 알고 있던 것 뒤흔들기, 직접 공식을 만들어 보기, 수학적 상황이 가미된 이야기나 도표 등을 만들어 보기 등의 활동이 필요하다.

(4) 활발한 상호작용 – 수학적 의사소통

구성주의 기반 협동학습이 왜 필요한지를 그대로 드러내 주는 원리이다. 아이들 스스로는 다른 사람들과의 상호작용이 긍정적일 경우 그 과정을 통해 자신의 생각과 타인의 생각을 비교, 대조, 분석하면서 정보를 공유하고 반성하면서 지식을 재구성해 나간다. 수학적 활동 속에서 아이들끼리 다양한 문제해결 전략을 공유, 토의 토론(자신의 생각을 설명하고 검증받기, 다른 사람의 생각을 이해하고 동의하거나 반론 제시하기, 다른 해결 방안 찾기 등을 통해 자신의 학습 과정을 단축하거나 다른 사람의 구성과 산물을 보고 스스로 해 보기도 하면서 자신의 구성과 산물의 장단점을 인식하게 되어 반성적 사고를 경험하게 된다.)해 봄으로써 수학적 의사소통능력 및 협업능력이 향상되고 개념 및 원리 이해의 폭과 깊이도 더 깊어질 수 있다. 이때 교사는 안내자로서의 역할만 담당하는 것이 좋다.

(5) 학습 영역의 연결 – 학습 내용의 혼합을 통한 구조화

어떤 수학적 개념을 완전히 이해한다는 것은 단편적인 지식의 편린들을 기억하고 있다는 것이 아니라 그와 관련된 내용들을 구조화시켜 하나의 전체로 구성, 조직한다는 것을 말한다. 이를 위해 여러 가지 내용을 포함하고 있는 맥락적 문제 상황 및 관련된 이전의 기억들을 떠올려 보고 재고해 보는 반성적 사고 과정이 꼭 필요하다. 학습이 발달을 선도한다는 구성주의의 근접 발달 영역 이론과 접목되는 지점이 바로 이 부분이다. 잠재적 발달 수준으로의 향상을 위해서는 현재의 발달 수준을 바탕으로 근접 발달 영역 내에서 다양한 Scaffolding을 통해 반성적 사고 과정을 거쳐야만 한다.(새로운 하나의 수학적 지식을 습득하기 위한 출발점이 되는 예견학습과 새로운 수학적 지식을 알았을 때 기존의 지식체계를 새로운 안목에서 바라보는 회고학습이 동시에 이루어져야 한다. 예견학습과 회고학습이 씨줄과 날줄 역할을 하면서 서로 연결되어 하나의 학습 과정 전체를 구성한다. 그리고 이렇게 구조화된 수학적 지식은 다양한 상황에 응용된다.)[18]

---

18 RME와 관련하여 학교수학으로서의 수학과 개념(박영훈, 나온교육연구소), 프로이덴탈의 수학화 학습–지도론(조현공, 서울상계고), **RME를 활용한 수학 수업 방법**(김성여, 서울교대부설초등학교), **RME 이론을 적용한 수학과 교수·학습 지도안**(성지경, 대구이현초등학교)을 참고하였음을 밝힌다.

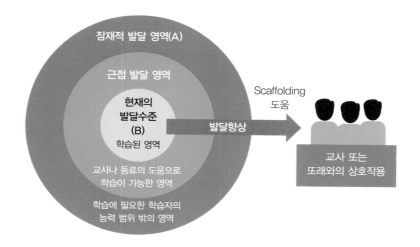

03 수학 협동학습 수업 레시피

협동학습으로 수업을 진행하다 보면 교과 나름대로의 특성이 협동학습과 어떻게 연결되는지를 고민하게
된다. 그리고 그 결과로 그 교과와 관련된 협동학습 수업 레시피가 만들어진다. 교사들마다 바라보는 시각
과 관점은 분명히 다르겠지만 그동안 나름대로 수학 교과를 고민해 오면서 정리한 수학 협동학습 수업에
대한 비결 몇 가지를 정리해 보고자 한다.[19]

1) 가능한 교과서를 버려라! – 재구성을 통한 내용 줄이기 및 핵심에 집중하기

초등학교 1학년 과정부터 수학 교과서를 보면 내용이 너무 많아 미처 소화하지 못하고 학년을 올라가게 되
어 결국 '수학'을 힘들어하고 싫어하는 아이들이 양산되고 있다. 아이들이 수학을 좋아하고 잘하게 하려면
교과서 내용부터 확 줄여야 한다. 교육과정이 바뀔 때마다 교과서 내용을 줄이겠다고 하였지만 제대로 실
행된 적은 거의 없을 뿐만 아니라 계산 및 문제 풀이, 알고리즘 익히기(기능) 중심으로 구성되어 있어서 '학
습 부진아'라는 꼬리표를 달게 되는 아이들이 늘어날 수밖에 없는 현실이다. 어디까지나 수업 설계의 주체
는 교사인 만큼 교사 스스로가 직접 줄이려는 노력 또한 가능한 일이라고 본다면 가능한 교과서를 버리고
각 단원, 차시마다 핵심이 무엇인가에 집중하여 꼭 지도해야 할 내용만 뽑아 아이들이 확실하게 이해하고
넘어갈 수 있도록 교과서 내용을 재구성하는 것이 더 좋다.(아이들이 이것저것 다 두드려 보게 하지 말고
핵심 그 한 놈만 죽어라 두드려 패게 하라. 실제 사례는 제2장 수업의 실제 부분에서 단원 재구성을 참고하
기 바란다.)

---

19 참고 : **협동학습 교사를 바꾸다**. 이상우. 2012. 시그마프레스. pp. 61~72. pp. 261~277.

2) 수학을 통한 창의인성교육

현행 교육과정을 보면 모든 교과목을 통해 창의인성교육을 하라고 되어 있다. 수학 또한 교과서를 통해 공부하면 창의인성교육이 그럴듯하게 되는 것처럼 환상을 심어 주고 있지만 실제로는 아이들이 '어떻게 하면 계산을 잘할 수 있을까?(문제를 잘 풀어 답을 낼 수 있을까?)'와 관련된 내용에만 치우쳐 있다. 현재 교과서는 어디에도 창의인성교육 관련 내용이 없다. 주입식, 기능 중심으로 구성된 교과서라서 아이들이 느끼고 깨닫고 행동하고 반성적으로 사고하는 일은 쉽지 않다. 더군다나 내용도 너무 많아서 머리로만 생각하고 받아들이게 할 뿐 가슴으로까지 생각하고 받아들이게 하지는 못하고 있다. 그래서 현장의 교사들이 무척 곤혹스러워한다. 무엇으로 어떻게 창의인성교육을 하라는 말인지 잘 모른다.

> **수학 교육에서 생각해 볼 수 있는 창의인성교육의 예**
>
> ① 상대방의 수학적 사고에 대한 존중(다른 사람들의 수학적 사고, 아이디어, 생각 등을 존중하고 경청하며 이해하려는 마음)
> ② 유연하고도 개방적인 수학적 사고(경직되지 않으면서도 모든 가능성을 열어 놓고 주어진 문제 상황에 알맞게 대처하려는 마음)
> ③ 수학을 하려는 의지(수학적 지식을 습득하는 것보다 수학적 지식을 습득하려는 의지가 더 중요. 그 의지가 나중에 아이들의 삶에 중요한 역할을 할 것임)
> ④ 자유로운 수학적 대화와 소통(아이들의 생각에 대한 발언, 대화, 소통이 자유로워야 아이들 중심 수업이 가능. 틀려도 괜찮은 교실을 만들어 소통능력 기르기)

위와 같은 내용들은 협동학습에서의 듣기 교육, 긍정적인 상호의존, 사회적 기술과 크게 연관되어 있다.[20]

---

20 이와 관련해서는 **살아 있는 협동학습−협동적 학급운영의 이해**(이상우. 2009. 시그마프레스), **협동학습으로 토의 토론 달인 되기**(이상우. 2011. 시그마프레스)를 참고하기 바란다.

단계별 사회적 기술[21]

기초 단계	기본 단계	발전 단계
• 자리에 머물러 있기 • 발표지 쳐다보기 • 모둠 과제 완성 돕기 • 자료 공유하기 • 아이디어 공유하기 • 차례 지키기 • 이름 불러 주기 • 작은 목소리로 말하기 • 과제에 집중하기	• 점검하기 • 질문하기 • 타인을 인정하기 • 의사소통 기능 사용하기 • "내 생각에는" 용어 사용 • 적극적으로 듣기 • 재진술하기 • 칭찬하기	• 사람이 아니라 의견 비판 • 사람이 아니라 행동 묘사 • 관점 채택하기 • 바꾸어 말하기 • 문제해결하기 • 합의하기 • 요약하기 • 의견 구별하기 • 정당하게 반대하기

주요 사회적 기술[22]

주요 사회적 기술	사회적 기술의 부족으로 인한 문제 상황
감정적 대응 억제하기	말다툼, 폭력, 싸움 등
토의하기(합리적 의사결정)	언쟁과 불화, 의견 충돌, 말다툼, 싸움 등
역할 분담하기	책임 회피 및 의사 독점, 무임승차, 봉 효과, 일벌레 등
서로 도움 주고받기	무관심, 불신, 의욕 상실, 갈등, 열등과 우월감 등
적극적 듣기(경청)	무시하기, 무관심, 이해 부족, 오해 등
수용적 자세(상대방 의견 존중)	무시하기, 싸움, 갈등, 폭력, 말다툼, 의견 충돌 등
의견만 비판하기	사람을 비판함으로 인한 갈등과 다툼, 감정 악화 등
칭찬과 격려 아끼지 않기	무관심, 경쟁, 열등감과 우월감, 의욕 상실 등
차이점 존중하기	우월감과 열등감, 부정적인 인식, 무시하기 등
문제 및 해결 방안 공유하기	방해하기, 무관심, 도움 주고받기 거부 등

3) 침묵으로 가르치기 – 교사의 말을 줄이고 아이들이 생각하고 말하고 행동하게 하기

> **들은 것은 잊어버리고 본 것은 기억되나 직접 해 본 것은 이해된다.** (공자)

흔히 수학 수업을 보면 아이들이 처음 배우는 것들에 대하여 교사들이 친절하게 처음부터 끝까지 먼저 설명을 해 주고 아이들이 그것을 따라 하도록 하는 방식을 택하고 있다. 이 방식이 좋은 내용도 있지만 모든 과정

---

21 협동학습의 이해와 실천. p. 105(정문성. 2002. 교육과학사)
22 공동체를 세우는 협동학습. p. 360(Vanston Show. 박영주 역. 2007. 디모데)

직육면체 겨냥도 그리기-스스로 겨냥도 그리는 방법, 그리는 순서,
주의할 점을 찾는 모둠활동 사례

과 내용이 다 그런 것은 아니다. 때로는 아이들이 처음부터 직접 탐구하고 생각하고 질문도 하고 또래들과 상호작용하면서 스스로 찾아내는 방식이 좋은 내용도 꽤 많다.

예를 들어 평면도형의 넓이를 공부하면서 공식이 만들어지는 과정을 교사가 직접 설명하는 것이 아니라 아이들이 직접 조작활동을 통해 탐구하여 공식을 만들어 나가는 수업을 할 수도 있다.

겨냥도를 그릴 때에도 그리는 방법을 직접 설명해 주는 것이 아니라 어떤 순서와 방법으로 그려야 정확하게 제대로 그릴 수 있는지를 아이들이 스스로 찾아내도록 하는 수업을 할 수도 있다.

많은 경우 교사가 열강을 한다고 하지만 아이들이 정말 무엇인가를 배우기는 한 것일까 하고 의구심을 갖게 만든다. 교사가 지적인 언어로 무엇인가를 마구 쏟아내고 아이들이 교사의 생각대로 쫓아간다고 하더라도 '배움'이 일어났다고 말할 수는 없는 경우도 많다. 좋은 수학 수업이란 아이들에게 경험을 통해 중요한 수학적 지식을 습득할 수 있는 배움의 상황(아이들이 수학적 지식을 배우고자 하는 마음을 갖게 만드는 모든 교실 환경)을 만들어 주는 일이다. 특히 수학이라는 교과는 '말로 가르치기'를 포기할 때 다양한 형태의 수업이 떠오른다는 것, 그리고 그 지점에 협동학습이 있다는 것을 잊지 말아야 한다.(사고하기 ⇨ 행동, 상호작용하기 ⇨ 배움의 과정을 경험하도록 하기)

4) 공부한 내용을 스스로 기록하고 정리하게 하기

수업 중 무엇인가를 스스로 기록한다는 것은 수업에 주인이 되어 있다는 것이다. 그리고 공부한 기억을 떠올려 스스로 정리한다는 것은 그것을 완전히 자기의 것으로 만들기 위한 자기주도적 노력이라 할 수 있다. 이를 위해 학년 초에 노트 및 스스로 배움공책 두 가지를 준비할 수 있게 하고 노트 기록 방법(특히 코넬식,

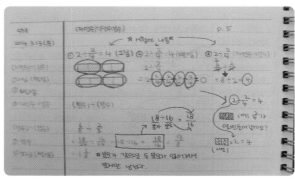
코넬식 노트 기록법에 의한 노트 필기 사례

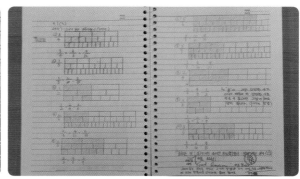
스스로 배움공책 사례

마인드 맵) 및 스스로 배움공책 쓰는 방법을 적극적으로 알려 주고 지도하는 것이 좋다. 노트 정리든 스스로 배움공책이든 제일 중요한 것은 교사가 판서하는 것을 그대로 적는 것보다 자신이 들은 것들 바탕으로 알게 된 사실, 이해한 내용, 생각과 느낌이 고스란히 드러나도록 하는 일이다. 이것을 지속적으로 실천해 나가다 보면 아이들의 수업 집중력과 이해력이 높아지고 질문하는 아이들의 수도 점점 늘어나게 된다.

협동학습 수업 속에서는 교사가 질문을 던진 이후에 바로 아이들이 답을 말하게 하는 것이 아니라 자신의 생각을 정리할 시간을 주는 것을 매우 중요하게 다루고 있다. 아이가 자기 생각을 갖고 있느냐 그렇지 못하느냐 하는 점은 아이가 수업에 주인이 되느냐 그렇지 못하느냐를 결정짓는 중요한 요소가 된다. 따라서 교사가 질문을 던진 후에 아이들 스스로 질문에 대한 자신의 생각을 가질 수 있는 시간 (필요시 노트에 기록하는 시간을 포함)을 충분히 주는 것을 잊지 말아야 한다. 아이들이 노트에 자신의 생각을 갖고 어딘가에 그것을 기록한다는 것 자체가 발표인 셈이다. 아이들이 자신의 생각을 갖고 기록하는 순간 사고는 보다 정교해지고 폭과 깊이는 깊어진다. 그리고 자신이 생각한 것에 부족함이 발생하였을 때 바로 아래에 새롭게 알게 된 사실이나 내용 또는 잘못 생각한 것에 대한 수정 사항을 덧붙여 기록(절대로 지우지 않게 하기 : 자신의 반성적 사고 과정을 소중하게 여기도록 하기)해 나가면 아이들은 틀렸다는 것에 대하여 부담을 줄여 나가게 된다. 수학 시간에 아이들이 오답을 말하거나 기록한다는 것은 그들이 분명히 '사고하고 있다'는 증거라는 사실을 잊지 말자.

5) 모두 일어서게 하기

자기 사고를 바탕으로 다른 사람들과 생각을 공유하며 협동적 배움을 실천해 나가는 일은 협동학습 수업의 핵심이다. 특히 협동학습의 최대 적은 무임승차(아무것도 하지 않은 채 일벌레 또는 발표하는 아이들 뒤에 숨어 지내는 현상)와 일벌레(어떤 아이가 모둠 활동에서 모든 일을 다 떠맡아 하는 현상), 봉 현상(일벌레 현상이 반복되면 그 아이가 '왜 힘들게 나만 해야 하지?' 하고 생각하면서 어느 순간 자신도 일을 놓아 버려 모둠이 목표 달성에 이르지 못하는 현상)이라고 할 때 이를 어떻게 최소화시키느냐가 곧 협동학습 수업의 성패를 좌우한다고 볼 수 있다. 이를 극복하기 위해 아이들 모두를 일어서게 하는 방법은 특히 수학 시간에 매우 유

모두 일어서서 나누기 활동 – 분수의 뺄셈을 띠 모델로 해결하기

용한 활동이라 할 수 있다.

모두 일어서서 나누기 활동

[상황 1] 먼저 일어서게 한 뒤 생각이 나면 앉아서 기록하고 그 내용을 바탕으로 모둠원들과 소통하게 하기(① 모두 일어서서 생각하기 ② 생각이 나면 앉아서 노트에 기록하기 ③ 모든 모둠원이 기록을 마치면 생각과 정보 서로 공유하기 ④ 모둠 의견 정리하기 ☞ 생각이 떠오르지 않아 계속 서 있게 되는 아이들은 적당한 시간이 지나면 스스로 앉아 모둠원과 정보를 공유하되 자신의 차례가 되면 일단 "패스"를 외치고, 다른 사람이 자신의 생각을 모두 말한 뒤에는 다시 차례를 넘겨받아 "생각이 잘 떠오르지 않아 정리하지 못했습니다."라고 솔직하게 말하되 다른 사람의 말을 경청해서 들은 내용을 바탕으로 "그런데 잘 들어 보니 ○○○의 말처럼 ~~라는 생각이 들었습니다."라고 이야기한다. 상황에 따라서는 교사가 그 아이들에게 힌트를 줄 수도 있다.)

[상황 2] 먼저 생각을 정리하게 한 뒤 적당한 시간이 지나면 모두 일어서게 하여 모둠원들과 소통하게 하고 모둠원들이 생각이 정리되면 자리에 앉게 하기(① 혼자 생각 정리하고 기록하기 ② 모두 일어서서 자신의 생각과 정보 공유하기 ③ 모둠 의견 정리하기 ④ 모둠 의견 정리 후 자리에 앉기 ☞ ①번 단계에서 생각이 떠오르지 않는 아이의 경우 위의 [상황 1]처럼 지도한다.)

[상황 3] 모둠활동이 아니라 개인 생각을 갖는 것을 전제로 할 때는 ① 혼자 생각하기 ② 생각이 끝나면 자리에 앉아 노트에 기록하기 ③ 자신의 생각 발표하기─이때 교사는 아무나 지목하는 것이 좋다. 대부분 손을 드는 아이들은 발표시킬 필요가 없는 아이들일 가능성이 높다. ☞ 서 있는 시간이 긴 아이들은 교사가 다가가 힌트를 주는 것도 필요하다. 서 있는 시간이 길어질수록 생각의 정리를 마친 아이들의 수업 공백기가 길어져 불필요한 상황이 만들어질 가능성이 있기 때문이다.

♣ 모두 일어서서 나누기 활동이 끝나면 교사는 활동 결과에 대하여 무작위로 아무나 지목하여 발표를 하게 할 수 있다. 모둠활동에 적극 참여하여 일벌레, 무임승차, 봉 현상이 최소화되었다면 어떤 아이들이 지목되어도 발표를 충분히 할 수 있다. 왜냐하면 모두가 적당히 긴장된 상태로 수업에 주인이 되어 적극적으로 생각하고 들었기 때문이며 아이들 각자는 단순히 자신의 생각을 말하는 것이 아니라 모둠원들과 나누었던 이야기를 정리하여 말하는 것이기 때문에 부담감이 줄어들고 오답을 말했을 때 다가오는 불안감과 수치심도 훨씬 낮아져 아이들 자존감에 상처를 남길 우려가 적거나 없게 된다.

♣ 정리된 모둠 의견을 발표할 때 교사는 그들의 생각을 칠판에 잘 정리해 준다. 이것은 아이들의 다양한 사고 과정(비교, 분석, 공통점, 차이점, 생각의 다름 등)을 그대로 보여 줌과 동시에 그들의 생각과 사고가 수업을 얼마나 의미 있게 만들어 주는지를 알게 해 줄 수 있는 좋은 자료가 되기 때문이다.

♣ 아이들이 생각과 정보를 나누는 과정을 살피면서 필요할 경우 전체 활동을 멈추고 힌트를 주거나 각 모둠에 1명씩만 나오게 하여 중요한 힌트를 준 뒤 모둠으로 돌아가 자신이 알아 온 힌트를 다른 사람들에게 알려 주고 다시 활동을 시작하게 할 수도 있다.

6) 오답은 살아 있는 수학 수업 재료 – 고민의 결과는 즉시 말하기, 오답은 살리기

우리나라 아이들은 틀리는 것을 매우 두려워하고 창피스러워한다. 물론 이는 학습된 것이고 그 뒤에 그런 상황을 만든 교사의 잘못이 있다. 천재 발명가 에디슨이 전구를 개발할 때 99번의 실패를 부끄러워했을까? 오히려 99번의 안 되는 이유를 알아낸 것에서 희망을 찾았을 것이고 그것이 결국 전구를 발명하게 만들었던 것 아닐까?

마찬가지로 수학 수업 시간에도 아이들 스스로가 고민 끝에 생각해 낸 산물들을 과감하게 교실 전체로 던져 보거나 실행시켜 볼 필요가 있다. 물론 그 생각을 교실 전체에 던져 보거나 실행하는 과정에서 어떤 지점에서 생각이 부족했는지, 어떤 부분을 고려하지 못했는지, 자신의 생각에 어떤 장점과 단점이 있었는지, 자신의 생각을 어떻게 보완해야 될지 등의 반성적인 사고 과정은 반드시 필요할 것이다. 이러한 과정을 통해 아이들은 수학적 개념의 이해 및 수학적 사고력을 보다 심화, 발전시키고 수학적 문제해결력을 향상시킬 수 있게 된다.

이를 위해 무엇보다도 틀려도 괜찮은 교실 환경을 만드는 일이 중요하다. 아이들이 오답

자신의 생각 발표하기 – 분수의 곱셈

을 말한다는 것은 그들이 사고하고 있다는 증거이기도 한 만큼 왜 그렇게 생각했는지를 묻고 어떤 지점에서 좀 더 생각해 볼 필요가 있는지를 스스로 찾아낼 수 있도록 해야 한다. 여기에는 오답을 말한 아이들을 더욱더 칭찬하고 격려하는 교사의 사고 및 태도 전환이 선행되어야 한다. 교사가 바뀌면 아이들은 수학적 개념을 이해하기 위해 고민은 하되 생각 난 아이디어는 망설이지 않고 발표로 연결 짓거나 실행에 옮긴다.(오답이 나올 경우 그대로 적어 두고 아이들 간의 연결 짓기를 통해 수학적 의사소통을 돕고 비슷한 문제 상황에 봉착한 다른 아이들의 또는 완전히 이해하고 있지 못한 아이들의 이해를 돕거나 오류가 발생한 지점을 찾을 수 있도록 돕는다. 이 과정은 말 그대로 살아 있는 협동학습 수업을 만든다.)

7) 심진 일으키기 – 핵심 질문 뽑아내기

심진(心震)을 일으킨다는 것은 어떤 상황이나 주제와 관련하여 지적인 불완전함을 이용하여 장애물을 설치해 둔다는 것(아이들이 갖고 있었던 기존의 생각이나 신념을 무너뜨리는 일)을 의미한다. 실제로는 잘못된 상황을 제시하고 그것이 정답인 것처럼 포장하여 아이들의 사고에 혼란을 가져다주는 활동이라 말할 수 있다. 다음 상황과 같은 예가 바로 그것이다.

보통 이런 상황은 부족하지만 아이들 자신이 현재 상황에 만족하거나 어렴풋하게 알고 있는 것을 좀 더

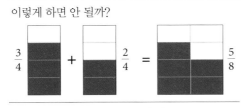

생각해 봅시다.

이렇게 하면 안 될까?

$$\frac{3}{4} + \frac{2}{4} = \frac{5}{8}$$

설명해 봅시다.

확실하게 이해할 수 있도록 돕고자 할 때, 아이들 자신이 어떤 주제나 상황에 대하여 잘 알고 있다는 착각에 빠져 있을 때 그들의 생각과 믿음에 지각변동을 일으키거나 부정하게끔 만들어 자신들의 기존 지식과 사고체계를 재구성해 나갈 수 있도록 돕고자 할 때 만들어진다.(나의 경우 주로 답 내기 중심의 학원 선행학습을 한 아이들이 많을 때, 지난 학년에서 완전히 개념을 이해하지 못하고 넘어온 영역에 대하여 출발점 행동을 점검하고자 할 때 많이 활용한다.)

이러한 발문을 위해서는 교과서를 버리고 핵심에 집중한 교육과정 및 교과서 내용의 재구성을 하지 않으면 안 된다. 왜냐하면 그 수업에서 굉장히 중요한 핵심 질문일 경우에 주로 사용하는데 이 경우 시간이 꽤 많이 필요하기 때문이다. 이의 밑바탕에는 법정 스님의 '무소유' 사고가 있다.(법정 스님의 말에 의하면 '무소유'란 아무것도 갖지 않는 것이 아니라 불필요한 것을 갖지 않는다는 뜻이다.) 이처럼 불필요한 것 또는 덜 중요한 것에 아이들이 집중하지 않게, 시간을 보내지 않게 하는 일은 반드시 선행되어야 한다.(교과서를 보고 덜 중요하거나 핵심에서 벗어나는 것들, 이것저것 묶어서 해도 큰 무리가 없는 활동들, 생략해도 좋은 활동들은 과감히 덜어 낸다는 판단과 의지가 필요하다. 굳이 교과서를 빠짐없이 다 가르쳐야 한다는 생각은 버리도록 하자.) 그래야 아이들은 현재 발달 수준을 바탕으로 근접 발달 영역 내에서 협동적 상호작용을 통해 잠재적 발달 영역으로 넘어가게 된다. 아이들이 모든 것을 알게 한다는 것은 단지 교사의 욕심일 뿐이다.

8) 충분히 생각할 시간을 주고 기다리기

생각할 시간을 주고 기다린다는 것은 인성교육 차원에서 그 아이에 대한 배려일 뿐만 아니라 아이가 수업 속으로 들어올 수 있는 기회를 제공하는 일이다. 교사들이 아이들을 수업 속으로 끌어들여 수업에 주인이 될 수 있는 많은 방편을 찾고 있지만 '아이들 스스로 자기 생각 갖기'만큼 쉬운 방법은 없다. 수업에 참여하는 아이와 그렇지 않은 아이의 가장 큰 차이점은 바로 자기 생각을 갖고 있느냐 없느냐 하는 점이다. 자기 생각을 갖고 있는 아이들 치고 참여하지 않는 아이는 찾아보기 힘들다. 상대적으로 자기 생각을 갖고 있지 못한 아이들 치고 제대로 참여하는 아이 또한 찾아보기 힘들다. 이를 위해 교사는 미리 교재 연구를 통해 준비한 중요한 질문들에 대하여 충분히 생각할 시간을 주고 기다리는 자세가 필요하다. 그러면서 아이들을 세밀하게 관찰하고 생각이 잘 떠오르지 않는 아이들에게는 먼저 모둠원들에게 도움을 구하고 그래도 안 될 때에 교사에게 도움을 요청하도록 안내하는 것이 필요하다. 무조건 교사에게만 도움을 요청한다면 아이들은 협동학습에 대한 필요성을 느끼지 못한다. 아이들에게 있어 가장 좋은 조력자는 교사가 아니라 팀 동료라는 사실을 늘 일깨워 주어야 협동학습이 잘 이루어질 수 있다.

9) 생활 속에서 수학적 개념 및 원리를 학습하게 하기 – 수학적 도구 및 스토리텔링

살아 있는 수학 수업을 만들어 나가기 위해서 생활 속에서 그 수학적 개념이나 원리를 학습할 수 있도록 재구성하라는 것이다. 아이들이 수학을 싫어하는 이유 중 하나는 "재미가 없다"는 것이다. 왜냐하면 자신의 피부에 와 닿지 않을 뿐만 아니라 배움과 자신의 삶과의 연결 고리를 찾지 못해 왜 배워야 하는지 깨닫지 못하기 때문이다. 하지만 생활 속에서 수학적 개념을 탐색하는 활동은 아이들에게 무한한 흥미와 재미를 제공해 준다. 예를 들어 길이를 학습할 때 줄자로 나의 키뿐만 아니라 팔 길이, 다리 길이를 실제로 측정해 보

배수와 약수의 단원 학습 – 우리 전래동화 "3년 고개 이야기"로 시작하기(스토리텔링)

고 냉장고, 모니터 등 집 안에 있는 여러 가지 가전제품의 길이 관계를 탐색해 본다면 학생들이 얼마나 재미있어할까.

또한 신문이나 잡지 등을 이용해서도 수학 공부를 할 수 있다. 그 속에는 다양한 수학적 도구가 들어 있다. 실제 이야기, 실제 상황을 시각화한 다양한 도표와 이미지(시각 모델 및 상황 모델) 등의 자료를 통해 학습한 아이들은 단지 수학으로서 추상적인 학문을 접한 것이 아니라 자신을 둘러싼 실제 현실을 간접적으로 경험하면서 수학이 실제 현실과 어떻게 접목되고 우리가 왜 수학을 공부해야 하는지뿐만 아니라 실생활 속에서 관련된 주제나 단원의 개념이 어떻게 녹아 들어가는지를 잘 이해할 수 있고 응용능력도 높아지게 된다.

한편 학년에 따라서는 억지로 만들어진 이야기보다 이미 있는 이야기를 통해 수학적 상황을 제시하고 배우는 즐거움을 경험하게 할 수 있다. 특히 저학년에서는 매우 유용한 방법이 될 수 있다.(예를 들어 1학년 수학 교육과정을 보면 아이들의 호기심을 끌기 위해 수를 모르고 있다는 외계인을 등장시켜 스토리텔링 수학을 전개해 나가고 있는 상황이 있는데 좀 생뚱맞다는 생각이 든다. 여러분은 어떻게 생각하는가? 이미 많은 아이들이 숫자를 알고 학교에 입학하지만 이들이 숫자를 전혀 모른다는 전제하에 그들 수준에 맞는 우리 전래 동화 "해와 달이 된 오누이 이야기 – 떡 하나 주면 안 잡아먹지!"와 같은 이야기를 읽어 주면서 재미있게 수에 대하여 접근할 수 있도록 유도하는 것이 더 좋지 않을까 생각한다. 물론 이 단계에서 숫자를 단순히 추상적이거나 개수로 접근해서는 안 될 일이다. 숫자는 나름대로의 고유성을 갖고 있다. 이것을 아이들이 온몸으로 느낄 수 있도록 해야 한다. 예를 들어 1은 1개, 오직 하나밖에 없는 소중한 것, 추상적인 의미의 1, 기호로서의 1, 나 자신 등의 의미가 담겨져 있다고 볼 수 있다.)

10) 개념이나 원리가 가진 구성 요소들 사이의 관계를 논리적으로 탐색하게 하기

이는 그 개념이나 원리가 가진 구성 요소들 사이의 논리적인 관계를 탐색하게 하는 것이다. 이런 논리적 관계의 탐색 과정에서 아이들은 수학적인 구조를 더 명확히 해 그 개념이나 원리를 보다 확실하게 이해할 수 있게 된다.

예를 들어 직사각형과 정사각형을 서로 비교할 때 두 도형을 구성하고 있는 구성 요소인 변, 꼭짓점, 각을 논리적으로 탐색하도록 한다는 것이다. 이때도 그냥 알아서 비교해 보라고 하는 것보다 아래와 같이 아이들 수준에 맞게 사고할 수 있는 다양한 형태의 틀 (밴 다이어그램 또는 비교 분석표)을 주는 것이 필요하다.

밴 다이어그램
주제 : 직사각형과 정사각형의 공통점과 차이점
이름 :
모둠 :
직사각형   정사각형
공통점

		정사각형	직사각형
공통점	꼭짓점		
	변		
	각		
차이점	변		

11) 직접 구체물 조작하게 하기

종이를 직접 자르고 회전, 이동시키면서 등적변형을 통해 도형의 넓이를 구하는 공식 만들기 활동

초등학교 아이들은 아직 추상적 사고를 매우 힘들어하는 연령대이다. 이런 시기에 수학 공부를 단지 문제 풀이 또는 답 찾기식처럼 추상적으로 진행한다면 아이들은 매우 힘들어하고 수학 포기자가 양산될 수밖에 없다. 저학년부터 고학년까지 필요에 따라 모든 아이들에게 구체적인 조작물을 나누어 주고 알맞은 활동을 하여 그들의 이해를 도울 수 있는 방법 또는 자료를 고민해 봐야 한다.(외국의 사례를 보면 교실마다 수학 관련 교구들이 정말

로 많이 갖추어져 있는 모습을 볼 수 있다. 그러나 우리나라는 아직 교실마다 교구들이 아직도 충분히 갖추어져 있지 않다. 가뜩이나 잡무 및 여러 여건으로 인하여 수업 연구할 시간도 부족한데 교사들이 교구까지 직접 고민하여 만들어 사용하고 있는 현실이라서 매우 안타깝다.)

12) 협동적으로 함께 문제를 해결하는 즐거움 선사하기 – 미션 과제

똑같은 활동이라도 그냥 활동지 형식으로 제시하면 아이들은 힘들어한다. 그러나 미션활동이라고 포장하여 도전의식을 갖게 하면 아이들은 눈빛이 반짝거린다. 게다가 혼자 하는 것보다 모둠원들이 함께 해결하

모둠별 미션 과제 해결

고 한 사람도 빠짐없이 다 설명할 수 있어야 한다는 조건을 내걸면 아이들은 더 활동적으로 움직인다. 개별학습지 형식으로 나누어 주면 아이들은 마치 시험을 보는 듯 착각을 경험하며 부담을 느끼게 된다. 하지만 모둠 미션 과제나 협동학습 구조인 짝 점검 활동 등을 하게 되면 이 활동을 게임이나 놀이처럼 인식하여 도전의식을 갖게 된다. 아울러 모둠 미션 과제 및 짝 점검 등의 협동적 활동은 혼자라는 부담감이 줄어들고 개인적인 책임 또한 감소

하며 또래 동료들과 서로 도움 및 칭찬을 주고받고, 정보 및 아이디어를 공유하기 때문에 자연스럽게 상호 작용을 통해 목표에 도달할 수 있다는 장점 및 아이들의 자존감을 살려 줄 수 있는 효과도 얻을 수 있다. 여기에서 주의해야 할 점 한 가지가 있다면 무임승차, 일벌레, 봉 현상, 경쟁 현상을 어떻게 극복할 것인가 하는 것이다. 나의 경우 미션 과제나 협동적 활동이 끝나면 모둠원 가운데 아무나 대표설명을 하게 될 것이라고 미리 안내를 한다. 그러면 아이들은 한 명도 빠짐없이 완전학습을 하기 위해 노력하는 모습을 보이게 된다. 아울러 미션 과제를 잘 해결하면 상점을 준다거나 +α라도 무엇인가 걸려 있다면 아이들은 이해가 부족하거나 도움이 부족한 아이들과 부정적 상호작용을 하게 되어 협동학습의 중요한 기반을 뒤흔들 우려가 있으니 주의하기 바란다.

13) 몸으로 배우게 하기

반 힐에 의하면 초등학교 시기의 아이들은 제2수준(기술적 수준)에 해당된다. 이 수준의 아이들은 사물을 직관적으로 관찰하고 귀납적으로 판단하며 정의한다.(피아제의 구체적 조작기에 해당되기도 하는데 피아제도 이 단계의 아이들은 구체적인 대상 없이 언어적 명제만을 다루는 형식적 수준에는 이르지 못한다고 하였다.) 따라서 도구나 구체물을 이용하여 수학적 활동을 하는 것과 함께 몸으로 수학적 개념을 이해하고

몸이 수학적 개념을 기억하도록 하는 일은 매우 중요한 일이 아닐 수 없다.

신문지로 1m² 단위넓이를 만들어 실제로 여러 종류의 넓이 측정해 보기

몸으로 배운다는 것은 이런 것이다. 예를 들어 아이들이 처음 수를 익힐 때 아이마다 그 개념 및 의미를 쉽게 받아들이는 방법이 다르다. 어떤 아이들은 예를 들어 설명하는 것만으로도 이해를 하는가 하면 어떤 아이들은 바둑돌, 공기, 수 모형, 구슬 등을 이용하여 설명해야 이해를 하기도

하며 또 다른 아이들은 몸으로 뛰거나 걸음을 걷거나 하면서 수에 대한 개념을 몸으로 경험하고 몸으로 받아들이기도 한다. 또한 순서의 의미를 배울 때는 아이들 모두 몸으로 익히는 것을 더 빨리 쉽게 받아들이기도 한다. 이처럼 몸이 수학적 개념을 받아들이고 이해할 수 있도록 하는 일은 특히 초등학교 단계의 아이들에게 매우 적합한 활동이라 할 수 있다.(이 외에도 길이 개념, 거리 개념, 넓이 개념, 도형의 특성을 활용한 역할극 하기 등에도 얼마든지 적용될 수 있다.)

14) 놀이와 접목시키기 - 즐거움과 배움 연결 짓기

아이들은 놀면서 공부할 때 가장 즐겁게 배운다. 기는 놈 위에 뛰는 놈 있고 뛰는 놈 위에 나는 놈 있다고 하지만 나는 놈도 당해 내지 못하는 놈이 바로 노는 놈이다. 여기서 말하는 논다는 것은 그것을 즐긴다는 뜻이다. 수학 수업을 아이들이 가장 즐길 때는 바로 놀이 자체가 자연스럽게 배움과 연결될 때라고 말할 수 있다.

예를 들어 1학년 아이들이 짝수와 홀수를 공부할 때 바둑돌이나 죠리퐁 과자 또는 콩알로 홀짝 알아맞히기 게임을 하거나 수 세기 놀이를 할 수 있다.(물론 하면서 먹기도 한다.) 5학년 배수와 약수를 공부할 때도 3-6-9게임을 하면 아이들은 매우 즐거워하며 배수 개념을 익힐 수 있다. 어떤 수학적 개념이나 상황을 안내할 때 스무고개 형식으로 제시할 수도 있다. 큰 수의 덧셈과 뺄셈을 익히기 위

분수의 곱셈 단원-돌아가며 문제 내기 게임 활동

해 시장 놀이 또는 알뜰시장 활동을 하거나 실제 화폐를 들고 아이들 각자가 사고 싶은 물건을 사고 계산하게 할 수 있다. 곱셈 구구 활동을 하면서 소위 말하는 '구구단을 외자. 구구단을 외자' 하는 활동을 하는 것도 아이들이 굉장히 즐기는 활동 중 하나다.

15) 수업 연구를 게을리하지 않기 – 수업의 기록(경영록)

교사의 가장 1순위 업무는 무엇보다도 수업 연구 및 수업 활동이다. 특히 수학 수업은 제대로 준비하지 않

으면 문제 풀이 방법이나 알고리즘을 익혀 반복 학습하는 정도의 수준을 넘어서기 힘들다. 따라서 살아 있는 수학 수업을 하기 위해서는 수업 전, 수업의 실제, 수업 후의 성찰까지 잘 연계된 수업 연구가 반드시 수반되어야 한다. 이렇게 꾸준히 지속된 기록은 분명히 교사의 전문성 신장을 가져다줄 것이다.(그러나 단순히 어떤 내용을 지도하고 어떤 순서로 하였다는 식의 기록은 별 의미가 없다. 여기서 말하는 기록은 살아 있는 수학 수업을 위한 고민의 흔적, 나다운 수업을 고민한 흔적, 특별한 것이 아닌 일상의 흔적이 잘 드러나게 하라는 말이다. 무슨 행사 치르듯이 하는 공개수업처럼 화려하게 계획하고 고민하라는 말은 아니다. 공개수업은 특별한 수업이기에 일상의 수업 모습은 아니다. 그런 활동에서 교사의 수업 성찰과 성장은 결코 이루어지지 않는다.) 쉽지만은 않다. 초등학교 교사는 여러 과목을 매일 동시에 지도하기 때문에 모두 확

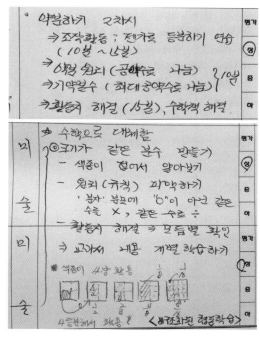

2015년 나의 학급 경영록 수업 기록

실하게 연구한다는 것은 어려운 일이다. 나의 경우 몇 년을 주기로 중심 연구 교과를 선정하여 꾸준히 연구하는 습관을 들였다. 그리고 혁신학교에 와서는 동학년 선생님들과 각자 자신 있는 교과에 대하여 공동 연구를 하고 정보 및 자료를 공유하면서 좋은 수업을 위하여 꾸준히 동학년 수업 회의를 지속해 오고 있다.

기록하는 방법은 자기에게 맞는 틀을 만들되 핵심 내용, 핵심 질문, 중심 활동에 대한 고민, 수업의 흐름, 중요한 교구나 자료 등을 간략히 적어 두면 된다. 굳이 세세하게 기록할 필요는 없다.

> 성장하는 교사 치고 기록과 자기성찰을 하지 않는 교사 없고
> 기록과 자기성찰을 하는 교사 치고 성장하지 않는 교사 없다.

16) 칠판은 아직도 가장 유용한 도구

멀티미디어가 들어오고 난 뒤부터 칠판의 활용은 현저히 줄어들었다. 게다가 교과서 내용을 그대로 옮겨서

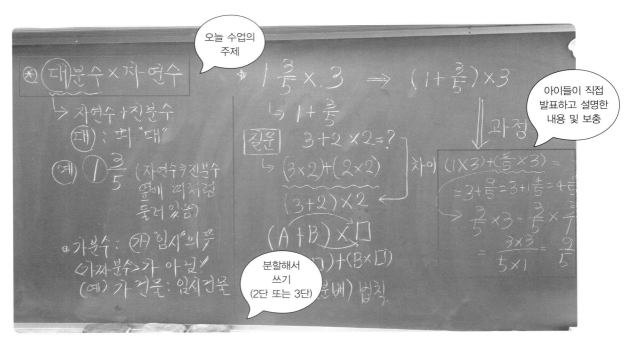

2015년 분수의 곱셈 수업 판서 사례 : 나의 경우 과거처럼 단원 제목 쓰고 단원 목표 쓰고 하는 식의 칠판 판서는 하지 않는다. 오늘 수업 목표는 짧게 주제 제시 방식으로 첫머리에 반드시 기록한다.

온라인 서비스를 하고 있는 업체들도 늘어나면서 이를 이용하는 교사 수가 증가하여 칠판은 마치 장식물처럼 되어 버린 것 같아서 아쉽다.

과거 칠판은 교사 중심 수업, 일방적인 전달 및 설명 위주의 수업, 암기 중심 수업을 대표하는 교구였다. 빈틈없이 가득 채워진 판서와 받아 적기 바쁜 아이들의 모습 그리고 "다 썼니? 지운다?" 하고 외치던 선생님의 모습. 그러나 아직도 칠판은 유용한 수학 교수 학습 도구이다. 특히 수학 수업에서는 더 그러하다. 칠판은 아이들 간의 소통의 장이기도 하고 교사와 아이들의 소통 도구이기도 하다. 게다가 칠판 판서는 수업의 흐름을 고스란히 담을 수 있는 매우 중요한 공간이다. 나는 협동학습을 하면서 멀티미디어를 거의 쓰지 않는다. 오히려 수업 연구를 하면서 칠판을 이용하여 어떻게 수업 흐름을 나타내고 아이들의 배움의 과정을 고스란히 담아낼 것인지를 고민하고 실제 수업에서 그것을 실천한다. 아이들에게 자신의 배움을 담는 노트가 있다면 교사에게는 아이들의 배움을 안내하는 칠판이 있다.

17) 모둠칠판을 적극 활용하기

모둠칠판은 협동학습 교구 가운데 아이들이 가장 좋아하는 것이다. 아이들은 이것만 손에 쥐면 골든벨 퀴즈 활동을 하는 것처럼 여긴다. 수학 시간에 모둠칠판은 개별 활동 차원에서 각자의 생각을 적어 들어 보게 하는 데 활용되기도 하고 모둠 의견을 정리하여 제시하는 데 쓰이기도 하며 모둠원들끼리 돌아가며 문제 내기 활동을 하거나 5단계 OX퀴즈 활동을 할 때도 사용된다.(뒷면에는 5단계 OX퀴즈 활동판이 있다.)

보드마카는 사용한 뒤 마개를 꼭 막아 두기만 하면 오래 사용할 수 있고, 모둠별 보드마카 및 지우개를 담는 바구니, 모둠칠판을 보관하는 수납장을 마련하기만 하면 굉장히 깨끗하게 영구히 활용할 수 있는 훌륭한 교구라 할 수 있다. 시중에 매우 비싼 가격으로 판매되기도 하지만 나의 경우 오래전 수업 개선 연구교사를 할 때 연구 지원비를 활용하여 장판으로 직접 만들어 10년 넘게 잘 쓰고 있다.

모둠별 돌아가며 문제 내기 활동

18) 적재적소에 알맞은 협동학습 구조 활용하기

협동학습 구조는 협동학습을 거드는 활동일 뿐이다. 그러나 적재적소에 잘 활동만 한다면 협동학습의 효과를 배가시킬 수 있는 훌륭한 사고의 틀이다. 따라서 각 사고의 틀이 갖고 있는 특성과 장점 및 주의해야 할 점들을 교사가 잘 파악하고 있다면 협동학습을 통해 생기가 넘치는 살아 있는 수학 수업을 만들 수 있다.(나의 경우 밴 다이어그램, 돌아가며 말하기, 돌아가며 문제 내기, 부채모양 뽑기, 생각 내놓기, 모두 일어서서 나누기, 모둠별 문제 내기, 짝 점검, 모둠 토론, 칠판 나누기 등의 활동을 자주 활용하는 편이다.)

모둠별 부채모양 뽑기 활동

19) PCK – 교사 자신이 살아 있는 수학 교육과정 그 자체

교육과정 및 교과서 내용의 재구성도 그 교과, 단원, 차시에 대한 핵심, 무엇을, 왜, 어떻게 가르쳐야 하는가 등에 대한 종합적인 전문지식을 갖추었을 때 비로소 가능한 이야기다. 그것이 없다면 무분별하면서도 일관성 없는 재구성밖에 이루어지지 않는다. 그런 수업은 절대로 좋은 수업일 수 없다. 교사가 수학은 왜 배워야 하고 왜 가르치려고 하는가에 대한 생각을 바탕으로 지도하고자 하는 단원에 대한 수학적 전문지식을 아이들 눈높이에 맞게 교수학적 변형을 할 줄 알아야 재구성이 제대로 이루어질 수 있다. 그것이 없다면 단지 교과서 속 문제를 잘 풀 수 있는 방법이나 알고리즘만 가르치는 수업이 될 수밖에 없다.(내가 생각해 볼 때 학교 현장은 이런 상황을 그리 많이 벗어나고 있지 못하고 있다는 생각이 든다. 특히 수학과 관련하여 그런 현상이 두드러지는 영역은 바로 분수와 도형 영역이다.) 그런 수업은 학교 밖의 학원에서 많이 볼 수 있다. 그런 학교 교육은 학원 교육과 다를 것이 없다. 분명히 학교 교육은 학원 교육과 달라야 한다. 그래야 학부모가 학원보다 학교 교육을 신뢰할 수 있고 무너진 공교육을 다시 일으켜 세울 수 있다. 이에 대한 사례는 제2장 수업의 실제 부분에서 단원 재구성을 참고하기 바란다.

살아 있는 협동학습 수학 수업에서 가장 중요한 것은 교사 자신이다.
살아 있는 협동학습 수업을 위해 교사 자신이 곧 살아 있는 교육과정이어야 한다.

협동학습으로 만드는
5학년 수학 수업

01 약수와 배수

단원 소개 및 문제의식 갖기

교사용 지도서를 보면 이 단원에서는 자연수 범위에서 약수와 배수를 알아보고 곱의 관계를 통해 약수와 배수의 관계를 이해하게 한다는 것을 목적으로 하고 있으며 여기에서 학습한 약수, 배수, 공약수와 최대공약수, 공배수와 최소공배수는 후속 단원인 약분과 통분을 학습하는 데 기초가 된다고 소개하고 있다. 학습 목표 및 단원 발전 계통을 살펴보면 아래와 같다.[1]

단원 학습 목표

내용	1. 약수, 공약수, 최대공약수의 의미를 알고 구할 수 있다. 2. 배수, 공배수, 최소공배수의 의미를 알고 구할 수 있다. 3. 약수와 배수의 관계를 이해할 수 있다. 4. 공약수와 최대공약수의 관계, 공배수와 최소공배수와의 관계를 이해할 수 있다. 5. 약수와 배수에 관련된 문제를 해결하는 방법을 알 수 있다.
과정	1. 주어진 수가 어떤 수의 약수 또는 배수인지 알아보는 방법을 찾아 추론할 수 있다. 2. 약수와 배수를 구하는 방법을 활용하여 실생활 문제를 해결하고 그 해결 과정을 설명할 수 있다. 3. 최대공약수와 최소공배수에 관련된 문제를 여러 가지 방법으로 해결할 수 있다.
태도	1. 일상생활에서 약수와 배수를 사용하여 더 편리했던 경험을 통해 수학의 유용성을 깨닫고 수학에 흥미를 가질 수 있다. 2. 약수와 배수에 관련된 문제를 해결하고 이를 설명하는 과정을 통해 자신감을 가질 수 있다.

단원의 발전 계통

선수 학습	본 학습	후속 학습
• 3학년 곱셈 • 3학년 나눗셈 • 4학년 곱셈과 나눗셈	• 약수와 배수의 의미 알고 구하기 • 약수와 배수의 관계 이해하기 • 공약수와 최대공약수, 공배수와 최소공배수 의미 알고 구하기	• 5학년 약분과 통분 • 5학년 분수의 덧셈과 뺄셈 • 분수의 곱셈

위의 내용에 근거를 두고 교사용 지도서는 본 단원의 전개 계획을 다음과 같이 제시[2]하였으나 현장에

---

1 2009 개정 교육과정에 따른 수학과 교사용 지도서 5학년 1학기. 2015. pp. 102~103.
2 2009 개정 교육과정에 따른 수학과 교사용 지도서 5학년 1학기. 2015. p. 105.

서 그대로 따라서 지도하기에는 무리가 있다는 생각이 든다.

차시	재구성 이전	수업 내용 및 활동
1	단원 도입(스토리텔링)	• 실생활에서 약수와 배수가 사용되는 상황을 찾고 서로 이야기하기 (그림을 보고 약수와 배수를 관련지어 이야기하기)
2	약수를 알기	• 약수의 의미를 알고 자연수의 약수 구하기
3	배수를 알기	• 배수의 의미를 알고 자연수의 배수 구하기
4	약수와 배수와의 관계	• 두 수의 곱을 이용하여 약수와 배수의 관계 알아보기
5	공약수와 최대공약수 알기	• 공약수와 최대공약수의 의미, 관계를 이해하고 구하기
6	공배수와 최소공배수 알기	• 공배수와 최소공배수의 의미, 관계를 이해하고 구하기
7	단원 정리(문제 풀기)	• 단원에서 배운 내용을 문제 풀며 정리하기
8	문제해결	• 공배수와 최소공배수의 쓰임 알아보기
9	체험 마당	• 체험활동을 통해 약수와 배수 관계 알아보기

문제의식을 갖게 만드는 점 몇 가지를 살펴보면 아래와 같다.

단원 지도를 위한 수업 시수 문제

총 9차시 가운데 단원 정리 및 문제해결과 체험 마당을 제외하면 약수와 배수에 대한 이해에 3차시, 공약수와 최대공약수, 공배수와 최소공배수에 2차시를 할애하여 지도하라고 되어 있다. 5차시로 이 내용을 아이들이 이해할 수 있도록 지도하라는 말이다. 이 짧은 시간에 제대로 이해를 도울 수 있을지 의문이 든다. 특히 공약수와 최대공약수, 공배수와 최소공배수를 각각 1차시에 이해하고 넘어간다는 것은 5학년 아이들 수준에서 굉장히 어려운 일이다.

단원 도입의 스토리텔링 수학에 대한 문제의식

RME 수학 교육의 영향에 따라 매 단원 1차시, 매 차시 도입 부분의 생각 열기에 실제 상황을 제시하고 학습할 내용을 실생활의 맥락 속에서 생각하도록 돕고 있다. 그러나 제시된 상황이나 이야기가 건조하고 재미도 없어 아이들의 흥미와 호기심을 자극하기에는 너무 억지스러운 점이 있고 군이 한 시간이라는 긴 시간을 할애하여 생각하도록 할 만큼 그렇게 중요한 활동인가에 대한 문제의식을 가져 볼 필요가 있다. 차라리 재미있는 전래동화를 제시하고 그 속에서 수학적 맥락을 파악하여 동기를 유발한다면 조금이나마 이해가 가겠지만 전혀 그런 상황이 아니어서 고민이 된다. 때로는 이 부분을 간략히 살펴보고 단원의 내용 가운데 좀 더 시간을 필요로 하는 곳에 시간을 할애한다면 아이들의 배움에 더 도움이 될 것이라 생각한다.

2, 3차시 '약수 알기 ⇨ 배수 알기' 순서에 대한 문제의식

초등 수학의 영역 구분에 따르면 이 단원은 수와 연산 영역으로 분류되어 있다. 하지만 엄밀히 따지면 이 단원은 '수' 영역은 맞지만 '연산' 영역은 아니다. 이 단원은 수학이라는 학문에서 '정수론 : 자연수의 성질만을 다루는 학문의 한 분야'에 해당되는 것으로 초등학생들이 다루는 자연수 영역 내에서의 고유한 성질에 대한 추상적인 내용으로 구성되어 있다. 추상성이 매우 강한 영역이기 때문에 아이들은 매우 어려워하는 부분이기도 하다. 그리고 내용의 제시는 '쉬운 것 ⇨ 어려운 것'으로 제시되어야 함이 마땅함에도 불구하고 이 작은 것 하나조차 고려되지 못한 구성이 단원 초반에서부터 나타나고 있다. 교과서 및 지도서 순서를 보면 약수가 먼저 나오고 배수가 뒤에 나온다. 그런데 약수는 나눗셈을 기반으로 하고 배수는 곱셈을 기반으로 한다고 볼 때 아이들이 좀 더 쉽게 이해하고 받아들일 수 있는 것은 나눗셈 개념의 약수보다는 곱셈 개념의 배수라 할 수 있다. 그렇게 본다면 먼저 제시되어야 할 내용은 약수가 아니라 배수여야 하고, 실제로도 배수에 대한 개념은 이미 아이들에게 상당 부분 형성되어 있기 때문에 굳이 한 시간이라는 긴 시간을 할애하지 않고서도 쉽게 넘어갈 수 있는 내용이기도 하다.

4차시 약수와 배수 및 둘 사이의 관계를 따로 지도하는 것에 대한 문제의식

이 부분에서 본 단원 구성에 대한 본질적인 문제의식을 가장 많이 가져야 할 것이라 생각한다. 그 이유에 대하여 좀 더 자세히 살펴보면 다음과 같다.

약수와 배수 단원은 수학이라는 학문에서 '정수론'의 일부로 아래와 같은 정의에 따른다고 볼 수 있다.

 인수와 배수

> 정식 B＝AC인 정수 C가 있을 때 A를 B의 인수(因數, Factor, 구성요소 : 초등에서 약수와 같은 개념으로 이해하면 됨[3])라 하고 B를 A의 배수(Multiple)라 한다.
>
> (예) 8＝4×2 ⇨ 8은 4의 2배가 되는 수, 4는 8의 인수, 8은 4의 배수

---

3 모든 자연수 n은 n=A·B·C…와 같이 표현할 수 있다. 이때 자연수 n을 표현하는 자연수 A, B, C를 n의 약수 또는 인수라고 부른다. 두 수의 약수 중 공통되는 최대약수를 최대공약수, 공통되는 최소배수를 최소공배수라고 한다. 약수 개념은 일반적으로는 자연수에 한해 다루기 때문에 초등학교에서 이 용어를 많이 사용한다. 그런데 초등학교에서는 약수의 정의를 "자연수 혹은 0이 아닌 자연수를 나누었을 때, 떨어지게 할 수 있는 자연수를 말한다."고 내리고 있다. 어찌 보면 인수와 정반대되는 정의를 내리고 있는 셈이다. 인수의 정의를 좀 더 살펴보면 "정수 또는 다항식을 몇 개의 곱의 꼴로 했을 때, 그것의 각 구성 요소를 이르는 말이다."로 약수의 개념을 포함하고 있다고 봐야 한다. 따라서 인수가 훨씬 더 폭넓은 개념이며 약수 또한 인수의 개념으로 이해해야 함이 마땅하다. 인수에 대하여 좀 더 살펴보면 다음과 같다. 정수 A가 정수 b1, b2, …, bn의 곱, 즉 A＝b1·b2·…

여기에서 약수에 대한 정의를 추가하여 살펴보면 아래와 같다.

인수에 대한 정의

> 곱이 되어 그 수를 구성하는 요인, 인수로 작용함.
>
> [표현 방식] : 나눗셈이 아니라 곱셈의 방식으로 표현됨.
>
> B=A×C(B는 A의 C배, A는 B의 인수), B=C×A(B는 C의 A배, C는 B의 인수)

위와 같은 정의 및 이해를 바탕으로 중학교 과정에서 소인수분해로 연결된다.

소인수분해

오른쪽과 같이 합성수를 소수의 곱으로 나타내는 방법을 말한다.
여기서 소수란 양의 약수가 1과 자기 자신뿐인 1보다 큰 자연수로
정의된다. 소수는 정수론에서 매우 중요한 역할을 담당한다.

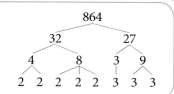

소인수분해는 자연수만이 가지는 독특한 성질(유리수나 무리수, 복소수는 인수분해가 되지 않는다.)로 큰 수를 다룰 때 작은 수로 분해하여 이해하는 것이 훨씬 쉽기 때문에 매우 유용하게 활용되고 있다. 그러나 사실 이 과정은 중학교 수준의 내용임에도 불구하고 초등학교 5학년 과정(특히 최대공약수, 최소공배수 부분)에서 왜 그렇게 되는지에 대한 어떤 설명이나 안내도 없이 알고리즘만 다루고 있어 많은 고민을 하지 않으면 안 되는 부분이기도 하여 신중한 지도가 무엇보다도 필요한 부분이라 할 수 있다.

이제 본격적인 5학년 수학 교과의 내용으로 들어가 문제점을 살펴보도록 하겠다.

먼저 약수에 대한 정의를 교과서에서는 다음과 같이 내리고 있다.

· bn일 때 b1, b2, …, bn을 A의 인수라고 한다. 또한 주어진 다항식 C를 몇 개의 다항식이나 문자의 곱으로 나타낼 때, 이들 다항식 또는 문자를 본래의 다항식 C의 인수라고 한다. 예를 들어, $60=3×4×5$에서 3, 4, 5는 60의 인수이다. 또, $a^2-b^2=(a+b)(a-b)$이므로 1, $(a+b)$, $(a-b)$, $(a+b)(a-b)$ 는 a^2-b^2의 인수이다. 정수의 인수 중 소수인 것을 소인수라고 한다. 이와 같은 설명으로 볼 때 약수는 자연수 범위 내에서, 인수는 수학이라는 학문의 '정수론' 입장에서 접근하고 있다고 볼 수 있다. 따라서 자연수는 정수의 일부이니 초등학교에서도 약수의 개념보다는 인수의 개념(나눗셈이 아닌 곱셈의 개념)으로 접근해야 제대로 이해할 수 있다고 말할 수 있다. 초등학교에서의 약수는 중학교에서 인수, 소인수, 소인수분해, 인수분해로 확장되어 간다. 인수분해 공식이라고 말하면 새록새록 기억이 떠오를 것이다.

이
약수와
배수

어떤 수를 나누어떨어지게 하는 수를 그의 약수라고 합니다. 8을 1, 2, 4, 8로 나누면 나누어떨어집니다. 1, 2, 4, 8은 8의 약수입니다.

$$\left.\begin{array}{l} \text{정식 B = AC에서 B를 나누어떨어지게 하는 수 A} \\ \text{정식 B = AC에서 나머지가 '0'이 되게 하는 수 A} \end{array}\right\} \text{약수(divisor)}$$

바로 위에서 살펴본 바(곱의 방식으로 표현)와 전혀 다르게 나눗셈 방식으로 약수의 정의가 제시되어 있다. 그 이유는 아마도 약수라는 영문 표기법(Divisor)의 잘못된 이해에서 비롯된 것이라 여겨진다. 또한 실제 약수를 이해하고 구하는 과정에서 나눗셈의 원리가 적용된다는 것 때문에 약수에 대한 정의를 위와 같이 내리고 있는 것이라 생각된다.

둘째, 교과서에서는 2, 3차시에서 "약수를 알 수 있어요, 배수를 알 수 있어요."라고 학습 목표를 제시해 놓고 실제 내용은 "약수를 구할 수 있어요, 배수를 구할 수 있어요."와 같은 방식으로 전개되어 있다는 점이다.(다행히 이전 교과서 구성에 비하여 나아진 점은 분명히 있다. 특히 이런 발문이 많이 사라졌다는 점이다. "왜 그렇게 생각하는지 말해 보시오. 생각을 확인할 수 있는 방법을 말해 보시오. 어떻게 생각하는지 서로 이야기해 보시오. 문장으로 만들어 보시오." 등) 그렇게 나가다가 뒤에 가서 짧게 정의를 내려 주고 두세 개의 약수와 배수 구하기로 마무리되고 있다.

우리는 여기서 분명히 해야 할 점 하나가 있다. "약수와 배수를 이해한다."와 "약수와 배수를 구한다."는 분명히 다르다. "약수와 배수를 알 수 있어요.(약수와 배수의 개념 이해)"라고 해 놓고 "약수와 배수를 구하는 것(약수와 배수를 구하는 방법 및 답을 찾는 것)"에 초점을 두어 교과서가 구성된 것은 아닌가 하는 고민이 필요하다.

✔ 약수에 대한 교과서 내용 : "한지 8장을 각 묶음에 있는 한지 수가 똑같아지도록 나눗셈을 이용하여 알아보자."는 사실 나눗셈 문제라 볼 수 있다. 이렇게 해서 1, 2, 4, 8묶음이라는 답을 내도록 안내하고 있다.(8의 약수는 1, 2, 4, 8이다.)

✔ 배수에 대한 교과서 내용 : "닥나무 한 그루로 한지 3장을 만들 수 있다. 닥나무 5그루로 한지를 몇 장이나 만들 수 있는지 알아보자."는 사실 곱셈(구구단)의 문제라 볼 수 있다. 3을 몇 배한 수를 곱셈식으로 나타내서 5그루는 15장이라는 답을 내도록 안내하고 있다.(3의 5배는 15이다.)

약수에 대한 이해에 있어서 나눗셈을 이용하라고 하지만 사실 우리는 실제 셈에서는 곱셈 방식으로 더 많이 해결한다. 다시 말해서 나눗셈도 곱셈 구구를 활용해서 해결한다는 것이다. 또한 배수에 대한 내용은 5학년 수준의 아이들이라면 누구나 쉽게 이해할 수 있는 것들이다. 왜냐하면 곱셈 구구만 하면 되니까. 그러나 이렇게 답을 구할 수 있다고 하여 정말로 아이들이 약수와 배수를 제대로 이해하였다고 말할 수 있을까? 진지하게 고민해 볼 일이다.

특히 수학 교육을 '아이들의 배움 ⇨ 이해'에 둘 때 "교과서 내용 구성은 과연 아이들의 이해를 돕는 방향으로 구성되어 있는가?" 하는 의구심을 갖게 만든다. 오히려 "답을 내는 방법 중심, 문제 풀이 중심, 알고리즘(문제 풀이의 절차나 방법) 중심으로 구성되어 있는 것은 아닌가?" 하는 생각을 갖게 만든다. 만약 교사가 이 단원을 '수에 대한 이해'가 아니라 '연산'으로 다루어 지도하고 아이들이 활동을 했다면 단지 연산 과정을 통해 약수와 배수를 구하는 것 이외에 다른 활동은 아무런 의미가 없게 된다.

셋째, 약수와 배수를 따로 분리하여 지도하고 있다는 점이다. 배수의 수학적 정의는 사실 약수와의 관계에서 비롯된 것으로 약수와 배수는 서로 불가분의 관계에 있어서 따로 분리될 수 없으며 따로 떼어

서 지도해서는 안 될 내용이라 말할 수 있다. 따라서 아이들도 이를 이해할 수 있어야 한다면 약수와 배수는 동시에 다루어 지도해야 함이 마땅하다.(어떤 나무에서 사과를 얻었다면 당연히 그 나무는 사과나무이고, 사과나무에서는 마땅히 사과가 열린다는 관계가 성립된다. 따라서 사과라는 열매와 사과나무는 따로 떼어서 생각할 것이 아니라 자연스럽게 동시에 다루면서 생각해야 한다는 것과 같은 이치인 것이다.)

$B = A \times C$	$8 = 4 \times 2$
B는 A의 배수	8은 4의 배수
A는 B의 약수	4는 8의 약수

약수와 배수가 무엇이고 두 수 사이의 관계가 어떠한지를 이해하는 것(약수와 배수에 대한 이해를 통해 자연수만의 독특한 성질을 이해하는 것이 주목적)이 본 단원의 목적이지 약수와 배수를 어떻게 구하는 것인지를 아는 일이 목적이 아니다. 따라서 이를 어떻게 재구성할 것인가에 대한 깊은 고민이 필요하다.

5, 6차시 지도 내용의 난이도에 따른 시간 할애의 문제점

교과서에서는 공약수와 최대공약수, 공배수와 최소공배수를 각각 1차시씩 모두 2차시에 걸쳐 학습하도록 제시되어 있으나 사실 굉장히 어려운 부분이라서 짧은 시간에 이를 제대로 이해한다는 것은 아이들에게 매우 힘든 일이다. 게다가 이 단원을 제시한 목적이 앞에서도 나와 있지만 이후에 이어질 분수의 약분과 통분에 대한 기초 학습 차원이라는 점 또한 고민해야 할 지점이 아닐 수 없다.(최대공약수, 최소공배수는 중학교에서 다시 한 번 다루게 되는데 그 내용을 이렇게 짧은 시간에 다룬다는 것은 참으로 어려운 일이다.) 약분과 통분의 선행학습 차원에서 배치한 것이라면 약분과 통분을 위한 수단으

로서 공부한다는 것인데 이후의 약분과 통분 단원에서 좀 더 자세히 다루겠지만 최대공약수, 최소공배수의 개념이 없이도 약분과 통분을 충분히 다룰 수 있다고 본다면 굳이 이렇게까지 지도할 필요가 있을까 하는 생각도 든다.

한편 이 단계에서 공약수와 최대공약수, 공배수와 최소공배수를 알 수 있다는 것에 목표를 두고 있지만 공약수와 최대공약수, 공배수와 최소공배수를 구하는 방법 찾기에 집중되어 있다는 생각 또한 앞에서 이미 짚었던 문제점과 다르지 않다. 특히 다음과 같이 교과서에 제시된 부분에서는 더욱더 큰 문제의식을 가질 필요가 있다.[4]

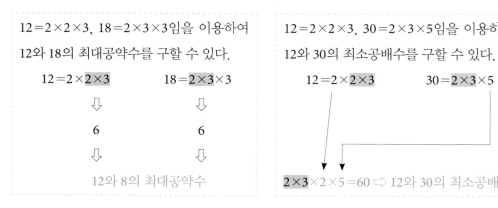

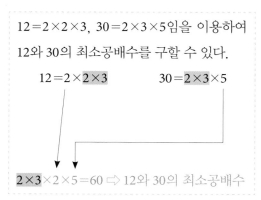

우선 $12=2×2×3$, $18=2×3×3$, $30=2×3×5$를 예로 들어 볼 때 왜 꼭 $12=2$, 2, 3으로, $18=2$, 3, 3으로, $30=2$, 3, 5로 분해되어야 하는가에 대한 이유나 설명이 전혀 없다. 그냥 막연하게 이런 식으로 질문하고 답을 찾게만 안내되어 있다.

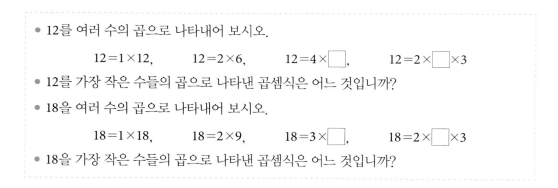

교사인 나도 소수 및 소인수분해를 모른다는 전제하에 이런 질문을 접했을 때 왜 가장 작은 수들의 곱으로 나타낸 곱셈식을 구하라는 것인지 짐작이 가지 않을 질문이다.(집필진이 요구하는 답을 찾는 일이 수학 수업은 아닐 것이다. 이런 질문은 교사가 나름대로 적절히 수정하거나 과감히 생략해 버릴

---

4 2009 개정 교육과정에 따른 수학교과서 5학년 1학기. 2015. pp. 19~20, 22~23.

필요도 있다.) "왜 가장 작은 수들의 곱으로 표현되어야 하는가? 한 번에 6으로 수를 찾아서 쓰면 안 되는가?"에 대한 어떤 안내나 설명도 없다. 답만 구한다고 볼 때 굳이 소수를 활용할 이유는 없다. 한 번에 큰 수를 찾는다면 그것이 더 쉽고 빠르기 때문이다. (이미 여러 수의 곱으로 나타낸 예시 가운데 12＝2×6, 18＝3×6이 있고, 이 상황에서 바로 최대공약수가 6이라는 것이 드러나 있는데 굳이 12＝2× ☐ ×3, 18＝2× ☐ ×3이라는 상황을 통해서만 최대공약수를 구해야만 하는지 이해가 가지 않는 대목이다. 학원에서 선행학습을 한 아이들이 이 문제의 경우 소수를 이용하여 최대공약수나 최소공배수를 구했을 때 "왜 그렇게 2, 3이라는 수를 사용했지? 한 번에 6이라는 숫자를 사용하면 안 될까?" 하고 질문을 한다면 아이들은 과연 어떻게 대답을 할까? 반대로 책에 나와 있는 대로 지도하다가 아이들이 이런 질문을 한다면 교사들은 아이들에게 뭐라고 설명을 할까?) 게다가 용어 또한 집필진이 이해하고 있는 대로의 용어(가장 작은 수들의 곱 : 약수의 개수가 가장 작은 수를 의미하는 것으로 1을 제외한 약수가 가장 작은 수는 약수의 개수가 2개인 수의 모임으로 소수를 의미하는 것이라 짐작된다.)로 그냥 제시하여 사용하고 있다는 것에도 문제의식을 가질 필요가 있다. 그러나 실제 학교 현장에서 이런 것에 대한 이유를 묻는 아이들도 의구심을 갖는 교사들도 거의 없다. 사실상 이는 소인수분해를 하고 있는 것이고 소인수분해를 위해서는 소수라는 것에 대한 개념 이해가 필요한 것이며 이 과정은 본래 중학교에서 다루게 될 내용이다. 그런데 이에 대한 어떤 안내도 없이 그냥 막연히 제시하고 그렇게 하면 된다는 알고리즘만 설명하고 나열되어 있어 안타깝기만 하다.

다음[5]에 보는 바와 같이 왜 옆의 두 수만 곱하면 최대공약수가 되고, 겉의 수를 모두 곱하면 최소공배수가 되는지에 대한 어떤 설명이나 안내도 없이 무조건 곱하라고만 한다.

12와 30의 공약수 ← 2) 12 30
6과 15의 공약수 ← 3) 6 15
　　　　　　　　　　　 2   5

$2 \times 3 \times 2 \times 5 = 60$ ⇨ 12와 30의 최소공배수

12와 18의 공약수 ← 2) 12 18
6과 9의 공약수 ← 3) 6   9
　　　　　　　　　　　 2   3

$2 \times 3 = 6$ ⇨ 12와 18의 최대공약수

그리고 위에서 맨 아래 제시된 2, 3 또는 2, 5는 서로소(여러 개의 수 사이에 1을 제외한 공약수가 없

5 2009 개정 교육과정에 따른 수학교과서 5학년 1학기. 2015. p. 20, 23.

이
약수와
배수

음을 뜻함) 관계에 있음을 알아야 한다는 것 또한 아이들이 확실하게 이해하고 있어야만 하는데다가 기존에 배웠던 나눗셈을 거꾸로 뒤집어 놓은 모양에 한 개의 수가 아니라 두 개의 수를 동시에 나누어야 한다는 처음 보는 이상한 계산방법까지 더해져 아이들은 굉장히 혼란스러워한다.

최대공약수나 최소공배수를 구하는 것은 답만 구하고자 할 때 단순해 보일지 모르겠지만 초등학교 5학년 수준의 아이들이 이를 제대로 이해한다는 것은 그리 쉽지만은 않은 일이다. 아무리 약분과 통분을 위한 선행 차원에서 지도한다고 하지만 잘 이해도 되지 않는 내용을 그저 답만 구하기 위해 알고리즘만 지도하고 가르쳐야 하는가? 약분과 통분을 위해 최대공약수, 최소공배수 개념을 꼭 도입하지 않으면 안 되는가? 등에 대한 깊은 고민과 이에 대한 대안이 필요하다.

이 지점에서 교사용 지도서[6]는 이를 어떻게 짚어 가고 있는지를 한번 살펴볼 필요가 있다.

교사용 지도서를 보면 최대공약수, 최소공배수를 구함에 있어서 소인수 분해 및 유클리드의 호제법을 설명하고 있다. 여기에서 호제법이란 무엇인가 좀 더 살펴보고 넘어가도록 하겠다.

왼쪽의 상황을 통해 호제법을 간략히 정리해 보면 아래와 같다.

> **유클리드의 호제법**
>
> (1) $A = BQ + R$이라는 식이 성립된다.(A가 B보다 큰 수)
> (2) A(제수)와 B(피제수) 사이의 최대공약수가 G라면 B(피제수)와 R(나머지) 사이의 최대공약수도 G가 된다.

위의 내용을 증명하면 아래와 같다.

$A=Ga$, $B=Gb$로 가정하자. 이때 G는 최대공약수이므로 a와 b는 '서로소'이다.

$$\begin{array}{c}\text{서로소}\\ \boxed{\text{예}}\ 12 = \textbf{2} \times 6 \qquad 18 = \textbf{3} \times 6\\ \text{최대공약수}\end{array}$$

$A=BQ+R$이라는 식 (1)을 다시 써 보면 다음과 같다.

$$Ga=GbQ + R \ \Rightarrow\ R=Ga-GbQ \ \Rightarrow\ R=G(a-bQ)$$

위의 결과로 볼 때 R(나머지)도 G(최대공약수)를 갖고 있다는 것을 알 수 있다.

---

6 2009 개정 교육과정에 따른 수학과 교사용 지도서 5학년 1학기. 2015. pp. 108~109.

그리고 호제법 (2)번을 만족시키기 위해서는 아래의 조건을 만족시켜야만 한다.

B＝Gb, R＝G(a−bQ)라고 할 때 B(피제수)와 R(나머지) 사이의 최대공약수도 G가 된다면 b와 (a−bQ)는 '서로소'여야 한다는 관계가 성립된다. 이를 증명하기 위해 귀납법을 써서 알아보면 다음과 같다.

만약 b와 (a−bQ)가 '서로소'가 아니라면 (a−bQ)는 b의 배수가 된다. 이를 식으로 표현하고 정리해 보면 다음과 같다.

$$a−bQ＝bK$$
$$a＝bK+bQ$$
$$a＝b(K+Q)$$

결국 a는 b의 배수가 된다는 뜻이 된다. 이렇게 될 경우 a와 b는 '서로소'라는 조건과 모순이 된다. 따라서 b와 (a−bQ)는 '서로소' 관계에 있다는 사실이 증명된 것이다.

간략히 호제법에 대하여 문자식으로 알아보았는데 이를 최대공약수에 적용하면 다음과 같다.

 호제법의 활용

두 수 A(피제수), B(제수)가 충분히 클 때 상대적으로 작은 수 B(제수), R(나머지)을 이용하여 최대공약수 G를 구할 수 있다.

(예) 두 수 3654와 1635 사이의 최대공약수 구하기

$$3654＝1635×2+924$$
⇩
$$1635＝924×1+441$$
⇩
$$924＝441×2+42$$
⇩
$$441＝42×10+21$$
⇩
$$42＝21×2+0$$

(여기에서 제수는 1635, 나머지는 924＝둘 사이에는 최대공약수가 존재하고 이는 3654와 1635 사이의 최대공약수와 같다.)

나머지가 0일 때 제수(나누는 수)가 곧 최대공약수가 된다. ⇨ G＝21

이 내용은 중학 수학에서 다루는 내용으로 답을 구하는 것이 아니라 그 내용을 이해하고 증명하는 데 있어서 아이들이 매우 힘들어하는 부분이기도 하다. 그럼에도 여기에서 이렇게 설명하는 이유는 이해할 필요도 없이 답(최대공약수)만 구하는 것이 목적이라면 교과서에 제시된 내용보다 위의 예시처럼 구하는 것이 훨씬 더 쉽고 간편하다는 것을 말하고 싶었기 때문이다.

이
약수와
배수

호제법으로 12와 18의 최대공약수 구하기

$18 = 12 \times 1 + 6$

⇩

$12 = 6 \times 2 + 0$ 나머지가 0일 때의 제수가 최대공약수이므로 답은 6이 된다.

어떻게 생각하는가? 이 방법이 훨씬 더 쉽지 않은가? 답만 구하는 것이 목적이고 왜 이렇게 되는지 설명이나 안내가 필요 없다면 나눗셈의 검산식과 같이 구성되어 있는 이 방법이 교과서에 제시된 두 가지 방법보다 아이들이 훨씬 더 빨리 답을 구할 수 있을 것이라는 것을 알 수 있다. 또한 최소공배수도 이를 그대로 활용하여 구할 수 있어서 매우 간편하다고 할 수 있다.

 호제법으로 12와 18의 최소공배수 구하기

위와 같은 방법으로 두 수의 최대공약수 6을 얻었다. 그렇다면 아래와 같이 정리해 보도록 하자.

$$18 = 6 \times 3, \quad 12 = 6 \times 2$$

여기에서 6은 최대공약수이고 3과 2는 '서로소'이다.

따라서 최소공배수는 6과 3과 2를 모두 곱하면 구할 수 있다.

$$6 \times 3 \times 2 = 36 (최소공배수)$$

그러나 이렇게 가르친다면 학교에서의 수학 교육이 학원식 수학 교육(답 내기 중심, 문제 풀이 중심, 방법 중심 수학 교육)과 무엇이 다르겠는가? 교과서와 같은 식으로 지도할 경우 곱셈과 나눗셈만 잘하면 최대공약수와 최소공배수를 누구나 구할 수 있다는 결론이 성립된다. 그러나 최대공약수와 최소공배수를 구할 수 있다고 해서 약수와 배수, 최대공약수와 최소공배수의 개념을 제대로 이해하였다고 감히 말할 수 있겠는가? 제대로 말할 수 없다면 배움이라 말할 수 없다고 나는 생각한다. 또한 "최소공약수는 왜 없는가? 최대공배수는 왜 없는가?" 이런 질문에 대하여 답을 제대로 할 수 있을까? 교사들도 쉽게 답을 할 수 있을지 의문이 든다.(최소공약수는 항상 1이기 때문에 구할 필요가 없고, 최대공배수는 수의 범위가 정해져 있지 않기 때문에 구할 수가 없다. 하지만 수의 범위를 정해 놓으면 최대공배수는 구할 수 있다.)

끝으로 두 수의 공약수는 최대공약수의 약수와 같다는 특성이나 두 수의 공배수는 최소공배수의 배수와 같다는 특성 또한 충분히 살펴볼 시간이나 과정이 없이 한 가지 활동(각각 활동 4에서 제시됨 : 24와 32의 공약수와 최대공약수의 관계를 알아보시오. 6과 8의 공배수와 최소공배수의 관계를 알아보시오.)만으로 결론을 내려 버리고 마는 식의 구성에서 아이들이 공약수와 최대공약수, 공배수와 최소공배수 사이의 관계를 제대로 이해하고 넘어간다는 게 결코 쉽지 않은 일이라는 것도 풀어야 할 과제로 남아 있다. 특히 개념에 대한 이해가 부족하면 숫자만 대입하는 문제는 풀어도 응용문제는 풀 수 없는 것이 바로 수학이다. 그래서 수학에 대한 개념 이해가 부족한 아이들은 응용문제만 나오면 쉽게 포기하고 만다. 교과서에 있는 그대로 아이들을 지도할 것이 아니라 교사가 보다 깊이 있게 고민하고 따져서 재구성을 해야만 하는 핵심 이유가 바로 여기에 있다.

교사용 지도서에서 밝히는 배경지식에 대한 고민

교사용 지도서[7]에 보면 "약수와 배수를 왜 배우는가?"에 대한 이유로 배경지식을 처음에 이렇게 밝히고 있다.

우리 생활 속에서 어떤 물건을 똑같이 나누어 가지거나 담아서 보관하는 경우가 많다. 이런 때에 약수를 활용하면 쉽게 똑같이 나눌 수 있다. 또한 어떤 수의 약수가 많다는 것은 그 수를 여러 가지 방법으로 나눌 수 있다는 의미가 된다. 실생활에서 쉽게 볼 수 있는 과자의 포장에서 포장된 봉지에 든 과자의 수가 4개, 10개, 12개 등 짝수이거나 약수의 수가 많은 6, 8, 12개로 구성되어 있음을 알 수 있다.

과연 그럴까? 우리는 일상에서 큰 수보다는 작은 수를 더 많이 접한다. 그리고 그 수 사이의 관계를 따질 때 곱셈 구구의 영향 때문에 나눗셈 방식의 약수를 활용하기보다는 곱셈 방식의 배수 개념을 더 많이 활용하여 해결한다.(예 : 연필 12자루를 3명에게 나누어 주려고 할 때 우리는 $12 \div 3 = 4$라는 방식보다 $3 \times 4 = 12$라는 방식을 더 선호한다.) 이렇게 본다면 약수보다는 배수를 우리는 더 잘 활용하고 있다는 것을 알 수 있다.

한편 포장된 상품의 개수도 살펴보면 5개짜리도 굉장히 많다. 오히려 더 많이 접하는 것들은 짝수가 아닌 것들이 많다. 왜냐하면 여기에는 나름의 계산된 상술이 들어 있기 때문이다.(라면 작은 포장에 5개 들어 있음, 아이들이 좋아하는 껌도 보면 보통 5개 들어 있음, 어린아이들이 즐겨 먹는 마이쮸 캐러멜 사탕도 7개 들어 있음, 소주 한 병도 7잔 분량임 – 이는 2명, 3명이 나눠 먹어도 한 잔이 남아 한 병을 더 주문하게 되기 때문. 7이 1과 자신만 약수를 가지는 것을 이용한 것) 이렇게 본다면 단원 배경지식으로 제시된 내용에 무엇인가 신뢰가 별로 가지 않는다는 생각도 든다.(과연 직접 조사를 해 보고 정리한 내용인가? 생활 속의 수학이라고 하였는데 실제 생활은 대부분의 경우 경제 및 상업적 논리가 지배하고 있어서 겉으로 보기와는 매우 다르다는 것을 깨달을 필요가 있다.)

---

7 2009 개정 교육과정에 따른 수학과 교사용 지도서 5학년 1학기. 2015. p. 107.

이
약수와
배수

단원 재구성을 위한 방안

① 약수와 배수를 도입할 때 배수 개념을 먼저 도입하고 이어서 약수 개념을 도입하는 것이 훨씬 수월하다.

② 약수와 배수를 따로 나누어 지도하는 것보다 함께 지도하면서 서로 불가분의 관계에 있다는 것을 이해할 수 있도록 해야 한다.

③ 지도의 중점을 분수의 약분과 통분을 위한 기초 활동에 두지 말고 약수와 배수 및 특성의 이해에 두는 것이 더 바람직하다.(약분과 통분은 최대공약수, 최소공배수를 모르고도 충분히 가능하다. 분수 영역에서 초등학교에서 다루는 수의 크기는 작은 수의 범위 이내이기 때문에 다른 방식을 통해 약분과 통분을 쉽게 이해할 수 있도록 도울 수 있다.)

④ 최대공약수, 최소공배수를 구하는 방법을 익히는 일은 약수와 배수의 성질을 충분히 이해한 후에 활용할 수 있는 알고리즘이라 말할 수 있다. 따라서 약수와 배수에 대한 감각을 충분히 익히고 이해의 폭과 깊이를 더한 후에 도입을 할 수 있도록 신중한 접근이 필요하다.(엄밀히 따지면 초등 5학년의 인지 발달 수준을 넘어서는 것이라 볼 수 있다. 왜냐하면 마땅히 조작할 수 있는 활동도 없고 추상적인 수에서 나온 형식이기 때문이다. 가능하면 시간이 걸리더라도 아이들이 보다 쉽게 받아들일 수 있도록 공약수, 공배수를 모두 써 놓고 가장 큰 공약수, 가장 작은 공배수를 찾는 활동을 통해 이해를 돕는 것을 더 권하고 싶다. 진도에 연연하지 말자. 충분히 이해할 수 있을 때까지 배수와 약수를 구하는 조작활동 시간을 최대한 제공할 수 있도록 하자.)

⑤ 간략히 접근할 수 있는 부분은 시간을 줄이고 아이들이 이해에 어려움을 겪는 부분에 시간을 더 할애하여 충분한 이해를 돕는다는 생각으로 교육과정을 재구성할 필요가 있다.

⑥ 문제해결 및 체험 마당 차시는 재구성하여 실제 관련된 내용과 연관 지어 지도하는 방향으로 하고 배정된 수업 시간을 아이들의 핵심개념 이해 활동에 할애하는 것이 더 좋을 것이라 판단된다.

단원 지도를 위한 재구성의 실제

차시	재구성 이후	수업의 목적
1	배수와 약수의 이해(협동과제)	• 약수와 배수에 대한 이해 • 약수와 배수와의 관계 이해 • 배수의 비밀, 자연수의 독특한 성질 이해(심화 : 제곱수, 완전수, 부족수, 과잉수)[8]
2	약수와 배수와의 관계 (협동과제)	
3		
4	소수의 이해(에라토스테네스의 체−배수 관계를 이용)	• 에라토스테네스의 체 만들어 보기(1은 소수가 아님, 2, 3, 5, 7을 제외한 배수는 모두 지워 나가면 소수만 남게 됨, 지울 때 색깔 펜으로 색을 달리해 가며 지워 나가면 더 좋음) • 자연수의 독특한 성질 이해
5	공약수와 최대공약수(부채모양 뽑기−최대공약수 구하기)	• 공약수 및 최대공약수에 대한 이해 • 공약수와 최대공약수 사이의 관계 이해 • 공약수와 최대공약수를 이용한 미션활동
6		
7	공배수와 최소공배수(부채모양 뽑기−최소공배수 구하기)	• 공배수 및 최소공배수에 대한 이해 • 공배수 및 최소공배수 사이의 관계 이해 • 공배수 및 최소공배수를 이용한 미션활동
8		
9	단원 정리(문제 풀기)−평가	• 단원 평가

위와 같이 크게 네 부분으로 나누어 재구성한 이유는 다음과 같다.

먼저 앞에서 살펴본 문제의식을 바탕으로 두 수의 개념 이해를 위해 배수를 먼저 제시하고 그를 통해 약수를 동시에 이해할 수 있도록 하였다.(한 시간 정도면 충분) 이후에 약수와 배수 사이의 관계를 살피면서 교과서 질문에 대한 답을 구하는 것이 아니라 이해에 초점을 두되 배수보다는 약수에 좀 더 비중을 두어 활동할 수 있도록 하였다.(두 시간을 따로 운영하지 말고 블록으로 묶어서 활동을 하되 배수보다 약수 부분에 보다 집중할 수 있도록 하고, 이해를 돕기 위해 본래 9차시에 배정되었던 체험 마당 활동−타일 모양 붙이기 또는 모눈종이에 12칸짜리 직사각형 도형을 몇 가지 만들 수 있는지 알아보기, 또는 바둑돌 12개를 똑같이 나눌 수 있는 방법 알아보기와 같은 조작적 활동을 여기에서 다루도록 하였다. 이 활동을 통해 약수와 배수와의 관계도 함께 정리할 수 있기 때문이다. ⇨ 3×4＝12, 12는 3의 배수이자 4의 배수이기도 하다. 3과 4는 12의 약수이다.)

---

8 ① 제곱수 : 보통 약수의 개수는 짝수이지만 4, 9, 25 등과 같은 수는 약수의 개수가 홀수이다. 이런 수를 제곱수라고 한다. ② 완전수 : 약수에는 항상 자기 자신이 꼭 들어가는데 약수 중에서 자기 자신을 제외한 약수를 진약수라고 한다. 그런데 어떤 수는 진약수를 더하면 다시 자기 자신인 수가 나온다.(6, 28 등) 이런 수를 완전수라고 한다. ③ 부족수 : 예를 들어 8처럼 진약수를 더하면 자기 자신보다 작은 수를 부족수라 한다.(1+2+4=7<8) ④ 과잉수 : 예를 들어 30처럼 진약수를 더하면 자기 자신보다 큰 수를 과잉수라고 한다.(1+2+3+5+6+10+15=42>30)

이
약수와
배수

둘째, 교과서에 제시되어 있지는 않지만 최대공약수, 최소공배수를 구하는 데 도움이 되는 소수의 개념 지도를 위해 '에라토스테네스의 체'를 자연수 100까지의 범위 내에서 직접 만들어 보는 활동을 통해 자연수만의 독특한 성질을 이해할 수 있도록 하였다. 또한 이 활동지는 공배수나 공약수, 최대공약수, 최소공배수를 찾는 데도 도움이 된다.(종이에 제작한 뒤 비닐판 등을 씌워 계속 활용할 수 있도록 한다.) (예 1) '에라토스테네스의 체'를 통해 5의 배수가 갖는 특징은 무엇인지 찾아보자. (예 2) 활동지에서 100까지의 수 가운데 3과 4의 공배수를 모두 표시하여 봅시다. 그리고 그 가운데서 가장 큰 수는 얼마입니까?

셋째, 공약수와 최대공약수, 공배수와 최소공배수를 다룰 때에도 빠르게 답을 구하는 방법보다는 배수와 약수 개념 및 배수와 약수를 직접 구하여 최대공약수, 최소공배수를 구하는 것에 초점을 맞추어 진행할 수 있도록 하였다.(본 단원의 목적은 빠른 시간 내에 최소공배수, 최대공약수를 구하는 것이 아니라 최소공배수, 최대공약수를 구하기까지의 과정에 대한 이해로 두었기 때문이다.)

넷째, 매 차시 활동에서 가능한 기본 이해를 바탕으로 모둠원들이 협동학습을 통해 미션 과제를 해결하도록 수업을 디자인해 보았다. 이를 통해 아이들은 수학적 사고 및 의사소통능력, 문제해결력, 협동하는 마음, 지식이나 정보 또는 지혜의 나눔을 경험할 수 있는 장이 마련되도록 하였다.

🍎 1차시 약수와 배수에 대한 이해

수학 첫 시간입니다. 재미있는 이야기로 열어 볼까요? 아주 오랜 옛날 어느 산골 마을에 3년 고개라는 이름을 가진 고개가 있었습니다. 이 고개에서 넘어지면 3년밖에 살지 못한다는 전설이 있었기 때문에 붙여진 이름입니다. 그런데 어느 날 할머니 한 분이 장에 갔다 돌아오는 길에 그만 3년 고개에서 넘어지고 말았습니다. 할머니는 '이젠 3년 밖에 살지 못하는구나.' 하고 깊은 시름에 빠져 집에 돌아오자마자 자리에 눕게 되었습니다. 건강하시던 할머니께서 3년 고개에서 넘어져 깊은 시름에 빠졌다는 소문은 금세 온 마을에 퍼졌지요. 마을 사람들은 모두 할머니의 건강이 몹시 걱정되었습니다. 그러던 어느 날 동네에 살고 있던 영리한 소년이 찾아와 이렇게 말했습니다.

"할머니 걱정하지 마세요. 할머니께서 오래 사실 수 있는 방법을 알고 있어요."

할머니는 너무나 기뻐서 자리에서 벌떡 일어나셨습니다.

"그래? 그 방법이 무엇인지 나 좀 가르쳐다오."

"네, 할머니. 고개에서 한 번 넘어지시면 3년을 사십니다. 그러면 두 번 넘어지시면 몇 년을 사실까요?"

"아, 그야 6년을 살지."

"네, 맞아요. 그러면 세 번을 넘어지면 9년을, 네 번을 넘어지면 12년을 사시겠지요?"

"옳거니, 그런 좋은 방법이 있었구나!"

소년의 이야기를 들으신 할머니께서는 당장 그길로 달려가 고개에서 다섯 번을 넘어지시고 15년, 10번을 넘어지시고 30년 …. 계속 지치실 때까지 넘어지고 오셨답니다. 그래서일까? 그 할머니께서는 아주 오래오래 사셨답니다. 그 이후부터 마을에 사시는 연세 많으신 분들은 그 고개를 넘을 때마다 일부러 넘어지셨다고 합니다. 그래서 그 마을에는 유난히 오래 사시는 분들이 많았답니다. 이 일이 있고 난 후에 고개 이름도 3년 고개에서 다른 이름으로 바뀌었다고 합니다. 어떻게 바뀌었을까요? 네, 맞아요. 바로 장수고개랍니다. 그리고 마을 이름도 장수마을로 바뀌었답니다.

이 약수와 배수

교사 자, 이야기 재미있었지요? 이 이야기 속에는 '배수'에 대한 내용이 숨어 있습니다. 몇의 배수가 숨어 있나요?

아이들 3의 배수입니다.

교사 맞아요. 우리 3의 배수 한번 길게 읊어 볼까요?

아이들 3, 6, 9, 12, 15 ……

교사 3의 배수로 간단하게 놀이 한번 해 보지요. 3, 6, 9게임 알지요? 1분단부터 시작하여 끝까지 한번 가 보겠습니다. 정신 바짝 차리고 가 봅시다. 3의 배수가 나오면 숫자를 말하지 말고 박수를 쳐야 합니다. 준비되었지요? 시~~~작~

아이들 일, 이, 박수(삼), 사, 오, 박수(육) ……

교사 좋았어요. 지금부터 배수에 대하여 간단히 알아보도록 하겠습니다. 배수란 무엇일까요?

아이들 어떤 수를 한 배, 두 배, 세 배 …… 한 수를 말합니다.

교사 그래요. 그렇다면 배수는 어떻게 구하지요?

아이들 어떤 수 곱하기 1, 곱하기 2, 곱하기 3 ……이렇게 구합니다.

교사 그러면 4의 배수를 작은 수부터 차례로 5개만 구해 봅시다.(배수의 개수는 무수히 많으니까요.)

아이들 $4 \times 1 = 4$, $4 \times 2 = 8$, $4 \times 3 = 12$, $4 \times 4 = 16$, $4 \times 5 = 20$입니다.(곱셈 구구 4단)

교사 좋아요. 그러면 7의 배수는 어떻게 구할까요?

아이들 곱셈 구구 7단을 하면 됩니다. $7 \times 1 = 7$, $7 \times 2 = 14$, $7 \times 3 = 21$ ……

교사 그런데 10을 넘는 수의 배수는 어떻게 구할까요? 예를 들자면 12의 배수는?

아이들 마찬가지로 $12 \times 1 = 12$, $12 \times 2 = 24$, $12 \times 3 = 36$, $12 \times 4 = 48$, $12 \times 5 = 60$ …… 이렇게 구하면 됩니다.

교사 맞아요. 그런데 "나는 곱셈이 자신 없어서 어렵게 느껴져요."라는 사람들은 어떻게 하면 좋을까?

아이들 이전의 수에 12를 더하면 됩니다. 처음은 12, 12에 12를 더하면 24, 24에 12를 더하면 36, 36에 12를 더하면 48, 48에 12를 더하면 60. 이렇게 구합니다.

교사 좋아요. 그러면 다음으로 약수를 알아봅시다. 약수란 무엇일까요?

아이들 어떤 수를 다른 수로 나누었을 때 나누어떨어지게 만드는 수들을 말합니다. 수를 곱하여 어떤 수가 나올 때, 그 두 수를 약수라고 합니다.

교사 그러면 예를 들어 6의 약수를 생각해 봅시다.

아이들 6을 나누어떨어지게 하는 수는 $6 \div 1 = 6$, $6 \div 2 = 3$, $6 \div 3 = 2$, $6 \div 4 = 1 \cdots 2$, $6 \div 5 = 1 \cdots 1$, $6 \div 6 = 1$ 가운데 1, 2, 3, 6이 되겠지요. 그러므로 6의 약수는 1, 2, 3, 6입니다.(4와 5는 나머지가 있으므로 약수가 아닙니다.)

교사 그렇습니다. 여러분 모두 배수와 약수를 잘 이해하고 왔네요. 그런데 어떤 수의 약수를 찾기 위해 위와 같은 방법으로 한다면 시간이 꽤 많이 걸리겠지요? 6은 작은 수라서 별로 어려움이 없었지만 만약에 큰 수 126의 약수를 구하라고 한다면 위와 같이 하기에는 시간이 너무 많이 걸릴 것입니다. 그렇다면 어떤 수의 약수를 빨리 그리고 정확히 찾을 수 있는 방법을 함께 알아보도록 합시다. 20의

1, 2, 4, 5, 10, 20

위에서 보는 바와 같이 1과 그 자신수를 서로 멀리 떨어지게 쓴 이후에 차례대로 곱하여 20이 나오게 만드는 두 수를 짝 맞추어 1과 20 사이에 차례대로 구하여 쓴다. 4, 5와 같이 가까이 있는 두 수가 구해지면 더 이상 약수는 없다고 보면 된다.

약수를 빨리 그리고 정확히 찾을 수 있는 방법을 함께 알아보도록 하지요.

아이들 1부터 차례대로 곱셈을 만들어 20이 나

오도록 만들어 봅니다. 1×20, 2×10, 3은 안 되고, 4×5, 6, 7, 8, 9는 안 되고 10은 2×10에서 이미 나왔고 …… 이제 더 이상 없네요. 그러니까 약수는 1, 2, 4, 5, 10, 20이 됩니다.('4×5'와 같이 가까이 있는 수의 곱이 나왔으면 더 이상 약수는 없습니다.)

교사 지금까지 약수와 배수에 대하여 알아보았습니다. 별로 어려운 것 없지요? 그렇다면 선생님이 여러분에게 미션활동을 제시하겠습니다. 미션활동지를 각 모둠원들과 함께 해결해 봅시다.

수학 5-1	1. 약수와 배수 미션활동지	서울　　　초등학교 5학년　　반　　번 이름 :

모둠별 협동 미션활동지(반드시 모둠원들과 협동적으로 해결하세요.)

(미션 1 : 약수) 12개의 정사각형으로 만들 수 있는 직사각형 모양은 몇 개가 될까요?

(미션 2 : 배수) A, B 두 회사가 있습니다. A회사는 매달 이익이 1천만 원으로 변동이 없습니다. B회사는 첫 달 이익이 10원인데 다음 달 이익은 그 전달 이익의 2배가 된다고 합니다. 여러분이라면 어떤 회사를 선택하겠습니까?

⇨ 실제 문제를 해결하기 전 모둠원 각자의 선택

모둠원 1	모둠원 2	모둠원 3	모둠원 4
회사	회사	회사	회사

⇨ A회사 이익

1개월	2개월	3개월	4개월	5개월	6개월	7개월	8개월	9개월	10개월	11개월	12개월

13개월	14개월	15개월	16개월	17개월	18개월	19개월	20개월	21개월	22개월	23개월	24개월

(뒷면에 계속)

이 약수와 배수

25개월	26개월	27개월	28개월	29개월	30개월	31개월	32개월	33개월	34개월	35개월	36개월

⇨ B회사 이익

1개월	2개월	3개월	4개월	5개월	6개월	7개월	8개월	9개월	10개월	11개월	12개월
13개월	14개월	15개월	16개월	17개월	18개월	19개월	20개월	21개월	22개월	23개월	24개월
25개월	26개월	27개월	28개월	29개월	30개월	31개월	32개월	33개월	34개월	35개월	36개월

직사각형 만들기 활동지

서울　　　　초등학교　　　5학년 (　　　　)반　　　이름 (　　　　　　　　)

※ 활동 시 유의할 점 : 실제로 B회사의 이익이 얼마나 되는지 알려면 매달의 이익을 구한 뒤 이전 달까지의 이익을 모두 더하여야만 총이익이 얼마인지 알 수 있다. 그러나 수가 점점 커져서 암산만으로는 아이들이 힘들어하며 시간도 꽤 많이 걸린다. 따라서 휴대전화의 계산기 등을 이용해서 해결할 수 있도록 안내해 주는 것도 필요하다.

※ 25개월째 되는 달까지 A회사는 그동안의 이익이 2억 5천만 원이 된다. 그러나 B회사는 25개월째 되는 달까지 총이익을 합산하면 355,544,310원이 된다. 따라서 25개월째부터 B회사는 A회사보다 총이익이 많아지게 된다. 그리고 그다음 달부터는 이익금이 눈덩이처럼 불어나게 된다.

교사 오늘 약수와 배수에 대하여 알아보았습니다. 오늘 '스스로 배움공책'에 약수를 구하기에 대한 복습을 꼭 해 주기 바랍니다. 예를 들자면 50을 넘지 않는 수 가운데 10개 정도를 '스스로 배움공책'에 쓰고 그 수의 약수를 구해 보는 것입니다.(며칠간 계속 반복합니다.) 이것으로 오늘 수학 공부를 마무리하겠습니다.

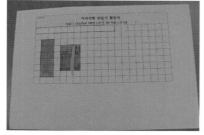

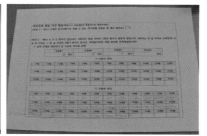

2015년 3월 나의 교실 약수와 배수 1차시 모둠별 미션활동 사례

 1차시 수업 소감

실제 활동에서 새 학년 첫 수업부터 이야기로 열어 가는 도입 덕분에 수학에 대한 아이들의 부담감이 적지 않게 해소된 것 같은 느낌을 받았다고 아이들은 내게 말해 주었다. 게다가 교사 입장에서 플립 러닝(기본 개념에 대한 사전 동영상 강의 시청 후 본 학습 활동에서 이를 바탕으로 미션 과제를 해결해 나가는 형태의 수업 활동으로 오래전부터 꼭 필요한 수학 시간에 종종 활용해 오고 있다.) 활동 덕분에 수업 시간에 핵심 기본 개념에 대한 학습 시간이 매우 짧아지고 아이들의 이해 속도 또한 매우 빨라졌다는 느낌을 많이 받았다.

1차시 수업에서 핵심 기본 개념을 다시 한 번 안내하고 확인하는 데 약 20분 정도 걸렸다. 이후에 바로 미션활동에 들어갔는데 시간 내에 다 해결하지 못하는 모둠이 꽤 많았다. 하지만 수업 시간이 끝났음에도 불구하고 미션활동을 마무리하지 못한 많은 아이들이 놀이시간에도 이를 해결하겠다고 끝까지 붙들고 있는 모습을 보면서 '진정으로 논다는 것이 바로 이런 것이지!' 하는 생각을 하게 되었다. 결과는 다음 수학 시간 도입부에 확인하기로 하고 마무리하였는데 다니면서 해결한 결과를 알아보니 한 모둠도 빠짐없이 과제를 완수하였다.

배수를 이용하여 재미있는 도형을 만들어 볼 수 있다. 원 위에 10개의 점을 찍고 배수 간격으로 선을 연결해 나가다 보면 재미있는 도형이 만들어진다. 이렇게 연결하다가 처음 출발한 점에 다시 돌아오면 활동을 멈추면 된다. 이렇게 만들어진 도형을 우리는 배수도형이라고 한다.

2의 배수와 8의 배수는 8각형, 9의 배수는 10각형, 3의 배수와 7의 배수는 복잡한 별 모양, 4의 배수와 6의 배수는 간단한 별모양, 5의 배수는 5번째 점과 처음 점을 연결하는 선분만 그을 수 있고 10의 배수는 어떤 선분도 연결할 수 없다. 이렇게 생각해 보면 배수와 관련된 규칙도 나름 재미있다고 여겨질 것이다.

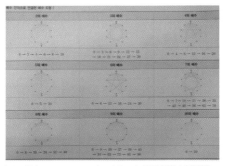

http://blog.naver.com/sudalmath/220283440923(교원 주니어 라이브러리 수학1)

🍎 2차시 약수와 배수와의 관계, 배수의 비밀을 밝혀라

교사 다음의 관계를 통해 약수와 배수에 대한 이해를 넓혀 보도록 하지요. ☐ 안에 들어갈 말은 무엇인가요?

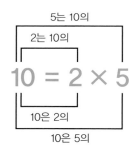

5는 10의
2는 10의
$$10 = 2 \times 5$$
10은 2의
10은 5의

과일 나무와 과일 또는 아버지와 아들 같은 관계라 할 수 있다.

⇨ 10은 2와 5의 ☐

⇨ 2와 5는 10의 ☐

아이들 첫 번째는 배수, 두 번째는 약수입니다.

교사 네, 그렇습니다. 잘 이해하고 있네요. 다른 예를 들어 보겠습니다.

$$1 \times 15 = 15, \ 3 \times 5 = 15$$

에서 15는 1, 3, 5, 15의 ☐, 1, 3, 5, 15는 15의 ☐가 됩니다. 여기에서 ☐에 들어갈 알맞은 말은 무엇인가요?

아이들 첫 번째는 배수, 두 번째는 약수입니다.

교사 좋아요. 그렇다면 보충 질문 5는 8의 약수가 맞나요? 맞다면 그 이유는, 아니라면 그 이유는?

아이들 아니요. 그 이유는 8은 5로 나누어떨어지지 않기 때문입니다.

교사 음, 훌륭하군요. 자, 그렇다면 지금부터 선생님이 말하는 대로 자신의 머릿속으로 암산을 해보세요. 우선, 1~9까지 생각해 보세요. ⇨ 그 숫자에 9를 곱하세요. ⇨ 그럼 그 숫자가 한 자리면 그냥 놔두고 두 자리면 각 자리의 숫자를 더하세요. 예를 들면 24의 경우 각 자리의 숫자 2+4를 해서 6이라고 구하면 되는 것입니다. ⇨ 모두 암산을 했지요?

아이들 네, 했어요.

교사 선생님은 여러분이 암산한 답을 알고 있어요. 그것은 한 사람도 빠짐없이 모두 '9'입니다.

아이들   우와, 어떻게 그렇게 되나요?

교사   지금부터 그 비밀을 알아 가기 위한 미션활동을 시작할 것입니다. 선생님이 나누어 주는 미션

활동지를 모둠원들과 협동적으로 해결해 보기 바랍니다.

| | 수학
5-1 | 1. 약수와 배수
배수의 비밀을 밝혀라! | 서울   초등학교
5학년   반   번
이름 : |

모둠별 협동 미션활동지

미션을 해결할 때 반드시 모둠원들과 협동적으로 해결하시오.

(미션 1) 2의 배수의 비밀을 밝혀내시오.

(미션 2) 3의 배수의 비밀을 밝혀내시오.

(미션 3) 4의 배수의 비밀을 밝혀내시오.

(미션 4) 5의 배수의 비밀을 밝혀내시오.

(미션 5) 9의 배수의 비밀을 밝혀내시오.

(미션 6) 10의 배수의 비밀을 밝혀내시오.

01
약수와
배수

아이들 선생님, 2와 5, 10의 비밀은 알아냈는데 3, 4, 9의 비밀은 조금 어렵네요.

교사 그럼 힌트를 주마. '숫자의 합, 일의 자리와 십의 자리 수'가 힌트다.

아이들 알아냈습니다. 2의 배수는 일의 자리가 2, 4, 6, 8, 0으로 끝나는 수이고, 3의 배수는 각 자리 수를 더한 값이 3의 배수가 되면 3의 배수이고, 4의 배수는 일의 자리와 십의 자리의 수가 4의 배수이면 4의 배수이고, 5의 배수는 일의 자리가 5나 0이 되면 5의 배수이고, 9의 배수는 모든 자리의 수를 더해서 9의 배수가 되면 9의 배수이고, 10의 배수는 일의 자리가 모두 0이면 10의 배수가 됩니다.

교사 훌륭합니다. 잘 찾아 주었습니다. 이번 미션은 모두 완료하였습니다. 다음 시간에는 배수의 비밀 활용하기, 독특한 약수의 성질을 알아보는 수업을 해 보도록 하겠습니다.

2015년 3월 나의 교실 약수와 배수 2차시 모둠별 미션활동 사례

2차시 수업 소감

수학 수업에 대한 부담을 많이 갖고 있었던 아이들이 수학 시간에 흥미를 보이기 시작하는 모습이 보였다. 수학 수업을 마치고 아이들에게 "수학 수업 어떠하니?" 하고 물었더니 "재미있어요!" 하고 대답을 크게 해 주었다. 올해 수학 수업의 시작은 성공적이었다. 오늘도 역시 수업 후반부 배수의 비밀 찾기 활동에서 아이들은 대단히 열성적으로 문제를 해결하기 위해 모둠원들끼리 협동학습(모둠 토의 토론)을 적극적으로 해 주었다. 사실 미션활동 해결 시간은 굉장히 빠듯하다. 그래서 시간 내에 해결하지 못하는 경우를 많이 경험해 보았다. 그래서 때로는 다음 수업 시간을 약간 더 할애해야 할 때도 종종 있다. 이번 시간이 그러했다. 그래도 아이들의 배움에 대한 흥미와 호기심을 살리기 위해서

라면 이 정도는 충분히 감수할 필요가 있다고 본다.

이번 수업 시간은 약수와 배수와의 관계 알기부터 시작하여 아이들이 탐구한 정보들을 공유하면서 각 배수의 특징을 정리하기까지 약 55분 정도 걸렸다. 각 미션활동에 대한 특징들을 적지 않은 아이들이 찾아내어 다른 아이들과 '지식 나눔'을 실천하였다. 물론 내가 원하는 각 배수의 특징이 아닌 또 다른 특징들을 찾아내는 아이들이 굉장히 많았다. 예를 들어 3의 배수의 특징 찾기에서 내가 원하는 것은 "각 자리의 수를 모두 더하면 3의 배수가 된다."인데 아이들은 "짝수, 홀수가 반복된다."는 규칙을 찾아내기도 하였고, 4의 배수의 특징 찾기에서 내가 원하는 것은 "끝의 두 자리 수-십의 자리와 일의 자리 수가 4의 배수이면 그 수는 4의 배수가

된다."인데 아이들은 "4의 배수는 2의 배수이다."라고 찾기도 하였다. 아이들이 제일 찾기 힘들어하는 미션은 역시 "4의 배수의 비밀"이었다. 왜냐하면 이 비밀을 알려면 수의 크기를 큰 수까지 확장시켜야 하는데 아직 아이들의 사고가 거기까지 미치지는 못하였다. 그래서 칠판에 4의 배수가 되는 큰 수를 몇 개 써 주고 찾아보라고 하였다. 아이들이 힘들어할 때 약간의 힌트를 주면 그들은 그것을 바탕으로 사고의 폭과 깊이를 확장시켜 과제 해결을 잘 해낸다. 이번에도 역시 그러했다. 조금의 힌트로 인하여 특징을 찾아내는 아이가 있었다. 그리고 그 아이를 통해 또 다른 모둠의 아이들이 정보를 공유하게 되면서 과제를 해결해 나갔다. 이런 모습들이 협동학습을 통해 얻을 수 있는 가장 큰 수확이 아닐까 생각한다. 또한 바로 이런 활동이 약수와 배수 단원(정수론-자연수가 갖는 특성을 공부하는 단원)을 공부하는 이유에 부합되는 것(약분, 통분, 이분모 분수의 연산을 위한 수단이 아니라는 것)이라는 것을 다시 한 번 확인하는 시간이었다. 수업을 마치고 지난 시간에 이어서 오늘도 약수 구하기 복습 활동을 '스스로 배움 공책'에 할 수 있도록 안내해 주었다.(50~100 사이의 수 20개를 쓰고 약수를 모두 구하기)

🍎 3차시 배수의 비밀을 활용하기, 독특한 약수의 성질을 밝혀라

교사 자, 이번 시간에는 바로 미션활동부터 시작해 보도록 하지요. 선생님이 제시하는 미션활동을 모둠원들이 협동적으로 해결해 보세요.

수학 5-1	1. 약수와 배수 배수의 비밀 활용하기	서울　　　　　초등학교
		5학년　　반　　　번
		이름 :

모둠별 협동 미션활동지

〈미션 1〉 어떤 상자의 여섯 자리 비밀번호가 있는데 다음과 같습니다.

⇨ (비밀번호) 3467 ☐ 2

그런데 이 비밀번호는 3의 배수이면서 4의 배수이기도 합니다. 그렇다면 ☐ 안에는 어떤 수가 들어갈까요? (※ 미션을 해결할 때 반드시 모둠원들과 협동적으로 해결하시오.)

이
약수와
배수

아이들 해결했습니다. ☐는 '5'입니다.

☐를 제외한 수의 합	☐	22+☐	3의 배수	3의 배수이면서 4의 배수
22	0	22	×	
	1	23	×	
	2	24	○	346722
	3	25	×	
	4	26	×	
	5	27	○	346752(4의 배수가 됨)
	6	28	×	
	7	29	×	
	8	30	○	346782
	9	31	×	

교사 와우, 이번 미션도 훌륭히 완수했네요. 그럼 다음으로 독특한 약수의 성질에 대하여 알아보도록 하겠습니다.

〈독특한 약수의 성질 1〉 제곱수
보통 약수의 개수는 짝수이지만 4의 경우는 약수의 개수가 홀수입니다.(1, 2, 4=3개) 이와 같이 약수의 개수가 홀인 경우의 수를 제곱수라고 합니다.

〈독특한 약수의 성질 2〉 완전수
약수에는 항상 자기 자신이 꼭 들어가는데 자기 자신을 제외한 약수를 진약수라고 합니다. 그런데 어떤 수는 진약수를 모두 더하면 자기 자신인 수가 나오게 됩니다. 이런 수를 완전수라고 합니다.

〈독특한 약수의 성질 3〉 부족수
예를 들어 8처럼 진약수를 모두 더하면 자기 자신보다 작은 수가 나옵니다.(1+2+4=7<8) 이와 같은 수를 부족수라고 합니다.

〈독특한 약수의 성질 4〉 과잉수
예를 들어 12처럼 진약수를 모두 더하면 자기 자신보다 큰 수가 나옵니다.(1+2+3+4+6=16>12) 이와 같은 수를 과잉수라고 합니다.

어때요. 자연수에는 아주 재미있는 성질이 숨어 있지요? 그러면 여러분이 해결해야 할 미션 하나를 더 제시하겠습니다. 함께 협동적으로 해결해 보세요.

아이들 해결했습니다. 완전수는 6, 28입니다. 제곱수는 4, 9, 16, 25입니다. 부족수는 4, 8, 9, 10, 14,

수학 5-1	1. 약수와 배수 약수의 독특한 성질 알기	서울　　　초등학교 5학년　　반　　번 이름 :

모둠별 협동 미션활동지

※ 미션을 해결할 때 반드시 모둠원들과 협동적으로 해결하시오.(진약수가 1뿐일 경우는 제외합니다.)

(미션 2.1) 1~30까지의 수 가운데 완전수를 모두 찾아보시오.

(미션 2.2) 1~30까지의 수 가운데 제곱수를 모두 찾아보시오.

(미션 2.3) 1~20까지의 수 가운데 부족수를 모두 찾아보시오.

(미션 2.4) 1~20까지의 수 가운데 과잉수를 모두 찾아보시오.

15, 16입니다. 과잉수는 12, 18, 20입니다.

교사 와우, 오늘도 여러분은 훌륭히 미션을 완수했네요. 다음 시간에는 약수의 개수가 가장 작은 수들의 모임, 소수에 대하여 알아보는 시간을 갖도록 하겠습니다.

 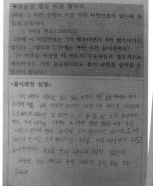 

2015년 3월 나의 교실 약수와 배수 3차시 모둠별 미션활동 사례

이 약수와 배수

3차시 수업 소감

수학 교과서를 바탕으로 재구성을 하지만 수학 교과서 내용과 똑같이 지도하는 것이 아니라서 수학 시간에 학습한 내용을 바탕으로 수학책 질문들에 대하여 가정학습 또는 자투리 시간 개별학습 활동(익힘책처럼 워크북 용도로 활용)으로 답을 써 보도록 지도하고 꼼꼼히 확인도 하고 있다. 이렇게 하는 이유는 담임교사인 내가 재구성하여 지도하는 내용이 교과서 내용과 조금만 달라지면 교과서 집필진들이 사용하는 용어와도 차이가 생겨서 아이들이 교과서 질문을 보며 "이게 뭐예요? 이거 어떻게 해야 해요?"라고 묻는 경우도 적지 않기 때문이다.

이런 상황들에 대하여 꼼꼼히 체크하고 점검해 주다 보면 바로 다음에 이어지는 수업 시작 시간 초기에 약간의 시간을 할애하여 이전 시간까지의 내용에 대하여 보완해야 할 점들을 안내하는 수밖에 없게 된다. 예를 들어 교과서 4차시 약수와 배수와의 관계에 대한 내용을 보면 활동 2에서 12를 여러 수들의 곱셈 형태(소수의 곱셈 형태를 필자는 원하고 있다는 생각이 들어 아쉬움이 남는다. 굳이 그렇게 안 해도 약수, 배수는 충분히 구할 수 있는데 말이다.)로 나타내고 이를 이용해서 약수를 구해 보자고 되어 있는데, 어떤 아이들은 질문에서 요구하는 것이 무엇인지 잘 파악하여 해결해 놓았지만 어떤 아이들은 바로 위에 보기가 있음에도 불구하고 곱셈 형태로 나타냄이 없이 바로 약수만 쓴 아이들이 있는가 하면 곱셈 형태로 나타내는 것이 무엇을 의미하는지조차 모르는 아이들도 몇이 있었다.

꼭 집필진이 요구하는 대로 교과서 속 질문에 제대로 답을 쓸 줄 알아야 한다고 보지는 않지만 그렇다고 하여 답을 쓸 줄 모른다면 제대로 지도한 것이라 말할 수 없다는 생각을 부정할 수도 없는 일이다. 그래서 재구성하여 지도하더라도 교과서 내용은 꼼꼼히 살펴서 지도하는 것 또한 중요하게 고려해야 할 사항이라고 나는 여기고 있다. 오늘 3차시 수업 시작 초기에 바로 그

런 내용들을 다시 설명해 주다 보니 아이들이 미션활동을 해 나가는 데 시간이 부족하였다.

재구성한 바와 같이 지도하면 2차시까지가 교과서 4차시 약수와 배수와의 관계까지 지도한 셈이 된다. 어제까지 수학 진도를 마친 곳까지 교과서 문제를 해결해 오라고 한 뒤 아침에 수학책을 걷어 꼼꼼히 살펴보았더니 위와 같은 현상이 몇 아이들에게 발견되어 3차시 수업 시작 전에 다시 한 번 확인하는 차원에서 안내해 주는 데 약 10분 정도 조금 넘게 시간을 할애하였다. 그런 이후 지난 시간에 살펴보았던 배수의 비밀을 떠올려 보고 바로 미션활동 1에 들어갔다. 그랬더니 시간이 매우 많이 필요하였다. 본 수업 시간이 끝나 갈 때가 되어서야 아이들이 어느 정도 미션을 해결한 것이 확인되어(현재 나의 학급 상황은 7모둠인데 4~5모둠 정도 미션을 해결하면 활동을 멈추고 해결한 내용을 전체와 공유하는 활동을 한다. 모든 모둠이 끝날 때까지 기다리지 않아도 된다고 본다. 다른 모둠과 해결 과정을 공유함으로써 충분히 배움이 일어나기 때문이다.) 미션을 해결한 모둠과 해결하지 못한 모둠원들과의 사고를 연결지어 주었다.

"어떤 모둠의 누가 설명해 보겠니?" 했더니 임○○ 아동이 자신이 설명해보겠다고 손을 들어서 발표를 부탁하였다. 그런데 생각보다 아주 제대로 꼼꼼하게 해결 과정을 설명("수를 모두 더하면 22가 되는데 ☐까지 더해서 3의 배수가 되려면 ☐ 안에 들어갈 수 있는 수는 0~9까지 수 중에 2, 5, 8밖에 없습니다. 그리고 그 수가 4의 배수가 되려면 일의 자리, 십의 자리 두 자리 수가 4의 배수여야 하는데 2, 5, 8을 넣어서 만들 수 있는 수는 22, 52, 82이고 이 중에서 4의 배수가 될 수 있는 것은 52밖에 없습니다. 그래서 ☐는 5가 됩니다.") 해 주었고 아이들도 그 설명에 만족해하는 눈치였다. 나도 놀랐다. 아주 정확히 설명해 주었기 때문이다.

이렇게 미션 1은 마무리되었지만 시간이 5분밖에 남

지 않아 미션 2 활동 해결에 필요한 설명(진약수, 제곱수, 완전수, 부족수, 과잉수에 대한 설명)으로 다 할애하였다. 그렇게 40분 수업을 마치고 미션 2 활동은 스스로 배움공책에 개별 미션활동으로 할 수 있도록 안내해 주었다.

오늘 미션 1번 과제 해결에 있어서 아이들이 아직은 학년 초기라서 협동학습 활동에 대한 체험이 부족하여 우왕좌왕하는 모습도 꽤 있었고 모둠별 협동과제라는

것에 대한 인식이 아직 부족하여 모둠 내에서도 혼자 해결하면서 생각의 나눔과 공유, 도움 주고받기 활동을 제대로 하지 않는 모습이 많이 관찰되었다. 이런 현상은 바로 수업 시간의 부족(과제 해결에 많은 시간이 걸림)으로 이어졌다. 하지만 앞으로 더 경험을 해 나가면서 충분히 시간을 단축할 것으로 믿는다. 지금까지 그래 왔고 올해 내 학급 아이들도 충분한 힘을 갖고 있으니까.

🍎 4차시 에라토스테네스의 체를 통한 소수 알아보기

교사 이번 시간에는 소수에 대하여 알아보도록 하겠습니다. 소수란 2 또는 3과 같이 1과 그 자신인 수로밖에 나누어떨어지지 않는 수를 말합니다. 이런 수에는 어떤 것들이 있는지 알아보기 위해 에라토스테네스라는 사람이 다음과 같은 활동을 통해

밝혀냈습니다. 여러분이 에라토스테네스가 되어 실제로 활동을 그대로 재현해 보도록 하겠습니다. 나누어 준 100칸짜리 종이에 숫자가 1~100까지 적혀 있습니다. 우선 1은 소수가 아니기 때문에 제외시킵니다. 2는 소수입니다. 2는 남겨 두고 2의 배수는 모두 붉은색 펜으로 동그라미를 그려 보세요. 3은 소수입니다. 3은 남겨 두고 3의 배수는 모두 파란색 펜으로 동그라미를 그려 보세요. 만약 이미 다른 색으로 동그라미가 그려져 있으면 그 안에 한 번 더 동그라미를 그려 주세요. 다음 4는 이미 동그라미가 그려져 있어서 넘어가고 그다음 수인 5는 소수입니다. 따라서 5를 남겨 두고 5의 배수는 모두 녹색 펜으로 동그라미를 그려 보세요. 이렇게 계속 해 나가면 동그라미가 한 번도 그려지지 않은 수만 남게 됩니다. 그 수들이 바로 소수가 되는 것입니다. 에라토스테네스라는 사람은 이런 방법을 통해 소수를 알아낸 것입니다. 어떻습니까? 재미있지요?

그러면 여러분이 활동한 활동지를 보면서 자연수의 독특한 성질을 다시 한 번 더 찾아보도록 하겠습니다. 파란색 선으로 3의 배수만을 연결해 보세요.

활동 사례 : 노란색으로 색칠된 수가 소수

이 약수와 배수

빨간색 선으로 2의 배수만을 연결해 보세요. 밤색 선으로 11의 배수만을 연결해 보세요. 녹색 선으로 5의 배수만을 연결해 보세요. 하늘색 선으로 9의 배수만을 연결해 보세요. 분홍색 선으로 10의 배수만을 연결해 보세요. 어떤가요? 어떤 규칙들(직선으로 연결됨)이 발견되지요? 그것이 바로 자연수만이 가지고 있는 독특한 성질입니다.(10의 배수는 2의 배수이기도 하고 5의 배수이기도 하다. 9의 배수는 3의 배수이기도 하다.) 오늘도 수고하였습니다. 다음 시간에는 공약수와 최대공약수에 대하여 알아보는 시간을 가져 보도록 하겠습니다.

수학 5-1	1. 약수와 배수 에라토스테네스의 체(소수)	서울　　　　　　 초등학교
		5학년　　　 반　　　 번
		이름 :

※ 약수가 1과 그 자신밖에 없는 수를 소수라고 합니다.(약수의 개수가 두 개뿐)

(1) 1은 모든 수의 약수가 되며 약수가 없는 수이므로 제외시킵니다.

(2) 2는 약수의 개수가 1과 그 자신밖에 없으므로 그냥 놓아두고, 2의 배수를 붉은색 싸인펜으로 ○ 표시를 합니다.(2를 제외한 나머지 2의 배수는 2로 나누어떨어지는 수이기 때문에 약수의 개수가 3개 이상이 될 수밖에 없다.)

(3) 3은 약수의 개수가 1과 그 자신밖에 없으므로 그냥 놓아두고, 2의 배수를 파란색 싸인펜으로 ○ 표시를 합니다.(3을 제외한 나머지 3의 배수는 3으로 나누어떨어지는 수이기 때문에 약수의 개수가 3개 이상이 될 수밖에 없다.)

(4) 위와 같은 방법으로 색 싸인펜을 바꾸어 가면서 계속 활동을 해 나가면 남는 수들이 생긴다. 이 수들이 바로 소수인 것이다.(남는 수들을 노란색 싸인펜으로 색칠하기)

(5) 활동을 해 나가다 보면 어떤 규칙을 발견하게 된다. 어떤 규칙들이 발견되는지 이야기해 보고, 발견되는 규칙들을 선으로 그어 보도록 하자.

1	2	3	4	5	6	7	8	9	10
11	12	13	14	15	16	17	18	19	20
21	22	23	24	25	26	27	28	29	30
31	32	33	34	35	36	37	38	39	40
41	42	43	44	45	46	47	48	49	50
51	52	53	54	55	56	57	58	59	60
61	62	63	64	65	66	67	68	69	70
71	72	73	74	75	76	77	78	79	80
81	82	83	84	85	86	87	88	89	90
91	92	93	94	95	96	97	98	99	100

에라토스테네스의 체 활동지(1~100까지의 수)

2015년 3월 나의 교실 약수와 배수 4차시 에라토스테네스의 체 활동 사례

4차시 수업 소감

본 차시에서는 소수에 대하여 꼭 알아 둘 필요가 있다는 판단에 따라 에라토스테네스라는 수학자가 했던 과정을 아이들이 그대로 경험하게 하였다. 활동 과정에서 아이들은 소수의 의미(약수가 1과 그 자신밖에 없는 수)를 이해하고 100까지의 수 가운데 소수는 어떤 수가 있는지 알아볼 수 있었다. 또한 하나 둘씩 수를 지워 나가는 과정에서 나름의 규칙(앞의 활동 사례 사진 참고)도 발견하게 되어 일거양득의 효과를 노

릴 수 있어서 정말 좋은 활동이었다는 생각이 든다. 1시간 안에 충분히 이루어질 수 있었으며 수업의 끝자락에서 다음 시간에 활동할 내용 가운데 '작은 수의 곱'이란 바로 소수(약수가 항상 1과 그 자신인 수로, 약수의 개수가 가장 작은 수들의 모임을 가리킨다.)의 곱을 의미한다는 것, 그래서 그 내용을 공부하기 전에 소수에 대하여 알아보는 시간을 가진 것이라는 것을 알려 주면서 마무리하였다.

이
약수와
배수

🍎 5~8차시 공약수와 최대공약수, 공배수와 최소공배수에 대한 이해

<부채모양 뽑기 : 최소공배수 구하기>	<부채모양 뽑기 : 최소공배수 구하기>
작은 수의 곱을 이용하여 구하기	공약수로 두 수를 동시에 나누어 구하기

작은 수의 곱을 이용하여 구하기

18　　24

18 = 2×3×3

24 = 2×2×2×3

(답) 2×3×2×2×3=72

공약수로 두 수를 동시에 나누어 구하기

```
2 | 18  30
3 |  9  15
      3   5
```

(답) 2×5×3×3=90

작은 수의 곱을 이용하여 구하기

16　　24

16 = 2×2×2×2

24 = 2×2×2×3

(답) 2×2×2×2×3=48

공약수로 두 수를 동시에 나누어 구하기

```
3 | 12  9
      4  3
```

(답) 3×3×4=36

작은 수의 곱을 이용하여 구하기

32　　48

32 = 2×2×2×2×2

24 = 2×2×2×2×3

(답) 2×2×2×2×2×3=96

공약수로 두 수를 동시에 나누어 구하기

```
2 | 12  20
2 |  6  10
      3   5
```

(답) 2×2×3×5=60

작은 수의 곱을 이용하여 구하기

45　　60

45 = 3×5×3

24 = 3×5×4

(답) 3×5×3×4=180

공약수로 두 수를 동시에 나누어 구하기

```
2 | 24  30
3 | 12  15
      4   5
```

(답) 2×3×4×5=120

2015년 3월 나의 교실 약수와 배수 5~8차시 부채모양 뽑기 활동 사례

💡 부채모양 뽑기

(1) 각 모둠의 1번이 문제 카드를 부채모양으로 펴 들고서 말한다. "아무거나 한 장 뽑으세요."

(2) 2번이 한 장의 문제 카드를 뽑아 모둠원들에게 읽어 준다.

(3) 나머지 모둠원은 개인 칠판에 문제를 받아 적고 풀이를 시작한다.

(4) 모둠원들이 풀이를 마치면 2번이 정답을 점검한다.

▶ 풀이를 잘한 모둠원에게는 칭찬을, 틀린 모둠원에게는 격려를 해 준다.

▶ 풀이 과정에서 해결이 잘 되지 않는 모둠원이 있으면 적극적으로 도움을 구하고, 다른 모둠원들은 친절하게 도움을 준다.

▶ 풀이 과정에 대하여 논의가 필요한 부분이 있으면 모둠원들끼리 토의·토론을 한다.

(5) 2번이 문제 카드를 부채모양으로 펴 들면 3번이 한 장의 문제 카드를 뽑아 모둠원들에게 읽어 준다.(이후의 과정을 계속 반복한다.)

5~8차시 수업 소감

본 차시에서는 배수와 약수에 대한 이해를 바탕으로 공약수 및 최대공약수, 공배수 및 최소공배수를 구하는 알고리즘 익히기에 대한 것이 주된 내용이어서 재구성보다는 교과서 중심으로 지도하는 것에 초점을 맞추었다. 특히 두 수의 공약수로 나누어 최대공약수 및 최소공배수를 구하는 방법이나 작은 수들의 곱으로 나타내어 최대공약수 및 최소공배수를 구하는 방법에 대해서는 반복적인 활동이 필요하다고 판단하여 기본 이해를 최대한 간략히 마치고 남는 시간에 교사인 내가 모두에게 최대공약수, 최소공배수 구하기(작은 수들의 곱을 이용하는 방법, 공약수로 나누어 구하는 방법) 문제를 내면 아이들은 각자 개인 칠판에 보드마카를 이용하여 풀어 보면서 도움이 필요하면 짝 또는 모둠원에게 도움을 구할 수 있도록 하는 시간도 가졌다. 또한 모둠별로 부채모양 뽑기 구조를 적용한 활동을 병행하면서 모든 활동이 모둠별로 이루어질 수 있도록 시간을 주기도 하였다. 아이들은 수학 수업에 대하여 조금씩 마음의 문을 열면서 즐거운 마음으로 수학 수업에 빠져들기 시작하는 것 같았다.

$$
\begin{array}{r}
\text{12와 30의 공약수} \leftarrow \underline{2)\ 12\quad 30} \\
\text{6과 15의 공약수} \leftarrow \underline{3)\ 6\quad 15} \\
2\quad 5 \\
\end{array}
$$

$2 \times 3 \times 2 \times 5 = 60 \Rightarrow$ 12와 30의 최소공배수

$$
\begin{array}{r}
\text{12와 18의 공약수} \leftarrow \underline{2)\ 12\quad 18} \\
\text{6과 9의 공약수} \leftarrow \underline{3)\ 6\quad 9} \\
2\quad 3 \\
\end{array}
$$

$2 \times 3 = 6 \Rightarrow$ 12와 18의 최대공약수

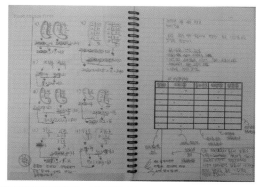

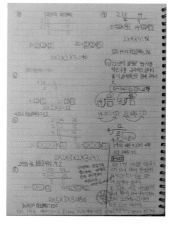

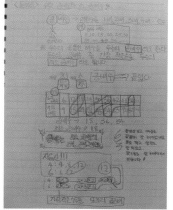

2015년 3월 나의 교실 약수와 배수 스스로 배움공책 활동 사례

이
약수와
배수

가끔 이런 식으로 배워 와서 수업 시간에 나름의 요령을 말하는 아이들이 있다. " '가장 작은 수를 구하라.'이면 최소공배수, "가장 큰 수를 구하라.'이면 최대공약수를 구하면 된다."

이것이야말로 아이들을 아무 생각 없게 만드는 암죽식 교육의 전형적인 모습이라 할 수 있다. 아이들에게 왜 최소공배수를, 왜 최대공약수를 구해야 하는지를 알게 하는 것이 목적이어야 한다. 때문에 차근차근 그 원리를 알려 주는 것이 가장 핵심이라 할 수 있다.

(예 1) 어떤 수로 14와 17을 나누면 나머지가 모두 2입니다. 두 수를 동시에 나눌 수 있는 어떤 수 가운데 가장 큰 수를 구하시오.

$$\text{어떤 수} \overline{)15}^{\text{몫}} \qquad \text{어떤 수} \overline{)12}^{\text{몫}}$$

이와 같이 문제를 시각화하는 일은 아이들 이해를 돕는 중요한 일

⇨ 나머지가 있어서 복잡한 것처럼 보이니 나머지가 없다고 생각해 보면 위와 같이 12와 15라는 수가 있는 것과 같다. 다음으로 12와 15의 공약수(14와 17을 나눌 수 있는 공통된 수를 구하는 것이므로)를 구하면 〈12=1, 2, 3, 4, 6, 12〉, 〈15=1, 3, 5, 15〉가 된다. 이 가운데 공약수는 1과 3이 있는데 14와 17을 나누었을 때 나머지가 2가 될 수 있는 수는 3밖에는 없게 된다. 그래서 답은 3이 된다.

(예 2) 어떤 수를 6으로 나누어도 2가 남고 8로 나누어도 2가 남는다. 어떤 수 가운데 가장 작은 수를 구하시오.

$$6 \overline{)\text{어떤 수}}^{\text{몫}} \qquad 8 \overline{)\text{어떤 수}}^{\text{몫}}$$

이와 같이 문제를 시각화하는 일은 아이들 이해를 돕는 중요한 일

⇨ 나머지가 있다고 생각하면 복잡해지니 일단 나머지가 없다고 생각해 보면 6으로도, 8로도 나누어떨어진다는 뜻이 된다. 다시 말해서 6의 배수임과 동시에 8의 배수이기도 하다는 것이다. 그러니 6의 배수를 구하면 〈6, 12, 18, 24, 30…〉, 8의 배수를 구하면 〈8, 16, 24, 32…〉가 된다. 이 가운데 공통이면서 가장 작은 수는 24이므로 이 수가 최소공배수가 되는 것이다. 그런데 문제에서 나머지가 2가 있다고 했으니 〈24+2=26〉이 답이 된다.

🍎 9차시 단원 정리—단원 평가

수학	1. 약수와 배수	서울은빛초등학교
5-1	교과서 8~33쪽	5학년 찬샘반 번 이름:

※지식 영역 : 1번 ~ 6번) 다음 글을 읽고 물음에 알맞은 답을 보기에서 찾아 쓰시오.

1. 어떤 수를 나누어떨어지게 하는 수를 그 수의 □□라고 합니다.

2. 두 수의 공통된 약수를 □□□라고 합니다.

3. 두 수의 공배수 중에서 가장 작은 수를 두 수의 □□□□라고 합니다.

4. 어떤 수를 1배, 2배, 3배 --- 한 수를 그 수의 □□라고 합니다.

5. 두 수의 공통된 배수를 □□□라고 합니다.

6. 두 수의 공약수 중에서 가장 큰 수를 두 수의 □□□□라고 합니다.

보기
① 약수 ② 배수 ③ 공약수 ④ 공배수
⑤ 최대공약수 ⑥ 최소공배수

※이해 영역 : 7번 ~ 12번) 다음 주어진 문제를 읽고 알맞은 답을 쓰시오.

7. 아래 나눗셈 식을 보고 8의 약수를 모두 찾아 쓰시오. --------- ( )

8÷1=8	8÷2=4	8÷3=2···
8÷4=2	8÷5=1···3	8÷6=1···2
8÷7=1···1	8÷8=1	

8. 7을 몇 배 한 곱셈식으로 나타내면 7의 1배는
7×□=□, 7의 2배는 □, 7의 3배는 7×□=□, 7의 4배는 7×□=□가 됩니다.

9. 16의 약수와 24의 약수를 모두 구하시오.

| 16의 약수 | |
| 24의 약수 | |

10. 위의 문제에서 두 수의 공통된 약수 가운데 가장 큰 수는 ( )이고 이를 ( )라고 한다.

11. 6과 8의 배수를 각각 5개씩 구하시오.

| 6의 배수 | |
| 8의 배수 | |

12. 위의 문제에서 두 수의 공통된 배수 가운데 가장 작은 수는 ( )이고 이름 ( )라고 한다.

※적용 영역 : 13번 ~ 19번) 다음 주어진 문제를 읽고 알맞은 답을 쓰시오.

13. 다음의 수 가운데 3의 배수를 모두 찾아 쓰시오.
답 ( )

| 69, 84, 92, 108, 152 |

14. 9를 어떤 수 □로 나누면 나누어떨어집니다. 이때 □안에 들어갈 수 있는 수는 모두 몇 가지입니까?
( )가지

15. 8의 배수 중에서 30보다 크고 60보다 작은 수는 모두 몇 개입니까?
( )개

16. 다음 식을 보고 □안에 알맞은 말을 쓰시오.

| 5×7=35 |

□와 □는 35의 □□이다.
□는 5와 7의 □□이다.

17. 12의 약수를 구하여 모두 더하면 얼마가 됩니까?
답 ( )

18. 두 수 24와 36의 공약수와 최대공약수를 구하시오.
- 24와 36의 공약수 ( )
- 24와 36의 최대공약수 ( )

19. 4와 9의 공배수 중에서 100보다 작은 수를 모두 구하시오.
( )

※분석 영역 : 20번 ~ 23번) 다음 주어진 문제를 계산하여보시오.

20. 두 수가 약수와 배수 관계가 되도록 아래 조건을 만족시키는 알맞은 수를 써 넣으시오.
(조건 1) □는 두 자리 수입니다.
(조건 2) □는 30보다 크고 50보다 작은 수입니다.
(조건 3) □의 일의 자리 수와 십의 자리 수를 더하면 12가 된다.

| | 12 |

21. 아래 보기에서 알 수 있는 사실은 무엇입니까?
(1) 36의 약수는 1, 2, 3, 4, 6, 9, 12, 18, 36
(2) 54의 약수는 1, 2, 3, 6, 9, 18, 27, 54
(3) 두 수의 공약수는 1, 2, 3, 6, 9, 18이다.
(4) 두 수의 최대공약수는 18이다.
(5) 18의 약수는 1, 2, 3, 6, 9, 18이다.
( )

22. 12와 30의 공배수 가운데 아래 조건을 만족시키는 수를 구하시오.
(1) 12와 30의 공배수를 가장 작은 수부터 늘어 놓을 때 3번째 오는 수를 구하시오.
(2) 위의 (1)번의 수의 각 자리수를 모두 더한 수를 구하시오.
(3) 위의 (2)번의 수의 약수들 모두 구하시오.
약수 ( )

23. 연필 24자루, 지우개 40개를 남김없이 최대한 많은 사람에게 똑같이 나누어 주려고 합니다. 몇 명까지 나누어 줄 수 있을까요?

| (풀이 과정을 꼭 쓰세요.) |

※종합 및 평가 영역 : 23번 ~ 25번) 다음 주어진 문제를 계산해보시오.

24. 은빛 마트에서는 6일에 한 번씩 할인 행사를 하고 찬샘 마트에서는 8일에 한 번씩 할인 행사를 합니다. 3월 2일에 두 마트가 동시에 할인 행사를 했을 때 다음번에 두 마트가 동시에 할인 행사를 하는 날은 며칠인지 풀이 과정을 쓰고 답을 구하시오.

| (풀이 과정을 꼭 쓰세요.) |

25. 아래 두 가지 방식 가운데 여러분은 어떤 방식으로 최대공약수를 구하는 것이 좋다고 생각하는가?

<보기1>	<보기2>
3) 6 21	6의 약수→①②③⑥
2 7	21의 약수→①③⑦ 21

(나의 생각) ( )의 방법이 좋다고 생각합니다.
(그렇게 생각하는 이유)

26. 최대공약수라는 말은 있지만 최대공배수라는 말은 없습니다. 그 이유는 무엇입니까?

- 어떤 조건을 두면 최대공배수라는 말을 사용할 수 있습니다. 그 조건이란 무엇입니까?

1단원 수학과 평가 안내

서울은빛초등학교 5학년 찬샘반 담임교사 이상우

1. 지식의 위계성에 대하여

지식단계	정보의 기억을 의미한다.
이해단계	정보 속에 담긴 의미를 파악하고 이해하는 것을 의미한다. 배운 것을 자신의 언어로 다시 해석하여 말하는 것을 말한다.
적용단계	알고 이해한 것을 다른 것에 응용하는 것을 의미한다. 규칙, 개념, 원리, 법칙 등을 적용하는 것을 말한다.
분석단계	정보의 옳고 그름 혹은 정확성 등을 판단하는 것을 의미한다. 어떤 사실을 요소로 분해하는 힘으로 그 부분을 확인하고 그 요소들 간의 관계를 분석하여 구성 원리를 알아 나가는 힘을 말한다.
종합단계	평가를 바탕으로 적절한 대안을 제시하는 것을 의미한다. 새로운 것을 만들기 위해 부분을 모으는 힘으로, 창의적 사고력과 문제해결력을 필요로 한다.
평가단계	글이나 말 속에 담긴 의도나 주장이 가치가 있는 것인가를 판단하는 것을 의미한다. 주어진 목적을 달성하기 위해 사실을 판단하는 능력으로 앞서 설명한 모든 지식기능을 포함한다.

• 지식, 이해 단계까지를 기본사고라고 한다.
• 적용, 분석, 종합 단계를 고급사고라고 한다.
• 기본사고가 부족하면 고급사고로 옮겨갈 수가 없다.
• 분석, 종합, 평가 단계의 능력이 높은 지적 능력 단계 수준이라 할 수 있다.

2. 본 단원 소개

약수와 배수 단원을 공부하는 목적은 아래와 같습니다.
(1) 약수, 공약수, 최대공약수의 의미를 알고 구할 수 있다.
(2) 배수, 공배수, 최소공배수의 의미를 알고 구할 수 있다.
(3) 약수와 배수의 관계를 이해할 수 있다.
(4) 공약수와 최대공약수의 관계, 공배수와 최소공배수의 관계를 이해할 수 있다.
(5) 약수와 배수에 관련된 문제를 해결해나가는 방법을 알 수 있다.

이런 내용을 바탕으로 수업을 진행한 후에 어느 정도 학습이 이루어졌는지를 알아보기 위해 평가를 해보았습니다. 평가 영역에 대한 내용은 다음과 같습니다.
(1) 1~6번 : 지식 영역으로 본 단원을 이해하는데 가장 필요한 용어 및 개념들을 묻는 질문입니다. (수학의 독기 용어 및 그 개념에 대한 기초적인 성취도를 향상시킬 수가 없는 교육들)
(2) 7~12번 : 본 단원과 관련하여 기본 지식(1~6번)을 바탕으로 약수와 배수와 관련된 실제 개념이 잘 형성되었는지를 묻는 질문들 입니다. 실제 학습에 있어서는 지식, 이해를 바탕으로 적용하는 단계의 질문으로 채워져 있다고 보아도 무리는 없습니다.
(3) 13~19번 : 적용 영역으로 앞서 단계까지의 내용을 바탕으로 약수와 배수의 개념과 원리를 적용하여 실제 주어진 문제를 해결해나가는 질문들로 구성되어 있습니다.
(4) 20~23번 : 분석 영역으로 앞서 모든 것을 포함하여 약수와 배수라는 수 영역과 관련된 분석적 사고력을 묻는 질문들로 구성되어 있습니다.
(5) 24~26번 : 종합 및 평가 영역으로 앞서 모든 것을 포함하여 약수와 배수 단원과 관련된 종합적 사고력 및 평가능력을 묻는 질문으로 구성되어 있습니다.

3. 평가지 해석에 대하여

본 평가지는 기본적으로 Pass와 Fail을 가리고, 각 아동이 어떤 부분에서 막혀있는지 판단하기 위한 근거자료 및 아이들의 발전을 위한 자료로 활용하기 위해 만든 것입니다. 따라서 **이 평가자료를 보실 때**

는 아래와 같은 생각을 염두에 두어야 할 것입니다. 부탁드립니다.
(1) 평가 결과가 몇 점인지 알게 하는 일(점수 계산은 안 됩니다. 그렇게 안 되도록 만들었습니다.)
(2) 다른 아이들은 몇 점 받았는지 관심을 갖지 마세요. 다른 아이들과 비교는 금물입니다.
(3) 기본적으로 Pass한 아이들은 본 단원 학습을 통과했다고 보시면 됩니다.(거의 경우는 지식~분석 수준까지의 문항에서 약 60% 정도, 또는 전체 문항에서 60% 정도 풀이했으면 통과된 것으로 간주합니다.)

본 단원의 Pass/Fail 구분(총 26문항 기준)		
노력 바람(Fail) 60%미만	보통(Pass) 60~80%미만	잘함(Pass) 80~100%
15개 이하	16개~20개	21~26개

(4) Fail을 기록한 아동들에게는 약 2~3일 후에 재평가 기회를 반드시 1회 제공합니다. 더 이상은 없습니다. 그리고 2차 평가에서 Pass를 하면 그 결과를 생활기록부에 반영합니다. 그 때에도 Fail을 하게 되면 그 결과를 그대로 반영해나갈 수밖에 없음을 꼭 알아주시기 바랍니다.
(5) 아이 혹은 학부모님에 따라서 단원이 Pass에 만족하지 않는 분들은 댁의 자녀가 어떤 부분(단계 영역)에서 부족한지 신경 쓰시면 될 것입니다. 그러나 모든 아이들이 수학을 100점 받아야만 한다는 욕심과 생각은 금물입니다.
(6) 대체로 보면 지식, 이해 단계에서 부족한 아이들은 그 다음 단계의 문항들을 제대로 풀이하지 못합니다. 풀더라도 숫자만 주어지는 기본 문항(공식에 대입하기만 하면 되는 문항)이나 그냥 숫자만의 풀이 동원은 풀 수 있을지 모르나 그 수준만 넘어가는 것들에 대해서는 제대로 해결하지 못하는 경향을 많이 보입니다. 이 경우에는 해당 단원의 기본 원리나 지식에 대한 확실한 이해를 먼저 할 수 있도록 보완하는 것이 최선책입니다. 적용, 분석 단계에서 부족한 아이들은 주어진 상황이나 수에 대한 개념을 판단해 또 다른 상황이나 형태로 변화시키는 힘이 부족한 경우에 해당되는 것입니다.(수학적 언어를 서술적 언어로 표현하는 힘이 부족하거나 다른 단원에 대한 기본 개념이나 원리를 바탕으로 한 언어 논리적 사고가 부족한 경우에 해당됩니다.(예) 5÷5=1 사탕 3개가 있는데 친구가 사탕 5개를 나에게 주어서 원래 내가 갖고 있는 사탕 8개가 되었다…) 지식~분석 단계까지의 문항은 잘 해결하나 종합~평가 단계에서 어려워하는 아이들은 해당 단원에 대한 기본 원리나 지식에 대한 확실한 이해는 어느 정도 갖추어져 있지만 이를 바탕으로 본 단원의 종합적 이해 및 문제해결력, 수학적 사고력에서 조금 부족한 면을 볼 수 있습니다. 이 경우에는 다양한 문제 풀이 경험을 많이 갖게 하여 수학적 사고력 및 생각하는 힘, 문제해결력을 키워나가는 것이 최선책이라 사료됩니다.

4. 평가 문항 설명(해답 안내)

1. 약수 2. 공약수 3. 최소공배수 4. 배수 5. 공배수 6. 최대공약수 7. (1, 2, 4, 8)
8. (1,7),(2,14),(3,21),(4,28) 9. 16=1,2,4,8,16, 24=1,2,3,4,6,8,12,24 10. 8,최대공약수
11. (6=6,12,18,24,30), (8=8,16,24,32,40) 12. 24, 최소공배수 13. (69,84,108) 14. 3가지
15. 4개 16. (5, 7, 약수), (35, 배수) 17. (28) 18. 공약수 (1, 2, 3, 4, 6, 12), 최대공약수 (6)
19. (36, 72) 20. (48) 21. 두 수의 공약수는 최대공약수의 약수와 같다. 22. (1, 3, 9)
23. 8명 (24=1,2,3,4,6,8,12,24, 40=1,2,4,5,8,10,20,40에서 두 수의 공통이 되는 부분 2×2×2이므로 8의 최대공약수라 할 수 있다. 24. 3월 26일(6과 8의 최소공배수는 24가 된다. 3월 2일에 할인을 했으므로 24일 후에 동시에 할인이 이루어진다. 3월 2일의 24일 후는 3월 26일이 된다.) 25. (예) 어느 방법, 쉽고 빠르기 때문에(자신의 생각이 논리적으로 드러나 있다면 정답으로 간주한다.) 26. 자연수의 범위는 끝이 없기 때문이다. 수의 범위(한계)를 정해주면 그 범위 안에서 최대공배수(공배수 중 가장 큰 수)라는 개념이 생길 수 있다.

이 약수와 배수

02 약분과 통분

단원 소개 및 문제의식 갖기

교사용 지도서를 보면 이 단원에서는 일상생활에서 분수로 나타내는 수량을 직관적으로 파악하고 문제해결에 필요한 값을 구하기 위해 분수 값의 다양한 조작이 필요하므로 분수의 약분과 통분을 통해 문제해결 과정에서 필요한 형태의 분수 값을 구하기 위한 분수의 표현 방법을 변형하는 것을 목적으로 하며 약분과 통분은 후속 학습인 분수의 덧셈과 뺄셈을 위해 선행학습 개념으로 그 의미가 있다고 소개하고 있다. 학습 목표 및 단원 발전 계통을 살펴보면 아래와 같다.[1]

단원 학습 목표

내용	1. 크기가 같은 분수를 알 수 있다. 2. 분수의 성질을 이용하여 크기가 같은 분수를 만들 수 있다. 3. 분수를 약분할 수 있다. 4. 분수를 약분하여 기약분수로 나타낼 수 있다. 5. 분수를 통분할 수 있다. 6. 분모가 다른 분수의 크기를 비교할 수 있다.
과정	1. 분수를 약분, 통분하는 방법을 알고 자신의 방법을 설명할 수 있는 의사소통능력을 기를 수 있다. 2. 분모가 다른 분수의 크기를 비교하기 위해서 분수의 통분이 필요함을 추론할 수 있다. 3. 약분과 통분이 필요한 다양한 상황의 문제를 해결할 수 있다.
태도	1. 분수의 약분과 통분이 후속 학습에서 사용될 수 있음을 알고, 약분과 통분의 필요성을 느낄 수 있다. 2. 분수의 약분과 통분 과정을 통해 분수의 다양한 표현 방법이 실생활에서 사용될 수 있음을 알 수 있다. 3. 다양한 상황의 분수의 약분과 통분을 통해 수학에 흥미를 느낄 수 있다.

---

1 2009 개정 교육과정에 따른 수학과 교사용 지도서 5학년 1학기. 2015. pp. 180~181.

단원의 발전 계통

선수 학습	본 학습	후속 학습
• 4학년 분모가 같은 분수의 크기 • 5학년 약수와 배수	• 크기가 같은 분수 알기 • 분수 약분하기 • 기약분수로 나타내기 • 분수 통분하기 • 분모의 곱이나 최소공배수를 이용하여 통분하기 • 분모가 다른 분수의 크기 비교하기	• 5학년 분수의 덧셈과 뺄셈 • 5학년 분수의 곱셈 • 5학년 분수의 나눗셈 • 5학년 소수의 나눗셈

위의 내용에 근거를 두고 교사용 지도서는 본 단원의 전개 계획을 아래와 같이 제시[2]하였으나 현장에서 그대로 따라서 지도하기에는 무리가 있다는 생각이 든다.

차시	재구성 이전	수업 내용 및 활동
1	단원 도입(스토리텔링)	• 스토리텔링을 통하여 분수의 약분과 통분이 필요한 상황을 이하하기, 분모가 다른 분수의 크기를 비교하기 위한 방법 생각해 보기
2	크기가 같은 분수 알기	• 크기가 같은 분수 이해하기
3	크기가 같은 분수 만들기	• 분모와 분자에 0이 아닌 같은 수를 곱하거나 나누면 크기가 같은 분수를 만들 수 있다는 것 이해하기
4	약분을 알 수 있어요	• 약분의 뜻을 알고 약분하기 • 기약분수의 뜻을 알고 기약분수로 나타내기
5	통분을 알 수 있어요	• 공통분모, 통분의 뜻 이해하기 • 분모의 최소공배수를 이용하여 통분하기
6	두 분수를 통분할 수 있어요	• 분모의 곱을 이용하여 통분하기 • 분모의 최소공배수를 이용하여 통분하기
7	분수의 크기를 비교할 수 있어요	• 분모가 다른 두 분수의 크기 비교하기 • 분모가 다른 세 분수의 크기 비교하기
8	단원 정리(문제 풀기)	• 단원에서 배운 내용을 문제 풀며 정리하기
9	문제해결	• 다양한 상황에서 분수를 약분, 통분하기
10	이야기 마당	• 이야기를 통해 기약분수의 의미 이해하기

문제의식을 갖게 만드는 점 몇 가지를 살펴보면 다음과 같다.

---

2 2009 개정 교육과정에 따른 수학과 교사용 지도서 5학년 1학기. 2015. p. 183.

02
약분과
통분

단원 도입의 목적 및 내용 구성에 대한 고민

잠시 5학년 교과서 내용 구성에 대하여 생각해 보도록 하자. 초등학교 5학년 1학기 수학 교과서의 구성을 보면 분수 관련 단원 1/2 이상을 차지한다는 것을 알 수 있다. 단원의 순서를 바꾸어 분수 관련 단원을 앞으로 모두 몰아 지도한다면 거의 3, 4, 5월을 분수만 공부하다가 시간을 보내게 된다는 말이다. 그런데 그 내용을 자세히 들여다보면 앞의 약수와 배수와 마찬가지로 약분과 통분 단원도 분수의 연산 활동을 위한 기초 활동 개념으로 구성되어 있고 지도서에도 그렇게 제시[3](후속 학습인 분수의 덧셈과 뺄셈을 위해 선행학습 개념으로 그 의미가 있다.)되어 있음을 알 수 있다.

　약분과 통분이라는 단원이 분수 개념에 대한 확실한 이해를 돕는 수학적 활동에 의미를 부여할 수 있도록 구성되어 있어야 마땅함에도 불구하고 내용을 살펴보면 연산적인 측면만 강조되어 있는 것 같아서 아쉽기만 하다. 연산 및 문제 풀이 중심의 학습이 끝나고 나서 아이들이 문제를 풀 수 있다고 하여 충분한 이해 및 학습이 되었다고 말할 수 있을까에 대해서는 한번 깊이 생각해 볼 일이다. 단지 연산 기능에 초점을 맞춘다면 단 몇 시간만으로 이 단원의 학습을 끝낼 수 있다. 비판적 관점에서 바라본다면 단원 도입의 목적이 덧셈과 뺄셈을 위한 선행학습 및 연산 기능 강화가 아니라 또 다른 그 무엇에 있다는 것을 교사 스스로 찾아내지 않으면 안 된다.

단원 지도를 위한 수업 시수 문제

지도서에 제시된 단원 지도 계획을 보면 총 10차시 가운데 스토리텔링, 단원 정리 및 문제해결과 체험마당을 제외하면 약분에 3차시, 통분에 3차시를 할애하여 지도하라고 되어 있다. 6차시로 이 내용을 아이들이 이해할 수 있도록 지도하라는 말이다. 연산 기능에 초점을 맞춘다면 충분히 지도하고도 남을 시간이다. 하지만 분수 개념에 대한 확실한 이해를 돕는 수학적 활동에 의미를 부여하고자 한다면 그리 넉넉한 시간은 아니라 할 수 있다. 따라서 불필요한 활동에 들어가는 시간을 아껴서 좀 더 많은 생각과 활동이 필요한 시간으로 돌려서 의미 있는 배움이 일어날 수 있도록 재구성할 필요가 있다. 예를 들어 스토리텔링 또는 문제해결이나 이야기 마당 등의 활동을 실제 수업 속에서 다루거나 생략하고 그 활동에 들어가는 시간을 좀 더 많은 생각과 활동이 필요한 시간으로 돌려서 사용한다든가 1, 2차시(크기가 같은 분수 알기 및 만들기)를 한 차시로 줄여서 지도한다든가 하는 방식으로 재구성하면 좋을 것이다.

단원 도입의 스토리텔링 수학에 대한 문제의식

RME 수학 교육의 영향에 따라 매 단원 1차시, 매 차시 도입 부분의 생각 열기에 스토리텔링 수학이라

---

3 2009 개정 교육과정에 따른 수학과 교사용 지도서 5학년 1학기. 2015. p. 180.

는 상황을 제시하고 이를 통해 수학적 맥락 속에서 호기심을 자극하면서 학습 동기를 이끌어 내고자 하였다. 하지만 이 단원에서도 다분히 억지스러운 부분이 보인다. 두 형제가 피자를 먹는데 그것도 두 판이나 주문해서 따로 한 판씩 먹는다는 상황이 첫 번째이고, 피자집에서 두 판을 동시에 주문했는데 한 판은 8등분을 해서 보내고 다른 한 판은 10등분을 해서 보낸다는 상황 설정이 두 번째이며 우유를 컵에 따라서 먹는데 컵에 눈금이 매겨져 있고 그것을 분수로 나타내어 양을 비교하거나 계산하면서 먹는 상황이 세 번째 상황이다. 그리고 무인도 체험대회에 참가하는 아이들이 해결해야 할 다섯 가지 임무가 (1) 크기가 같은 분수 알아보기 (2) 크기가 같은 분수 만들기 (3) 약분하기 (4) 통분하기 (5) 분수의 크기 비교하기라고 지도서에 안내되어 있는 상황도 억지스럽다고 볼 수 있다. 이렇게 한 시간을 그냥 보내지 말고 차라리 처음부터 "이번 단원에서는 이렇게 다섯 가지를 공부하게 될 거야!"라고 안내하고 바로 '(1) 크기가 같은 분수 알아보기로 바로 넘어가면 문제가 될까?' 하는 생각이 든다.

생각 열기에 제시된 상황에 대한 고민

RME 수학 교육의 영향에 따라 매 차시 실생활 맥락 속에서 흥미를 유발할 수 있도록 문제 상황을 제시하고 있으나 이 또한 '문제를 만들기 위해 억지로 만든 상황 또는 문제 풀이를 위한 문제 상황'이라는 생각을 갖게 만들거나 아이들 수준에 맞지 않게 너무 어려운 상황 또는 혼란스러운 상황으로 제시되어 있어서 교사들이 지도하기에도 난감하고 아이들 또한 흥미나 학습 동기를 갖기에는 무리가 있는 활동들이라 할 수 있다.

2차시 : 대나무 통에 물을 모으는 상황(1/4, 2/8)

⇨ 이런 상황을 접하기도 어렵지만 통에 담긴 물의 양을 짐작하여 분수로 말할 때 분모를 8까지 사용하는 상황은 거의 없다. 차라리 분수 막대 혹은 수 막대를 제시하고 "1/4과 2/8의 크기를 비교하여 보자." 하고 제시하면 안 될까?

3차시 : 눈금이 있는 낚시 줄의 아래서부터 전체 길이 1/3 지점에 찌를 다는 상황

⇨ 눈금이 있는 낚시 줄을 본 적이 없고, 왜 찌를 전체 길이의 1/3 지점에 달아야 하는지 이해가 되지 않는 상황이다. 차라리 분수 막대 혹은 수 막대를 제시하고 "1/3과 크기가 같은 분수를 찾아라.(만들어 보아라.)" 하면 안 될까?

4차시 : 지붕을 야자 잎 전체 길이의 12/16만큼 잘라 낸다고 하는 상황

⇨ 실생활 속에서 일부를 표시할 때 분모의 크기를 이렇게 크게 잡는 상황은 거의 보기 드물다. 차라리 처음부터 "12/16라는 분수의 분모를 작게 하여 12/16와 크기가 같은 분수를 만들어 보아라." 하고 제시하면 안 될까?

02
약분과
통분

5차시 : 두 아이가 목적지까지 전체의 2/3, 3/4 지점을 지나는 상황

⇨ 이 사례는 조금 와 닿는 상황이기는 하다.

6차시 : 밥을 한 그릇의 3/4, 5/6만큼 담는 상황

⇨ 이런 상황 또한 쉽게 경험하기 어려운 상황이다. 게다가 밥그릇의 모양과 크기가 똑같다는 조건도 없고, 왜 그만큼의 양을 담아야 하는지 이해도 되지 않는다. 그냥 "3/4과 5/6를 통분해 보자!" 하면 안 될까?

7차시 : 같은 양이 들어가는 서로 다르게 생긴 물통에 물이 3/4, 7/10만큼 들어 있는 상황

⇨ 제시된 상황을 보면 텍스트는 "같은 양의 물이 들어가는 두 물통"이라 되어 있지만 그림을 보면 물통의 모양이 전혀 달라서 아이들이 혼란스러워할 수도 있다고 볼 수 있다. 지금껏 아이들은 교과서에 제시된 똑같은 모양과 크기의 수 막대나 원 모양의 그림을 통해 분수 학습을 했는데 이 상황에서 물통의 모양은 다르게 생겨서 마치 잘못 생각하거나 텍스트를 읽지 않으면 물통에 물이 들어가는 양 또한 다르다고 착각할 수 있다는 생각이 든다. 마치 사과 1개와 수박 1개를 비교하는 것과 같은 착각을 불러일으킬 수도 있겠다는 생각이 든다. 차라리 그냥 "3/4과 7/10 중 어느 수가 더 큰가?" 하고 제시하면 안 될까?

이런 생각을 갖는 이유는 다음과 같다. 가끔 아이들과 수학 수업을 하다 보면 아이들이 제시된 생각열기 상황에 대하여 편견을 갖고 있다는 것을 알게 된다. "선생님, 이런 상황이 어디 있어요? 실제로 그래요? 어떻게 이런 상황이 만들어질 수 있어요? 이런 것 본 적 있으세요?" 하고 묻는 아이들이 있다. 이럴 때 우리는 뭐라고 대답해야 할까? "그냥 그런 상황이 있다고 해. 따지지 마!" 하고 답을 해야 할까? 게다가 많은 아이들은 학원에서 이미 선행학습을 통해 반복학습 및 많은 훈련을 받은 터라서 '문제 상황을 읽고 이해할 필요는 없어. 그냥 숫자만 가져다가 답만 내면 돼.'라는 생각을 갖고 있을 가능성이 높다. 그래서 참으로 많은 아이들은 문제를 제대로 읽지 않고 수학 문제를 풀이한다. 게다가 많은 아이들은 교과서든 학습지든 문제집이든 정답만을 요구하는 상황 속에서 심지어는 중등 수학의 공식까지 끌어들여 이해하지 못해도 답만 구하면 된다는 방식의 수업에 길들여져 있다. 그래서 원리 이해나 원리의 실생활 적용이라는 중요성을 제대로 깨닫고 있지 못한 상황에서 이런 식의 문제 제시는 아이들에게 큰 의미 없이 다가올 수밖에 없게 된다.

교과서 속에 제시된 질문에 대한 고민

교과서 속에 제시된 질문을 보면 몇 가지 유형으로 나눌 수 있다.

① 지도서를 보지 않으면 교사 자신도 답하기 어려운 질문 상황

그렇게 생각하는 이유는 무엇인가? ~ 하려면 어떻게 해야 한다고 생각하는가? ~ 하는 방법을 말해 보시오. ~을 위해 어떤 방법을 사용해야 좋을지 생각해 보자. ~은 어떤 특징을 가지고 있는지 이야기해 보시오. 등과 같은 질문이 이에 해당된다. 이 단원의 교과서 속에서 이런 질문이 상당히 많다. 교과서가 바뀌었지만 역시 사라지지 않고 있다. 그리고 그 질문에 대하여 지도서를 보아야만 답의 이해가 가능한 질문들이 참 많다. 이런 질문들은 아래 2번 질문과도 관련이 있다.

② 특정한 답 또는 기정사실화한 답을 요구하면서 그것이 답이 될 수밖에 없는 과정에 대한 조작 활동이나 생각할 시간을 주지도 않고 그냥 강요하거나 필자가 요구하는 답을 유도하게 만드는 질문

위의 1번 질문과도 관련이 있다. 그래서 지도서를 보지 않으면 교사도 답을 하기가 참으로 어렵고 난해하다. 교과서 76쪽의 질문 "분모와 분자를 같은 수로 나누려고 합니다. 어떤 수로 나눌 수 있습니까? 그 수의 특징을 이야기해 보시오."와 같은 질문에서 분자와 분모를 동시에 나눌 수 있는 수는 아이들이 쉽게 찾을 수 있다고 치더라도 그것이 어떻게 분모와 분자의 공약수라는 것을 곧바로 답할 수 있겠는가? 분자와 분모를 동시에 나눌 수 있는 수를 모두 찾아보고 분자와 분모의 공약수를 함께 구해 본 뒤에 비교하는 과정을 통해 공통점을 파악하고, 그것이 바로 분자와 분모의 공약수라는 것을 발견해 내는 과정이 필요한 것 아닐까? 이런 질문은 교과서 79쪽에도 나타난다. "분모가 같은 분수를 짝 지어 보고, 분모들은 어떤 특징이 있는지 이야기해 보시오." 이 또한 분모가 같은 분수를 짝 지어 보는 활동과 두 분모의 공배수를 구해 본 뒤 비교하는 과정을 통해 공통점을 파악하고, 그것이 바로 두 분모의 공배수라는 것을 발견해 내는 과정이 필요한 것 아닐까?

③ 이미 정해진 구태의연한 답을 유도하거나 빼 버리고 지도해도 별 무리가 없는 질문

교과서 72쪽, 73쪽의 "투명 종이를 사용하여 비교해 보시오.", 82쪽의 "분모가 다른 두 분수의 크기를 비교하려면 어떻게 해야 한다고 생각합니까?-(답)통분하여 비교합니다."와 같은 질문 ⇨ 분수막대 모형을 활용한다면 매우 쉽게 알 수 있는 질문

④ □나 ( )를 만들어 놓고 생각이나 고민 없이 칸을 채우기만 하면 된다는 식의 질문

교과서 속의 내용을 살펴보면 이런 식의 질문이 대부분이다. 때문에 아이들은 어떤 생각이나 이해도 필요 없이 안내에 따라 그냥 칸에 정답을 채워 나가거나 색을 칠하기만 하면 된다. 직접 생각하며 조작 활동을 하거나 수학적 사고를 이끌어 낼 수 있는 창의적인 발문이나 관련된 내용에서 보다 근원적인 수학적 질문이 아쉬운 상황이다. 예를 들어 "크기가 같은 분수를 만들 때 분자나 분모에 0을 곱하면 왜 안 될까?" 하는 질문을 아이들에게 던져 보자. 쉽게 대답할 수 있는 아이는 별로 없을 것이다. 그리고 "약분할 때 왜 공약수를 이용하고 통분할 때는 왜 공배수를 이용할까?"(이 단원에서는 이를 아는 것이 가장 중요한 일)와 같은 질문은 아이들의 수학적 사고 및 관련된 내용과 관련하여 확실한 개념 이해를 도울 수 있는 질문이라 할 수 있다. 또한 교과서 73쪽의 "분수만큼 색칠하시오."라는 질문에 대하여

02
약분과
통분

$\boxed{}$ 1 이렇게 제시하고 색칠하라고 하는 것보다 $\boxed{}$ 1 이렇게 제시하고 직접 등분하여 제시된 분수만큼 색칠하게 하는 것이 더 좋은 질문이라 할 수 있다. 이와 같은 맥락에서 본다면 교과서 75쪽 수직선을 제시한 질문이나 72~87쪽에 제시되어 있는 다양한 형태의 수 모델들은 이미 칸을 점선으로 다 나누어 놓고 제시하였다는 점에서 아쉬움이 남는다. 이런 상황에서는 아이들이 분자와 분모와의 관계를 제대로 생각하고 이해하기보다는 주어진 숫자만큼 색칠하는 활동만 하게 되어 기계적인 수학 학습만 이루어질 가능성이 높아진다. 이렇듯 우리 교과서는 개념 이해보다는 문제 풀이 칸 채우기, 답 내기 방식만 배워 훈련하면 된다는 식의 질문이 너무 많아 고민이 된다.

⑤ 왜 그렇게 되는지 설명도 없이 그냥 제시하고 답만 쓰라고 하는 식의 질문

교과서 79쪽 "분수만큼 색칠하시오"라는 질문을 보면 2/3와 3/4을 통분한 후 크기에 맞게 색칠하게끔 되어 있다. 하지만 상황을 보면 왜 수 막대가 12칸으로 되어 있는지 고민할 필요도 없이 무조건 색칠만 하게 되어 있어서 아이들의 사고 활동을 자꾸만 막고 있다는 생각이 들게 만든다. 아이들에게 수학적 사고가 가능하게 하고 스스로 탐구하는 과정을 통해 개념이나 원리를 발견해 내는 기쁨을 맛볼 수 있는 기회를 제공해 주려면 아이들 스스로가 두 분모의 공배수는 여러 개가 있으나 그리기 쉽게 가장 작은 공배수(최소공배수)인 12를 이용하여 통분하고, 이를 표시하기 위해 수 모델을 12등분해야 한다는 것까지도 스스로 생각해 내고 수 모델 위에 직접 그릴 수 있어야 하지 않을까? 교과서에 제시된 이 문제를 이렇게 바꾸면 어떨까 생각해 본다.

바꾸기 전 "분수만큼 색칠하시오."	바꾼 후 "분모가 같게 만들고 각각의 크기만큼 색칠하시오."
$\frac{2}{3}$ $\boxed{}$ 1 $\frac{\square}{12}$ $\frac{3}{4}$ $\boxed{}$ 1 $\frac{\square}{12}$	$\frac{2}{3}$ $\boxed{}$ 1 $\square$ $\frac{3}{4}$ $\boxed{}$ 1 $\square$

이런 질문은 참 좋은 질문이라 생각한다. 교과서 81쪽에서 "두 분모의 곱을 공통분모로 하여 통분하는 방법과 두 분모의 최소공배수를 공통분모로 하여 통분하는 방법 중 어느 방법이 더 편리하다고 생각합니까?" 그러나 여기에도 약간의 수정이 필요하다고 본다. "어느 방법이 더 편리하다고 생각합니까?" 하고 질문을 하면 마치 어느 한 가지 방법을 강요하는 것처럼 아이들은 생각한다. 지도서에도 정답이 따로 있는 것이 아니라고 제시되어 있는 만큼 "각각의 방법에 대한 장점과 단점을 생각해 봅시다."라고 질문을 하고 아이들의 다양한 반응을 공유하게 하면서 각자가 추론한 생각을 다른 사람들로부터 검증받을 수 있는 기회를 제공하는 것이 더 좋지 않을까 생각한다.

끝으로 이런 점도 고민해 볼 일이다. 최대공약수를 앞서서 공부한 이유도 바로 여기에 있다고 한다면 기약분수를 공부하면서 분자와 분모가 1 이외의 수로는 절대로 나누어지지 않는다는 것(공약수가 1 뿐임)을 안다는 것은 '서로소' 관계에 있다는 것을 아이들이 제대로 이해할 수 있도록 지도해야 할 필요가 있다는 점이다. 때문에 앞 단원에서 소수 개념을 다루어 줄 필요가 있다는 점을 강조했던 바이다.

약분과 통분이라는 단원을 지도해야 할 본질적인 이유에 대한 고민

교사들도 아이들도 흔히 약분과 통분이라는 단원의 내용에 대하여 그냥 분수의 연산을 위한 기본 활동이자 도구로서 배운다고 생각하는 경향이 강하다. 그래서 약분과 통분을 단순히 이렇게 생각하기도 한다.

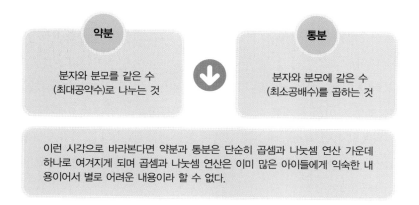

하지만 이 단원을 이렇게만 바라본다면 매우 위험하다. 이렇게 단순한 활동을 별도의 단원으로 구성하여 10차시 분량만큼 지도하라고 제시한 데에는 분명히 나름대로의 이유가 있을 것이다. 그렇다면 그 이유는 과연 무엇일까?

이 단원을 제시한 이유는 (1) 분수 사칙 연산을 위한 기초 활동이라는 목적과 함께 (2) 분수만이 가진 고유한 성질에 대한 이해라는 목적을 동시에 달성하라는 차원에서라고 바라보아야 한다. 분수는 중학교에서 유리수라는 이름으로 공부하게 되는데 유리수(분수)만의 고유한 특성이라고 한다면 바로 하나의 유리수(분수)를 표현하는 방법이 매우 많다는 것(똑같은 크기를 나타내는 분수가 매우 많다는 것)이라 할 수 있다. 그렇다면 이러한 특성을 초등학교 5학년 아이들이 이해할 수 있도록 돕기 위해 수업 내용을 어떻게 디자인하고 전개할 것인가 하는 고민 또한 굉장히 중요한 일이 아닐 수 없다. 하지만 교과서에는 이런 의미를 가진 활동은 전혀 제시되어 있지 않고 단지 약분과 통분을 위한 절차와 답만 그대로 나열하고 써 나가기만 하면 되는 방식으로 기술되어 있어 대안이 시급한 상황이다. 이를 극복하기 위해 가장 좋은 활동은 역시 분수막대를 도입하여 자연스럽게 크기가 같은 분수 및 약수, 배수, 약분, 통분 등의 개념을 구성적으로 쌓아 나감과 동시에 분수가 가진 독특한 성질을 이해할 수 있도록 돕는다면 매우 바람직한 활동이 될 수 있을 것이다.(분수막대 모형도 아이들이 실제로 만들어 보면 가장 좋겠지만 교구나 인쇄물로 만들어 제시하는 것도 나쁘지는 않다.)

단원 재구성을 위한 방안

❶ 약분과 통분 단원이 분수의 덧셈과 뺄셈을 위한 선행학습 차원에서의 연산 기능 그 이상의 무엇이 있고, 그 의미를 알게 하는 수업이 가능하도록 재구성할 필요가 있다. 여기서 말하는 '무엇'이라는 것은 분수만이 가지고 있는 특성, 즉 "하나의 분수를 표시하는 방식은 끝이 없다는 것"이라고 말할 수 있다. 이를 위해 연산 중심이 아닌 조작적 활동이 필요하고 여기에 분수막대가 가장 큰 도움이 된다고 볼 수 있다.

❷ 약분과 통분을 기능적으로, 분수의 사칙연산을 위한 도구로 다룰 것이 아니라 분수 개념에 대한 확장이라는 차원에서 꾸준하게 크기가 같은 분수를 만들어 보고 분수막대 등을 이용하여 눈으로도 확인해 보는 활동이 필요하다.

❸ 수 모델(원이나 막대 모양 등)을 제시할 때 점선으로 미리 칸을 나누어 주지 말고 제시하여 아이들이 분수에서 분자와 분모 사이의 관계를 이해할 때, (최대)공약수로 약분된 이후의 분자와 분모 사이의 관계를 이해할 때, 분모 사이의 최소공배수를 구하여 통분하고 두 수의 크기를 비교할 때 수 모델의 칸을 등분할하고 분수의 크기만큼 표현해 나가면서 스스로 원리나 개념을 발견하고 배움이라는 성취감을 느낄 수 있도록 해야 한다.

❹ 초등에서 다루는 수의 범위는 그리 큰 것이 아니기 때문에 굳이 최대공약수, 최소공배수를 다루지 않고도 분수막대를 이용하여 약분과 통분이 가능함을 알고 크기가 같은 분수 개념에 대한 이해와 조작적 활동에 더 많은 시간 할애를 할 수 있도록 해야 한다.

❺ 최대공약수 및 최소공배수를 활용한 약분과 통분을 익히는 일은 크기가 같은 분수 개념을 충분히 이해하고 난 후에 활용할 수 있는 알고리즘이라 말할 수 있다. 따라서 크기가 같은 분수 만들기 및 이해에 대한 감각을 충분히 익히고 난 후에 도입할 수 있도록 신중한 접근이 필요하다.

❻ 통분을 공부하는 이유는 대상이 되는 분수의 분모를 같게 만들어 주는 것으로 크기를 비교하거나 덧셈, 뺄셈 활동을 하기 위함이며 약분을 공부하는 이유는 분수의 크기는 같지만 사용되는 수의 크기를 최소화하여 이해를 보다 쉽게(큰 수보다는 작은 수를 통해 이해하는 것이 더 쉽고 빠름) 할 수 있도록 도와주기 위함이다. 그리고 약분과 통분을 공부하는 공통된 이유이자 가장 핵심은 장차 중학교에서 공부하게 될 유리수의 이전 단계로서 분수만이 가지고 있는 특징인 크기가 같은 분수, 하나의 분수를 표현하는 방법은 매우 많다는 점을 이해할 수 있도록 하기 위함이다.

❼ 간략히 접근할 수 있는 부분은 시간을 줄이고 아이들이 이해에 어려움을 겪는 부분 또는 조작적 활동이 많이 필요한 부분에 시간을 더 할애하여 충분한 이해를 돕는다는 생각으로 교육과정을 재구성할 필요가 있다.

❽ 문제해결 및 체험 마당 차시는 재구성하여 실제 관련된 내용과 연관 지어 지도하는 방향으로 하고

배정된 수업 시간을 아이들의 핵심 개념 이해 활동에 할애하는 것이 더 좋을 것이라 판단된다.

단원 지도를 위한 재구성의 실제

차시	재구성 이후	수업의 목적
1	크기가 같은 분수 알기 (개별 활동-협동학습)	• 크기가 같은 분수에 대한 이해(분수막대, 수 모델 활용-활동지 해결)
2 3	크기가 같은 분수 만들기 (개별 활동-협동학습)	• 크기가 같은 분수 만들어 보기(색종이 접기를 통한 이해), 크기가 같은 분수를 만드는 방법 알기(분모와 분자에 0이 아닌 같은 수를 곱하거나 나누면 크기가 같은 분수를 만들 수 있다.)
4 5	약분이 무엇인가요?	• 약분의 뜻, 약분의 이유를 알고 약분하기 • 기약분수의 뜻을 알고 기약분수로 나타내기(수 모델, 분수막대 활용)
6 7	통분이 무엇인가요?	• 공통분모, 통분의 뜻, 통분의 이유 알기 • 분수막대, 수 모델을 활용하여 통분하기
8	최대공약수, 최소공배수를 이용한 약분과 통분	• 최대공약수를 이용한 약분하기 • 최소공배수를 이용한 통분하기
9	분수의 크기를 비교할 수 있어요	• 분모가 다른 두 분수의 크기 비교하기 • 분모가 다른 세 분수의 크기 비교하기
10	단원 정리(문제 풀기)	• 단원 평가

✻ 동영상을 활용한 예습활동을 통해 핵심 개념에 이해를 대략적으로 하고 본시 수업 활동에 참여할 수 있도록 안내한다.

✻ 본시 활동 초반에 개념 이해를 확실히 다지는 시간을 갖는다.(플립 러닝 확인)

✻ 본시 활동은 미션활동지 제시 또는 협동학습 구조(부채모양 뽑기, 돌아가며 문제 내기, 짝 점검 등) 적용이 가능하도록 디자인하여 협동학습이 꾸준히 이루어질 수 있도록 한다.

✻ 미션 및 활동지 해결 이후 교과서를 익힘책과 같이 활용한다.

위와 같이 크게 네 부분으로 나누어 재구성한 이유는 다음과 같다.

먼저 앞에서 살펴본 문제의식을 바탕으로 분수만의 특징이라 할 수 있는 크기가 같은 분수의 이해 및 크기가 같은 분수 만들기 활동에 매우 큰 의미를 두어 세 시간(크기가 같은 분수 알기 한 시간, 크기가 같은 분수 만들기 두 시간)을 할애하여 단순히 숫자로만 파악하기보다 구체적인 조작 활동(색종이,

02
약분과
통분

분수막대 모형을 활용)을 통해 보다 눈으로 직접 확인(크기는 같으나 모양은 달라진다는 것)해 볼 수 있도록 하였다.

둘째, 크기가 같은 분수에 대한 이해 및 크기가 같은 분수 만들기 활동을 바탕으로 약분에 대한 이해, 약분하는 방법 알기, 기약분수에 대하여 구체적인 조작 활동(젠가 또는 쌓기 나무, 분수막대 모형 등을 활용)을 통해 아이들이 눈으로 직접 확인(크기는 같으나 모양이 달라지며 간단해지는 것)해 가면서 이해할 수 있도록 하였다.

셋째, 크기가 같은 분수에 대한 이해 및 크기가 같은 분수 만들기 활동을 바탕으로 통분에 대한 이해, 통분하는 방법 알기(최소공배수 활용, 분모의 곱 활용)에 대하여 아이들이 눈으로 직접 확인(분수막대, 수 모델 활용)해 가면서 천천히 이해할 수 있도록 하였다.

넷째, 상황에 따라 기본 이해를 바탕으로 모둠원들이 협동학습 구조 활동을 통해 약분과 통분에 익숙해질 수 있도록 하거나 미션 과제를 협동적으로 해결하도록 수업을 디자인해 보았다. 이를 통해 아이들은 學과 習 활동의 적절한 조화, 수학적 사고 및 의사소통능력, 문제해결력, 협동하는 마음, 지식이나 정보 또는 지혜의 나눔을 경험할 수 있는 장이 마련되도록 하였다.

다섯째, 약분과 통분 또한 숫자상으로만 이해할 것이 아니라 분수 모델을 통해 눈으로 직접 확인할 수 있도록 디자인하였다. 특히 분수 모델을 제시할 때부터 등분되지 않은 상태로 제시하여 아이들 스스로 분수의 기본 개념(등분)을 감각적(특히 시각)으로 이해할 수 있도록 함과 동시에 크기가 같은 분수 및 약분과 통분에 대하여 자신이 직접 표시한 분수 모델을 통해 눈으로 확인하고 이해할 수 있도록 돕는 것을 매우 중요하게 다루었다.

생각이 살아 있는
협동학습 수학 수업의 날게

🍎 1차시 크기가 같은 분수 알기

♣ 가정에서 본시 학습 전에 동영상 강좌 시청하고 수업에 참여하기

http://primary.ebs.co.kr/course/daum/preView?courseId=10013738&stepId=STEP10014713&lectId=LS0000000010304340(EBS 2015 초등 만점왕 수학 5−1 약분과 통분 1강)

약분과 통분 단원 첫 시간입니다. 재미있는 이야기로 열어 볼까요?

'남의 떡'이 커 보인다고? 정말 그럴까요?

옛날 옛날에 아주 지독한 구두쇠 부인이 있었어요. 이 부인이 얼마나 지독한 구두쇠인지 알려 줄 만한 일화가 있어요. 어느 날 구두쇠 부인의 간장독에서 파리 한 마리가 나왔어요. 구두쇠 부인은 이 파리를 끝까지 쫓아갔어요. 왜냐고요? 파리의 몸에 묻은 간장이 아까웠기 때문이지요. 구두쇠 부인은 파리를 물에 헹궈 그 물로 국을 끓여 먹었어요.

구두쇠 부인은 마을에 잔치가 있는 날이면 어김없이 잔칫집에 이른 아침부터 나타났죠. 해가 떨어질 때까지 그 집에서 머물렀어요. 하루 세 끼를 모두 해결하고 집으로 돌아가곤 했죠.

오늘도 이 부인은 일을 돕는다는 핑계로 잔칫집에 머물렀어요. 하루 세 끼를 잔칫집에서 모두 해결하고 다음 날 먹을거리까지 챙겨 집으로 돌아가려고 했죠. 그런데 갑자기 떡 때문에 사건이 터졌어요. 구두쇠 부인이 가진 떡이 이웃이 가진 떡보다 양이 적다는 생각이 들었던 거죠. 떡의 크기도 문제였어요. 결국 구두쇠 부인은 집에 돌아가려는 이웃에게 한마디를 던졌어요.

"여보게! 내가 나이도 위이고, 이 집 잔치를 가르쳐 준 것도 난데 떡을 얻어도 자네보다 내가 더 가져가야 옳지 않겠나?"

"형님! 형님 떡이 더 많은데 무슨 말씀이세요. 그렇게 큰 덩어리를 가지고 뭘 제 것을 탐을 내세요?" 하고 이웃 부인이 말을 받아쳤죠.

"아니, 이 사람이! 그래도 윗사람이 말을 하는데 고분고분 따를 것이지. 어서 이리 내놔!"

구두쇠 부인은 이웃 부인이 가진 떡이 더 많은 게 틀림없다 생각하고 다짜고짜 내놓으라며 이웃이 든 떡을 잡아당기기 시작했어요.

(뒷면에 계속)

02
약분과
통분

"형님, 정 그러시면 정말 누구의 떡이 더 큰지 이 집주인에게 물어봅시다." 하고 이웃 부인이 집주인에게 떡의 크기를 비교해 달라고 했습니다. 결국 주인이 와서 마당에 그림으로 그려 가며 떡의 크기를 비교해 줬어요.

"내가 똑같은 시루떡을 구두쇠 부인에게는 한 장의 1/2을 주었고, 당신에게는 한 장의 3/8을 주었으니까 그림을 그려 보면 다음과 같겠네요!"(여러분이 직접 주인이 되어 그림을 그려서 설명해 보세요.-보드마카, 개인 칠판 활용)

떡의 크기를 비교해 보니 구두쇠 부인은 자신이 가진 떡이 더 많다는 것을 알게 됐어요. 그러고는 무슨 일이 있었느냐는 듯 자신이 갖고 있던 떡을 집어 들고 유유히 집으로 돌아갔어요. 구두쇠 부인은 집으로 돌아가는 길에 속으로 이렇게 생각했답니다.

'휴, 하마터면 손해 볼 뻔했네.' 하면서 말이지요.

〈자료 : 소년조선일보 창의력 UP 수학동화 구두쇠 부인 이야기〉

교사 자, 이야기 재미있었지요? 이 이야기 속에는 '이번 단원에서 공부할 분수의 크기 비교'에 대한 내용이 숨어 있습니다. 그런데 지금까지 여러분이 공부했던 분수의 크기 비교와 다른 점이 있어요. 무엇이 다른가요?

아이들 분모의 크기가 달라요.

교사 맞아요. 여러분은 지금까지 분모의 크기가 같은 분수들을 중심으로 공부해 왔습니다. 그 내용을 바탕으로 지금 5학년 1학기 3단원에서는 분모의 크기가 다른 분수들의 크기를 비교할 줄 아는 '살아가는 힘'을 길러 나가게 될 것입니다. 그런데 여러분이 앞에서 들려준 이야기 내용을 듣고 어떤 떡이 큰 떡인지 그림으로 그려 보고 설명할 줄 아는 것을 보니 이 단원은 이미 공부를 다 한 것과 같네요. 이 단원도 그리 어렵지 않게 공부할 수 있을 것 같아요. 어때요?

아이들　정말 그럴 것 같아요.

교사　그래요. 자신이 쉽다고 생각하면 쉬워집니다. 자, 지금부터 하나하나 차근차근 선생님과 좀 더 자세히 알아보도록 해요. 오늘 첫 시간은 크기가 같은 분수에 대하여 알아보는 시간을 가져 보도록 하겠습니다. 지금부터 나누어 주는 활동지를 차근차근 읽어 보고 생각하면서 각자 해결해 보도록 합니다. 활동할 때 이것을 꼭 지켜 주세요. 첫째, 궁금하거나 이해가 잘 되지 않는 것은 가장 먼저 내 짝, 내 모둠원들에게 "나, 이것 잘 이해가 안 돼. 나 좀 도와줄래?" 하고 도움을 요청합니다. 모둠원들에게서 답을 얻지 못하면 그때 선생님에게 도움을 요청합니다. 이때는 모둠원 모두가 손을 들어 신호를 보냅니다.(모둠 질문) 처음부터 선생님에게 도움을 요청하지 않습니다.

아이들　알겠습니다.(선생님께서 나누어 주는 활동지를 받아들고 해결합니다.)

수학 5-1	3. 약분과 통분 크기가 같은 분수 알기	서울　　　　　　　초등학교 5학년　　반　　　번 이름 :

1. 연필의 길이에 해당되는 만큼의 크기를 띠 모양의 모델(띠 모델)에 색칠하고 크기가 어느 정도 되는지를 분수로 표현해 보시오.

	1	☐ ☐

2. 위의 연필 크기에 해당되는 분수와 크기가 같은 분수를 두 가지만 만들어 봅시다.(조건 : 분모의 크기가 10을 넘지 않도록 하고, 위의 1번과 크기가 같게 색칠하기)

	1	☐ ☐
	1	☐ ☐

(뒷면에 계속)

02
약분과
통분

3. 지금 나누어 주는 분수막대 모형을 보고 위의 연필 크기에 해당되는 분수와 크기가 같은 분수를 더 찾아봅시다.

$\dfrac{1}{\Box}$이 $\boxed{}$ 개 모여 이루어진 분수 $\dfrac{\Box}{\Box}$	$\dfrac{\Box}{\Box}$
$\dfrac{1}{\Box}$이 $\boxed{}$ 개 모여 이루어진 분수 $\dfrac{\Box}{\Box}$	
$\dfrac{1}{\Box}$이 $\boxed{}$ 개 모여 이루어진 분수 $\dfrac{\Box}{\Box}$	

4. 분수막대 모형을 이용하여 주어진 분수와 크기가 같은 분수를 모두 찾아봅시다.

① $\dfrac{2}{3} =$　　　　② $\dfrac{3}{5} =$　　　　③ $\dfrac{4}{12} =$　　　　④ $\dfrac{4}{6} =$

⑤ $\dfrac{4}{10} =$　　　　⑥ $\dfrac{3}{4} =$　　　　⑦ $\dfrac{6}{8} =$　　　　⑧ $\dfrac{6}{9} =$

※ 한 명도 빠짐없이 자신의 모둠원이 문제를 다 해결했으면 함께 확인합니다.

※ 확인이 다 된 모둠(오답 확인 및 수정까지 모둠 내에서 해결, 해결이 안 되면 선생님께 도움 요청하기)은 수학책 72~73쪽까지 스스로 해결합니다.

※ 학교에서 수학책 해결이 안 된 사람은 집에서 복습으로 할 수 있도록 합니다.

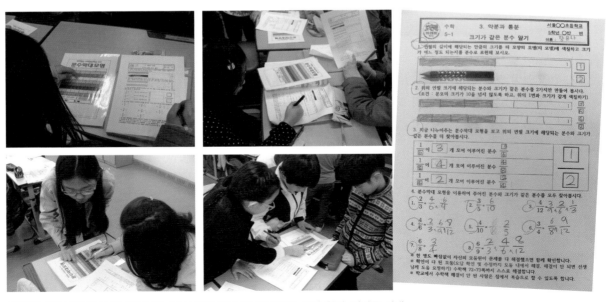

2015년 4월 나의 교실 약분과 통분 1차시 활동 및 도움 주고받기, 결과 확인, 결과물 사례

교사 지금까지 크기가 같은 분수에 대하여 알아 보았습니다. 이렇게 분수는 이름이 달라도 크기가 같은 것을 많이 만들 수 있답니다. 다음 시간에는 이름이 달라도 크기가 같은 분수를 만드는 방법에 대하여 알아보도록 하겠습니다.

1차시 수업 소감

1단원은 수월했지만 2단원 분수에 대한 공부가 본격적으로 시작되면 아이들이 힘들어하는 모습을 보일 것이라는 예상을 했다. 왜냐하면 진단활동 결과 분수 개념이 많이 흐트러져 있는 모습을 보았기 때문이다. 3단원 1차시 활동지를 시작하면서 분수에 대한 기본 개념이 자리 잡혀 있지 않은 아이들이 초분부터 눈에 띄었다. 그래서 적극적으로 다가가 기본 개념을 세워 주려고 최선을 다하였고 모둠활동을 하면서 모둠원들에게 도움 주고받기 덕분에 보다 쉽게 어려움을 극복할 수 있었다. 역시 아이들은 교사의 설명보다 또래의 설명이 훨씬 이해하기 쉽고 빠르다는 것을 다시 한 번 확인하는 자리였다.

분수막대 모형을 처음 보는 아이들이 대부분이어서 모형을 활용한 과제 해결 초반에는 잠시 주춤하는 모습을 보이더니 금방 적응하면서 오히려 더 쉽게 과제를 해결해 나가는 모습을 볼 수 있었다. 역시 분수막대의 위력은 대단하였다. 대부분의 아이들이 분수막대를 활용하여 분수의 크기를 눈으로 직접 확인하고 이해하면서 크기가 같은 분수를 보다 쉽게 받아들이고 있는 것 같았다. 속도가 느린 아이들은 쉬는 시간까지 조금 할애하였지만 내가 의도한 수업의 목표에 빠짐없이 도달한 것 같아 만족스러웠다. 아직 분수에 대한 기본 이해가 부족한 아이들이 꽤 있지만 오늘을 시작으로 매 시간 아이들이 자신들의 부족한 점을 보완해 나갈 수 있도록 수업을 디자인하고 모둠원들끼리 협동학습을 통해 도움을 주고받을 수 있는 상황을 만들기 위해 최선을 다해야겠다.

02
약분과
통분

🍎 2~3차시 크기가 같은 분수 만들기

<table>
<tr><td rowspan="2">수학
5-1</td><td rowspan="2">3. 약분과 통분
크기가 같은 분수 만들기</td><td>서울   초등학교</td></tr>
<tr><td>5학년   반   번
이름 :</td></tr>
</table>

1. 정사각형 모양의 색종이를 사용하여 위의 분수와 크기가 같은 분수를 알아봅시다.

1번 접으면	2번 접으면	3번 접으면	4번 접으면	⋯
$\dfrac{1}{2}$	$\dfrac{\square}{\square}$	$\dfrac{\square}{\square}$	$\dfrac{\square}{\square}$	⋯

2. 원 모양의 색종이를 사용하여 위의 과정과 똑같이 활동해 봅시다.

3. 위의 1, 2번 활동 과정 및 결과에서 알 수 있는 규칙(원리)은 무엇인가?(분모와 분모 사이의 규칙, 분자와 분자 사이의 규칙 살펴보기)

....

....

....

4. 활동을 통해 알게 된 원리(위의 3번)를 이용하여 아래와 같이 정리하였습니다. □ 안에 알맞은 수를 쓰시오.

색종이를 1번 접었을 때를 기준으로 하여 2번 접었을 때, 3번 접었을 때, 4번 접었을 때 만들어지는 각각의 분수를 만들어 보았다.(모두 크기가 같은 분수가 됨)

1번 접으면		2번 접으면		3번 접으면		4번 접으면
$\dfrac{1}{2}$	$=$	$\dfrac{1\times\square}{2\times\square}=\dfrac{\square}{\square}$	$=$	$\dfrac{1\times\square}{2\times\square}=\dfrac{\square}{\square}$	$=$	$\dfrac{1\times\square}{2\times\square}=\dfrac{\square}{\square}$

4번 접으면		3번 접으면		2번 접으면		1번 접으면
$\dfrac{8}{16}$	=	$\dfrac{8 \div \square}{16 \div \square} = \dfrac{\square}{\square}$	=	$\dfrac{8 \div \square}{16 \div \square} = \dfrac{\square}{\square}$	=	$\dfrac{8 \div \square}{16 \div \square} = \dfrac{\square}{\square}$

〈크기가 같은 분수 만들기〉

(1) 분모와 분자에 0이 아닌 같은 수를 ☐ 크기가 같은 분수가 된다.

(2) 분모와 분자를 0이 아닌 같은 수로 ☐ 크기가 같은 분수가 된다.

5. $\dfrac{1}{3}$ 과 크기가 같은 분수를 2개만 만들어 보자.(분자와 분모에 같은 수를 곱하기)

	$\dfrac{1}{3}$
	1

	1
	$\dfrac{\square}{\square}$

	1
	$\dfrac{\square}{\square}$

$$\frac{1}{3} = \frac{1 \times \square}{3 \times \square} = \frac{1 \times \square}{3 \times \square}$$

6. $\dfrac{6}{12}$ 과 크기가 같은 분수를 3개만 만들어 보자.(분자와 분모를 같은 수로 나누기)

	$\dfrac{6}{12}$

	$\dfrac{\square}{\square}$

	$\dfrac{\square}{\square}$

	$\dfrac{\square}{\square}$

$$\frac{6}{12} = \frac{6 \div \square}{12 \div \square} = \frac{6 \div \square}{12 \div \square} = \frac{6 \div \square}{12 \div \square}$$

(뒷면에 계속)

02
약분과
통분

7. 아래 주어진 분수와 크기가 같은 분수를 3개씩 만들어 보시오.

분자와 분모에 같은 수 곱하기	분자와 분모를 같은 수로 나누기
$\dfrac{3}{4} =$	$\dfrac{36}{42} =$
$\dfrac{4}{5} =$	$\dfrac{16}{24} =$

※ 한 명도 빠짐없이 자신의 모둠원이 문제를 다 해결했으면 함께 확인합니다.

※ 확인이 다 된 모둠(오답 확인 및 수정까지 모둠 내에서 해결, 해결이 안 되면 선생님께 도움 요청하기)은 수학책 74~75쪽까지 스스로 해결합니다.

※ 학교에서 수학책 해결이 안 된 사람은 집에서 복습으로 할 수 있도록 합니다.

참고하기 ▶ 보다 간단히 이렇게 할 수도 있어요.(형성평가지로 활용해도 좋음)

크기가 같은 분수

오른쪽 그림과 같은 3장의 색종이가 있습니다. 각각의 색칠된 부분의 크기를 차례대로 분수로 나타내 보시오.

$$\frac{1}{4} \qquad \frac{\Box}{\Box} \qquad \frac{\Box}{\Box}$$

처음 분수의 분자와 분모에 0이 아닌 같은 수를 곱하였다.

$$\frac{1\times2}{4\times2}=\frac{\Box}{\Box} \qquad \frac{1\times3}{4\times3}=\frac{\Box}{\Box} \qquad \frac{1\times4}{4\times4}=\frac{\Box}{\Box} \qquad \frac{1\times5}{4\times5}=\frac{\Box}{\Box}$$

$$\Rightarrow \frac{1}{4}=\frac{\Box}{\Box}=\frac{\Box}{\Box}=\frac{\Box}{\Box}=\frac{\Box}{\Box}$$

오른쪽 그림과 같은 3장의 색종이가 있습니다. 각각의 색칠된 부분의 크기를 차례대로 분수로 나타내 보시오.

$$\frac{4}{12} \qquad \frac{\Box}{\Box} \qquad \frac{\Box}{\Box}$$

처음 분수의 분자와 분모를 0이 아닌 같은 수로 나누었다.

$$\frac{4\div2}{12\div2}=\frac{\Box}{\Box} \qquad \frac{4\div4}{12\div4}=\frac{\Box}{\Box} \qquad \Rightarrow \qquad \frac{4}{12}=\frac{\Box}{\Box}=\frac{\Box}{\Box}$$

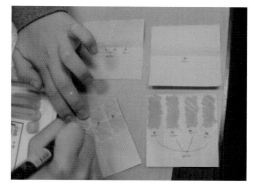

2015년 4월 나의 교실 약분과 통분 2~3차시 활동 및 스스로 배움공책 활동 사례

아이들 (주어진 시간 동안 활동지를 해결하고 모둠별로 확인한다.)

교사 시간이 다 되었네요. 수고하였습니다. 오늘 스스로 배움공책에 크기가 같은 분수 만들기 문제를 10개 이상 만들고 해결해 보도록 합니다. 문제 내기 어려운 사람은 수학익힘책 문제를 옮겨 쓰고 해결해도 좋습니다.

🍎 4~5차시 약분이 무엇인가요?

교사 지난 시간까지 크기가 같은 분수를 이해하고 크기가 같은 분수를 만드는 방법에 대하여 알아보았습니다. 이번 시간에는 약분에 대하여 알아보도록 하겠습니다. 자, 지금부터 선생님이 보여 주는 분수들 중에서 크기가 같은 것끼리 짝을 지어 보세요.

아이들 (열심히 짝을 만들어 보지만 쉽지 않다.) 어, $\frac{3}{4}$과 $\frac{18}{24}$이 짝이고…. 너무 어려워요, 선생님!

교사 어떤 점이 어려운가요?

아이들 분자와 분모에 나타나 있는 숫자의 크기가 커서 빨리 알아볼 수가 없어요.

교사 그렇군요. 분명이 여러분이 보고 있는 분수들은 짝이 있어요. 그런데 어떤 분수는 분자와 분모에 나타나 있는 숫자가 커서 빨리 알아보기 힘들다는 말이지요? 그렇다면 짝을 찾기 위해 지금까지

02
약분과
통분

크기가 같은 분수끼리 짝 만들기

$$\frac{3}{4} \qquad \frac{34}{51} \qquad \frac{1}{6} \qquad \frac{1}{2}$$

$$\frac{60}{75} \qquad \frac{8}{48}$$

$$\frac{62}{124} \qquad \frac{4}{5} \qquad \frac{2}{3} \qquad \frac{18}{24}$$

여러분이 공부했던 방법 가운데 어떤 방법을 사용하면 좋을까요?

아이들 숫자가 큰 분수의 분자와 분모를 0이 아닌 같은 수로 나누어 봅니다.

교사 숫자가 큰 분수의 분자와 분모를 0이 아닌 같은 수로 나누면 어떻게 되나요?

아이들 분수의 크기는 변하지 않지만 분수의 분자와 분모에 나타나 있는 숫자의 크기가 작아져 짝을 빨리 찾을 수 있게 됩니다.

교사 숫자를 작게 해서 알아보면 어떤 점이 좋을

까요?

아이들 분수의 크기를 쉽게 이해할 수 있어요. 이해하기가 편해요. 큰 숫자보다는 작은 숫자로 되어 있는 분수가 알아보기 더 쉽고 좋아요. 크기가 같은 분수를 빨리 알아볼 수 있어요. 분수의 크기를 쉽게 비교할 수 있어요.

교사 그래요. 생활하면서 큰 숫자보다는 작은 숫자를 볼 때 알아보거나 이해하기가 더 쉽지요. 분수도 마찬가지랍니다. 그래서 사람들은 크기가 같은 분수 만들기 방법을 이용하여 분수에 사용된 숫자의 크기를 작게(간단히) 하여 이해하려고 노력했답니다. 그렇게 해서 탄생한 것이 바로 '약분하기'입니다. 지금부터 '약분하기'에 대하여 좀 더 자세히 알아보도록 하겠습니다. 준비해 온 '젠가' 또는 '쌓기 나무'를 꺼내 놓고 선생님이 안내하는 대로 한번 만들어 보세요.

아이들 (교사의 안내에 따라 '젠가' 또는 '쌓기 나무'를 이용하여 조작 활동을 한다.)

교사 여기에서 $\frac{6}{18}$ 의 분자와 분모를 똑같이 나

18개를 3층으로 쌓기

18개를 2층으로 쌓기

18의 $\frac{6}{18}$ 은 6개임을 확인

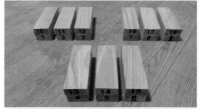
18의 $\frac{3}{9}$ 은 6개임을 확인

18의 $\frac{2}{6}$ 는 6개임을 확인

18의 $\frac{1}{3}$ 은 6개임을 확인

18의 $\frac{1}{3}$은 6개임을 확인

교사 18의 $\frac{6}{18}$, $\frac{3}{9}$, $\frac{2}{6}$, $\frac{1}{3}$은 모두 젠가 6개로 크기가 같은 분수임을 확인해 보았습니다.

$$\frac{6}{18} = \frac{6 \div 2 = 3}{18 \div 2 = 9} = \frac{6 \div 3 = 2}{18 \div 3 = 6} = \frac{6 \div 6 = 1}{18 \div 6 = 3}$$

분자와 분모를 똑같은 수로 나누면서 분수가 간단해졌습니다.(크기를 알아보기 쉽게 되었음.)

눈 수 2, 3, 6에 대해 살펴보도록 하겠습니다. 먼저 6의 약수와 18의 약수를 각각 구해 봅시다.

아이들 6의 약수는 1, 2, 3, 6이고 18의 약수는 1, 2, 3, 6, 9, 18입니다.

교사 6과 18의 공약수는 무엇인가요?

아이들 1, 2, 3, 6입니다.

교사 $\frac{6}{18}$의 분자와 분모를 똑같이 나눈 수 2, 3, 6과 16과 18의 공약수를 비교하면서 우리는 약분에 대한 정의를 내릴 수 있습니다. 자, 약분이란 무엇인가요?

아이들 분수의 분자와 분모를 공약수로 나누어 간단히 하는 것입니다.

교사 좋아요. 그럼 다른 분수를 예로 들어 다시 한 번 확인해 보도록 하겠습니다. 선생님이 안내하는 대로 '젠가' 또는 '쌓기 나무'를 다시 한 번 쌓아 보세요.

아이들 (교사의 안내에 따라 '젠가' 또는 '쌓기 나무'를 이용하여 조작 활동을 한다.)

24개를 3층으로 쌓기

24의 $\frac{1}{2}$은 12개임을 확인

24의 $\frac{2}{4}$는 12개임을 확인

24의 $\frac{4}{8}$는 12개임을 확인

24개를 2층으로 쌓기

24의 $\frac{1}{2}$은 12개임을 확인

02
약분과
통분

24의 $\frac{2}{4}$는 12개임을 확인

24의 $\frac{3}{6}$은 12개임을 확인

24의 $\frac{6}{12}$은 12개임을 확인

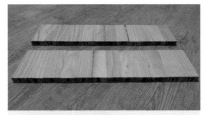

24의 $\frac{12}{24}$는 12개임을 확인

교사 24의 $\frac{12}{24}$, $\frac{6}{12}$, $\frac{4}{8}$, $\frac{3}{6}$, $\frac{1}{2}$은 모두 젠가 12개로 크기가 같은 분수임을 확인해 보았습니다.

$$\frac{12}{24} = \frac{12 \div 2 = 6}{24 \div 2 = 12} = \frac{12 \div 3 = 4}{24 \div 3 = 8} = \frac{12 \div 4 = 3}{24 \div 4 = 6}$$
$$= \frac{12 \div 6 = 2}{24 \div 6 = 4} = \frac{12 \div 12 = 1}{24 \div 12 = 2}$$

교사 분자와 분모를 똑같은 수로 나누면서 분수가 간단해졌습니다.(크기를 알아보기 쉽게 되었음.) 그리고 $\frac{12}{24}$의 분자와 분모를 똑같이 나눈 수 2, 3, 4, 6, 12는 분자 12와 분모 24의 공약수라는 것 또한 할 수 있습니다. 그런데 $\frac{6}{18}$을 가장 간단히 나타낸 분수는 $\frac{1}{3}$이고, $\frac{12}{24}$를 가장 간단히 나타낸 분수는 $\frac{1}{2}$이라고 한다면 보는 바와 같이 가장 간단히 되어서 1을 제외한 분자와 분모의 공약수가 더 이상 없는 상태인 분수를 우리는 '기약분수(이미 약분이 다 된 분수)'라고 합니다. 자, 그러면 $\frac{6}{18}$이 기약분수 $\frac{1}{3}$로 되기 위해 분자와 분모를 어떤 수로 나누었나요? 그리고 그 수는 분자와 분모의 공약수 중 어떤 수라고 말할 수 있나요?

아이들 6입니다. 6은 분자와 분모의 최대공약수입니다.

교사 좋습니다. 그러면 $\frac{12}{24}$가 기약분수 $\frac{1}{2}$로 되기 위해 분자와 분모를 어떤 수로 나누었나요? 그리고 그 수는 분자와 분모의 공약수 중 어떤 수라고 말할 수 있나요?

아이들 12입니다. 12는 분자와 분모의 최대공약수입니다.

교사 좋습니다. 그러면 지금까지 알아본 내용들을 간략히 정리해 보도록 하겠습니다. 다음 ☐ 안에 들어갈 말이 무엇인지 생각해 봅시다.

- 분자와 분모를 그들의 공약수로 나누어 간단히 하는 것을 ☐ 한다고 한다.
- 분자와 분모의 ☐ 가 1뿐이라서 더 이상 약분이 되지 않는 상태가 되었을 때 이 분수를 우리는 ☐ 라고 한다.
- 기약분수를 만들 때 분자와 분모의 ☐ 를 이용하면 된다.

아이들 약분, 공약수, 기약분수, 최대공약수입니다.

교사 좋습니다. 그러면 기약분수의 의미를 좀 더 확실하게 알아보기 위해 분수막대 모형을 활용하여 살펴보도록 하겠습니다. 선생님이 나누어 주는 활동지를 꼼꼼히 살펴보면서 주어진 문제들을 모둠원들과 함께 협동적으로 해결해 나가도록 합시다. 활동할 때 이것을 꼭 지켜 주세요. 첫째, 궁금하거나 이해가 잘 되지 않는 것은 가장 먼저 내 짝, 내 모둠원들에게 "나, 이것 잘 이해가 안 돼. 나 좀 도와줄래?" 하고 도움을 요청합니다. 모둠원들에게서 답을 얻지 못하면 그때 선생님에게 도움을 요청합니다. 이때는 모둠원 모두가 손을 들어 신호를 보냅니다.(모둠 질문) 처음부터 선생님에게 도움을 요청하지 않습니다.

아이들 알겠습니다.(선생님께서 나누어 주는 활동지를 받아들고 해결합니다.)

수학 5-1	3. 약분과 통분 기약분수 만들기	서울 _____ 초등학교
		5학년 ___ 반 ___ 번
		이름 :

※ 주어진 첫 번째 분수막대를 보고, 두 번째 분수막대에 가작 적은 개수의 막대로 표시하여 색칠하고 분수로 표현해 봅시다.(분수막대 모형 활용. 102쪽 참조)

1. □ 안에 알맞은 수를 쓰시오.

| $\frac{1}{8}$ | $\frac{1}{8}$ | $\frac{1}{8}$ | $\frac{1}{8}$ | $\frac{1}{8}$ | $\frac{1}{8}$ | | $\frac{\Box}{\Box}$ 분수 |

| $\frac{1}{4}$ | $\frac{1}{4}$ | $\frac{1}{4}$ | | $\frac{\Box}{\Box}$ 기약분수 |

2~5. 분수막대 모형을 활용하여 위의 1번과 같이 해결하여 봅시다.

2.

| $\frac{1}{10}$ | $\frac{1}{10}$ | $\frac{1}{10}$ | $\frac{1}{10}$ | $\frac{1}{10}$ | | | | | | $\frac{\Box}{\Box}$ 분수 |

| | $\frac{\Box}{\Box}$ 기약분수 |

(뒷면에 계속)

02
약분과
통분

3.

$\frac{1}{6}$	$\frac{1}{6}$	

| □/□ | 분수 |
| □/□ | 기약분수 |

4.

$\frac{1}{12}$	$\frac{1}{12}$	$\frac{1}{12}$	$\frac{1}{12}$	$\frac{1}{12}$	$\frac{1}{12}$	$\frac{1}{12}$	$\frac{1}{12}$	$\frac{1}{12}$			

| □/□ | 분수 |
| □/□ | 기약분수 |

5. 아래 주어진 수를 기약분수로 나타내어 보시오.(분자와 분모의 최대공약수 활용)

(1) $\frac{8}{10} = \dfrac{\square}{\square}$ (2) $\frac{16}{32} = \dfrac{\square}{\square}$ (3) $\frac{20}{24} = \dfrac{\square}{\square}$ (4) $\frac{44}{66} = \dfrac{\square}{\square}$

※ 분수막대 모형을 활용해서 기약분수를 만드는 방법은 기약분수를 이해하는 데 도움은 되지만 시간이 많이 걸린다는 문제점이 있습니다. 이를 해결하기 위해 우리는 분모와 분자의 최대공약수를 이용하여 보다 쉽게 기약분수를 만들 수 있습니다.

※ 한 명도 빠짐없이 자신의 모둠원이 문제를 다 해결했으면 함께 확인합니다.

※ 확인이 다 된 모둠(오답 확인 및 수정까지 모둠 내에서 해결, 해결이 안 되면 선생님께 도움 요청하기)은 수학책 76~77쪽까지 스스로 해결합니다.

※ 학교에서 수학책 해결이 안 된 사람은 집에서 복습으로 할 수 있도록 합니다.

교사 지금까지 약분하기, 기약분수에 대하여 알아보았습니다. 어때요? 약분하기, 기약분수 잘 이해가 되었지요? 다음 시간에는 통분에 대하여 알아보도록 하겠습니다. 오늘 스스로 배움공책에 기약분수로 만들기 10문제 이상 문제 내고 해결해 보도록 합니다. 문제 내기 어려운 사람은 수학익힘책 문제를 옮겨 쓰고 해결해도 좋습니다.

4~5차시 수업 소감

분 자와 분모의 크기가 작은 분수와 큰 분수를 제시하면서 서로 크기가 같은 분수를 골라 보게 하는 활동으로 도입을 시도하였다. 아이들은 예상대로 분자, 분모에 사용된 숫자의 크기가 크면 알아보기 어렵다고 하였다. 그래서 보다 알아보기 쉽게 할 수 있는 활동으로 분자와 분모에 사용된 수의 크기를 줄이면서도(모양은 다르게 바꾸지만) 분수의 크기는 변하지 않게 만드는 방법(크기가 같은 분수 만들기)을 사용할 수 있다는 것을 생각해 낼 수 있도록 질문을 이어 갔다. 이어서 숫자의 크기를 작게 하면 좋은 점을 함께 알아본 뒤 숫자의 크기를 줄여 나가는 것에 대하여 실제 사물의 조작 활동을 통해 알아보기 위해 젠가(카프라, 쌓기 나무도 좋음)를 활용하였다. 실제 조작 활동을 하기 전에 숫자의 크기를 줄여 나가는 과정을 약분(분수를 간단하게 나타내는 것)이라 하고, 젠가 조작 활동을 통해 약분에 대하여 눈으로 확인하면서 알아보는 시간을 가질 것이라 안내하였다.

드디어 젠가를 꺼내 놓고 조작 활동을 시작하였다. 먼저 18개를 준비하여 한 줄로 펼쳐 놓으라고 하였다. 이후 앞의 사진에 안내해 놓은 것과 교사인 내가 제시하는 분수의 크기를 아이들이 젠가로 조작 활동을 하여 표현할 수 있도록 하였다. 실제로 분수와 관련하여 사물을 이용한 조작 활동을 도입하여 수업해 본 경험이 거의 없는 아이들이라서 그런지 몇 명의 아이들은 역시나 처음에 굉장히 난감해하였다. 그래서 약간의 시간을 할애하여 천천히, 차근차근 기본적인 내용부터 안내를 해 주었다.(18개의 젠가를 6개씩 3층으로 쌓아 보자. 이렇게 쌓은 것을 6등분해 보자. 6등분했을 때 한 덩어리를 분수로 어떻게 표현할까? 그 한 덩어리에는 젠가 조각이 몇 개가 있을까? 4덩어리를 분수로 어떻게 표현할까? 그 4덩어리에는 젠가 조각이 몇 개가 있을까?) 이렇게 한 번 짚어 주고 나서 본 차시 수업 활동으로 돌아오니 아이들이 제대로 이해하고 활동을 하기

시작하였다. 활동 과정에서 교사인 내가 제시하는 대로 조작 활동을 빨리 끝낸 아이들은 틈틈이 젠가 조각을 가지고 다양한 활동을 하면서 시간을 보냈다. 역시 아이들은 손에 무엇인가를 쥐어 주면 가만히 있지 않았다. 그러다가 다음 과정을 제시하면 또 그대로 빨리 끝내 놓고 상상하는 대로 젠가 조각을 가지고 무엇인가를 끊임없이 만들어 보면서 시간을 보냈다. 그러면서도 잘 안 되는 주변 친구들을 보거나 도움을 달라는 요청이 들어오면 친절하게 도움을 주는 아이들도 눈에 띄었다.(활동을 시작하기 전에 모둠별로 1세트 또는 2인 1세트로 활동을 하려고 했으나 조작 활동에 자신 없어 하는 아이들이 실제 활동을 하지 않거나 다른 사람이 하는 대로 눈으로 보고만 있을 것 같아서 모둠활동으로 하지 않고 개별 활동으로 해 보았다. 역시나 개별 활동이 더 좋았다. 이해가 조금 느리거나 이해에 어려움을 느끼는 아이들이 누구인지 파악하고 그에 따라 적절한 도움을 주기가 더 수월하였기 때문이다.)

이렇게 $\frac{6}{18}$을 $\frac{3}{9} \Rightarrow \frac{2}{6} \Rightarrow \frac{1}{3}$로, $\frac{12}{24}$를 $\frac{6}{12} \Rightarrow \frac{4}{8} \Rightarrow \frac{3}{6} \Rightarrow \frac{2}{4} \Rightarrow \frac{1}{2}$로 만들어 보는 조작 활동을 통해 분수의 크기는 변하지 않으면서도 모양이 간단(분수의 분자, 분모에 사용된 수의 크기가 작아지는 것)해지는 것, 즉 약분이라는 것을 눈으로 직접 확인하였다. 그리고 더 이상 간단해질 수 없게 만들어진 분수를 기약분수라고 약속한다는 것까지 함께 정리해 보았다. 이후에 약분의 과정 및 방법, 기약분수 만들기에 대하여 $\frac{6}{18}, \frac{12}{24}$를 다시 예로 들어 알아보았다.(분자와 분모를 0이 아닌 같은 수로 나눌 때 제시한 분수의 분자와 분모를 나눌 수 있는 같은 수에는 무엇이 있고, 그 수는 제시한 분수의 분자와 분모의 공약수와 어떤 관계가 있는지, 기약분수를 만들 때 빨리 만들고자 한다면 최대공약수를 활용하면 된다는 것을 이해할 수 있도록 안내하였다.) 본래 1차시로 되어 있는 교과서에 비하여 이렇게 차근차근 조작 활동과 함께 탐구해 나가자 아이들은 크게 어려워하

02
약분과
통분

지 않는 모습이었다. 오히려 더 적극적으로 수업 활동에 참여하는 모습이 눈에 띄었다. 여기까지 활동을 하는 데 80분 블록 수업 가운데 약 65분 정도를 사용하였다. 나머지 15분 동안 활동지 및 분수막대 모형을 나누어 주고 모둠별로 활동하면서 도움을 주고 받고 결과도 확인할 수 있도록 안내하였다. 역시나 빠른 아이들은 쉽게 활동지를 마무리하고 교과서를 펴고 오늘 공부한 부분까지 문제해결을 하였다. 거의 대부분의 모둠은 주어진 시간에 맞추어 해결을 하였고 한두 모둠 정도만 시간을 약간 초과하여 마무리하였다. 시간을 약간 초과한 모둠에서 조금 일찍 마친 아이들이 늦게 마무리한 아이들을 배려하면서 기다리고 재촉하지 않는 모습도 보여서 참으로 대견해 보이고 고맙기도 했다. 3월 한 달 동안 협동학습 및 협동적 학급운영, 모둠활동에 대한 이유, 나눔의 가치 등에 대하여 틈나는 대로 설명하고 이해를 돕고 있는데 아이들이 조금씩 몸으로 실천해 나가고 있는 것 같았다.

2015년 4월 나의 교실 약분 4~5차시 젠가(카프라, 쌓기 나무) 활용 조작 활동 사례

2015년 4월 나의 교실 분수막대 모형을 활용한 약분 활동지 사례

🍎 6~7차시 통분이 무엇인가요?

♣ 가정에서 본시 학습 전에 동영상 강좌 시청하고 수업에 참여하기

http://primary.ebs.co.kr/course/daum/preView?courseId=10013738&stepId=STEP10014713&lectId=LS0000000010307452(EBS 2015 초등 만점왕 수학 5-1 약분과 통분 2강)

어느 날 흥부와 놀부는 동네 생일잔치에 갔다가 돌아오는 길에 형인 놀부는 떡 1개의 $\frac{8}{12}$을 받았고 동생인 흥부는 같은 떡 1개의 $\frac{3}{4}$을 받게 되었습니다. 그런데 갑자기 형이 물었습니다.

놀부 : 아우야, 너는 떡을 얼마만큼 받았니?

흥부 : 네, 형님. 저는 떡을 $\frac{3}{4}$만큼 받았습니다.

놀부 : 우하하, 그러냐? 내 떡은 $\frac{8}{12}$만큼이고 네 떡은 $\frac{3}{4}$만큼이니 내 떡이 더 많구나. 아이 좋구나.

신이 난 놀부는 휘파람을 불며 집으로 유유히 돌아갔습니다. 아우는 형님의 뒷모습을 지켜보며 쓸쓸한 표정을 지어 보였습니다.

흥부 : 형님, 그게 아닌데요.

교사　오늘은 통분에 대해서 알아보도록 하겠습니다. 이야기 하나 들려줄 터이니 잘 들어 보기 바랍니다.

자, 이 이야기에서 놀부는 떡을 $\frac{8}{12}$만큼, 흥부는 떡을 $\frac{3}{4}$만큼 받았다고 했습니다. 누가 떡을 많이 받았는지 바로 알 수 있나요?

아이들　아니요. 바로 알아보기가 쉽지 않아요.

교사　바로 알아보기가 쉽지 않은 이유는 무엇인가요?

아이들　분모가 서로 달라서 그렇습니다.

교사　좋아요. 그러나 분모가 다르다고 하여 어떤 떡이 더 큰지 알 수 없는 것은 아니겠지요? 그러면 어떤 방법을 사용하면 좋을까요?

아이들　그림으로 그려 봅니다. 분모의 크기를 같게 해 줍니다. 분수막대 모형을 이용하여 알아볼 수 있습니다.

교사　그림으로 그려서 알아본다면 어떻게 될까? 누가 한번 그림으로 해결해 볼까?

아이들　(한 아이가 칠판에 아래와 같이 그림을 그려 해결한다.) 이렇게 하면 됩니다.

흥부의 떡　　놀부의 떡

교사 그렇군요. 훌륭합니다. 다음으로 분수막대 모형을 이용한다면 쉽게 크기를 비교할 수 있겠지요. 그러면 분모의 크기를 같게 하여 해결한다면 어떻게 해야 할까요?

아이들 두 분수의 분모가 같아질 때까지 크기가 같은 분수를 만들어 봅니다.

교사 좋아요. 지난 시간에 크기가 같은 분수를 만드는 방법에 대하여 알아보았지요? 그 방법을 이용하여 두 사람이 가지고 있는 떡의 양과 크기가 같은 분수를 $\frac{3}{4}$은 6개, $\frac{8}{12}$은 3개 정도씩 만들어 보도록 합니다.

아이들 $\frac{3}{4} = \frac{6}{8} = \frac{9}{12} = \frac{12}{16} = \frac{15}{20} = \frac{18}{24}$, $\frac{8}{12} = \frac{16}{24} = \frac{24}{36} = \frac{32}{48}$

교사 네, 좋습니다. 여러분이 만든 크기가 같은 분수에서 두 수의 분모가 같아지는 곳이 있었습니다. 어디인가요?

아이들 $\frac{9}{12}$와 $\frac{8}{12}$, $\frac{18}{24}$과 $\frac{16}{24}$입니다.

교사 네, 그렇군요. $(\frac{3}{4}, \frac{8}{12}) \Rightarrow (\frac{9}{12}, \frac{8}{12}) \Rightarrow (\frac{18}{24}, \frac{16}{24})$ 이렇게 여러분이 바꾸어 본 결과를 볼 때 분모들 사이에 특징을 하나 발견할 수 있습니다. 그게 무엇인가요?

아이들 분모가 같아졌습니다.

교사 그렇지요? 이렇게 분모가 같아지도록 만드는 것을 '통분한다'고 하고, 통분한 분모를 '공통분모'라고 합니다. 자, 이렇게 공통분모로 통분을 하고 나니 누구의 떡이 더 많다는 것을 알 수 있나요?

아이들 흥부의 떡이 더 많습니다.

교사 그렇지요? 놀부는 분수를 잘 몰라서 그런 것 같습니다. 자, 여기에서 한 가지 더 알아볼 것이 있습니다. 아래 분수를 잘 살펴보기 바랍니다.

공통분모로 통분된 분수를 살펴보면 첫 번째 공통분모로 통분된 분수와 두 번째 공통분모로 통분된 분수 사이에 분자와 분모가 어떻게 변하였나요?

아이들 분자와 분모가 각각 2배씩 늘어났습니다.

교사 네, 그렇습니다. 제일 처음 공통분모로 통분된 분수에 각각 2배를 하여 크기가 같은 또 다른 분수가 만들어졌습니다. 이다음에 있을 크기가 같은 또 다른 분수는 어떻게 만들 수 있나요? 그리고 그렇게 만들어진 두 분수는 얼마인가요?

아이들 네, 처음 만들어진 두 분수의 분자와 분모에 각각 3배를 하면 됩니다. 그렇게 하면 $(\frac{27}{36}, \frac{24}{36})$가 됩니다.

교사 좋습니다. 그렇다면 교과서 79쪽에 있는 질문을 각자 해결해 봅시다. 그리고 다 해결된 사람은 모둠원들과 함께 확인해 보도록 합니다. 해결하는 과정에서 궁금한 것, 잘 이해되지 않는 것이 있으면 먼저 모둠원들에게 도움을 요청합니다.

아이들 (주어진 시간 동안 교과서 속의 문제해결 및 모둠원들끼리 확인도 한다.)

교사 자, 교과서 문제 다 해결하였지요? 그렇다면 지금부터 선생님과 함께 두 분수를 통분하는 방법에 대하여 좀 더 자세히 알아보도록 하겠습니다.(아래의 내용을 자세히 설명해 준다.)

통분이란

분모가 다른 분수들의 분모를 같게 하는 것을 말한다. 통분한 분모를 공통분모라고 한다. 예를 들어 $\frac{3}{4}$, $\frac{5}{6}$를 통분하는 방법은 아래와 같다.

(1) 분수막대 모형을 활용하여 통분한다.

① 분수막대 모형에서 각각의 단위분수인 $\frac{1}{4}$, $\frac{1}{6}$의 크기를 비교한다.

② 두 단위분수 $\frac{1}{4}$, $\frac{1}{6}$의 크기의 차이가 어느 정도인지 분수막대 모형에 나타나 있는 분수의 크기를 통해 알아본다.(두 단위분수의 크기의 차이는 $\frac{1}{12}$임을 알 수 있다.)

③ 두 단위분수의 크기의 차이가 $\frac{1}{12}$임을 통해 두 분수의 분모가 12로 통분된다는 사실을 알 수 있다.

$$\left(\frac{3}{4}, \frac{5}{6}\right) = \left(\frac{3\times3}{4\times3}, \frac{5\times2}{6\times2}\right) = \left(\frac{9}{12}, \frac{10}{12}\right)$$

(2) 분모의 곱을 공통분모로 하여 통분한다.

$$\left(\frac{3}{4}, \frac{5}{6}\right) = \left(\frac{3\times6}{4\times6}, \frac{5\times4}{6\times4}\right) = \left(\frac{18}{24}, \frac{20}{24}\right)$$

(3) 분모의 최소공배수를 공통분모로 하여 통분한다.

$$\left(\frac{3}{4}, \frac{5}{6}\right) = \left(\frac{3\times3}{4\times3}, \frac{5\times2}{6\times2}\right) = \left(\frac{9}{12}, \frac{10}{12}\right)$$

교사 지금까지 통분하는 방법에 대하여 함께 알아보았습니다. 이제부터 교과서 80~81쪽의 질문에 각자 답을 하고 모둠원들과 함께 확인해 보도록 합니다. 해결하는 과정에서 궁금한 것, 잘 이해되지 않는 것이 있으면 먼저 모둠원들에게 도움을 요청합니다.

아이들 (주어진 시간 동안 교과서 속의 문제해결 및 모둠원들끼리 확인도 한다.)

교사 다 해결하였군요. 지금까지 두 분수를 통분하는 방법에 대하여 알아보았습니다. 세 가지 방법 가운데 어떤 방법이 더 좋다고 생각하나요?

아이들 (정답이 따로 있는 것이 아니므로 나름의 생각과 이유를 자유롭게 이야기한다. 다만 분수막대 모형의 경우는 통분하는 원리를 이해하는 데는 도움이 되지만 분수막대 모형에 없는 분수의 경우는 해결할 수 없다는 단점을 아이들이 이야기할 수 있도록 하면 된다.)

교사 이제 두 분수의 통분에 대한 공부는 모두 마무리되었습니다. 지금부터는 개인 칠판과 보드마카를 이용하여 모둠원들끼리 '돌아가며 문제 내기' 활동을 해 보도록 하겠습니다.

02
약분과
통분

💡 돌아가며 문제 내기

(1) 각 모둠 1번부터 차례대로 돌아가면서 모둠원들에게 2개의 분수를 불러 준다.

(2) 조건을 말한다.(분모의 최소공배수로 통분하기 또는 분모의 곱으로 통분하기)

(3) 조건에 따라 각자 문제를 해결한다.(문제를 낸 사람도 함께 해결한다.)

(4) 해결한 뒤 함께 답을 확인한다.(틀린 모둠원은 다른 모둠원이 도움을 준다.)

(5) 다음에는 각 모둠 2번이 문제를 낸다.(위의 순서에 따라 활동을 반복한다.)

▶ 주의할 점 : 혼란스러움을 막기 위해 문제를 낼 때 분수의 크기를 너무 크게 하지 하도록 미리 안내를 한다.(분모의 크기가 10을 넘지 않게 하기, 대분수 또는 가분수로는 질문하지 않기)

아이들 (주어진 시간 동안 모둠별로 돌아가며 문제 내기 활동을 한다.)

교사 시간이 다 되었네요. 수고하였습니다. 오늘 스스로 배움공책에 분모의 최소공배수를 활용한 두 분수 통분하기 관련 문제를 10개 이상 만들고 해결해 보도록 합니다. 문제 내기 어려운 사람은 수학익힘책 문제를 옮겨 쓰고 해결해도 좋습니다.

6~7차시 수업 소감

오늘은 수업의 도입에서부터 이야기를 통해 두 분수의 크기를 비교해 보는 활동을 해 보았다. 특히 아이들이 칠판에 직접 그림을 그려서 설명하는 과정에서는 아직 확실한 개념 이해가 부족한 아이들이 꽤 있다는 것 또한 알게 되었다. 2명이 나와서 해결해 보려 했지만 제대로 된 그림을 그리지 못해서 다른 아이에게 차례가 넘어갔고 세 번째 아이가 나와서 정확하게 그림을 그려서 설명하고 해결하였다.

그림으로 두 분수의 크기를 비교하는 활동은 아이들에게 역시 참으로 힘들고 어려운 것이라는 것을 다시 한 번 느끼는 순간이었다. 하지만 이후에도 꾸준히 비슷한 활동을 이어 가면서 분수 관련 수업을 진행한다면 배움이 느린 아이들도 잘 이해할 수 있게 되는 날이 올 것이라 믿는다. 그래도 상당히 많은 아이들이 본 단원에서 시도한 조작 활동 및 띠 모델에 표현하기 활동을 통해 분수에 대한 개념을 보다 잘 이해할 수 있게 되었다는 사실 또한 큰 성과가 아닐 수 없다고 생각되었다.

이후에는 통분에 대한 의미, 공통분모에 대한 설명, 통분하는 방법에 대하여 자세히 설명해 주었는데 이전 단계까지의 직접적인 조작 활동 및 충분한 시간 확보를 통한 수업의 재구성과 플립 러닝 덕분에 아이들은 통분하기에 대하여 보다 수월하게 이해를 하였다. 이 단계까지 진행하고 나니 약 25분 정도의 시간이 남았다. 그래서 계획된 대로 개인칠판 및 보드마카를 나누어 주고 "돌아가며 문제 내기" 활동을 통해 통분하기 활동에 보다 익숙해질 수 있도록 협동학습을 실시하였다. 이 활동 또한 아이들이 너무나도 열심히, 적극적으로 참여해 주었다.

약 15분 정도 시간이 흐른 뒤에 남은 10분 정도 동안은 스스로 교과서에 있는 문제를 해결할 수 있도록 안내하고 아이들이 교과서 문제를 개인적으로 풀이하는 동안 아이 한 명 한 명을 살피면서 도움을 주었다. 오늘 수학 시간의 백미는 역시 "돌아가며 문제내기"였다고 생각된다. 그 시간에 아이들의 표정을 보니 너무나도

재미있게 참여하면서 수학 시간을 보냈다. 역시 협동학습은 아이들도 신나게 하고 교사인 나도 신나게 하는

훌륭한 교육 이론이자 철학이라 여겨진다.

2015년 4월 나의 교실 통분하기 6~7차시 돌아가며 문제 내기 구조 활동 사례

🍎 8차시 최대공약수, 최소공배수를 이용한 기약분수 만들기와 통분

교사 이번 시간에는 최대공약수를 이용한 기약분수 만들기, 최소공배수를 이용한 통분하기를 활용하여 모둠별로 협동 미션 과제를 해결해 보도록 하겠습니다. 이를 통해 생활 속에서 기약분수와 통분의 유용함을 경험해 보게 될 것입니다. 지금부터 나누어 주는 미션 과제를 협동적으로 해결해 보기 바랍니다.

여나는 모두를 위하여 모두는 여나를 위하여 One For All ! All For One !	**수학** **5-1**	**3. 약분과 통분** **최대공약수, 최소공배수 활용**	서울 초등학교
			5학년 반 번 이름 :

모둠 미션 1 : 기약분수를 이용한 크기 비교

아래 주어진 분수 중 어떤 수가 더 큰지 알아보시오.(반드시 분자와 분모의 최대공약수를 이용하여 기약분수로 만들고 해결해 보시오.)

$$\frac{234}{702}, \quad \frac{198}{594} \quad \Rightarrow \quad (\text{답} : \qquad\qquad\qquad)$$

(뒷면에 계속)

02
약분과
통분

해결 과정

이 활동을 통해 알 수 있는 점(기약분수를 이용하면 좋은 점)

모둠 미션 2 : 최소공배수를 활용한 통분

워밍업 문제

한 아버지가 자신이 기르고 있는 돼지 12마리를 형과 동생에게 각각 $\frac{2}{4}$, $\frac{2}{6}$씩 나누어 주려고 한다. 두 사람은 돼지를 각각 몇 마리씩 받게 되는가?(반드시 최소공배수로 통분하여 해결하시오.)

협동 과제

옛날 아라비아의 어떤 상인이 낙타 17마리를 유산으로 두 아들에게 남기고 죽으면서 첫째 아들에게는 낙타의 $\frac{1}{2}$을, 둘째 아들에게는 낙타의 $\frac{4}{9}$를 주겠노라고 하였다. 아버지께서 돌아가시고 나서 두 아들은 낙타를 나누어 가지려고 하였다. 그러나 17마리는 나누어지지 않았다. 어떻게 나누어 가질 수 있을까를 고민하던 차에 우연히 낙타 한 마리를 타고 여행을 하면서 마을을 지나던 한 청년이 두 아들의 집에서 하룻밤을 지내게 되었고 두 아들의 고민을 듣자마자 잠시 고민을 하더니 자신이 바로 해결해 줄 수 있다고 하였다. 과연 이 청년은 두 아들의 고민을 어떻게 해결해 주었을까?(조건 : 반드시 낙타는 살아 있어야 한다.)

해결 과정

모둠 미션 2의 협동 과제 해결 방법

여행을 하던 청년은 자신이 타고 온 낙타를 두 아들에게 보태어 주면서 낙타를 나누어 가지라고 하였다. 그러자 두 아들은 한사코 사양하였다. 하지만 청년이 그렇게 해야만 나누어 가질 수 있다고 하여 어쩔 수 없이 한 마리를 보태어 나누어 가지기로 하였다. 그런데 웬걸? 첫째가 18마리의 $\frac{1}{2}$인 9마리를, 둘째가 18마리의 $\frac{4}{9}$인 8마리를 나누어 가지니까 한 마리가 남는 것이었다. 결국 두 아들은 여행을 하던 청년 덕분에 자신들의 고민을 해결하였고, 여행을 하던 청년도 자신이 타고 온 낙타를 다시 돌려받아 여행을 떠날 수 있게 되었다.

 (주어진 시간 동안 모둠별로 미션활동을 해결한다.)

교사 시간이 다 되었네요. 수고하였습니다. 오늘 스스로 배움공책에 최대공약수를 활용한 통분, 최소공배수를 활용한 약분 관련 문제를 10개 이상 만들고 해결해 보도록 합니다. 직접 문제 내기 어려운 사람은 수학익힘책 문제를 옮겨 쓰고 해결해도 좋습니다.

8차시 수업 소감

수업 도입 단계에서 지난 시간에 공부했던 통분하기 방법을 다시 한 번 짧게 설명하고 그를 바탕으로 미션활동을 수행할 수 있도록 하였다. 활동지를 나누어 주자마자 아이들은 활동에 몰입하여 개별적으로 해결해 보고 모둠원의 생각과 비교해 보기도 하였다. 답이 다르면 어떤 것이 맞는지 서로가 자신의 해결 과정 및 결과를 제시하기도 하면서 모둠 토론 활동을 꾸준히 이어 갔다. 적절한 도전의식을 자극하는 활동지는 아이들을 수학 시간에 주인이 되도록 한다. 그리고 그 속에서 아이들은 스스로 협동적인 활동에 빠져든다. 이번 미션활동지는 그것을 그대로 보여 주었다. 7모둠 가운데 4모둠 정도가 다른 모둠원의 도움 없이 해결하는 데 약 20분 정도 걸렸다. 그래서 이 정도에서 멈추고 미션 과제 해결을 완수한 모둠원에게 설명을 할 수 있도록 하였다. 해결을 하지 못한 모둠에서는 "아, 그거였구나!" 하는 말들이 자연스럽게 터져 나왔다. 그렇게 오늘도 과제 해결 과정에 대한 아이들 간의 연결 짓기를 통해 협동학습의 성공적인 실현을 내 눈으로

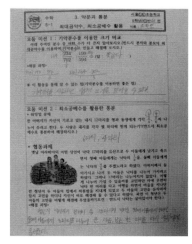

2015년 4월 나의 교실 약분과 통분 8차시 미션 과제 해결 사례

직접 목격하는 즐거움을 맛보았고 한 아이는 큰 소리로 내게 "선생님, 매일 수학 시간 이렇게 하면 좋겠어요."라고 외치며 나의 마음에 어떤 울림을 전해 주었다. '그래 나도 매일 그런 수업을 하고 싶단다. 그러기 위해서 더 열심히 연구하고 노력하도록 할게!'

2015년 4월 나의 교실 약분과 통분 8차시 미션 과제 해결 활동

🍎 9차시 분수의 크기를 비교할 수 있어요

♣ 가정에서 본시 학습 전에 동영상 강좌 시청하고 수업에 참여하기

http://primary.ebs.co.kr/course/daum/preView?courseId=10013738&stepId=STEP10014713&lectId=LS0000000010311103(EBS 2015 초등 만점왕 수학 5-1 약분과 통분 3강)

 9차시 수업 소감

두 분수의 크기 비교는 이전 과정에서 충분히 다루었기 때문에 처음부터 바로 세 분수의 크기 비교에 들어갔다. 우선 2개씩 짝을 지어 통분하기를 통해 비교하고 순서를 정하는 방법으로 아이들의 이해를 도왔다. 다음으로 세 분수 분모의 최소공배수로 한 번에 통분하여 비교하고 순서를 정하는 방법으로 아이들의 이해를 도왔다. 그러나 이 경우 세 수의 최소공배수를 구하는 방법을 공부하지 않았기 때문에 분수의 분모가 충분히 클 경우에는 하기가 쉽지 않다는 한계가 있음을 알게 되었다. 세 분수의 분모가 작을 경우 세 수의 최소공배수를 구하는 것은 그리 어렵지 않음을 아이들은 잘 이해하고 있었다.(직관적으로 이해하는 아이들도 있었고 세 수의 배수를 각각 구한 후 공배수를 찾는 아이들도 있었고 학원에서 세 수의 최소공배수를 구하는 방법을 배워서 구하는 아이들도 있었다.)

마지막 방법으로 흔하지는 않지만 $\frac{4}{9}$, $\frac{8}{15}$, $\frac{12}{21}$와 같은 경우에서 $\frac{4}{9}$의 분자와 분모를 살펴보면 분자의 크기가 분모의 $\frac{1}{2}$보다 작지만 나머지 두 분수는 분자의 크기가 분모의 보다 크기 때문에 $\frac{4}{9}$는 통분해 보지 않아도 세

분수 중 가장 작은 분수임을 직관적으로 이해하고 나머지 두 분수의 크기만 통분하여 비교하면 된다는 것을 아이들이 이해할 수 있도록 하였다. 이렇게 안내를 하고 나니 25분 정도 시간이 소요되었다. 나머지 시간은 단원 학습을 모두 마무리한 것과 마찬가지라서 교과서 3단원 끝까지 각자 문제를 해결하고 어려운 것이 있거나 질문이 있으면 먼저 모둠원에게 도움을 구하여 해결하고 그래도 해결이 되지 않을 때에만 선생님에게 도움을 구하라고 안내를 해 주었다. 아이들이 스스로 과제를 해결하는 동안 나는 배움이 느린 소수의 아이들 곁을 맴돌면서 그들의 과제 해결을 도왔다. 그들 역시 아주 천천히, 조금씩 배움의 기쁨을 경험해 나가고 있다는 사실을 느끼고 있었다. 그래서일까 우리 반에서 수학이라는 과목, 수업 시간에 대한 부담이 천천히 줄어들어 가고 있다는 이야기들이 점점 늘어 가고 확산되고 있음을 아이들의 말과 스스로 배움공책에 표현한 생각이나 소감을 통해 확인할 수 있게 되었다. 이것은 올해 수업 연구를 통해 얻은 가장 큰 성과가 아닐까 생각한다. 이런 현상이 지속될 수 있도록 최선을 다해 노력해야겠다.

2015년 4월 나의 교실 약분과 통분 최종 마무리 복습 활동(돌아가며 문제 내기)

🍎 10차시 단원 정리－단원 평가

이 단원의 수학과 평가 안내는 앞에 나온 수학과 평가 안내에서 단원 소개 부분 및 평가 문항 설명 부분만 이 단원에 맞게 수정하면 되기 때문에 따로 제시하지 않았다. 이후의 단원에서도 같은 맥락에서 생략하도록 하겠다는 것을 미리 밝혀 둔다.

02
약분과
통분

분수막대 모형 (본문 89쪽 참조)

1/2				1/2			
1/4		1/4		1/4		1/4	
1/8	1/8	1/8	1/8	1/8	1/8	1/8	1/8

1/3			1/3			1/3		
1/6		1/6		1/6		1/6		1/6		1/6	
1/9	1/9	1/9	1/9	1/9	1/9	1/9	1/9	1/9
1/12	1/12	1/12	1/12	1/12	1/12	1/12	1/12	1/12	1/12	1/12	1/12

1/5		1/5		1/5		1/5		1/5	
1/10	1/10	1/10	1/10	1/10	1/10	1/10	1/10	1/10	1/10

서울은빛초등학교 교사 이상우 제작
서울초등협동학습연구회 아해미래

(   )학년 (   )반 이름 (   )

MEMO

03 분수의 덧셈과 뺄셈

단원 소개 및 문제의식 갖기

교사용 지도서를 보면 이 단원에서는 아이들이 분수의 덧셈과 뺄셈이 범자연수의 연산과 같은 맥락으로 그 수가 확장되었음을 이해하고 공통분모의 필요성을 깨달아 분모가 다른 분수의 덧셈과 뺄셈 계산 원리인 통분으로 이어져 분수의 덧셈과 뺄셈 방법을 익힐 수 있도록 단원을 구성하였다고 밝히고 있다. 학습목표 및 단원 발전 계통을 살펴보면 아래와 같다.[1]

단원 학습 목표

내용	1. 이분모 분수의 덧셈과 뺄셈에서 통분의 필요성을 알 수 있다. 2. 이분모 분수의 덧셈을 알고 계산할 수 있다. 3. 이분모 분수의 뺄셈을 알고 계산할 수 있다. 4. 분수의 덧셈과 뺄셈 문제를 해결하고 해결 과정을 설명할 수 있다.
과정	1. 분수의 덧셈과 뺄셈을 하는 여러 가지 방법을 탐구하고 자신이 선택한 방법을 논리적으로 설명하여 수학적 의사소통능력을 기를 수 있다. 2. 실생활의 문제 상황 속에서 분수의 덧셈과 뺄셈을 해야 하는 필요성을 알고 여러 가지 전략으로 해결 방법을 추론하는 능력을 기를 수 있다.
태도	1. 생활 주변의 여러 상황 속에서 분수의 덧셈과 뺄셈을 하면서 수학의 필요성을 느끼고 수학의 소중함을 깨달을 수 있다. 2. 일상생활에서 분수를 사용하여 문제를 해결하면서 수학의 유용성을 깨닫고 수학에 흥미를 가질 수 있다.

단원의 발전 계통

선수 학습	본 학습	후속 학습
• 3학년 분수와 소수 • 3학년 분수 • 4학년 분수의 덧셈과 뺄셈	• 이분모 분수의 덧셈 알기 • 이분모 분수의 뺄셈 알기 • 분수의 덧셈과 뺄셈 문제해결하고 해결 과정 설명하기	• 5학년 분수의 곱셈 • 5학년 소수의 곱셈 • 5학년 분수의 나눗셈

---

1 2009 개정 교육과정에 따른 수학과 교사용 지도서 5학년 1학기. 2015. pp. 226~227.

위의 내용에 근거를 두고 교사용 지도서는 본 단원의 전개 계획을 아래와 같이 제시[2]하였으나 현장에서 그대로 따라서 지도하기에는 무리가 있다는 생각이 든다.

차시	재구성 이전	수업 내용 및 활동
1	단원 도입(스토리텔링)	• 스토리텔링을 통하여 주어진 상황에서 분수의 덧셈과 뺄셈이 필요함을 알기 • 이야기 속에서 분수가 사용되는 상황을 살펴보고 문제를 해결하기 위해서 분수의 계산이 필요함을 알기
2	분수의 덧셈(1)	• 이분모 분수의 덧셈에서 통분의 필요성 깨닫기 • 받아올림이 없는 이분모 진분수의 덧셈 원리 이해하기
3	분수의 덧셈(2)	• 받아올림이 있는 이분모 분수의 덧셈 원리 이해하기 • 받아올림이 있는 이분모 분수의 덧셈을 할 수 있는 여러 가지 방법 탐구하기
4	분수의 덧셈(3)	• 받아올림이 있는 이분모 대분수의 덧셈 원리 이해하기 • 받아올림이 있는 이분모 대분수의 덧셈을 할 수 있는 여러 가지 방법 탐구하기
5	분수의 뺄셈(1)	• 이분모 분수의 뺄셈에서 통분의 필요성 깨닫기 • 받아내림이 없는 이분모 진분수의 뺄셈 원리 이해하기
6	분수의 뺄셈(2)	• 받아내림이 없는 이분모 분수의 뺄셈 원리 이해하기 • 받아내림이 없는 이분모 분수의 뺄셈을 할 수 있는 여러 가지 방법 탐구하기
7	분수의 뺄셈(3)	• 받아내림이 있는 이분모 분수의 뺄셈 원리 이해하기 • 받아내림이 있는 이분모 분수의 뺄셈을 하고 자신의 방법 설명하기
8	단원 정리(문제 풀기)	• 단원에서 배운 내용을 문제 풀며 정리하기
9	문제해결	• 분수의 덧셈과 뺄셈 문제를 해결하고 설명하기
10	체험 마당	• 색종이 조작을 통해 주어진 분수를 단위분수의 합으로 나타내기

문제의식을 갖게 만드는 점 몇 가지를 살펴보면 아래와 같다.

단원 도입의 목적 및 내용 구성에 대한 고민

지도서에 나타난 단원 도입 목적을 살펴보면 수의 범위가 자연수에서 분수로 확장되었지만 자연수의 연산과 같은 맥락에서 분모가 다른 분수의 덧셈과 뺄셈 계산 원리(통분)에 대해 이해하고 방법을 익히도록 초점을 두어 단원을 구성하였다고 밝히고 있다. 이를 위해 실생활 속에서의 상황을 제시하고 분모가 다른 분수의 덧셈과 뺄셈을 하기 위해 분모를 어떻게 만들어 주어야 할까에 대한 생각을 가지게

---

2 2009 개정 교육과정에 따른 수학과 교사용 지도서 5학년 1학기. 2015. p. 229.

03
분수의
덧셈과
뺄셈

하여 자연스럽게 통분의 필요성을 느끼도록 구성하였다고 소개하고 있다. 그러나 교과서 내용 구성 및 흐름을 살펴보면 통분의 필요성이나 원리의 이해보다는 통분의 절차, 통분을 통한 분수의 덧셈과 뺄셈 문제 풀이에 집중되어 있고 그 과정도 아이들이 스스로 탐구하고 알아 가는 것이 아니라 빈칸 채우기, 안내된 대로 색칠하기, 제시된 조건대로 문제 풀기 중심으로 구성되어 있는 것 같아 아쉬움이 많이 남는다. 좀 더 구체적으로 살펴보기 위해 지도서에 나타난 지도상의 유의점, 단원 배경 지식을 함께 살펴보면서 이야기를 풀어 나가 보도록 하겠다.

우선 지도서에 제시된 지도상의 유의점[3]을 살펴보면 "분수의 덧셈과 뺄셈은 자연수의 덧셈과 뺄셈 문제의 연장선 위에 있음을 알고 식을 도입하기 이전에 여러 가지 조작 활동을 통해 계산 원리를 이해하도록 한다."는 내용이 있다. 그러나 교과서 내용을 살펴보면 색칠하는 것과 10차시 체험 마당 활동을 빼고는 조작 활동이 전혀 보이지 않는다. 게다가 "자연수의 덧셈과 뺄셈 문제의 연장선 위에 있다."는 점을 강조하고 있지만 실제로 분수의 덧셈과 뺄셈을 제대로 이해하기 위해서는 분수 개념에 대한 확실한 이해가 전제되지 않으면 안 된다. 따라서 단순히 "자연수의 덧셈과 뺄셈 문제의 연장선 위에 있다." 라고 할 것이 아니라 "분수의 덧셈과 뺄셈은 단위 분수 개념에 기초한 분수의 이해를 바탕으로 자연수의 덧셈과 뺄셈 문제의 연장선 위에 있다."고 해야 보다 정확한 설명이 된다. 이를 증명하기라도 하듯 단원 배경 지식[4]에서 '통분의 필요성'에 대하여 다음과 같이 안내하고 있다.

분수의 개념을 확실하게 이해한다면 자연수의 연산을 바탕으로 분수의 덧셈과 뺄셈에 큰 무리가 없을 것이다. 그러나 자연수는 더하거나 빼는 수 자체의 자릿값에 의해 단위가 결정되므로 단위 통일이 필요 없으나 분수의 덧셈과 뺄셈은 단위가 분모에 의해 결정되므로 분모가 다른 경우에는 단위의 통일이 필요하다. (중략) $\frac{2}{3} + \frac{3}{4}$에서 $\frac{2}{3}$는 $\frac{1}{3}$이 단위가 되고 $\frac{3}{4}$은 $\frac{1}{4}$이 단위가 되므로 더하기 전에 먼저 두 수의 단위를 통일할 필요가 있다. (중략) $\frac{1}{3}$과 $\frac{1}{4}$의 공통 단위인 $\frac{1}{12}$을 구하여 $\frac{8}{12} + \frac{9}{12} = \frac{17}{12}$처럼 계산해야 한다. 뺄셈도 마찬가지다.

그렇다. 위에 나타난 바와 같이 자연수의 덧셈과 뺄셈 문제의 연장선 위에서 분수의 덧셈과 뺄셈을 이해하기 위해서는 먼저 단위 분수에 대한 이해를 바탕으로 한 분수 개념의 확실한 정립이 선행되어야 하며, 분모가 다를 때에는 두 수의 단위를 통일(분모를 갖게 해 줌)하기 위해 통분이라는 과정을 거친다는 것에 대한 이해가 선행되어야 한다는 점을 교사가 확실히 파악하고 이에 대한 아이들의 이해를 돕기 위해 수업을 재구성하여 디자인을 해야만 한다. 이를 위해 뒤에서 좀 더 자세히 다루겠지만 본 단원의 1차시에 반드시 출발점 행동 파악을 위한 활동이 이루어져야 한다는 것을 잊지 말아야 한다.

---

3 2009 개정 교육과정에 따른 수학과 교사용 지도서 5학년 1학기. 2015. p. 230.
4 2009 개정 교육과정에 따른 수학과 교사용 지도서 5학년 1학기. 2015. p. 231.

둘째, 지도상의 유의점에 "이분모 분수의 덧셈과 뺄셈을 수직선, 띠와 그림 등의 여러 모형으로 알아보고 직관적으로 답이 얼마쯤 될지 추측하여 보도록 한다."고 되어 있다. 나는 이런 시각에 대하여 반대하는 입장이다. 자연수의 연산에서도 추측이나 직관이 필요한 것이 아니라 '자릿값에 대한 정확한 개념'이 필요하듯이 분수의 덧셈과 뺄셈에서도 추측이나 직관이 필요한 것이 아니라 '단위 분수 개념에 대한 분수의 이해, 통분은 왜 하고 어떻게 하는지, 통분한 후 단위 분수 개념을 바탕으로 한 자연수의 덧셈과 뺄셈의 연장선'에 초점을 맞추어야 한다고 나는 생각한다. 그래서 다양한 방법으로 통분을 할 수 있지만 결국 최소공배수로 통분하는 것이 가장 좋다는 것을 자연스럽게 알아 가는 것 말고 더 중요한 것이 이 단원에 있을까 하는 생각을 가져 본다. 이런 차원에서 본다면 지도서에 있는 지도상의 유의점이나 교과서 내용 구성은 분명 아쉬운 점이 많다고 볼 수 있다. 같은 맥락으로 단원 배경 지식[5]에도 이와 비슷한 내용이 소개되어 있다. 단원 배경 지식에 보면 '수 감각의 중요성'에 대한 언급이 아래와 같이 되어 있다.

분수의 덧셈을 처음 접한 아이들에게 흔히 발생하는 오류 중 하나는 $\frac{1}{2}+\frac{3}{4}=\frac{4}{6}$와 같이 분모는 분모끼리, 분자는 분자끼리 더하는 것이다. 아이들이 왜 이런 오류를 범하는지 이해하고 아이들 스스로 그 오류를 수정해 나가도록 돕는 일이 필요하다. (중략) 분수의 의미를 우선적으로 강조할 필요가 있다. 다음으로 오류 수정과 관련하여 아이들의 수와 연산 감각을 적극적으로 활용할 것을 권장한다. 예를 들어 $\frac{3}{4}$ 은 $\frac{1}{2}$(반)보다 크므로 $\frac{1}{2}+\frac{3}{4}$의 계산 결과는 1보다 클 것으로 예상할 수 있다. 그런데 계산한 값은 $\frac{4}{6}$로 1보다 작으므로 오답임을 쉽게 알 수 있다. 이런 형태의 감각을 발달시키면 문제에 대한 합리적인 답을 보다 쉽게 구할 수 있을 것이고 오류도 수정하는 데 도움이 될 것이다. (중략) 예를 들어 분수의 덧셈과 뺄셈 문제를 해결하기 전에 가능한 답의 범위를 말하게 할 수 있다. 이때 어림은 답을 판단하기 위한 근거로 이용할 수 있다.

이렇게 길게 배경지식을 이야기하였지만 결국 이는 직관적 사고, 어림에 대한 필요성을 강조하기 위해 제시한 것이라고 봐야 할 것이다. 그러나 이 또한 앞에서 짚었듯이 '분수 계산의 이해 및 알고리즘 습득에 어림과 직관적 사고가 과연 도움이 될까, 그리고 이것이 그렇게 중요할까?' 하고 생각해 본다면 나는 전혀 아니라고 생각한다.

셋째, 분수의 덧셈과 뺄셈의 지도에 있어서 구성주의적 접근을 매우 강조[6]하고 있다. 그런데 구성주의적 접근에서 아래와 같이 다시 한 번 어림해 보게 하는 것의 중요성을 강조하고 있어서 안타깝기만 하다. 내용을 자세히 들여다보면 다음과 같다.

---

5 2009 개정 교육과정에 따른 수학과 교사용 지도서 5학년 1학기. 2015. p. 231.
6 2009 개정 교육과정에 따른 수학과 교사용 지도서 5학년 1학기. 2015. p. 232.

03
분수의
덧셈과
뺄셈

(중략) 분수 자체에 대한 수 감각이 형성되어 있으면 아이들은 더하고 빼는 두 분수의 분자에 초점을 맞추어 생각하면 된다. 그러나 이분모 분수의 덧셈과 뺄셈은 통분의 과정을 거쳐야 하기 때문에 계산 과정이 좀 더 복잡해지며 이 과정에서 수 감각을 유지하는 것은 정신적 에너지를 많이 요구하고, 이러한 요구가 과연 얼마나 많은 이익을 지니고 있는지는 의문이다.

분수 개념에 대한 생명은 '단위 분수' 개념을 바탕으로 한 이해에 있다고 해도 과언이 아닐 것이다. 그런데 위에서는 통분 과정에서 계산 과정이 복잡해지면 수 감각을 유지하는 것이 정신적 에너지를 많이 요구하고 이런 요구가 별 효과가 없다는 식으로 말하고 있다. 이런 식의 생각이라면 이분모 분수의 연산은 분수에 대한 수 감각은 필요가 없거나 별 도움이 안 된다는 말인데 이를 어느 정도까지 교사들이 수용하고 받아들여야 할지 의문이 든다. 정말 그렇다면 이 단원은 굳이 긴 시간을 들여서 지도할 필요도 없다. 앞에서 배운 약분과 통분을 바탕으로 분모를 통분하고 난 뒤에 분모는 그냥 두고 분자끼리 더하기만 하면 된다는 식의 알고리즘만 익히면 그만이라는 결론에 도달하게 되고, 이를 위한 지도 시간은 4~5시간 정도면 충분하다고 볼 수 있다. 그러나 아이들이 이분모 분수를 통분하여 답을 구하였다고 하여 과연 제대로 이해하였다고 말할 수 있을까에 대해서는 여전히 자신 있게 답변할 수 없을 것이라 판단된다.

위의 내용에 바로 이어서 아래와 같은 글이 제시되어 있다.

이분모 분수의 덧셈과 뺄셈을 지도할 때 구성주의적 이해를 돕기 위해 도식을 사용하는 경우가 적지 않다. 그런데 이 도식들은 그 목표가 통분의 과정을 이해시키기 위한 것이 대부분이다. 즉 이분모 분수의 덧셈과 뺄셈에서 가장 중요한 것은 통분의 과정이며 통분의 과정을 거치고 나면 남는 것은 동분모 분수의 덧셈과 뺄셈이다. 따라서 이분모 분수의 덧셈과 뺄셈 학습에서 구성주의적 접근을 할 때 노력을 집중해야 하는 부분은 통분 과정이라고 말할 수 있다. 통분 과정을 이해하도록 지도하는 일의 첫 단추는 통분의 필요성을 인식하도록 돕는 일이다. 이를 위해 아이들로 하여금 계산 알고리즘을 접하기 전에 계산의 결과가 얼마일지를 어림해 보게 하는 것이 중요하다. 예를 들어 $\frac{1}{3}+\frac{1}{2}$이라는 덧셈 상황이 주어졌을 때 곧바로 계산에 들어가기보다는 이 덧셈의 결과가 1보다 클지 작을지를 어림해 보는 것이 좋다.

도식들의 사용 목적이 통분 과정을 이해시키기 위한 것이라는 점에서는 충분히 공감이 간다. 이 단원에서 도식들이 갖는 가치는 통분을 통한 이분모 분수 덧셈의 알고리즘을 이해할 수 있도록 돕는 재료로서의 역할이다.(그 역할을 충분히 해낼 때만 존재 가치가 드러난다. 그 역할을 제대로 못하고 있다면 존재, 제시의 이유가 사라져 버린다.) 분수의 덧셈과 뺄셈 단원이 단지 알고리즘만을 익혀 답을 내는 것이 목적이라면 그렇게 많은 시간을 들여 지도할 필요도 없는 것이고 도식도 필요 없다. 그냥 이해하지 못해도 꾸준한 반복적 훈련만 시켜서 답을 내도록 지도할 수 있다. 이렇게 볼 때 구성주의적 접근이라는 배경지식도 사실상 필요 없게 된다. 그런데 도식의 가치에 대하여 강조한 점은 좋았지만 여기까지가 한계라는 데 문제가 있다. 구성주의적 접근에 의한 도식의 표현이라 해 놓았지만 실제로 교과서 속에 제시되어 있는 수많은 도식은 아이들 스스로 이분모 분수 덧셈의 알고리즘에 대한 이해를 구성해 나갈 수 있는 형식으로 구성되어 있지 않고 단지 안내와 지시에 따라 빈칸을 채우고 색칠만 하면 되는 방식으로 전개되어 있어 구성주의적 사고에 입각한 수업이 제대로 이루어질 수 있을지 확신이 서지 않는다.(수 모델[7]도 아이들이 통분에 따른 공통분모의 개수만큼 스스로 생각하여 칸을 나눌 수 있도록 제시되어 있어야 마땅한데 실제 내용은 이미 점선으로 칸이 다 그어져 있어 왜 그렇게 나누어야 하고 왜 그렇게 통분을 해야만 하는가에 대한 의미와 그에 따른 지식을 아이들 스스로 구성해 나갈 수 있도록 돕지 못하고 있는 상황이다.) 그래서 대부분의 아이들은 도식을 보면서 문제는 풀어도 왜 그렇게 해야만 하는지, 왜 그렇게 되는지에 대한 설명은 제대로 하지 못한다. "이분모 분수의 덧셈과 뺄셈을 할 수 있다."와 "이분모 분수의 덧셈과 뺄셈을 이해한다."는 분명히 다르다는 점을 우리는 잊지 말아야 한다.

문제점은 여기서만 그치지 않는다. 통분의 필요성을 인식하는 단계에서 계산 결과가 얼마나 될지에 대한 어림셈을 또 한 번 강조("통분이 왜 필요한가?"와 "계산 결과가 얼마나 될까?"가 과연 어떤 관련이 있으며, 계산 결과가 얼마나 될 것인가를 생각하는 것이 이 단계에서 그렇게 중요한 일인지 의문이 든다.)하며 '직관적 사고'가 재차 등장한다는 점, 어림셈이나 직관을 강조해 놓고도 교과서 내용을 살펴보면 직관적 사고를 묻는 질문은 1차시, 5차시에 단 두 번만 등장한다는 점에서 앞뒤가 맞지 않는다는 생각을 지울 길이 없다.[8]

끝으로 구성주의적 접근 방법으로 생각해 볼 수 있는 것이 실생활과의 관련이라 제시되어 있는데 이는 RME 교육철학 및 사회적 · 문화적 맥락 속에서 지식을 구성해 나간다고 하는 구성주의 이론에 기초를 두고 있다고 볼 수 있다. 하지만 실생활과의 관련이라는 면을 놓고 볼 때 RME 교육철학에서 말하는 R(Realistic)이라는 것은 실제 현실 세계(Real World)를 말하는 것이 아니라는 것[9]을 제대로 이해하지

---

7 2009 개정 교육과정에 따른 수학과 교사용 지도서 5학년 1학기. 2015. p. 187을 살펴보면 분수의 그림 표현으로 다양한 수 모델의 예시를 안내하고 있다. 그 종류로는 띠 모델, 원 모델, 직사각형 모델, 들이 모델, 수직선 모델이 있다.

8 2009 개정 교육과정에 따른 수학과 교과서 5학년 1학기 4단원 2차시. 2015. p. 102, 108. "질문 내용 : 분수만큼 색칠하고 $\frac{1}{3}$ + $\frac{1}{2}$이 얼마다 될지 이야기해 보시오. 분수만큼 색칠하고 $\frac{3}{4}$ - $\frac{2}{3}$가 얼마나 되는지 이야기해 보시오."라는 질문만 두 번 제시되어 있고 이후로는 더 이상 찾아볼 수 없다.

9 RME에서의 현실 R은 단순히 일상적 용어인 현실 세계로만 해석하여서는 RME에 대한 이해의 폭을 더 이상 넓힐 수가 없다. 프로이덴탈이 언급하는 실재는 절대적인 개념이 아니라 상대적인 개념이다. 즉 수학을 접하는 사람의 정신세계에 비추어 볼 때 그가 실재라고 인식할 수 있는 문제 상황이라면 분명히 실재에 포함되는 것이라 할 수 있다. 음수를 모르는 초등학생에게는 '3 - 5=?'라는 문제조차 도저히 현실성이 없는, 그래서 잘못 출제된 문제로 인식되지만 음수의 개념을 알고 있는 중 · 고등학생 이상의 사람들은 그러한 문제를 자연스럽게 생각할 수 있으며 또한 우리의 삶에서 체험할 수 있는 문제로 인식된다. 음수가 우리의 실재에 포함되어 있기 때문이다. 그러므로 수학 교육이 학습자의 '현실'에서 출발해야 한다는 RME의 주장에서 현실은 일상적 삶의 현실만을 가리키는 것이 아니라 학습자가 상상할 수 있는 세계를 의미한다고 봐야 마땅하다. 어떤 단계(또는 상황)에서 현실이라고 상식적으로 느낄 수 있다면 그것이 실재라고 프로이덴탈은 언급하였다. 김춘수의 시 '꽃'에 나오는 내용 '이름을 불러주어야 비로소 나의 꽃이 될 수 있다.'처럼 학습자가 상식적으로 받아들일 수 있는 현실이어야 그것이 수학 교육의 출발점이 될

03
분수의
덧셈과
뺄셈

못해서 발생하는 문제라고 본다면 이런 식의 배경지식에 대한 설명은 굉장히 위험한 발상이 아닐 수 없다. 더군다나 구성주의적 입장에서 강조하는 사회적·문화적 맥락이라는 것은 실생활의 의미가 아니라 객관주의적·절대적 지식이라는 입장에 대한 상대적 입장으로 해석해야 마땅하며 지식은 사회적(여러 사람들과 함께 언어라는 도구를 활용하여 상호작용하고 소통하는 과정을 의미) 맥락 속에서 자연스럽게 개인적 차원에서 구성된다는 의미를 담고 있다고 봐야 한다. 또한 생활 속에서 분수를 많이 활용하고 있고 분수로 나타내면 직관적으로 이해하기 쉽기 때문에 분수 연산에 더 쉽게 접근할 수 있다는 생각이 이런 식으로 지도서에 배경지식을 소개하게 만들었다고 볼 수 있다. 나의 견해로 볼 때 어림 및 직관적 사고는 본 단원의 핵심과 별 관련도 없을 뿐만 아니라 오히려 분수 개념 및 분수 연산의 이해와 알고리즘을 익히는 데 얼마나 도움이 될지에 대해서 큰 의구심마저 든다. 이런 차원에서 바라본다면 지도서에 소개된 단원 배경지식에 대한 신뢰성에 의문을 제기하지 않을 수 없다.

넷째, 행동주의적 접근이라는 단원 배경지식[10]에 대한 내용도 고민해 볼 필요가 있다. 계산 기능의 숙달을 위한 행동주의적 접근방법에 대하여 아래와 같이 제시하고 있다.

동분모 분수의 덧셈과 뺄셈을 학습한 이후에 지도하는 이분모 분수의 덧셈과 뺄셈 지도 단계는 다음과 같이 세분화할 수 있다.

(1) 이분모 진분수의 덧셈(합이 1 미만인 경우, 통분의 필요성)
(2) 이분모 진분수의 덧셈(합이 1 이상인 경우, 가분수의 생성)
(3) 받아올림이 없는 이분모 대분수의 덧셈
(4) 받아올림이 있는 이분모 대분수의 덧셈
(5) 이분모 진분수의 뺄셈
(6) 받아내림이 없는 이분모 대분수의 뺄셈
(7) 받아내림이 있는 이분모 대분수의 뺄셈

과연 이렇게 세분화하여 지도하는 것이 합당한가? 굳이 이렇게까지 세분화하여 지도할 필요가 있는가? 하는 점에 대하여 의구심이 든다. 내용 구성 및 진행을 보면 통분하여 이분모 분수를 계산하는 절차와 방법을 익히는 것에 초점이 맞추어져 있다고 느끼게 만들 뿐만 아니라 이 단원의 내용을 아래와 같이 단순하게 바라볼 수밖에 없게 만든다.

수 있음을 프로이덴탈은 강조한 것이다.
10 2009 개정 교육과정에 따른 수학과 교사용 지도서 5학년 1학기. 2015. p. 233.

4학년에 공부했던 동분모 분수의 덧셈과 뺄셈 + 5학년 앞 단원에서 공부했던 통분
⇩
두 가지 내용의 적용

이런 관점에서 바라본다면 아이들이 분수의 개념을 제대로 가지고 있고 이전 단계에서 진분수의 덧셈과 뺄셈을 충분히 학습하였다고 가정할 때, 굳이 합이 1 미만일 경우, 이상인 경우, 받아올림이 없는 대분수, 받아올림이 있는 대분수 등으로 나누어 지도할 필요가 있을까? 통분만 할 줄 알면 이전 단계에서 다 배웠던 내용인데 뭐가 그렇게 어렵게 느껴져 이렇게 세분화하여 1차시씩 시간을 배분하여 지도하라고 했을까? 하는 의구심을 가질 수밖에 없게 된다. 바로 이 지점에서 교사가 나름대로 충분히 고민하여 재구성한 후 지도할 필요성(이 부분에 대해서는 뒤에서 자세히 다루어 보고자 한다.)이 대두된다고 볼 수 있다. 더군다나 계산 기능의 숙달을 위한 행동주의적 접근이라고 한다면 알고리즘만 잘 지도하여 반복 훈련만 시켜도 4~5차시 정도면 충분히 소화해 내고도 남을 내용이라고 본다면 이런 식의 배경 지식 소개에 대한 신뢰성은 다시 한 번 곱씹어 생각해 볼 수밖에 없게 된다.

단원 지도를 위한 수업 시수 문제

지도서에 제시된 단원 지도 계획을 보면 총 10차시 가운데 스토리텔링, 단원 정리 및 문제해결과 체험 마당을 제외하면 이분모 분수의 덧셈에 3차시, 이분모 분수의 뺄셈에 3차시를 할애하여 지도하라고 되어 있다. 6차시로 이 내용을 아이들이 이해할 수 있도록 지도하라는 말이다. 연산 기능에 초점을 맞춘다면 충분히 지도하고도 남을 시간이다. 하지만 분수 개념에 대한 확실한 이해를 돕는 수학적 활동에 의미를 부여하고자 한다면 그리 넉넉한 시간은 아니라 할 수 있다. 따라서 불필요한 활동에 들어가는 시간을 아껴서 좀 더 많은 생각과 활동이 필요한 시간으로 돌려서 의미 있는 배움이 일어날 수 있도록 재구성할 필요가 있다.

예를 들어 스토리텔링 또는 문제해결이나 이야기 마당 등의 활동을 실제 수업 속에서 다루거나 생략하고 그 활동에 들어가는 시간을 좀 더 많은 생각과 활동이 필요한 시간으로 돌려서 사용한다든가 1차시 스토리텔링 대신에 분수 개념에 대한 확실한 이해를 돕기 위한 출발점 행동의 점검 차원에서 4학년까지 학습했던 분수 개념에 대한 이해를 돕는 내용으로 수업을 설계해 보는 것도 생각해 볼 일이다. 또한 4학년까지의 분수 학습에서 분수 개념이 잘 형성되어 있고 동분모 분수의 덧셈과 뺄셈을 제대로 이해하였다면 이분모 분수의 덧셈과 뺄셈 활동에 각각 배정된 3차시를 2차시로 줄여서 지도하는 방법도 나쁘지 않다고 볼 수 있다. 하지만 이 부분에서 아이들이 힘들어한다면 3차시를 4차시로 늘리고 문제해결과 체험 마당에 배당된 시간을 이 활동으로 돌려서 수업을 진행할 수도 있다. 이 모두는 각 학교 및 학급의 아이들 상황에 따라 얼마든지 달라질 수 있으니 다양한 각도에서 살피고 고민하여 수업을 펼쳐 나가기 바란다.

03
분수의
덧셈과
뺄셈

단원 도입의 스토리텔링 수학에 대한 문제의식

이 단원에서의 도입 부분 스토리텔링 수학 내용도 다른 단원과 마찬가지로 별로 아이들의 흥미와 호기심을 끌지 못하는 내용으로 구성되어 있다. 게다가 이 단원의 지도는 출발점 행동에 대한 아이들의 상황 파악도 굉장히 중요한 부분으로 봐야 한다면 1차시는 스토리텔링보다도 진단 활동을 통해 아이들의 현재 분수 개념 및 동분모 분수의 덧셈, 뺄셈에 대한 이해도를 파악하도록 하는 것에 중점을 두는 것이 더 좋다고 볼 수 있다. 어느 쪽이든 교사의 고민에 따른 선택은 반드시 필요하다.

생각 열기에 제시된 상황에 대한 고민

이 단원에서의 매 차시마다 제시된 생각 열기 활동은 1차시 스토리텔링 내용이 끝까지 계속되어 있어서 1차시 스토리텔링 활동을 하지 않고 다른 활동으로 단원 도입을 시작했다면 이와 관계없이 그냥 문제 상황을 제시하고 수업을 진행하는 것도 좋은 방법일 수 있다고 생각한다. 이전의 분수의 약분과 통분 단원에서도 한번 문제의식을 가질 필요가 있다고 주장한 것처럼 억지스러운 상황 설정보다는 차라리 그냥 분수식을 제시하고 수업을 진행해 나가는 것도 그리 나쁘지만은 않다고 볼 수 있겠다.[11]

교과서 속에 제시된 질문에 대한 고민

이 단원의 교과서 속에 제시된 질문을 보면 앞의 단원에서와 똑같은 내용의 문제점들이 여전히 고스란히 드러난다. 때문에 여기에서는 따로 사례를 들어 설명하거나 분석적으로 접근하는 것을 생략하고자 한다. 단원의 내용은 다르지만 약분과 통분 단원에서 제시한 사례를 살펴보면서 이 단원의 교과서에 제시된 다양한 질문에 대하여 한 번 더 고민해 보는 시간을 각자 가져 보기 바란다. 그런 고민의 결과로 필요 없는 질문은 빼 버리거나 좀 더 의미 있는 질문 및 상황으로 재구성하여 아이들에게 제시한다면 보다 밀도 높은 수업이 여러분의 교실에서 펼쳐질 것이라 확신한다.

(1) 지도서를 보지 않으면 교사 자신도 답하기 어려운 질문 상황

(2) 특정한 답 또는 기정사실화한 답을 요구하면서 그것이 답이 될 수밖에 없는 과정에 대한 조작 활동이나 생각할 시간을 주지도 않고 그냥 강요하거나 필자가 요구하는 답을 유도하게 만드는 질문

(3) 이미 정해진 구태의연한 답을 유도하거나 빼 버리고 지도해도 별 무리가 없는 질문

(4) ☐나 ( )를 만들어 놓고 생각이나 고민 없이 칸을 채우기만 하면 된다는 식의 질문

(5) 왜 그렇게 되는지 설명도 없이 그냥 제시하고 답만 쓰라고 하는 식의 질문

---

11 2009 개정 교육과정에 따른 수학과 교과서 5학년 1학기 4단원 2차시. 2015. p. 102. 생각 열기에서처럼 그림 상황에 대한 설명을 하면서 시작하는 것보다 그냥 "$\frac{1}{3} + \frac{1}{2}$을 어떻게 해결할 것인지 함께 생각해 보자."고 제시하는 것도 나쁘지는 않다는 말이다.

각 차시별 내용 구성 및 전개에 대한 아쉬움

어찌 보면 단지 통분을 기반으로 하여 4학년에서 공부했던 동분모 분수의 덧셈과 뺄셈 내용을 얹기만 하면 되는데 10차시라는 긴 시간을 배정했을까 하는 점에 대하여 고민해 본다면 이 단원은 매 차시 구성에 대한 아쉬움이 많이 남는다. 이 단원은 다른 어떤 단원보다도 교사의 교수학적 고민에 바탕을 둔 재구성의 필요성이 가장 많이 필요한 단원이라고 해도 과언이 아닐 것이라 생각한다. 그런 차원에서 매 차시에 대한 아쉬운 점을 차근차근 짚어 보면서 단원 재구성을 위한 방안의 초석으로 삼아 보고자 한다.

❶ 우선 1차시는 스토리텔링을 활용한 단원 도입 차원에서 내용을 구성한 것인데 앞서서도 한 번 짚었지만 이 단원은 다른 단원에 비하여 출발점에 대한 진단 활동이 반드시 필요한 단원이라 할 수 있다. 출발점 진단 활동을 통해 아이들에게 형성되어 있는 분수에 대한 개념을 되짚어 보고 부족한 부분을 보완한 뒤에 본격적으로 단원 학습을 들어가야 마땅한 단원이라 본다면 그 부분이 없다는 점에서 큰 아쉬움이 남는다. 실제로 단원 재구성을 할 때 이 부분을 반드시 고려해야 한다는 점을 잊지 말자.

❷ 2차시 내용을 살펴보면 $\frac{1}{3}+\frac{1}{2}$의 계산 방법에 대하여 알아보는 내용으로 시작되고 있는데 다른 무엇보다도 수 모델 제시 방법에 대한 문제점이 고스란히 드러나고 있다. 배경지식에는 구성주의적 관점을 가지라고 되어 있지만 실제의 내용 구성은 아이들 스스로 생각하면서 지식을 구성해 나가는 방식이 아니라 안내하는 대로 색칠을 하기만 하면 되는 방식으로 제시되어 있어 많은 아쉬움이 남는다. 각 차시마다 띠 모델, 직사각형 모델, 들이 모델, 수직선 모델 등이 제시되어 있는데 하나같이 모두 점선으로 미리 칸이 나뉘어 있어서 아이들은 왜 그렇게 칸이 나뉘어 있는가에 대한 별 생각 없이 색칠만 하면 되어 분수에 대한 수학적 사고가 별로 일어나지 않을 뿐만 아니라 개념 이해에도 별 도움이 되지 않는다. 특히 "그림을 이용하여 통분하고 $\frac{1}{6}+\frac{1}{3}$을 계산하시오."라고 제시된 교과서 질문[12]에 따른 띠 모델을 살펴보면 다음과 같이 제시되어 있다.

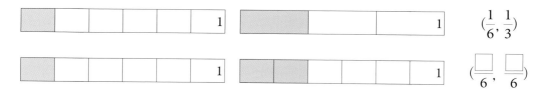

그런데 분모 6과 3의 공배수인 6으로 통분한다는 생각을 아이들 스스로 발견해 내야 하고 그에 따라 띠 모델을 6칸으로 등분한 뒤에 분자의 수만큼 색칠할 수 있도록 제시되었어야 함에도 불구하고 아이들에게 생각의 결과로 발견의 기쁨을 누릴 수 있는 기회, 구성적으로 지식을 쌓아 나갈 수 있는 기회를 박탈해 버렸다는 점에서 정말로 많은 아쉬움이 남는다. 교사는 이 부분을 지도할 때 재구성하여 활동

---

12 2009 개정 교육과정에 따른 수학과 교과서 5학년 1학기 4단원 2차시. 2015. p. 103.

03
분수의
덧셈과
뺄셈

지의 형태로 아이들에게 제시할 필요가 있다고 한다면 그때에는 아래와 같이 제시하는 것이 좋겠다고 생각한다.

위의 두 분수를 통분할 때 공통분모는 얼마로 해야 좋은지 생각해 보고, 그 결과에 따라 아래 수 모델을 나누고 분자의 수만큼 색칠해 보시오.

위와 같은 수 모델에 대한 아쉬움은 비단 2차시에만 해당되지 않는다. 잘 살펴보면 모든 차시가 똑같이 제시되어 있다는 것을 알 수 있다. 따라서 교사가 반드시 재구성하여 활동지 등의 형태로 제시해야만 한다는 점을 잊지 말아야 한다.

한편 앞 단원에서 분모를 통분할 때 분모의 곱으로 통분하는 것과 최소공배수를 이용하여 통분하는 것에 대한 각각의 장단점을 살피는 활동을 이미 경험하였다. 그런데 이에 대한 질문이 2, 3, 5차시 활동 3에 연속해서 나오고 있다. 어찌 보면 불필요한 질문이라 해도 과언이 아니라 본다면 교사가 적절히 판단하여 지도해야 할 것이다.

❸ 3차시 내용 또한 수 모델 제시에 있어서 처음부터 문제 상황을 고스란히 드러내고 있다는 것을 발견하게 된다. 수학이라는 과목은 아이들에게 스스로 생각할 시간이 가장 많이 필요한 교과라 할 수 있다. 그리고 모든 과정에서 아이들이 왜 그렇게 되는지를 발견하고 깨달아 나가는 기쁨을 누릴 수 있는 가장 대표적인 교과이기도 하다. 따라서 이런 질문과 내용의 전개가 가장 중요한 교과라 할 수 있다. 그런데 실제 교과서 내용을 살펴보면 그런 내용과 구성이 전혀 되어 있지 않다는 점에서 매우 안타까운 마음을 금할 길이 없다. 예를 들면 다음과 같다.

♣ $\frac{1}{2}$ 과 $\frac{2}{3}$ 를 통분하여 색칠하고 $\frac{1}{2} + \frac{2}{3}$ 를 계산하시오.[13]

13 2009 개정 교육과정에 따른 수학과 교과서 5학년 1학기 4단원 3차시. 2015. p. 104.

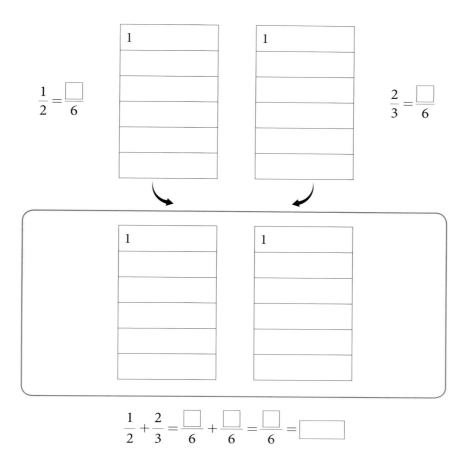

$$\frac{1}{2} + \frac{2}{3} = \frac{\square}{6} + \frac{\square}{6} = \frac{\square}{6} = \boxed{}$$

♣ $\frac{1}{2}$ 과 $\frac{2}{3}$ 를 계산하는 방법을 이야기해 보시오.

   수 모델이라는 훌륭한 분수 이해의 도구를 제시하였다는 점은 매우 긍정적이지만 그의 활용이라는 측면에서는 바람직하지 못한 형태로 제시되어 있어서 매우 아쉽다. 위와 같은 제시 형태는 결국 "주어진 수로 통분하라. ⇨ 분자를 계산하여 ☐ 안에 알맞은 수를 써라. ⇨ 그 결과를 수 모델에 색칠하라. ⇨ 주어진 식의 ☐ 안에 알맞은 수를 넣어라."와 같이 아이들은 생각하고 받아들일 수밖에 없게 된다. 또한 맨 아래에 제시된 질문은 어찌 보면 불필요한 질문에 해당된다고 볼 때 이를 아래와 같이 변형하여 제시한다면 아이들은 현재 교과서에 제시된 것을 보면서 하는 생각과 똑같은 사고 과정을 겪게 될까? 나는 훨씬 더 많은 생각과 차원이 다른 고민을 하게 될 것이라 본다.

♣ $\frac{1}{2}$ 과 $\frac{2}{3}$ 를 통분하여 색칠하고 $\frac{1}{2} + \frac{2}{3}$ 를 계산하시오.

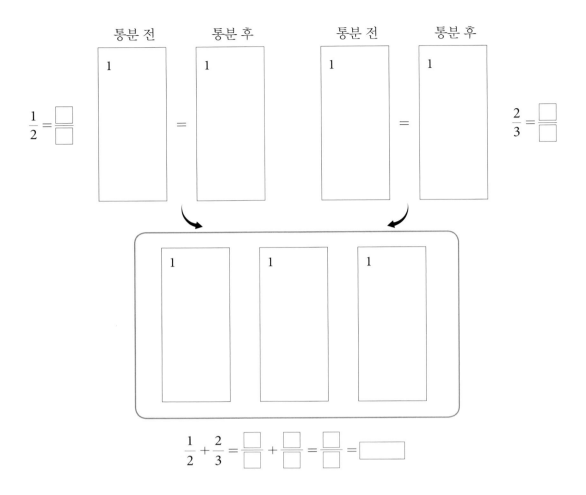

위의 도식에서 아래 ☐ 안에 수 모델을 3개 제시한 이유는 아이들이 각자 통분한 결과에 따라 1개 모두를 색칠하고 나머지 한 개는 6등분한 후 1칸만 색칠하며 나머지 1개는 아무런 조작적 활동 없이 그냥 놓아두어 색칠된 부분에 따라 답을 $1\frac{1}{6}$이라고 구할 수 있게 해 두었다. 분수에 대한 정확한 개념이 형성되지 않은 아이들은 3개의 수 모델에 모두 색칠을 하거나 "1개가 남는데 이것은 어떻게 해요? 왜 ☐가 3개인가요?"와 같은 식의 질문을 하게 될 것이다. 하지만 이 모두는 잘못된 것이 아니다. '이런 아이들은 분수 개념에 대한 명확한 지도를 할 필요가 있겠구나!' 하는 교사의 생각이 필요하고 아이들은 이런 상황을 '배움의 기회'로 삼아 자신의 지식을 새롭게 구성해 나가는 기회로 만들어 갈 필요가 있다.

한편 통분이라는 것을 최소공배수 또는 분모의 곱이 아니라 분수막대를 활용하여 지도하고자 한다면 이와 다르게 수 모델이 제시되어야 한다. 바로 여기에서 분수막대의 유용성이 제대로 드러난다고 볼 수 있다. 이런 이유 때문에 앞의 약분과 통분 단원에서 굳이 최대공약수, 최소공배수를 구하는 방법을 굳이 지도하지 않고서도 이분모 분수의 덧셈과 뺄셈이 가능하다고 말했었던 것이다. 이에 대하여 교과서 103쪽에 있는 2차시에 있는 질문을 가져와 안내해 보고자 한다.

♣ 그림을 이용하여 통분하고 $\frac{1}{6} + \frac{1}{3}$ 을 계산하시오.

위의 질문을 분수막대 모형을 활용하여 해결할 수 있도록 한다면 아래와 같이 제시해 주어야 한다.(특히 수 모델을 가로 형태가 아니라 세로, 즉 아래위로 서로의 크기를 비교할 수 있도록 제시해 주어야 한다.)

(1) $\left(\frac{1}{6}, \frac{1}{3}\right)$ 두 분수에 해당되는 만큼 각각의 띠 모델에 색칠하시오.

위와 같이 제시하면 아이들은 아래와 같이 띠 모델을 각각 주어진 분수만큼 등분하고 색칠을 할 것이다.

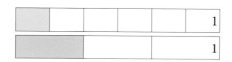

(2) 위의 띠 모델의 색칠된 부분을 비교해 볼 때 차이가 나는 만큼의 크기는 어느 정도인지 분수막대를 이용하여 찾아보자.(답 :   )

(3) 두 분수의 분모를 같게 해 주고자 할 때 분모를 얼마로 하면 좋겠는가?(답 :   )

(4) 자신이 찾은 분모의 크기로 통분하여 띠 모델에 각각 색칠하고 $\frac{1}{6} + \frac{1}{3}$ 을 계산해 보시오.

위의 상황에서는 아이들이 띠 모델을 활용하여 등분할을 정확하게 하고 색칠을 제대로 하였다면 분수막대를 이용하지 않고 조금만 생각해도 쉽게 답을 찾을 수 있다.($\frac{1}{6}, \frac{1}{3}$ 두 분수 사이에 차이가 나는 크기는 [   ] 만큼이고 이 크기는 $\frac{1}{6}$ 에 해당된다. 이 경우 분모의 크기는 6으로 통분된다는 것을 알 수 있다.) 5차시 분수의 뺄셈에서도 위와 같은 상황이 나타나 있다. 이를 활용하여 다시 한 번 설명해 보도록 하겠다.(수 모델의 제시 형태만은 우연일지 모르겠지만 정말 아래, 위로 잘되어 있다.)

교과서에는 다음과 같이 제시되어 있다.[14]

14 2009 개정 교육과정에 따른 수학과 교과서 5학년 1학기 4단원 5차시. 2015. p. 108.

03
분수의
덧셈과
뺄셈

♣ $\frac{3}{4} - \frac{2}{3}$ 를 계산하는 방법을 알아보시오.

◎ 분수만큼 색칠하고 $\frac{3}{4} - \frac{2}{3}$ 가 얼마나 될지 이야기해 보시오.
(예상을 통한 직관적 사고를 묻는 질문으로 부적절한 것이라 생각된다.)

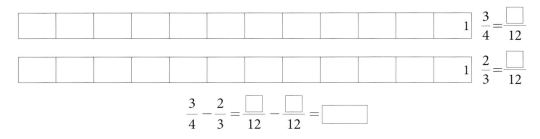

띠 모델을 제시하는 형식은 좋았으나 미리 칸을 나누어 놓고 색칠만 하라는 점에 있어서는 띠 모델을 제대로 활용하고 있지 못하다고 볼 수 있다.

◎ $\frac{3}{4}$ 과 $\frac{2}{3}$ 를 통분하여 색칠하고 $\frac{3}{4} - \frac{2}{3}$ 를 계산하시오.
(위와 같은 문제점을 그대로 보여 주고 있다.)

$$\frac{3}{4} = \frac{\square}{12}$$
$$\frac{2}{3} = \frac{\square}{12}$$
$$\frac{3}{4} - \frac{2}{3} = \frac{\square}{12} - \frac{\square}{12} = \boxed{}$$

미리 공통분모를 제시해 놓고 통분하라고 말하고 있다. 띠 모델에 색칠하기 이전에 통분을 위한 공통분모를 얼마로 해야 할지 아이들에게 생각할 시간을 주어야 하지만 이런 식의 전개는 생각할 필요 없이 이미 정해져 있어서 아이들은 별 고민 없이 몇 칸인지 계산하여 색칠 및 빈칸 채우기 활동만 하고 만다. 끝으로 아래와 같은 질문이 마지막에 제시되어 있는데 이 또한 불필요한 질문이라 생각한다. 교사의 고민에 따른 적절한 판단이 또한 요구된다.

♣ $\frac{3}{4} - \frac{2}{3}$ 를 계산하는 방법을 이야기해 보시오.
이와 같은 문제점들을 극복하고 분수막대를 활용하여 이를 지도할 수 있도록 재구성한다면 아래와 같이 제시해 볼 수 있다.
(1) 띠 모델에 각각의 분수만큼 색칠해 보시오.

$$\frac{3}{4}$$
$$\frac{2}{3}$$

이렇게 제시하면 아이들은 다음과 같이 띠 모델에 색칠을 하게 될 것이다.

(2) 두 분수의 단위분수인 $\frac{1}{4}$, $\frac{1}{3}$ 을 비교해 볼 때 차이가 나는 만큼의 크기는 어느 정도인지 분수막대를 이용하여 찾아보자. (답 :   )

이런 질문에 대하여 아이들은 분수막대를 살펴보면서 차이 나는 만큼의 크기가 어느 정도에 해당되는지 찾아내게 될 것이다.(아래에서 보는 바와 같이 차이가 나는 크기는 ▨ 만큼이고 이 크기는 분수막대에서 찾아볼 때 $\frac{1}{12}$ 에 해당된다. 따라서 이 경우 분모의 크기는 12로 통분된다는 것을 알 수 있다.)

(3) 두 분수의 분모를 같게 해 주고자 할 때 분모를 얼마로 하면 좋겠는가?

(4) 자신이 찾은 분모의 크기로 통분하여 띠 막대에 색칠을 하고 $\frac{3}{4} - \frac{2}{3}$ 를 계산해 보시오.

$$\frac{3}{4} - \frac{2}{3} = \frac{\square}{\square} - \frac{\square}{\square} = \boxed{}$$

위와 같이 재구성하여 아이들에게 활동지 형식으로 제시한다면 교과서를 가지고 학습할 때와는 사뭇 다른 교실에서의 수업 상황이 펼쳐질 것이라 본다.

❹ 4차시에서 다루는 교과서 내용을 살펴보면 이전까지 살펴본 바와 같은 문제점들을 반복하고 있다.(불필요한 질문, 띠 모델 제시 형태, 대분수의 덧셈에 있어서 가분수로 고쳐서 계산하는 방법, 자연수는 자연수끼리 계산하고 진분수는 진분수끼리 계산하는 방법을 서로 비교하여 각각 어떤 점이 좋은지를 말해 보게 하는 질문—이는 4학년에서 이미 다룬 내용임—등은 교사가 고민하여 적절히 판단해야 할 필요가 있다.)

03
분수의
덧셈과
뺄셈

여기에서 한 가지 더 짚고 넘어가야 할 점이 있다. 통분이라는 것에 대하여 아이들이 제대로 이해하였다면 사실 이분모 대분수의 덧셈을 별도로 한 차시를 구성하여 지도할 만큼의 내용과 분량이 아니라는 것이 나의 생각이다. 이렇게 구성한 까닭에는 아마도 분모가 다른 분수이며 통분까지 해야 하는 상황에서 대분수라는 변수가 더해져 아이들이 매우 혼란스러워할지도 모른다는 집필진의 생각이 깔려 있을 것이라 여겨진다. 하지만 이런 생각은 잘못된 것일 수도 있다는 것이 나의 견해이다. 4학년 과정에서 아이들이 진분수의 덧셈을 제대로 이해하였고 대분수라는 것이 어떤 것인지를 잘 알고 있다면(또한 4학년 과정에서 동분모 대분수끼리의 덧셈과 뺄셈을 잘 이해하였다면) 통분하는 것 말고는 별로 어려울 것이 없다는 것이 나의 판단이다. 때문에 나는 이 부분을 한 차시 분량으로 다룰 것이 아니라 20분 정도의 분량으로 축소하여 다루고 나머지 시간을 더 필요한 부분에 할애할 필요가 있다고 제안하는 바이다.

⑤ 5차시 내용에서도 앞에서와 같은 문제점들이 반복되고 있다. 한 가지 특이한 점이 있다면 활동 2에서 수직선 모델이 새롭게 등장한다는 점이다. 이는 이분모 분수의 뺄셈이라는 것의 이해를 돕기 위해 연속량의 개념을 가진 수직선과 그 위에서 화살표를 이용하여 뺄셈을 할 수 있다는 장점을 잘 이용하고자 했던 집필진의 생각이 담겨져 있다고 생각한다. 하지만 제시 형식에 있어서는 아래에서 보는 바와 같이 역시나 띠 모델에서처럼 똑같은 문제점(미리 수직선 위에 칸을 나누어 놓은 점)을 갖고 있어서 역시 아쉬움이 남는다.

♣ 수직선을 이용하여 통분하고 $\frac{4}{5} - \frac{1}{3}$ 을 계산하시오.[15]

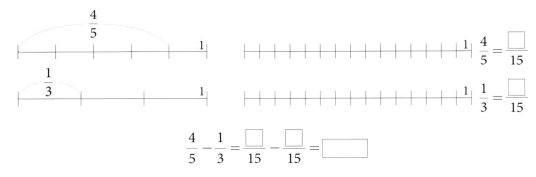

이 모델의 제시 형식에 있어서도 역시 앞에서와 마찬가지로 공통분모가 15라는 사실을 아이들이 고민하지 않아도 되게끔 미리 제시되어 있고, 칸도 미리 나누어져 있어 아이들은 별 고민 없이 화살표로 표시만 하게 되어 있다는 점에서 매우 큰 아쉬움이 남는다. 제대로 제시하려면 다음과 같이 제시했어야 했다.

15 2009 개정 교육과정에 따른 수학과 교과서 5학년 1학기 4단원 5차시. 2015. p. 109.

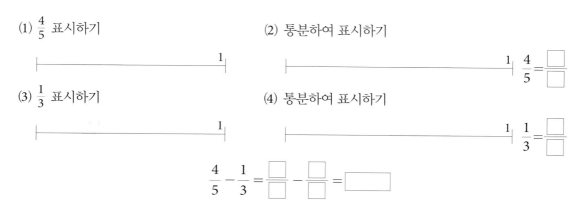

(1) $\dfrac{4}{5}$ 표시하기

(2) 통분하여 표시하기

$\dfrac{4}{5} = \dfrac{\Box}{\Box}$

(3) $\dfrac{1}{3}$ 표시하기

(4) 통분하여 표시하기

$\dfrac{1}{3} = \dfrac{\Box}{\Box}$

$$\dfrac{4}{5} - \dfrac{1}{3} = \dfrac{\Box}{\Box} - \dfrac{\Box}{\Box} = \boxed{}$$

이 부분 역시 분수막대 모형을 통해 해결할 수 있도록 재구성하여 제시할 필요가 있다고 판단된다.

6 6차시에서도 앞에서와 같은 내용의 문제점이 반복되고 있어서 설명은 생략하도록 한다. 이 부분 역시 수 모델 제시에 있어서 분수 모형을 이용하여 해결할 수 있도록 재구성하여 제시할 필요가 있다.

여기에서 분수 모형에 대한 가치를 한마디로 정리해 보고자 한다.

분수막대의 의의

분수막대는 통분이라는 절차적 지식과 내용을 예술적인 차원으로 승화시킨 훌륭한 교수학적 도구이자 모델이며 이를 활용한 이분모 분수의 덧셈과 뺄셈에 대한 이해 및 문제해결이 본 단원의 핵심 가치가 아닐까 생각한다. 따라서 분수막대에 대한 유용성과 그 힘을 제대로 아이들이 느낄 수 있도록 교사는 교육과정 및 교과서 내용을 재구성하여 아이들에게 제시하고, 아이들은 분수막대를 활용한 조작적 활동을 통해 탐구 및 발견의 기쁨을 느끼며 스스로 자신의 지식을 구성해 나갈 수 있는 기회를 가질 수 있어야 한다.

(1) 분수막대를 충분히 활용하여 최소공배수나 분모의 곱, 최대공약수를 이용하지 않고도 약분과 통분을 할 수 있도록 한다는 점, 약분과 통분의 의미를 확실하게 다질 수 있다는 점에서 큰 가치를 둘 수 있다.

(2) 통분의 의미와 과정을 재확인하고 조작적 활동 및 시각화 활동을 통해 분수 학습에 재미와 즐거움(수학, 약분과 통분, 분수의 덧셈과 뺄셈이 어렵지 않다.)을 느낄 수 있도록 한다.

(3) 분수막대 활용의 한계를 정해야 한다. 분수막대를 활용하여 통분과 약분을 할 수는 있지만 불편함이 있다는 것을 아이들이 느끼게 하고 이를 해결하기 위해 약분과 통분을 위한 다른 절차와 방법(알고리즘)이 있다는 것, 그리고 이를 도입하여 보다 쉽게 문제를 해결할 수 있다는 것을 알게 해 주는 과정이 필요하다. 이후부터는 분수막대의 활용이 줄어들 것이다.

03
분수의
덧셈과
뺄셈

➐ 7차시에서도 앞에서와 같은 내용의 문제점이 반복되고 있어서 설명은 생략하도록 한다. 다만 받아내림이 있는 이분모 대분수의 뺄셈은 덧셈과는 달리 가볍게 다루어서는 안 될 내용이기에 충분한 시간을 할애하여 다룰 필요가 있다고 판단된다. 그 이유는 분수의 가장 원초적인 개념 이해 가운데 단위 분수라는 것이 어떻게 활용되고 있는지를 아이들이 제대로 이해하고 있는지에 대한 문제가 결부되어 있기 때문이다. 이에 대한 내용은 다음의 단원 재구성을 위한 방안에서 구체적으로 다루어 보도록 하겠다.

➑ 8차시는 단원 평가인 만큼 그대로 유지하되 맨 뒤로 시간을 돌리고, 9차시에 제시되어 있는 문제해결 및 10차시의 체험 마당은 이전의 적절한 차시와 연계하여 지도하거나 활동을 생략하고 그 시간을 좀 더 많은 시간 할애가 필요한 활동에 배분할 필요가 있다. 교사의 신중한 고민에 따른 선택이 필요한 부분이라 할 수 있다. 개인적으로는 10차시 체험 마당은 1차시 출발점 행동에 대한 진단 활동과 병행하여 함께 체험해 볼 수 있도록 제시하는 방안을 조심스럽게 제안해 본다.

단원 재구성을 위한 방안

➊ 5학년 1학기 수학에서 분수와 관련된 단원이 절반 이상을 차지하는 만큼 분수 개념에 대한 확실한 기초와 체계를 다시 한 번 잡아 나갈 필요가 있다는 판단이 든다. 따라서 분수 연산의 첫 시작인 이 단원에서 출발점 행동에 대한 진단 활동을 확실히 하여 이후에 이루어질 분수 연산 지도를 위한 확실한 기초공사가 이루어질 수 있도록 한두 시간 정도를 할애하고 재구성하여 진행할 필요가 있다. 특히 4학년에서 학습한 동분모 분수의 덧셈과 뺄셈을 제대로 이해하고 있는지를 파악하는 것에 집중하는 것이 좋다. 자세히 안내해 보면 다음과 같다.

동분모 분수의 덧셈과 뺄셈을 이미 공부했다고 해서(답을 구할 수 있다고 해서) 아이들이 확실히 이해했다고 가정해서는 안 된다. 그 이유는 대체로 개념 원리나 이해보다는 답을 구하고 문제를 풀이하는 절차와 방법을 배우는 학습에 익숙해져 있기 때문에 기초 지식이 상당히 부실할 가능성이 매우 높기 때문이다. 이를 위해 분수의 기초 지식을 확실하게 다지고 분수의 덧셈과 뺄셈에 대한 기본 질문을 통해 이 단원을 위한 기본 개념을 튼튼히 하고자 하는 데 최선을 다해야 한다.

♣ (기본 질문 1) $\frac{3}{4}+\frac{2}{4}$는 얼마인가?

$\frac{5}{4}=1\frac{1}{4}$입니다.(아이들은 이렇게 답은 잘한다.)

♣ (확장 질문 1.1) **왜 분모는 그대로 두고 분자끼리만 더할까?**(이 확장 질문을 도식화하여 제시하면 아래와 같이 바뀐다.)

♣ (확장 질문 1.2) **이렇게 하면 안 될까?**(아래와 같은 도식을 제시하고 질문을 하면 거의 모든 아이들의 급 당황한 모습을 보게 된다. 문제를 푸는 절차와 방법을 익혀 답을 구할 수 있다고 하여 그 내용을 제대로 이해하였다고 판단해서는 안 되는 이유가 바로 여기에 있다. 수학은 절차와 방법을 익히는 과목이 아니다. 각 영역에 대한 개념이나 원리를 이해하며 수학적 사고력을 넓히고 각자의 수학 교과에 관련된 인지 지도를 그려 나갈 수 있도록 하는 것이 수학 교육의 주목적이다. 그러나 선행학습 및 문제 풀이 중심의 교육에 익숙해져 있는 아이들은 그런 지점에 매우 취약함을 여실히 드러내는 대목이 바로 이런 부분이다.)

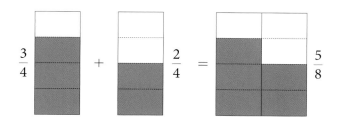

 위의 질문에 대한 이상적인 답

$\frac{3}{4}$은 $\frac{1}{4}$(단위분수에 대한 이해와 그 활용이 분수 기초 지식의 핵심)이 3개, $\frac{2}{4}$는 $\frac{1}{4}$이 2개 있는 것이다. 그래서 이를 더하면 $\frac{1}{4}$이 3개+2개=5개, 즉 $\frac{5}{4}$가 되는 것이다. 그리고 이를 대분수로 바꾸어 표현하면 $1\frac{1}{4}$이 되는 것이다. 따라서 위의 그림을 고쳐 보면 다음과 같다.

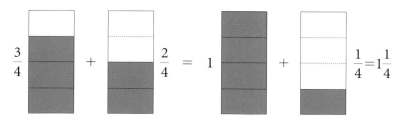

※ 분수의 덧셈에서도 단위분수 및 가분수의 개념과 역할이 매우 중요하다는 것, 그리고 이를 활용하여 자연수의 덧셈의 원리를 적용하게 된다는 것을 이해하는 것이 기본 개념의 핵심인 것이다.

♣ (기본 질문 2) $3\frac{1}{4} - 1\frac{2}{4}$는 얼마인가?(아이들은 아래와 같이 답은 잘한다.)

$\frac{13}{4} - \frac{6}{4} = \frac{7}{4} = 1\frac{3}{4}$입니다.

$2\frac{5}{4} - 1\frac{2}{4} = (2-1) + (\frac{5}{4} - \frac{2}{4}) = 1 + \frac{3}{4} = 1\frac{3}{4}$입니다.

♣ (확장 질문 2.1) $3\frac{1}{4}$이 왜 $\frac{13}{4}$이 되지?

♣ (확장 질문 2.2) $3\frac{1}{4}$이 $2\frac{5}{4}$로 어떻게 바뀌는지 그림으로 설명해 보시오.

03
분수의
덧셈과
뺄셈

위의 질문에 대한 이상적인 답

(기본 질문 2) 일단 대분수를 모두 가분수로 고치면 $3\frac{1}{4}$은 $\frac{1}{4}$이 13개, $1\frac{2}{4}$는 $\frac{1}{4}$이 6개 있는 것과 같다. 그래서 $3\frac{1}{4}-1\frac{2}{4}$는 $\frac{1}{4}$이 13개에서 6개를 빼 주는 것과 같다. 그렇게 하면 $\frac{1}{4}$이 7개 남는다. 따라서 $\frac{7}{4}$이 되고 이를 대분수로 바꾸어 주면 $1\frac{3}{4}$이 되는 것이다. 다른 방법은 이렇다.

자연수끼리, 진분수끼리 계산을 할 수도 있는데 이 경우 진분수 부분을 보면 $\frac{1}{4}-\frac{2}{4}$가 되어 계산을 할 수 없게 된다. 따라서 앞의 자연수 1을 받아내림하여 $3\frac{1}{4}$을 $2\frac{5}{4}$로 바꾸어 계산하면 위와 같은 답을 얻을 수 있게 된다.

(확장 질문 2.1) 분모가 4일 경우 1은 단위분수 $\frac{1}{4}$이 4개 있다는 것을 의미한다. 따라서 $3\frac{1}{4}$에서 3은 ($\frac{1}{4}$이 4개=1)×3=$\frac{1}{4}$이 12개가 되는 것이고 본래 있었던 $\frac{1}{4}$ 1개가 더해져 $\frac{13}{4}$이 되는 것이다.

(확장 질문 2.2) $3\frac{1}{4}$이 $2\frac{5}{4}$로 바뀌는 과정(각각 위, 아래의 세 번째 띠 모델 표현에 주목할 필요가 있다. 분수는 무엇보다도 정확성, 제대로 된 개념, 원리 이해가 핵심이다.)

| 1 | 1 | 1 | 1 | $3\frac{1}{4}$ |
| 1 | 1 | 1 | 1 | $2\frac{5}{4}$ |

※ 분수의 뺄셈에서도 단위분수 및 가분수의 개념과 역할이 매우 중요하다는 것, 그리고 이를 활용하여 자연수의 뺄셈의 원리를 적용하게 된다는 것을 이해하는 것이 기본 개념의 핵심인 것이다.

 단위분수의 중요한 역할

$1=\begin{cases}\frac{1}{2}\text{이 2개 있는 것}\\\frac{1}{3}\text{이 3개 있는 것}\\\frac{1}{4}\text{이 4개 있는 것}\\\vdots\end{cases}$

단위분수라는 것을 왼쪽에서 예를 들어 설명한 것과 같이 이해하는 것이 매우 중요하다. 지금까지의 기본 질문 1, 2를 통해 설명한 바와 같이 문제 풀이는 할 수 있지만 제대로 설명할 줄 모르는 아이들은 대부분 분수라는 것에 대한 기본 개념 및 기초 지식을 제대로 갖추지 않았기 때문이라 봐도 틀리지 않다. 그리고 그런 아이들이 거의 대부분이라는 것을 전제로 한다면 1차시를 반드시 4학년 과정 동분모 분수의 덧셈과 뺄셈 및 분수에 대한 기초 지식 재정비에 두어야만 한다는 대전제가 만들어진다. 왜냐하면 결국 이분모 분수의 덧셈과 뺄셈도 동분모 분수의 덧셈과 뺄셈을 기본 바탕으로 하기 때문이다. 다만 여기에 통분이라는 과정 하나가 더 추가되었을 뿐이다.

♣ (기본 질문 3) 가분수는 꼭 대분수로 고쳐야 하는가?(대분수로 고치지 않고 그냥 가분수로 놓아두면 틀린 답이 되는가?)

위의 질문에 자신 있게 대답할 수 있는 아이들은 없을 것이다. 또한 교사들도 이에 대하여 논리적으로 설명하기 쉽지 않을 것이다. 이는 유리수[16]와 분수[17]의 개념적 차이 및 다루는 수의 범위라는 한계에 의해 만들어진 해프닝이라 생각해도 될 만한 일이다. 이에 대하여 수학적 설명을 해 본다면 다음과 같다.

가분수와 대분수 간의 관계

초등학교 수학에서 시험문제 채점 결과를 보면 가끔 가분수를 대분수로 고치치 않았다고 하여 틀린 답이라고 통보를 받는 경우를 접하게 된다. 과연 틀린 답이라 할 수 있을까?

수학이라는 학문의 입장에서 분수 개념을 살펴보면 분수는 유리수의 다른 표현이다. 그리고 분수보다 유리수가 그 개념이 훨씬 넓다. 그래서인지 초등에서는 분수라는 용어를 사용하지만 중학교에서는 유리수라는 확장된 수 개념으로 공부한다. 그런데 중학교에서 공부하는 유리수 개념에 입각해서 본다면 $\frac{13}{4}$ 이라는 분수는 엄연한 독립적인 유리수의 하나로서 그 가치를 인정받고 있다. 그런데 초등에서는 $\frac{13}{4}$ 은 독립적인 수로서 인정받지 못하고 $3\frac{1}{4}$ 이라고 바꾸어 써야만 인정을 받는다는 이상한 학문적 정서가 자리하고 있다. 그 이유는 뭘까? 학문적으로 이것이 정답이라고 말할 수는 없겠지만 나의 견해를 밝히자면 이렇다.

분수라는 정의 및 초등학교에서 다루는 수의 범위를 살펴보면 '자연수＋진분수'라는 한정된 수를 다룬다. 이는 분수의 세 가지 형태(초등수학에서만 다룬다. 중학교 이후에서는 구분 없이 유리수로 정의된다.)의 의미에서도 고스란히 드러나고 있다.

✅ 진분수＝'眞'이란 참, 거짓의 뜻이 아니라 Original(원형)의 의미를 갖고 있다.
✅ 가분수＝'假'란 참, 거짓의 뜻이 아니라 Temporary(임시)의 의미를 갖고 있다.

예를 들자면 건축물에서 가건물이라 할 때는 '거짓건물'이라는 뜻이 아니라 '임시적으로 지어진 건물'이라는 뜻을 갖고 있는 것과 같은 의미이다. 따라서 가분수는 단지 분수의 원형이라 할 수 있는 진분수와 구분하기 위해 붙여진 이름일 뿐이라 생각해야만 한다.

---

16 유리수(有理數, rational number)는 두 정수의 분수 형태(단 분모는 반드시 0이 아니다)로 나타낼 수 있는 실수를 말한다. 좀 더 쉽게 설명하자면 실수 중에서 정수와 분수 전체를 가리키는 수라고 할 수 있다. a와 b가 정수이고 b가 0이 아닐 때 $\frac{a}{b}$로 나타낼 수 있는 수를 유리수라고 한다. 분모가 0인 경우를 제외하고 분자와 분모가 모두 정수인 경우는 모두 유리수이다. 또 유리수는 정수와 정수가 아닌 유리수로 나눌 수 있다. 예를 들어 $\frac{4}{2}$ = 2이므로 정수인 2는 유리수이다. 정수가 아닌 유리수는 유한소수나 순환소수로 나타낼 수 있다. 1/2 = 0.5로 유한소수이고, 1/3 = 0.33333…으로 순환소수이다.

17 분수는 a를 0이 아닌 정수 b로 나눈 몫을 $\frac{a}{b}$의 형식으로 나타낸 수를 가리키며, b분의 a라고 읽는다. 분수 $\frac{3}{4}$의 예에서 가로 선분의 위쪽에 있는 수를 분자라 하고, 아래쪽에 있는 수를 분모라 한다. 이때 $\frac{3}{4}$과 같이 분자가 분모보다 작은 분수를 진분수라 하고 특히 $\frac{1}{4}$처럼 분자가 1인 분수를 단위분수라 한다. 또 분자와 분모가 같거나($\frac{4}{4}$ = 1) 분자가 분모보다 큰 분수($\frac{7}{4}$)를 가분수라고 한다. 가분수는 다시 자연수와 진분수의 합($\frac{7}{4}$ = 1 + $\frac{3}{4}$ = 1$\frac{3}{4}$)으로 나타낼 수 있는데 이와 같은 분수(1$\frac{3}{4}$)를 대분수라고 한다.

03
분수의
덧셈과
뺄셈

✅ 대분수＝대체로 '대'자를 '大'로 알고 있는 사람들이 많은데 여기에서의 '대'자는 '帶(띠 모양)'를 사용한다. 진분수 옆에 자연수가 띠처럼 둘러 있는 모습을 가리키는 말이다.

이렇게 놓고 볼 때 초등에서 다루는 수의 범위가 아직은 자연수 중심이어서 $\frac{13}{4}$과 같은 유리수를 하나의 독립된 수로 인정하지 않으려는 생각이 작용하고 있다고 볼 수 있다. 또한 사용되는 대분수(자연수＋진분수)라는 용어에 영향을 받기도 해서 더욱더 그렇다고 볼 수 있다. 하지만 중학교로 넘어가면 진분수, 가분수, 대분수라는 용어는 더 이상 나오지 않는다. 오직 유리수만 존재한다.(중학교에 가면 자연수라는 용어도 더 이상 다루지 않는다. 오직 정수만 존재한다. 그리고 그 개념은 점점 더 넓은 의미의 수 영역과 체계로 확장된다. 자연수＜정수와 0＜유리수, 무리수＜실수, 허수＜복소수) 때문에 $\frac{13}{4}$과 같은 가분수도 독립된 수로 인정을 받아 대분수로 굳이 고칠 필요가 없게 된다. 따라서 초등에서도 가분수를 대분수로 고치는 과정을 공부했다고는 하더라도 질문에 "가분수를 대분수로 반드시 고치시오."라는 조건을 두지 않았다면 "가분수로 답을 썼더라도 맞다."는 사고의 전환이 필요하다. 이런 사례와 비슷한 상황은 약분에서도 볼 수 있다. 약분을 공부한 이후에는 $\frac{2}{4}$를 꼭 $\frac{1}{2}$로 써야만 답이 된다고 볼 수는 없다. 왜냐하면 크기가 같은 분수라는 것을 우리는 이미 알고 있기 때문이다. 약분을 왜 공부하는가에 대한 이유는 이미 알고 있다. 따라서 굳이 약분을 해야만 답이 된다는 논리는 성립될 수가 없다. 따라서 이 또한 질문에 "반드시 약분을 하시오."라는 조건을 두지 않았다면 "약분을 하지 않았더라도 맞다."는 사고의 전환이 필요하다.

❷ 분수에 대한 개념, 원리 이해, 동분모 분수의 덧셈과 뺄셈에 대한 원리 이해를 바탕으로 통분의 개념을 얹어서 이분모 분수의 덧셈과 뺄셈 원리를 통합적으로 이해할 수 있도록 돕는 것을 핵심으로 삼아야 한다.

❸ 수 모델을 제시할 때 점선으로 미리 칸을 나누어 주지 말고 제시하여 아이들이 분수에서 분자와 분모 사이의 관계를 이해할 수 있도록 하면서 스스로 수 모델의 칸을 등분할하고 분수의 크기만큼 표현해 나가면서 원리나 개념을 발견하고 배움이라는 성취감을 느낄 수 있도록 해야 한다. 아울러 분모의 크기를 맞추는 과정에서 어떤 수를 분모로 해야 하고 그 수의 크기만큼 스스로 등분할하여 이분모 분수의 덧셈과 뺄셈 원리 및 알고리즘을 익혀 나갈 수 있도록 도와야 한다.

❹ 초등에서 다루는 수의 범위는 그리 큰 것이 아니기 때문에 굳이 최소공배수를 다루지 않고도 분수막대를 이용하여 통분이 가능함을 알고 크기가 같은 분수 개념에 대한 이해와 조작적 활동에 더 많은 시간 할애를 할 수 있도록 해야 한다.

❺ 분수막대를 활용한 충분한 수업 이후에 이의 불편함을 느낀 결과로 최소공배수 또는 분모의 곱을

활용한 통분 알고리즘을 도입하여 익힐 수 있도록 해야 한다는 것을 아이들 스스로 깨우쳐 나갈 수 있도록 도와야 한다.

❻ 7차시 받아내림이 있는 대분수의 뺄셈에서만큼은 수 모델을 활용한 직관적 활동이 원리의 이해 차원에서 충분히 필요한 만큼 이를 고려한 재구성 및 자료 개발에 신경을 써야 한다. 7차시 활동 1을 통해 그 이유를 살펴보면 다음과 같다.

♣ $2\frac{1}{4} - 1\frac{1}{2}$ 을 계산하는 방법을 알아보자.[18]

◎ 분수만큼 색칠하고 $2\frac{1}{4} - 1\frac{1}{2}$ 을 계산하시오.

바람직한 수 모델의 제시는 위와 같이 칸은 나누어 주지 않고 제시해야 한다. 그리고 이를 색칠할 때 아이들은 아래와 같이 색칠해야 한다.(자연수 부분은 칸을 나누지 않는 것이 좋다. 이를 증명이라도 하듯 다음 쪽의 활동 2에 제시된 $3\frac{1}{3} - 1\frac{1}{2}$ 수 모델을 보면 자연수 부분은 칸이 나뉘어 있지 않음을 보게 된다. 서로 모순되는 상황이다.)

이런 상태에서 대분수를 가분수로 고쳐서 계산한다면 별 상관이 없겠지만 자연수는 자연수끼리, 진분수는 진분수끼리 계산하고자 할 때 받아내림이 필요하다는 것을 바로 알아낸다는 것은 쉽지 않은 일이다. 분수 개념 및 분수의 크기에 익숙해져 있는 사람은 직관적으로 느낄 수 있겠지만 5학년 수준의 아이들이 이를 바로 생각해 낸다는 것은 결코 쉬운 일이 아니다. 이런 이유 때문에 이분모 분수의 덧셈과는 달리 이분모 분수의 뺄셈 활동에 좀 더 시간 배분이 필요하다고 볼 수 있다. 그리고 이를 알도록 하기 위해 수 모델을 활용하여 직관적으로 "받아내림이 필요하겠구나." 하는 발견을 아이들 스스로 해낼 수 있도록 돕는 과정이 꼭 필요하다.

 수셈이 불가능한 상황임을 직관적으로 느껴야 할 대목임

수 모델을 통해서 이와 같은 활동이 불가능하다는 사실, 그래서 받아내림이 필요하다는 사실을 직관적으로 느낄 수 있어야만 한다면 이 차시에서만큼은 직관적 사고가 당연히 강조되어야 할 유일한 부분

---

18 2009 개정 교육과정에 따른 수학과 교과서 5학년 1학기 4단원 7차시. 2015. p. 112.

03
분수의
덧셈과
뺄셈

이 아닐까 생각한다.

❼ 간략히 접근할 수 있는 부분은 시간을 줄이고 아이들이 이해에 어려움을 겪는 부분 또는 조작적 활동이 많이 필요한 부분에 시간을 더 할애하여 충분한 이해를 돕는다는 생각으로 교육과정을 재구성할 필요가 있다.

❽ 문제해결 및 체험 마당 차시는 재구성하여 실제 관련된 내용과 연관 지어 지도하는 방향으로 하고 배정된 수업 시간을 아이들의 핵심 개념 이해 활동에 할애하는 것이 더 좋을 것이라 판단된다.

단원 지도를 위한 재구성의 실제

차시	재구성 이후	수업의 목적
1~2	출발점 상황 점검	• 동분모 분수의 덧셈과 뺄셈 개념에 대한 확실한 이해 여부를 점검하기(단위분수 바탕)
3	분수의 덧셈(1)	• 이분모 분수의 덧셈에서 통분의 필요성 깨닫기 • 받아올림이 없는 이분모 진분수의 덧셈 원리 이해하기 　– 분수막대 모형 활용을 중심
4	분수의 덧셈(2)	• 받아올림이 있는 이분모 분수의 덧셈 원리 이해하기 • 받아올림이 있는 이분모 분수의 덧셈을 할 수 있는 여러 가지 방법 탐구하기 　– 분수막대 모형 활용을 중심
5	분수의 덧셈(3)	• 받아올림이 있는 이분모 대분수의 덧셈 원리 이해하기 • 받아올림이 있는 이분모 대분수의 덧셈을 할 수 있는 여러 가지 방법 탐구하기 　– 분수막대 모형 활용 중심 활동에서 알고리즘 중심으로 넘어가는 단계의 중요한 차시
6	분수의 덧셈(4)	– 분수막대를 활용하지 않고 최소공배수 또는 분모의 곱을 활용한 이분모 분수의 덧셈
7	분수의 뺄셈(1)	• 이분모 분수의 뺄셈에서 통분의 필요성 깨닫기 • 받아내림이 없는 이분모 진분수의 뺄셈 원리 이해하기 　– 분수막대 모형 활용을 중심
8	분수의 뺄셈(2)	• 받아내림이 없는 이분모 대분수의 뺄셈 원리 이해하기 • 받아내림이 없는 이분모 대분수의 뺄셈을 할 수 있는 여러 가지 방법 탐구하기 　– 분수막대 모형 활용을 중심
9	분수의 뺄셈(3)	• 받아내림이 있는 이분모 대분수의 뺄셈 원리 이해하기 • 받아내림이 있는 이분모 대분수의 뺄셈을 하고 자신의 방법 설명하기 　– 분수막대 모형 활용하지 않음

10	분수의 뺄셈(4)	• 최소공배수 또는 분모의 곱을 활용한 이분모 대분수의 뺄셈에 대한 알고리즘 중심 활동으로 넘어가는 단계의 중요한 차시 – 분수막대 모형 활용하지 않음)
11	단원 정리(문제 풀기)	• 단원 평가

※ 사전 활동으로 기본적인 개념 이해를 돕는다.(집에서 동영상 강의 시청)

※ 본시 활동은 미션활동지 제시 또는 협동학습 구조(부채모양 뽑기, 돌아가며 문제 내기, 짝 점검 등) 적용이 가능하도록 디자인하여 협동학습이 꾸준히 이루어질 수 있도록 한다.

※ 미션 해결 이후 교과서를 익힘책과 같이 활용한다.

위와 같이 크게 세 부분으로 나누어 재구성한 이유는 다음과 같다.

먼저 앞에서 살펴본 문제의식을 바탕으로 워밍업 및 출발점 상황의 점검 차원에서 분수에 대한 기본 개념 다지기 및 동분모 분수의 덧셈과 뺄셈에 대한 확실한 이해를 돕기 위해 두 시간을 할애하여 아이들의 기초(특히 단위분수 개념과 역할의 중요성)를 확고히 다질 수 있도록 디자인하였다.

둘째, 분수의 덧셈과 뺄셈 부분을 각각 4차시로 계획하였다. 특히 각각의 부분에서 2차시는 분수막대 모형을 활용하여 이분모 분수의 덧셈과 뺄셈 개념 및 원리를 감각적(특히 시각)으로 이해할 수 있도록 하였고 나머지 2차시는 개념 및 원리 이해를 바탕으로 이분모 분수의 덧셈과 뺄셈에 대한 알고리즘 중심 활동으로 넘어갈 수 있도록 하였다.

끝으로, 이전의 다른 단원에서도 그랬지만 본 단원 및 이후의 단원에서도 직관적 이해를 돕기 위해 수 모델을 제시할 때 특별한 상황이 아니라면 띠 모델 한 가지로 일관되게 제시하여 개념 이해를 돕고자 한다. 다양한 모델을 사용하는 것도 나쁘지 않겠지만 띠 모델 한 가지로 일관성 있게 제시함으로써 아이들이 혼란스러움을 막고 쉽게 이해할 수 있도록 돕기 위함이다.(실제로 이렇게 하였더니 띠 모델 하나로 모든 분수 문제를 쉽게 해결할 수 있을 것 같다는 생각을 밝히는 아이들이 꽤 많았기 때문이다.)

1차시 출발점 상황 점검하기

<table>
<tr><td></td><td>수학
5-1</td><td>4. 분수의 덧셈과 뺄셈
출발점 상황 점검 – 워밍업</td><td>서울　　　　초등학교
5학년　　반　　번
이름 :</td></tr>
</table>

1. (워밍업 1) $\frac{3}{4}+\frac{2}{4}$ 는 얼마인가?

(확장 질문 1.1) 왜 분모는 그대로 두고 분자끼리만 더할까?

(확장 질문 1.2) 이렇게 하면 안 될까?

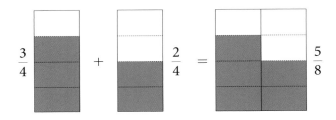

$$\frac{3}{4} + \frac{2}{4} = \frac{5}{8}$$

2. (워밍업 2) $3\frac{1}{4} - 1\frac{2}{4}$ 해결하기

(1) 해결하기 위한 방법에는 어떤 것이 있는가?(두 가지 방법)

(2) 각각의 방법으로 해결해 보시오.

(확장 질문 2.1) $3\frac{1}{4}$ 이 왜 $\frac{13}{4}$ 이 되지?

(확장 질문 2.2) $3\frac{1}{4}$ 이 $2\frac{5}{4}$ 로 어떻게 바뀌는지 그림으로 설명해 보시오.

3. (워밍업 3) 가분수는 꼭 대분수로 고쳐야 하는가?

이 활동은 활동지 형식으로 제시해도 좋겠지만 PPT 형태로 제시하는 것이 더 좋겠다. 왜냐하면 한 단계씩 천천히(이전까지의 활동을 바탕으로 하여 관련된 확장 질문을 제시 ⇨ 생각 ⇨ 협동학습 ⇨ 해결) 심화된 질문에 대해 좀 더 깊이 생각해 보면서 분수의 덧셈과 뺄셈에 대한 기초를 차근차근 협동적으로 다져 나갈 수 있도록 하는 데 더 유리하기 때문이다.(PPT＋모두 일어서서 나누기 구조 활용)

2015년 4월 나의 교실 분수의 덧셈과 뺄셈 출발점 상황 점검(모두 일어서서 나누기)

 1~2차시 수업 소감

예상한 바와 같이 동분모 분수의 덧셈과 뺄셈에 대한 기초가 제대로 잡혀 있지 않았다. 단위분수 개념부터가 제대로 잡혀 있지 않았기 때문이라 생각되었다. 출발점 상황 점검을 한 시간으로 마무리할까 생각하다가 두 시간으로 늘려서 잡은 것도 바로 이런 우려

때문이었다. 두 시간을 할애한 것이 정말 다행이고 잘한 일이라는 생각이 들었다.

PPT를 아이들에게 보여 주면서 질문으로 수업을 시작하였다. $\frac{3}{4}$은 어떤 뜻이냐는 질문에 1을 4등분한 것 중 3개라는 대답이 많이 나왔다. 하지만 $\frac{1}{4}$이 3개인 분

수라는 대답은 한 명도 없었다. 그러면 $\frac{3}{4}+\frac{2}{4}$는 얼마이냐 물었더니 바로 $\frac{5}{4}$라는 답변이 나왔다. 그래서 확장질문 1.1을 바로 제시하고 '모두 일어서서 나누기 구조'를 활용하여 모둠 토의를 하게 하였다. 그런 후에 임의로 몇 명 아이들에게 모둠 토의한 결과를 이야기 해 보라고 하였더니 제대로 된 답을 내놓지 못하였다. 그 이유는 단위분수 개념 및 그 역할에 대한 명확한 이해가 없었기 때문이었다.

"$\frac{5}{4}$는 무엇을 의미하는가?"라는 질문에서부터 단위분수의 개념 및 역할을 다시 지도하고자 마음먹었다. 아이들에게서는 "1을 4등분한 것 중 5개입니다."라는 대답이 나왔다. 나는 다시 되물었다. "1을 4등분했는데 5개가 나올 수 있는 것인가?" 그랬더니 아이들이 멍하니 내 얼굴만 바라보면서 의아해 하였다. 이쯤에서 단위분수를 제시하고 $\frac{3}{4}$은 $\frac{1}{4}$이 3개, $\frac{2}{4}$는 $\frac{1}{4}$이 2개라는 것을 확실히 알려 주면서 그 개념부터 명확히 하였다. 그랬더니 아이들은 곧바로 받아들이기 시작하였다. "$\frac{5}{4}$는 $\frac{1}{4}$이 5개인 분수입니다. $\frac{3}{4}$은 $\frac{1}{4}$이 3개이고, $\frac{2}{4}$는 $\frac{1}{4}$이 2개이니 이 두 분수를 더하면 $\frac{1}{4}$이 5개가 됩니다. 그래서 $\frac{5}{4}$가 되는 것입니다." 이렇게 답변이 나오기 시작하였다. 이제야 동분모 분수의 진의를 깨닫기 시작하는 것 같았다.

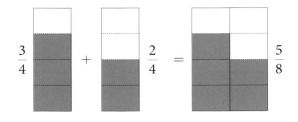

위의 그림과 같은 확장 질문에서는 분수 개념에 대한 이해가 역시 부족한 아이들이 꽤 많았다. 그래도 '1'의 의미를 잘 이해하고 있는 아이들도 적지 않았다. 이 활동 또한 '모두 일어서서 나누기'를 하였다. 이후 모둠

토의 결과를 발표하는 과정에서 이 결과가 $\frac{5}{8}$가 맞다는 한 아이의 말에 "다른 의견이 있는 사람 있나요?"하고 아이들 간의 연결 짓기를 하였더니 한 아이가 이런 말을 했다. "2개의 물통에 각각 $\frac{3}{4}$만큼과 $\frac{2}{4}$만큼 담겨 있을 때 두 통에 담긴 물을 합친다고 하여 물통까지 합쳐지는 것은 아닙니다. 그러니 이것은 잘못된 것입니다." 그 아이의 말에 거의 대부분의 아이들은 이 그림이 잘못되었다는 것을 확실하게 알게 되었다. 아주 적절한 비유여서 나도 깜짝 놀랐다. 그리고 즉각적으로 칭찬을 아낌없이 해 주었다. 이게 바로 협동학습의 묘미가 아닐까 생각되었다.

두 번째 질문인 대분수의 뺄셈에서는 술술 풀리는가 싶더니 $3\frac{1}{4}$이 $2\frac{5}{4}$로 어떻게 바뀌는지 그림으로 설명하는 부분에서 역시 막히기 시작하였다.

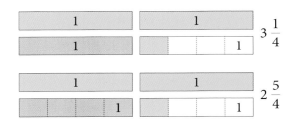

모두 일어서서 나누기 활동으로 상당히 오랜 시간 동안 토론을 벌였지만 결론이 나지 않아 한 모둠도 자리에 앉지 못하였다. 결론을 내지 못했더라도 지금까지 토론한 내용을 발표해 보라 하였지만 역시 위의 그림과 같이 설명하는 모둠이 하나도 없었다. 이런 사실로 볼 때 아이들은 위의 그림에서 다른 색으로 표현된 부분이 바로 받아내림을 나타낸 것이라는 것을 제대로 배우지 못했던 것이라 생각되었다. 그래서 위와 같이 그림을 그리고 설명을 해 주었다. 특히 다른 색으로 표현된 부분 간의 차이점을 집중해서 이해할 수 있도록 안내하였다. 받아내림하기 전에는 등분된 표시가 없었지만 받아내림을 한 이후에는 4등분 표시가 된 것, 이것이 정확

한 표현이라는 것을 아이들은 이제야 받아들이기 시작하였다. 마치 처음 배운다는 듯이 신기한 표정을 지어 보였다. 나는 아이들에게 이렇게 설명해 주었다. "여러분이 4학년에서 이것을 배울 때 교과서에는 분명히 이렇게 제대로 표현되어 있었습니다. 그리고 지금 5학년 교과서에도 이렇게 표현되어 있습니다.(실제로 교과서를 펴서 보여 주기도 하였다. 그랬더니 아이들은 이구동성으로 "어, 정말이네!"라고 말하였다.) 하지만 여러분은 그런 것에 관심을 두지 않았습니다. 그리고 미안한 이야기지만 여러분의 선생님들은 이것을 정확하게

안내해 주시지 않았던 것 같습니다. 그래서 여러분은 지금 처음 배운 것처럼 느껴질 것입니다. 분수의 계산을 수식으로 해결하였다고 하여 제대로 이해하였다고 생각하면 안 됩니다." 아이들은 이제야 조금씩 동분모 분수의 덧셈과 뺄셈에 대하여 눈을 제대로 뜨기 시작하고 있는 것 같았다. 이렇게 하고 나니 두 시간이 훌쩍 가 버렸다. 여기까지의 내용들을 아이들이 잘 이해하고 있다면 이분모 분수의 덧셈과 뺄셈은 별로 어려울 것이 없을 것이라는 생각을 하면서 출발점 상황 점검 시간을 마무리하였다.

🍎 3차시 받아올림이 없는 이분모 진분수의 덧셈

♣ 가정에서 본시 학습 전에 동영상 강좌 시청하고 수업에 참여하기

http://primary.ebs.co.kr/course/daum/preView?courseId=10013738&stepId=STEP10014713&lectId=LS0000000010313105(EBS 2015 초등 만점왕 수학 5-1 분수의 덧셈과 뺄셈 1강)

교사 지난 시간에는 4학년에서 공부했던 분모가 같은 분수끼리의 덧셈과 뺄셈에 대하여 알아보았습니다. 자, 이제부터는 4단원 분수의 덧셈과 뺄셈에

대한 공부를 본격적으로 시작해 보도록 하지요. 그 첫 번째 활동은 여러분이 좋아하는 '사랑' 이야기로 열어 보도록 하겠습니다.

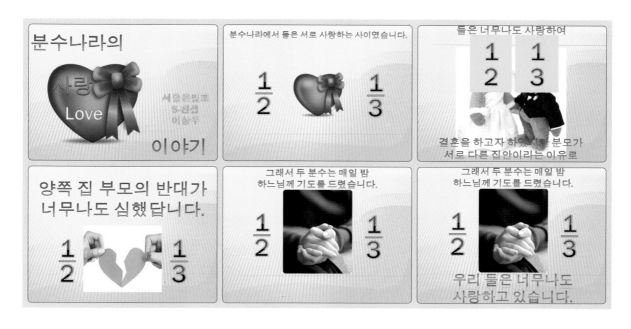

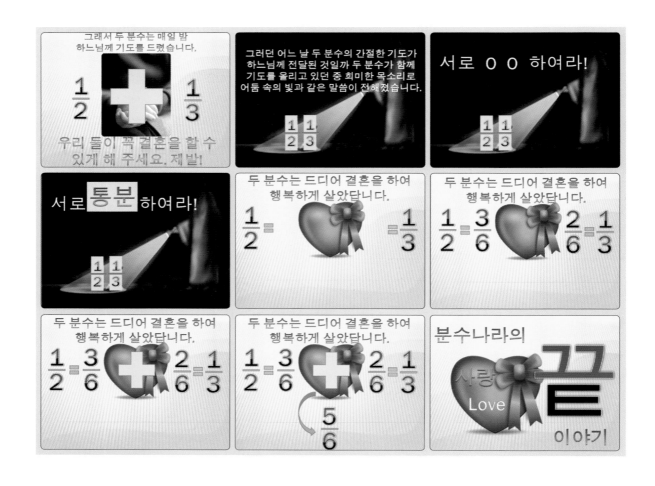

교사 자, 어떤 말씀이 전해졌을까요?(9번째 슬라이드까지만 제시하고 멈춘다.)

아이들 통분이요.(10번째 슬라이드까지만 제시하고 멈춘다.)

교사 네, 맞습니다. 통분입니다. 그렇다면 통분이란 무엇이라고 공부하였었나요?

분수 덧셈의 약속 1

분수를 더할 때는 분모가 같아야 한다.

아이들 분모가 다른 분수들의 분모를 갖게 해 주는 것입니다.

교사 그래요. 그렇다면 지금 두 분수의 사랑이 이루어지기 위해 필요한 것은 무엇인가요?

아이들 공통분모입니다.

교사 훌륭하군요. 공통분모이지요. 그래서 필요한 것이 통분이랍니다. 여기에서 분수의 덧셈에 대한 중요한 약속 한 가지를 알게 되었네요. 그게 무엇인가요?

아이들 분수의 덧셈은 분모가 같아야 한다는 것입니다.

교사 와우, 좋았어요. 자, 그렇다면 두 분수 $\frac{1}{2}$과 $\frac{1}{3}$의 사랑 이야기, 통분에 대하여 수 모델(띠 모델)과 분수막대 모형을 통해 좀 더 자세히 알아보도록 합시다.(아래 활동지 제시)

수학	4. 분수의 덧셈과 뺄셈	서울　　　　　　　초등학교
5-1	받아올림이 없는 분모가 다른 분수의 덧셈	5학년　　　반　　　번
		이름 :

♣ $\frac{1}{2}$을 표시하시오.

♣ $\frac{1}{3}$을 표시하시오.

♣ 두 분수의 단위분수 $\frac{1}{2}$과 $\frac{1}{3}$의 차이만큼에 해당되는 크기를 분수막대 모형에서 찾아보시오. 그 차이만큼의 크기는 얼마인가요?

♣ 그렇다면 바로 위의 '차이만큼의 크기'에 해당되는 분수의 분모 및 분수막대 모형을 이용하여 $\frac{1}{2}$과 $\frac{1}{3}$을 각각 '모양은 다르지만 크기가 같은 분수'로 나타내어 보고 아래의 띠 모델에 다시 표시하여 보시오.

$$\frac{1}{2} = \frac{\square}{\square}$$

$$\frac{1}{3} = \frac{\square}{\square}$$

♣ 두 분수의 공통분모는 얼마인가요?

♣ 위의 띠 모델을 이용하여 두 분수의 합을 구하여 봅시다.

$$(\frac{1}{2} = \frac{\square}{\square}) + (\frac{1}{3} = \frac{\square}{\square}) = \frac{\square}{\square}$$

♣ 공통분모를 구하기 위해 분수막대 모형을 이용하지 말고 우리는 어떤 방법으로 알 수 있나요?(두 가지 방법)

♣ 두 분수 $\frac{1}{2}$과 $\frac{1}{3}$의 합을 구하여 봅시다.

$$\frac{1}{2} + \frac{1}{3} = \frac{1 \times \square}{2 \times \square} + \frac{1 \times \square}{3 \times \square} = \frac{\square}{\square} + \frac{\square}{\square} = \frac{\square}{\square}$$

03
분수의
덧셈과
뺄셈

분수 덧셈의 약속 2

• 두 분모의 최소공배수를 활용한 통분
• 두 분모의 곱을 활용한 통분

교사 자, 활동이 마무리되었군요. 드디어 두 분수 $\frac{1}{2}$과 $\frac{1}{3}$은 사랑을 이룰 수 있게 되었네요.(11번째 슬라이드부터 끝까지 제시하며 정리한다.) 두 분수의 사랑 이야기 어땠나요?

아이들 재미있었어요.

교사 분모가 다른 두 분수를 더하거나 뺄 때에는 통분을 꼭꼭 약속해요!! 뭐라구요?

아이들 통분을 꼭꼭 약속해요!!(큰 함성으로!)

교사 좋습니다. 이제 남은 시간은 교과서 102~103쪽을 스스로 해결해 보도록 하겠습니다. 다 한 후에는 모둠원들과 함께 결과를 확인해 보기 바랍니다. 틀린 것이 있으면 다시 풀어 보고 확인해 가면서 서로 도움을 주고받도록 하세요. 시작합니다.

2015년 4월 나의 교실 분수의 덧셈 3차시 개별 학습지 활동 및 모둠별 점검하기

2015년 4월 나의 교실 분수의 덧셈 3차시 돌아가며 문제 내기 활동

3차시 수업 소감

오늘은 분수의 덧셈에 대한 내용부터 본격적으로 공부를 시작하면서 "분수 나라의 사랑 이야기"로 열어 가겠다고 했더니 아이들은 말을 꺼내자마자 난리다. "우 ~ 워! 사랑이요! 야해요. 이상해요." 하고 난리다. 5학년만 해도 사랑이라는 말만 꺼내면 별별 상상에 얼굴이 빨개지는 아이부터 부끄러운 표정을 짓는 아이부터 눈을 동그랗게 뜨고 관심을 적극적으로 표현하는 아이까지 다양한 모습을 보인다. 그런 모습을 잘 받아넘기면서 구연동화를 펼쳐 가듯이 PPT를 시작했다. 그러자 아이들은 웃음을 가득 머금은 얼굴로 이야기를

들어 주었다. "서로 ○○하여라!" 하는 대목에서는 모두 한목소리로 "통분입니다."를 외쳤다. 그렇게 정리하고 나니 이 단원의 내용은 어찌 보면 더 이상 공부할 내용이 없는 것과 다름없다는 생각이 들었다. 그리고 그런 생각을 아이들에게 고스란히 설명해 주었다.

"분모가 같은 분수의 덧셈과 다른 점이 있다면 무엇일까요?" "분모가 다른 것입니다." "그러면 이 문제를 해결하기 위해서는 무엇이 필요할까요?" "공통분모를 이용한 통분입니다." "그래요 그것만 할 줄 안다면 이 단원은 더 이상 선생님이 설명해 줄 것이 없어요. 분모가 같아지고 나면 나머지 내용들은 4학년에서 이미 공부한 내용들이니까요. 그래도 한 단계씩 차근차근 함께 앞으로 나아가 봅시다. 지금부터 선생님이 제시하는 활동지를 각자 해결하고 모둠원들과 함께 확인해 봅니다. 활동지 해결 시간은 5분을 주겠습니다. 그 전에 분수막대 모형을 이용하여 공통분모를 알아내는 방법을 안내해 주도록 하겠습니다." 아이들에게 분수막대 모형을 이용하여 공통분모를 알아내는 방법을 설명해 주고 예를 들어가며 2회 정도 두 분수를 불러 주고 공통분모를 찾아보라 했더니 쉽게 찾아내었다. 그런 후에 모둠별로 개별 활동지 해결 및 확인 과정을 잘 마무리하였다. 그렇게 3차시 활동을 쉽게 정리한 후에 모둠칠판과 보드마카를 활용하여 '돌아가며 문제 내기' 활동을 하였다. 약 15분 정도 모둠별로 진행하였는데 이 활동을 통해 아이들은 수학 시간에 대한 이전까지의 불편한 감정을 조금씩 내려놓는 것 같아서 참 뿌듯했다. '돌아가며 문제 내기' 활동을 아이들은 참 좋아할 뿐만 아니라 활동을 하면서 각 차시별로 이루어지는 핵심 개념 및 원리의 이해, 적용에 대한 學과 習을 자연스럽게 해결해 나가고 있는 모습을 보며 1석 2조라는 말이 바로 이럴 때 쓰는 것이라는 생각을 하게 만든다. 협동학습은 역시 어쩌다 한 번 하게 되면 별 효과가 없다는 것이 진리라는 것을 다시 한 번 확인하는 순간이었다. 한 가지 구조만을 적용하더라도 적재적소에, 늘 꾸준히 활용할 때 그 가치와 위력이 제대로 발휘될 수 있다는 것을 협동학습 실천가들은 절대로 잊지 말아야 할 것이다. 그렇게 시간이 흘러 수업 시간 5분을 남겨 놓고 마무리하면서 각자 개별적으로 오늘 공부한 부분까지 수학책을 해결하도록 하였다. 대부분의 아이들이 시간 내에 잘 마무리하고 놀이시간을 가졌다.

🍎 4차시 받아올림이 있는 이분모 분수의 덧셈

수학	4. 분수의 덧셈과 뺄셈	서울		초등학교
	5-1 받아올림이 있는 분모가 다른 분수의 덧셈	5학년 반 번		
		이름 :		

♣ $\frac{1}{2}$을 표시하시오.

♣ $\frac{2}{3}$를 표시하시오.

(뒷면에 계속)

03
분수의
덧셈과
뺄셈

♣ 두 분수의 단위분수 $\frac{1}{2}$과 $\frac{1}{3}$의 차이만큼에 해당되는 크기를 분수막대 모형에서 찾아보시오. 그 차이만큼의 크기는 얼마인가요?

♣ 그렇다면 바로 위의 '차이만큼의 크기'에 해당되는 분수의 분모 및 분수막대 모형을 이용하여 $\frac{1}{2}$과 $\frac{2}{3}$를 각각 '모양은 다르지만 크기가 같은 분수'로 나타내어 보고 아래의 띠 모델에 다시 표시하여 보시오.

$$\frac{1}{2} = \frac{\Box}{\Box} \quad \boxed{}$$

$$\frac{2}{3} = \frac{\Box}{\Box} \quad \boxed{}$$

♣ 두 분수의 공통분모는 얼마인가요?

♣ 위의 띠 모델을 이용하여 두 분수의 합을 구하여 봅시다.

$$(\frac{1}{2} = \frac{\Box}{\Box}) + (\frac{2}{3} = \frac{\Box}{\Box}) = \frac{\Box}{\Box} \Rightarrow (대분수로) \Box\frac{\Box}{\Box}$$

♣ 공통분모를 구하기 위해 분수막대 모형을 이용하지 말고 우리는 어떤 방법으로 알 수 있나요?(두 가지 방법)

♣ 두 분수 $\frac{1}{2}$과 $\frac{2}{3}$의 합을 구하여 봅시다.

$$\frac{1}{2} + \frac{2}{3} = \frac{1 \times \Box}{2 \times \Box} + \frac{2 \times \Box}{3 \times \Box} = \frac{\Box}{\Box} + \frac{\Box}{\Box} = \frac{\Box}{\Box} \Rightarrow (대분수로) \Box\frac{\Box}{\Box}$$

교사 자, 지금까지 분수막대 모형을 통해 분모가 다르면서 받아올림이 있는 두 분수의 덧셈을 알아보았습니다. 하지만 분수막대 모형이 없어도 충분히 할 수 있습니다. 일단 분모가 다를 경우 가장 먼저 무엇을 생각해야 합니까?

아이들 통분이요.

교사 좋아요. 통분을 하려면 가장 먼저 무엇을 구해야 하나요?

아이들 공통분모입니다.

교사 네. 잘 기억하고 있네요. 통분을 하는 방법으로 두 가지를 알아보았습니다. 그 두 가지는 각각 무엇이었습니까?

아이들 분모의 곱으로 통분하기, 분모의 최소공배수로 통분하기입니다.

교사 훌륭합니다. 자, 그럼 지금부터 교과서 104~105쪽까지 스스로 해결하고 모둠원들과 함께 결과를 확인해 보기 바랍니다. 틀린 것이 있으면 다시 풀어 보고 확인해 가면서 서로 도움을 주고받도록 하세요. 시작합니다.

아이들 (열심히 교과서 속 문제를 해결하고 결과도 함께 공유하면서 도움을 주고받는다.)

2015년 4월 나의 교실 분수의 덧셈 4차시 활동지 해결 및 점검, 도움 주고받기

2015년 4월 나의 교실 분수의 덧셈 4차시 돌아가며 문제 내기 및 교과서 워크북처럼 풀기

4차시 수업 소감

지난 시간에 이어서 받아올림이 있는 이분모 진분수의 덧셈에 대한 수업을 진행하였다. 이미 받아올림이 있는 동분모 진분수의 덧셈에 어느 정도 익숙해져 있고 통분하기도 어느 정도 잘되고 있다는 판단 아래에 시작부터 바로 활동지를 나누어 주고 개별 활동 및 모둠별 점검에 들어갔다. 모든 모둠이 10분 안에 활동지를 해결하고 점검까지도 마무리하였다. 이어서 약 20분 동안 모둠별로 모둠칠판을 이용하여 돌아가며 문제 내기 활동에 들어갔는데 이 활동도 매우 활기차게 진행되었다. 어떤 모둠에서는 문제를 내는 아이가 분모의 크기를 너무 큰 분수를 불러 준다고 계산하는 데 시간이 많이 걸린다면서 아우성이다. 그래도 집중하여 열심히 해결한다. 어느 정도 이 활동에 재미가 붙었다. 10분 정도 시간을 남기고 활동을 멈춘 뒤 오늘 한 부분까지 각자 워크북처럼 교과서 문제해결을 하였다. 정말로 깔끔하게 한 시간이 마무리되었다.

🍎 5차시 받아올림이 있는 이분모 대분수의 덧셈

♣ $1\frac{4}{5}$ 를 표시하시오.

♣ $1\frac{1}{2}$ 을 표시하시오.

♣ 두 분수의 단위분수 $\frac{1}{5}$ 과 $\frac{1}{2}$ 의 차이만큼에 해당되는 크기를 분수막대 모형에서 찾아보시오. 그 차이만큼의 크기는 얼마인가요?

♣ 그렇다면 바로 위의 '차이만큼의 크기'에 해당되는 분수의 분모 및 분수막대 모형을 이용하여 $1\frac{4}{5}$ 와 $1\frac{1}{2}$ 을 각각 '모양은 다르지만 크기가 같은 분수'로 나타내어 보고 아래의 띠 모델에 다시 표시하여 보시오.

• 두 분수의 공통분모는 얼마인가요?

$$1\frac{4}{5} = 1\frac{\square}{\square}$$

$$1\frac{1}{2} = 1\frac{\square}{\square}$$

♣ (방법 1) 위의 띠 모델을 이용하여 두 분수의 합을 구하여 봅시다.

$$\left(1\frac{4}{5} = 1\frac{\square}{\square}\right) + \left(1\frac{1}{2} = 1\frac{\square}{\square}\right) = (1 + 1) + \frac{\square}{\square} \Rightarrow (\text{대분수로}) \square\frac{\square}{\square}$$

♣ (방법 2) 두 분수를 각각 가분수로 고쳐 보시오.

$$1\frac{4}{5} = \frac{\square}{\square} \qquad 1\frac{1}{2} = \frac{\square}{\square}$$

• 두 가분수를 통분하여 보시오.

$$\frac{\square \times \square}{5 \times \square} + \frac{\square \times \square}{2 \times \square} = \frac{\square}{\square} + \frac{\square}{\square} = \frac{\square}{\square} \Rightarrow (\text{대분수로}) \square\frac{\square}{\square}$$

교사　자, 지금까지 받아올림이 있는 대분수의 덧셈을 두 가지 방법으로 알아보았습니다. 첫 번째는 어떤 방법이었나요?

아이들　자연수는 자연수끼리, 진분수는 진분수끼리 더한 후 두 수를 합하였습니다.

교사　좋아요. 두 번째는 어떤 방법이었나요?

아이들　대분수를 가분수로 고쳐서 더한 후 다시 대분수로 고쳤습니다.

교사　좋습니다. 자, 그럼 지금부터 교과서 106 ~107쪽까지 스스로 해결하고 모둠원들과 함께 결과를 확인해 보기 바랍니다. 틀린 것이 있으면 다시 풀어 보고 확인해 가면서 서로 도움을 주고받도록 하세요. 시작합니다.

아이들　(열심히 교과서 속 문제를 해결하고 결과도 함께 공유하면서 도움을 주고받는다.)

2015년 4월 나의 교실 분수의 덧셈 5차시 분수막대 모형 활용 활동지 해결 및 점검

2015년 4월 나의 교실 분수의 덧셈 5차시 돌아가며 문제 내기 및 교과서 워크북처럼 풀기

 5차시 수업 소감

오늘은 대분수의 덧셈에 대한 수업을 진행하였다. 이전 시간과는 달리 대분수의 덧셈은 (자연수+자연수)＋(진분수＋진분수) 방식과 가분수로 고쳐서 계산하는 방식에 대한 안내 및 이해가 선행되어야 해서

수업 시작 초반부에 이에 대한 이전 학년 학습 내용인 동분모 대분수의 덧셈에 대하여 기억을 떠올리는 시간을 약 5분 정도 진행하였다. 현재 공부하는 내용과 다른 것이 있다면 무엇이냐는 질문에 모든 아이들이 '통

분' 한 가지라고 답변하였다. 이 점을 명확히 하고 바로 이어서 활동지 및 분수막대 모형을 나누어 주고 개별 활동 및 모둠별 점검 시간을 주었다. 약 7분 정도 안에 모든 모둠에서 활동이 마무리되었다. 이후에 약 15분 정도 동안 돌아가며 문제 내기 활동을 실시하였다. 이전 시간과 같이 매우 활발히 아이들이 활용하였다.

돌아가며 문제 내기 활동 시간을 마무리하고 교과서 문제해결 활동에 들어갔다. 개별 활동 시작 전에 교과서 106쪽에 있는 그림으로 대분수의 덧셈을 해결하는

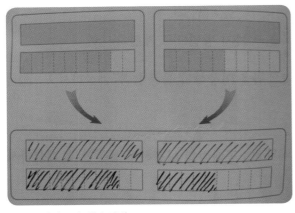

대부분 아이들의 해결 사례

것만 먼저 해 보라고 하였다. 왜냐하면 아이들은 그림으로 해결하는 데 매우 취약하기 때문이었다. 역시 내 생각은 적중하였다. 생각보다 그림으로 대분수의 덧셈을 해결하는 것에 대한 개념 정리가 확실히 되어 있지 못하였다. $1\frac{4}{5}+1\frac{1}{2}$을 그림으로 해결하는 데 있어서 왼쪽 사진과 같이 위와 아래가 결국 똑같은 그림이 되고 말았는데도 불구하고 그냥 색칠을 해 버리고는 제대로 해결하였다고 넘기는 아이들이 꽤 많았다. 그런데 몇몇 아이가 제대로 해결한 것을 보고 그 아이들 중 한 명과 나머지 아이들 간의 연결 짓기를 시도해 보았다. 칠판에 나와서 그림으로 그리고 왜 그렇게 되는지 설명을 해 보라고 하였다. 지목된 아이는 다른 아이들 앞에서 정확히 설명해 주었다. "두 분수를 합하게 되면 진분수 부분의 조각들을 한쪽에 먼저 다 채우고 나머지 조각들을 다른 쪽에 표시하면 됩니다. 그래서 답은 $3\frac{3}{10}$이 되는 것입니다." 하고 잘 설명해 주었다. 그랬더니 아이들이 여기저기에서 "아, 그렇구나!" 하며 자신의 활동 결과를 수정하기 시작하였다. 이후부터는 나머지 교과서 문제들을 수월하게 해결하고 모둠원들끼리 확인 후에 시간을 잘 마무리하였다.

🍎 6차시 이분모 분수의 덧셈 총정리

이분모 분수의 덧셈 활동에 익숙해질 수 있도록 모둠별로 돌아가며 문제 내기 활동 시간을 갖도록 한다.

💡 **돌아가며 문제 내기**

(1) 각 모둠 1번부터 차례대로 돌아가면서 모둠원들에게 2개의 분수를 불러 주면서 덧셈을 해 보라고 한다.

▶ 조건 ① : 진분수+진분수, 진분수+대분수, 대분수+대분수

▶ 조건 ② : 분모의 곱으로 통분하기, 최소공배수로 통분하기

▶ 조건 ③ : 가분수로 고쳐서 계산하는 방법, 자연수끼리의 합+진분수끼리의 합을 이용하는 방법

(2) 조건을 말한다.

(3) 조건에 따라 각자 문제를 해결한다.(문제를 낸 사람도 함께 해결한다.)

(4) 해결한 뒤 함께 답을 확인한다.(틀린 모둠원은 다른 모둠원이 도움을 준다.)

(5) 다음에는 각 모둠 2번이 문제를 낸다.(위의 순서에 따라 활동을 반복한다.)

　▶ 주의할 점 : 혼란스러움을 막기 위해 문제를 낼

때 분수의 크기를 너무 크게 하지 하도록 미리 안내를 한다.(분모의 크기가 10을 넘지 않게 하기, 자연수 부분도 5를 넘지 않게 하기)

6차시 수업 소감

오늘은 분모가 다른 분수의 덧셈에 대한 총정리 시간을 가졌다. 분수의 덧셈에 대한 원리를 수업 초반에 간략히 살펴보고 모둠별로 돌아가며 문제 내기 활동으로 시간을 모두 사용하였다. 이 활동을 아이들은 참 즐거워한다. 보드마카 하나와 모둠칠판 하

나가 제일 부담스러워하는 교과 수업에 즐겁게 참여하도록 만든다는 게 참으로 신기하고 재미있다. 10분 정도의 시간을 남기고 활동을 정리한 후 교과서 문제를 107쪽까지 해결하도록 하였다.

🍎 7차시 받아내림이 없는 이분모 진분수의 뺄셈

♣ 가정에서 본시 학습 전에 동영상 강좌 시청하고 수업에 참여하기

http://primary.ebs.co.kr/course/daum/preView?courseId=10013738&stepId=STEP10014713&lectId=LS0000000010315943(EBS 2015 초등 만점왕 수학 5−1 분수의 덧셈과 뺄셈 2강)

교사　지난 시간까지는 분모가 다른 분수의 덧셈에 대하여 알아보았습니다. 지금부터는 분모가 다른 분수의 뺄셈에 대하여 알아보도록 하겠는데 모든 원리는 덧셈과 똑같습니다. 다른 것이 있다면 더하지 않고 뺀다는 것입니다. 그러니 이 부분은 선

생님 설명 없이 여러분 스스로 해결할 수 있을 것이라 생각합니다. 지금부터 나누어 주는 활동지를 각자 해결하고 모둠원들과 함께 확인도 해 보기 바랍니다.

<table>
<tr><td>수학</td><td>4. 분수의 덧셈과 뺄셈</td><td>서울</td><td>초등학교</td></tr>
</table>

수학	4. 분수의 덧셈과 뺄셈	서울	초등학교
	5-1 받아내림이 없는 분모가 다른 분수의 뺄셈	5학년 반 번	
		이름 :	

♣ $\frac{3}{4}$을 표시하시오.

♣ $\frac{2}{3}$를 표시하시오.

♣ 두 분수의 단위분수 $\frac{1}{4}$과 $\frac{1}{3}$의 차이만큼에 해당되는 크기를 분수막대 모형에서 찾아보시오. 그 차이만큼의 크기는 얼마인가요?

♣ 그렇다면 바로 위의 '차이만큼의 크기'에 해당되는 분수의 분모 및 분수막대 모형을 이용하여 $\frac{3}{4}$과 $\frac{2}{3}$를 각각 '모양은 다르지만 크기가 같은 분수'로 나타내어 보고 아래의 띠 모델에 다시 표시하여 보시오.

$$\frac{3}{4} = \frac{\Box}{\Box}$$

$$\frac{2}{3} = \frac{\Box}{\Box}$$

♣ 두 분수의 공통분모는 얼마인가요?

♣ 위의 띠 모델을 이용하여 두 분수의 차를 구하여 봅시다.

$$(\frac{3}{4} = \frac{\Box}{\Box}) - (\frac{2}{3} = \frac{\Box}{\Box}) = \frac{\Box}{\Box}$$

♣ 공통분모를 구하기 위해 분수막대 모형을 이용하지 말고 우리는 어떤 방법으로 알 수 있나요?(두 가지 방법)

♣ 두 분수 $\frac{3}{4}$과 $\frac{2}{3}$의 차를 구하여 봅시다.

$$\frac{3}{4} - \frac{2}{3} = \frac{3 \times \Box}{4 \times \Box} - \frac{2 \times \Box}{3 \times \Box} = \frac{\Box}{\Box} - \frac{\Box}{\Box} = \frac{\Box}{\Box}$$

아이들　(열심히 활동지를 해결하고 결과도 함께 공유하면서 도움을 주고받는다.)

교사　다 된 모둠은 도우미가 모둠칠판과 보드마카를 가져와서 나누어 주고 돌아가며 문제 내기 활동을 진행합니다.

💡 **돌아가며 문제 내기**

▶ 조건 ① : 진분수－진분수

▶ 조건 ② : 분모의 곱으로 통분하기, 최소공배수로 통분하기

▶ 주의할 점 : 혼란스러움을 막기 위해 문제를 낼 때 분수의 크기를 너무 크게 하지 말도록

미리 안내를 한다.(분모의 크기가 20을 넘지 않게 하기)

아이들　(모둠별로 돌아가며 문제 내기 활동을 한다.)

교사　지금까지 수고 많았습니다. 모둠칠판과 보드마카는 걷어서 본래의 자리에 놓아두고, 교과서 108~109쪽까지 스스로 해결하고 모둠원들과 함께 결과를 확인해 보기 바랍니다. 틀린 것이 있으면 다시 풀어 보고 확인해 가면서 서로 도움을 주고받도록 하세요.

아이들　(각 개인별로 교과서 속 문제를 해결하고 모둠별로 확인하면서 도움을 주고받는다.)

🍎 **8차시 받아내림이 없는 이분모 대분수의 뺄셈**

교사　지금부터 나누어 주는 활동지를 각자 해결하고 모둠원들과 함께 확인도 해 보기 바랍니다.

아이들　(열심히 활동지를 해결하고 결과도 함께 공유하면서 도움을 주고받는다.)

 수학　　4. 분수의 덧셈과 뺄셈
5-1 받아내림이 없는 분모가 다른 대분수의 뺄셈

서울	초등학교
5학년　　반　　번	
이름 :	

1. $1\frac{1}{2}-1\frac{2}{5}$의 계산 방법 알아보기

(1.1) 분수막대 모형에서 $\frac{1}{2}$과 $\frac{1}{5}$의 차이만큼에 해당되는 크기를 찾아보고 공통분모를 말하여 봅시다.

(1.2) $1\frac{1}{2}-1\frac{2}{5}$의 계산을 그림으로 해결해 보시오.

통분하기 전	공통분모로 통분한 후
$1\frac{1}{2}$	$1\frac{\square}{\square}$

(뒷면에 계속)

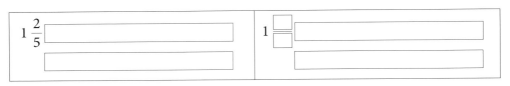

$1\dfrac{2}{5}$ [ ][ ] 1 [ ] [ ]

(1.3) 통분한 그림에서 $1\dfrac{2}{5}$ 만큼 X표시로 지우고 계산해 보시오. (답) $\dfrac{\Box}{\Box}$

(2.1) 자연수는 자연수끼리, 진분수는 진분수끼리 계산하여 해결하시오.

$$1\dfrac{1}{2} - 1\dfrac{2}{5} = 1\dfrac{\Box}{\Box} - 1\dfrac{\Box}{\Box} = \left(\boxed{} - \boxed{}\right) + \left(\dfrac{\Box}{\Box} - \dfrac{\Box}{\Box}\right) = \boxed{}$$

(3.1) 가분수로 고쳐서 해결하시오.

$$1\dfrac{1}{2} - 1\dfrac{2}{5} = \dfrac{\Box}{2} - \dfrac{\Box}{5} = \dfrac{\Box}{\Box} - \dfrac{\Box}{\Box} = \boxed{}$$

교사 　다 된 모둠은 도우미가 모둠칠판과 보드마카를 가져와서 나누어 주고 부채모양 뽑기 활동을 진행합니다.

아이들 　(모둠별로 부채모양 뽑기 활동을 한다.)

💡 부채모양 뽑기

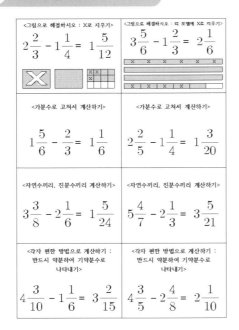

(1) 각 모둠의 1번이 문제 카드를 부채모양으로 펴 들고서 말한다. "아무거나 한 장 뽑으세요."

(2) 2번이 한 장의 문제 카드를 뽑아 모둠원들에게 읽어 준다.

(3) 나머지 모둠원은 개인 칠판에 문제를 받아 적고 풀이를 시작한다.

(4) 모둠원들이 풀이를 마치면 2번이 정답을 점검한다.

▶ 풀이를 잘한 모둠원에게는 칭찬을, 틀린 모둠원에게는 격려를 해 준다.

▶ 풀이 과정에서 해결이 잘 되지 않는 모둠원이 있으면 적극적으로 도움을 구하고, 다른 모둠원들은 친절하게 도움을 준다.

▶ 풀이 과정에 대하여 논의가 필요한 부분이 있으면 모둠원들끼리 토의·토론을 한다.

(5) 2번이 문제 카드를 부채모양으로 펴 들면 3번이 한 장의 문제 카드를 뽑아 모둠원들에게 읽어 준다.(이후의 과정을 계속 반복한다.)

교사 지금까지 수고 많았습니다. 모둠칠판과 보드마카는 걷어서 본래의 자리에 놓아두고, 교과서 110~111쪽까지 스스로 해결하고 모둠원들과 함께 결과를 확인해 보기 바랍니다. 틀린 것이 있으면 다시 풀어 보고 확인해 가면서 서로 도움을 주고받도록 하세요.

아이들 (각 개인별로 교과서 속 문제를 해결하고 모둠별로 확인하면서 도움을 주고받는다.)

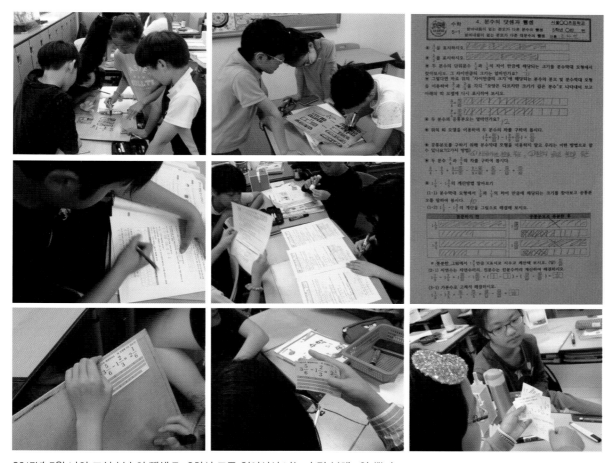

2015년 5월 나의 교실 분수의 뺄셈 7~8차시 모두 일어서서 나누기 및 부채모양 뽑기

 7~8차시 수업 소감

분모가 다른 분수의 뺄셈을 처음 시작하면서 블록 수업으로 두 시간 분량을 진행해 보았다. 시작 초반에 모두 일어서서 나누기 활동으로 $3\frac{1}{2} - 1\frac{1}{3}$을 가분수로 고치고 통분하여 계산한 것이 그림으로 표현되도록 모둠원들과 협의해 보라고 하였다. $3\frac{1}{2}$을 가분수로 고치고 통분하였을 때 □□□□□ □□□□□ □□□□□□와 같이 표현하는 것이 맞다고 생각하는 모둠과 □□□□□□ □□□□□□ □□□□□□와

03
분수의
덧셈과
뺄셈

같이 표현하는 것이 맞다고 생각하는 모둠으로 나뉘었다. 두 가지 생각의 차이점을 서로 이야기하는 가운데 두 번째와 같이 표현하는 것이 맞다는 쪽으로 모두의 생각이 기울었다. "가분수로 표현해야 한다면 각각의 자연수 부분도 공통분모와 같이 6등분된 표시가 있어야 하기 때문에 두 번째 표현이 맞는 것입니다."라고 발표하는 아이의 생각에 모두가 설득되었기 때문이다. 정확히 표현하였다. 지금까지 개념 중심의 분수 학습을 해 온 덕분이라 여겨진다. 여기에 약 10분 정도의 시간이 사용되었다.

이어서 2차시 분량에 해당되는 활동지를 나누어 주고 개별 활동 및 모둠별 확인 시간을 가졌다. 개별 활동 및 모둠별 확인 시간은 각기 달랐지만 대체로 15분 정도 안에 모두 마무리하였다. 활동지 해결이 다 된 모둠은 보드마카와 모둠칠판을 활용하여 돌아가며 문제 내기 활동을 하도록 안내하였다. 약 20분 정도 시간을 가진 뒤에 부채모양 뽑기 활동을 위해 문제가 적힌 종이를 나누어 주었다. 또 다른 활동인지라 아이들은 나름대로 재미를 느끼며 참여하였다. 이를 해결하는 데도 약 20분 정도의 시간이 사용되었다. 나머지 시간은 교과서 문제해결 시간으로 사용되었다. 두 시간이라는 시간이 크게 부담스럽지 않으면서도 아이들은 웃으며 즐겁게 참여하는 모습을 보였다. 역시 아이들은 스스로 재미를 느껴서 능동적으로 참여할 때 참다운 배움의 자세 및 효과가 확실히 나타난다는 것, 아이들도 사실은 알고자 하는 욕구, 배우고자 하는 마음을 갖고 있다는 것, 그리고 협동학습은 그것을 정말로 잘 끌어내 준다는 것을 오늘도 확인하는 시간이었다.

🍎 9차시 받아내림이 있는 이분모 대분수의 뺄셈

교사 이번 시간에는 분수의 뺄셈 마지막 단계인 받아내림이 있는 대분수의 뺄셈에 대하여 알아보도록 하겠습니다. 이에 앞서 기초가 되는 내용을 먼저 살펴보도록 하겠습니다. 대분수 $2\frac{1}{4}$을 그림으로 표현한다면 어떻게 그릴 수 있습니까? 또한 $2\frac{1}{4}$을 가분수로 고치면 $\frac{9}{4}$가 되는데 이를 그림으로 표현한다면 어떻게 그릴 수 있습니까? 지금부터 모두 일어서서 나누기 활동을 해 보도록 하겠습니다. 모둠별로 일어서서 협의 후 논의가 된 모둠은 자리에 앉도록 하겠습니다. 협의할 때 보드마카와 모둠칠판을 활용하면 됩니다.

아이들 (각 모둠별로 일어서서 열심히 협의한 후 논의를 마치고 자리에 앉는다.)

교사 자, 그러면 협의된 것을 발표해 보도록 합니다. ○○모둠 ○번이 이야기 칠판에 그림으로 표현해 보도록 합니다.

아이들 (지목된 아이가 모둠에서 협의한 대로 칠판에 그림으로 표현한다.) $2\frac{1}{4}$은 자연수 2와 진분수 $\frac{1}{4}$로 나누어 다음과 같이 그리면 됩니다. ⬜ 그리고 가분수 $\frac{9}{4}$는 ⬜와 같이 그리면 됩니다.

교사 다른 모둠의 생각은 어떤가요?

아이들 저희들도 똑같이 생각하였습니다.(만일 최초 발표 아이가 그림을 다르게 그렸을 경우 발표한 내용과 다르게 생각한 모둠의 아이들과 연결 짓기를 하여 수정해 나가도록 돕는다.)

교사 좋아요. 그렇다면 $2\frac{1}{4} - 1\frac{1}{2}$을 두 가지 방법으로 해결하는 과정을 수식이 아니라 그림으로 표현해 보도록 합시다. 지금부터 설명하는 것을 잘

들기 바랍니다.

(1) 먼저 받아내림이 있는 자연수끼리, 진분수끼리 계산하는 방법입니다.

| X | | | X | X | | | $2\frac{1}{4}$ (받아내림이 있기 때문에 1은 4등분 표시)

| X | | X | X | | $1\frac{1}{2} = 1\frac{2}{4}$ (공통분모로 통분한 상태)

$2\frac{1}{4}$에서 $1\frac{2}{4}$를 빼고 나면(X표시를 하여 지우고 나면) $\frac{1}{4}$이 3개가 남게 됩니다. 그러므로 결과는 $\frac{3}{4}$이 됩니다. 어떻게 표현해야 하는지 잘 보았지요?

(2) 다음은 가분수로 고쳐서 계산하는 방법입니다.

| X | X | X | X | | | X | X | | | $2\frac{1}{4}$ (가분수로 고친 것)

| X | X | X | X | X | X | | $1\frac{1}{2} = 1\frac{2}{4}$ (공통분모로 통분한 후 가분수로 고친 것)

$2\frac{1}{4}$에서 $1\frac{2}{4}$를 빼고 나면(X표시를 하여 지우고 나면) $\frac{1}{4}$이 3개가 남게 됩니다. 그러므로 결과는 $\frac{3}{4}$이 됩니다. 어떻게 표현해야 하는지 잘 보았지요? 지금 설명해 준 것을 잘 이해하고 기억하면서 지금 나누어 주는 활동지를 해결하고 모둠원들과 함께 확인도 해 보기 바랍니다.

아이들 (열심히 활동지를 해결하고 결과도 함께 공유하면서 도움을 주고받는다.)

 수학　　**4. 분수의 덧셈과 뺄셈**
5-1 받아내림이 있는 분모가 다른 대분수의 뺄셈

서울		초등학교
5학년	반	번
이름 :		

♣ $3\frac{1}{2} - 1\frac{2}{3}$ 를 다양한 방법으로 계산하여 봅시다.

1. 그림으로 해결하기 ①(그림으로 '통분 ⇨ 받아내림'이 나타나도록 표현하기)

통분되기 전	통분된 후
$3\frac{1}{2}$	$3\frac{\square}{\square}$
$1\frac{2}{3}$	$1\frac{\square}{\square}$

(뒷면에 계속)

03
분수의
덧셈과
뺄셈

⇨ 위의 그림으로 알아본 결과 $3\frac{1}{2}-1\frac{2}{3}=$ ☐ 입니다.

2. 그림으로 해결하기 ②(그림으로 '통분 ⇨ 가분수'로 바뀐 모습이 나타나도록 표현하기)

고치기 전	가분수로 고친 결과	통분된 후	통분된 후의 가분수를 그림으로 표현하기
$3\frac{1}{2}$	$\dfrac{\square}{2}$	$\dfrac{\square}{\square}$	
$1\frac{2}{3}$	$\dfrac{\square}{3}$	$\dfrac{\square}{\square}$	

⇨ 위의 그림으로 알아본 결과 $3\frac{1}{2}-1\frac{2}{3}=$ ☐ 입니다.(대분수로 표현하시오.)

3. 수식으로 해결하기 ①(자연수끼리, 분수끼리 계산하는 방법)

⇨ $3\frac{1}{2}-1\frac{2}{3}=$

4. 수식으로 해결하기 ②(가분수로 고쳐서 계산하는 방법)

⇨ $3\frac{1}{2}-1\frac{2}{3}=$

교사　다 해결되었지요? 시간이 어느 정도 남았네요. 남은 시간에는 각자 교과서 문제를 해결하고 모둠원들과 함께 확인해 보기 바랍니다.

아이들　(각자 교과서 문제를 해결하고 모둠원과 함께 확인한다.)

9차시 수업 소감

분수의 뺄셈 마무리 차시로 받아내림이 있는 대분수의 뺄셈을 다루면서 특히 그림으로 해결하는 과정에 집중해 보고자 하였다. 이를 위해 우선 $2\frac{1}{4}$을 그림으로, $2\frac{1}{4}=\frac{9}{4}$를 그림으로 표현하기를 모두 일어서서 나누기 구조 활동으로 함께 알아보았다. 지난 시간의 경험과 함께 협동적으로 상의하는 과정이 서로에게 도움이 되었는지 모두 잘 이해하였다. 이어서 $2\frac{1}{4}-1\frac{1}{2}$을 예로 들어 자연수끼리 분수끼리 뺄셈하는 과정에서 받

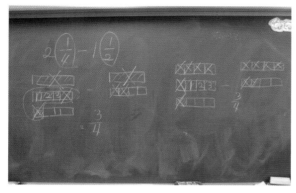

2015년 5월 나의 교실 분수의 뺄셈 9차시 그림으로 해결하기

아내림을 하는 상황이 그림 속에 표현되도록 하는 방법과 가분수로 고쳐서 해결하는 과정이 그림 속에 표현되도록 하는 방법을 함께 알아보는 시간을 가졌다. 본문의 내용처럼 설명을 차근차근 해 준 뒤에 그와 같은 방법으로 나누어 주는 활동지를 해결해 보도록 하였다. 역시 아이들마다 배움의 속도는 크게 달랐다. 하지만

속도는 별 문제가 되지 않았다. 배움이 느린 아이들이 몇 명 있었지만 속도가 빠른 아이들이 느린 아이들을 어느새 도와주고 있는 분위기가 자연스럽게 형성되었다는 점에서 나는 큰 만족감을 갖는다. 아이들도 이제는 자연스럽게 내게 먼저 도움을 요청하지 않는다. 모둠 내의 친구들이 가장 든든한 조력자라는 사실을 확실히 깨달은 듯하였다.

2015년 5월 나의 교실 분수의 뺄셈 9차시 활동지 해결 과정에서 도움 주고받기와 그 결과물

🍎 10차시 이분모 분수의 뺄셈 총정리

교사 오늘은 분수의 덧셈과 뺄셈 마지막 시간으로 미션활동 및 교과서 114~115쪽 "공부를 잘했는지 알아봅시다."로 단원 평가 실시 전 간략한 학습 활동 상황을 점검해 보도록 하겠습니다. 지금부터 나누어 주는 미션활동지를 협동적으로 먼저 해결해 보기 바랍니다.

아이들 (모둠별로 협동적으로 과제를 해결한다.)

교사 자, 각 모둠별로 해결한 것에 대하여 확인을 해 보도록 하겠습니다. ○○모둠, ○○○이가 설명해 보도록 하겠습니다.(지목받은 아이가 해결하고 함께 지켜보면서 확인한다. 수정할 부분이 있다면 다른 아동과 연결 짓기를 통해 스스로 해결해 나갈 수 있도록 기다려 준다.)

수학 5-1	4. 분수의 덧셈과 뺄셈 단원 종합 미션 과제	서울　　　　　초등학교 5학년　　　반　　　번 이름 :

1. 미션 과제 1

칭기즈칸은 부하들과 10km를 3시간 만에 이동하려고 합니다. 그림을 보고 칭기즈칸의 부대는 마지막 1시간 동안에 몇 km를 전진해야 하는지 알아보시오.

풀이 과정 설명

※ 풀이 : 2시간 동안 이동한 거리 $= 3\frac{1}{2} + 3\frac{3}{8} = 6\frac{7}{8}$

　　　　　남은 1시간 동안 이동해야 할 거리 $= 10 - 6\frac{7}{8} = 9\frac{8}{8} - 6\frac{7}{8} = 3\frac{1}{8}$

2. 미션 과제 2

칠판에 다음과 같이 세 개의 분수와 지워진 식이 있습니다. 창기가 칠판에 있는 세 분수를 지워진 자리에 넣어 계산 결과가 가장 크게 만들었다고 합니다. 창기가 만든 식의 계산 결과는 무엇인지 알아보시오.

풀이 과정 설명

생각이 살아 있는 협동학습 수학 수업의 실제

※ 풀이 : 세 분수를 통분하면 $\frac{13}{15}, \frac{1}{6}, \frac{3}{5} = \frac{26}{30}, \frac{5}{30}, \frac{18}{30}$

세 분수를 큰 순서대로 쓰면 $\frac{13}{15} > \frac{3}{5} > \frac{1}{6}$ 이 된다.

계산 결과가 가장 크려면 빼야 하는 ㉡에 가장 작은 수가 들어가야 한다.

따라서 ㉡은 가장 작은 수인 $\frac{1}{6}$ 이 된다. 이를 바탕으로 식을 만들면 아래와 같이 두 가지 식이 만들어질 수 있다.

(1번 식) $\frac{13}{15} - \frac{1}{6} + \frac{3}{5} = \frac{26}{30} - \frac{5}{30} + \frac{18}{30} = \frac{39}{30} = 1\frac{9}{30} = 1\frac{3}{10}$

(2번 식) $\frac{3}{5} - \frac{1}{6} + \frac{13}{15} = \frac{18}{30} - \frac{5}{30} + \frac{26}{30} = \frac{39}{30} = 1\frac{9}{30} = 1\frac{3}{10}$

교사 수고하였습니다. 이제 교과서 114~115쪽 "공부를 잘했는지 알아봅시다."로 단원 평가 실시 전 간략한 학습 활동 상황을 점검해 보도록 하겠습니다. 지금부터 각자 해결한 뒤 앞에 나와서 답지를 보고 결과를 확인해 보기 바랍니다. 모둠별로 한 사람 정도 답을 확인한 사람이 있으면 이후부터는 그 사람을 중심으로 정답 확인을 해 주시기 바랍니다.

지금부터 시작합니다.

아이들 (개인별, 모둠별로 학습 활동 상황 점검 및 결과 확인을 실시한다.)

교사 다 된 친구들은 각자 교과서 문제 중 해결하지 못한 부분을 해결해 나가도록 합니다. 수고 많았습니다.

10차시 수업 소감

분수의 덧셈과 뺄셈 단원 총정리를 하는 차원에서 미션 과제 해결 및 교과서 114~115쪽 "공부를 잘했는지 알아봅시다."로 단원 평가 실시 전 간략한 학습 활동 상황을 점검해 보았다.

2015년 5월 나의 교실 분수의 덧셈과 뺄셈 10차시 미션 과제 해결

03
분수의
덧셈과
뺄셈

제2장 협동학습으로 만드는 5학년 수학 수업 153

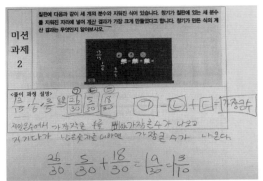

2015년 5월 나의 교실 분수의 덧셈과 뺄셈 10차시 미션 과제 결과물

이제 아이들은 어떤 활동을 제시하든 자연스럽게 ⑴ 혼자 생각하기 ⇨ ⑵ 함께 해결 방법 공유하기를 실천한다. 여기까지 오는 데 두 달 조금 넘는 긴 세월이 걸렸다. 하지만 앞으로의 일들을 생각한다면 충분히 의미 있는 시간이었다고 자신 있게 이야기할 수 있다. 약 10분 정도 시간이 흐르고 나니 대부분의 모둠이 과제를 해결하였다. 번호순으로 구조를 활용하여 결과도 함께 공유해 보았다. 각 모둠에 보드마카 1개, 모둠칠판 1개를 주고 무작위로 번호를 부르면 그 아동이 일어나 옆 모둠으로 이동한 후 자신의 모둠에서 과제를 해결한 과정 및 결과를 그대로 모둠칠판에 쓰도록 하고 필요한

경우에는 설명까지 할 수 있도록 하는 것이 번호순으로 구조 활동이다. 미션 과제 1번은 각 모둠별로 2번이 다른 모둠으로 이동하여 모둠칠판에 해결해 보고 그 내용을 설명해 주도록 하였다. 한 명도 빠짐없이 제대로 설명해 주었다. 미션 과제 2번은 각 모둠별로 3번이 하도록 하였는데 이 또한 제대로 설명을 잘해 주었다.

이렇게 미션활동을 정리한 후에 수학책 "공부를 잘했는지 알아봅시다."로 단원 평가 실시 전 간략한 학습 활동 상황을 점검해 보았다. 대체로 별 어려움 없이 잘 해결해 나가는 모습을 볼 수 있었다. 마지막 단원 평가로 판단하여 피드백을 해 주어야겠다.

2015년 5월 나의 교실 수학책 '공부를 잘했는지 알아봅시다' 활동

🍎 11차시 단원 정리–단원 평가

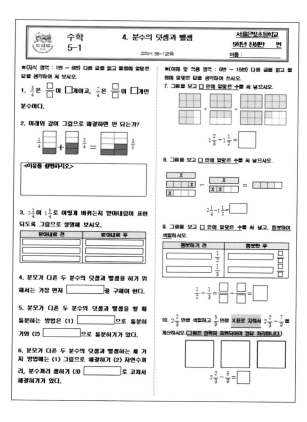

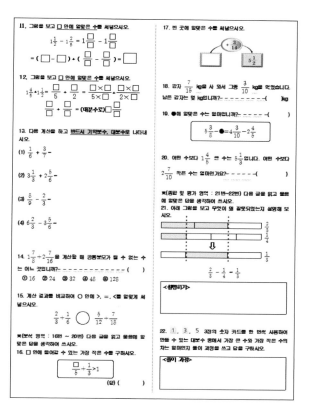

04 분수의 곱셈

단원 소개 및 문제의식 갖기

교사용 지도서를 보면 이 단원에서는 3, 4, 5학년에서 배운 관련 학습 경험을 바탕으로 분수의 곱셈을 학습하게 된다. 또한 구체적인 생활 장면에서 분수의 곱셈의 필요성을 인식하고, 분수의 곱셈을 해결하기 위한 구체적인 조작 활동을 하면서 분수의 곱셈 계산 방법을 알아본다. 그리고 분수의 곱셈 계산 방법에 대한 이해를 바탕으로 약분하여 계산하기 및 익히기 연습을 하게 된다.[1] 학습 목표 및 단원 발전 계통을 살펴보면 아래와 같다.[2]

단원 학습 목표

내용	1. (진분수)×(자연수)의 계산 원리를 알고 약분하여 간단히 계산할 수 있다. 2. (대분수)×(자연수)의 계산 원리를 알고 약분하여 간단히 계산할 수 있다. 3. (자연수)×(진분수)의 계산 원리를 알고 약분하여 간단히 계산할 수 있다. 4. 곱하는 수가 1보다 작으면 곱이 곱해지는 수보다 작아지는 것을 알 수 있다. 5. (자연수)×(대분수)의 계산 원리를 알고 약분하여 간단히 계산할 수 있다. 6. 단위분수끼리의 곱셈 원리를 알고 간단히 계산할 수 있다. 7. 진분수끼리의 곱셈 원리를 알고 약분하여 간단히 계산할 수 있다. 8. 대분수끼리의 곱셈 원리를 알고 약분하여 간단히 계산할 수 있다. 9. 세 분수의 곱셈 원리를 알고 약분하여 간단히 계산할 수 있다.
과정	1. 문제 상황을 곱셈 상황으로 이해하여 분수의 곱으로 나타내고 분수의 곱셈 문제를 해결할 수 있다. 2. 여러 가지 분수의 곱셈에 대하여 친구들과 이야기하며 수학적 의사소통능력을 기를 수 있다. 3. 빠르고 편리하게 계산하는 방법을 추론할 수 있다.
태도	1. 문제에서 주어진 상황을 곱셈으로 나타낼 수 있는지 알아본다. 2. 분수의 덧셈 및 뺄셈 방법과의 차이점을 알아본다. 3. 빠르고 정확한 계산을 할 수 있도록 한다.

---

1 2009 개정 교육과정에 따른 수학과 교사용 지도서 5학년 1학기. 2015. p. 334.
2 2009 개정 교육과정에 따른 수학과 교사용 지도서 5학년 1학기. 2015. p. 335.

단원의 발전 계통

선수 학습	본 학습	후속 학습
• 3학년 분수 • 4학년 분수의 덧셈과 뺄셈 • 5학년 분수의 덧셈과 뺄셈	• (분수)×(자연수)의 계산 • (자연수)×(분수)의 계산 • (분수)×(분수)의 계산 • 세 분수의 곱셈	• 5학년 분수의 나눗셈 • 6학년 분수의 나눗셈

위의 내용에 근거를 두고 교사용 지도서는 본 단원의 전개 계획을 아래와 같이 제시[3]하였으나 현장에서 그대로 따라서 지도하기에는 무리가 있다는 생각이 든다.

차시	재구성 이전	수업 내용 및 활동
1	단원 도입(스토리텔링)	• 스토리텔링을 통하여 분수의 곱셈이 쓰이는 상황을 이해하기 • 분수의 곱셈이 실생활에서 필요함을 알기
2	(진분수)×(자연수) 계산	• (진분수)×(자연수)의 계산 원리 이해하기 • (진분수)×(자연수)를 약분하여 간단하게 계산하기
3	(대분수)×(자연수) 계산	• (대분수)×(자연수)의 계산 원리 이해하기 • (대분수)×(자연수)를 약분하여 간단하게 계산하기
4	(자연수)×(진분수) 계산	• (자연수)×(진분수)의 계산 원리 이해하기 • (자연수)×(진분수)를 약분하여 간단하게 계산하기 • 곱하는 수가 1보다 작으면 곱이 곱해지는 수보다 작아진다는 것 알기
5	(자연수)×(대분수) 계산	• (자연수)×(대분수)의 계산 원리 이해하기 • (자연수)×(대분수)를 약분하여 간단하게 계산하기
6	(단위분수)×(단위분수) 계산	• (단위분수)×(단위분수)의 계산 원리 이해하기 • 곱하는 수가 1보다 작으면 곱이 곱해지는 수보다 작아진다는 것 알기
7	(진분수)×(진분수) 계산	• (진분수)×(진분수)의 계산 원리 알기 • (진분수)×(진분수)를 약분하여 간단하게 계산하기
8	(대분수)×(대분수) 계산	• (대분수)×(대분수)의 계산 원리 알기 • (대분수)×(대분수)를 약분하여 간단하게 계산하기
9	세 분수의 곱셈	• 세 분수의 곱셈의 계산 원리 알기 • 세 분수의 곱셈을 약분하여 간단하게 계산하기
10	단원 정리(문제 풀기)	• 단원에서 배운 내용을 문제 풀며 정리하기

---

3 2009 개정 교육과정에 따른 수학과 교사용 지도서 5학년 1학기. 2015. p. 337.

11	문제해결	• 여러 가지 방법으로 분수의 곱셈에 관한 문제해결하기
12	이야기 마당	• 오봉산에 얽힌 재미있는 이야기 알기 • 오봉산 이야기를 통해 분수의 곱셈 활용 경험하기

문제의식을 갖게 만드는 점 몇 가지를 살펴보면 다음과 같다.

단원 도입의 목적 및 내용 구성에 대한 고민

지도서에 나타난 단원 도입 목적을 살펴보면 구체적인 생활 장면에서 분수의 곱셈의 필요성을 인식하기, 곱셈의 계산 방법을 알아보고 약분하여 계산하기 및 익히기 연습에 집중되어 있음을 알 수 있다. 그러나 단원 소개 앞부분을 보면 실생활에서 분수보다 곱셈의 활용 빈도가 더 높고 계산기에서도 유리수의 곱셈이 소수를 기초로 하여 이루어지기 때문에 그의 유용성은 분명히 떨어진다고 할 때 앞과 뒤가 서로 잘 맞지 않는다고 볼 수가 있다. 물론 산술적인 측면에서는 소수보다 분수가 훨씬 더 유리하다는 점은 분명히 인정한다. 왜냐하면 소수의 경우 나누어떨어지지 않는 순환소수라는 경우의 수가 발생하지만 분수는 그런 경우가 없어 더 정확한 값을 표현할 수 있다는 장점을 갖고 있기 때문이다. 그래서일까 실제 교과서 내용을 살펴보면 이 단원에서는 단원 소개에서 안내한 바와 다르게 다양한 분수의 곱셈 상황에 대한 개념적 이해를 바탕으로 한 곱셈 알고리즘 숙달 중심의 내용으로 교과서가 구성되어 있다는 점을 알게 된다. 물론 단원 소개 중간에 5학년 아이들이 이 부분을 매우 어렵게 느낀다는 점을 감안하여 이렇게 구성했다는 점은 충분히 공감이 간다. 결국 이 단원의 목적은 분수의 곱셈에 대한 알고리즘 습득 및 문제 풀이에 있다고 해도 과언이 아니라 볼 수 있다.

그래도 실제 교과서 내용을 살펴볼 때 매 차시마다 생각 열기 부분을 살펴보면 다양한 분수 곱셈의 상황(분수×자연수, 자연수×분수, 분수×분수)에 대한 개념 이해(주어진 상황이 왜 곱셈인지 이해하는 것)에 매우 많은 신경을 썼다는 점에서 높은 점수를 주고 싶다. 그에 대한 노력은 지도상의 유의점, 단원 배경지식 부분에서 잘 드러나고 있어서 매우 다행이라 여겨진다. 그러나 한계는 여기까지인 것 같아서 아쉽다. 왜냐하면 본 단원의 목표에 비추어 볼 때 교과서 내용 대부분이 분수 곱셈의 의미 및 알고리즘의 이해(왜 분모는 분모끼리 곱하고 분자는 분자끼리 곱하는가?)를 명쾌하게 설명해 주지 못하고 있기 때문이다. 좀 더 구체적으로 살펴보기 위해 지도서에 나타난 지도상의 유의점, 단원 배경지식, 교과서 내용 등을 함께 살펴보면서 이야기를 하나씩 차근차근 풀어 나가 보도록 하겠다.

우선 지도서에 제시된 지도상의 유의점[4]을 살펴보면 분수 곱셈의 표준 알고리즘에 치우쳐 지도하지 말고 분수 곱셈의 의미(어떤 상황을 말하는 것인가), 분수 곱셈 계산을 사용하는 이유를 알게 하라고 되어 있다. 그리고 계산 방법의 형식화보다는 조작 활동을 통한 계산 원리에 중점을 두어야 한다고 되

---

4 2009 개정 교육과정에 따른 수학과 교사용 지도서 5학년 1학기. 2015. p. 338.

어 있으며 이를 위해 구체물이나 그림을 이용하여 규칙을 발견할 수 있도록 지도해야 함을 매우 강조하였다. 그러면서 분수의 곱셈 결과가 작아질 수도 있음을 통해 자연수의 곱셈과 분수의 곱셈 간의 차이점을 명확히 인식할 수 있도록 도와주어야 한다는 것, 최대공약수로 약분하는 것을 강조하지 말 것, 대분수가 포함된 곱셈에서 분배법칙이나 결합법칙을 이용하여 계산하는 것이 아이들에게 매우 추상적이므로 구체적이고 시각적인 모델을 통하여 지도할 것, 기약분수로 답하지 않은 것을 틀린 것으로 처리하지 않도록 할 것 등을 매우 꼼꼼하게 안내해 주었다. 하지만 이런 생각을 바탕으로 교과서 내용을 꼼꼼히 살펴보면 지도상의 유의점이 제대로 반영되어 있지 못하다는 생각을 지울 길이 없다. 아마도 이런 문제점이 발생하게 된 이유는 지도서 집필진과 교과서 집필진이 서로 다른 사람이거나 스스로 자기 모순에 빠진 상황이거나 아니면 앞에서 자신이 제시한 유의점을 잊어버리고 교과서 내용을 기술해 나간 상황 중 한 가지일 것이라는 게 개인적인 생각이다. 이유야 어찌 되었든 분명히 지도상의 유의점이 교과서 내용 구성 및 전개 방식에 충분히 반영되지 않았다는 점은 분명한 사실이다. 그 이유에 대해서는 다음의 단원 배경지식의 문제점에서 좀 더 구체적으로 다루어 보도록 하겠다.

단원 배경지식[5]에 나타나는 분수 곱셈의 의미와 그 지도에 대한 문제점

분수의 곱셈의 의미

이 부분의 배경지식 내용을 살펴보면 분수의 곱셈은 승수가 자연수인 경우를 제외하고는 동수누가의 의미로 설명할 수 없다고 하면서 아래와 같이 설명하고 있다.

$\frac{1}{2} \times 3$은 $\frac{1}{2}$을 3번 더하는 것으로 이해할 수 있지만 $\frac{1}{2} \times \frac{1}{3}$과 같은 경우에는 이 개념으로 설명하기 어렵다.

이를 이유로 아래의 세 가지 상황을 이용하여 설명할 수 있다고 강조하고 있다.

(가) 묶음 상황 : 모든 분수의 곱셈은 묶음의 의미로 해석할 수 있다.

예 $2 \times 3 = 2$개짜리 3묶음. $\frac{1}{2} \times 3$은 $\frac{1}{2}$짜리 3묶음으로 해석, $3 \times \frac{1}{2}$은 3개짜리 $\frac{1}{2}$묶음으로 해석 ⇨ 따라서 $\frac{1}{2} \times \frac{1}{3}$도 $\frac{1}{2}$짜리 $\frac{1}{3}$묶음으로 해석할 수 있다.

💡 **나의 문제 제기**

'$3 \times \frac{1}{2}$은 3개짜리 $\frac{1}{2}$묶음으로 해석'에 대하여 그림으로 표현하면 아래와 같다.

5 2009 개정 교육과정에 따른 수학과 교사용 지도서 5학년 1학기. 2015. pp. 339~341.

04
분수의
곱셈

그렇다면 아래의 경우에는 어떻게 해석해야 할까?

"$3 \times \frac{5}{7}$는 3개짜리 $\frac{5}{7}$ 묶음으로 해석한다." 이렇게 해야 하나? 그리고 이를 그림으로 표현하면 어떻게 될까?(위의 사과 그림은 연속량이 아닌 이산량으로 표현하였기 때문에 문제가 된다고 볼 수 있겠지만 $3 \times \frac{5}{7}$를 연속량으로 표현하더라도 이에 대한 그림으로의 표현은 교사나 아이들 모두 힘든 일이라는 점은 쉽게 느낄 수 있을 것이다.)

	1	2	3

이렇게 연속량 3이 있다. 여기에 어떻게 $\frac{5}{7}$ 묶음을 표시할 것인가? 분명히 고민이 될 것이다. 또한 이런 식의 해결 과정은 분수 곱셈 알고리즘 원리의 이해(분모는 분모끼리 곱하고 분자는 분자끼리 곱한다는 것에 대한 이해)라는 것을 돕는다는 점과도 거리가 멀다.

(나) 비율 상황 : 분수의 곱셈은 비율이 사용되는 상황에도 적용할 수 있다.

예 시속 $\frac{1}{2}$km로 $\frac{1}{3}$ 시간만큼 갔을 때 이동 거리$=\frac{1}{2} \times \frac{1}{3}$(km)

💡 나의 문제 제기

비율 상황 또한 묶음 상황과 큰 차이가 없다. (분수×자연수) 상황까지는 설명에 큰 무리가 없어 보이나 (자연수×분수) 상황으로 가면 설명에 어려움이 생긴다. 묶음 상황과 숫자를 그대로 유지하면서 상황만 바꾸어 표현하면 아래와 같다.

"시속 3km의 속도로 $\frac{5}{7}$ 시간만큼 갔을 때 이동 거리$=3 \times \frac{5}{7}$(km)"라고 할 수 있는데 이를 통해 어떻게 분모는 분모끼리 곱하고 분자는 분자끼리 곱한다는 것에 대한 이해를 도울 수 있을 것인지 의문이 든다.

 묶음 상황과 비율 상황에 대한 이해 돕기

나의 견해로 볼 때 묶음 상황과 비율 상황은 결국 '~배' 개념의 동일한 적용에 불과하다고 여겨진다. 그 이유는 아래와 같다.

초등 수학에서의 곱셈 개념	(1) 자연수의 곱='동수누가'의 개념으로 접근하는 것이 일반적 예 사과 5개, 3묶음$=5 \times 3$(배)$=5+5+5=15$개
	(2) 분수의 곱='~배(전체-부분)'의 개념으로 접근하는 것이 일반적 예 끈 6m, $\frac{1}{2}$배$=6 \times \frac{1}{2}$(배)$=$전체 6을 2등분한 것 중 1개$=3$m

위의 두 사례는 예시에서 보는 바와 같이 피승수와 승수가 서로 다른 양(개와 묶음, m와 배)일 경우에 적용될 수 있는 것으로 결국은 '~배'의 개념으로 접근하게 된다. 다만 자연수가 승수일 때는 수의 크기가 커지지만 분수가 승수일 때는 수의 크기가 작아진다는 것을 아이들이 이해하

기에 큰 어려움이 있다는 점을 제외한다면 결과를 얻는 데는 큰 어려움이 없는 내용들이다. 그러나 "분모는 분모끼리 곱하고 분자는 분자끼리 곱한다는 분수 곱셈 알고리즘의 이해"라는 측면에서 바라본다면 이 또한 제대로 된 배경지식과 설명이라 말할 수 없다.

(다) 넓이 상황 : 분수의 곱셈을 넓이를 바탕으로 해석할 수 있다.

예 $\frac{1}{2} \times 3$이 가로가 $\frac{1}{2}$m, 세로가 3m인 직사각형의 넓이로 해석할 수 있는 것과 마찬가지로 $\frac{1}{2} \times \frac{1}{3}$은 가로의 길이가 $\frac{1}{2}$m, 세로의 길이가 $\frac{1}{3}$m인 직사각형의 넓이로 해석할 수 있다.

 직사각형 넓이 상황에 대한 이해 돕기

여기에서 초등 수학에서의 세 번째 곱셈 개념이 등장한다.

초등 수학에서의 곱셈 개념	(3) 직사각형 넓이 개념='가로의 길이×세로의 길이' 개념으로 접근 예 $\frac{3}{4} \times \frac{3}{5}$=가로의 길이가 $\frac{3}{4}$m, 세로의 길이가 $\frac{3}{5}$m임이 주어진 문제의 조건에 이미 나타나 있다고 봐야 함

위의 경우에서 볼 때 직사각형 넓이 상황에서는 앞의 묶음 상황이나 비율 상황과 다르게 승수와 피승수가 모두 같은 양('길이'라는 단위)을 사용하고 있다는 점에서 특이한 점을 발견하게 된다. 지금까지 공부했던 것과는 전혀 다른 개념을 도입하고 있다는 점이 바로 그것이다.

💡 **나의 문제 제기**

그러나 지도서에 제시된 배경지식에는 매우 큰 오류가 포함되어 있다는 것을 교사라면 반드시 알아차려야만 한다. 이를 설명하자면 다음과 같다.

(1) 이 상황에 대한 바른 이해 1 ⇨ 곱집합 개념(A∩B)

이의 이해를 위해 아래와 같은 상황을 살펴보기로 하자.

주어진 두 수에서 $\frac{1}{2}$을 집합 A로, $\frac{1}{3}$을 집합 B로 약속할 때 $A \times B = (A \cap B) = \frac{1}{2} \times \frac{1}{3}$을 의미하는 것과 같다. 이를 그림으로 표현하면 다음과 같다.

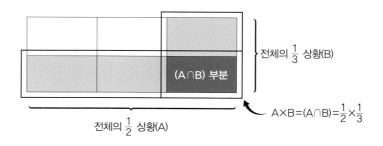

전체의 $\frac{1}{3}$ 상황(B)

(A∩B) 부분

$A \times B = (A \cap B) = \frac{1}{2} \times \frac{1}{3}$

전체의 $\frac{1}{2}$ 상황(A)

04 분수의 곱셈

그런데 엄밀히 따지면 이는 중학교 수학에서 다루는 집합 영역에 대한 내용으로 초등학교 5학년 수준을 넘어서는 개념이다. 초등 수학에 이런 개념들이 아이들 수준에 맞지 않게 마구 들어와 있다는 점에서 우리는 문제의식을 갖지 않으면 안 된다.

(2) 넓이 상황에 대한 바른 이해 2 ⇨ 결론은 '동수누가'의 개념

바로 이전에 "직사각형 넓이 상황에 대한 이해 돕기"에서 승수와 피승수가 같은 양(길이)을 사용하고 있다는 특징을 이야기한 바 있다. 그런데 이런 사례는 넓이 상황이라는 의미가 갖고 있는 것처럼 직사각형 넓이를 구할 때 자주 접했던 경우라서 큰 거부감이 없다고 봐도 될 것이다. 그러나 지도서의 배경지식이 범하고 있는 가장 큰 오류는 바로 직사각형의 넓이를 구하는 공식에 대한 의미를 잘못 해석하고 있다는 점이다.

 4학년 직사각형 넓이를 구하는 공식의 유도 과정

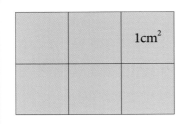

왼쪽의 직사각형에서 작은 ☐는 각각 가로, 세로의 길이가 각각 1cm라고 할 때 작은 ☐ 한 개는 단위 넓이로서 1cm²에 해당된다.

- 왼쪽의 직사각형은 가로가 3cm, 세로가 2cm이다.(길이)
- 여기서 주목해야 할 점은 바로 단위 넓이 1칸 = 1cm²라는 것

- 위의 직사각형의 넓이 = 단위 넓이 1칸이 가로로 3칸(한 줄에 3개), 세로로 2줄이 있다는 의미를 갖고 있다.(한 줄에 1cm²가 3개씩, 2줄이 있다는 개념 ⇨ 3개, 2줄 : 서로 단위가 다르다.)
- 넓이를 구하는 공식에서는 각각의 숫자 2와 3이 길이 개념으로 사용하는 것이 아니라 '칸, 줄'의 의미로 바꾸어 각기 서로 다른 양으로 해석되고 있음을 우리는 꼭 알아 두어야 한다.
- 1cm²×3개×2줄=6cm²('직사각형의 넓이=가로×세로'의 바른 의미)
- 결국 '3개×2줄=3+3'이라는 동수누가의 개념으로 해석하였다는 것!

이런 해석을 바탕으로 곱셈에 대한 개념 (3) 직사각형 넓이 상황에 대한 의미를 살펴본다면 앞의 (1) 묶음 상황, (2) 비율 상황과 전혀 다른 것이 아니라 '동수누가, ~배'의 개념을 또 다른 모습으로 표현한 것에 지나지 않는다는 사실을 알게 된다.

(3) 넓이 상황에서 주어진 두 수는 길이 개념이 아니다!

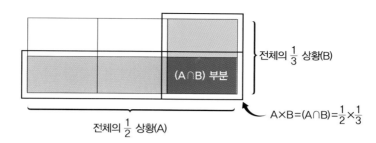

한편 위와 같이 분수의 곱 $\frac{1}{2} \times \frac{1}{3}$ 상황을 그림으로 표현하였을 때 주어진 두 수 $\frac{1}{2}$과 $\frac{1}{3}$은 각각 가로의 길이가 $\frac{1}{3}$cm, 세로의 길이가 $\frac{1}{2}$cm를 나타내고 있는 것이 아니라는 것을 제대로 이해하고 있어야만 한다. 이에 대한 바른 의미 해석은 아래와 같다.

 넓이 상황에서 주어진 두 수에 대한 바른 의미 해석

① 위의 그림에서 $\frac{1}{2}$이라는 수가 갖는 의미 : 주어진 직사각형에서 세로 방향으로 $\frac{1}{2}$만큼의 영역에 해당된다는 것을 의미

② 위의 그림에서 $\frac{1}{3}$이라는 수가 갖는 의미 : 주어진 직사각형에서 가로 방향으로 $\frac{1}{3}$만큼의 영역에 해당된다는 것을 의미

③ $\frac{1}{2} \times \frac{1}{3}$이란 세로 방향으로 $\frac{1}{2}$만큼의 영역

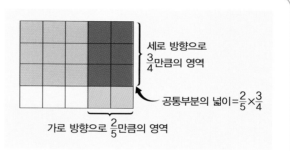

다른 사례를 통한 예시

과 가로 방향으로 $\frac{1}{3}$만큼의 영역을 표시할 때, 두 영역이 동시에 겹치는 부분의 넓이(두 영역의 공통된 부분의 넓이)를 가리킨다는 것을 의미한다.

분수의 곱셈 지도

지도서의 단원 배경지식에서는 분수의 곱셈 지도에 대하여 세 가지 부분으로 나누어 안내하고 있는데 여기에도 몇 가지 큰 문제점들이 나타나고 있다. 각각의 사례 및 문제점들에 대하여 세세하게 살펴보면 다음과 같다.

(가) (분수)×(자연수) 상황

(분수)×(자연수)는 자연수의 곱셈의 의미를 이용하여 지도할 수 있다.

예 2×3은 2개씩 3묶음 ⇨ 2×3은 2+2+2=6과 마찬가지로 $\frac{2}{5} \times 3 = \frac{2}{5} + \frac{2}{5} + \frac{2}{5} = \frac{6}{5}$

04
분수의
곱셈

[그림: 세 개의 막대 모형, 각각 5칸 중 일부가 색칠되어 있고 "1"이라 표시됨]

(계산 방법의 형식화 지도) $\frac{2}{5} \times 3 = \frac{2 \times 3}{5}$이 됨을 지도하기 위해 $\frac{2}{5}$를 $\frac{1}{5}$이 2개인 한 묶음으로 생각, $\frac{2}{5} \times 3$은 $\frac{1}{5}$이 2개씩 3묶음으로 생각할 수 있어 $\frac{1}{5}$이 2×3=6개, 즉 $\frac{6}{5}$이 된다. 따라서 $\frac{2}{5} \times 3 = \frac{2 \times 3}{5} = \frac{6}{5}$이 된다는 것을 알 수 있다. 또한 $\frac{2}{5} \times 3 = \frac{2}{5} + \frac{2}{5} + \frac{2}{5} = \frac{2 \times 3}{5}$처럼 분자를 동수누가를 이용하여 곱셈으로 나타내게 할 수 있다.

💡 나의 문제 제기

이 부분은 비교적 설명이 잘되어 있다. 그래도 약간의 보완해야 할 부분이 있어 제시해 본다면 다음과 같다. 설명에서 이 단원의 과제를 해결할 핵심 열쇠에 대한 안내와 강조가 부족했다. 가장 중요한 부분은 바로 이것이다.

이 단원 문제해결의 핵심 열쇠

> ♣ 위의 그림으로 볼 때 색칠된 부분은 $\frac{1}{5}$이 6개 있다는 것(단위분수 개념이 이 단원 과제 해결의 핵심이라는 것!)
> ♣ (분수)×(자연수)에서 (자연수)=$\frac{\text{자연수}}{1}$로 생각할 수 있게 돕는 것 = 분자끼리 곱한다는 분수 곱셈 알고리즘 이해의 1단계 완성($\frac{2}{5} \times 3 = \frac{2}{5} \times \frac{3}{1} = \frac{2 \times 3}{5} = \frac{6}{5}$이 된다는 것을 이해할 수 있게 돕는 것)

이런 생각에 따라 $\frac{2}{5} \times 3 = (\frac{1}{5} + \frac{1}{5}) + (\frac{1}{5} + \frac{1}{5}) + (\frac{1}{5} + \frac{1}{5}) = \frac{2}{5} + \frac{2}{5} + \frac{2}{5} = (\frac{2 \times 3}{5}) = \frac{6}{5}$이 된다는 것을 아이들이 이해할 수 있도록 해야 한다. 이를 위해서는 교과서 178쪽, 활동 1과 관련된 질문에 "$\frac{1}{2}$(단위분수)이 몇 개가 있는가?"라는 질문이 꼭 들어가 있어야 한다. 하지만 교과서 어디에서 이런 개념의 질문은 찾아볼 수 없어서 아쉽기만 하다.

(나) (자연수)×(분수) 상황

(자연수)×(분수)는 자연수의 곱셈의 의미가 적용되지 않기 때문에 주어진 문제 상황이 왜 곱셈인지 이해하는 것에서 출발해야 한다.

질문 리본 6m의 $\frac{2}{3}$를 사용하였습니다. 사용한 리본은 몇 m입니까?

(중략) 사용한 리본의 길이는 $6 \times \frac{2}{3}$로 구할 수 있다. 또한 이를 통해 (자연수)×(분수)에서 '~의' 또는 '~ 중에서'라는 의미를 파악할 수 있다. 이에 따라 6의 $\frac{2}{3}$를 구하기 위해서는 $6 \times \frac{2}{3} = \frac{6 \times 2}{3}$로 형식화한다. 6

의 $\frac{2}{3}$는 6의 $\frac{1}{3}$이 2개 있다는 것을 의미하므로 6의 $\frac{1}{3}$은 $6\times\frac{1}{3}$, 6의 $\frac{1}{3}$의 2배는 $6\times\frac{1}{3}\times 2$가 된다. $6\times\frac{1}{3}=2$이므로 $2=\frac{6}{3}$으로 바꾸어 $6\times\frac{1}{3}\times 2=\frac{6}{3}\times 2=\frac{6\times 2}{3}$가 된다. 또 다른 접근 방법으로는 교환법칙을 사용하여 $6\times\frac{2}{3}=\frac{2}{3}\times 6$으로 나타내어 구할 수 있으나 아이들은 분수의 곱셈에서 '~의'라는 의미를 이해할 수 없을 것이다.

💡 나의 문제 제기

여기에서 설명한 방식대로라면 아이들이 답은 구할 수 있어도 분수 곱셈의 알고리즘(분모는 분모끼리, 분자는 분자끼리 곱한다.)을 제대로 이해하기에는 무리가 있다는 생각이 든다. 이의 바람직한 지도를 위해서는 (자연수)×(단위분수) ⇨ (자연수)×(진분수)로 자연스럽게 이어질 수 있도록 설명하는 과정이 꼭 필요하다.

(1) (자연수)×(단위분수) : 교과서 3차시[6]의 활동 1 사례를 들어 설명해 보도록 하겠다. 지도서 내용을 보면 아래와 같이 제시되어 있다. 앞서 문제를 제기한 대로라면 이 또한 수정되어야 마땅하다는 것을 바로 알 수 있다.(아이들에게는 처음부터 아무런 그림도 주지 말고 직접 해 보게 하는 것이 가장 좋을 것이다. 하지만 조금만 친절을 베푼다면 $\boxed{\ 1\ \ 2\ \ 3\ }$ 이렇게만 제시하고 주어진 질문 상황에 따라 알맞게 칸을 나누고 색칠하게 하면 될 것이다.)

질문 $3\times\frac{1}{3}$ ⇨ (교과서 속 띠 모델) $\boxed{\ \ \ \ 1\ \ \ \ \ |\ \ \ \ \ 2\ \ \ \ \ |\ \ \ \ \ 3\ \ \ \ }$
(이런 식의 풀이 속에는 분자 3이 나타나지도 않을 뿐만 아니라 분수 곱셈의 의미도 전체에 대한 부분 ―3개짜리 묶음으로 해석하여 풀이한 것밖에 되지 않는다. 이와 같은 방법으로는 아이들이 분수 곱셈 알고리즘을 이해하도록 도울 수 없다.)

나의 생각
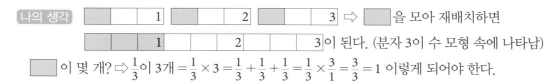
이 된다. (분자 3이 수 모형 속에 나타남)
$\blacksquare$ 이 몇 개? ⇨ $\frac{1}{3}$이 3개 $=\frac{1}{3}\times 3=\frac{1}{3}+\frac{1}{3}+\frac{1}{3}=\frac{1}{3}\times\frac{3}{1}=\frac{3}{3}=1$ 이렇게 되어야 한다.

▶ 여기에서도 역시 단위 분수 개념이 핵심이라는 것, 이전 단계인 (분수)×(자연수)에서 확인했던 알고리즘이 그대로 적용, 확장된다는 것을 확인할 수 있다.

이 질문은 아이들이 위의 과정을 이해할 수 있도록 돕는 것이 핵심이며 수 모델은 이해 과정과 의미가 수 모델 속에 그대로 드러날 때만이 존재 가치를 인정받게 된다. 하지만 지도서에 제시된 대부분의 사례는 전혀 그런 상황이 나타나 있지 않아 아쉽기만 하다.

---

6 2009 개정 교육과정에 따른 수학과 교과서 5학년 1학기 6단원 3차시. 2015. p. 182.

(2) (자연수)×(진분수) : 한편 교과서 속에는 없지만 위의 질문을 (자연수×단위분수) ➪ (자연수×진분수)로 확장시켜 보도록 하겠다.

질문 $3 \times \frac{2}{3}$, ⬜1 ⬜2 ⬜3 알맞게 색칠하시오.

나의 생각 ⬛⬛⬜1 ⬛⬛⬜2 ⬛⬛⬜3 ➪ ⬛을 모아 재배치하면

$3 \times \frac{2}{3}$ ⬛⬛⬛1⬛⬛2⬜⬜3이 된다. (분자 6이 수 모델 속에 나타남)

$3 \times \frac{1}{3}$ ⬛⬛⬛1⬛⬜2⬜⬜3($3 \times \frac{1}{3}$의 2배가 된다는 것도 확인 가능)

⬛이 몇 개? ➪ $\frac{1}{3}$이 6개 $= 3 \times \frac{2}{3} = (3 \times \frac{1}{3}) \times 2$ (물론 여기에서 결합법칙이 적용되었다는 것에 대한 이해가 필요) $= \frac{3}{3} \times 2 = \frac{3}{3} \times \frac{2}{1} = \frac{3 \times 2}{3} = \frac{6}{3} = 2$ 이렇게 되어야 한다.

▶ 여기에서도 역시 단위 분수 개념이 핵심이라는 것, 이전 단계인 (분수)×(자연수)에서 확인했던 알고리즘이 (자연수)×(진분수)에서도 그대로 적용된다는 것을 확인할 수 있다.

▶ 결합법칙의 적용에 대한 이해도 위의 수 모델 속에 그대로 나타나 있어 쉽게 이해를 도울 수 있다.($3 \times \frac{2}{3} = 3 \times \frac{1}{3}$의 2배라는 사실 ➪ $3 \times \frac{2}{3} = 3 \times \frac{1}{3} \times 2$ ➪ $(3 \times \frac{1}{3}) \times 2$로 수정이 가능하다.)

(다) (분수)×(분수) 상황

(분수)×(분수)도 동수누가 개념을 적용할 수 없기 때문에 주어진 문제 상황이 왜 곱셈인지 이해하는 활동이 먼저 이루어져야 한다.

질문 어느 농부가 가지고 있는 땅의 $\frac{3}{4}$에 나무를 심었는데 그중 $\frac{4}{5}$가 사과나무입니다. 사과나무를 심은 땅은 전체의 몇 분의 몇입니까?

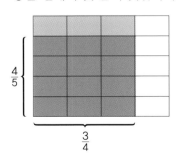

이 문제가 왜 분수의 곱셈 문제인지 알아보기 위하여 왼쪽과 같은 그림을 이용할 수 있다. 먼저 땅의 $\frac{3}{4}$을 나타낸다. 그리고 이 땅을 똑같이 5로 나누어 사과나무를 심은 땅을 알아본다.

사과나무를 심은 땅은 가로와 세로가 각각 $\frac{3}{4}$과 $\frac{4}{5}$인 직사각형임을 알 수 있다. 따라서 사과나무를 심은 땅의 넓이는 $\frac{3}{4} \times \frac{4}{5}$이다.

이 그림을 통해 두 분수의 분자끼리의 곱이 분자가 되고 분모끼리의 곱이 분모가 되는 분수의 곱셈 계산 방법을 이해할 수 있다. 땅은 모두 $4 \times 5 = 20$(개)으로 똑같이 나누어 있는데 그중 사과나무를 심은 땅인 $3 \times 4 = 12$(개)가 분자가 된다는 뜻이다. 따라서 $\frac{3}{4} \times \frac{4}{5} = \frac{3 \times 4}{4 \times 5} = \frac{12}{20}$이다.

💡 **나의 문제 제기**

앞의 넓이 상황에 대한 문제 제기를 통해 넓이 상황이 (분수)×(분수)에 대한 이해를 제대로 돕기에 무리가 따른다는 것을 밝힌 바 있다. 분수 곱셈의 알고리즘을 이해하는 데 있어서 기본 개념 및 원리는 하나다. 단위 분수 개념이 핵심이라는 것. 이를 돕기 위해 (분수)×(분수)라는 상황을 (단위분수)×(단위분수) ⇨ (진분수)×(단위분수) ⇨ (진분수)×(진분수)로 나누어 자연스럽게 이어질 수 있도록 설명해 보도록 하겠다.

(1) (단위분수)×(단위분수) : 교과서 186쪽[7]의 활동 1 사례와 비슷한 상황을 예로 들어 설명해 보도록 하겠다. 교과서 내용을 보면 역시 넓이 상황으로 설명하고 있다.

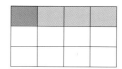

질문 $\frac{1}{4} \times \frac{1}{3}$

나의 생각을 바탕으로 이를 재구성하여 제시하면 아래와 같다.

우선 $\frac{1}{4}$을 색칠 ⇨ 색칠된 부분을 다시 3등분하여 $\frac{1}{3}$을 표시한다. 그러면 ▨ 1칸은 $\frac{1}{4}$의 $\frac{1}{3}$만큼이 되는 것이고, 전체 1을 기준으로 보았을 때는 12칸 중 1칸, 즉 $\frac{1}{12}$이 된다는 것을 수 모델을 통해 제대로 이해할 수 있게 된다.(역시 단위분수 개념이 중요, 수 모델이 '12등분된다는 것－분모끼리의 곱'을 그대로 보여 주고 있다.)

(2) (진분수)×(단위분수) : 교과서 속에 이 과정은 없지만 (진분수)×(진분수)로 가는 연결고리로서 매우 중요한 의미를 갖기 때문에 이렇게 살려 보았다.

질문 $\frac{3}{4} \times \frac{1}{3}$

나의 생각을 바탕으로 이를 재구성하여 제시하면 아래와 같다.

$$\frac{3}{4} \qquad \boxed{\frac{1}{4}} \qquad \boxed{\frac{1}{4}} \qquad \boxed{\frac{1}{4}} \qquad \boxed{\frac{1}{4}}$$

① $\frac{3}{4}$을 단위분수인 $\frac{1}{4}$씩 3부분으로 나눈다.(가장 중요한 부분) 그리고 나서 각각의 $\frac{1}{4}$에 $\frac{1}{3}$만큼을 색칠하여 표시한다. 그런 다음 이전 단계의 과정과 비교하여 이해를 돕는다.

$$\frac{3}{4} \times \frac{1}{3} \qquad \boxed{\frac{1}{4}} \qquad \boxed{\frac{1}{4}} \qquad \boxed{\frac{1}{4}} \qquad \boxed{\frac{1}{4}}$$

위의 그림에서 서로 흩어져 있는 ▨ 조각들을 모아 정리하면 아래와 같다.

---

7 2009 개정 교육과정에 따른 수학과 교과서 5학년 1학기 6단원 6차시. 2015. p. 186.

04
분수의
곱셈

② $\frac{1}{4}\times\frac{1}{3}$과 $\frac{3}{4}\times\frac{1}{3}$을 비교해 보면 다음과 같다.

| | | | $\frac{1}{4}$ | | $\frac{2}{4}$ | | $\frac{3}{4}$ | | 1 |

| | | | $\frac{1}{4}$ | | $\frac{2}{4}$ | | $\frac{3}{4}$ | | 1 |

$$\frac{3}{4}\times\frac{1}{3}=\frac{1}{4}\times\frac{1}{3}\times3(\text{배})=\frac{3\times1}{4\times3}=\frac{3}{12}$$

▶ 수 모델에서 전체 12칸(분모끼리의 곱)과 색칠된 3칸(분자끼리의 곱)이 그대로 표현되어 있음을 확인할 수 있다.

▶ 단위분수의 개념을 바탕으로 이전 단계까지 확인했던 분수의 곱 알고리즘이 그대로 확장되어 가고 있음을 확인할 수 있다.

(3) (진분수)×(진분수) : 위의 질문을 그대로 응용하여 아래와 같이 질문을 제시해 보았다.

질문 $\frac{3}{4}\times\frac{2}{3}$

위의 그림에서 서로 흩어져 있는 ▨ 조각들을 모아 정리하면 아래와 같다.

| | | $\frac{1}{4}$ | | $\frac{2}{4}$ | | $\frac{3}{4}$ | | 1 |

$\frac{3}{4}$을 $\frac{1}{4}$씩 3부분으로 나누고, 각각의 $\frac{1}{4}$에 대한 $\frac{1}{3}$을 통해 분모 12를 얻게 된다. 그리고 ($\frac{1}{4}$의 $\frac{1}{3}$이 2개), 이것이 3개 있는 것이 $\frac{3}{4}\times\frac{2}{3}$이므로 이는 모두 12칸 중 6칸이 된다. 따라서 $\frac{3}{4}\times\frac{2}{3}=\frac{3\times2}{4\times3}=\frac{6}{12}$이 된다.(6은 분자끼리의 곱, 12는 분모끼리의 곱 : 수 모델 속에 그대로 표현되어 있다.)

$\frac{1}{4}\times\frac{1}{3}$의 3배$=\frac{3}{4}\times\frac{1}{3}$ ⇨ $\frac{3}{4}\times\frac{1}{3}$의 2배$=\frac{3}{4}\times\frac{2}{3}$ ⇨ $\frac{3}{4}\times\frac{2}{3}$는 $\frac{1}{4}\times\frac{1}{3}$의 6배가 된다.

이를 식으로 풀어서 정리하면 다음과 같다.

$$\frac{3}{4}\times\frac{2}{3}=(\frac{3}{4}\times\frac{1}{3})\times2=\{(\frac{1}{4}\times\frac{1}{3})\times3\}\times2=(\frac{1}{4\times3}\times3)\times2=\frac{3\times2}{4\times3}=\frac{6}{12}$$

▶ 이렇게 하여 분수 곱셈의 알고리즘인 "분모끼리 곱하고 분자끼리 곱한다."가 완성된다.

수 모델을 통해서도 그 원리가 고스란히 드러나 있어야 한다.

⇨ 그러나 교과서 속의 각 차시별 수 모델들은 곱셈의 계산 원리와 연계되지 않고 있다는 점에 주목해야 한다. 이런 식이라면 이 단원에서 '활동 1'이라는 각 차시별 최초의 활동에 대한 존재 의미(수 모델을 통해 계산 원리가 잘 드러나도록 안내하여 이해를 돕는 일)와 가치는 순식간에 사라져 버리고 만다.
⇨ 오직 계산 방법만 알려 주고 결과를 눈으로 확인하는 사례 제시 이외에는 어떤 의미도 없다고 볼 수밖에 없다.

단원 지도를 위한 수업 시수 문제

지도서에 제시된 단원 지도 계획을 보면 총 12차시 가운데 스토리텔링, 단원 정리 및 문제해결과 이야기 마당을 제외하면 각기 다른 분수의 곱 상황에 따라 1차시씩 8차시로 나누어 놓았다.(진분수×자연수, 대분수×자연수, 자연수×진분수, 자연수×대분수, 단위분수×단위분수, 진분수×진분수, 대분수×대분수, 세 분수의 곱셈) 이는 각기 상황마다 분수 곱셈의 의미가 다르기 때문이라 할 수 있다.

따지고 보면 이 단원에서 학습해야 할 분량은 매우 작고 단순하다. 아이들이 배워야 할 내용은 단 하나, 분수 곱셈의 알고리즘(분모는 분모끼리, 분자는 분자끼리 곱한다.)이다.

> **분수 곱셈의 알고리즘**
> ⇩
> a, b, c, d가 자연수일 때 $\dfrac{b}{a} \times \dfrac{c}{d} = \dfrac{ac}{bd}$

문제의 결과만을 빠르고 쉽게 구하는 것이 목적이라면 굳이 12차시라는 긴 시간을 할애할 이유가 없다. 그럼에도 불구하고 12차시라는 긴 시간을 배정하였다는 것은 무엇인가 중요한 이유가 있다고 봐야할 것이다.

> **분수의 곱셈 단원 지도 목적**
> ⇩
> 분수 곱셈의 의미 및 알고리즘의 이해(알고리즘을 적용한 결과 얻기가 아님)

이와 같이 본다면 12차시도 분명히 긴 시간이 아니라고 봐야 할 것이다. 그도 그럴 것이 아이들은 이 단원을 매우 힘들어한다. 왜냐하면 분수 곱셈의 의미가 자연수 곱셈의 의미와 많이 다르기 때문이다.(예를 들어 자연수에서는 '~배' 하면 결과는 커지지만 분수에서는 반대로 줄어드는 것을 보면서 기존에 갖고 있었던 지식 체계가 흔들리는 혼란을 경험하게 된다.) 따라서 이런 문제들을 극복하기 위해서는 단원 전체에 대한 세밀한 검토 및 단계 구분, 순서 및 내용의 재구성 등을 통해 수업 시수를 적절

04 분수의 곱셈

히 조절해야만 한다. 큰 의미를 갖지 않는 활동에 들어가는 시간을 아껴서 좀 더 많은 생각과 활동이 필요한 시간으로 돌려서 의미 있는 배움이 일어날 수 있도록 재구성할 필요가 있다. 예를 들어 스토리텔링 또는 문제해결이나 이야기 마당 등의 활동을 생략하고 그 활동에 들어가는 시간을 좀 더 많은 생각과 활동이 필요한 시간으로 돌려서 사용하는 방법이 있을 수 있다. 어떤 식의 활동이든 각 학교 및 학급의 아이들 상황에 따라 얼마든지 달라질 수 있으니 다양한 각도에서 살피고 고민하여 수업을 펼쳐 나가기 바란다.

단원 도입의 스토리텔링 수학에 대한 문제의식

이 단원에서의 도입 부분 스토리텔링 수학 내용도 다른 단원과 마찬가지로 별로 아이들의 흥미와 호기심을 끌지 못하는 내용으로 구성되어 있다. 또한 분수의 곱셈을 아직 배우지 않았기 때문에 '남은 금화의 $\frac{1}{3}$'의 상황을 이해하는 데 초점을 맞추라고, 도둑에게 남은 금화의 자루 수를 구하는 계산은 분수의 뺄셈이고 문지기 도깨비에게 주는 금화의 자루 수를 구하는 계산은 분수의 곱셈이 된다는 차이를 인식하게 한다고 안내되어 있지만 이를 아이들에게 설명하여 이해시키는 것이 어찌 보면 더 어렵고 시간이 많이 걸리는 과정일 수 있다. 게다가 이 단원의 각 차시별 생각 열기 내용도 스토리텔링과 별개로 상황 설정 없이 바로 분수 곱셈 상황을 제시하고 그 의미에 대한 이해를 돕는 활동 중심으로 구성되어 있다는 것을 볼 때 이 부분 역시 교사의 고민에 따른 선택(생략할 것인가 아니면 의미 있게 한 시간을 다룰 것인가)은 반드시 필요하다고 본다.

교과서 속에 제시된 질문에 대한 고민

이 단원의 교과서 속에 제시된 질문을 보면 앞의 단원에서와 똑같은 내용의 문제점들이 여전히 고스란히 드러난다. 때문에 여기에서는 따로 사례를 들어 설명하거나 분석적으로 접근하는 것을 생략하고자 한다. 단원의 내용은 다르지만 약분과 통분 단원에서 제시한 사례를 살펴보면서 이 단원의 교과서에 제시된 다양한 질문에 대하여 한 번 더 고민해 보는 시간을 각자 가져 보기 바란다. 그런 고민의 결과로 필요 없는 질문은 빼 버리거나 좀 더 의미 있는 질문 및 상황으로 재구성하여 아이들에게 제시한다면 보다 밀도 높은 수업이 여러분의 교실에서 펼쳐질 것이라 확신한다.

❶ 지도서를 보지 않으면 교사 자신도 답하기 어려운 질문 상황
❷ 특정한 답 또는 기정사실화한 답을 요구하면서 그것이 답이 될 수밖에 없는 과정에 대한 조작 활동이나 생각할 시간을 주지도 않고 그냥 강요하거나 필자가 요구하는 답을 유도하게 만드는 질문
❸ 이미 정해진 구태의연한 답을 유도하거나 빼 버리고 지도해도 별 무리가 없는 질문
❹ □나 ( )를 만들어 놓고 생각이나 고민 없이 칸을 채우기만 하면 된다는 식의 질문
❺ 왜 그렇게 되는지 설명도 없이 그냥 제시하고 답만 쓰라고 하는 식의 질문

교과서 속 질문에 대한 종합적인 고민

교사용 지도서 속의 내용을 살펴보면 각 단원의 지도상의 유의점이나 단원 배경지식 등에서 이런 내용을 자주 목격하게 된다.

　(1) 다양한 계산 방법을 찾아내도록 충분한 조작 활동의 장을 제공한다.
　(2) ~을 스스로 깨닫게 한다.

　이런 내용은 바로 행동주의 및 구성주의의 영향을 받았다고 말할 수 있다. 그러나 위와 같은 활동이 가능하려면 질 높은 문제 상황이 제시되고 그 속에서 다양한 발문이 만들어져야 한다. 또한 아이들 스스로 깨닫도록 하기 위해서는 아이들에게 각 과정, 각 단계마다 세밀하게 계산된 자극(설명, 안내, 발문이나 상황, 자료, 상호작용, 경험 등의 제시 : Scaffolding)의 제공이 필요하다. 그리고 이를 위해서는 사전에 아이들에 대한 꾸준한 관찰 및 성찰, 이해, 교과서 내용에 대한 검토 등이 선행되어야 한다. 그래야만 아이들이 그 속에서 다양한 활동을 경험하고 상호작용을 통해 문제를 해결해 나가면서 자신의 지식을 스스로 구성해 나갈 수 있게 된다. 하지만 교과서 속 어디에도 그런 질문은 찾아보기 힘들다. 매우 단순한 상황, 불필요한 질문, 생각하지 않고 그냥 지시대로 따라 하기만 하면 되는 질문 등이 너무 많아 안타까운 마음만 가득하다.

각 차시별 내용 구성 및 전개에 대한 아쉬움

이 단원은 분수 곱셈의 의미 및 알고리즘의 이해를 위해 12차시라는 긴 시간을 배정한 만큼 각각의 차시에서 세밀한 교수학적 고민에 바탕을 둔 재구성의 필요성이 매우 절실한 단원이라고 해야 마땅할 것이다. 그런 차원에서 매 차시에 대한 아쉬운 점을 차근차근 짚어보면서 단원 재구성을 위한 방안의 초석으로 삼아 보고자 한다.

❶ 우선 1차시는 스토리텔링을 활용한 단원 도입 차원에서 내용을 구성한 것인데 앞서서도 한 번 짚었지만 분수 곱셈의 의미 및 알고리즘의 이해에 지도 목적을 둔다면 과감히 생략해도 되지 않을까 생각한다.

❷ 2차시 내용을 살펴보면 $\frac{1}{2} \times 6$의 계산 방법에 대하여 알아보는 내용으로 시작되고 있는데 동수누가의 원리에 의하여 설명을 해 나가고 있음을 알 수 있다. 별 무리는 없다고 봐도 좋겠지만 좀 더 세밀한 부분에 있어서는 분명 아쉬움이 남는다.(수 모델의 제시 형태, 단위분수라는 핵심 개념을 바탕으로 한 질문의 부재 "$\frac{1}{2} \times 6$을 수 모델에 표현한 것에서 $\frac{1}{2}$은 몇 개입니까?", 분수 곱셈의 알고리즘이 수 모델이

04
분수의
곱셈

나 과정 속에서 제대로 드러나지 않는다는 점, 동수누가의 개념이 아니라 단위분수 개념을 바탕으로 한 분수 곱셈 과정의 설명 및 알고리즘의 이해에 초점이 맞추어져야 한다는 점 등) 이런 문제점들에 대한 대안은 바로 앞의 단원 배경지식에 대한 문제점 부분에서 한데 모아 자세하게 안내해 두었으니 그를 참고로 하여 비교해 보면서 살펴보기 바란다.

한편 2차시부터는 각 차시별로 활동 2 부분에서 최대공약수를 활용하여 약분한 후 풀이한다는 과정이 계속 반복되고 있다. 그러나 이는 우리나라 수학 수업이나 수학을 가르치는 교사들의 수준과 질이 원리나 개념의 이해보다는 쉽고 빠르게 문제 풀이를 하여 계산 결과만 얻으면 된다는 생각, 쉽고 빠르게 답을 구하는 방법만 전달하면 된다는 생각이 고스란히 반영된 학원 강의식 수학 수업 수준에서 벗어나지 못하고 있다는 것을 증명해 주고 있는 것이나 다름없다. 왜냐하면 약분이라는 것은 무조건 아무 데서나 함부로 해서는 안 되는 것이기 때문이다.

- 약분이란 분수의 분자와 분모 사이에서 적용되는 것으로, 분자와 분모를 공약수로 나누어 크기가 같은 분수를 만드는 것을 말한다.
- 2차시는 "자연수 12가 결국 분자의 위치로 가게 된다."는 것을 이제 막 알게 해 주는 단계에 있는 것이다.
- 이것을 완벽하게 이해하는 단계가 되어야만 비로소 약분이 가능한 것이라 말할 수 있다.

이 단원의 2차시는 아직 분수 곱셈의 알고리즘 및 이해(분모는 분모끼리 곱하고 분자는 분자끼리 곱한다.)가 완성되기 이전의 단계에 머물러 있는 수준이다. 아무리 앞에서 약분을 미리 공부했다고는 하지만 $\frac{2}{9} \times 12$를 활동 2에 제시하고 아직 약분의 정의에서 보는 바와 같은 약분 가능한 형태(분수)로 되어있지 않은 상태(12라는 수는 아직 분수 형태의 모양을 갖추고 있지 못하다.)에서 마구 약분을 하라고 안내되어 있다. 또한 $\frac{2}{9} \times 12$가 $\frac{2 \times 12}{9} = \frac{24}{9}$로 바뀐다는 과정 및 원리에 대한 확실한 이해와 완성이 채 이루어지기도 전에 무조건 약분부터 하고 본다는 계산 방법을 제시하고(그것도 단원의 초반부터) 아무런 문제의식 없이 그대로 가르친다면 이는 분명히 쉽고 빠르게 문제를 풀고 답만 구하면 된다는 식의 생각이 깔려 있는 것으로 볼 수밖에 없는 일이며 수학 교육이나 교과서를 바탕으로 한 수학 수업의 전개 방식에 심각한 문제가 있는 것이라 여길 수밖에 없는 일이다.(결국 이 모든 것은 아이들, 즉 학습자에 대하여 수동적 존재로 인식하는 관점이 깊게 뿌리박혀 있다는 것, 아직도 그 수준이나 상황을 벗어나지 못하고 있다는 것을 증명해 주는 것[8]에 지나지 않는다는 것, 능동적 학습자관에 입각한 구성주의

---

8 이런 상황을 '암죽식 수업'이라고 한다. 이 용어는 교사가 학습 내용을 아이들에게 일방적으로 설명하고 주입하는 방식의 수업을 일컫는 말로 과거 우리나라 수업에 대한 평가를 한마디로 압축하여 표현한 것이라 할 수 있다. 암죽식 수업(이종각, 1995, 암기와 주입이 함께 일어남), 암죽식 수업(이인효, 1994, 암죽이란 유아가 소화하기 쉽게 조리하여 만든 영양식-이유식으로 이를 떠먹여 주면 아이들은 받아먹기만 하면 되듯이 수업이 그런 형태로 진행되고 있음을 가리키는 말로 사용하였음), 교과서 해설식 수업(김정원, 1999, 교사는 교과서 이해에 도움을 주는 해설사)

적 사고 및 이를 돕는 단계로의 이행은 아직도 멀고 험난하다는 사실을 우리에게 재확인시켜 준 셈이 된 것이라고 여기면 된다. 결국 최후의 몫은 고스란히 현장에서 직접 아이들을 지도하는 교사의 것이 될 수밖에 없다고 한다면 교과서를 있는 그대로 지도해서는 안 된다는 생각, 제대로 된 이해를 바탕으로 재구성하여 지도하지 않으면 안 된다는 생각이 다시 한 번 중요하게 다가오는 대목이라 말할 수 있다.)

이런 식의 전개는 분수 곱셈의 원리 및 알고리즘 이해를 거의 완성해 나가는 마지막 단계에서 비로소 제시가 가능한 내용이라 말할 수 있다. 따라서 이 부분에 대해서는 교사의 세밀한 검토와 판단의 결과에 따라 적절한 재구성 및 순서의 재배치(분수 곱셈의 이해 및 알고리즘이 완성되는 단계 이후에 제시하여 한꺼번에 지도)가 요구되는 부분이라 말할 수 있다. 나의 생각에 무리가 없다면 이 단원을 지도함에 있어 적극 반영시켜 볼 것을 권한다.

❸ 3차시는 $1\frac{1}{5} \times 3$의 계산 방법, 즉 (대분수×자연수)에 대하여 알아보는 내용을 다루고 있는데 역시 막연하게 수 모델을 제시하고 아무런 설명도 없이 덧셈식(동수누가)으로 계산하라고 안내한 뒤 두 가지 방식(가분수로 고쳐 계산, 분배법칙을 활용한 계산)으로 계산하여 결과를 비교해 보라고 말하고 있다. 무엇인가 생뚱맞지 않은가? 이를 위해서는 아이들에게 분배법칙에 대한 명확한 안내와 설명이 필요한 대목이라 말할 수 있다. 이해도 없이 "무조건 이렇게 되니 따라 하면 된다."는 식의 전개는 아이들도 교사들도 모두 불편해질 수밖에 없다. 따라서 이에 대한 이해를 돕기 위한 과정과 그 증명이 함께 수반되어야만 한다. 역시 이의 증명에는 수 모델이 제일 유용하다.

분배법칙

수 연산에 관한 법칙, $A \times (B+C) = (A \times B) + (A+C)$인 관계가 성립한다.

❖ 핵심 사항＝수 A만 분배되는 것이 아니라 기호인 '×'도 분배된다는 점

교과서[9]를 보면 $1\frac{1}{5} \times 3$ 계산 방법 알아보기 수 모델로 아래와 같이 제시하고 있다.

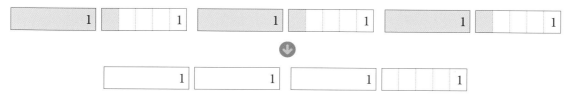

그런데 위의 모델이 $1\frac{1}{5} \times 3 = (1 \times 3) + (\frac{1}{5} \times 3)$으로 분배법칙에 의해서 변환되는 과정을 제대로 설명하고 있다고 말할 수는 없다. 그래서 분배법칙을 설명할 수 있도록 바꾸어 제시해 보면 다음과 같다.

9 2009 개정 교육과정에 따른 수학과 교과서 5학년 1학기 6단원 3차시. 2015. p. 180.

04
분수의
곱셈

$$1\frac{1}{5} = 1 + \frac{1}{5} \Rightarrow \boxed{1} + \boxed{1}$$

$$1\frac{1}{5} \times 3 = (1 + \frac{1}{5}) \times 3 이므로 \Rightarrow (\boxed{1} + \boxed{1}) \times 3이 된다.$$

그리고 이를 자연수 부분과 진분수 부분으로 나누어 정리하면 다음과 같다.

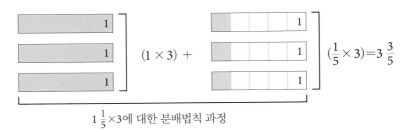

$1\frac{1}{5} \times 3$에 대한 분배법칙 과정

위와 같이 재구성하여 아이들에게 활동지 형식 또는 아이들의 생각과 사고를 이끌어 내는 질문 형태로 제시한다면 교과서를 가지고 학습할 때와는 사뭇 다른 교실에서의 수업 상황이 펼쳐질 것이라 생각된다.

❹ 4차시에서는 $3 \times \frac{1}{3}$을 다루면서 '~배(전체–부분 관계로 해석)'의 개념으로 안내하고 있다. (3의 $\frac{1}{3}$ =3을 3등분한 것 중 1개) 그래서일까? 교과서[10]의 내용을 살펴보면 수 모델도 그와 같이 안내되어 있다.(전체 3을 3등분하고 1개를 색칠하도록 유도하고 있음)

1	2	3

- 색칠한 것은 얼마입니까? '1'
- $3 \times \frac{1}{3}$의 값과 비교해 보시오. $\frac{3 \times 1}{3} = \boxed{}$
- $3 \times \frac{1}{3}$의 계산 방법을 알아보고 이야기해 보시오.

이와 같은 질문에 뭐라 답해야 할까? "그냥 자연수를 분자에 곱한다."고 해야 할까? 아이들은 이렇게 답을 할 가능성이 높다. 이런 식의 수업 속에서 분수 곱셈 알고리즘의 원리 및 이해는 사라지고 답을 구하는 절차만 남게 된다.

4차시 역시 앞에서 짚었던 문제점들을 고스란히 반복하고 있다. 약분에 대한 문제점도 마찬가지라서 더 이상 언급하지 않도록 하겠다.(아직도 아이들은 자연수가 왜 분자와 곱해지는지를 완벽하게 이해하지 못하고 있는 단계에 있을 수 있다. 따라서 함부로 약분이라는 과정을 도입하여 지도하는 것은 무리라 여겨진다.) 다만 활동 2에 제시된 $14 \times \frac{3}{8}$을 통해 14가 왜 분자에 곱해지는지를 다시 한 번 설명해 보면서 분수 곱셈의 알고리즘의 이해 수준을 한층 더 높여 보도록 하겠다.

---

10 2009 개정 교육과정에 따른 수학과 교과서 5학년 1학기 6단원 4차시. 2015. p. 182.

$14 \times \frac{3}{8} \Rightarrow$ ▨▨▨□□□□□ $\boxed{1}$ 이 14개 있는 것

$\frac{3}{8} = \frac{1}{8}$ 이 3개 있는 것 $\Rightarrow 14 \times \frac{3}{8} = (\frac{1}{8}+\frac{1}{8}+\frac{1}{8}) \times 14 = (\frac{1}{8}+\frac{1}{8}+\frac{1}{8})+(\frac{1}{8}+\frac{1}{8}+\frac{1}{8})+(\frac{1}{8}+\frac{1}{8}+\frac{1}{8})+(\frac{1}{8}+\frac{1}{8}$
$+\frac{1}{8})+(\frac{1}{8}+\frac{1}{8}+\frac{1}{8})+(\frac{1}{8}+\frac{1}{8}+\frac{1}{8})+(\frac{1}{8}+\frac{1}{8}+\frac{1}{8})+(\frac{1}{8}+\frac{1}{8}+\frac{1}{8})+(\frac{1}{8}+\frac{1}{8}+\frac{1}{8})+(\frac{1}{8}+\frac{1}{8}$
$+\frac{1}{8})+(\frac{1}{8}+\frac{1}{8}+\frac{1}{8})+(\frac{1}{8}+\frac{1}{8}+\frac{1}{8})=\frac{3 \times 14}{8}$ 가 되는 것이다.(결국 자연수 14가 분자의 위치로 가게 되는 것,
$14 = \frac{14}{1}$ 와 같이 이해하여 $14 \times \frac{3}{8} = \frac{14}{1} \times \frac{3}{8} = \frac{14 \times 3}{8}$ 으로 됨을 알게 됨.)

- 4차시까지의 내용만으로는 아직 분수 곱셈 원리의 완성 및 그에 대한 이해가 확실히 마무리되었다고 볼 수 없다. 이 단계까지의 내용은 이후에 이어질 (진분수×진분수)라는 과정을 통해 분수 곱셈의 원리(분모끼리 곱하고 분자끼리 곱한다.)를 이끌어 내기 위한 기반을 마련하기 위함이라고 이해하면 좋을 것이다.

4차시의 끝 부분에 가서는 활동 3으로 "1보다 작은 분수를 곱하면 곱은 처음 수보다 작아진다는 것 알기"와 관련된 질문이 갑자기 튀어나온다. 이는 조금 황당한 질문이라 여겨진다. 분수의 곱셈 알고리즘을 이해해 나가는 과정에서 자연스럽게 깨달을 수 있도록 해야 하는 것을 하나의 질문으로 정리해 버리려 했다는 점에서 역시 아쉬움이 남는다.

아이들이 분수의 곱셈을 어려워하는 이유?

1. 우리는 보통 곱셈 연산에 있어서 동수누가 개념에 익숙해져 있다.

2. (분수×자연수)도 동수누가 개념(~배)으로 해석하여 안내하고 있다.(어떤 수를 '~배' 하면 처음의 수보다 크기가 커진다.)

3. 그러나 (자연수×분수)는 동수누가 개념만으로 설명하기에는 어려움이 있다.(왜냐하면 동수누가 개념은 '~배' 개념과 같은데 자연수에 '분수배'를 했더니 처음의 자연수보다 크기가 작아진다는 것을 아이들이 접하면서 기존에 가지고 있었던 가치관과 지식 체계에 대한 신념이 무너지는 경험을 하게 되기 때문이다.)

4. 교과서에서는 이런 문제점을 해결하기 위해 동수누가 개념이 아니라 '전체-부분'의 뜻으로서 '~배' 개념을 도입하여 이해를 도우려 하였다.(그러나 이 또한 분수 곱셈의 알고리즘을 제대로 설명해 주지 못하였다는 한계를 고스란히 안고 있다는 점을 미리 밝힌 바 있다.)

5. $3 \times \frac{1}{3}$ 이 왜 $\frac{3 \times 1}{3}$ 이 되는지, $\frac{1}{3} \times 3$ 이 왜 $\frac{3 \times 1}{3}$ 이 되는지, 이 둘은 각각 어떤 의미가 있고 무슨 차이가 있는지 잘 이해가 가지 않는 상황 속에서 $\frac{1}{3} \times 3$ 은 결과가 처음의 $\frac{1}{3}$ 보다 커졌는데 $3 \times \frac{1}{3}$ 은

04
분수의
곱셈

결과가 처음의 3보다 작아지는 결과까지 경험하게 되니 혼란스러울 수밖에 없는 일이다. 게다가 약분까지 하라고 하니 말이다. 어찌 보면 이는 지극히 당연한 일이라 할 수 있다.

6. 이런 이유 때문에 이 단원에서는 각 차시별로 8가지 상황으로 나누어 그 의미 및 분수 곱셈의 알고리즘을 세밀하게 살펴 지도하면서 아이들이 각각의 분수 곱셈 상황에 대한 차이점 및 분수 곱셈의 알고리즘을 제대로 이해할 수 있도록 도우라고 했던 것이다.(12차시라는 긴 시간을 배정한 이유)

7. 하지만 안타깝게도 현재의 교과서 내용 구성 및 진행 방식은 이를 제대로 반영하지 못하고 있는 상황이어서 교사의 고민을 바탕으로 한 재구성이 꼭 필요한 상황이라 할 수 있다.

⑤ 5차시에서는 $6 \times 2\frac{2}{3}$를 제시하면서 (자연수×대분수)에 대한 내용을 다루고 있는데 이는 3차시에서 짚어 보았던 (대분수×자연수) 상황과 크게 다르지 않아서 더 이상 언급은 하지 않도록 하겠다.

⑥ 6차시는 (단위분수×단위분수)의 의미 및 알고리즘의 이해가 어느 정도 완성 단계에 이르고 있다고 봐도 좋을 것이다. 다만 처음에는 분수 곱셈의 의미에 초점을 두고 있으나 이후에는 연산 과정에 초점을 두고 있다는 점에서 문제의식을 갖는다. 왜냐하면 $\frac{1}{3} \times \frac{1}{4}$을 통해 자연수가 섞이지 않은 전형적인 분수 곱셈의 원리를 이해하는 본격적인 첫 단계 활동이 이루어지는 매우 중요한 시간인데 연산 과정 및 절차 설명에 집중을 하고 있으니 개념 및 원리 이해를 제대로 도울 수 있겠는가 말이다. 또한 $\frac{1}{3} \times \frac{1}{4}$을 설명함에 있어서 활동 1에서는 넓이 상황($\frac{1}{3} \times \frac{1}{4}$을 색칠하기 위하여 전체의 $\frac{1}{3}$만큼 노란색으로 칠한 뒤 색칠한 노란색 부분의 $\frac{1}{4}$만큼 빨간색으로 칠하시오.)으로, 활동 2에서는 단위분수 개념을 활용한 띠 모델($\frac{1}{3}$과 $\frac{1}{3} \times \frac{1}{4}$의 크기 비교하기)로 설명하고 있다. 활동 1에서는 $\frac{1}{3} \times \frac{1}{4}$의 이해를 돕기 위해, 활동 2에서는 두 수를 곱했을 때 원래의 수인 $\frac{1}{3}$보다 작아진다는 것을 알게 하기 위해 각각 수 모델을 사용하고 있다는 점(꼭 다른 수 모델을 사용했어야 했는가에 대해서는 고민해 볼 일이다.), 수 모델을 제시함에 있어서도 미리 12칸(넓이 상황도 가로 4칸, 세로 3칸으로 미리 나누어져 있고, 띠 모델도 미리 12칸으로 나누어져 있는 상황이어서 아이들은 왜 그렇게 나누어야 하는지에 대한 생각을 하지 않게 된다.)으로 나누어져 있다는 점에서 아쉬움이 남는다. 제일 처음에서부터 일관되게 나의 생각을 정리해 왔던 바와 같이 이 부분 역시 단위분수 개념을 바탕으로 하여 아이들의 이해를 도와야만 제대로 개념 및 원리 이해를 도울 수 있다.

⑦ 7차시는 (진분수×진분수)를 다루면서 분수 곱셈의 의미 및 알고리즘 이해를 완성하도록 하는 단계라 할 수 있다. $\frac{2}{5} \times \frac{3}{4}$을 통해 이를 안내하고 있는데 6차시에서와 같은 내용 및 전개 방식(넓이 상황, 수 모델 제시의 문제점, 연산 과정 설명에 집중)으로 구성되어 있어 역시 재구성은 필수라 여겨진다.

다시 한 번 강조하지만 넓이 상황은 분수 곱셈의 알고리즘을 충분히 설명하고 이해를 돕는 데 자연스럽지 못하고 오직 결과만 알려 줄 뿐이라는 점을 명확히 하고 싶다. 넓이 상황을 통해 $\frac{2}{5} \times \frac{3}{4} = \frac{2 \times 3}{5 \times 4}$ $= \frac{6}{20} = \frac{3}{10}$ 이라는 결과는 얻을 수 있어도 $\frac{2}{5} \times \frac{3}{4}$ 이라는 분수끼리 곱셈의 결과가 어떻게 $\frac{6}{20}$ 에 이르게 되었는지의 과정을 눈으로 확인할 길은 없다. 역시 단위분수 개념을 통한 수 모델만이 가능한 일이다. 그러나 아래와 같이 '전체-부분'의 개념으로 설명한다면 그것 또한 문제가 된다.

위와 같이 설명할 경우 약분된 결과 $\frac{3}{10}$ 만 얻을 수 있게 되어 결국 넓이 상황과 비슷한 상황을 맞이하게 된다. 또한 $\frac{2}{5} \times \frac{3}{4}$ 은 '전체-부분'의 개념으로 설명할 수 있을지 모르겠지만 $\frac{2}{5} \times \frac{3}{7}$ 은 '전체-부분' 개념으로 설명하기 쉽지 않을 것이다. 왜냐하면 $\frac{2}{5}$ 를 7등분하고 그중 3개를 색칠한다는 것은 결코 쉬운 일이 아니기 때문이다.

⑧ 8차시는 분수 곱셈의 개념 및 원리 이해가 최종적으로 마무리되는 시간이다. 본 차시의 내용은 (대분수×대분수)에 대한 것으로 $2\frac{2}{5} \times 1\frac{3}{4}$ 에 대한 이해를 돕기 위해 역시 넓이 상황(이것 또한 결과만 알려 줄 뿐이다.)을 제시하고, 이어서 가분수로 고쳐서 계산하기, 약분하기 순서로 내용을 전개(원리 이해 및 설명보다 연산 과정 설명에 집중하고 있다는 점)하였다. 이 또한 앞에서 한 번 다루었지만 분배법칙을 활용하여 개념 및 원리 이해의 최종 완성을 돕는 것에 초점을 맞추는 것이 더 바람직하다는 것을 잊지 말아야 한다. 그렇다면 수 모델이 아닌 '가분수로 고쳐 보기 ⇨ 완성된 분수 곱셈의 원리를 대분수에 적용하여 계산하기 ⇨ 분배법칙이 적용됨을 알기 ⇨ 시각적으로 분배법칙의 적용 확인하기'의 차례로 접근하는 것이 더 바람직하지 않을까 생각해 본다. 개인적으로는 대분수끼리의 곱셈까지 수 모델을 활용하여 세세하게 안내하기에는 무리가 따른다고 생각한다. 왜냐하면 굉장히 복잡한 과정이 전개되기 때문에 아이들이 오히려 더 혼란스러워할 가능성이 높다. 이 경우에는 차라리 아래와 같이 분배법칙이 적용된다는 것에 대한 안내와 함께 한시적으로라도 넓이 상황 개념을 도입하여 분배법칙의 적용에 의해 만들어진 각각의 상황(영역)을 눈으로 확인할 수 있도록 해 주는 것도 하나의 방법일 것이라 생각된다.

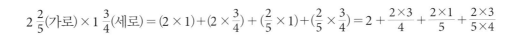

$$2\frac{2}{5}(가로) \times 1\frac{3}{4}(세로) = (2 \times 1) + (2 \times \frac{3}{4}) + (\frac{2}{5} \times 1) + (\frac{2}{5} \times \frac{3}{4}) = 2 + \frac{2 \times 3}{4} + \frac{2 \times 1}{5} + \frac{2 \times 3}{5 \times 4}$$

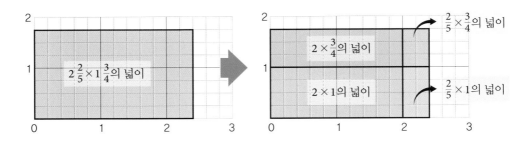

위의 그림에서 작은 □ 1칸은 $\frac{1}{20}$ 임을 알 수 있다. 따라서 색칠된 전체 □는 모두 84칸이므로 $\frac{84}{20}$ = $4\frac{4}{20} = 4\frac{1}{5}$(약분한 결과)이 됨을 알게 된다. 혹시라도 궁금해할 것 같아서 단위분수 개념을 바탕으로 수 모델로 표현해 본 결과를 아래에 제시해 본다.(역시 조금 복잡해진 모습을 확인할 수 있다. 조금 복잡하더라도 일관성 있게 단위분수 개념을 바탕으로 이해시키는 것이 좋다면 아래와 같이 안내를 해 보기 바란다.)

$$2\frac{2}{5} \times 1\frac{3}{4} = (2 \times 1) + (2 \times \frac{3}{4}) + (\frac{2}{5} \times 1) + (\frac{2}{5} \times \frac{3}{4}) = \frac{40}{20} + \frac{30}{20} + \frac{8}{20} + \frac{6}{20} = \frac{84}{20} = 4\frac{4}{20} = 4\frac{1}{5}(약분한 결과)$$

$(2 \times 1) =$ [막대 모델]

$(2 \times \frac{3}{4}) = (1 \times \frac{3}{4}) \times 2 = (\frac{5}{5} \times \frac{3}{4}) \times 2$로 고쳐 수 모델에 표시하면 아래와 같다.

$(2 \times \frac{3}{4}) =$ [막대 모델]

$(\frac{2}{5} \times 1) =$ [막대 모델]

$(\frac{2}{5} \times \frac{3}{4}) =$ [막대 모델]

이렇게 표현해 본다면 [막대 모델: 1] 이라는 크기가 20등분이 된다는 것, 분모가 20으로 통분된다는 것을 의미한다. 이에 따라 위의 수 모델을 다시 정리해 보면 아래와 같다.

$$(2 \times 1) = \frac{40}{20}, \ (2 \times \frac{3}{4}) = \frac{30}{20}, \ (\frac{2}{5} \times 1) = \frac{8}{20}, \ (\frac{2}{5} \times \frac{3}{4}) = \frac{6}{20}$$

$$\frac{40}{20} + \frac{30}{20} + \frac{8}{20} + \frac{6}{20} = \frac{84}{20} = 4\frac{4}{20} = 4\frac{1}{5}(약분한 결과)$$

⑨ 9차시는 세 분수의 곱셈에 대한 내용을 다루고 있다. 8차시까지 분수 곱셈의 개념 및 원리 이해를 완성했다면 어떤 형태의 분수 곱셈일지라도 그 원리가 그대로 적용된다는 것을 최종 확인하는 단계라 할 수 있다. 생각 열기에서는 1차시 스토리텔링 이야기를 다시 가져와 도둑이 성을 빠져나왔을 때 금화가 얼마 남았을지 생각해 보도록 제시하고 있다. 이후 활동 1에서는 이를 수 모델로 제시하고 여러 계산 방법을 다루고 활동 2에서는 미리 약분하기, 계산 과정에서 약분하기의 차이점을 각자 생각해 보도록 하고 있다. 수 모델의 제시 방법(칸이 미리 나뉘어 있는 것)만 제외한다면 내용 전개 및 구성에 큰 무리는 없다고 본다. 따라서 실제 지도에 있어서는 교사가 어느 정도 융통성을 가지고 지도하되 분수 곱셈의 완성 단계임을 감안하여 설명과 전달보다는 교과서 내용을 개별 학습에 맡기고, 완성도 높은 질문을 제시하여 아이들이 스스로 탐구하고 과제를 해결할 수 있는 시간을 20분 정도 갖도록 하는 것도 하나의 방안일 수 있다.

⑩ 10차시는 단원 평가인 만큼 그대로 유지하되 맨 뒤로 시간을 돌리고, 11차시 및 12차시에 제시되어 있는 문제해결 및 이야기 마당은 이전의 적절한 차시와 연계하여 지도하거나 활동을 생략하고 그 시간을 좀 더 많은 시간 할애가 필요한 활동에 배분할 필요가 있다. 교사의 신중한 고민에 따른 선택이 필요한 부분이라 할 수 있다. 개인적으로는 11차시 문제해결에 나오는 이야기가 오히려 1차시 스토리텔링 내용보다 훨씬 간단하고 좋다는 생각이 든다.

단원 재구성을 위한 방안

분수의 곱셈 단원 전체를 한눈에 볼 수 있도록 정리하면 다음과 같다.

다음에서 보는 바와 같이 내용이 구성 및 전개되어가고 있지만 지금까지 살펴본 과정에 의거하여 바라본다면 단원을 마치고 난 후에 아이들이 분수 곱셈의 의미 및 알고리즘의 원리를 충분히 설명할 수 있을 것이라 장담하기 힘들다. 따라서 이에 대한 어려움을 극복하면서 단원의 목표를 달성할 수 있는

04
분수의
곱셈

분수 곱셈의 의미 및 알고리즘의 원리 이해	분수 곱셈을 할 때 왜 분자는 분자끼리, 분모는 분모끼리 곱해야 하는지를 설명할 수 있다는 것을 의미

↓

다양한 수 모델을 통해 이해를 도움

↓

계산 방법 및 절차 설명(가분수변 및 약분)

↓

분수 곱셈 알고리즘의 적용

방향으로 적절하게 재구성할 수 있는 방안을 제시해 보도록 하겠다.

❶ 유형별 분수 곱셈 순서의 변경을 우선 고려해 볼 필요가 있다. 이를 위해 일단 대분수가 포함된 부분은 모두 뒤로 미루어 지도한다는 발상의 전환이 필요하다. 그 이유는 대분수가 포함된 분수 곱셈은 분수 곱셈의 알고리즘과 함께 분배법칙의 원리가 포함되어 있어서 분수 곱셈의 원리를 먼저 제대로 이해하고 나서 분배법칙을 적용해서 해결하면 된다고 생각하기 때문이다.

❷ 분수 곱셈의 의미 및 곱셈의 실제 지도에 있어서 지도서에 안내된 배경지식보다 단위분수 개념을 기초로 한 의미 및 원리 이해에 중점을 지도하도록 한다. 이를 위해 수 모델의 바람직한 제시가 필수라 여겨진다.

❸ 각 차시별로 계산 절차나 방법보다는 분수 곱셈의 의미 및 원리 이해에 초점을 맞추어 지도하도록 한다.

❹ 약분 관련, 가분수로 고쳐서 계산하기 등 분수 곱셈의 다양한 계산 방법은 분수 곱셈의 의미 및 원리 이해가 충분히 마무리된 이후에 집중적으로 다루어도 충분하다는 생각이 필요하다.

단원 지도를 위한 재구성의 실제

차시	재구성 이후	수업의 목적
1	단원 도입 및 (진분수)×(자연수), (자연수)×(진분수)의 계산	• 단원 도입 및 (진분수)×(자연수), (자연수)×(진분수)의 의미 이해 • 알고리즘의 원리 이해(수 모델 활용)
2		
3		
4	(단위분수)×(단위분수), (진분수)×(진분수)의 계산	• (단위분수)×(단위분수), (진분수)×(진분수)의 의미 이해 • 알고리즘의 원리 이해(수 모델 활용)
5		
6		
7	(대분수)×(자연수), (자연수)×(대분수), (대분수)×(대분수)의 계산	• (대분수)×(자연수), (자연수)×(대분수), (대분수)×(대분수)의 의미 이해 • 알고리즘의 원리 이해(수 모델 활용) • 분배법칙의 이해
8		
9		

10	세 분수의 곱셈, 약분, 가분수로 고쳐서 계산하기	• 분수 곱셈의 의미 및 알고리즘의 원리 이해 완성 및 적용
11		
12	단원 정리(문제 풀기)	• 단원 평가

위와 같이 크게 4부분으로 나누어 재구성한 이유는 다음과 같다.

먼저 앞에서 살펴본 문제의식을 바탕으로 대분수가 포함된 곱셈은 뒤로 미루어 두고 나머지 부분들을 앞에 배치하였다. (진분수)×(자연수) ⇨ (자연수)×(진분수) ⇨ (단위분수)×(단위분수) ⇨ (진분수)×(진분수)까지 원리를 터득하면 나머지 부분은 같은 원리를 바탕으로 자연스럽게 해결되기 때문이다.

둘째, 분수 곱셈 알고리즘의 적용 및 문제 풀이 중심이 아닌 알고리즘의 원리를 이해하는 것에 중심을 두고 단위분수 개념을 바탕으로 수 모델을 적극 활용하여 아이들의 이해를 돕고자 하였다.

셋째, 마지막 부분에 가서 대분수가 포함된 분수 곱셈까지 해결하고 분수 곱셈의 의미 및 알고리즘의 원리를 자연스럽게 완성, 적용할 수 있도록 내용을 구성해 보고자 하였다.

넷째, 약분 및 가분수로 고쳐서 계산하기 등 분수 곱셈의 다양한 계산 방법은 분수 곱셈의 의미 및 원리 이해가 충분히 마무리된 이후에 다루어도 충분하다고 판단하여 분수 곱셈의 알고리즘을 이해하는 과정에서 함께 다루지 않고 단원의 뒷부분에 배치하여 집중적으로 다룰 수 있도록 계획하였다.

🍎 1차시 단원 도입 및 (진분수)×(자연수)의 이해

교사 이번 시간부터는 1학기 분수와 관련된 마지막 단원인 분수의 곱셈에 대하여 알아보도록 하겠습니다. 본격적인 시작에 앞서 곱셈의 의미부터 한번 되짚어 보고 넘어가도록 하겠습니다. 자, 2×3은 어떤 의미일까요? 이를 설명하는 방법에는 어떤 것들이 있는지 모두 일어서서 나누기 활동으로 알아보도록 하겠습니다. 한 가지 방법만 있는 것은 아닙니다. 여러 가지 방법을 찾아보도록 합시다.

아이들 (모두 일어서서 2×3이 어떤 의미인지 이를 설명하는 다양한 방법에 대하여 협의한다.)

교사 자, ○○모둠 ○○○가 먼저 한 가지 이야기해 봅시다.

아이들 네, 2×3은 2를 3배한 것입니다.(2개짜리 3묶음, 2를 3번 더한 것, 2씩 3번 건너뛴 것 등)

교사 2×3을 덧셈식으로 표현하면 어떻게 되나요?

아이들 $2 + 2 + 2$입니다.

교사 좋습니다. 방금 한 내용을 잘 기억해 두기 바랍니다. 그러면 오늘 분수의 곱셈 첫 번째 활동인 (진분수)×(자연수)에 대하여 알아보도록 하겠습니다. $\frac{1}{2} \times 6$은 $\frac{1}{2}$을 몇 배한 것이라는 뜻인가요?

아이들 $\frac{1}{2}$을 6배한 것입니다.

교사 자, 그렇다면 $\frac{1}{2}$을 6배하였으니 분모인 2도 6배, 분자인 1도 6배를 하면 되겠지요? 그러면 $\frac{1 \times 6}{2 \times 6} = \frac{6}{12}$이 되겠지요? 맞나요? 모두 일어서서 나누기로 알아봅니다. 지금부터 모두 일어나 모둠원들과 이것이 맞는 것인지 틀린 것인지 알아봅시다.

아이들 (모두 일어서서 $\frac{1 \times 6}{2 \times 6} = \frac{6}{12}$이 맞는 것인지 틀린 것인지 함께 의논한다. 왜 맞는 것이라고 생각하는지 또는 틀린 것이라고 생각하는지 이유까지 설명할 수 있도록 한다.)

교사 자, ○○모둠 ○○○이 말해 보도록 합니다.

아이들 $\frac{1}{2}$을 6배하였다는 것은 $\frac{1}{2}$을 6번 더했다는 뜻이므로 $\frac{1}{2} + \frac{1}{2} + \frac{1}{2} + \frac{1}{2} + \frac{1}{2} + \frac{1}{2} = \frac{6}{2}$이 되는데, 이때 분모는 더하지 않고 분자끼리만 더하는 것이므로 분모는 그대로 두고 분자만 6배하여야 제대로 된 것이라 할 수 있습니다.(이렇게 논리적으로 이야기가 나올 때까지 아이들 간에 연결 짓기를 지속적으로 시도한다.)

교사 네, 아주 훌륭합니다. 분모는 그냥 놓아두고 분자끼리 더한다는 것을 식으로 간단히 표현하면 다음과 같습니다. $\frac{1+1+1+1+1+1}{2} = \frac{1 \times 6}{2} = \frac{6}{2} = 3$이 된다는 것을 이해할 수 있겠지요?

아이들 네. 이해하였습니다.

교사 좋아요. 그렇다면 $\frac{2}{5} \times 4$는 어떤 의미인가요?

아이들 $\frac{2}{5}$를 4배한 것입니다. $\frac{2}{5}$를 4번 더한 것, $\frac{2}{5} + \frac{2}{5} + \frac{2}{5} + \frac{2}{5}$가 되는 것입니다.

교사 그러면 $\frac{2}{5}$는 어떤 의미인가요?

아이들 $\frac{1}{5}$이 2개 있는 것입니다.

교사 네, 맞아요. 그렇다면 $\frac{2}{5} \times 4$는 "$\frac{1}{5}$이 2개 있는 것"×4묶음으로 생각할 수 있습니다. 다시 말해서 $\frac{1}{5}$이 2×4개=8개, 즉 $\frac{8}{5}$이 된다는 말입니다. 따라서 $\frac{2}{5} \times 4 = (\frac{1}{5} + \frac{1}{5}) \times 4 = (\frac{1}{5} + \frac{1}{5}) + (\frac{1}{5} + \frac{1}{5}) + (\frac{1}{5} + \frac{1}{5}) + (\frac{1}{5} + \frac{1}{5}) = \frac{2+2+2+2}{5} = \frac{2 \times 4}{5} = \frac{8}{5}$이 된다는 것을 알

수 있습니다.

교사 $\frac{2}{5} \times 4$를 그림으로 해결하면 어떻게 될까요?

아이들

(그림) + (그림) +

(그림) + (그림) =

(그림) 이 되므로 $\frac{8}{5}$이

라는 것을 알 수 있습니다.

교사 잘해 주었습니다. 지금까지 (진분수)×(자연수)에 대하여 알아보았습니다. (진분수)×(자연수)의 곱셈 원리는 어떻게 되는지 말해 볼까요?

아이들 분모는 그대로 두고 분자에 자연수를 곱하면 됩니다.

교사 네, (진분수)×(자연수)와 같은 경우를 보게 되면 "당황하지 말고 분모는 그대로 두고 분자에 자연수를 곱하면 답이 빡! 끝!"

아이들 하하하!!!!

교사 수고하였습니다. 교과서 178, 179쪽 질문에 답을 해 보기 바랍니다. 179쪽 활동 2는 나중에 한꺼번에 따로 모아서 공부해 보도록 하겠으니 빼놓고 하기 바랍니다.

아이들 (각자 해결한 뒤 모둠원들과 함께 확인하며 도움을 주고받는다.)

1차시 수업 소감

오늘 수업은 계획안대로 잘 진행되었다. 처음부터 자연수의 곱셈 2×3을 제시하고 어떻게 이것의 의미를 설명할 수 있는지 모두 일어서서 나누기 활동으로 해 보라고 하였다. 여러 가지 답변이 나왔다. 개중에는 개념이 흐트러져 있는 경우도 있었다. 대표적인 것은 2×3과 3×2를 같은 것으로 이해하고 있는 아이들이 많았다는 점이다. 그래서 예를 들어 설명해 보라고 하면서 아이들 간의 연결 짓기를 시도하여 이해를 도왔다. 사과 2개가 1묶음인데 이것이 3묶음이 있는 것 = 2×3, 사과 3개가 1묶음인데 이것이 2묶음이 있는 것 = 3×2라고 한 아이가 정리해 주었다. 그러자 아이들은

"아, 그렇구나!" 하는 반응을 보였다. 2×3의 의미 가운데 특히 2×3 = 2+2+2라는 동수누가 개념을 다시 한 번 강조해 주면서 본격적인 분수 곱셈 1차시 내용으로 들어갔다.

$\frac{1}{2} \times 6$은 $\frac{1}{2}$을 6배한 것으로 분모와 분자에 각각 6배하여 $\frac{1 \times 6}{2 \times 6} = \frac{6}{12}$이 된다는 것을 제시하면서 이렇게 하는 것이 맞는지 모두 일어서서 나누기 활동으로 모둠 토론을 다시 한 번 시도하였다.

잠시 뒤에 한 아동을 지명하여 설명을 들어 보았다. 이전에 분수 덧셈에서 분모는 더하면 안 된다는 개념 설명을 한 아동이 이렇게 설명한 적이 있었다. 2개의

2015년 5월 분수의 곱셈 1차시 수업 모두 일어서서 나누기 첫 활동

04
분수의
곱셈

2015년 5월 분수의 곱셈 1차시 수업 모두 일어서서 나누기 두 번째 활동(그림으로 해결)

물통에 물이 들어 있을 때 두 물통의 물을 합치면 물만 합쳐지는 것이고 물통이 합쳐지는 것은 아니니 분수의 덧셈에서 분모는 더하면 안 되고 분자만 더해야 한다고 말했었다. 이를 예로 들어 호명된 아이가 $\frac{1}{2} \times 6$은 $\frac{1}{2}$을 6배한 것으로 $\frac{1}{2} \times 6$은 $\frac{1}{2}$을 6번 더한 것과 같으니 분모는 더하면 안 되고 분자만 더해야 하는데 분모도 더한 것처럼 되어서 틀린 것이라는 설명이었다. 무엇인가 조금 부족한 부분이 있어 보완해야 할 부분이 있다고 생각하는 사람이 있으면 보완해 보라고 하였다. 그러자 한 아이가 "$\frac{1}{2} \times 6$은 $\frac{1}{2}$을 6배한 것으로 $\frac{1}{2} \times 6$은 $\frac{1}{2}$을 6번 더하게 되면 $\frac{1}{2}+\frac{1}{2}+\frac{1}{2}+\frac{1}{2}+\frac{1}{2}+\frac{1}{2}$이 되기 때문에 분

모는 더하지 않고 분자만 더해야 하기 때문에 $\frac{6}{2}$이 되어야 하는데 분모인 2도 6번 더한 것이 되어서 잘못된 것이 됩니다."라고 정확하게 짚어 주었다. 그리고 다른 아이들도 이게 더 정확한 설명이라고 공감하면서 더 이상 보완할 부분이 없다고 하였다. 그리고 아이들이 설명해 준 최종 결론을 칠판에 식으로 $\frac{1}{2} \times 6 = \frac{1}{2}+\frac{1}{2}+\frac{1}{2}+\frac{1}{2}+\frac{1}{2}+\frac{1}{2} = \frac{1+1+1+1+1+1}{2} = \frac{1 \times 6}{2} = \frac{6}{2} = 3$이라고 정리해 주었다. 그러면서 한 가지 사례 $\frac{2}{5} \times 4$를 더 제시하면서 같은 방법으로 정리해 보라고 하였다. 잠시 생각할 시간을 갖게 한 뒤 바로 한 아동을 지목하였다. 불러 주는 대로 칠판에 적어 보았다. $\frac{2}{5} \times 4 = \frac{2}{5}+\frac{2}{5}+\frac{2}{5}+\frac{2}{5} = \frac{2+2+2+2}{5} = \frac{2 \times 4}{5} = \frac{8}{5}$이라고 말해 준 아이의 발표에 다른 아이들은 수정할 부분이 없다고 이야기해 주었다. 이전까지 분수 덧셈에서 단위분수 개념을 바탕으로 충실하게 원리 중심 수업을 해 온 덕분이라는 생각이 든다. 이렇게 정리한 뒤에 $\frac{1}{2} \times 6 = \frac{1 \times 6}{2}$이 되는 과정, $\frac{2}{5} \times 4 = \frac{2 \times 4}{5}$가 되는 과정에서 어떤 원리가 적용되는지 찾아보고 말해 보라 하였는데 바로 답변이 나왔다. 자연수를 분모에는 곱하지 않고 분자에만 곱하면 된다는

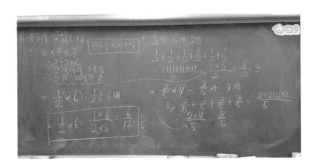

2015년 5월 분수의 곱셈 1차시 수업 그림으로 해결하기 결과 및 칠판 판서

것이었다. 다시 한 번 원리를 큰 소리로 세 번 반복하여 말해 보라고 한 뒤 띠 모델을 활용하여 눈으로도 그 과정을 확인해 보자고 하였다. 그것으로 질문으로 만들어 $\frac{2}{5} \times 4$를 그림으로 해결해 보라고 모둠 토론 시간을 주었다. 그러고 나서 한 아동을 지목하였는데 정확하게 그려 주었다. 역시 지금까지 수 모델을 통해 확실하게 개념 중심, 이해 중심으로 지도한 결과가 이번 단원에

서도 톡톡히 드러나고 있었다.

아동이 그려 준 그림을 바탕으로 최종 정리를 다시 한 번 해 주었다. 그리고 왜 자연수를 분모에 곱하면 안 되는가에 대하여 다시 한 번 정리해 보았다. 그렇게 하니 아이들이 어렵지 않게 받아들이는 모습이었다. 약간 시간이 남아 교과서 문제 풀이로 시간을 마무리하였다. 계획대로 잘 진행된 시간이었다는 생각이 든다.

🍎 2~3차시 (자연수)×(진분수)의 이해

교사 지난 시간에는 (진분수)×(자연수)에 대하여 살펴보았습니다. 오늘은 (자연수)×(진분수)에 대하여 알아보도록 하겠습니다. 그 전에 (진분수)×(자연수), (자연수)×(진분수)의 의미부터 각각 살펴보도록 하겠습니다. 자, $\frac{1}{3} \times 3$과 $3 \times \frac{1}{3}$은 서로 의미가 다릅니다. 어떻게 예를 들어 둘의 차이를 잘 설명할 수 있을까요? 끈의 길이를 예로 들어 알아봅시다. 모두 일어서서 나누기 활동으로 함께 알아보도록 합니다.

아이들 (모둠원들끼리 일어서서 함께 이야기를 나눈 후 마무리되면 자리에 앉는다.)

교사 좋아요. ○○모둠 ○○○가 발표해 보도록 하겠습니다.

아이들 $\frac{1}{3} \times 3$은 $\frac{1}{3}$을 3배한 것으로 $\frac{1}{3}$m 길이의 끈이 3개 있는 것과 같은 뜻이고, $3 \times \frac{1}{3}$은 3을 $\frac{1}{3}$배한 것으로 3m 길이의 끈을 3등분한 것 중 1묶음과 같은 뜻입니다.(오류가 발생하였을 때 아이들 간의 연결 짓기를 통해 수정해 나가도록 돕는다.)

교사 좋습니다. 그러면 오늘 공부할 내용과 관련이 있는 $3 \times \frac{1}{3}$을 그림으로 표현하면 어떻게 할 수 있을까요? 생각할 시간을 주겠습니다. 잠시 후에

각자의 생각을 모둠칠판에 그려서 들어 보이도록 하겠습니다. 도움이 필요한 사람은 모둠원들에게 도움을 요청해도 됩니다.

아이들 (잠시 시간을 가지면서 모둠칠판에 자기 생각을 그림으로 표현한다. 도움이 필요한 사람은 모둠원들에게 도움을 구한다.)

교사 자, 이제 모둠칠판을 모두 들어 보도록 하겠습니다. 하나, 둘, 셋 !!

아이들 짠~짠~짜~~~잔!(각자 모둠칠판을 들어 보인다.)

교사 좋습니다. 다들 잘 표현하였습니다. 그러면 지금 여러분이 표현한 그림을 통해 자연수×진분수의 계산을 알아보도록 하겠습니다. 자, 여러분은 $3 \times \frac{1}{3}$을 이렇게 표현하였습니다.

1m	2m	3m
$\frac{1}{3}$	$\frac{1}{3}$	$\frac{1}{3}$

즉 $3 \times \frac{1}{3}$ =1m라고 표현하였습니다. 그렇다면 $3 \times \frac{1}{7}$과 같은 경우에는 그림으로 어떻게 표현하여 답을 구할 수 있나요?

1m	2m	3m

이 그림에 표현하여 봅시다. 어떻게 할 수 있을까

04 분수의 곱셈

요? 모두 일어서서 나누기 활동으로 함께 알아보도록 하겠습니다.

아이들 (모둠원들끼리 일어서서 함께 이야기를 나눈 후 마무리되면 자리에 앉는다.)

교사 자, 그림으로 표현하기가 어떤가요?

아이들 어려워요. 쉽지 않습니다. 정확히 표시하기가 어렵습니다.

교사 그렇지요? 쉽지 않을 것입니다. 그렇다면 앞서서 여러분이 해결했던 문제로 돌아가 생각해 보면

	1m	2m	3m
	$\frac{1}{3}$	$\frac{1}{3}$	$\frac{1}{3}$

와 같은 방법은 제대로 된 표현 방법이 아니라는 것을 알 수 있습니다. 단지 우연히 그렇게 표현해도 될 만큼 수가 잘 맞아떨어진 경우라 말할 수 있습니다. 사실 여러분이 해결한 앞의 띠 모델에는 굉장히 중요한 점 한 가지가 표시되어 있지 않습니다. 그 중요한 점 한 가지는 무엇일까요? 모둠원들과 함께 모둠 토론에 들어갑니다. 지금부터 시작합니다.

아이들 (모둠원들끼리 자리에 앉은 상태에서 모둠 토론에 들어간다. 쉽게 알아내는 아이들이 없을 것이라 예상된다. 적당히 시간이 흐를 때까지 토론하는 것을 지켜본 뒤 답을 찾아낸 모둠이 없을 때 모둠 토론 활동을 잠시 중지시킨 후 중요한 힌트를 한 가지 제시한다. "힌트 : 지금 우리는 분수를 공부

하고 있습니다. 1을 기준으로 생각해 봅니다." 답을 찾은 모둠이 생기면 모둠 토론을 중지시키고 전체 발표를 하도록 안내한다.)

교사 답을 찾은 모둠이 나왔네요. ○○모둠의 ○○○가 알아낸 답을 발표해 보도록 합니다.

아이들 $3 \times \frac{1}{3}$ 을 그림으로 표현할 때 그림 속에는 각각 1m마다 진분수의 분모만큼 등분 표시가 되어 있지 않습니다. 그래서 잘못된 표현이라 할 수 있습니다.

교사 그렇다면 앞의 그림을 수정한다면 어떻게 될까요?

		1m		2m		3m
	$\frac{1}{3}$		$\frac{1}{3}$		$\frac{1}{3}$	

아이들 이 됩니다.

교사 이런 표현이 맞기는 합니다만 이런 표현은 $3 \times \frac{1}{3} = \frac{3}{3} = 1$ 이라는 답을 단지 그림으로 표현한 결과일 뿐 그 과정이 표현되어 있지 않습니다. 그 과정이 그림 속에 나타나도록 하려면 다른 방법이 필요합니다. 자, 이렇게 생각해 봅시다.

$\boxed{ 1m } \times \frac{1}{3} + \boxed{ 1m } \times \frac{1}{3} + \boxed{ 1m } \times \frac{1}{3}$

이와 같이 해결한다면 그림으로 표현할 때 어떻게 나타나게 될까요? 누가 한 번 칠판에 표현해 볼까요? ○○○이가 한번 해 보세요.

아이들 $\boxed{ 1m} \quad \boxed{ 1m} \quad \boxed{ 1m}$ 가 됩니다.

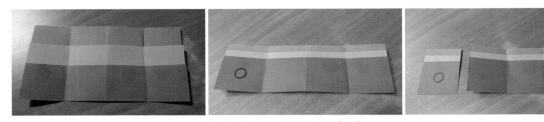

$3 \times \frac{1}{4}$ 을 색종이로 잘라서 알아본 사례 : $3 \times \frac{1}{4} = \frac{1}{4} + \frac{1}{4} + \frac{1}{4} = \frac{1+1+1}{4} = \frac{1 \times 3}{4} = \frac{3}{4}$

교사 좋아요. 그러면 색칠된 부분을 합하면 어떻게 될까요?

아이들 [　1m　]가 됩니다. 그래서 $3 \times \frac{1}{3} = \frac{1}{3} + \frac{1}{3} + \frac{1}{3} = \frac{1+1+1}{3} = \frac{1 \times 3}{3} = 1$이 되는 것입니다.

교사 그렇습니다. 이게 정확한 것입니다. 그러면 $3 \times \frac{2}{7}$도 같은 방법으로 해결할 수 있을 것입니다. 한 번 ○○○가 해결해 보도록 할까요?

아이들

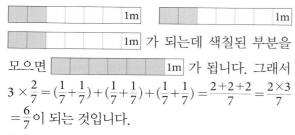

[　1m　] 가 되는데 색칠된 부분을 모으면 [　1m　] 가 됩니다. 그래서 $3 \times \frac{2}{7} = (\frac{1}{7} + \frac{1}{7}) + (\frac{1}{7} + \frac{1}{7}) + (\frac{1}{7} + \frac{1}{7}) = \frac{2+2+2}{7} = \frac{2 \times 3}{7} = \frac{6}{7}$이 되는 것입니다.

교사 아주 훌륭합니다. 정확히 이해하였습니다. 지금까지 (자연수)×(진분수)에 대하여 알아보았습니다. $3 \times \frac{1}{3} = \frac{1 \times 3}{3}$, $3 \times \frac{2}{7} = \frac{2 \times 3}{7}$에서 알 수 있는 (자연수)×(진분수)의 곱셈 원리는 어떻게 되는지 말해 볼까요?

아이들 분모는 그대로 두고 분자에 자연수를 곱하면 됩니다.

교사 네, 맞습니다. 사실 자연수의 곱셈에서 $2 \times 3 = 2 + 2 + 2$이고 $3 \times 2 = 3 + 3$이 되어 2×3과 3×2는 분명히 의미가 다르지만 결과는 같다는 것을 여러분은 이미 알고 있습니다. $2 \times 3 = 3 \times 2$가 되는 것이지요. 우리는 이런 것을 교환법칙이라고 말합니다. (자연수)×(진분수)도 사실 의미는 다르지만 지난 시간에 공부했던 (진분수)×(자연수)와 결과는 같다는 것을 우리는 알 수 있습니다. 그러니 앞으로 (자연수)×(진분수)와 같은 분수의 곱셈을 만나게 되면 역시 "당황하지 말고 분모는 그대로 두고 분자에 자연수를 곱하면 답이 빡! 끝!"

아이들 하하하!!!!

교사 수고하였습니다. 이제 마지막으로 매주 중요한 것 한 가지를 더 짚고 넘어가도록 하겠습니다. 오늘까지 (자연수)×(진분수)와 (진분수)×(자연수)에 대하여 알아보았습니다. 예를 들어 $3 \times \frac{1}{3}$과 $\frac{1}{3} \times 3$은 의미는 서로 다르지만 결과는 같다는 사실을 알 수 있었습니다. 그 이유는 어떤 법칙 때문이었습니까?

아이들 교환법칙입니다.

교사 네, 맞습니다. 그런데 $3 \times \frac{1}{3}$에서 3은 피승수(곱해지는 수)이고 $\frac{1}{3}$은 승수(곱하는 수)이지만 $\frac{1}{3} \times 3$에서는 $\frac{1}{3}$이 피승수(곱해지는 수)가 되고 3이 승수(곱하는 수)가 됩니다. 여기에서 여러분이 주목해야 할 것은 승수(곱하는 수)에 있습니다. 승수(곱하는 수)가 1보다 작은 분수(진분수)일 때와 자연수일 때는 매우 큰 차이를 가집니다. 그 차이는 무엇인지 함께 알아보도록 합시다. 승수(곱하는 수)가 각각 자연수, 1보다 작은 분수(진분수)일 때 결과는 피승수(곱해지는 수)보다 크기가 어떻게 변할까요? 그리고 그 이유는 무엇인가요? 모둠 토론 활동으로 알아봅시다. 미션활동입니다.

아이들 (각 모둠별로 미션활동지를 해결하면서 도움을 주고받는다.)

교사 자, 잘 해결하였지요? ○○모둠 ○○○이 발표해 보도록 하겠습니다.

아이들 (1)번은 크기가 작아졌지만 (2)번은 크기가 커졌습니다. 왜냐하면 (2)번은 곱해지는 수가 자연수일 때 곱셈처럼 늘어나는 경우에 해당되지만 (1)번은 곱해지는 수가 1보다 작은 분수(진분수)일 때는 나눗셈처럼 줄어드는 경우에 해당되기 때문입니다. ($\frac{1}{3} \times 3$은 $\frac{1}{3}$을 3번 더한다는 뜻이어서 곱해지는

04
분수의
곱셈

<table>
<tr><td>수학
5-1</td><td>4. 분수의 곱셈
미션활동지</td><td>서울   초등학교
5학년   반   번
이름 :</td></tr>
</table>

1. $3 \times \frac{1}{3}$ ⇨ 승수(곱하는 수 : $\frac{1}{3}$)가 1보다 작은 분수(진분수)일 때 결과는 피승수(곱해지는 수 : 3)보다 크기가 어떻게 변하였는가?

2. $\frac{1}{3} \times 3$ ⇨ 승수(곱하는 수 : 3)가 자연수일 때 결과는 피승수(곱해지는 수 : $\frac{1}{3}$)보다 크기가 어떻게 변하였는가?

3. (1), (2)번과 같은 결과가 나온 이유는 무엇인가?

(설명)

_____

_____

_____

_____

수보다 크기가 늘어나지만 $3 \times \frac{1}{3}$은 3을 3으로 나눈 것 중에 1묶음이라는 뜻이어서 곱해지는 수보다 크기가 줄어들게 된다. 이와 같은 설명이 나올 때까지 아이들 간의 연결 짓기를 계속 시도한다.)

교사   네, 아주 훌륭한 설명이었습니다. 이제 곱하는 수가 자연수일 때와 진분수일 때 결과는 곱해지는 수보다 왜 커지는지 또는 왜 작아지는지 잘

이해하였지요? 이제 마무리 활동으로 각자 교과서 182, 183쪽 질문에 답을 해 보기 바랍니다. 183쪽 활동 2는 나중에 한꺼번에 따로 모아서 공부해 보도록 하겠으니 빼놓고 하기 바랍니다.

아이들   (각자 해결한 뒤 모둠원들과 함께 확인하며 도움을 주고받는다.)

지난 시간에 공부한 내용을 다시 한 번 되짚어 보고 끈의 길이를 예로 들어 $\frac{1}{3} \times 3$과 $3 \times \frac{1}{3}$의 차이점을 설명해 보라고 하면서 모두 일어서서 나누기 활동을 해 보았다. 생각보다는 이의 설명에도 시간이 꽤 걸렸다. 특히 $3 \times \frac{1}{3}$=3m짜리 끈의 $\frac{1}{3}$배, 즉 3m짜리 끈을 3등분한 것 가운데 1개라는 설명이 쉽게 이루어지지 않았다. 몇 명의 아이들 간 연결 짓기를 통해 겨우 마무리되었다. 역시 분수는 아이들에게 어렵게 느껴지는 것 같았다. 이어서 $3 \times \frac{1}{3}$을 그림으로 해결해 보라는 과제를 제시하면서 각자 모둠칠판에 표현해 보라고 하였다.

2015년 5월 분수의 곱셈 2~3차시 모두 일어서서 나누기 활동

2015년 5월 분수의 곱셈 2~3차시 수업 $3 \times \frac{1}{3}$ 띠 모델로 해결하기

각자 표현한 것을 모두 들어 보라고 하였더니 사진에서와 같이 아이들은 각자 모둠칠판에 자신의 생각을 표현해 주었다. 대부분의 아이들은 그래도 개념을 잡고 있었다. 다만 왜 그렇게 해야 하는지에 대한 정확한 설명이 가능한지는 뚜껑을 열어 보아야 알 것 같았다. 그래서 일부러 | 1m | 2m | 3m | 와 같은 개념

으로 표현한 아이들의 사례를 칠판에 그려 놓고 질문을 하였다. 이렇게 하는 것이 맞는지, 왜 이렇게 해야 하는지, 다르게 한 사람은 왜 다르게 하였는지, 어떻게 표현한 것이 제대로 한 것인지 등. 자신이 해 놓고도 설명은 역시 힘들어하였다. 아이들 간의 연결 짓기를 여러 번 해 보았지만 정확한 설명은 나오지 않았다. 그래서 하는 수 없이 칠판에 띠 모델을 그려 가면서 내가 설명을 해 주어야 했다.

그렇게 설명을 해 주었더니 한 아이가 "선생님, 그림으로 설명해 주신 것을 보니 지난 시간에 공부했던 (진분수)×(자연수)와 똑같은 그림이 그려졌네요. 왜 그렇게 되나요?"라고 질문을 하였다. 와우, 깜짝 놀랐다. 소수의 아동이지만 이제 보는 눈이 생겼다는 증거라 여겨졌다. "네, 좋은 질문입니다. 이렇게 놓고 보니 지난 시

04
분수의
곱셈

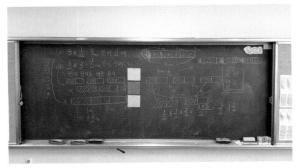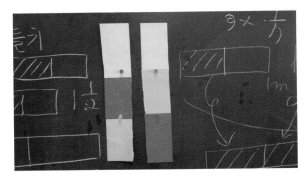

2015년 5월 분수의 곱셈 2~3차시 수업 $3 \times \frac{1}{3}$ 의 의미 설명하기 판서

간에 공부했던 것과 같은 결과라는 것이 느껴지나요? (진분수)×(자연수)나 (자연수)×(진분수)는 서로 의미는 다를지 모르지만 곱셈의 원리는 같기 때문입니다. 또한 곱셈에서는 앞의 수와 뒤의 수를 바꾸어 계산하여도 결과는 같아진다는 것을 여러분은 이미 알고 있지요? 수학에서는 이를 중요한 법칙으로 다룹니다. 우리는 이를 교환법칙이라고 말합니다."라고 설명을 해 주었다. 그랬더니 몇 명의 아이들이 "아, 교환법칙이요. 들어 보았어요."라고 말을 하였다. 이어서 $3 \times \frac{2}{7}$ 를 그림으로 해결해 보라고 하였더니 이제는 제법 쉽게 표현하였다. 아무나 지명을 하여 그려 보라고 하였더니 단번에 아래와 같이 정확히 표현하였다.

							1m
							1m
							1m

"그래요. 그렇게 하는 것이 맞습니다. 그런데 이를 과정이 잘 나타나도록 식으로 표현하면 어떻게 될까요?"라고 질문하고 모둠 토론을 해 보라고 하였다. 그랬더니 역시 꽤 많은 시간을 보내면서 열띤 논의를 하였다. 충분한 시간을 가진 후에 한 명을 지명하려고 했더니 한 아이가 "제가 해 보면 안 될까요?"라고 자신 있게 손을 들었다. 그래서 해 보도록 기회를 주었다. 그랬더니 $3 \times \frac{2}{7} = \frac{3 \times 2}{7} = \frac{6}{7}$ 이라고 쓰고 들어갔다. 그래서 다시 질문하였다. "수고하였습니다. 일단 해결은 되었습니다. 이렇게 하면 과정이 잘 드러났다고 할 수 있을까요?" 하자 한 아동이 "아닙니다. 보충할 것이 있습니다."라

고 하여서 보충할 기회를 주었다. 그랬더니 $3 \times \frac{2}{7} = \frac{2}{7} + \frac{2}{7} + \frac{2}{7} = \frac{3 \times 2}{7} = \frac{6}{7}$ 이라고 수정하였다. 그러자 몇 명의 아이들이 "아, 그렇구나." 하였다. 그래서 "이렇게 하면 다 된 것이지요?" 하였더니 한 명이 "아닌데요. 더 보충할 것이 있어요." 하였다. 나도 내심으로는 누군가 보충할 것이 있다고 말하기를 기대하였다. "그래, 그러면 보충해 보렴." 하고 기회를 주자 그 아동은 $3 \times \frac{2}{7} = 1 \times \frac{2}{7} + 1 \times \frac{2}{7} + 1 \times \frac{2}{7} = \frac{3 \times 2}{7} = \frac{6}{7}$ 이라고 수정하였다. "더 보충할 것이 있나요?" 했더니 더 이상은 나서는 아이가 없었다. 여기까지 수정한 것만으로도 나는 꽤 만족스러웠다. 그래서 나는 약간의 과정을 더 세밀하게 풀어서 아이들에게 설명해 주었다.

몇 명의 아이들은 "선생님, 어렵네요."라고 하였고, 몇 명의 아이들은 "꼭 이렇게 해야만 제대로 하는 것이라 할 수 있나요?"라고 하는 아이도 있었다. "꼭 이렇게 해야만 한다는 것은 아닙니다. 다만 왜 $3 \times \frac{2}{7}$ 가 $\frac{3 \times 2}{7}$ 로 되는지를 설명할 수 있다면 그걸로 충분한 것이고, 이를 위해서는 결국 $1 \times \frac{2}{7} + 1 \times \frac{2}{7} + 1 \times \frac{2}{7} = \frac{2+2+2}{7}$ 라는 과정(그림으로 알아본 것과 같은 내용의 식)은 꼭 필요

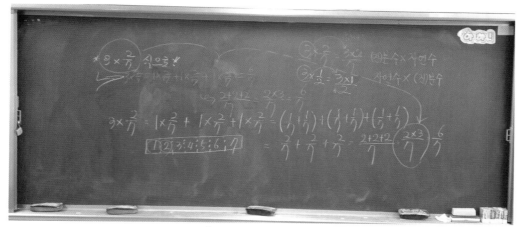

2015년 5월 분수의 곱셈 2~3차시 수업 $3 \times \frac{2}{7}$를 식으로 해결하기 판서

한 것입니다." 하고 설명해 주었다. 그러자 이제는 어느 정도 알 것 같다는 표정을 지어 보였다. 이를 통해 (자연수)×(진분수)를 종합적으로 정리해 보면서 마지막 미션과제를 모둠 토론으로 제시하였다.

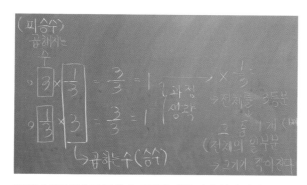

2015년 5월 분수의 곱셈 2~3차시 미션 과제 설명 과정 판서

10분 정도 시간이 남아 5분 정도 모둠 토론 활동을 지켜보았더니 해결될 기미가 보이지 않았다. 그래서 잠시 고민을 하였다. 더 시간을 주고 힌트를 주면서 나머지 시간을 보내고 발표는 다음 시간으로 미룰까 하다가 그냥 내가 설명을 해 주는 것으로 결정을 내리고 모둠 토론을 끝내었다. 예상한 바와 같이 아이들은 자연수를 곱했을 때 결과는 처음 수보다 커지고 분수를 곱했을 때는 처음 수보다 작아진다는 것은 알겠는데 설명은 하지 못하였다. 자신 있게 한 아이가 설명을 해 보겠다고 하였지만 "자연수는 1보다 큰 수이기 때문에 곱하면 커

지고 분수는 1보다 작은 수이기 때문에 곱하면 작아지기 때문입니다."라고 하여 아쉬웠다. 더 이상의 보충 설명은 나오지 않았다. 모둠 토론 시간이 충분하였고 힌트를 주었다면 정확한 설명이 나왔을 가능성도 충분히 있었을 것이라는 생각도 들었다. 그래서 '시간에 쫓겨 괜히 이렇게 하였구나. 차라리 단원의 끝 차시로 보내 충분한 모둠 토론 시간을 가져 볼 걸!' 하고 속으로 아쉬워하였다. 결국 최종 설명은 내가 아이들에게 해 주면서 마무리되었다. '자연수만큼의 배' 개념보다는 '분수만큼의 배' 개념을 아이들은 어려워한다는 것을 다시 한 번 깨닫게 되었다. 하지만 이후의 과정을 통해 아이들은 분명히 서서히 깨달아 나갈 것이라 나는 분명히 믿는다. 이후 과정 속에서 '분수만큼의 배' 개념들이 지속적으로 나오니까 꾸준히 반복하다 보면 충분히 설명할 수 있게 될 것이기 때문이다. 비록 힘들었지만 복잡하고 다양한 활동을 통해 아이들 스스로 자신의 시도를 논리적으로 설명하는 과정을 통해 분수 곱셈 알고리즘의 의미를 생각하고 이해하려는 노력으로 연결 지을 수 있었다는 것, 수학 교육의 본질인 지적 탐구 세계로의 여행을 도와줄 수 있었다는 것만으로도 나는 오늘 수업의 의미를 크게 두고 싶다. 오늘 아이들은 많은 시간 동안 모둠 토론을 하고 생각하는 과정을 거치느라 수고를 하였다. 그래서 다음 수업이 체육 시간이라 머리도 풀어 줄 겸 자유 체육 시간을 선물로 안겨 주었다.

🍎 4차시 (단위분수)×(단위분수)의 이해

교사 오늘은 $\frac{1}{3} \times \frac{1}{4}$을 통해 (단위분수)×(단위분수)에 대하여 알아보도록 하겠습니다. 우선 $\frac{1}{3} \times \frac{1}{4}$은 무슨 뜻인지 알아보도록 합시다. 이것은 어떤 의미인가요?

아이들 $\frac{1}{3} \times \frac{1}{4}$은 $\frac{1}{3}$을 $\frac{1}{4}$배하였다는 뜻입니다. $\frac{1}{3}$을 다시 4등분한 것 중 1조각이라는 뜻입니다.(이런 설명이 나올 때까지 아이들 간의 연결 짓기를 계속 시도한다.)

교사 좋아요. 지난 시간까지 공부했던 분수 곱셈의 원리를 떠올려 봅시다.

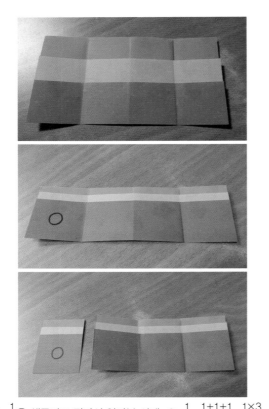

$3 \times \frac{1}{4}$을 색종이로 잘라서 알아본 사례 : $3 \times \frac{1}{4} = \frac{1+1+1}{4} = \frac{1 \times 3}{4} = \frac{1}{4}$

이 분수 곱셈의 원리에 따라 $\frac{1}{3} \times \frac{1}{4}$을 그림으로 해결해 보도록 합시다. 각자 $\frac{1}{3} \times \frac{1}{4}$을 모둠칠판에 그

림으로 해결해 봅니다.

아이들 (잠시 시간을 가지면서 모둠칠판에 자기 생각을 그림으로 표현한다. 도움이 필요한 사람은 모둠원들에게 도움을 구한다.)

교사 각자 해결한 것을 들어 보여 주세요. 하나, 둘, 셋!!

아이들 짠~짠~짜~~~짠!(각자 모둠칠판을 들어 보인다.)

교사 좋습니다. 다들 잘 표현하였습니다. ○○모둠의 ○○○가 왜 그렇게 표현하였는지 설명을 해 보도록 합니다.

아이들 $\frac{1}{3}$을 표현하면 이렇게 됩니다.

그리고 $\frac{1}{3}$의 $\frac{1}{4}$만큼 표시하면 이렇게 됩니다.

| $\frac{1}{3}$의$\frac{1}{4}$ | | | | $\frac{1}{3}$ | | | | $\frac{2}{3}$ | | | 1 |

여기에서 전체 1은 12등분이 되어 분모가 12로 바뀝니다. ☐ 12칸 중에 ■ 1칸은 분수로 얼마인가를 묻는 것으로 답은 $\frac{1}{12}$이 됩니다.(아이들에게서 이런 식의 설명이 나올 수 있도록 교사가 아이들 간의 연결 짓기를 돕는다.)

교사 매우 훌륭합니다. 띠 모델로 정확하게 표현해 주었습니다. 정사각형 모델로 표현하면 어떻게 되는지 색종이로 한번 알아봅시다. 먼저 색종이를 접어 $\frac{1}{3}$만큼 빗금 표시를 해 보세요. 그리고 표시된 부분의 $\frac{1}{4}$만큼 ○표를 그려 봅니다. 그렇게 하고 나면 ○표가 그려진 곳은 분수로 얼마가 되나요?

아이들 $\frac{1}{12}$이 됩니다.

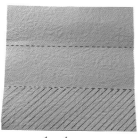

색종이로 $\frac{1}{3} \times \frac{1}{4}$을 표현한 사례(정사각형 모델)

교사　네. 그렇습니다. $\frac{1}{3} \times \frac{1}{4} = \frac{1}{12}$이 되었습니다. 그렇다면 띠 모델 및 정사각형 모델을 통해 알아본 바와 같이 $\frac{1}{3} \times \frac{1}{4} = \frac{1}{12}$이 되는 원리를 식으로 쓴다면 어떻게 될까요? 모둠칠판에 각자 써 봅니다.

아이들　(잠시 시간을 가지면서 모둠칠판에 자기 생각을 그림으로 표현한다. 도움이 필요한 사람은 모둠원들에게 도움을 구한다.)

교사　각자 모둠칠판을 들어 보여 주세요. 하나, 둘, 셋!!

아이들　짠~짠~짜~~~잔!(각자 모둠칠판을 들어 보인다.)

교사　맞습니다. $\frac{1}{3} \times \frac{1}{4} = \frac{1 \times 1}{3 \times 4} = \frac{1}{12}$이 됩니다. 여러분이 쓴 식을 바탕으로 (단위분수)×(단위분수)의

원리를 설명한다면 어떻게 말할 수 있을까요? 각자 모둠칠판에 써 봅시다.

아이들　(잠시 시간을 가지면서 모둠칠판에 자기 생각을 글로 정리한다. 도움이 필요한 사람은 모둠원들에게 도움을 구한다.)

교사　각자 모둠칠판을 들어 보여 주세요. 하나, 둘, 셋!!

아이들　짠~짠~짜~~~잔!(각자 모둠칠판을 들어 보인다.)

교사　그래요. 분모는 분모끼리, 분자는 분자끼리 곱하면 됩니다. 앞으로 (단위분수)×(단위분수)와 같은 분수의 곱셈을 만나게 되면 어떻게 한다고요?

아이들　"당황하지 말고 분모는 분모끼리, 분자는 분자끼리 곱하면 답이 빡! 끝!"

교사　하하하!!!! 좋아요. 그렇게 하면 됩니다. 교과서 186, 187쪽 질문에 답을 해 보기 바랍니다. 187쪽 활동 2는 다음 시간에 함께 공부해 보도록 하겠으니 빼놓고 하기 바랍니다.

아이들　(각자 해결한 뒤 모둠원들과 함께 확인하며 도움을 주고받는다.)

 4차시 수업 소감

지난 시간에 공부했던 것을 잠시 되짚어 보고 오늘 공부할 내용인 $\frac{1}{3} \times \frac{1}{4}$을 제시하면서 먼저 이것의 의미를 살펴보는 시간을 가졌다. 생각보다는 '$\frac{1}{3}$을 다시 4등분한 것 중 1조각'이라는 이야기가 늦게 나왔다. 어렵겠다는 생각은 들지만 오늘은 아이들의 반응이 조금 느리다는 생각이 들었다. 기다렸던 답이 나온 관계로 '$\frac{1}{3} \times \frac{1}{4}$은 $\frac{1}{3}$을 다시 4등분한 것 중 1조각'의 의미에 맞게 띠 모델로 모둠칠판에 표현해 보라고 시간을 주었

다. 활동하는 것을 돌아보는데 제대로 된 띠 모델을 그리는 아이는 딱 1명밖에 없어서 조금은 아쉬웠다. 개인 간 또는 모둠별로 다양한 이야기가 오고 갔지만 정확한 표현은 아니었다. 그래서 그 아이에게 칠판 앞에 나와서 띠 모델로 표현하고 설명까지 해 보라고 하였다. 제법 설명까지 완벽하게 해냈다. 내가 약간의 보충 설명을 보태고 나서야 아이들은 "아, 그런 것이었구나." 하고 이해를 하였다. 바로 이어서 다른 예시 $\frac{1}{2} \times \frac{1}{3}$을

04 분수의 곱셈

2015년 5월 분수의 곱셈 4차시 수업 $\frac{1}{3}\times\frac{1}{4}$, $\frac{1}{2}\times\frac{1}{3}$을 띠 모델로 표현하기 활동

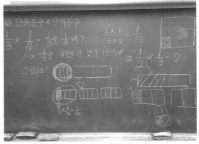

2015년 5월 분수의 곱셈 4차시 수업 $\frac{1}{3}\times\frac{1}{4}$, $\frac{1}{2}\times\frac{1}{3}$ 띠 모델 발표 및 칠판 판서

색종이로 알아보는 $\frac{1}{3}\times\frac{1}{4}$

칠판에 제시하면서 띠 모델에 표현해 보라고 하였다. 그랬더니 별로 시간을 들이지 않고 모둠칠판에 그려 냈다. 이 또한 한 명의 아이에게 앞에 나와 그려 보라고 했는데 제법 잘 해냈다.

이런 과정을 거치면서 어느 정도는 분수 곱셈의 원리가 드러나기 시작했고 아이들은 이를 파악해 내었다. 마지막으로 색종이로 $\frac{1}{3}\times\frac{1}{4}$의 결과가 어떻게 되는지 눈으로 확인해 보는 활동을 해 보았다.

이렇게 띠 모델과 색종이를 통해 $\frac{1}{3}\times\frac{1}{4}$의 의미를 이해하면서 (단위분수)×(단위분수)의 원리를 알아내기에 이르렀다. "$\frac{1}{3}\times\frac{1}{4}=\frac{1}{12}$이 되는데 분모 12는 어떻게 해서 나온 것이지?" "분모끼리 곱해서 나온 것입니다." "왜 두 수의 분모 3과 4를 곱했을까?" "처음 1을 3등분한 것 가운데 1조각을 다시 4등분하여 1조각을 가져온 것이 되니까 전체 1을 기준으로 볼 때 12등분한 것 중 1조각을 가져온 셈이 되기 때문입니다." "좋았어요. 그렇다면 (단위분수)×(단위분수)의 계산 원리는 어떻게 된다고 정리할 수 있을까요?" "분모끼리 곱하고 분자끼리 곱하면 됩니다." "네, 좋습니다. 이럴 때는 당황하지 않고 분모는 분모끼리, 분자는 분자끼리 곱하면 빡, 끝! 이제 남은 시간에는 교과서 문제 풀이를 해 보기 바랍니다." 아이들은 어느새 교과서 속 문제도 빨리 해결하였다. 거의 시간이 딱 맞아떨어졌다. 다음 시간이면 분수 곱셈의 원리에 대한 탐구는 거의 마무리된다. 조금 어려워하는 눈치지만 조작 활동 및 눈으로 확인해 보는 작업을 통해 제대로 분수를 개념과 원리 중심으로 공부해 나가고 있는 것 같아서 참 다행이라는 생각이 든다.

🍎 5~6차시 (진분수)×(진분수)의 이해

교사 오늘은 $\frac{2}{3} \times \frac{3}{4}$을 통해 (진분수)×(진분수)를 어떻게 계산해야 하는지에 대하여 알아보도록 하겠습니다. 지난 시간에 (단위분수)×(단위분수)는 어떻게 해결하였나요?

아이들 분모는 분모끼리, 분자는 분자끼리 곱하였습니다.

교사 그렇습니다. 오늘 공부할 (진분수)×(진분수)에는 어떤 원리가 들어 있는지 그림으로, 색종이로 함께 알아보도록 합시다. 먼저 정사각형 모델로 표현하면 어떻게 되는지 색종이로 한번 알아봅시다. 먼저 색종이를 접어 $\frac{2}{3}$만큼 빗금 표시를 해 보세요. 그리고 표시된 부분의 $\frac{3}{4}$만큼 ○표를 그려 봅니다. 그렇게 하고 나면 ○표가 그려진 곳은 분수로 얼마가 되나요?

아이들 $\frac{6}{12}$이 됩니다.

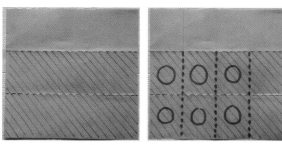

색종이로 알아보는 $\frac{2}{3} \times \frac{3}{4}$을 표현한 사례(정사각형 모델)

교사 네. $\frac{2}{3} \times \frac{3}{4}$을 정사각형 모델로 알아보았더니 전체 12칸 중 6칸, 즉 $\frac{6}{12}$이 되었네요. 그러면 $\frac{2}{3} \times \frac{3}{4}$을 띠 모델로 알아보도록 합시다. 띠 모델에 그림으로 표현하면 어떻게 되는지 모둠칠판에 각자 그려 보도록 합니다.

아이들 (잠시 시간을 가지면서 모둠칠판에 자기 생각을 그림으로 표현한다. 도움이 필요한 사람은 모둠원들에게 도움을 구한다.)

교사 각자 해결한 것을 들어 보여 주세요. 하나, 둘, 셋!!

아이들 짠~짠~짜~~~~잔!(각자 모둠칠판을 들어 보인다.)

교사 좋습니다. 다들 잘 표현하였습니다. ○○모둠의 ○○○가 왜 그렇게 표현하였는지 설명을 해 보도록 합니다.

아이들 $\frac{2}{3}$를 표현하면 이렇게 됩니다.

		$\frac{1}{3}$			$\frac{2}{3}$		1

그리고 각각의 $\frac{1}{3}$에 $\frac{3}{4}$만큼 표시하면 이렇게 됩니다.

| ○ | ○ | ○ | $\frac{1}{3}$ | ○ | ○ | ○ | $\frac{2}{3}$ | | | 1 |

$\frac{1}{3}$의 $\frac{3}{4}$ 　　$\frac{1}{3}$의 $\frac{3}{4}$

| $\frac{1}{12}$ | $\frac{1}{12}$ | $\frac{1}{12}$ | $\frac{1}{12}$ | $\frac{1}{12}$ | $\frac{1}{12}$ | | | | | 1 |

여기에서 전체 1은 12등분되어 분모가 12로 바뀝니다. ☐ 12칸 중에 ■ 6칸은 분수로 얼마인가를 묻는 것으로 답은 $\frac{6}{12}$이 됩니다.(아이들에게서 이런 식의 설명이 나올 수 있도록 교사가 아이들 간의 연결 짓기를 돕는다.)

교사 매우 훌륭합니다. 띠 모델로 정확하게 표현해 주었습니다. $\frac{2}{3} \times \frac{3}{4} = \frac{6}{12}$이 되었습니다. 그렇다면 띠 모델 및 정사각형 모델을 통해 알아본 바와 같이 $\frac{2}{3} \times \frac{3}{4} = \frac{6}{12}$이 되는 원리를 식으로 쓴다면 어떻게 될까요? 모둠칠판에 각자 써 봅니다.

아이들 (잠시 시간을 가지면서 모둠칠판에 자기 생각을 그림으로 표현한다. 도움이 필요한 사람은 모둠원들에게 도움을 구한다.)

04
분수의
곱셈

교사 각자 모둠칠판을 들어 보여 주세요. 하나, 둘, 셋!!

아이들 짠~짠~짜~~~잔!(각자 모둠칠판을 들어 보인다.)

교사 맞습니다. $\frac{2}{3} \times \frac{3}{4} = \frac{2 \times 3}{3 \times 4} = \frac{6}{12}$이 됩니다. 여러분이 쓴 식을 바탕으로 (단위분수)×(단위분수)의 원리를 설명한다면 어떻게 말할 수 있을까요? 각자 모둠칠판에 써 봅시다.

아이들 (잠시 시간을 가지면서 모둠칠판에 자기 생각을 글로 정리한다. 도움이 필요한 사람은 모둠원들에게 도움을 구한다.)

교사 각자 모둠칠판을 들어 보여 주세요. 하나, 둘, 셋!!

아이들 짠~짠~짜~~~잔!(각자 모둠칠판을 들어 보인다.)

교사 그래요. 분모는 분모끼리, 분자는 분자끼리 곱하면 됩니다. 앞으로 (진분수)×(진분수)와 같은 분수의 곱셈을 만나게 되면 어떻게 한다고요?

아이들 "당황하지 말고 분모는 분모끼리, 분자는 분자끼리 곱하면 답이 빡! 끝!"

교사 하하하!!!! 좋아요. 그렇게 하면 됩니다. 이로써 분수 곱셈의 원리가 완성되었습니다. 지금까지 알아본 모든 분수 곱셈의 원리는 결국 하나였습니다. 그것은 무엇인가요?

아이들 "분모는 분모끼리, 분자는 분자끼리 곱한다."입니다.

교사 네. 그렇습니다. 이제 마지막으로 분수 곱셈에서 한 가지 더 짚고 넘어가야 할 것이 있어서 함께 알아보도록 하겠습니다. $\frac{3}{4}$과 $\frac{3}{4} \times \frac{1}{2}$ 중에서 어느 것이 더 큰지, 그리고 그 이유는 무엇인지를 설명할 수 있어야 합니다. 띠 모델을 통해 설명할 수 있도

록 해 봅시다. 지금부터 어떻게 설명해야 할지 각자 생각해 보고 모둠원들과 함께 의견을 나누어 보도록 합니다. 모둠칠판을 활용합니다.

아이들 (잠시 시간을 가지면서 모둠칠판에 자기 생각을 그림으로 표현한 후 모둠원들과 자신의 생각을 교환하면서 문제를 해결해 나간다.)

교사 자, 모두 해결하였지요? ○○모둠의 ○○○가 설명해 보도록 하겠습니다. 칠판에 띠 모델을 이용하여 설명해 보세요.

아이들 $\frac{3}{4}$을 띠 모델에 표현하면 이렇게 됩니다.

$\frac{1}{4}$	$\frac{2}{4}$	$\frac{3}{4}$	1

$\frac{3}{4} \times \frac{1}{2}$은 각각의 $\frac{1}{4}$에 $\frac{1}{2}$씩 표현하면 이렇게 됩니다.

$\frac{1}{4}$의 $\frac{1}{2}$	$\frac{1}{4}$	$\frac{1}{4}$의 $\frac{1}{2}$	$\frac{2}{4}$	$\frac{1}{4}$의 $\frac{1}{2}$	$\frac{3}{4}$	1

$\frac{1}{8}$	$\frac{1}{8}$	$\frac{1}{8}$				1

여기에서 전체 1은 8등분이 되어 분모가 8로 바뀝니다. ▢ 8칸 중에 ▨ 3칸은 분수로 $\frac{3}{8}$이 됩니다. 이렇게 놓고 $\frac{3}{4}$과 $\frac{3}{4} \times \frac{1}{2} = \frac{3}{8}$의 크기를 비교하면 $\frac{3}{4}$이 더 크다는 사실을 알 수 있습니다. 그 이유는 $\frac{3}{4} \times \frac{1}{2}$은 $\frac{3}{4}$을 2로 나눈 것 중 1묶음이라는 뜻이기 때문입니다. 곱하는 수가 진분수라면 (진분수)×(진분수)는 항상 곱해지는 수보다 결과가 작아진다는 것을 우리는 알 수 있습니다.(이와 같은 설명이 이루어질 수 있도록 교사는 아이들 간의 연결 짓기를 돕는다.)

교사 네, 아주 훌륭한 설명이었습니다. 이제 (진분수)×(진분수)의 상황을 통해 곱하는 수가 진분수일 때 결과는 곱해지는 수인 처음의 진분수보다 왜 작아지는지 잘 이해하였지요? 이제 각자 교과서 187쪽의 활동 2, 188~189쪽을 해결해 보도록 합니

아이들 (각자 해결한 뒤 모둠원들과 함께 확인하며 도움을 주고받는다.)

 5~6차시 수업 소감

사 실상 분수 곱셈의 알고리즘을 완성하는 단계의 수업이라서 좀 더 확실하게 원리에 대한 설명을 할 수 있도록 두 시간을 할애하여 다루고자 하였다. 시작하면서 지난 시간에 공부했던 (진분수)×(진분수)의 핵심을 다시 한 번 되짚어 보았다. 특히 왜 분모끼리 곱하게 되었는지에 대하여 다시 한 번 강조하고 확인하였다. 이를 바탕으로 $\frac{2}{3} \times \frac{3}{4}$를 제시하면서 본격적인 탐구 활동에 들어갔다. 우선 색종이를 나누어 주고 $\frac{2}{3}$를 표시해 보라고 하였다. 그 이후에 다시 표시된 $\frac{2}{3}$의 $\frac{3}{4}$만큼에 ◎표시를 해 보라고 하였다. 이제 아이들은 제법 의미에 맞게 띠 모델 또는 색종이를 활용한 조작 활동을 할 줄 안다. 다행이다. 표시한 이후에 ◎표시된 만큼은 전체 색종이의 얼마만큼에 해당되는지 물었다. $\frac{6}{12}$이라는 답변이 나왔다. 그래서 같은 결

과가 나오는지 띠 모델을 통해 한 번 더 알아보자고 하였다. 아이들에게 모둠칠판과 보드마카를 나누어 주고 $\frac{2}{3} \times \frac{3}{4}$을 띠 모델로 표현해 보도록 하면서 모둠원들과 표현한 것들에 대하여 어떤 것이 정확한 것인지 논의해 보라고 하였다. 대체로 띠 모델에 잘 표시는 하였다. 아이들 가운데 한 명을 지명하여 칠판에 띠 모델로 표현해 보라고 하였다. 이제 나의 반 아이들은 여기까지 큰 무리 없이 해낼 줄 안다. 그러나 자신들이 표현해 놓은 것에 대한 설명은 아직까지 제대로 하기에는 무리가 따르는 것 같다.

색종이 및 띠 모델을 통해 $\frac{6}{12}$을 확인하였고 12라는 수는 분모끼리의 곱, 6은 분자끼리의 곱을 통해 나온 것까지 아이들은 알아내었다. 이제 분수 곱셈의 원리는 완성되었다. 하지만 왜 $\frac{2}{3} \times \frac{3}{4} = \frac{2 \times 3}{3 \times 4}$이어야 하는지(왜

2015년 5월 분수의 곱셈 5~6차시 $\frac{2}{3} \times \frac{3}{4}$의 색종이 표현, 띠 모델 그리기 및 발표

분모는 3과 4를 곱해야 하고 분자는 2와 3을 곱해야 하는지)에 대하여 명확히 설명하는 것은 특히 더 어려워한다. 문제를 풀 줄 알지만 제대로 설명할 수 없다면 그것은 정확히 알고 있는 것이라 할 수 없다는 나의 생각은 분명하다. 물론 몇 명의 아이들은 제대로 설명할 줄 안다. 모든 아이들이 설명하기까지는 더 시간이 걸릴 뿐만 아니라 그것까지는 나의 욕심일 것이라는 생각도 든다. 3학년에서 분수를 시작할 때부터 제대로 배워 왔다면 지금은 좀 더 나았을 것이라는 생각도 해 본다. 물론 이제서라도 이만큼까지 아이들이 알게 되었다는 것 또한 다행이라고 스스로 위로도 해 본다. 아무튼 천천히 띠 모델을 통해 아이들은 처음 1에서 $\frac{2}{3}$를 표현하면서 3등분하고 2개를 선택했다는 것 그리고 다시 $\frac{3}{4}$배를 하는 과정에서 각각의 $\frac{1}{3}$마다 다시 4등분한 후 3개를 선택하면 된다는 것을 알아 가게 되었다. 각각의 $\frac{1}{3}$을 다시 4등분하였으니 전체 1을 기준으로 본다면 12등분이 된 것이고 12라는 분모는 3등분의 3과 4등분의 4를 곱해서 나온 수라는 것을 알게 되었고, 각각의 $\frac{1}{3}$을 4등분한 후 3개를 선택하였다는 의미이기 때문에 1개의 $\frac{1}{3}$에서 $\frac{1}{4}$은 3개가 나오고, 이런 $\frac{1}{3}$이 2개 있으니 분자 6은 2와 3을 곱해서 나온 수라는 것을 알게 되었다. 여기까지 알아 가는 데 40분이라는 시간이 다 사용되었다. 이후에는 이것을 좀 더 확고하게 다지는 시간을 가져 보고자 하였다. 본래 계획은 80분이었지만 시간 계획상 40분씩 따로 수업을 진행하게 되어서 남은 부분은 다음 시간으로 넘겼다.

다음 날 수학 시간에 바로 이전 시간에 공부했던 내용을 한 번 더 되짚어 보는 차원에서 $\frac{2}{4} \times \frac{3}{5}$을 아이들에게 제시하고 띠 모델을 이용하여 해결하고 왜 $\frac{2 \times 3}{4 \times 5}$이 되는지를 설명하라고 하였다. 오늘은 어제보다 조금 나아 보였다. 분수 곱셈의 원리인 분모끼리, 분자끼리 곱한다는 사실은 완전히 깨달았고 그 과정을 설명하는 데 있어서도 오늘 수업 시간을 통해 좀 더 확실하게 알아갈 수 있게 된 시간이었다고 느껴진다. $\frac{2 \times 3}{4 \times 5}$을 하면서 왜 분모가 20이 되는지(전체 1을 4등분한 뒤 각각의 $\frac{1}{4}$을 다시 5등분하였기 때문에 전체는 $4 \times 5 = 20$이 된다.), 왜 분자가 6이 되는지(전체 1을 4등분한 것 중 2개에 대하여 각각의 $\frac{1}{4}$을 다시 5등분한 후 3개를 선택한 것이 되므로 결국 $2 \times \frac{1}{20}$ 3개 $= 6$이 된다.)를 한 번 더 확인하면서 아이들은 어제보다 이해의 깊이를 좀 더 확실히 더해 갔다.

마지막으로 $\frac{3}{4}$과 $\frac{3}{4} \times \frac{1}{2}$ 중 어느 것이 더 크고 왜 그런 결과가 나오는지 생각해 보는 시간을 가졌다. 모둠원들과 함께 생각해 보는 시간을 가진 뒤 무작위로 한 명을 지명하여 칠판 앞에 나와 띠 모델을 이용하여 설명해 보라고 하였다.

아래의 오른쪽 사진에서 보는 바와 같이 아주 깔끔하게 띠 모델로 표현하고 설명을 해 주었다. 발표를 듣고 관찰한 나머지 아이들도 더 이상 보탤 이야기가 없다고 할 정도로 한 번에 정리해 주었다.("곱하는 수가 진분수이면 곱해지는 수를 곱하는 수의 분모만큼 똑같이 나눈 후 분자의 수만큼 선택한 것이기 때문에 처음 크기의 일부분만 선택한 것과 같은 결과가 됩니다. 결국 크기는 처음 수보다 작아질 수밖에 없습니다.") 발표를

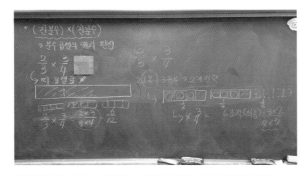

2015년 5월 분수의 곱셈 5~6차시 칠판 판서 및 발표 결과

들으면서 나는 내심 매우 흡족한 마음을 가졌다. 그리고 아이들에게 이렇게 말해 주었다. "이제 여러분은 분수에 대한 자신의 실력이 한층 더 높아졌다고 생각해도 될 것 같습니다. 앞으로도 꾸준히 자신의 실력을 쌓아나가기 바랍니다." 이렇게 마무리하고 나니 시간이 약 10분 정도가 남았다. 남은 시간은 교과서 속 문제 풀이 시간으로 활용할 수 있도록 안내하면서 분수 곱셈의 기본 원리를 알아보는 모든 활동을 마무리하였다.

🍎 7차시 (대분수)×(자연수)의 이해

교사 오늘은 (대분수)×(자연수)에 대하여 공부해 보도록 하겠습니다. 먼저 대분수란 무엇인가요?

아이들 큰 분수입니다. 진분수 옆에 자연수가 붙어 있는 분수입니다. 자연수와 진분수의 합으로 이루어진 분수를 말합니다.(다양한 이야기가 나온다.)

교사 네, 대분수란 자연수와 진분수의 합으로 이루어진 분수를 말합니다. 대분수의 '대'는 '큰 대(大)'가 아니라 '띠 대(帶)'입니다. 진분수 옆에 자연수를 띠처럼 두르고 있다는 의미입니다. 예를 들어 $1\frac{1}{5}=1+\frac{1}{5}$과 같이 '자연수+진분수 ⇨ 자연수와 진분수의 합'으로 볼 수 있다는 말입니다.

아이들 아, 그렇군요. 이제야 대분수의 뜻을 확실하게 이해하였습니다.

교사 그렇다면 $1\frac{1}{5}$의 3배, 즉 $1\frac{1}{5}×3$은 어떤 의미일까요?

아이들 $1\frac{1}{5}$이 3개 있는 것입니다. $1\frac{1}{5}$을 3번 더한 것입니다. $1\frac{1}{5}$을 3배한 것입니다. $1\frac{1}{5}+1\frac{1}{5}+1\frac{1}{5}$입니다.

교사 좋아요. 오늘 공부할 내용과 관련하여 질문 한 가지를 더 하겠습니다.

질문 어머니께서 시장에서 사과 3개와 배 2개를 사 오셨습니다. 그런데 아버지께서 저녁에 들어오실 때 어머니께서 사 오신 것의 2배를 사 오셨습니다. 아버지께서 사 오신 과일의 개수는 모두 몇 개인가요?

이 질문에 대한 답을 구하기 위해 이렇게 식으로 나타내면 될까요? 맞는지 또는 틀리는지 그리고 왜 그렇게 생각하는지를 모둠칠판에 적어 보도록 하겠습니다.

$$3(사과)+2(배)×2$$

아이들 (잠시 시간을 가지면서 모둠칠판에 자기 생각을 글로 정리한다. 도움이 필요한 사람은 모둠원들에게 도움을 구한다.)

교사 각자 모둠칠판을 들어 보여 주세요. 하나, 둘, 셋!!

아이들 짠~짠~짜~~~잔!(각자 모둠칠판을 들어 보인다.)

교사 훌륭합니다. 식 '3(사과)+2(배)×2'는 '배만 2배'한 셈이 되는 것이지요. 그렇다면 식을 바르게 고쳐 쓴다면 어떻게 될까요? 다시 한 번 모둠칠판에 고쳐 써 봅시다.

아이들 (모둠칠판에 식을 고쳐서 쓴다. 도움이 필요한 사람은 모둠원들에게 도움을 구한다.)

교사 각자 모둠칠판을 들어 보여 주세요. 하나, 둘, 셋!!

아이들 짠~짠~짜~~~잔!(각자 모둠칠판을 들

04
분수의
곱셈

어 보인다.)

교사 네, 좋아요. 모두 잘해 주었습니다. '(3+2)×2' 또는 (3×2)+(2×2)가 되어야겠지요. 그렇다면 (3+2)×2가 어떻게 (3×2)+(2×2)가 되었을까요? ○○○가 설명해 보도록 합니다.

아이들 사과도 2배, 배도 2배가 되어야 하니 괄호 안의 수 3에 2를 곱하고, 2에 2를 곱한 뒤 두 수를 더해 주어야 하는 것입니다. 그래서 (3×2)+(2×2)가 됩니다.(이런 설명이 나올 수 있도록 아이들 간의 연결 짓기를 돕는다.)

교사 좋아요. 정확한 설명이었습니다. 이런 과정을 정리하면 이렇게 됩니다.

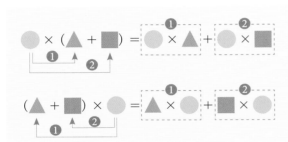

그리고 우리는 이를 '분배법칙'이라고 이름을 부릅니다. 함께 세 번만 외쳐 봅시다.

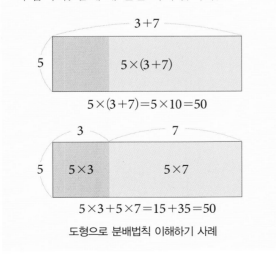

$5×(3+7)=5×10=50$

$5×3+5×7=15+35=50$

도형으로 분배법칙 이해하기 사례

아이들 분배법칙, 분배법칙, 분배법칙!!

교사 네, 좋아요. 그렇다면 $1\frac{1}{5}$은 $1+\frac{1}{5}$이니까 $1\frac{1}{5}×3$을 분배법칙에 의해 다시 표현하면 식으로 어떻게 될까요? 모둠칠판에 써서 들어 봅시다.(잠시 뒤에) 하나 둘 셋!!

아이들 (잠시 모둠칠판에 기록할 시간을 가진 뒤 쓴 내용을 모두 들어 보인다.) 짠~짠~짜~~~잔!!! $(1+\frac{1}{5})×3=(1×3)+(\frac{1}{5}×3)$이 됩니다.

교사, **아이들** 네, 맞습니다. 그렇다면 이 과정을 띠 모델을 통해 눈으로 확인해 보도록 하겠습니다.(개별 활동으로 모둠칠판에 직접 그려 보도록 한다. 잘 안 되는 사람은 모둠원에게 도움을 주고받도록 한다. 각 단계별로 '개인 활동 ⇨ 모둠칠판 들어보이기'를 반복한다. 또는 전체 활동으로 칠판을 이용하여 호명된 아이들이 직접 그림을 그려 보도록 하면서 함께 생각하고 확인해 보도록 한다.)

교사의 질문

(1) $1\frac{1}{5}=1+\frac{1}{5}$을 띠 모델로 표현해 본다면?

(2) $(1+\frac{1}{5})×3=(1×3)+(\frac{1}{5}×3)$을 띠 모델로 표현해 본다면?

(3) 자연수 부분과 진분수 부분으로 나누어 정리해 본다면?

(4) 최종 결과는?

아동의 활동

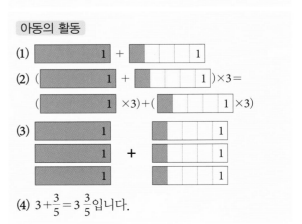

(4) $3+\frac{3}{5}=3\frac{3}{5}$입니다.

교사　네. 좋습니다. 이것이 바로 분배법칙을 활용한 (대분수)×(자연수)의 계산 원리입니다. 잘 이해하였지요? 그런데 (대분수)×(자연수)는 대분수를 가분수로 바꾸어 계산하는 방법도 있답니다. 그것은 수식으로 알아보도록 하지요. $1\frac{1}{5}\times3$에서 $1\frac{1}{5}$을 가분수로 고치면 $\frac{6}{5}$이 됩니다. $1\frac{1}{5}\times3=\frac{6}{5}\times3$이 된다는 것이지요. 이후에는 앞에서 공부했던 (진분수)×(자연수)와 같은 원리가 적용됩니다. 수식으로 정리하면 어떻게 될까요?

아이들　$\frac{6}{5}\times3=\frac{6}{5}+\frac{6}{5}+\frac{6}{5}=\frac{6+6+6}{5}=\frac{6\times3}{5}=\frac{18}{5}$입니다. 대분수로 고치면 $3\frac{3}{5}$이 됩니다.

교사　맞습니다. 그러면 각자 교과서 180~181쪽을 해결해 보도록 합니다. 181쪽의 활동 2는 하지 않습니다. 이 부분은 나중에 한꺼번에 다루도록 할 것입니다.

아이들　(각자 해결한 뒤 모둠원들과 함께 확인하며 도움을 주고받는다.)

7차시 수업 소감

분수 곱셈의 원리 이해를 마무리하고 이를 대분수의 곱셈에까지 확장하는 과정에서 분배법칙이 적용된다는 것을 알고 이를 활용할 수 있도록 돕고자 수업 설계를 해 보았다. 처음 대분수 및 가분수 용어 정리, 대분수는 (자연수+진분수)로 되어 있다는 것을 함께 확인한 후 분배법칙의 이해를 위해 질문을 던지고 '3(사과)+2(배)×2'가 왜 잘못되었는지 알아보는 과정을 통해 분배법칙의 이해를 돕고자 하였다. 모둠원들끼리 자유롭게 토의 토론을 거치기도 하였다. 그런데 생각보다는 이 식이 맞다고 생각하는 아이들이 많았다.

2015년 5월 분수의 곱셈 7차시 분배법칙 관련 모둠 토론하기

2015년 5월 분수의 곱셈 7차시 (대분수×자연수) 분배법칙에 의해 해결하기

04
분수의
곱셈

이는 자연수의 사칙연산이 아직 불완전하다는 것을 증명해 주는 것이라 여겨진다. 그래서 아이들 간의 연결짓기를 통해 아이들의 오류를 스스로 수정해 나가도록 하였다. 그래서일까 여기까지 오는 데 시간이 꽤 많이 걸렸다.

분배법칙을 확인한 이후에는 $1\frac{1}{5}\times3$을 제시하고 분배법칙을 활용한 해결 과정을 모둠칠판에 적어 보고 모둠원들과 확인해 보라고 하였다. 분배법칙을 이해하게 되자 $1\frac{1}{5}\times3$의 해결은 그리 어렵지 않게 해냈다.

분배법칙에 의해 해결한 내용을 모둠원들과 서로 확인하고 한 명을 지명하여 과정이 잘 나타나도록 칠판에 해결해 보라고 하였다. 비교적 손쉽게 해결하였다. 하지만 분배법칙의 이해를 돕는 활동에 시간이 많이 소요되어 $1\frac{1}{5}\times3$을 띠 모델로 확인해 보는 활동은 진행하지 못하였다. 다음 시간은 (자연수)×(대분수)로 오늘 활동과 크게 다르지 않으며 교환법칙에 대하여 이미 학습한 터라서 많은 시간이 걸리지 않을 것이라 생각하여 남은 활동은 뒤로 미루고 활동을 마무리하였다.

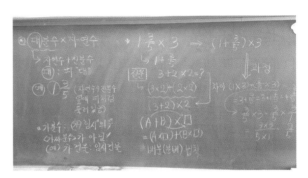

2015년 5월 분수의 곱셈 7차시 분배법칙으로 $1\frac{1}{5}\times3$ 해결하기 및 칠판 판서

🍎 8차시 (자연수)×(대분수)의 이해

교사 오늘은 (자연수)×(대분수)에 대하여 공부해 보도록 하겠습니다. 앞에서 곱셈에서는 교환법칙이 적용된다는 것을 공부한 적이 있습니다. 오늘 공부할 내용은 교환법칙과 분배법칙 모두가 적용됩니다. 지난 시간에 (대분수)×(자연수)의 원리에 대하여 알아보았습니다. (대분수)×(자연수)에 교환법칙을 적용하면 바로 오늘 공부할 내용인 (자연수)×(대분수)가 되는 것입니다. 그러니 여러분은 이미 공부한 것과 다름이 없습니다. $2\times2\frac{2}{3}$를 통해 (자연수)×(대분수)의 원리를 확인해 보도록 하겠습니다. 먼저 $2\times2\frac{2}{3}$의 의미부터 살펴봅시다. 이것은 어떤 의미일까요?

아이들 2를 $2\frac{2}{3}$배한 것입니다. 2를 2배하고 2의 $\frac{2}{3}$만큼 더한 것입니다. 2를 2번 더한 것에 2의 $\frac{2}{3}$만큼을 더한 것입니다.

교사 좋아요. 왜 그런 설명이 가능한지 좀 더 증명해 보도록 합시다. 먼저 $2\frac{2}{3}$를 (자연수+진분수)로 나타내면 $(2+\frac{2}{3})$가 됩니다. 따라서 $2\times2\frac{2}{3}=2\times(2+\frac{2}{3})$라는 것을 알 수 있습니다. 여기에 분배법칙을 적용하여 식으로 정리하면 어떻게 될까요? 모둠칠판에 각자 적어 보도록 합니다. 잠시 후에 들어 올려 봅니다. (잠시 뒤에) 하나 둘 셋!!

아이들 (잠시 모둠칠판에 기록할 시간을 가진 뒤 쓴 내용을 모두 들어 보인다.) 짠~짠~짜~~~잔!!!

$2 \times 2\frac{2}{3} = 2 \times (2+\frac{2}{3}) = (2 \times 2) + (2 \times \frac{2}{3}) = 4 + \frac{2 \times 2}{3} = 4 + \frac{4}{3} = 5\frac{1}{3}$ 이 됩니다.

교사, 아이들 네, 맞습니다. 이렇게 하고 나면 처음 여러분이 말했던 $2 \times 2\frac{2}{3}$ 의 의미가 충분히 설명되었다고 말할 수 있겠지요. 그렇다면 이 과정을 띠 모델을 통해 눈으로 확인해 보도록 하겠습니다.

교사의 질문

(1) $2 \times 2\frac{2}{3} = 2 \times (2+\frac{2}{3})$ 를 띠 모델로 표현해 본다면?

(2) 자연수 부분과 진분수 부분으로 나누어 정리해 본다면?

(3) 최종 결과는?

아동의 활동

(1) $2 \times ($ $)=$
  $(2 \times \quad)+(2 \times \quad)$

(2) 1 4개+

(3) $4 + \frac{4}{3} = 5\frac{1}{3}$ 입니다.

교사 네. 훌륭합니다. 그러면 중요한 모둠 토론 질문을 한 가지 해 보도록 하겠습니다. 앞에서 (자연수)×(진분수)를 하면 원래의 자연수보다 크기가 작아진다고 공부한 적이 있었습니다. 그러면 (자연수)×(대분수)를 하면 원래의 자연수보다 크기가 어떻게 변할까요? 그리고 그렇게

되는 이유는 무엇인지 설명해 봅시다. 잠시 시간을 줄 터이니 모둠원들끼리 모둠 토론을 시작해 보도록 합니다.

아이들 (모둠원들과 토론 활동을 하면서 과제를 해결한다.)

교사 토론 결과를 함께 나누어 봅시다. ○○모둠 ○○○가 토론 결과를 발표해 보도록 합시다.

아이들 네. 크기는 원래의 자연수보다 커집니다. 왜냐하면 (자연수)×(대분수)에서 대분수는 (자연수+진분수)인데 배분법칙을 통해 풀어 보면 (자연수)×(대분수)=(자연수×자연수)+(자연수×진분수)가 됩니다. 여기에서 (자연수×자연수)만 살펴보아도 이미 원래의 자연수보다 크기가 커진다는 것을 알 수 있습니다. 그러니 (자연수×진분수)의 결과에 상관없이 (자연수)×(대분수)는 원래의 자연수보다 커진다고 말할 수 있습니다.(이런 설명이 나올 수 있도록 아이들 간의 연결 짓기를 돕는다.)

교사 훌륭한 설명이었습니다. 오늘도 모두 수고 많았습니다. 남은 시간에는 교과서 184~185쪽을 해결하기 바랍니다. 185쪽의 활동 2는 하지 않습니다. 이 부분은 나중에 한꺼번에 다루도록 할 것입니다.

아이들 (각자 해결한 뒤 모둠원들과 함께 확인하며 도움을 주고받는다.)

8차시 수업 소감

오늘은 지난 시간에 다루지 못했던 내용인 띠 모델로 (대분수)×(자연수) 해결하기 활동을 시작으로 교환법칙이 적용된 (자연수)×(대분수) 활동을 본시 활동으로 다루었다. 분배법칙을 바탕으로 수식으로

의 해결은 제법 잘되고 있지만 띠 모델로 해결하기 활동으로 들어가면 아직은 시간이 꽤 걸린다. 그래도 제법 띠 모델로 잘 표현을 해내는 아이들 및 약간의 미흡함이 발견되지만 어느 정도 개념을 잡고 표상을 해내는

04
분수의 곱셈

2015년 6월 분수의 곱셈 7차시 띠 모델을 활용한 $1\frac{1}{5}\times 3$ 해결하기 및 칠판에 발표하기

아이들이 70% 정도는 된다. 나는 이 정도에 충분히 만족한다. 솔직히 100%는 무리라는 생각이 든다. 무작위로 한 아동에게 발표를 부탁했는데 더 이상 설명할 수 없을 만큼 완벽하게 표현하였다.

이어서 오늘 활동인 $2\times 2\frac{2}{3}$(자연수×대분수)를 제시하고 수식으로 과정이 드러나게 해결하기 활동을 바로 모둠칠판에 해 보라고 안내하였다. 각자 해결하고 모둠원들과 자신들의 활동 결과를 비교해 보면서 도움을 주고받았다. 아직 한 손으로 꼽을 만큼의 아동 몇 명만 조금 힘들어했다. 그래도 모둠원들의 도움을 받아 가며 잘 해결해 나갔다. 모둠칠판을 들어 보게 하여 확인

한 뒤에 그것을 띠 모델로 표현해 보라고 하였다. 모둠원들과 협동적으로 의견을 주고받으며 해결하는 데 약 10분 가까이 시간이 흘렀다. 제법 잘 해결을 하는 모둠들이 많았다.

이제 아이들은 특별하게 안내를 하지 않아도 자연스럽게 개별적으로 자신의 생각을 표현하고 모둠원들과 도움을 주고받으며 생각들을 나눌 줄 안다. 그리고 그 과정을 통해 자신의 수학적 사고를 넓고 깊게 만들어 나간다. 그래서 아이들은 수학 시간을 과거처럼 크게 부담스럽게 생각하지 않는다. 아주 큰 수확이 아닐 수 없다.

2015년 6월 분수의 곱셈 8차시 $2\times 2\frac{2}{3}$의 협동적 과제 해결−수식 및 띠 모델 활용

마무리 활동으로 자연수 (자연수)×(대분수)를 하면 원래의 자연수보다 크기가 커지는지 작아지는지를 알아보면서 왜 그런 결과가 나오게 되는지를 모둠 토론으로 가져가도록 하였다. 결론을 내리는 데 별로 시간이 많이 걸리지는 않았다. 제법 이번 시간도 잘 마무리되었다. 약간의 남는 시간은 교과서 문제해결로 활용하였다.

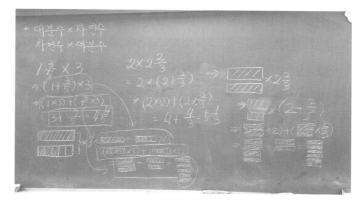

2015년 6월 분수의 곱셈 8차시 판서 및 아동 발표

🍎 9차시 (대분수)×(대분수)의 이해

교사 오늘은 분수 곱셈의 원리를 완성하는 마지막 단계인 (대분수)×(대분수)에 대하여 함께 알아보도록 하겠습니다. 지난 시간까지 분배법칙을 활용한 분수 곱셈 원리의 기초를 알아보았습니다. 오늘은 분배법칙을 활용한 분수 곱셈이 마무리되는 시간입니다. $2\frac{2}{5} \times 1\frac{3}{4}$을 통해 정리하도록 하겠습니다. 먼저 분배법칙 적용을 위해 제시된 대분수식을 (자연수＋진분수)×(자연수＋진분수) 형태가 되도록 각자 모둠칠판에 고쳐 써 봅시다. (잠시 시간을 준다. 다 적었다고 생각되면 "하나 둘 셋" 신호를 하고 들어 보이도록 한다.)

아이들 (잠시 시간을 가지면서 선생님이 제시한 조건에 따라 식을 고쳐 쓴다.) 짠~짠 짜잔! $(2+\frac{2}{5})$ $\times(1+\frac{3}{4})$입니다.

교사 좋습니다. 그럼 다음 설명을 잘 들어 보기 바랍니다. 여러분이 방금 고쳐 쓴 형태와 같은 모습을 한 분배법칙의 해결 과정입니다.

$$(a + b)(c + d) = ac + ad + bc + bd$$

자연수의 예를 통해 알아보도록 하겠습니다. $(3+4)×(2+3)$을 위와 같이 함께 해결해 보도록 합시다. 각자 모둠칠판에 해결해 보세요.

아이들 $(3×2)+(3×3)+(4×2)+(4×3)=6+9+8+12=35$입니다.

교사 잘해 주었습니다. 이를 도형으로 알아보도록 하겠습니다. ☐이 1줄에 $(3+4=7)$칸인데 이것이 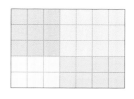 $(2+3=5)$줄 있다고 생각해 봅니다. 그리고 이것을 그림으로 그려 보도록 하겠습니다. 그리고 여러분이 해결한 식처럼 도형 안에 색을 달리하여 구분해 보도록 하겠습니다. (3칸×2줄)+(3칸×3줄)+(4칸

×2줄)+(4칸×3줄)=모두 35칸이 됩니다. 눈으로 직업 확인이 되지요? 그러면 이런 과정에 따라 $(2+\frac{2}{5})×(1+\frac{3}{4})$을 식으로 정리해 보도록 합시다.

아이들 $(2×1)+(2×\frac{3}{4})+(\frac{2}{5}×1)+(\frac{2}{5}×\frac{3}{4})=2+\frac{2×3}{4}+\frac{2×1}{5}+\frac{2×3}{5×4}=2+\frac{6}{4}+\frac{2}{5}+\frac{6}{20}$이 됩니다.

교사 네, 그러면 어떻게 정리하면 될까요? 분모가 다른데?

아이들 통분하면 됩니다.

교사 네, 그렇지요. 통분하여 정리해 봅시다.

아이들 $2+\frac{30}{20}+\frac{8}{20}+\frac{6}{20}=2\frac{44}{20}=4\frac{4}{20}$입니다.

교사 네, 잘해 주었습니다. 이것을 도형으로 알아보면 이렇게 됩니다.

이렇게 도형을 통해 알아보았지만 꼭 이렇게 해결할 필요는 없습니다. 이는 분배법칙이 적용되는 과정을 눈으로 확인하기 위해 필요했던 것입니다. 여러분은 분배법칙에 의해 해결하는 것을 확실하게 이해하고 이를 바탕으로 (대분수)×(대분수)를 해결해 나가면 됩니다. 자, 지금부터 교과서 속 문제를 각자 해결해 보기 바랍니다. 반드시 분배법칙 과정이 잘 나타나도록 해결하기 바랍니다.

아이들 (각자 해결한 뒤 모둠원들과 함께 확인하며 도움을 주고받는다.)

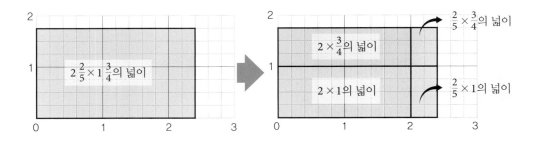

 9차시 수업 소감

실상 분수 곱셈의 마지막 이야기라고 할 수 있는 (대분수)×(대분수)에 대하여 자연수를 활용한 분배법칙의 이해로 수업의 시작을 열어 갔다. 이와 함께 왜 그렇게 되는지에 대하여 도형을 활용하여 이해를 도왔다. 하지만 대분수의 곱셈은 굳이 띠 모델을 활용하여 이해하지 않아도 된다고 판단하여 분배법칙을 활용한 과정에 모든 에너지를 집중하였다.

분배법칙의 설명을 마치고 $2\frac{2}{5}×1\frac{3}{4}$을 제시하였다.

2015년 6월 분수의 곱셈 9차시 대분수 곱셈 분배법칙으로 해결하기 및 칠판 판서

분배법칙의 적용을 위해 $(2+\frac{2}{5})\times(1+\frac{3}{4})$으로 형태를 바꾸기까지 함께 알아본 뒤 나머지는 분배법칙에 따라 과정이 잘 나타나도록 해결해 보라고 하였다. 조금 시간이 걸렸지만 대체로 잘 해결하였다. 시간이 걸린 이유는 분배법칙의 적용 및 분모가 달라진 분수의 덧셈을 위해 통분까지 활용해야 하기 때문이었다. 이런 이유로 이 과정을 어렵게 여겨 꽤 많은 시간을 고민하는 아이도 몇 명 있었다. 이 문제의 과정 및 결과를 함께 확인해 본 후 교과서 마무리 질문을 분배법칙에 의하여 해

결해 보라고 안내한 뒤 아이들을 하나하나 살펴보았다. 그래도 제법 잘해 주었다. 몇 명의 아이들은 힘들어하면서 모둠원들에게 도움을 요청하기도 했다. 각자 해결한 것을 함께 확인하고 마무리하고 나니 시간이 모두 지나갔다. 다음 시간 초반에 분배법칙을 활용한 대분수끼리의 곱셈을 한 번 더 짚어 보고 남은 내용인 가분수로 해결하기, 약분하기 등에 대하여 살펴보면서 모든 것을 마무리할 계획이다.

🍎 10~11차시 세 분수의 곱셈 및 가분수로 고쳐서 계산하기, 약분하여 계산하기

※ 별도로 지도하기보다는 세 분수의 곱셈 사례, 가분수로 고쳐 계산하기 사례, 미리 약분하여 계산하기 사례를 한 가지씩 함께 해결해 보고 각자 편리한 방법으로 해결할 수 있도록 안내한다. 이후에는 교

과서 속 과제 중 나중으로 미루었던 질문들을 이 시간에 함께 해결할 수 있도록 개별 학습 시간을 갖는다. 과제를 정확하게 해결하였는지 모둠원들과 확인도 하고 서로 도움도 주고받는다.

10~11차시 수업 소감

수업 시작 초반에 분배법칙을 활용한 대분수끼리의 곱셈을 한 번 더 짚어 보고 세 분수의 곱셈을 간략히 살펴보았다. 그동안의 활동으로도 이미 세 분수의 곱셈은 우리 반 아이들에게 특별한 활동이 아니었다. 이후에는 그동안 나중으로 미루어 두었던 가분수로 고쳐서 계산하기, 약분하기 등을 함께 짚어 보면서 총 정리하는 시간을 약 15분 정도 가졌다. 아이들 입에서 "대분수가 있을 때 가분수로 고쳐서 계산하면 더 쉬울 때도 있어요. 그리고 약분도 미리 하면 더 편리해요."라는 이야기가 나왔다. "그래요. 맞아요. 하지만 수

학은 답을 빨리 구하는 것이 목적이 아니랍니다. 왜 그렇게 되는지를 이해하고 설명할 수 있도록 하기 위해 공부하면서 사고력을 키워 나가는 교과랍니다. 그러니 그림으로 표현하여 설명할 수 있어야 한다는 점, 분배법칙이 어떻게 적용되는지 설명할 수 있어야 한다는 점, 분모는 분모끼리 분자는 분자끼리 곱한다는 분수 곱셈의 원리가 어떻게 만들어졌는지를 설명할 수 있어야 한다는 점을 잊지 말아야 합니다." 이렇게 마무리하면서 남은 시간은 교과서 속의 문제를 스스로 해결할 수 있도록 하였다. 올해 우리 반 스스로 배움공책에

04
분수의
곱셈

는 "수학이 재미있어졌다. 수학이 그렇게 어렵지만은 않다."라는 말을 남기는 아이들이 많아졌다. 그래서일까 우리 반 아이들의 분수 개념이 정말 많이 발전했다는 것을 느낄 수 있다. 한 학부모에게서도 바로 오늘 이런 문자를 받았다. 'ㅇㅇ엄마입니다. 아이를 학교에 보내고 ebs 방송을 본 뒤 아이의 수학을 지도하고는 하는데 선생님께서 아이에게 지도하신 내용처럼은 지도하기 어렵네요. 그리고 아이가 선생님께 배운 대로 문제를 해결해야만 제대로 이해하는 것이라 하면서 선생님

을 확실히 믿고 따릅니다. 어제 잘 이해하지 못했던 것을 선생님에게 다시 배워서 알아 오라고 했는데 차근차근 다시 알려 주셔서 감사했습니다. 저도 ㅇㅇ이를 통해 수학을 다시 배우고 있어요. 감사합니다.' 학부모님께서도 우리 반 수학 교육에 대하여 믿음을 갖고 계신 것 같아 뿌듯한 마음도 들고 더 열심히 연구하여 수학 수업의 질을 높여야겠다는 각오도 다시 한 번 다지게 된다.

🍎 12차시 단원 정리 – 단원 평가

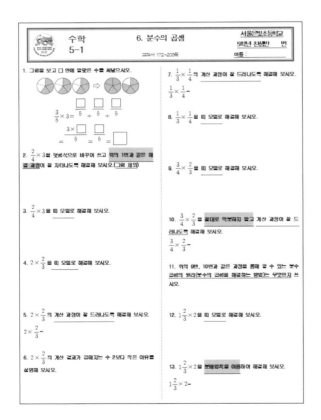

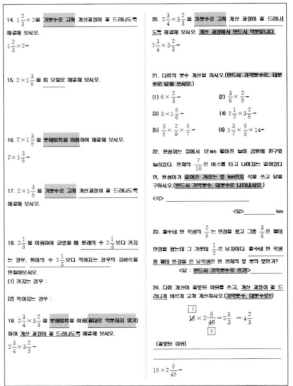

05 직육면체

단원 소개 및 문제의식 갖기

교사용 지도서를 보면 이 단원에서는 아이들이 네모 상자 모양의 물체를 관찰하면서 직육면체를 알고 직육면체의 면, 모서리, 꼭짓점을 이해하는 것과 함께 직육면체의 특수한 경우로서 정육면체의 특징을 이해하고 직육면체의 겨냥도와 여러 가지 성질에 대하여 알아보며 직육면체의 전개도를 이해하고 그릴 수 있음을 목적으로 한다고 명시되어 있으며 본 단원 활동을 통해 아이들이 주변 사물에 대한 공간 지각 능력을 향상시킬 수 있도록 지도해야 한다고 안내되어 있다. 학습 목표 및 단원 발전 계통을 살펴보면 아래와 같다.[1]

단원 학습 목표

내용	1. 직육면체를 이해하고 직육면체의 면, 모서리, 꼭짓점을 알 수 있다. 2. 직육면체의 겨냥도를 이해하고 직육면체의 겨냥도를 그릴 수 있다. 3. 직육면체의 특수한 경우로서 정육면체의 특징을 알 수 있다. 4. 직육면체의 면 사이의 관계를 인식하고 이해할 수 있다. 5. 직육면체의 전개도를 이해하고 알맞은 직육면체의 전개도를 찾을 수 있다. 6. 직육면체의 전개도를 그리고 직육면체의 전개도를 이용하여 직육면체를 만들 수 있다.
과정	1. 직육면체 모양의 상자를 관찰하여 겨냥도로 그리는 방법을 유추할 수 있다. 2. 직육면체의 구성 요소를 알아보며, 직육면체의 특수한 경우로서 정육면체를 추론할 수 있다. 3. 전개도를 그리는 방법을 알맞은 절차로 설명하고 알맞은 전개도를 표현할 수 있다. 4. 문제 상황을 해결하는 방법을 토론하는 과정에서 추론하고 의사소통할 수 있다.
태도	1. 일상생활에서 직육면체를 알아보고 만들어 보는 활동을 통하여 수학의 유용성을 깨닫고 수학에 흥미를 가질 수 있다. 2. 자신의 해결 방법을 자신 있게 발표하고 친구를 설득하는 과정에서 자신감을 가질 수 있다.

---

1 2009 개정 교육과정에 따른 수학과 교사용 지도서 5학년 1학기. 2015. pp. 138~139.

단원의 발전 계통

선수 학습	본 학습	후속 학습
• 1학년 네모 상자 모양 • 3학년 직사각형 • 4학년 수직과 평행	• 직육면체 관찰하기 • 직육면체에서 면, 모서리, 꼭짓점 알아보기 • 직육면체의 겨냥도 이해하고 그리기 • 정육면체 알아보기 • 직육면체의 성질 알아보기 • 직육면체의 전개도 이해하기 • 직육면체의 전개도 그리기	• 6학년 각기둥 • 6학년 직육면체의 겉넓이와 부피 • 6학년 쌓기나무

위의 내용에 근거를 두고 교사용 지도서는 본 단원의 전개 계획을 아래와 같이 제시[2]하였으나 현장에서 그대로 따라서 지도하기에는 무리가 있다는 생각이 든다.

차시	재구성 이전	수업 내용 및 활동
1	단원 도입(스토리텔링)	• 스토리텔링을 통해 직육면체 관찰하기
2	직육면체 알기	• 주변에 있는 상자 모양의 면을 이용하여 직육면체 이해하기 • 면, 모서리, 꼭짓점을 알아보고 찾기
3	직육면체 겨냥도 그리기	• 겨냥도를 이해하고 겨냥도를 그리는 방법을 찾아 그리기
4	정육면체 알기	• 정육면체를 관찰하고 그 특징 알기
5	직육면체의 성질 알기	• 직육면체에서 서로 마주 보는 면, 서로 만나는 면 사이의 관계 알기(평행함, 수직으로 만남)
6	직육면체의 전개도 알기	• 직육면체의 전개도 이해하기
7	직육면체의 전개도 그리기	• 직육면체의 전개도 그리는 방법을 알고 그리기
8	단원 평가	• 단원 평가
9	문제해결	• 직육면체 면에 색 테이프를 붙이고 색 테이프가 지나간 자리를 전개도에 나타내기
10	놀이 마당	• 정육면체의 겨냥도를 그리는 놀이를 통해 정육면체에 관한 문제 해결하기

문제의식을 갖게 만드는 점 몇 가지를 살펴보면 다음과 같다.

---

2 2009 개정 교육과정에 따른 수학과 교사용 지도서 5학년 1학기. 2015. p. 141.

05
직육면체

단원 지도를 위한 수업 시수 문제

총 10차시 가운데 단원 도입, 단원 평가 및 문제해결과 놀이 마당을 제외하면 직육면체 및 정육면체의 이해에 세 시간, 전개도 및 겨냥도 그리기에 세 시간을 할애하여 지도하라고 되어 있다. 직육면체와 정육면체 특징 및 성질을 이해하는 데는 큰 어려움이 없을지 모르겠지만 겨냥도 및 전개도의 이해 및 그리기는 아이들이 매우 어려워하는 부분이다. 그런데 이 내용을 단 1차시씩만으로 이해할 수 있도록 지도하라는 것은 굉장히 힘든 일이다. 특히 공간 감각이 떨어지는 아이들에게 겨냥도와 전개도는 굉장히 어려운 일이 아닐 수 없다. 따라서 겨냥도 및 전개도의 이해 및 그리기 활동에 보다 많은 시간을 할애할 수 있도록 재구성 및 시간 안배가 꼭 필요한 단원이라 말할 수 있다.

단원 도입의 스토리텔링 수학에 대한 문제의식

본 단원 역시 스토리텔링이라고 하여 제시된 상황이나 이야기가 건조하고 재미도 없어 아이들의 흥미와 호기심을 자극하기에는 너무 억지스러운 점이 있고 직육면체에 대한 아이들의 학습 동기 및 직육면체라는 도형에 대한 탐구욕을 충분히 자극할 만큼의 스토리를 갖고 있는 것처럼 보이지는 않는다. 따라서 보다 적절한 이야기를 찾아 제시하거나 과감히 생략하고 넘어가는 것도 생각해 볼 일이다.

지도 순서에 대한 문제의식

교과서 구성을 보면 직육면체 알기 ⇨ 직육면체 겨냥도 그리기 ⇨ 정육면체 알기 ⇨ 직육면체의 성질 알기 ⇨ 직육면체의 전개도 알기 ⇨ 직육면체의 전개도 그리기 순서로 되어 있다. 하지만 굳이 직육면체와 정육면체를 알아보는 내용을 따로 다룰 필요가 없고 그럴 만큼의 내용과 분량도 되지 않을 뿐만 아니라 겨냥도 학습에 바로 이어서 직육면체의 성질에 대한 학습으로 이어지는 것(직육면체의 성질에 대한 탐구는 실제 사물 및 겨냥도를 통해 이루어지기 때문)이 아이들의 직육면체 탐구를 통한 공간 감각 향상에 더 도움이 된다고 판단된다. 구체적인 지도 순서에 대해서는 뒤에 "단원 지도를 위한 재구성의 실제"에서 제시해 보도록 하겠다.

2차시 지도 내용상의 문제점

교과서 40쪽을 살펴보면 오른쪽과 같은 활동이 나와 있다. 직육면체의 구성 요소인 면, 모서리, 꼭짓점을 지도하기 위해 제시된 활동인데 굳이 1학년 아이들처럼 색연필 등으로 색칠하고 각각 어떤 모양이고 몇 개인지 알아보아야만 되는지 의구심마저 든다. 그냥 한 부분

활동2 **네모 상자가 어떻게 이루어져 있는지 관찰하기**

- 네모 상자 색칠하기
- 색칠한 부분의 모양 살피고 관찰하기
- 네모 상자 특징 말하기

출처 : 2009 개정 교육과정에 따른 수학교과서 5학년 1학기, 2015, p. 40.

을 가리키며(예를 들어 교사가 아이들에게 네모 상자 모양을 들어 보이고 각각의 면을 손으로 만지거나 가리키며) "어떤 모양으로 보이나요? 어떤 모양이지?" 하고 물어보면 안 될까? 또한 마지막 질문은 막연하게 "특징을 말해 보시오."라고 되어 있는데 무엇을 요구하는 것인지, 어떤 대답을 바라는지 알 길이 없다. 왜 이렇게 교과서를 어렵게 만들어 가는지 잘 모르겠다. 개인적으로 이런 활동을 직접 교실에서 해 보는 것을 별로 권장하고 싶지는 않다. 그냥 아이들이 직접 눈으로 관찰하고 만져 보는 활동만으로도 충분하지 않을까 생각한다.

초등 기하학 영역의 지도 목적과 교과서에 구현된 실제 내용과의 괴리감

지도서의 여러 곳에서도 나타난 바와 같이 초등 기하학 영역의 지도 목적은 도형과 관련된 지식의 습득이 아니라 공간 감각의 향상(공간 지각 능력[3] 발달)에 있다. 여기에서 말하는 공간 감각(공간 지각 능력)은 지식이 아니다. 쉽게 말하자면 느끼는 힘인 것이다. 또한 이러한 목적을 달성하기 위해 교과서에서는 3차원 사물(입체)을 2차원적(평면)으로 표현하게 하거나(예 : 겨냥도, 전개도 등) 2차원적으로 제시된 입체를 3차원적으로 사고하도록 만드는 활동(바르게 그려진 전개도 찾기, 전개도에 나타난 색 테이프가 지나간 자리를 보고 상자에 색 테이프 붙이기 등)을 제시하고 있다.

그림과 같은 네모 상자 모양에서 선분으로 둘러싸인 부분을 면이라 하고, 면과 면이 만나는 선분을 모서리라고 합니다. 또, 모서리와 모서리가 만나는 점을 꼭짓점이라고 합니다.

위의 그림과 같이 직사각형 모양의 면 6개로 둘러싸인 도형을 직육면체라고 합니다.

출처 : 2009 개정 교육과정에 따른 수학교과서 5학년 1학기, 2015, p. 41.

그런데 교과서 41쪽을 보면 왼쪽과 같이 도형의 이름이라는 제목과 함께 직육면체의 구성 요소인 모서리, 꼭짓점, 면에 대하여 명제적 지식[4](각 요소에 대하여 자세하게 기술하고 있음)으로 제시되어 있다. 초등 기하학의 목적이 지식 습득에 있지 않으며 명제적 지식을 통해 모서리, 꼭짓점, 면이라는 요소들을 추론해 내는 것에 있지 않다

---

3 공간 지각(space perception, 空間知覺) : 물체가 공간을 차지하고 있는 상태나 관계에 관한 지각(능력). 시각 · 청각 · 촉각 등의 감각의 공동 작용에 의하여 느낄 수 있으며, 그 가운데서도 시각을 통하여 느끼는 공간이 가장 확실하다. 몸을 중심으로 하여 아래 · 위 · 왼쪽 · 오른쪽, 앞뒤의 방향과 위치, 크고 작음, 생김새, 거리의 멀고 가까움 등 여러 가지 요소를 포함한다. 5학년 1학기 직육면체 단원에서 전개도를 보고 머릿속으로 작품의 모양을 상상할 때 우리의 뇌는 효과적인 자극을 받아 공간 지각력을 높일 수 있다. 그러나 평면을 보고 만들어질 입체를 상상하기 어려운 많은 아이들에게 다양한 전개도를 직접 그리고 접어 보는 경험은 매우 중요한 것이므로 이런 기회를 충분히 만들어 주도록 한다.

4 명제적 지식 : '…인 것을 안다'로 표현되는 지식으로 사실 혹은 현상 등을 기술하는 지식을 말한다. 명제적 지식은 참과 거짓으로 구분할 수 있는 지식으로, 크게 사실적 지식, 논리적 지식, 규범적 지식으로 나뉜다. 5학년 1학기 수학책 41쪽에 나타나 있는 내용은 명제적 지식 중 논리적 지식에 해당된다. 논리적 지식은 개념, 용어의 의미를 설명해 주거나, 문장을 구성하는 요소들의 의미상의 관계를 나타내 주는 지식인데, 이러한 지식의 대부분은 문장으로 표현되어 있다.

05
직육면체

면 굳이 명제적 지식의 형태로 제시할 필요가 있었을까 하는 의문이 든다. 나의 견해로는 그냥 명칭만 알려 주는 것만으로도 충분하다는 생각이 든다. 이렇게 생각하게 만드는 또 다른 이유는 지도서에 제시되어 있는 단원 배경지식에서도 찾을 수 있다. 초등학교 5학년은 반 힐(Van Hieles)의 기하 학습 사고 수준 이론에 의하면 제2수준[5]에 해당된다고 할 수 있다. 그렇다면 직육면체를 보고 꼭짓점, 면, 모서리를 구분하거나 명칭을 말할 수 있을 정도만 되면 충분한 것이라 할 수 있다. 그런데 이에 대하여 명제적 지식으로 기억하고 이해하라는 것이 과연 적절한가에 대해서는 분명히 생각해 볼 여지가 있다고 여겨진다.(이런 점들에 대한 문제의식이 부족하기 때문에 각종 문제집이나 인터넷상에 떠도는 학습지를 보면 ☐칸 채우는 활동에 "네모 상자 모양에서 ☐으로 둘러싸인 부분을 ☐이라 한다. 정답은 선분, 면이다."와 같은 질문이 들어 있을 수밖에 없다.)

또한 이 부분에서 반드시 짚고 넘어가야 할 매우 중요한 점 한 가지는 모서리, 꼭짓점, 면의 구분과 함께 평면도형에서의 '변'에 해당되는 부분을 직육면체(입체도형)에서는 '모서리'라는 용어로 바꾸어 부르고 있다는 것이다. 이를 아이들이 반드시 알고 넘어갈 수 있게 해 주어야 한다.[모서리는 순우리말로 영어의 edge에 해당되고 변은 한자(변, 邊)로 영어의 side에 해당된다.]

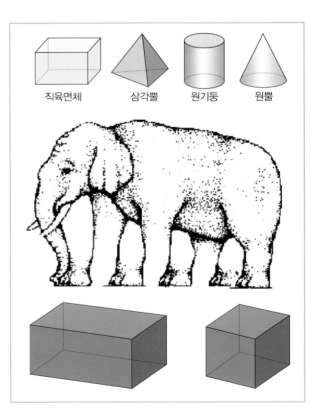

3차시 직육면체 겨냥도 지도 내용상의 문제점

겨냥도를 지도하기에 앞서서 우리는 바라보는 관점에 대한 이해가 필요하다. 우리가 바라보는 사물들은 어떤 관점에서 바라보느냐에 따라 전혀 다르게 이해하고 해석할 수 있다. 본 단원의 3차시에서 다루는 겨냥도 또한 그러하다. 겨냥도란 입체도형의 모양을 잘 알 수 있도록 그린 그림으로, 평행한 모서리는 평행하게 그리고 눈에 보이는 모서리는 실선으로, 보이지 않는 모서리는 점선으로 나타내는데 5학

---

5 제2수준(도형 분석적 수준) : 관찰과 실험을 통해 주어진 도형의 구성 요소나 성질을 분석할 수 있는 수준으로 도형의 성질들 사이의 관계성은 인식하지 못하며 또한 명확한 수학적 정의를 내리지 못하는 수준이다. 도형의 구성 요소와 기본 성질에 대한 초보적인 분석만 하고 있는 수준(예를 들어 직사각형을 보고 이 도형은 "네 개의 곧은 선으로 만들어져 있고 그 선들이 만나면 점이 생기는데 그 점은 모두 네 개다."라고 파악하는 정도의 수준)에 해당된다. 따라서 이 수준의 아이들은 비형식적 추론을 하기에 무리가 따른다.

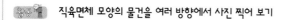

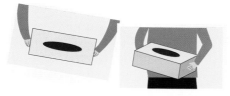

활동1 **직육면체 모양의 물건을 여러 방향에서 사진 찍어 보기**

- 직육면체 모양이 가장 잘 나타나는 방향이 어느 방향
인지 알아보기
- 그 방향에서 보이는 면과 모서리 살피기
- 그 방향에서 보이지 않는 면과 모서리 살피기

출처 : 2009 개정 교육과정에 따른 수학교과서 5학년 1학기, 2015. p. 42.

활동2 **직육면체 모양을 그림으로 나타내기**

- 보이는 모서리 : 실선으로 나타내기
- 보이지 않는 모서리 : 점선으로 나타
내기
- 그림과 실제 사진 비교하기

직육면체의 모양을 잘 알 수 있도록
하기 위하여 보이는 모서리는 실선으
로 보이지 않는 모서리는 점선으로
그립니다. 이와 같은 그림을 직육면
체의 겨냥도라고 합니다.

마무리 **직육면체 겨냥도에서 빠진 부분을 그려 넣어 겨냥도 완성
하기**

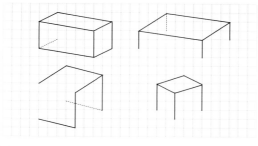

출처 : 2009 개정 교육과정에 따른 수학교과서 5학년 1학기, 2015. p. 43.

년 교육과정에 겨냥도를 제시한 이유는 아이
들이 2차원 평면에 제시한 겨냥도를 보고 평
면도형으로 이해하지 말고 3차원 입체도형으
로 이해해야만 하는데 이를 위해서는 겨냥도
에 대한 이해가 선행되어야 하기 때문이라고
판단된다.(겨냥도에 대한 제대로 된 이해만이
비로소 2차원 평면도형에 나타난 겨냥도의 3
차원적 이해와 해석이 가능하다.) 만약 겨냥도
에 대한 이해가 부족하다면 아래와 같은 그림
을 보고 "윗면은 어떤 모양(도형)인가?"라는
질문에 대하여 아이들은 "평행사변형입니다.
마름모입니다."라고 대답할지도 모를 일이다.

위와 같은 관점에서 본다면 교과서 42쪽의
활동 1에서 직육면체 모양의 물건을 여러 방
향에서 보고 사진을 찍어 아이들에게 제시하
는 활동은 바람직하다고 할 수 있겠다.(물론
여기에도 아쉬움은 남는다. 왜냐하면 단지 직
육면체의 모양이 가장 잘 나타나는 방향을 찾
기, 그때 보이는 면과 보이지 않는 면, 보이는
모서리와 보이지 않는 모서리의 개수 세기에
만 급급하여 도입 활동으로서의 중요한 의미
인 '사물은 바라보는 관점에 따라 이해 정도
가 달라질 수 있다. ⇨ 어느 방향에서 바라볼
것인가에 대한 것이 핵심 포인트이다. 가능한
많은 면, 많은 모서리가 드러날 수 있게 보는
방향을 결정해야 사물을 제대로 이해할 수 있
다.'는 사실을 아이들이 깨닫도록 돕는 일을
놓쳤다고 생각하기 때문이다. 이에 대해서는
재구성의 실제에서 구체적으로 다루어 보도록

하겠다.) 하지만 이후에 제시된 교과서 43쪽의 활동들은 위쪽에서 보는 바와 같이 제시된 평면도에 실
선과 점선을 그려 겨냥도를 완성하고 실제 직육면체 모양과 겨냥도의 차이점을 비교해 보는 일, 겨냥도

에 대한 정의, 제시된 여러 가지 직육면체의 겨냥도에서 빠진 부분을 그려 넣어 겨냥도 완성하기 활동만 제시하고 겨냥도를 구체적으로 어떻게 그려야 하는지에 대한 안내가 되어 있지 않아 아쉬움이 남는다. 실제로 이 부분을 지도하다 보면 아이들은 겨냥도 그리는 것을 많이 힘들어한다. 그렇기 때문에 겨냥도를 그리는 방법 및 과정에 대하여 구체적으로 안내하고 그에 따라 수차례 직접 그려 볼 수 있도록 지도하는 일은 본 차시 수업에서 가장 중요한 활동이라 할 수 있다. 그러나 이 부분이 빠져 있기 때문에 실제 지도할 때에는 어떤 식으로든 차시 내용을 재구성하고 겨냥도 그리는 활동에 충분한 시간을 할애하여 지도하지 않으면 안 된다. 본 차시에서 보완해야 할 점에 대하여 정리해 보면 다음과 같다.

(1) 도입 부분에서 보완하면 좋겠다고 생각하는 점

특정 사물을 앞, 옆, 위, 밑에서 바라본 사진을 제시하고 어떤 사물을 찍은 것인지 알아보기 ⇨ 한 번에 알아볼 수 있는 사진 찾기 ⇨ 사진을 찍은 방향(관점) 생각하기

실제 직육면체 모양의 물건을 관찰하면서 생각해 보기
- 위, 앞, 옆 등에서 본 모양 생각해 보기(또는 그려 보기)
- 각각의 방향에서 보이는 면(모서리)과 보이지 않는 면(모서리)은 몇 개?
- 가장 많은 면과 모서리를 관찰할 수 있는 방향(관점) 찾기

(2) 겨냥도를 그리는 방법 및 과정 안내하기(여러 가지 방법이 있을 수 있다.)

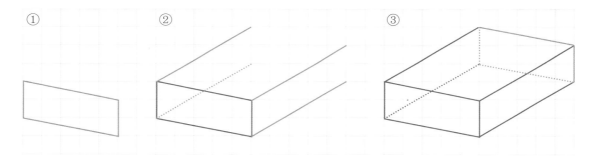

※ 붉은색 선 : 현재 단계에서 그린 선, 파란색 선 : 이전 단계에서 그린 것

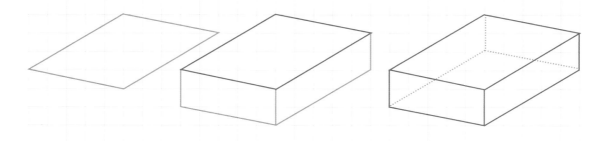

직육면체의 겨냥도 그리기 지도 순서 : 마주 보는 모서리 ⇨ 서로 평행하게(나란히), 보이는 면 ⇨ 3

개, 보이지 않는 면 ⇨ 3개, 보이는 모서리 ⇨ 실선, 보이지 않는 모서리 ⇨ 점선

4차시 정육면체에 대한 차시 배정 문제

초등학교 수학 교과서 내용 구성을 살펴보면 굳이 1차시라는 긴 시간을 할애하지 않아도 될 정도의 내용을 가지고 한 시간씩이나 활동하라고 제시되어 있는 경우를 종종 보게 된다. 나의 관점으로 바라볼 때 본 단원의 1차시와 4차시가 바로 그런 경우에 해당된다고 판단된다. 따라서 실제 지도할 때는 이 두 차시 내용을 한 차시에 지도할 수 있도록 내용 재구성을 잘하여 제시하고, 남는 한 시간은 아이들이 힘들어하는 활동인 전개도에 대한 이해 및 전개도 그리기 활동에 할애하는 것이 더 좋을 것이라 사료된다.

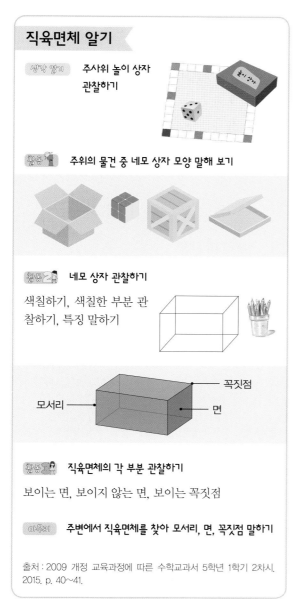

출처 : 2009 개정 교육과정에 따른 수학교과서 5학년 1학기 2차시. 2015. p. 40~41.

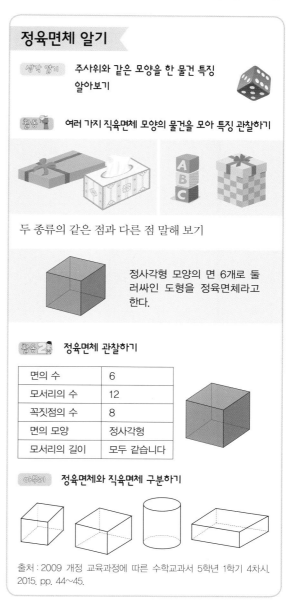

출처 : 2009 개정 교육과정에 따른 수학교과서 5학년 1학기 4차시. 2015. pp. 44~45.

5차시 직육면체의 성질 알기에 대한 교과서 내용 구성의 긍정적 변화

직육면체의 성질 알기

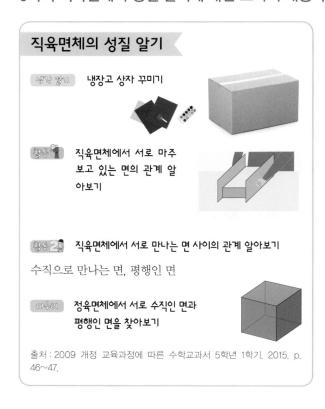

생각 열기 — 냉장고 상자 꾸미기

활동1 — 직육면체에서 서로 마주 보고 있는 면의 관계 알아보기

활동2 — 직육면체에서 서로 만나는 면 사이의 관계 알아보기

수직으로 만나는 면, 평행인 면

마무리 — 정육면체에서 서로 수직인 면과 평행인 면을 찾아보기

출처 : 2009 개정 교육과정에 따른 수학교과서 5학년 1학기. 2015. p. 46~47.

교과서 46~47쪽 내용 구성을 보면 이전 교과서에 비하여 분명히 개선되었다. 특히 교과서 속 그림만 가지고 마주 보는 면의 평행에 대하여 알아보라고 했던 이전의 교과서에 비하면 현재의 교과서 구성은 활동 1처럼 실제 직육면체를 앞에 놓고 두꺼운 종이나 책받침 등을 마주 보고 있는 면에 대어 보면서 특징을 이해할 수 있도록 구성되어 있다. 그리고 이러한 진행은 활동 2에서도 이어지고 있다. 본 단원의 목적이 공간 지각 능력의 향상이라고 할 때 초등학교 5학년이 직접 관찰하고 조작적으로 도형을 다루는 활동을 통해 귀납적으로 인식하는 수준(반 힐의 제2수준)에 해당된다고 본다면 매우 긍정적인 활동이자 구성이라 말할 수 있다.

6차시 직육면체의 전개도 알기에 대한 교과서 내용 구성의 아쉬움

교과서 48쪽의 내용을 보면 왼쪽과 같이 되어 있다. 활동 1과 활동 2로 나누어 여러 활동과 질문으로 되

직육면체의 전개도 알기

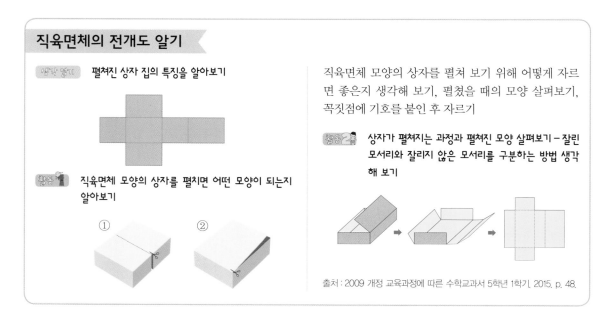

생각 열기 — 펼쳐진 상자 집의 특징을 알아보기

활동1 — 직육면체 모양의 상자를 펼치면 어떤 모양이 되는지 알아보기

① ②

직육면체 모양의 상자를 펼쳐 보기 위해 어떻게 자르면 좋은지 생각해 보기, 펼쳤을 때의 모양 살펴보기, 꼭짓점에 기호를 붙인 후 자르기

활동2 — 상자가 펼쳐지는 과정과 펼쳐진 모양 살펴보기 – 잘린 모서리와 잘리지 않은 모서리를 구분하는 방법 생각해 보기

출처 : 2009 개정 교육과정에 따른 수학교과서 5학년 1학기. 2015. p. 48.

어 있지만 나의 생각으로 볼 때 불필요한 질문들이 대부분이라고 생각된다. 차라리 적당한 크기의 종이 상자를 각자 마련해 오게 한 뒤 '생각 열기'와 같은 모양이 되도록 잘라 보기 또는 활동 2에서 보는 것과 같이 종이 상자를 잘라 펼쳐 보기 활동을 아이들 각자 직접 해 보도록 하는 시간을 갖게 하는 것 자체로 충분하지 않을까 생각한다. 그리고 맨 마지막 질문처럼 "잘린 모서리와 잘리지 않은 모서리를 구분하려면 어떻게 나타내면 좋을지 이야기해 보자."와 같은 질문은 여전히 사라지지 않고 있다. 이런 질문은 그냥 생략해 버리고 다음 쪽에 안내되어 있는 전개도에 대한 설명처럼 그냥 제시해 버리면 그만 아닐까? 그런 것까지 아이들이 생각하여 답을 찾게 하는 일은 불필요한 활동이고 시간 낭비일 뿐이라

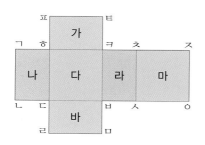

고 나는 생각한다. 실제 교실에서는 이런 생각을 감안하여 적절히 지도하기 바랄 뿐이다.

한 가지 긍정적인 부분은 위의 사진과 같이 전개도를 제시하면서 서로 마주 보는 면(모양과 크기가 같은 면)은 같은 색으로 표현한 점인데 이는 전개도에 대한 아이들의 이해를 돕는 데 큰 도움을 준다.(교과서 pp. 49~50)

단원 재구성을 위한 방안

1학년에서 학습한 네모 상자 모양의 개념을 바탕으로 실제 생활 속에서 접하는 다양한 직육면체 모양의 물건들을 교실로 직접 가져와 관찰하고 다루어 보면서 직접 체험할 수 있도록 해야 한다. 왜냐하면 초등 기하학 수업의 목적은 기하학적 지식을 가르치는 것에 있지 않고 공간 지각 능력 향상에 있기 때문이다.

❶ 직육면체 및 정육면체의 특징과 성질 살피기 및 겨냥도 그리기 과정에서 주변에서 볼 수 있는 직육면체 모양의 사물을 교실로 가져와 눈으로 직접 관찰할 수 있도록 하는 것이 좋다.

❷ 지도서에 제시된 지도상의 유의점에서와 같이 전개도를 다룰 때는 직육면체 모양의 상자를 직접 잘라 펼쳐 가면서 여러 가지 모양의 전개도가 나올 수 있다는 것을 직접 체험할 수 있도록 지도하는 것이 좋다.

❸ 겨냥도 및 직육면체의 전개도를 그리는 작업은 아이들에게 매우 어렵고 힘든 일이다. 따라서 실제 활동 시에는 먼저 모눈종이에 충분히 그려 보는 활동을 한 이후에 빈 종이에 그릴 수 있도록 하는 것이 좋다.

❹ 3차원 사물(입체)을 2차원적(평면)으로 표현하게 하거나(예 : 겨냥도, 전개도 등) 2차원적으로 제시된 입체를 3차원적으로 사고하도록 만드는 활동(바르게 그려진 전개도 찾기, 전개도에 나타난 색 테이

프가 지나간 자리를 보고 상자에 색 테이프 붙이기 등)을 충분히 제공하면서 머릿속으로 사물의 모양을 상상할 수 있는 공간 지각 능력을 향상시킬 수 있도록 하는 것이 좋다. 2차원적 표현인 전개도를 보고 3차원적 사고가 어려운 아이들에게는 직접 전개도 모양대로 잘라 접어 보게 하는 것도 필요하다.

⑤ 교사용 지도서에서 밝히는 배경지식에 대한 이해도 필요하다.

교사용 지도서[6]에 보면 반 힐(Van Hieles)의 기하 학습 사고 수준 이론을 소개하고 있다. 그의 이론에 대한 대전제는 아래와 같다.

- 사고는 상대적인 수준이 있는 불연속적인 활동(사고는 경우에 따라 어느 단계에서 다음 단계로 못 넘어갈 수도 있고, 한동안 머물러 있을 수도 있음. 사고 수준이 어느 단계에 상당 시간 머물러 있다가 어떤 자극으로 인하여 순간적으로 도약하기 때문에 이런 용어를 사용함. 다음 수준으로 비약하기 위해서는 현재 수준에서 다양한 경험이 축적되어 조직화되어야 함.)으로서 수학 학습에서 하위 수준을 통과하지 않고 상위 수준에 도달할 수 없다.
- 모든 학생이 같은 속도로 각 수준을 통과하는 것은 아니며, 수준의 이행은 적절한 학습 지도에 의해 촉진될 수 있다.
- 더 높은 수준에서는 낮은 수준에서의 행동이 분석의 대상이 된다.
- 각 수준이 그 자체의 언어적 상징과 그 상징들을 연결하는 관계 체계를 가지고 있음을 의미한다.
- 서로 다른 수준에서 추론하는 두 사람은 서로를 이해할 수 없다.
- 학습 지도가 학생의 사고 수준을 넘어서게 되면 그 학습은 학생에게 의미가 없어지게 된다.

반 힐은 아이들의 기하 학습에서 사고 수준이 제1수준(시각적 인식 수준) ⇨ 제2수준(도형 분석적 수준) ⇨ 제3수준(비형식적 추론 수준) ⇨ 제4수준(연역적 추론 수준) ⇨ 제5수준(기하학의 엄밀화 수준)과 같은 순서로 발달한다는 것을 알아냈다.

현재 초등학교 아이들은 반 힐의 기하 학습 사고 수준 이론에 비추어 볼 때 제2수준에 해당된다고 볼 수 있다. 이 수준 아이들의 특성을 살펴보면 아래와 같다.

- 도형을 직관적으로 정의한다.(도형의 구성 요소와 특성에 대하여 비형식적 분석인 관찰, 탐구, 실험 등을 통해 파악한다.)
- 도형의 성질을 직관적 관찰 또는 조작적 활동을 통해 귀납적으로 인식한다.(예 : 여러 가지 평행사변형을 관찰 ⇨ 마주 보는 두 변의 길이가 같고 마주 보는 두 각의 길이가 같다는 것을 알게 된다.)
- 다른 도형들의 성질과 연관성을 파악하지 못하며(도형들 간의 포함 관계 및 상호 관련성을 아직

---

6 2009 개정 교육과정에 따른 수학과 교사용 지도서 5학년 1학기. 2015. pp. 143~144.

잘 이해하지 못한다.) 명확한 수학적 정의를 내리지 못한다.

● 도형을 성질로 탐구하며 도형의 구성 요소를 초보적인 수준에서 이해하고 분석할 수 있다.

이러한 배경지식이 직육면체를 알고 이해하는 과정에서 아이들이 실제의 사물을 교실로 가져와 직접 다루면서 학습에 임해야 제대로 이해할 수 있다는 것(3차원적, 공간적 사고가 필요 ⇨ 입체도형을 다루고 있기 때문), 교과서 속에 제시된 그림이나 전개도, 겨냥도만을 살펴보면서 추론하고 증명하고 설명하는 방식(2차원적, 평면적으로 아이들의 사고를 제한 : 아이들로 하여금 공간에 존재하는 입체도형을 생각하게 만들기보다는 평면에 제시된 그림을 보고 생각하게 만듦)으로 수업을 진행해서는 안 된다는 사실을 보다 확실하게 증명해 주고 있는 것이라 본다면 다른 어떤 단원보다도 실제 조작 활동 및 충분한 시간 확보에 최선을 다하여야 한다는 사실을 결코 잊지 말아야 한다.

단원 지도를 위한 재구성의 실제

차시	재구성 이후	수업의 목적
1	직육면체와 정육면체 알기	● 실제 사물의 관찰을 통해 직육면체와 정육면체에 대하여 알기
2~3	직육면체의 겨냥도	● 직육면체의 겨냥도에 대해 이해하기 ● 직육면체의 겨냥도 그리기
4~6	직육면체의 전개도	● 직육면체의 전개도에 대해 이해하기 ● 직육면체의 전개도 그리기
7	직육면체의 성질 이해	● 직육면체의 성질 알기
8	문제해결	● 직육면체 관련 다양한 문제 해결하기(미션 과제)
9	단원 정리(문제 풀기) : 평가	● 단원 평가

위와 같이 크게 4부분으로 나누어 재구성한 이유는 다음과 같다.

먼저 아이들이 힘들어하는 부분의 지도에 대한 시간 확보를 위해 스토리텔링 및 직육면체와 정육면체 알기를 1차시로 지도하도록 계획하였다.

둘째, 겨냥도와 전개도를 앞으로 가져와 지도하도록 계획하였다. 실제 직육면체의 관찰과 탐구를 바탕으로 겨냥도 및 전개도 학습이 충분히 이루어지게 한 후 직육면체의 성질에 대한 이해는 실제 직육면체 및 겨냥도를 통해 동시에 이루어질 수 있도록 하기 위함이다.

셋째, 직육면체에 대한 모든 것을 학습한 이후에는 직육면체와 관련된 문제 상황을 제시하고 주어진 문제를 협동적으로 해결하면서 공간 감각을 기를 수 있도록 돕기 위함이다.

05
직육면체

🍎 1차시 직육면체와 정육면체 알기

교사 직육면체에 대하여 공부하는 첫 시간입니다. 각자 준비한 여러 가지 네모 상자 모양(직육면체, 정육면체) 1개를 함께 살펴보면서 각 부분의 명칭을 알아보도록 하겠습니다. 먼저 교과서 41쪽 설명을 함께 읽어 보도록 합니다.

아이들 (교과서 속의 면, 모서리, 꼭짓점, 직육면체에 대한 설명을 함께 읽는다.)

교사 자, 그러면 상자 모양을 들어서 면, 모서리, 꼭짓점을 모두 함께 찾아보도록 합시다. 보이는 면(모서리, 꼭짓점도 같은 방법으로 진행)을 모두 찾아 가리켜 봅시다. 네모 상자 모양의 면을 보면 생김새에서 공통점 한 가지를 찾을 수 있습니다. 그것은 무엇인가요?

아이들 (면, 모서리, 꼭짓점을 직접 만져 보며 관찰한 후 대답한다.) 네, 면이 모두 직사각형 모양입니다.

교사 네, 맞습니다. 직사각형 모양의 면이 몇 개 있나요?

아이들 6개 있습니다.

교사 그렇다면 이 사실을 가지고 직육면체란 무엇인지 설명할 수 있습니다. 어떻게 설명할 수 있나요?

아이들 직사각형 모양의 면 6개로 만들어진(둘러싸인) 도형입니다.

교사 그래요. 그렇다면 주사위 모양의 상자를 들어 봅시다. 그리고 여기에서도 면, 모서리, 꼭짓점을 모두 찾아봅시다. 주사위 모양을 한 상자의 면을 보면 생김새에서 공통점 한 가지를 찾을 수 있습니다. 그것은 무엇인가요?

아이들 (면, 모서리, 꼭짓점을 직접 만져 보며 관찰한 후 대답한다.) 네, 면이 모두 정사각형 모양입니다.

교사 네, 맞습니다. 그런 면이 몇 개 있나요?

아이들 6개 있습니다.

교사 그렇다면 이 사실을 가지고 정육면체란 무엇인지 설명할 수 있습니다. 어떻게 설명할 수 있나요?

아이들 정사각형 모양의 면 6개로 만들어진(둘러싸인) 도형입니다.

교사 좋습니다. 지금부터 직육면체와 정육면체를 직접 관찰하고 살펴보면서 정육면체와 직육면체의 공통점, 정육면체에만 있는 특징, 직육면체에만 있는 특징을 있는 대로 모두 찾아 벤 다이어그램 활동지에 정리해 보도록 하겠습니다.

아이들 (각 모둠별로 정육면체, 직육면체를 비교 관찰하면서 공통점과 차이점을 찾아 정리한다.)

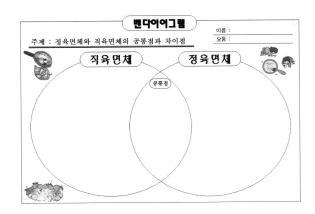

교사　자, 각 모둠별로 찾은 내용들을 모두 함께 나누도록 하겠습니다. 우선 공통점부터 알아봅시다. 1모둠부터 순서대로 한 가지씩 발표해 보도록 하겠습니다.

아이들　(1모둠부터 차례대로 한 가지씩 발표한다. 다음 모둠에서는 앞에서 발표한 내용을 제외하고 발표한다.) 면이 6개입니다. 모서리가 12개입니다. 꼭짓점이 8개입니다. 면이 직사각형입니다. 한 면에 모서리가 4개씩 있습니다. 서로 마주 보는 면이 3쌍이 있습니다. 서로 마주 보는 면끼리의 모양, 크기는 서로 같습니다. 면에 있는 각이 모두 직각입니다.

교사　네, 공통점들이 다 나왔네요. 잘해 주었습니다. 그러면 이제부터는 차이점에 대하여 알아보도록 합시다. 역시 같은 방법으로 1모둠부터 순서대로 한 가지씩 발표해 보도록 하겠습니다.

아이들　(1모둠부터 차례대로 한 가지씩 발표한다. 다음 모둠에서는 앞에서 발표한 내용을 제외하고 발표한다.) 정육면체는 6개의 면이 모두 정사각형이지만 직육면체는 6개의 면이 모두 직사각형입니다. 정육면체는 6개의 면의 모양이 모두 똑같지만 직육면체는 그렇지 않습니다.(같은 모양의 면은 2개씩 3쌍) 정육면체는 6개의 면의 크기가 모두 똑같지만 직육면체는 그렇지 않습니다.(같은 크기의 면은 2개씩 3쌍) 정육면체는 모서리의 길이가 모두 똑같지만 직육면체는 그렇지 않습니다.(같은 길이의 모서리는 4개씩 3종류)

교사　수고하였습니다. 지금까지 정육면체와 직육면체의 차이점, 공통점을 함께 알아보았습니다. 그렇다면 중요한 모둠 질문 한 가지를 모두 일어서서 나누기 활동을 통해 해결하고 자리에 앉도록 하겠습니다. 정육면체는 직육면체라 할 수 있을까요?

아이들　(각 모둠별로 모두 일어서서 나누기 활동을 한다.)

참고　**도표를 활용하세요**

벤 다이어그램 대신에 아래와 같은 도표를 활용하는 것이 더 좋을 수도 있다.(5학년 국어과 교육과정 중 설명하는 글 쓰기의 방법 가운데 공통점과 차이점으로 나누어 설명하는 비교, 대조하기 및 이 내용을 정리하는 방법에 대하여 벤 다이어그램으로 제시되어 있기는 하지만 차이점을 가르는 명확한 기준을 몇 가지 제시하고 그것을 중심으로 대상을 집중적으로 관찰하고 생각해 보도록 함으로써 핵심에서 벗어나지 않게 해 주고 불필요한 시간 낭비를 줄여 줄 수 있다는 점에서 표의 형태로 변화를 준 벤 다이어그램의 변형을 고려해 볼 필요가 있다고 사료된다.)

		직육면체	정육면체
공통점			
차이점	면의 모양		
	면의 크기		
	모서리의 길이		
	기타		

05
직육면체

교사 지금까지 모둠별로 나눈 이야기 결과를 함께 나누도록 하겠습니다. ○○모둠 ●●가 발표해 보도록 하겠습니다.

아이들 네, 정육면체는 직육면체라고 할 수 있습니다. 직육면체의 모든 면은 직사각형인데 정육면체의 면은 정사각형으로 정사각형은 직사각형이라고 말할 수 있기 때문입니다.(아이들 간의 연결 짓기를 통해 위와 같은 이야기가 나올 수 있도록 한다.)

교사 네, 정확하게 설명해 주었습니다. 지금까지 함께 알아본 내용들을 각자 노트에 기록, 정리해 보도록 하겠습니다. 모두 수고하였습니다.

아이들 각자 활동한 내용을 노트에 기록, 정리하며 마무리한다.

 1차시 수업 소감

직육면체에 대하여 공부하는 첫 시간 활동으로 직육면체와 정육면체의 공통점과 차이점을 알아보는 것을 중심에 두고 각 부분 명칭 알기부터 시작하였다. 자료실에 있는 쌓기나무 중 상자 모양과 주사위 모양의 모형을 각 1개씩 모두 나누어 주고 각자 손으로 만져 보고 관찰하면서 모서리, 면, 꼭짓점을 확인하였다. 바로 이어서 두 도형에 대한 특성을 공통점과 차이점으로 나누어 개인적으로 생각할 수 있도록 시간을 주었다. 이후에는 각자 생각한 것을 벤 다이어그램 활동지

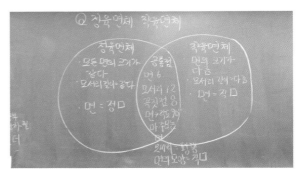
직육면체와 정육면체 공통점과 차이점 정리 판서

2015년 6월 직육면체와 정육면체 공통점과 차이점 알아보기 벤 다이어그램 사례

1장에 모아 낼 수 있도록 하였다. 충분한 시간이 흘렀다. 대체로 잘 정리해 주었다. 각 모둠별로 정리해 낸 것을 발표하면서 아이들 간의 생각에 대하여 연결 짓기도 해 주었다. 생각하는 것을 말로 잘 표현한다는 것이 쉽지는 않은 것 같다. 같은 것을 놓고도 서로 다른 용어로 다른 것처럼 표현하고 있는 아이들의 생각을 대신 읽어 내어 결론적으로는 서로 다른 말을 하고 있는 것이 아니라는 것을 이해할 수 있도록 조정해 주는 역할도 결코 쉽지는 않다. 그래도 오늘 활동은 큰 어려움이 없이 잘 마무리되었다. 약간의 남은 시간에 정육면체도 직육면체라 할 수 있는가에 대한 모둠 질문을 했는데 이는 굉장히 쉽게 해결되었다. 4학년에서 공부한 직사각형과 정사각형과의 관계를 제법 잘 이해하고 있는 것 같았다. 다음 시간에는 겨냥도 그리기를 할 계획이다. 수업 디자인을 세밀하게 하여 아이들 스스로 겨냥도의 의미, 왜 그렇게 그리는지, 어떻게 그려야 하는지를 개인 및 모둠별로 탐구해 낼 수 있도록 해야겠다.

🍎 2~3차시 직육면체의 겨냥도

교사 지난 시간에 직육면체와 정육면체에 대하여 알아보았습니다. 이번 시간에는 겨냥도에 대하여 알아보도록 하겠습니다. 지금부터 보여 주는 사진을 관찰하면서 사진 속의 도형은 어떤 모습을 하고 있을지 상상하여 봅시다.(PPT를 보여 준다.) 그리고 질문에 답을 하여 봅시다.

아이들 (PPT를 바라보며 유심히 관찰하고 그 모습을 상상한다.) 선생님의 질문에 답을 한다. 어느 방향에서 물체의 사진을 찍거나 바라보았을 때 그 모습이 가장 잘 나타나는지 생각해 봅시다.

어떤 물체를 한 방향에서 본 모습입니다.

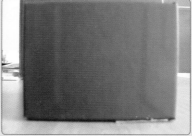
같은 물체를 또 다른 방향에서 본 모습입니다.

어떤 물체이고 어떻게 생겼는지 상상해 봅시다.

상상한 것과 같은 모습의 물체인가요?

상상한 것과 다른 점은 무엇인가요?

장면 1

05
직육면체

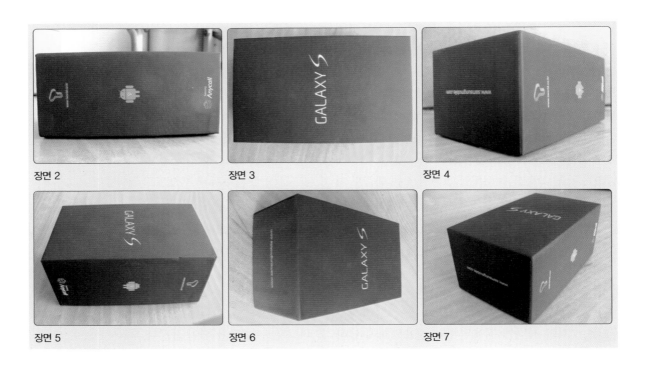

그때 보이는 면의 수는 몇 개인가요? 보이지 않는 면의 수는 몇 개인가요? 보이는 모서리의 수는 몇 개인가요? 보이지 않는 모서리의 수는 몇 개인가요?

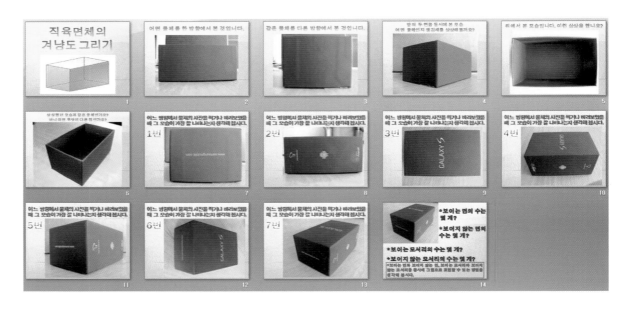

아이들 7번 장면에서와 같은 방향에서 바라볼 때 가장 잘 나타납니다. 그때 보이는 면의 수 3개, 보이지 않는 면의 수는 3개, 보이는 모서리의 수는 9개, 보이지 않는 모서리의 수는 3개입니다.(실제 직육면체를 같은 방향에서 바라보면서 생각할 수 있도록 한다.)

교사 네, 좋습니다. 여러분이 관찰한 것과 같은 직육면체의 모양을 잘 알 수 있도록 그림으로 나타낸 것을 겨냥도라고 합니다. 이때 보이는 모서리는 실선으로, 보이지 않는 모서리는 점선으로 나타내도록 약속합니다. 지금부터 겨냥도를 직접 함께 그려 보도록 하겠는데 어떤 순서로 어떻게 겨냥도를 그려야 제대로 그릴 수 있을지 순서 찾기 활동을 모둠 활동으로 해 보도록 하겠습니다. 각 모둠에서 도우미는 활동자료 1세트씩 받아 가기 바랍니다. 큰 도화지에는 겨냥도를 그리는 방법 및 과정, 주의할 점을 정확하게 정리해 주기 바랍니다. 나머지 4장의 활동지에는 각자 겨냥도를 연필로 그려 본 후 모둠원과 함께 협의해 보면서 겨냥도를 그리고, 수정하기를 반복한 후 모든 모둠원이 확실히 제대로 그렸다고 생각되면 선생님에게 와서 확인받도록 합니다. 통과된 모둠은 결과물을 뒷면 게시판에 붙이도록 하겠습니다. 지금부터 각 모둠별로 활동을 시작합니다.(이때 반드시 모눈종이를 활용하여 그리는

방법을 확실하게 알아본 뒤 빈 종이에 한 번 더 그려서 붙이도록 안내한다. 아울러 활동이 끝난 모둠은 교사에게 점검받도록 한 뒤 수정할 것이 있으면 수정해서 다시 점검받도록 안내한다.)

아이들 교사의 안내에 따라 모둠별로 겨냥도 그리는 방법을 연구하면서 과제를 해결한다.(개인별로 모눈종이에 겨냥도 그리기 1장, 빈 종이에 겨냥도 그리기 1장을 완성하여 붙인다. 아울러 겨냥도 그리는 방법 및 과정, 주의할 점도 함께 정리한다.)

교사 자, 이제 겨냥도는 각자 확실하게 그릴 수 있겠지요? 남은 시간에는 교과서 43쪽 마무리 문제를 보면서 빠진 부분을 그려 넣어 겨냥도를 완성해 보기 바랍니다.(꼭 필요한 경우에는 겨냥도 그리는 방법 및 과정을 최종적으로 교사가 한 번 칠판에 직접 그려 보여 주는 것도 고려해 본다.)

아이들 (교과서 43쪽 과제를 해결한다. 해결 후에는 모둠원들끼리 함께 확인하며 마친다.)

2~3차시 수업 소감

수업 시작부터 PPT를 통해 겨냥도를 이해하고 그리는 데 필요한 기본 요소(직육면체를 바라보는 방향, 그때 보이는 면이나 모서리, 꼭짓점의 수, 왜 그런 방향에서 바라보아야 하는가 등)를 알아보았다. 이후에 겨냥도라는 것이 무엇인지 교과서 속 정의를 살펴보고 이것을 직접 그려 보게 하면서 스스로 겨냥도 그리는 방법을 터득하고 겨냥도를 그리면서 주의해야 할 점을 생각해 보도록 모둠 활동을 계획하였다. 생각보다 수업이 잘 진행되었다. 먼저 모눈종이에 그린 그림을 모둠원들끼리 살펴보고 내게 와서 점검받도록 하였다. 잘못 그린 그림도 꽤 눈에 띄었다. 그런 그림을 볼 때마

다 모둠원 모두에게 어떤 부분이 잘못되었는지 직접 찾아내고 수정할 수 있도록 안내하였다. 모눈종이에 그린 겨냥도가 잘된 모둠은 백지에 그려 보게 하면서 같은 과정을 반복하도록 하였다. 역시 백지에 그리는 것이 더 어렵고 오류가 많이 나타났다. 그래도 모두 자신들의 그림에서 잘못된 부분을 협동적으로 찾아가면서 겨냥도를 잘 그려 나갔다. 모든 겨냥도를 점검받은 뒤 직접 그려 보면서 탐구하고 생각한 내용들(그리는 과정 및 단계, 주의해야 할 점 등)도 비교적 잘 정리해 주었다. 이렇게 협동학습 활동으로 겨냥도 그리기 활동을 진행해 보니 두 시간이 거의 다 소요되었다. 교과서는

05
직육면체

교사가 직접 알려 주면서 한 시간 활동으로 진행하도록 되어 있지만 시간은 더 걸리더라도 내가 직접 알려 주는 것보다 스스로 찾고 오류를 수정해 나가면서 알아 나가는 과정 자체가 더 중요하다는 생각이 들어 두 시간으로 수업을 디자인하였다. 협동학습이 갖는 의미와 묘미도 바로 여기에 있다는 생각이 든다. 오늘 수업은 충분히 만족스러웠다. 아이들의 활동 결과물은 교실 게시판에 붙여 두면서 마무리하였다.

2015년 6월 직육면체 겨냥도 그리기 모둠별 협동학습 활동 과정

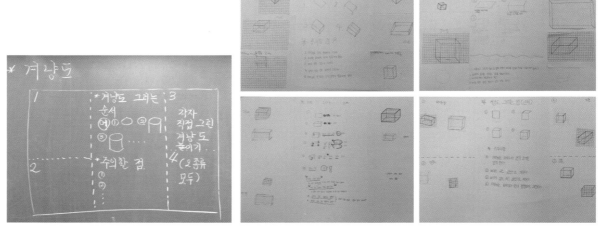

2015년 6월 직육면체 겨냥도 그리기 모둠별 협동학습 활동 결과

🍎 4~6차시 직육면체의 전개도

♣ 준비물

조립이 가능한 색종이 정육면체 입체 모형(미술 시간에 각 개인별로 미리 제작하여 두면 좋다.), 직육면체 모양의 종이 상자 2~3개(가능하면 크기가 작은 상자 준비 : 전개도 살펴보기 및 크기가 똑같은 전개도를 도화지에 옮겨 그리기 작업을 하기 위함임), 가위, 칼, 투명 테이프

교사 먼저 종이 상자를 잘라 잘 펼쳐 보려고 합니다. 어느 한 면이 따로 떼어지지 않으면서 종이 상자가 펼쳐진 모양이 되도록 다양한 방법으로 잘라 봅시다. 자르기 전에 가장 먼저 각 꼭짓점마다 기호를 붙이고 나서 자르도록 합니다. 지금부터 시작합니다.

아이들 (가위 또는 칼을 이용하여 모서리를 잘라 펼치도록 한다. 잘못 자른 곳은 투명 테이프로 붙이고 다시 활동을 이어 간다.)

교사 잘 잘라서 펼쳤군요. 펼친 것을 다시 접었다 펼쳤다 하면서 직육면체가 만들어지고 펼쳐지는 모습을 머릿속에 같이 그려 보도록 합니다.

아이들 (머릿속으로 직육면체를 그려 가면서 종이 상자를 접고 펼치기를 반복한다.)

교사 이렇게 직육면체를 잘라서 펼쳐 놓은 그림을 전개도라고 합니다. 우리가 색종이 접기를 할 때 종이접기 책들을 보면 접는 부분은 어떻게 표현되어 있나요?

아이들 점선으로 되어 있습니다.

교사 네, 맞아요. 자르는 부분은 어떻게 표현되어 있나요?

아이들 실선으로 되어 있습니다.

교사 네, 맞아요. 직육면체의 전개도 또한 같습니다. 지금 여러분이 자른 종이 상자를 그대로 도화지에 대고 옮겨 그리도록 합니다. 겉모습을 따라 옮겨 그렸다면 이제 접는 부분을 점선으로 표현해 보

도록 합니다. 다 그린 후에는 직육면체의 꼭짓점을 한글 자음 순서에 따라 표시하여 봅시다. 표시할 때 전개도를 접으면 서로 만나는 곳이 없는 꼭짓점은 'ㄱ'과 같이 표시하고, 서로 만나는 곳이 있는 꼭짓점은 ㄱ^1, ㄱ^2, ㄱ^{3}과 같이 표시하도록 합니다.

아이들 (종이 상자를 도화지에 대고 전개도를 그린 뒤 기호를 적는다.)

교사 다 되었지요? 방금 여러분이 자른 종이상자와 그린 전개도는 '직육면체의 성질 알기'를 공부할 때 그대로 쓸 것입니다. 잘 보관해 두기 바랍니다. 그리고 지난 미술 시간에 만든 색종이 정육면체 모형을 꺼내도록 합니다. 이 모형을 이용하여 정육면체의 전개도를 그릴 수 있는 방법은 몇 가지가 있는지 직접 찾아 나누어 준 도화지에 그려 보도록 할 것입니다. 이 활동은 각 모둠별로 협동적으로 이루어집니다.

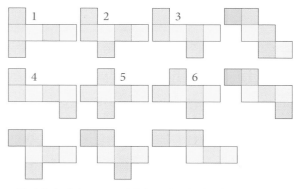

정육면체의 전개도 : 1~6번까지는 밑면의 위치만 1칸씩 옮겨 그리면 된다.

아이들 (모둠별로 색종이 정육면체 모형을 이용하여 협동적으로 다양한 정육면체 전개도를 최대한 많이 찾아내는 활동을 한다. 알아낸 전개도 모양은 도화지에 모두 그려 둔다.)

교사 수고하였습니다. 정육면체 전개도는 모두 11가지가 있습니다. 꼭 알아 둘 필요는 없겠지만 어느 정도 머릿속에 그려 두고 있다면 도움은 될 것입니다. 다음은 직육면체의 전개도를 직접 그려 보는 활동을 해 보도록 하겠습니다. 먼저 교과서 50쪽 활동 1을 해결해 보고 맞는지 전개도를 잘라 직육면체로 접어 확인해 보도록 합니다.

아이들 (각 개인별, 모둠별로 자신의 생각과 실제 전개도를 잘라 직육면체로 접어 확인한 것이 맞는지 점검하면서 도움을 주고받는다.)

교사 다 되었지요? 다음에는 51~53쪽 전개도를 보면서 빠진 부분을 그려 넣어 보기 및 주어진 직육면체를 보고 전개도 그리기 활동을 시작합니다. 잘 안 되는 부분이 있으면 먼저 모둠원에게 도움을 요청하세요. 다 된 모둠은 함께 확인하는 과정도 꼭 진행하기 바랍니다.

아이들 (개별 활동 및 모둠 활동을 진행한다. 진행되는 동안 교사는 아이들 모두를 둘러보며 잘되어 가고 있는지 확인한다.)

4~6차시 수업 소감

역시 아이들은 손에 무엇인가 쥐어 주고 학습 목표만 정확하게 그려 주면 스스로 알아서 해낸다. 이번 시간도 그러했다. 미리 준비한 작은 상자 모양을 자르기 전 기호를 붙이고 잘라서 도화지에 옮겨 그리게 했다. 기호를 붙일 때도 알아보기 쉽게 하나의 모서리 또는 꼭짓점이었던 것이 자르면서 따로 그려진 상황이라면 같은 기호에 번호를 1, 2, 3과 같은 방법으로 붙여 가라고 했다. 그렇게 오려 낸 종이 상자를 도화지에 옮겨 그리고 전개도를 완성한 후에 기호 작업까지 마무리했더니 아이들이 훨씬 더 알아보기 쉽게 완성되었다. 대부분의 아이들은 자른 부분은 실선, 접는 부분은 점선이라는 것을 알고 있었다. 색종이 접기를 통해 이미 익숙한 상황이었다. 그리고 아이들이 종이 상자를 오려 도화지에 옮겨 놓은 전개도의 모양을 모두 들어서 다른 사람들에게 보여 주면서 전개도 모양이 매우 다양하다는 것을 확인하였다. 여기까지 약 45분 정도 시간이 사용되었다. 그리고 바로 이어서 색종이를 접어 만든 정육면체 모형을 이용하여 전개도의 모양이 몇 가지나 있는지 모둠별로 협동적으로 탐구해 보라고 미션활동을 제시하였다. 아이들은 이제 미션활동이라고 하면 눈을 동그랗게 뜨고 적극적으로 나선다. 다양한 방법으로 색종이 정육면체 모형을 조립해 나가면서 각자 찾은 사례를 공유하고 협의해 나가는 모습이 참으로 보기 좋았다. 중간에 아이들이 몇 가지가 있냐고 질문을 하기에 11가지 방법이 있다고 미리 말해 주었다. 그러자 아이들은 각자 몇 가지를 찾아냈다고 자랑하면서 더 열을 올렸다. 이렇게 두 시간은 훌쩍 지나갔다. 어떤 모둠은 쉬는 시간에도 모든 방법을 다 찾기 위해 몰입하는 모습도 보였다. 결국 쉬는 시간까지 몰입하여 탐구한 모둠은 11가지 방법을 다 찾아내었다. 그 결과는 다음 시간에 공유하기로 하고 마무리하였다. 세 시간 계획 중 두 시간은 이렇게 흘렀다. 이제 남은 한 시간은 교과서를 중심으로 주어진 겨냥도를 보고 전개도를 완성해 나가는 활동으로 진행할 생각이다.

1. 자르기 전 기호 붙이기

2. 기호 붙인 후 자르기

3. 자른 후 도화지에 옮기기

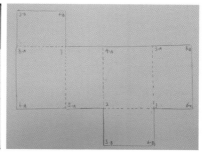

4. 전개도 그리기

5. 상자 보며 기호 붙이기

6. 전개도 완성하기

전개도-도움 주고받기 (1)

전개도-도움 주고받기 (2)

완성된 전개도 확인하기

정육면체 전개도 개인 활동

정육면체 전개도 사례 나눔

정육면체 전개도 모둠 정리

05
직육면체

교과서 속 문제해결-개인 및 모둠별 협동학습 : 도움을 주고받으며 전개도 그리기

다음 날 전개도 그리기 활동을 한 시간 진행하였다. 교과서에 있는 내용 그대로 각 개인별, 모둠별 활동을 진행하면서 서로 도움도 주고받고 결과도 확인할 수 있도록 하였다.

아이들이 제일 힘들어하는 활동은 '과제 1'이었는데 주어진 전개도를 보고 직육면체의 겨냥도에 어떤 모서리를 잘라서 만들어진 전개도인지 표시해 보도록 하는 것이었는데 내가 봐도 어렵게 느껴질 정도였다. 해결을 위해 색종이로 만든 정육면체 모형을 활용하도록 하였

다. 비교적 모둠별로 서로 짝을 이루어 모형을 조립해 보면서 눈으로 확인하여 과제 해결을 해 나갔다. 나머지 전개도 그리기 활동은 크게 어려운 활동은 아닌 듯했다. 일찍 마무리한 아이들에게는 정육면체의 전개도 11가지 방법이 그려진 활동지를 나누어 주고 서로 마주 보는 면끼리 같은 색으로 칠하여 볼 수 있도록 안내하였다. 이렇게 한 시간이 흘러 전개도 그리기 활동은 마무리되었다.

2015년 6월 정육면체의 전개도 마주 보는 면끼리 같은 색으로 색칠하기 활동

빨, 파, 노 각 4장, 녹색 6장

반으로 접기(십자 모양 접기)

대문 접기-1

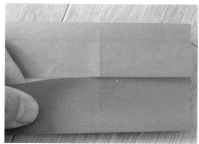

대문 접기-2

정사각형 모양 접기-1

정사각형 모양 접기-2

각 색깔별로 2개씩 제작, 열린 부분이 서로 십자 모양으로 만나도록 포개어 풀로 붙이기

4개 변에 옆에 생긴 입구

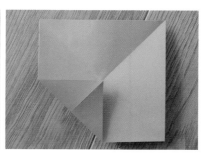

본래 색종이를 4등분한 후 위와 같이 접기

05
직육면체

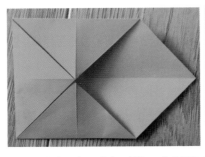 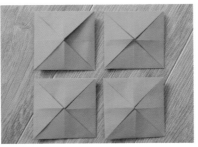 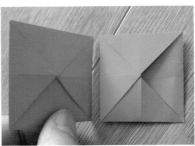

사진과 같이 4개를 접어 2개씩 포개어 풀로 붙여 2쌍을 만들기

 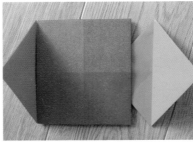 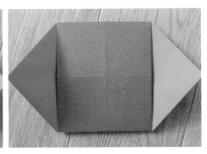

2쌍의 날개를 각각 1개의 정사각형 모양 색종이 양 옆에 끼워 넣어 풀로 붙이기

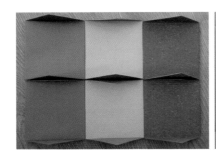  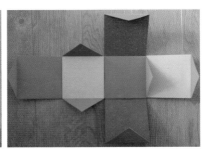

같은 과정을 반복하여 6개의 면을 만든 후 날개를 다른 색종이 옆 입구에 끼워 넣어 조립하기

모두 끼워 넣어 조립을 완성한 모습.
이와 같은 방식으로 조립하기 전에 펼쳐진 모습이 바로 전개도가 되는 것이다.

🍎 7차시 직육면체의 성질 이해

교사 지난 시간까지 함께 공부한 내용을 바탕으로 직육면체의 성질을 함께 살펴보도록 하겠습니다. 각자 준비한 직육면체 모양의 상자 및 직각 삼각자 또는 직각임을 알 수 있는 사물(A4용지의 각 모서리, 붙임 딱지의 모서리 등)을 꺼내 놓기 바랍니다. 우선 첫 번째 활동으로 서로 마주 보고 있는 면끼리의 관계를 살펴보도록 하겠습니다. 직육면체는 서로 마주 보고 있는 면끼리 ○○한 관계에 있습니다. ○○에 들어갈 낱말은 무엇입니까?

아이들 평행입니다.

교사 네, 맞습니다. 그렇다면 평행한 관계에 있다는 것을 증명해 봅시다. 각 모둠별로 '서로 마주 보고 있는 면끼리 평행한 관계에 있다.'는 것을 탐구하여 설명해 봅시다. 여러분이 갖고 있는 준비물을 이용하여 모둠 탐구 활동을 시작합니다.

아이들 (각 모둠별로 평행 관계에 있음을 어떻게 설명할 것인지 탐구한다.)

교사 탐구 활동이 끝났지요? 그러면 ○○모둠의 ○○○이 발표해 보도록 하겠습니다.

아이들 마주 보고 있는 두 면에 평평한 물체를 대

보면 위로 계속 뻗어 나가도 두 면이 만나지 않는다는 것을 알 수 있습니다. 왜냐하면 마주 보고 있는 두 면 사이에 있는 면이 서로 마주 보고 있는 두 면을 직각(수직)으로 만나기 때문입니다.(교사는 이와 같은 설명이 아이들에게서 나올 수 있도록 아이들 간, 모둠 간의 연결 짓기를 지속적으로 실시한다.)

교사 수고하였습니다. 직육면체의 성질을 잘 밝혀 주었습니다. 이를 바탕으로 여러분은 면과 면 사이의 관계가 어떠한지 말할 수 있을 것입니다. 다음 ○안에 알맞은 말을 생각해 봅시다. "직육면체의 한 면 A에 ○○한 면은 반드시 1개이고, 면 A에 ○○인 면은 4개이다."

아이들 '평행, 수직'입니다.

교사 좋아요. 잘 이해하였습니다. 이제 남은 시간은 개별적으로 교과서 속 문제를 해결하도록 합니다. 다 해결한 사람은 모둠원들끼리 확인도 해 주세요.

아이들 (각 모둠별로 문제를 해결한 결과에 대하여 공유하고 확인한다.)

🍎 8차시 문제해결

교사 직육면체 공부의 마지막 활동으로 모둠별 미션 과제를 해결하도록 합니다. 각 모둠은 나누어 주는 미션 과제를 받아 협동적으로 해결하기 바랍니다.

05
직육면체

모둠 미션활동지(모둠 토론)

[미션 1] 다음의 도형은 직육면체라고 말할 수 있는가? 그 이유를 세 가지 이상 찾아보시오.

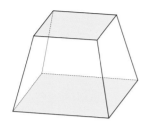

(1)

(2)

(3)

[미션 2] 아래의 조건에 알맞은 정육면체를 찾아보시오.

1. 다음은 정육면체의 전개도이다. 이 전개도를 이용하여 만들 수 있는 입체도형은?

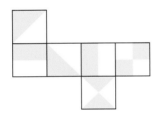

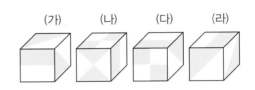

2. 다음은 각 면마다 다른 그림이 그려져 있는 정육면체이다. 이 정육면체의 전개도로 알맞은 것은?

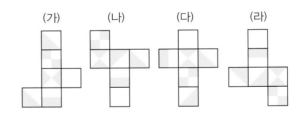

※ 미션 1 : 직육면체라면 모든 면의 모양이 직사각형이어야 하는데 이 도형은 옆면이 사다리꼴이고, 위와 아래에 있는 면의 크기가 서로 다르며, 마주 보고 있는 면 가운데 위와 아래에 있는 1쌍을 제외하고는 평행하지 않기 때문입니다. 또한 옆에서 보이는 면의 네 각이 직각이 아닙니다.

※ 미션 2 : (1) 가, 라 (2) 라

교사 미션 과제 해결에 수고가 많았습니다. 미션을 완수한 모둠은 "공부를 잘했는지 알아봅시다."(54~57쪽)를 하도록 합니다.

아이들 (각 개인, 모둠별로 교과서 문제를 풀고 확인한다.)

7~8차시 수업 소감

두 시간 연속 블록 수업을 했다. 처음 시작하면서 각 모둠별로 준비한 상자 모양을 관찰하면서 마주 보는 두 면 사이의 관계가 평행, 수직 관계임을 살펴보는 활동으로 협동학습 모둠 탐구를 하였다. 각 모둠별로 탐구한 내용을 1개의 모둠칠판에 글과 그림으로 표현하여 발표할 수 있도록 안내하였다. 이를 위해 직각삼각자도 나누어 주었다. 예상했던 것처럼 마주 보는 두 면이 평행관계에 있음은 알겠는데 그것이 왜 평행인지를 설명하는 데는 다들 어려워하였다. 한참을 지켜보다

가 각 모둠별로 힌트를 잘 듣고 모둠원들에게 전할 수 있는 사람 1명씩 앞으로 모이게 하였다. 칠판에 2개의 선분을 그리고 두 선분이 서로 평행함을 알 수 있는 방법을 설명해 주었다. 그것을 바탕으로 두 면 사이의 관계가 평행임을 설명할 수 있도록 해 보라고 하였다. 그렇게 하고 나서야 아이들은 조금 감을 잡았다. 그렇게 5분 정도 시간이 지나자 3~4모둠에서 개념을 잡고 모둠칠판에 글과 그림으로 설명을 써 나갔다. 2모둠에게 발표를 부탁하였다. 발표를 듣고 정리를 하지 못한 모둠의

2015년 6월 직육면체의 성질 모둠 토론 및 발표

05
직육면체

아이들은 '아, 그렇게 설명하는 거였구나.' 하고 이해를 하였다. 이어서 교과서 속에 있는 면과 면 사이의 관계(수직 관계, 평행 관계)를 겨냥도상에서 살펴보기 및 실물을 보고 살펴보는 활동을 약 10분 정도 간략히 살펴보

고 정리한 뒤 모둠별 협동 미션 과제 제시 및 해결, 교과서 문제 풀이 시간을 가졌다. 그렇게 딱 두 시간, 80분이 사용되었다.

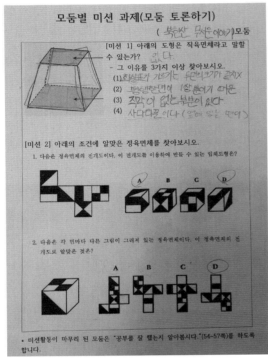

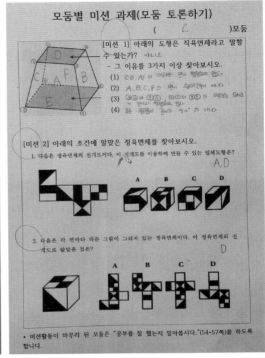

2015년 6월 직육면체의 성질 미션활동 사례

🍎 9차시 단원 정리—단원 평가

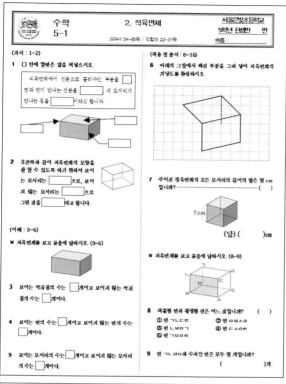

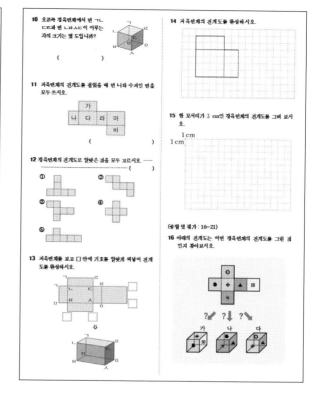

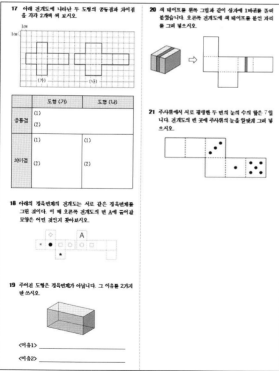

06 다각형의 넓이

단원 소개 및 문제의식 갖기

교사용 지도서를 보면 이 단원은 여러 가지 평면도형의 둘레와 넓이가 필요한 상황을 옛날이야기 상황과 접목시켜 동기 유발을 시도하고 일상생활에 적용시켜 수학적 갈등 상황을 해결할 수 있게 함으로써 문제해결 능력을 기르고 여러 가지 도형의 둘레와 넓이를 측정하는 활동을 통해 둘레와 넓이에 대한 양감을 기르게 하기 위해 설정되었다고 제시되어 있다. 학습 목표 및 단원 발전 계통을 살펴보면 아래와 같다.[1]

단원 학습 목표

내용	1. 도형의 둘레를 이해하고 직사각형의 둘레를 구할 수 있다. 2. 단위넓이의 필요성을 알고 $1cm^2$를 이해할 수 있다. 3. $1m^2$를 이해하고 $1m^2$와 $1cm^2$의 관계를 알 수 있다. 4. 직사각형의 넓이를 구할 수 있다. 5. 평행사변형의 넓이 구하는 방법을 이해하고 넓이를 구할 수 있다. 6. 삼각형의 넓이 구하는 방법을 이해하고 넓이를 구할 수 있다. 7. 삼각형의 넓이를 이용하여 밑변이나 넓이를 구할 수 있다. 8. 사다리꼴의 넓이를 구하는 방법을 알고 넓이를 구할 수 있다. 9. 마름모의 넓이를 구하는 방법을 알고 넓이를 구할 수 있다. 10. 여러 가지 도형의 넓이를 구할 수 있다.
과정	1. 임의 단위에 대한 측정으로 생기는 문제점의 토론 과정에서 보편단위의 필요성을 찾아 말할 수 있다. 2. 문제 상황에서 다각형의 둘레와 넓이를 예측하고 쉽게 측정할 수 있는 방법을 설명할 수 있다. 3. 자신이 넓이를 구할 수 있는 다각형으로 변형하여 새로운 다각형의 넓이를 구하는 방법을 유추할 수 있다. 4. 문제 상황을 해결하는 방법을 토론하는 과정에서 추론하고 의사소통할 수 있다. 5. 다각형의 넓이와 관련된 문제를 여러 가지 방법으로 해결할 수 있다.
태도	1. 일상생활에서 둘레와 넓이를 측정하는 활동을 통하여 수학의 유용성을 깨닫고 수학에 흥미를 가질 수 있다. 2. 자신의 해결 방법을 자신 있게 발표하고 친구를 설득하는 과정에서 자신감을 가질 수 있다.

---

1 2009 개정 교육과정에 따른 수학과 교사용 지도서 5학년 1학기. 2015. p. 265.

단원의 발전 계통

선수 학습	본 학습	후속 학습
• 2학년 1cm의 이해 및 길이 재기, 1cm에 대한 양감 기르기 • 3학년 1mm, 1km를 알고 길이를 단명수와 복명수로 나타내기 • 4학년 삼각형, 직사각형, 정사각형, 평행사변형, 마름모, 사다리꼴 알아보기	• 다각형의 둘레 구하는 방법 알아보기 • 보편단위의 필요성을 이해하고 1cm²와 1m² 알아보기 • 1cm²와 1m²의 관계 알아보기 • 직사각형의 넓이 구하기 • 직각으로 이루어진 도형의 넓이 구하기 • 평행사변형, 삼각형, 사다리꼴, 마름모, 다각형의 넓이 구하기	• 5학년 a, ha, m², km²를 이해하고 넓이 단위들 사이의 관계 알기 • 6학년 원의 넓이, 직육면체의 겉넓이 구하기 • 6학년 직육면체의 부피, 원기둥의 겉넓이, 원기둥의 부피 알아보기

위의 내용에 근거를 두고 교사용 지도서는 본 단원의 전개 계획을 아래와 같이 제시[2]하였으나 현장에서 그대로 따라서 지도하기에는 무리가 있다는 생각이 든다.

차시	재구성 이전	수업 내용 및 활동
1	단원 도입	• 스토리텔링을 통해 다각형의 둘레와 넓이가 필요한 상황 이해하기
2	직사각형의 둘레 구하기	• 직사각형의 둘레를 구하는 방법 알기 • 여러 가지 도형의 둘레를 구하는 방법 탐구하기
3	단위넓이 이해하기	• 직접 비교가 어려운 직사각형 넓이를 비교하는 방법 생각하기 • 임의의 기준에 의한 측정 및 이의 문제점 알기 • 보편단위의 필요성을 알고 1cm²에 대해 이해하기
4	1cm²보다 더 큰 단위 알기	• 1cm²보다 더 큰 단위의 필요성 인식하기 및 1m² 알기 • 1cm²와 1m²의 관계 알기
5	직사각형의 넓이 구하기	• 직사각형의 넓이를 구하는 방법 이해하기 및 넓이 구하기
6	직각으로 이루어진 도형의 넓이 구하기	• 직사각형의 넓이를 구하는 방법을 이용하여 직각으로 된 여러 가지 도형의 넓이 구하기
7~8	평행사변형의 넓이 구하기	• 단위넓이를 이용하여 평행사변형의 넓이 구하는 방법 알기 • 평행사변형의 밑변과 높이 이해하기 • 직사각형의 넓이 구하는 방법을 이용하여 평행사변형의 넓이 구하는 방법 알기 • 평행사변형의 넓이 구하기

---

2 2009 개정 교육과정에 따른 수학과 교사용 지도서 5학년 1학기. 2015. pp. 267~268.

06
다각형의
넓이

9~10	삼각형의 넓이 구하기	• 단위넓이를 이용하여 삼각형의 넓이 구하는 방법 알기, 직사각형 또는 평행사변형의 넓이 구하는 방법을 이용하여 삼각형의 넓이 구하는 방법 알기 • 삼각형의 넓이 구하기 • 삼각형의 밑변과 넓이, 높이와 넓이 사이의 관계 이해하기 • 삼각형의 넓이를 이용하여 높이와 밑변의 길이 구하기
11~12	사다리꼴의 넓이 구하기	• 단위넓이를 이용하여 사다리꼴의 넓이 구하는 방법 알기, 평행사변형의 넓이 구하는 방법을 이용하여 사다리꼴의 넓이 구하는 방법 알기 • 사다리꼴의 넓이 구하기 • 사다리꼴의 넓이를 구하는 다양한 방법 알기
13	마름모의 넓이 구하기	• 직사각형의 넓이 구하는 방법을 이용하여 마름모의 넓이 구하는 방법 알기 • 마름모의 넓이 구하기
14	다각형의 넓이 구하기	• 여러 가지 모양의 다각형을 기본 도형으로 분할하여 그 넓이 구하기
15	단원 평가	• 단원 평가
16	문제해결	• 둘레가 일정하고 넓이가 다른 다양한 경우 찾기
17	놀이 마당	• 땅따먹기 놀이를 통해 내가 만든 땅의 모양과 넓이 알아보기

문제의식을 갖게 만드는 점 몇 가지를 살펴보면 아래와 같다.

단원 지도를 위한 수업 시수 문제

총 17차시 가운데 단원 도입, 단원 정리 및 문제해결과 놀이 마당을 제외하면 총 13차시에 걸쳐 지도하라고 되어 있다. 아이들은 넓이를 구하는 활동에 대하여 매우 힘들어하는 경향이 크다. 알고리즘을 이해하고 문제 풀기만을 한다면 큰 무리가 없겠지만 다양한 상황을 이해하고 주어진 조건에 따라 넓이를 구한다는 것이 아이들에게는 힘든 과정일 수밖에 없다. 게다가 교육과정이 바뀌면서 4학년에 있었던 평면도형(직사각형)의 둘레와 넓이가 5학년으로 올라와 다각형의 넓이 단원으로 통합되면서 아이들이 학습하고 익혀야 할 분량은 더 늘어나 이 짧은 시간에 제대로 이해를 도울 수 있을지 의문이 든다.

단원 도입의 스토리텔링 수학에 대한 문제의식

본 단원에 제시된 이야기는 다른 단원에 비하여 아이들의 흥미를 끌 만한 내용이 있다는 생각은 들지만 언제부터 땅의 둘레의 길이와 넓이를 쟀으며 그 이유는 무엇이었나에 대한 기원을 살펴보고 우리 실생활에서 본 단원과 관련된 측정 활동이 얼마나 많이 활용되고 있는지(집의 넓기, 교실의 넓이, 종이의 크기, 방의 넓이, 운동장의 넓이, 창문의 크기 등)를 생각해 보는 것만으로도 본 단원 학습을 위한 동기 유발은 충분히 가능하지 않을까 생각된다. 따라서 교사의 고민에 따라 이 부분을 생략하거나 간략히 살펴보고 2차시 직사각형의 둘레 구하기와 함께 재구성하여 한 시간에 다루어 보는 것도 생각해 볼 필요가 있다.

2차시 직사각형의 둘레 길이 구하기에 대한 아쉬움

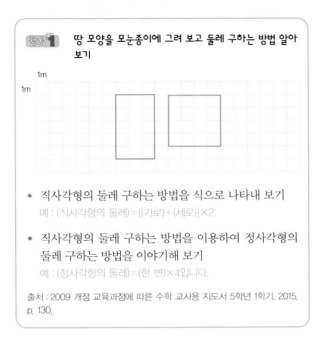

교과서 내용을 살펴보면 왼쪽과 같이 직사각형 둘레의 길이를 구하는 방법을 알아보고 식으로 나타내기가 제시되어 있는데 5학년 아이들 수준에서 이는 매우 단순한 활동이자 그리 어려운 활동이 아닌데 형식화된 알고리즘(소위 말하는 공식)으로까지 나타낼 필요성이 있을 만큼의 중요한 내용일까 하는 점에 대해서는 의구심이 든다. 물론 지도서에 보면 식으로 나타내기 위한 근거를 직사각형의 성질과 관련지어 생각하고 이야기해 보도록 제시[3]되어 있지만 실제에 있어서는 공식을 만들고 외워 사용하라고 제시된 것처럼 느껴질 수밖에 없다. 공식이라는 것은 쉽고 간결하여 수치를 대

입하기만 하면 결과를 얻을 수 있다는 장점은 있지만 공식에 의하지 않으면 그 결과를 얻기가 복잡해서 암기하여 활용하지 않으면 안 될 경우(반드시 그 공식을 이용해야만 결과를 얻을 수 있는 경우)에만 그 가치 및 유용성을 인정받을 수 있다(아무 식이나 다 공식이 될 수 없다. 유용성을 잃어버린 식은 공식이라 말할 수 없다.)고 본다면 굳이 이런 상황에까지 공식이라는 용어를 사용하면서 지도할 필요는 없다는 것, 따라서 아이들이 이 공식을 기억하거나 암기하도록 할 필요가 없다는 것이 나의 생각이다. 오히려 직사각형, 정사각형의 특성을 이용하여 도형의 둘레를 이해하고 길이를 구할 수 있도록 지도하면 더 자연스러운 수업이 될 것이라 사료된다.

3차시 단위넓이 도입을 위한 동기 유발 내용 구성의 아쉬움

3차시의 핵심은 단위넓이의 필요성을 인식하고 1cm² 알기, 보편 단위의 편리함을 알기이다. 실제 교과서 내용을 살펴보면 다음에서 보는 바와 같이 어림해 보기, 투명종이를 활용하여 비교해 보기, 색종이

---

3 2009 개정 교육과정에 따른 수학과 교사용 지도서 5학년 1학기. 2015. p. 277. 네 변의 길이를 더하지 않고 가로의 2배, 세로의 2배를 더하거나[둘레=(가로×2)+(세로×2)] 가로와 세로를 더한 후 2배하는 것[둘레=(가로+세로)×2]이 더 쉽게 구할 수 있는 방법이라고 소개되어 있지만 아이들에게 있어서 과연 그런가에 대해서는 의문이 든다. 오히려 형식화된 공식을 외우는 것이 더 힘들 뿐만 아니라 공식을 통한 수학 학습이 수학적 사고력 향상에는 별 도움이 되지 않을 것이라 생각한다.

06
다각형의
넓이

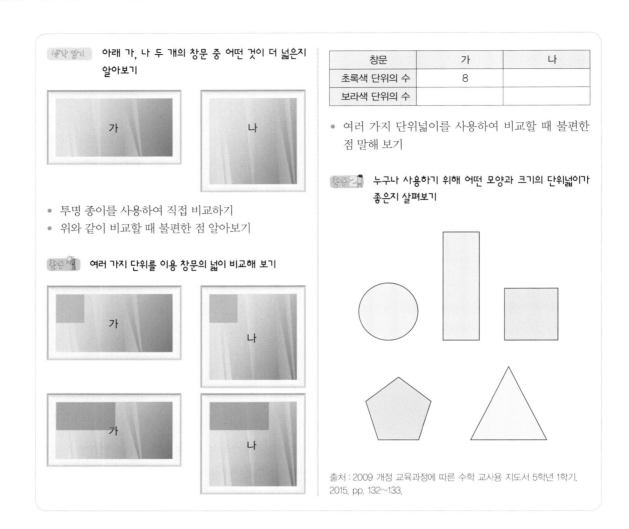

창문	가	나
초록색 단위의 수	8	
보라색 단위의 수		

생각 열기 **아래 가, 나 두 개의 창문 중 어떤 것이 더 넓은지 알아보기**

가

나

- 투명 종이를 사용하여 직접 비교하기
- 위와 같이 비교할 때 불편한 점 알아보기

활동 **여러 가지 단위를 이용 창문의 넓이 비교해 보기**

가

나

가

나

- 여러 가지 단위넓이를 사용하여 비교할 때 불편한 점 말해 보기

활동2 **누구나 사용하기 위해 어떤 모양과 크기의 단위넓이가 좋은지 살펴보기**

출처 : 2009 개정 교육과정에 따른 수학 교사용 지도서 5학년 1학기, 2015. pp. 132~133.

를 기본 단위로 하여 비교하기, 불편한 점 말해 보기 등으로 구성되어 있는데 지도서를 보면 이 활동을 통해 의사소통, 추론과 같은 수학적 능력을 기를 수 있다고 되어 있다.[4] 하지만 조금만 깊이 생각해 보면 이 내용과 3차시 학습 목표가 어느 정도 관련은 있겠지만 이대로 지도할 경우 학습의 방향이 본래 목표와는 다른 방향으로 나갈 우려가 있다는 것을 알게 된다. 예를 들어 교과서 생각 열기 활동처럼 투명종이를 이용하여 본을 떠서 비교하는 활동은 창문의 크기를 직접 비교하여 어떤 것이 큰가를 가려내 보게 하는 활동으로서 오히려 단위넓이가 필요하다는 것에 대한 인식을 방해할 우려가 더 크다.(직접 비교하면 되는데 왜 단위넓이가 무슨 필요가 있느냐는 식의 생각을 낳을 수 있다.) 이런 활동을 통해 아이들이 서로의 생각을 말하고 발표한다고 하여 과연 의사소통, 추론과 같은 수학적 능력이 저절로 길러질 수 있다고 말할 수 있을까 하는 의문이 든다.

---

4 2009 개정 교육과정에 따른 수학과 교사용 지도서 5학년 1학기, 2015. p. 281.

3~4차시 단위넓이 개념의 필요성 및 도입을 위한 내용 구성의 아쉬움

3차시에서는 두 창문의 넓이를 비교할 때 기존의 정보(시각적으로 주어진 가로, 세로의 길이)만으로는 넓이를 측정하고 비교하여 판단하기 어렵다는 점을 깨닫게 하는 것으로 충분하다고 본다. 또한 이전 학년에서 공부했던 길이에 대한 측정의 경험을 떠올려(손의 뼘으로 재기, 신발 크기로 재기, 손가락의 길이로 재기, 연필의 길이로 재기, 필통의 길이로 재기 등 ⇨ 비표준 단위를 활용한 길이 재기 : cm라는 표준단위를 도입하기 위한 단서를 제공) 표준길이(단위길이)가 필요함을 깨닫도록 한 것과 같이 여기에서도 넓이에 대한 비표준단위를 활용한 넓이 측정 및 비교가 어렵고 불편하다는 생각을 하게 하는 것만으로 넓이에 대한 표준단위(단위넓이)가 필요함을 깨닫도록 하면 도입 부분에서의 동기 유발은 충분하다고 볼 수 있다.

특히 동기 유발에 이어서 단위넓이 개념을 끌어들이기 위해서는 길이와는 또 다른 특성을 가진 측정량이 필요하다는 생각(주어진 도형을 덮을 만큼의 무엇인가가 필요하다는 발상의 전환)이 요구된다. 그 예로 활동 1과 활동 2가 제시된 것이라 볼 수 있는데 활동 1에서는 두 종류의 색종이를 통해 넓이를 측정해 봄으로써 단위넓이에 따라 측정값도 달라진다는 불편함을, 활동 2에서는 제시된 다양한 크기와 모양의 도형 가운데 어떤 모양과 크기의 도형이 넓이의 표준단위로 적당한 것인가를 생각해 볼 수 있도록 되어 있다고 보면 무리가 없을 듯하다. 하지만 이 두 가지 활동은 모두 단위넓이의 필요성을 인식하고 이해할 수 있도록 돕는 소재일 뿐이며 비표준단위를 통해 넓이를 확실하게 측정하고 비교하는 데에는 어려움이 있다는 것을 느끼게 하는 것만으로 족할 따름이다.

두 종류의 색종이를 사용하여 창문 크기를 측정한 내용을 표로 정리까지 한다는 것은 너무 멀리까지 나간 것이 아닌가 하는 생각이 들 뿐만 아니라 활동 2처럼 여러 도형만 제시하고 아무런 조작적 활동 경험이나 사고 과정의 제시도 없이 그냥 알아보라고만 한다면 무엇인가 허전한 느낌을 지울 길이 없다. 결론적으로 비표준단위를 활용하여 넓이를 측정하는 것은 그리 중요한 활동이 아니라는 것이다. 설령 넓이를 측정하더라도 모두가 알 수 있는 공통된 기준이 필요하다는 것, 그리고 주어진 도형을 빈틈없이 덮을 수 있는 모양은 정사각형 모양이 가장 좋다는 것을 이해하는 것(어떤 모양의 단위넓이를 사용해야 정확하면서도 효과적인 넓이 측정이 가능한가를 이해하는 것이 핵심 : 물론 주어진 모든 도형을 단위넓이 정사각형만으로 완벽하게 채울 수 없는 상황도 발생할 수 있다. 이 경우는 분수를 활용하여 해결하면 된다.)만으로도 충분한 활동이 될 수 있다는 것, 그래서 모두가 알 수 있는 공통된 기준으로 정사각형 모양의 $1cm^2$, $1m^2$가 필요하다는 생각(주어진 부분의 넓이가 충분히 넓을 경우 $1cm^2$를 단위넓이로 하여 측정하거나 표현하는 데 불편함이 있어 $1m^2$를 활용한다.)을 이끌어 내기까지 깔끔하게 제시하고 정리해 줄 필요가 있다는 생각이 든다.

06
다각형의
넓이

단위넓이의 필요성 알기	▶	단위넓이의 모양은 정사각형이 효율적임을 알기	▶	가로, 세로의 길이가 1cm인 정사각형을 단위넓이로 정하기	▶	가로, 세로의 길이가 1m인 정사각형을 단위넓이로 정하기

위와 같은 흐름에 따라 군더더기 없이 깔끔하게 활동을 제시하고 맨 마지막에 $1cm^2$와 $1m^2$의 차이를 실제의 크기로 비교하면서 양감을 익힐 수 있도록 전지 또는 진문지에 표현하도록 하고, 그것을 그대로 들고 운동장으로 나가 현재 실행되고 있는 집의 크기를 나타내는 단위인 m^2를 활용하여 $60m^2$, $80m^2$ 등의 실제 넓이를 그려 보게 할 수 있다. 또는 $1m^2$ 크기의 종이를 활용하여 교실이나 복도, 벽 등의 넓이를 재 보는 것도 양감 익히기에 매우 좋은 활동이 될 수 있다고 생각한다.(이런 관점에서 볼 때 현재 교과서 134쪽에 제시되어 있는 "우리 몸의 일부 또는 주변 물건 중에서 넓이가 약 $1cm^2$가 되는 부분을 찾아보시오."와 같은 질문은 별로 의미가 없다고 생각된다.)

5차시 직사각형의 넓이 구하기 내용 구성에 대한 깔끔함과 반가움

5차시는 위와 같이 직사각형의 넓이를 구하는 공식인 (가로×세로)를 탐구하는 내용으로 구성되어 있

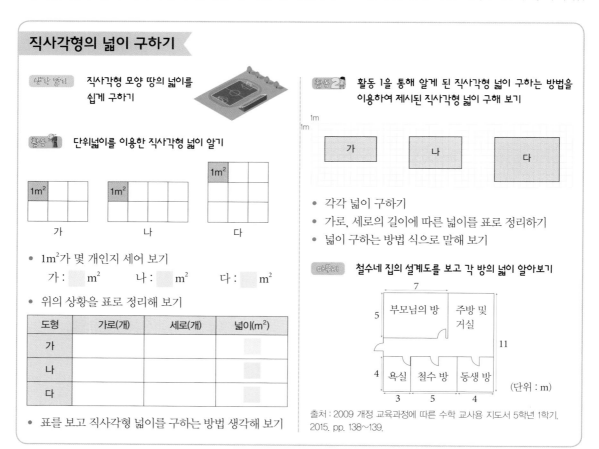

출처 : 2009 개정 교육과정에 따른 수학 교사용 지도서 5학년 1학기, 2015, pp. 138~139.

는데 넓이를 구하는 방법을 탐구해 나가면서 자연스럽게 (가로×세로)라는 식을 유도해 낼 수 있도록 깔끔하게 되어 있어서 참으로 반가웠다. 활동 1, 활동 2 모두 단위 넓이를 이용한 직사각형의 넓이 알아보기(단위넓이가 몇 개인지 세어 넓이 구하기 : 이미 넓이를 구하였음), 표를 완성하여 규칙 발견하기(가로의 개수, 세로의 개수, 넓이와의 관계 알아보기 : 넓이를 뜻하는 개수와 가로의 길이와 세로의 길이와의 연관성을 탐구해 내는 과정), 넓이 구하는 방법 알기(가로의 길이×세로의 길이=넓이 ⇨ 정사각형도 같은 방법으로 구할 수 있다는 것까지 자연스럽게 확장됨, 별도로 정사각형의 넓이를 구하는 식을 제시할 필요가 없음)와 같은 순서로 구성되어 있어서 군더더기가 없다는 느낌이 들었다. 게다가 활동 2에서는 모눈종이 2칸을 1m로 하여 소수로 0.5m 단위까지 길이를 측정하도록 하여 4학년에서 학습했던 내용을 적용해 본다는 의미도 들어가 있어서 좋았다. 특히 마무리 질문에서 실제 주택의 평면도를 간략히 제시하고 집과 각 방의 넓이를 구해 보라고 한 점은 실생활 속에서의 수학과 연계시키기 위한 노력이라는 점에서 박수를 보내고 싶다.

이 줄들은 길이가 각각 24m이다. 이 줄로 땅에 직사각형 모양으로 울타리를 치거라. 울타리 안의 땅을 너희들에게 주마. 지혜로운 사람이 가장 넓은 땅을 가지게 될 것이다.

출처 : 2009 개정 교육과정에 따른 수학교과서 5학년 1학기, 2015, p. 164 내용

여기에서 한 단계 더 깊이 들어간다면 둘레의 길이와 넓이와의 관련성을 생각해 보도록 하는 것도 충분히 가능하다.(예 : 직사각형의 둘레의 길이는 같은데 넓이는 다를 수 있는가? 직사각형의 넓이는 같은데 둘레의 길이는 다를 수 있는가? ⇨ 이런 활동을 통해 가로와 세로의 길이가 둘레의 길이, 넓이와 어떤 관련성이 있고 어떻게 영향을 주는지를 종합적으로 파악할 수 있게 된다.) 이미 이와 관련된 내용이 교과서 165~165쪽 문제해결에 실려 있다. 단원 학습이 다 끝나고 따로 다룰 것이 아니라 적재적소에 배치하여

직각으로 이루어진 도형의 넓이 구하기

직각으로 이루어진 도형의 넓이를 구할 때는 직사각형으로 나누어 넓이를 계산합니다.

방법 1) 세로로 나누어 몇 개의 직사각형으로 나누기

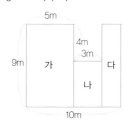

가+나+다=45+15+18=78(㎡)

방법 2) 가로로 나누어 몇 개의 직사각형으로 나누기

가+나+다=20+50+8=78(㎡)

방법 3) 큰 직사각형의 넓이에서 작은 직사각형의 넓이를 빼기

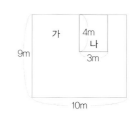

가－나=90－12=78(㎡)

06
다각형의 넓이

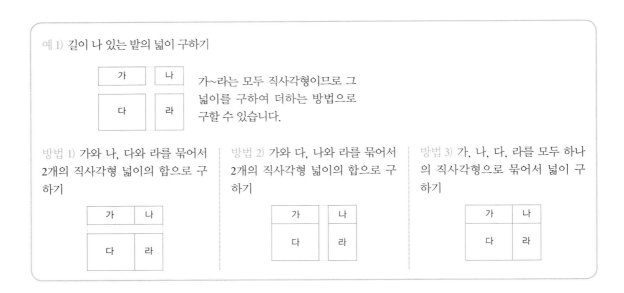

예 1) 길이 나 있는 밭의 넓이 구하기

| 가 | 나 |
| 다 | 라 |

가~라는 모두 직사각형이므로 그
넓이를 구하여 더하는 방법으로
구할 수 있습니다.

방법 1) 가와 나, 다와 라를 묶어서
2개의 직사각형 넓이의 합으로 구
하기

| 가 | 나 |
| 다 | 라 |

방법 2) 가와 다, 나와 라를 묶어서
2개의 직사각형 넓이의 합으로 구
하기

| 가 | 나 |
| 다 | 라 |

방법 3) 가, 나, 다, 라를 모두 하나
의 직사각형으로 묶어서 넓이 구
하기

| 가 | 나 |
| 다 | 라 |

활용하기 위한 방안도 미리 마련해 둘 필요가 있다. 수학 수업의 재미는 실생활과 관련되었다고 해서 생기는 것이 아니다. 내용 구성이 어떠한가에 따라 수학 수업의 재미가 달라진다고 한다면 아이들에게 어떻게 지적인 자극을 제시하느냐가 가장 큰 관건이라는 생각을 잊지 말아야 할 것이다.

직각으로 이루어진 도형의 넓이 구하기에 대한 핵심 안내가 없다

6차시 활동의 핵심은 공식을 이용하여 변형된 도형(직각으로 이루어진 도형)의 넓이를 구하는 것이 아니라 공간 감각 능력의 향상에 있다. 이런 활동을 통해 자신만의 방법을 생각해 내고 문제해결능력을 키워 나갈 수 있다. 그러나 교과서 및 지도서 어디에도 핵심 안내가 없다. 그냥 문제를 던져 주고 여러 가지 방법으로 구하라는 말만 있어서 아쉽다는 생각이 든다. 6차시 활동은 교사의 재량에 따라 교과서 또는 활동지를 통해 다양한 문제해결 방법을 생각해 볼 수 있도록 하는 협동학습 수업이 가능하다고 말할 수 있다. 왜냐하면 한 사람이 모든 방법을 다 생각한다는 것은 굉장히 힘든 일이기도 하지만 협동 학습을 통해 다른 사람의 이야기를 경청하면서 긍정적 상호작용을 경험해 나갈 수 있는 분위기도 만들 어 나갈 수 있기 때문이다. 이런 것이 수학 활동을 통한 의사소통의 바람직한 모델이 아닐까 생각한다.

7~8차시 평행사변형의 넓이 구하기 내용 구성에 대한 문제점

7~8차시 평행사변형의 넓이 구하기 내용 구성을 살펴보면 있으나 마나 한 생각 열기 내용(크게 의미 있는 내용과 이미지가 아니라 생각된다. ⇨ 평행사변형을 실생활 속 장면과 억지로 연결시키려고 했 음을 알 수 있다. 중요한 것은 실생활과의 연계성이 아니라 이미 앞에서 습득한 직사각형의 넓이에 대 한 지식과 연계하여 평행사변형의 넓이를 추론해 내고 그 지식을 탐구해 나갈 것인가 하는 점이다.), 단 위넓이를 이용한 개수 세기를 통해 평행사변형의 넓이 구하기, 평행사변형의 높이 알아보기, 평행사변

형의 넓이 구하는 방법을 표로 알아보기(밑변×높이), 평행사변형을 다른 도형(특히 직사각형)으로 바꾸어 보기(결국 평행사변형의 넓이를 구하는 방법인 '밑변×높이'는 직사각형의 넓이를 구하는 방법인 '가로×세로'와 같다는 것 알게 하기), 밑변과 높이가 같은 평행사변형의 넓이 비교해 보기 등으로 구성되어 있다. 하지만 결국 이 두 차시의 수업 내용은 결국 공식을 이용한 평행사변형의 넓이 구하기에 초점이 맞추어져 있다는 아쉬움을 떨쳐 버릴 수가 없다. 이렇게 본다면 처음부터 공식을 그냥 알려 주고 다양한 평행사변형의 넓이를 구하라고 하면 되고 굳이 2차시라는 긴 시간을 할애할 필요가 없다는 생각이 든다. 차근차근 살펴보면 다음과 같다.

❶ 활동 1 ⇨ 단위넓이 개수 세기가 아니라 전체 모양 변화에 중심을 두어야 한다.

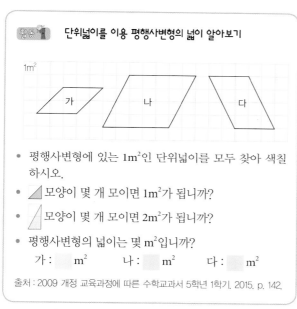

왼쪽과 같은 교과서 내용 구성은 아이들로 하여금 처음부터 넓이 구하기를 위한 개수 세기에, 내부에 있는 정사각형 모양의 단위넓이를 중심으로 도형을 바라보기에 매몰되도록 만든다.

나의 생각으로는 이 두 차시 학습의 출발부터 단위넓이 개수 세기가 아니라 평행사변형 전체가 직사각형이 되도록 모양을 변화시키는 것(평행사변형을 직사각형과 연결 짓기)에 초점을 맞추어야 한다고 판단된다. 왜냐하면 변형이 가능하다는 것을 눈으로 확인하게 되면 평행사변형의 넓이를 구하는 방법은 이미 5차시에서 학습한 직사각형의 넓이를 구하는 원리와 연결 짓기만 하면 되기 때문이다.

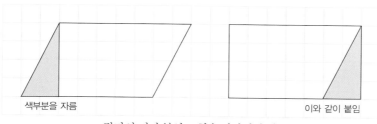
잘라서 이어 붙인 도형은 사각형이 됨

❷ 활동 3, 활동 4 ⇨ 넓이 구하는 방법이 아니라 평행사변형을 직사각형 모양으로 등적변형시키는 다양한 방법과 과정을 다루어야 한다.

활동 3은 다음과 같이 평행사변형의 넓이 구하기 공식을 유도하는 활동을 중심으로 하고 있음을 알

06
다각형의
넓이

수 있다. 평행사변형을 직사각형으로 등적변형을 할 수 있다면 활동 3 과정은 불필요한 내용에 해당된다고 볼 수 있다. 단지 밑변이 가로에, 높이가 세로에 해당된다는 것만 연결 지으면 되기 때문이다. 물론 모양의 변화 과정은 활동 4에 제시되어 있지만 "넓이가 변하지 않아야 한다."는 매우 중요한 조건도 들어 있지 않을뿐더러 등적변형의 다양한 과정과 방법을 중요하게 다루기보다는 넓이를 구하는 공식을 도출해 내기 위해 거치는 하나의 활동 정도로 다루고 있어서 아쉽기만 할 뿐이다. 게다가 "어떤 도형으로 바꾸면 좋을까? 넓이를 보다 편리하게 구할 수 있는 도형은 무엇일까?" 하는 질문에서 아이들은 무얼 생각하게 될까 의문이 든다. 그냥 '직사각형 모양'이라는 답을 미리 정해 두고 그렇게 끼워 맞추기식으로 구성되어 있다는 생각을 지울 길이 없다. 평행사변형의 모양을 다른 도형의 모양으로 바꾸었는데 그것의 넓이가 어떻게 평행사변형의 넓이와 같다는 것인지, 그것이 왜 직사각형의 넓이와 같은 것인지, 어떻게 하여 평행사변형의 넓이를 구하는 방식은 '밑변×높이=가로×세로'로 표현될 수 있는지를 탐구하거나 설명해 주는 과정은 전혀 없이 "만든 도형의 넓이를 구하는 식을 쓰고 넓이를 구하시오. 평행사변형의 넓이 구하는 방법을 이야기해 보시오."라는 질문으로 모든 과정을 일축해 버리고 있어서 교사가 나름의 관점을 가지고 재구성해야 할 필요성을 많이 느끼게 만든다.

❸ 도형의 이름 제시 및 활동 2 ⇨ 직사각형과 달리 각 부분의 명칭에 대한 차이, 높이 파악에 대한 활동을 좀 더 집중적으로 다루어야 한다.

교과서는 활동 1에 이어 평행사변형 각 부분의 명칭(밑변, 높이)을 제시하여 알려 주고 높이를 알아보는 방법을 다음 그림과 같이 제시하여 탐구하도록 구성되어 있다.

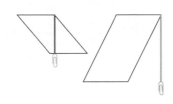

각 부분의 명칭에 대한 안내는 그렇다 치고 평행사변형의 높이를 알아보는 활동에서는 무엇인가 아쉬움이 남는다. 왜냐하면 특히 클립을 추로 사용하여 높이를 알아본 왼쪽 활동 사례의 경우에서 아이들은 높이 생각해 내기를 매우 어려워하기 때문이다.

또한 교과서 속의 그림만 보면 평행사변형의 높이를 알아보는 과정에서 아이들에게 잘못된 인식을 심어 줄 우려가 있다는 생각을 지울 길이 없다.

출처 : 2009 개정 교육과정에 따른 수학교과서 5학년 1학기, 2015, p. 143.

예를 들어 다음의 평행사변형에서 보는 바와 같이 높이를 나타낼 수 있는 곳은 무수히 많다. 그런데

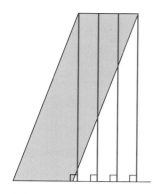

평행사변형의 높이를 표현하기 위한 연장선 긋기 및 다양한 높이 표현 방식 예시(그러나 가능하면 높이를 나타내는 선이 도형의 변을 자르는 방식으로 지나지 않게 그리는 것이 알아보기 쉽다는 점은 꼭 참고할 필요가 있다.)

교과서상의 표현대로라면 마치 높이를 꼭짓점 부분에서만 수선을 그을 수 있는 것처럼 아이들은 착각할 수밖에 없다. 게다가 이처럼 급격한 기울기를 보이는 평행사변형의 높이를 알기 위해서는 밑변에서 연장선을 그려야한다는 매우 중요한 사실을 교과서는 놓치고 있다.

❹ 아래와 같이 교사용 지도서에 안내된 마무리 설명에 대해서는 깊이 있는 고민이 필요하다. 이대로라면 애초에 공식부터 알려 주고 문제 풀이만 하라고 하면 그만인 셈이 될 뿐만 아니라 지금까지 전개했던 모든 이야기 및 이후에 있을 재구성 방안 및 실제 사례가 다 부질 없는 일이 되어 버린다.

평행사변형의 넓이를 쉽게 구할 수 있다는 점에서 평행사변형의 넓이 구하는 공식이 수학에서 왜 필요한지 학생들이 느끼도록 지도한다. 즉 도형의 넓이를 구하기 위해서는 도형에 포함되어 있는 단위 정사각형의 수가 모두 몇 개인지를 알아야 한다. 그러나 매번 단위 정사각형의 수를 세는 일이 번거롭고 비효율적이므로 넓이 구하는 공식이 필요함을 학생들이 인식하도록 지도한다.[5]

결국 관련된 교과서 내용에 대하여 교사가 나름의 관점을 가지고 총체적으로 재구성하여 지도하지 않으면 안 된다. 이 부분의 대안에 대해서는 재구성 방안 및 실제에서 다루어 보도록 하겠다.

9~10차시 삼각형의 넓이 구하기 내용 구성에 대한 문제점

삼각형의 내용 구성 및 학습 원리는 평행사변형과 같다고 보면 된다. 즉 (밑변×높이÷2)라는 공식의 탐구 및 이해가 핵심이라고 할 수 있다. 그런 관점에서 본다면 9~10차시 내용 구성도 앞의 7~8차시 평행사변형의 넓이 구하기 내용 구성에 대한 문제점과 똑같은 상황을 그대로 드러내고 있다고 봐도 무리가 없을 듯하다.

정사각형 모양의 단위넓이 개수 세기에 아

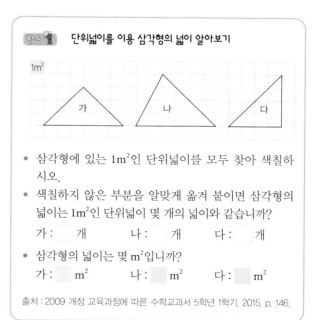

활동1 단위넓이를 이용 삼각형의 넓이 알아보기

1m²

가   나   다

• 삼각형에 있는 1m²인 단위넓이를 모두 찾아 색칠하시오.
• 색칠하지 않은 부분을 알맞게 옮겨 붙이면 삼각형의 넓이는 1m²인 단위넓이 몇 개의 넓이와 같습니까?
  가 :   개   나 :   개   다 :   개
• 삼각형의 넓이는 몇 m²입니까?
  가 :   m²   나 :   m²   다 :   m²

출처 : 2009 개정 교육과정에 따른 수학교과서 5학년 1학기. 2015. p. 146.

---

5 2009 개정 교육과정에 따른 수학과 교사용 지도서 5학년 1학기. 2015. p. 297.

06
다각형의
넓이

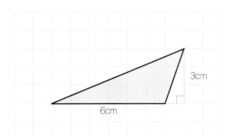

활동2 삼각형의 넓이 구하는 방법 예상해 보기

● 활동 1의 삼각형의 밑변과 높이를 알아보고 표를 완성하시오.

도형	밑변(m)	높이(m)	넓이(m²)
가			
나			
다			

● 표를 보고 삼각형의 넓이 구하는 방법을 예상하여 써 보시오.

● 왜 그렇게 예상하였습니까?

출처 : 2009 개정 교육과정에 따른 수학교과서 5학년 1학기, 2015. p. 147.

이들의 시선을 집중하게 만들기, 수업의 목표와 맞지 않는 활동 1의 삼각형 알맞게 옮겨 붙이기, 수업의 목표가 삼각형의 넓이 값을 직접 구하기가 아님에도 불구하고 넓이 값 구하기에 중심이 놓여 있는 것처럼 보이는 활동 1과 활동 2, 삼각형 넓이를 구하는 공식의 유도가 활동 2의 표에서 보는 바와 같은 수식을 통해 이루어지는 것이 아니라 조작적 활동을 통해 눈으로 확인하는 과정(주어진 삼각형을 이용하여 이미 알고 있는 도형으로 변형하기, 즉 직사각형이나 평행사변형을 만들어 내는 활동)을 제대로 드러내 보이지 못한 점, 활동 3처럼 막연하게 삼각형을 하나 제시하고 "어떤 도형으로 바꾸면 좋을까? 모양과 크기가 같은 삼각형 2개를 이용하여 넓이를 구할 수 있는 도형으로 만들어 보시오."라는 질문을 던진 뒤 뜬금없이 "만든 도형의 넓이를 구하는 식을 쓰고 넓이를 구하시오. 삼각형 넓이 구하는 방법을 이야기해 보시오."라고 요구하는 점 등은 매우 안타깝게 생각된다. 또한 삼각형의 높이를 나타내는 활동에서도 아이들은 특히 높이가 도형의 외부에 표현되는 사례(밑변에 연장선을 그어 꼭짓점으로부터 수선을 내려 삼각형의 높이를 표현하기)에 대하여 조금 힘들어하는 모습을 보인

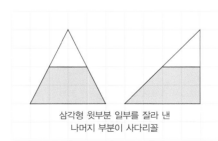

출처 : 2009 개정 교육과정에 따른 수학교과서 5학년 1학기, 2015. p. 148. 활동 3 도형.

다. 이에 대한 나름대로의 안내가 없다는 점도 보완이 필요한 부분이라 할 수 있다. 결국 이 부분도 교사가 나름의 관점을 가지고 총체적으로 교과서 내용을 재구성하여 지도하지 않으면 안 된다. 그의 대안에 대해서는 재구성 방안 및 실제에서 다루어 보도록 하겠다.

11~12차시 사다리꼴 넓이 구하기 내용 구성에 대한 문제점

여기에서도 역시 이전 차시의 문제점들을 고스란히 발견할 수 있다. 활동 1, 활동 2의 내용은 역시 질문 형식 및 내용이 도형만 다를 뿐 바뀐 것이 거의 없다고 봐도 무리가 없을 듯싶다.(1m² 단위넓이 헤아리기, 어떤 도형으로 만들 수 있느냐는 질문, 구하는 식 쓰기 등)

사다리꼴은 다른 도형과 달리 아이들이 굉장히 특징을 이해하기 어려운 도형이라 할 수 있다. 왜냐하면 사다리꼴에 대한 인식의 출발점이 제대로 잡혀 있지 않기 때문이다. 사다리꼴은 삼각형

삼각형 윗부분 일부를 잘라 낸
나머지 부분이 사다리꼴

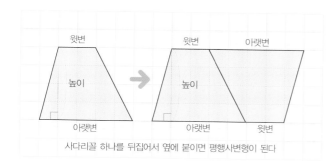

사다리꼴 하나를 뒤집어서 옆에 붙이면 평행사변형이 된다

의 일부라는 인식에서부터 출발해야 그 특징을 제대로 이해할 수 있다.

사다리꼴의 넓이에 대한 이해도 사다리꼴의 특성 이해를 바탕으로 공식 습득 및 수치 대입을 통해 넓이를 구하는 것이 아니라 배적변형을 통한 공식 만들기를 중심에 두어야 한다. 이런 활동을 통해 아이들은 공간 감각, 생각하는 힘을 길러 나갈 수 있다. 이런 목표 아래 도형 전체를 이해하면서 그 속에 보조선을 긋거나 일부를 자르거나 이동 또는 회전시켜 이미 알고 있는 도형(삼각형, 평행사변형, 직사각형)으로 넓이가 변하지 않게 변환시켜 보는 조작 활동이 필히 요구된다. 이런 과정을 아이들이 제대로 이해한다면 굳이 공식을 별도로 외울 필요는 없게 된다. 공식을 만들어 내는 과정 속에서 자연스럽게 기억할 수 있게 된다.

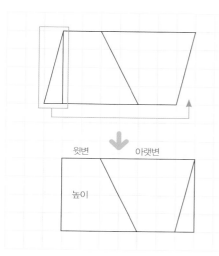

그나마 다행이라면 활동 3에서는 다양한 방법으로 넓이를 구해 보라고 하여 조작 활동을 시도하도록 하고 있다는 점이다.(선행을 한 아이들에게는 "왜 그런 공식이 나왔는지 설명할 수 있는지, 왜 그렇게 생각하는지, 왜 그곳을 윗변 또는 아랫변이라고 하는지 설명할 수 있는지, 꼭 그렇게 구해야 하는지, 다른 방법은 없는지?" 등의 질문을 통해 제대로 설명하지 못하면 제대로 알고 있는 것이 아니라는 것을 강조할 필요가 있다.)

13차시 마름모 넓이 구하기 내용 구성에 대한 문제점

여기에서도 역시 이전 차시의 문제점들을 고스란히 발견할 수 있다. 활동 1, 활동 2의 내용은 역시 질문 형식 및 내용이 도형만 다를 뿐 바뀐 것이 거의 없다고 봐도 무리가 없을 듯싶어 더 이상 언급은 피하도록 하겠다.($1m^2$ 단위넓이 헤아리기, 아이들 스스로 알고 있는 도형으로 변환시키도록 하기보다는 삼각형 모양으로 잘라 내라고 지시하기, 직사각형 안에 마름모 그려 보라고 지시하기, 구하는 식 쓰기 등)

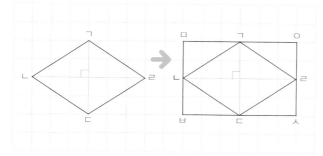

다만 여기에서 특히 주의해야 할 점 한 가지는 꼭 짚어 보고 넘어가도록 하겠다. 마름모의 넓이를 구하는 공식이 만들어지는 과정은 다른 도형들과 다르다는 점이 바로 그것이다. 왜냐하면 마름모는 변의 길이가 아니라 대각선의 길이를 이용하여 넓이를 구하기 때문이다. 따라서 마름모

06
다각형의
넓이

의 넓은 다른 도형에서보다 더욱더 주어진 공식을 외우도록 하는 것이 아니라 도형의 내부 또는 외부에 선 긋기, 자르기, 이동시키기, 회전시키기 등의 조작 활동을 이용한 배적변형을 통해 공식을 스스로 만들어 보도록 하는 것이 제일 중요하다고 할 수 있다. 그러나 활동 1, 활동 2에는 이런 식으로 탐구를 통해 아이들 스스로 공식을 만들어 보도록 하고자 하는 의도가 전혀 나타나 있지 않아 매우 아쉽기만 하다.

마름모의 넓이 구하기에서 핵심은 ① 두 대각선의 길이의 곱을 이용하여 넓이를 구할 때 마름모를 내부에 품는 직사각형을 생각해 낼 수 있는 공간감각 및 사고력이라 할 수 있으며 ② 그때 왜 두 대각선의 길이가 필요하고 나누기 2를 해야 하는지를 발견하는 과정이다.(직사각형의 가로, 세로의 길이는 마름모의 두 대각선의 길이와 같다는 점, 마름모를 품는 직사각형은 마름모 넓이의 2배라는 점) 이 과정에서 마름모 넓이를 구하는 공식은 저절로 알 수 있게 된다.

마름모, 사다리꼴 넓이에서 잊지 말아야 할 점

고학년이 되어서도 공식을 제대로 기억하지 못하는 대표적인 도형이 바로 마름모, 사다리꼴이다. 왜냐하면 흔히 볼 수 있는 도형도 아니거니와 익숙하지도 않으며 특성이 다른 도형에 비하여 독특하기 때문이다. 따라서 여기에서는 공식을 외우고 그것을 이용해 넓이를 구하는 것보다 공식을 만들어 가는 과정을 기억하고 이해할 수 있도록 하는 일에 아이들의 모든 힘을 집중시켜야 한다. 그것만 된다면 다른 도형도 마찬가지겠지만 마름모, 사다리꼴에서 특별히 더 자연스럽게 공식을 유도할 수 있는 능력이 생겨 굳이 공식을 외울 필요가 없게 된다. 이것이 도형의 넓이 측정 단원 지도의 가장 큰 전제가 되어야 한다는 것을 우리는 잊지 말아야 한다.

단원 재구성을 위한 방안

본 단원은 측정 활동을 주로 다루고 있는데 이를 통해 둘레와 넓이에 대한 양감을 기르고 관련된 문제 해결능력 및 수학적 사고력을 향상시키는 데 핵심이 있다고 말할 수 있다. 하지만 자칫 잘못하면 도형의 넓이 구하는 공식을 알고 이를 적용하여 문제를 풀고 답을 구하면 된다는 식의 생각으로 교수-학습 활동에 임하게 된다. 이런 과오를 범하지 않기 위해서는 단원의 재구성을 위한 대전제부터 확실히 세우고 갈 필요가 있다고 판단된다.

다각형의 넓이 단원 재구성의 대전제

1. 단원 학습의 핵심은 측정에 있다.(측정 활동을 통해 둘레의 길이와 넓이에 대한 양감 기르기)
2. 단원 학습의 제1 목적은 측정의 의미를 이해하고 단위넓이의 필요성을 인식하며 이를 통해 여러 가지 평면도형의 넓이를 구하는 방법을 이해하는 데 있다.
3. 넓이를 구하는 방법을 이해한다는 것의 의미
   ① 넓이를 구하는 공식을 안다는 것이 아니다.
   ② 왜 그 공식을 사용하면 평면도형의 넓이를 구할 수 있는지(공식이 만들어지기까지의 과정)를 이해하고 설명할 수 있다는 것을 의미한다.
   ③ 측정 영역 학습의 근본 이유는 공식을 외워 문제를 풀고 정답을 찾는 것이 아니라 꼬마 수학자가 되어 직접 공식을 만들어 내는 일에 있다.
4. 단원 학습의 제2 목적은 기본 도형(삼각형, 사각형)을 이용하여 주어진 도형을 조작하고 분해하고 합치는 과정을 경험하게 함으로써 도형 인식 능력의 확장 및 측정 능력 향상을 돕는 데 있다.

※ 측정 영역 학습에 대한 잘못된 생각

1. 공식만 알면 된다는 식의 수학 공부(공식부터 외우고, 필요할 때마다 관련된 공식을 꺼내 문제에 나타난 숫자를 대입하여 풀기를 반복하면 된다는 식의 생각 ⇨ 대체로 선행학습 형태의 대부분이 공식에 의한 문제 풀이 및 응용 문제 유형 익히기, 반복 훈련으로 진행되고 있음, 심지어 학교 현장에서도 비슷한 활동이 이루어지고 있다고 해도 과언이 아님)는 학습이라 말할 수 없다.
   공식 : 주어진 값만 대입하면 결과를 얻을 수 있도록 간단하고 간편하게 나타낸 식을 말한다.
2. 위와 같은 방식의 수학 공부는 수학적 사고력을 향상시킬 수 없다.
3. 공식 알기 및 문제 풀기, 정답 찾기가 핵심이라고 생각한다면 먼저 관련 공식을 알려 주고 교과서 문제들을 아이들 스스로 풀게 하면 단원 학습은 굉장히 쉽고 빠르게 끝낼 수 있다. 굳이 17차시라는 긴 시간을 할애할 필요가 없다.

초등 5학년부터는 단순연산의 반복을 넘어 다양한 사고와 분석을 통한 도형 영역의 학습이 매우 중요해지는 시기이다. 도형의 비중은 학년이 올라가면서 커질 뿐만 아니라 중학교에 진학해서도 그 비중의 증가는 계속된다. 특히 중학교 과정으로 확장되는 도형 관련 학습은 초등 5학년에서 학습하게 되는 직사각형의 둘레와 넓이 부분에서 시작된다고 볼 수 있다. 직사각형의 둘레와 넓이 구하기에 대한 핵심은 다음과 같다.

06
다각형의
넓이

첫째, 직사각형의 둘레와 넓이를 구하기 위해서는 먼저 도형의 성질과 특징에 대해 알아야 한다. 도형에 대한 이해 없이 둘레와 넓이를 구한다는 것은 배추의 모양이 어떻게 생겼는지도 모르면서 채소밭에서 배추를 찾아 헤매는 것과 같은 것이라 할 수 있다. 즉 구하려는 도형이 무엇인지 알고 특징을 찾아 도형을 분석해 나가는 것이 도형의 둘레와 넓이를 구하는 첫 번째라 할 수 있다.

둘째, 도형의 측정은 단순한 공식의 암기를 통하여 얻어지는 것이라 생각할 수도 있으나 그 공식이 나오게 된 과정과 원리를 익힌다면 다른 도형으로의 확장이 가능하기 때문에 도형의 성질과 특징을 정확히 이해하고 공식을 유도해 나간다면 다양한 평면도형의 둘레와 넓이는 쉽게 유추해 낼 수 있게 될 뿐만 아니라 경우에 따라서는 굳이 공식을 외우지 않아도 될 수도 있게 된다. 예를 들어 정사각형의 둘레는 정사각형을 둘러싼 변의 길이의 합이라 할 수 있다. 따라서 정사각형의 둘레를 구하기에 앞서 정사각형이 모두 네 개의 변으로 구성되어 있으며 그 네 변의 길이가 모두 같다는 성질을 알고 있어야 정사각형의 둘레를 구할 때 한 변의 길이에 4를 곱하면 된다는 공식을 이해하고 적용할 수 있게 되기도 하지만 이런 것을 굳이 공식으로 만들어 외울 필요까지는 없게 된다.

셋째, 도형을 둘러싼 길이의 합으로 나타내지는 둘레의 길이와는 달리 도형의 넓이는 그것을 나타낼 수 있는 단위넓이에 대한 약속과 정의를 이해하는 것이 가장 우선되어야 한다.

넷째, 기본 도형(삼각형과 사각형)을 바탕으로 주어진 도형을 조작, 분해, 합치는 과정을 통해 도형 인식 능력을 확장하고 측정 능력을 향상시키는 일에 중심을 두어야 한다. 예를 들어 직사각형 및 삼각형의 넓이를 이용해 주어진 도형을 여러 가지 방법으로 분해하면 도형의 넓이를 쉽게 구할 수 있게 된다.

위와 같이 공식을 단순히 외워서 푸는 학습이 아니라 도형을 분석하고 깊게 생각하며 다양한 시각과 관점으로 도형을 바라봄으로써 도형에 대한 관찰력, 집중력, 분석능력, 측정능력, 길이와 넓이에 대한 양감, 문제해결에 필요한 수학적 사고력까지 기를 수 있도록 돕는 것이 바로 본 단원 학습의 주된 이유라 할 수 있다. 이에 따라 재구성을 위한 방안을 몇 가지 살펴보면 아래와 같다.

❶ 직사각형의 둘레와 넓이를 다루는 부분에서는 공식이 아닌 직사각형의 특성에 입각한 둘레의 길이 측정하기, 단위넓이의 필요성 인식에 집중하기, 단위넓이로 정사각형 모양이 왜 효율적인지 이해하고 설명하기, 단위넓이인 $1cm^2$, m^2의 양감 익히기, 직사각형의 넓이를 구하는 방법의 탐구 과정 및 가로와 세로의 곱이 왜 넓이가 되는지 아이들 스스로 설명할 수 있도록 하기에 집중하도록 한다.

❷ 직각으로 이루어진 도형의 넓이 구하기에서는 다양한 방법을 함께 탐구해 보도록 하는 토의 토론 수업 활동에 집중하도록 한다.

❸ 평행사변형의 넓이 구하기에서는 평행사변형의 넓이를 구하는 식을 만들어 가는 탐구의 과정, 평행사변형의 넓이를 구하기 위해 밑변과 높이가 필요한 이유 알기, 왜 밑변과 높이를 곱하면 넓이가 되는지 아이들 스스로 설명할 수 있도록 하는 활동에 집중하도록 한다. 구체적으로 살펴보면 다음과 같다.

● **이미 알고 있는 도형(직사각형)의 넓이 구하기와 연결 지을 수 있는 방법 찾기** : 아이들은 현재까지 도형의 넓이를 구하는 방법에 대해서는 직사각형 넓이 구하기 한 가지밖에 익힌 것이 없다. 그런데 "어떤 도형으로 바꾸면 좋을까?" 하는 뜬금없는 질문은 왜 나온 것인지 알 길이 없다. 평행사변형의 넓이를 구하는 방법을 탐구하기 위한 대전제는 "이미 알고 있는 직사각형의 넓이를 구하는 방법 활용하기"가 되어야 하며 이를 위해 주어진 평행사변형을 넓이가 변하지 않으면서 어떻게 직사각형과 같은 모양으로 바꿀 수 있는가에 주목해야만 한다.(단위넓이인 1cm²가 몇 개 있는지를 찾을 필요까지는 없다고 본다.)

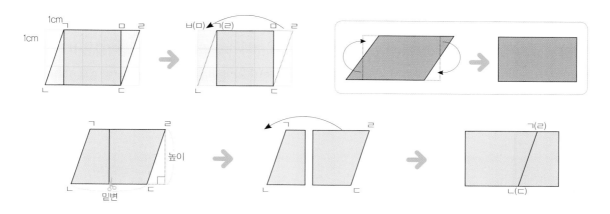

다양한 방법을 아이들이 탐구하여 찾을 수 있도록 하는 것(조작적 활동을 통해 모양은 변하지만 넓이는 변하지 않는다는 사실을 발견, 확인하는 일, 공간 감각까지 향상시킬 수 있는 활동), 이것이 바로 진정한 의미에서 수학을 한다는 것이라 말할 수 있지 않을까 생각한다.

● 다양한 방법을 통해 평행사변형을 직사각형 모양으로 바꾸어도 변의 길이는 변하지 않는다는 것 알게 하기

위와 같은 과정을 통해 아래와 같은 사실을 알 수 있다.

평행사변형의 넓이는 직사각형 모양으로 바뀌어도 바뀌지 않는다.		바뀐 직사각형 모양의 넓이는 '가로의 길이×세로의 길이'로 구할 수 있다.

결과적으로 평행사변형의 넓이를 직접 구한 것이 아니라 직사각형의 넓이를 구하는 방법을 활용하여 구한 것이다. 이를 알아보는 과정 속에서 밑변과 높이를 꾸준히 표시하도록 하여 다양한 방법으로 평행사변형을 직사각형으로 변형시켜도 결국 변의 길이(평행사변형의 밑변의 길이와 높이)와 넓이는 모두 변함이 없다는 사실, 평행사변형의 모양이 서로 달라도 밑변의 길이와 높이가 같다면 넓이는 모두 같다는 사실(교과서 144쪽 활동 5에 해당)을 발견하도록 해야 한다. 그리고 평행사변형의 밑변의 길이와 높이가 변형된 직사각형에서는 어떤 이름으로 표현되었는지를 연결 짓

기만 하면 된다.

| 평행사변형에서의 밑변과 높이 | ⇨ | 변형된 직사각형에서의 가로와 세로 |

※ 이런 과정과 원리(주어진 도형의 넓이를 구하기 위해 직사각형 모양으로 변형시키는 것 : 삼각형, 마름모, 평행사변형, 사다리꼴의 넓이를 구할 때 각각 별개의 방법으로 다루는 것이 아니라 모두 직사각형의 넓이를 구하는 방식과 연결 지어 탐구해 낼 수 있도록 함)는 이후에 전개될 다른 도형에도 그대로 적용된다.

❹ 삼각형의 내용 구성 및 학습 원리는 평행사변형과 같다고 보면 된다. 즉 (밑변×높이÷2)라는 공식의 탐구 및 이해가 핵심이라고 할 수 있다. 삼각형의 넓이 구하기에서는 삼각형의 넓이를 구하는 식을 만들어 가는 탐구의 과정, 삼각형의 넓이를 구하기 위해 밑변과 높이가 필요한 이유 및 2로 나누어야 하는 이유 알기, 왜 밑변과 높이를 곱한 뒤 2로 나누면 삼각형의 넓이를 구하게 되는지 아이들 스스로 설명할 수 있도록 하는 활동에 집중하도록 한다.

| 삼각형의 넓이 구하기 ⇨ 모양의 변형 (등적변형)에 대한 집중적인 탐색이 필요 | ⇨ | 이미 알고 있는 지식과 연계(직사각형 이나 평행사변형의 넓이 구하기) ⇨ 가장 밑바탕에는 직사각형 넓이 구하기가 있다. |

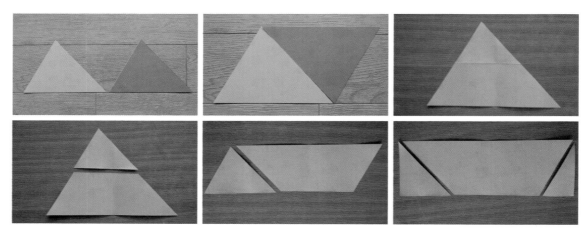

삼각형, 평행사변형, 직사각형 간의 배적변형, 등적변형 사례

❺ 사다리꼴의 내용 구성 및 학습 원리는 앞의 도형에서와 같다고 보면 된다. 즉 {(아랫변＋윗변)×높이}÷2라는 공식의 탐구 및 이해가 핵심이라고 할 수 있다. 사다리꼴의 넓이 구하기에서는 사다리꼴의 넓이를 구하는 식을 만들어 가는 탐구의 과정, 사다리꼴의 넓이를 구하기 위해 아랫변과 윗변은 각각 어떤 부분이고 배적변형된 도형에서 어떤 부분에 해당되는지 알기, 아랫변과 윗변의 길이를 더해야 하

는 이유, 높이를 곱해야 하는 이유, 2로 나누어야 하는 이유 등에 대하여 아이들 스스로 설명할 수 있도록 하는 활동에 집중하도록 한다.

사다리꼴의 넓이 구하기 ⇨ 모양의 변형 (배적변형)에 대한 집중적인 탐색이 필요

이미 알고 있는 지식과 연계(직사각형이나 평행사변형, 삼각형의 넓이 구하기) ⇨ 가장 밑바탕에는 직사각형 및 삼각형의 넓이 구하기가 있다.

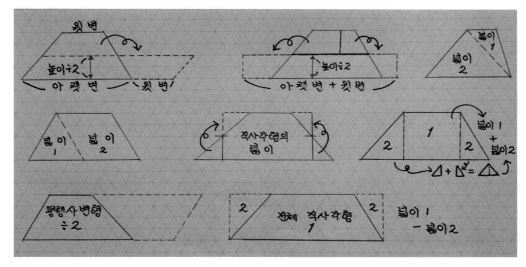

사다리꼴 넓이를 구하는 다양한 사례

⑥ 마름모의 내용 구성 및 학습 원리는 앞의 도형에서와 같다고 보면 된다. 즉 (한 대각선×다른 대각선)÷2라는 공식의 탐구 및 이해가 핵심이라고 할 수 있다. 마름모의 넓이 구하기에서는 마름모의 넓이를 구하는 식을 만들어 가는 탐구의 과정, 마름모를 덮을 수 있는 직사각형을 이용해야 하는 이유, 마름모의 넓이를 구하기 위해 두 대각선을 이용해야 하는 이유, 두 대각선은 배적변형된 도형에서 각각 어떤 부분에 해당되는지 알기, 두 대각선을 곱해야 하는 이유, 2로 나누어야 하는 이유 등에 대하여 아이들 스스로 설명할 수 있도록 하는 활동에 집중하도록 한다.

마름모의 넓이 구하기 ⇨ 모양의 변형 (배적변형)에 대한 집중적인 탐색이 필요

이미 알고 있는 지식과 연계(직사각형이나 평행사변형, 삼각형의 넓이 구하기) ⇨ 가장 밑바탕에는 직사각형 넓이 구하기가 있다.

06
다각형의
넓이

마름모의 넓이 구하는 방법

마름모의 넓이 구하는 방법은 이미 알고 있는 도형으로 변형하여 다양한 방법으로 접근할 수 있다.

1. 등적 변형

(1) 마름모의 일부를 옮겨 직사각형 모양으로 만들어 넓이를 구한다.

(마름모의 넓이)=(직사각형의 넓이)=(가로)×(세로)

(2) 마름모의 일부를 옮겨 평행사변형 모양으로 만들어 넓이를 구한다.

 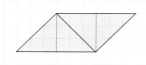

(마름모의 넓이)=(평행사변형의 넓이)=(밑변)×(높이)

2. 반적 변형

(1) 마름모의 대각선 방향으로 접어 삼각형 모양으로 만들어 넓이를 구한다.

 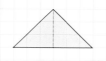

(마름모의 넓이)=(삼각형의 넓이)×2

(2) 네 꼭짓점을 대각선의 교점으로 접어 직사각형 모양으로 만들어 넓이를 구한다.

(마름모의 넓이)=(직사각형의 넓이)×2
=(가로)×(세로)×2

(3) 마름모를 교차하는 대각선을 따라 접어서 네 개의 합동인 삼각형으로 만들어 넓이를 구한다.

(마름모의 넓이)=(삼각형의 넓이)×4
={(밑변)×(높이)÷2}×4

3. 배적 변형

(1) 넓이가 마름모의 두 배인 직사각형을 만들어 넓이를 구한다.

(마름모의 넓이)=(직사각형의 넓이)÷2
=(가로)×(세로)÷2

(2) 넓이가 마름모의 두 배인 삼각형을 만들어서 넓이를 구한다.

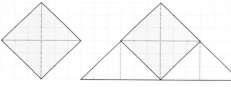

(마름모의 넓이)=(삼각형의 넓이)÷2
={(밑변)×(높이)÷2}÷2

출처 : 2009 개정 교육과정에 따른 수학교과서 5학년 1학기, 2015. p. 313.

단원 지도를 위한 재구성의 실제

차시	재구성 이후	수업 내용 및 활동
1~2	단원 도입 및 직사각형의 둘레 구하기	• 다각형의 둘레와 넓이가 필요한 상황 이해하기 • 직사각형의 둘레 구하는 방법 알고 구하기
3~5	단위넓이 이해하기	• 임의의 기준에 의한 측정 및 이의 문제점 알기 • 단위 넓이의 필요성 이해하기
	1cm²보다 더 큰 단위 알기	• 1cm²보다 더 큰 단위의 필요성 인식하기 및 1m² 알기 • 1cm²와 1m²의 관계 알기 • 실제 양감 익히기(실제 측정해 보기)
6	직사각형의 넓이 구하기	• 직사각형의 넓이를 구하는 방법 이해하기 및 넓이 구하기 • 미션 과제 해결하기(교과서 164쪽 문제해결)
7	직각으로 이루어진 도형의 넓이 구하기	• 직사각형의 넓이를 구하는 방법을 이용하여 직각으로 된 여러 가지 도형의 넓이 구하기
8~9	평행사변형의 넓이 구하기	• 평행사변형의 밑변과 높이 이해하기 • 직사각형의 넓이 구하는 방법을 이용하여 평행사변형의 넓이 구하는 방법 탐구하기 • 다양한 방법으로 평행사변형의 넓이 구하기
10~11	삼각형의 넓이 구하기	• 삼각형의 밑변과 높이 이해하기 • 직사각형 또는 평행사변형의 넓이 구하는 방법을 이용하여 삼각형의 넓이 구하는 방법 탐구하기 • 다양한 방법으로 삼각형의 넓이 구하기 • 삼각형의 밑변과 넓이, 높이와 넓이 사이의 관계 이해하기
12~13	사다리꼴의 넓이 구하기	• 사다리꼴의 아랫변과 윗변 이해하기 • 평행사변형의 넓이 구하는 방법을 이용하여 사다리꼴의 넓이 구하는 방법 탐구하기 • 다양한 방법으로 사다리꼴의 넓이 구하기
14~15	마름모의 넓이 구하기	• 마름모에서의 두 대각선 이해하기 • 직사각형의 넓이 구하는 방법을 이용하여 마름모의 넓이 구하는 방법 탐구하기 • 다양한 방법으로 마름모의 넓이 구하기
16	다각형의 넓이 구하기	• 여러 가지 모양의 다각형을 기본 도형으로 분할하여 그 넓이 구하기
17	단원 평가	• 단원 평가

※ 본시 활동에서는 다양한 조작 활동 및 미션활동을 협동적으로 해결한다.

※ 미션 해결 이후 교과서를 익힘책과 같이 활용한다.

06
다각형의 넓이

앞에서와 같이 크게 8부분으로 나누어 재구성한 이유는 다음과 같다.

먼저 앞에서 살펴본 문제의식을 바탕으로 둘레의 길이 및 넓이를 구하는 상황을 통해 실제 둘레 및 넓이를 측정하고 양감을 익혀야 하는 이유를 알아보고자 하였다. 그 과정에서 단위 넓이의 필요성 이해 및 단위 넓이 도입, 이를 바탕으로 실제 생활 속에서 넓이 측량 및 양감을 익혀 볼 수 있도록 실제 수업을 디자인할 계획이다.

둘째, 직사각형, 평행사변형, 삼각형, 사다리꼴, 마름모의 넓이를 구하는 방법을 탐구하는 과정을 통해 자연스럽게 공식을 유도하고 이해할 수 있도록 수업을 디자인할 계획이다. 본 단원의 주목적은 공식을 외워 넓이를 구하는 것이 아니라 공식을 직접 만들어 나가는 과정을 통해 공간 감각 및 생각하는 힘을 길러 나갈 수 있도록 돕는 일이기 때문이다.

셋째, 공간 감각 및 생각하는 힘을 기르기 위해 선 긋기, 자르기, 옮기기, 회전시키기 등의 조작 활동 및 협동학습을 중심으로 도형의 넓이를 구할 수 있는 다양한 방법을 협동적으로 탐구해 나갈 수 있도록 수업을 디자인할 계획이다.

🍎 1~2차시 단원 도입 및 직사각형의 둘레 구하기

재미있는 수학 이야기 : 기하학

오늘날 아프리카 북쪽은 기후가 덥고 사막이 많은 곳이지만, 옛날에는 지금과 달리 밀 농사를 많이 지었었다. 특히 로마 시대에는 아프리카 북쪽(이집트, 카르타고 등)에서 수확한 밀로 유럽 사람들을 먹여 살릴 정도였다고 한다. 이렇게 농사가 잘된 이유는 바로 나일 강 때문이다. 이집트의 나일 강은 아프리카 적도 부근의 깊숙한 골짜기에서 시작하여 지중해로 흘러들어 가는 과정에서 농사를 짓기 위해 꼭 필요한 양분과 물을 이집트 사람들에게 제공하였다. 그런데 해마다 나일 강 상류 지방의 눈이 녹을 무렵이면 엄청난 양의 물이 하류로 흘러들어 와 홍수를 일으켰다. 이때 상류 지방의 비옥한 흙이 강물에 휩쓸려 함께 내려왔다. 그래서 홍수가 끝난 뒤에는 영양분이 많은 흙이 쌓여 농사에 큰 도움을 주었다. 나일 강의 홍수는 큰 피해를 주는 재난이었지만 한편으로는 농사를 위한 축복이었던 것이다. 위와 같은 이유로 고대 이집트 사람들은 나일 강의 범람 시기를 정확히 알아내어 그 피해를 최소한으로 줄이려고 노력했다. 그들은 태양, 달, 별 등 천체의 움직임에 대해 오랫동안 연구를 해 왔고 그 결과 1년의 길이가 365일과 4분의 1일임을 알아냈다. 그리고 이를 이용해 달력도 처음으로 만들었다. 이것이 이집트에서 천문학이 발달한 이유이다. 또한 고대 이집트는 수학이 매우 발달하였는데 그 이유 역시 농사와 관련이 있다. 그 당시 이집트의 왕인 파라오는 추수가 끝나면 백성들에게서 세금을 걷었다. 홍수로 인해 농작물이 피해를 입은 경우에는 그 피해 정도를 계산하여 세금을 줄여 주었다고 한다. 그래서 정확한 세금 계산을 하기 위해 수학이 발달했던 것이다.

그런데 세금 계산을 할 때 매우 큰 문제가 있었다. 매년 나일 강의 홍수와 함께 떠내려 온 흙이 농토

이집트인들이 측량을 했다는 것을 말해 주는 증거 ⇨ 당시 땅을 측량하는 측량사에게 가장 중요한 도구는 바로 끈
(이미지 출처 : http://woon.blog.me/150159584211)

06
다각형의
넓이

의 경계선을 지워 버렸기 때문이다. 홍수가 난 뒤에는 농토의 경계선이 어디인지를 놓고 백성들이 잦은 싸움을 벌였던 것이다. 누구 땅인지 모르니 세금을 매기기도 어려웠을 것이라 충분히 짐작이 간다. 그래서 농토의 경계선을 원래대로 다시 긋기 위해 이집트에서는 측량술이 발달했다. 도형에 관한 여러 가지 성질을 연구하는 기하학은 바로 여기에서 출발했던 것이다. 기하학을 영어로 'geometry'라 부른다. 여기에서 'geo'는 '토지'라는 의미이고, 'metry'는 '측량하다'라는 뜻이다.

$$geometry = geo + metry$$
기하학   토지 측량하다

그러니까 기하학은 땅을 측량하는 학문에서 출발했다고 말할 수 있다. 고대 사회에서 수학은 바로 매우 중요한 일상의 삶인 농사와 밀접한 관계가 있었던 것이다. 이집트에서 시작된 기하학은 고대 그리스 인들에 의해 꽃을 피웠다. 그리스 인들은 이집트에서 배운 수학적 지식을 연구하여 체계적인 학문으로 만들었다. 그리스 인들은 도형에 관해 알고 있는 지식들이 정말 옳은지를 수학적으로 증명하는 일을 매우 중요하게 다루었다. 이를 통해 학문으로서 수학이 발전하는 중요한 계기가 마련된다.

※ 준비물 : 모둠별 줄자 2개(길수록 좋음 : 각 모둠별로 2인 1조가 되어 혼자 재기 힘든 직사각형 모양의 둘레 길이 재기), 개인별 30cm 플라스틱 자

교사 지금부터 나누어 주는 자료를 모둠별로 '돌아가며 읽기' 활동으로 함께 읽어 보도록 하겠습니다.

아이들 (모둠별로 '돌아가며 읽기' 활동을 한다.)

교사 잘 읽어 보았지요? 이제부터 여러분이 공부하게 될 '5. 다각형의 넓이' 단원은 수학에서 도형의 여러 가지 성질을 다루는 어떤 학문의 한 부분이라 말할 수 있나요?

아이들 기하학입니다.

교사 네, 기하학입니다. 이것은 과거 어느 나라에서 가장 발달하였고, 이유는 무엇 때문이었다고

나타나 있나요?

아이들 고대 이집트이고, 농사를 지으면서 나일강이 범람하면 다시 누구의 땅인지 확인하고 경계선을 긋기 위해서입니다.

교사 네, 그렇게 전해져 오고 있습니다. 오늘날에도 기하학, 특히 '측량(땅의 길이나 넓이 등을 재는 활동)' 활동이 많이 이루어지고 있고 실생활에서도 많이 활용되고 있습니다. 그 가운데 특히 이번 단원에서는 넓이와 관련된 내용을 주로 다루고자 합니다. 우리 실생활에서 넓이가 제일 활용되는 곳은 어디인가요?

아이들 땅입니다. 건물입니다. 집입니다. 아파트입니다.

교사 네, 맞아요. 실생활에서는 집과 관련하여 제일 많이 다루고 있습니다. 집의 넓이를 이야기할

때 어떤 단위를 사용하나요?

아이들   '평'입니다. '제곱미터'입니다.

교사   네, 몇 년 전까지만 해도 '평'이라는 단위를 제일 많이 썼지만 요즈음은 '제곱미터'로 바꾸어 사용하고 있습니다. 1평은 '가로×세로=3.3×3.3' 정도 크기의 정사각형 모양에 해당된답니다. 그렇다면 우리가 사용하고 있는 교실은 대략 몇 평 정도될 것 같습니까?

아이들   ○평 정도요.(다양한 짐작이 나온다.)

교사   네, 여러분의 짐작이 맞는지 나중에 직접 줄자 등을 이용하여 재 보는 시간이 따로 있을 것입니다. 이제부터는 넓이에 대하여 좀 더 자세히 알아보기 위한 기초 활동으로 직사각형의 둘레의 길이를 구하는 활동부터 시작해 보도록 하겠습니다. 먼저 교과서 130쪽 활동 1의 모눈종이에 그리기 활동까지만 각자 해결해 보기 바랍니다.

아이들   (각자 모눈종이에 그림을 그린다.)

교사   다 그렸지요? 그러면 모눈종이에 그린 도형의 둘레의 길이를 구하는 방법은 몇 가지가 있는지 모두 찾아봅시다. 우선 5분간 혼자 생각합니다. 5분 후에는 각자 생각한 방법을 모둠원들과 서로 공유하면서 각 모둠별로 몇 가지 방법을 찾았는지 모둠칠판에 기록하여 '칠판 나누기' 활동을 해 보도록 하겠습니다. 여기까지 모두 10분 정도의 시간을 주도록 하겠습니다.

아이들   (주어진 10분 동안 각 모둠별로 '개인 생각 ⇨ 모둠 토론 ⇨ 칠판 나누기' 활동으로 이어진다.)

교사   다 되었지요? 각 모둠별로 모둠칠판에 정리된 내용을 앞에 게시해 보도록 하겠습니다. 그리고 자신의 모둠이 찾아내지 못한 방법이 있는지, 수정해야 할 내용이 있는지 함께 살펴보도록 하겠습니다.

아이들   (각 모둠별로 모둠칠판에 정리된 내용을 칠판에 게시하고 다른 모둠에서 나온 다양한 생각들과 비교해 보면서 수정해야 할 내용이 있는지 살펴본다.)

교사   좋습니다. 둘레를 구하는 방법이 거의 다 나왔군요. 이제 여러분이 알아낸 방법으로 교과서 131쪽 문제를 해결해 보기 바랍니다. 특히 마무리 활동의 2번은 교실에 있는 다양한 직사각형 모양의 물건을 찾아다니면서 다양한 방법으로 둘레를 직접 구해 보도록 합니다. 혼자 재기 힘든 것은 2인 1조가 되어 줄자를 사용하여 재 보도록 합니다. 표에는 네 가지 사물을 재어 보도록 되어 있지만 더 많이 해 보도록 합니다. 다 한 사람은 모둠원들과 함께 확인 작업도 해 주세요.

아이들   (각 모둠별로 교과서 문제해결 및 확인 작업을 마무리한다.)

06
다각형의
넓이

활동 자료 돌아가며 읽기

본래 계획은 두 시간 블록 수업이었지만 다른 수업 시간과 조절이 잘 되지 않아 오늘은 단원 도입 활동만 하고 둘레 길이를 알아보는 활동은 내일로 미루었다. 1학기 마지막 단원 학습을 "왜 이 단원을 공부하는 걸까?"라는 질문으로 시작하였다. 갑작스러운 질문에 대답을 하는 아이들이 없었다. "그래, 이 이유를 알면 여기 앉아 있을 이유가 없겠지요. 그에 대한 답을 조금이라도 찾기 위한 자료를 만들어 왔으니 나누어 주게 되면 모둠별로 '돌아가며 읽기' 활동을 통해 살펴본 뒤에 다시 한 번 이 단원을 공부하는 이유에 대하여 살펴보도록 하겠습니다. 각 모둠별로 돌아가며 읽기 시작!"

아이들은 돌아가며 내용을 읽기 시작했다. 그러면서 읽은 자료에 대하여 함께 다시 질문과 답변 형식으로 점검해 보았다. 도형의 다양한 특성을 다루는 학문인 기하학, 그 가운데 측량이란 땅이나 건물의 높이, 깊이, 거리, 길이, 넓이 등을 재는 활동이라는 것, 이것이 오랜 옛날 이집트에서부터 발달했다는 것, 그 이유는 강의 범람 때문이라는 것, 지금도 과거와 같은 일이 계속 일어나고 있다는 것, 땅에 선이 그어져 있는 것은 아니지만 측량을 통해 내 땅과 남의 땅을 구분할 수 있고 측량을 통해 집을 짓고 길을 내고 건축을 한다는 사실을 등을 함께 이야기하였다. 그러면서 측량을 하고 있는 장면을 본 적이 있느냐 물었더니 한 번도 본 적이 없다고 하였다. 그래서 275쪽과 같은 사진을 보여 주면서 이런 것을 본 적이 있느냐 물었더니 많은 아이들이 이제야 "아, 그런 모습이요? 본 적이 있어요. 아파트 옆 공사장에서요. 그게 바로 측량이었어요?"라고 했다. 왜냐하면 바로 학교 주변에서 한창 대규모 쇼핑몰을 건축 중에 있는데 수시로 공사장 주변에서 측량 기사들이 장비를 가지고 실제 측량을 하고 있는 모습을 자주 보며 지나쳤기 때문이다. 모르고 지나칠 때는 그냥 그런가보다 하지만 알고 보면 그 모습이 다른 의미로 다가오는 것

이고 교사인 나는 수업을 통해 아이들의 경험과 기억을 수업시간에 다루는 내용과 연결 짓기를 해 주는 것이 주된 역할이기 때문이다.

몇 장의 측량 장면을 보여 준 뒤 이런 일을 하려면 전문 자격증이 필요하다는 것도 함께 알려 주었다. 이어서 "측량의 결과로 우리는 실생활에서 특히 땅의 넓이 등을 많이 이야기하고 활용하고 있는데 어디에서 가장 그런 이야기를 많이 들을까요?" 하고 질문했더니 많은 아이들이 바로 "집이요. 아파트 몇 평 할 때요."라고 대답했다. 그래서 "맞아요. 그럼 한 평은 어느 정도 크기인지 말해 볼까요?" 하자 답변이 나오지 않았다. 그래서 "정사각형 모양을 한 땅에서 가로 및 세로의 길이가 3.3m인 넓이를 한 평이라고 합니다. 그러면 우리 교실은 약 몇 평정도 될까요?" 하고 질문하자 그냥 마구잡이로 이야기하는 아이들이 많았다. 그래도 나름은 어느 정도 눈대중으로 "4평이요, 5평이요, 6평이요." 하는 아이들도 있었다. 그래서 "나중에 줄자를 가지고 길이를 측정하면서 알아보는 시간이 있을 것입니다. 그때 실제로 어느 정도 되는지 한번 알아보도록 하지요. 그런데 요즈음은 '평'이라는 말보다는 제곱미터 m²로 통일해서 쓰려고 하는 모습이 많이 나타나고 있어요. 그러나 아직 사람들은 땅의 크기를 나타낼 때 '평'이라는 표현에 더 익숙해져 있어서 '제곱미터'로 나타내면 잘 모르지만 '평'으로 나타내면 훨씬 더 잘 이해하고 있는 상황

이미지 출처 : http://cafe.daum.net/homan007

이기는 합니다. 앞으로 이런 것들에 대해서도 실제 운동장이나 복도에서 실제 땅의 크기를 놓고 측정해 가면서 알아보도록 할 계획입니다. 그에 대한 첫 활동으로 내일은 도형의 둘레 측정하기, 특히 직사각형 모양을

하고 있는 주변 사물의 둘레 길이 측정하기에 대하여 줄자를 이용하여 실제로 알아보고자 합니다. 오늘 수업은 이것으로 마치도록 하겠습니다." 하고 마무리하였다. 나름 첫 단추는 잘 꿰었다고 생각한다.

2차시 수업 소감

2차시 수업에서 교과서 속 활동 1 과제를 간략히 해결하고 직사각형 모양 둘레의 길이를 구하는 다양한 방법을 모둠별로 탐구하는 시간을 가졌다. 별로 어려운 활동이 아니라서 오래 걸리지 않았다. 활동을 하면서도 이렇게 식으로 나타내는 것을 공식이라고 하여 억지로 외우려고 하는 일은 없도록 신신당부하였다. 이해하면 된다고. 모든 모둠이 세 가지 방법을 찾아 모둠칠판에 쓴 뒤 칠판 앞에 세워 두었다. 일명 '칠판 나누기' 활동을 한 것이다. 활동 결과를 함께 살펴보

면서 정리하고 바로 이어서 나머지 교과서 문제해결 및 실제 측량 활동에 들어갔다. 교실에 있는 직사각형 모양의 둘레 길이 재기. 크기가 작은 것은 혼자 해도 좋지만 큰 것은 모둠원들과 함께 줄자를 서로 잡아 주면서 측량할 수 있도록 안내해 주었다.

안내가 끝나고 줄자를 나누어 주자 아이들은 교실 여기저기를 휘젓고 다니면서 둘레의 길이 측량에 열을 올렸다. 길이를 재는 과정에서 어떤 아이들은 측정하고자 하는 사물의 모서리 부분을 재는 것이 아니라 중간 부

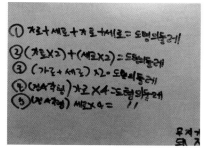

2015년 6월 직사각형 모양 둘레의 길이를 구하는 다양한 방법 알아보기 및 칠판 나누기

분을 재는 아이들이 있어서 "그렇게 하면 줄자가 삐뚤어져 오차가 생길 가능성이 높다."고 이야기해 주었다. 어떤 아이들은 모서리의 길이를 잰다고는 하지만 줄자를 약간 사선으로 삐뚤어지게 측정하고 있는 모습도 보여 바로잡아 주기도 하였다. 이렇게 활동하다 보니 40분이라는 시간이 지루하지 않게 빨리 흘러갔다. 이

제 나의 반 아이들은 수학 시간을 힘들어하지 않는다. 부담도 많이 줄였다. 올해 수업의 가장 큰 성과는 바로 수학 수업을 바라보는 아이들의 시선과 부담을 긍정적으로 바꾸어 준 일이 아닐까 생각한다. 나만의 사치스러운 욕심이자 바람은 분명 아니라 여겨진다.

2015년 6월 교실에 있는 직사각형 모양의 둘레 길이 재기 활동

🍎 3~5차시 단위넓이 구하기 및 $1cm^2$보다 더 큰 단위 알기

※ 준비물 : 모둠별로 신문지 6장 내외, 투명 테이프, 가위나 칼(실제 $1m^2$ 만들기)

교사 오늘은 단위넓이에 대하여 함께 알아보도록 하겠습니다. 먼저 교과서 속 생각 열기를 함께 살펴보도록 하겠습니다. 두 개의 창문이 있습니다. 어느 창문이 더 넓은지 쉽고 정확하게 알 수 있나요?

아이들 없습니다. 애매합니다.

교사 네, 그렇습니다. 그런데 혹시 여러분 물체의 무게를 잴 때 왜 추를 사용하게 되었는지에 대하여 공부한 적이 있지요? 그 이유는 무엇인가요?

아이들 누구나 똑같이 알 수 있는 공통된 기준이 필요했기 때문입니다.(추가 없을 때는 사람마다 무

게를 잴 때 저마다 기준으로 사용하는 물체의 무게가 달라서 이해하기 어렵지만 추를 만들어 사용하게 되면 공통된 기준이 생겨나 누구나 똑같이 이해할 수 있게 됩니다.)

교사 네, 맞습니다. 그런데 무게만 그런 것이 아니라 넓이도 마찬가지랍니다. 그것을 위해 한 가지 활동을 함께 해 보도록 하지요. 각 모둠에서 1, 2번은 활동 1에서 정사각형 모양의 녹색 종이 단위를 사용하여 두 창문의 크기를 비교해 보고 3, 4번은 활동 1에서 직사각형 모양의 파랑 종이 단위를 사용하여 두 창문의 크기를 비교해 보도록 합니다.

아이들 (교과서 뒤쪽에 마련된 준비물을 이용하여 각각 제시된 활동을 수행한다.)

교사 먼저 녹색 종이로 잰 사람들은 어떻게 비교

되었나요?

아이들 (가)는 녹색 종이의 8배(창문을 덮는 데 녹색 종이 8개가 사용되었음)이고 (나)는 녹색 종이의 9배(창문을 덮는 데 녹색 종이 9개가 사용되었음)입니다. 그래서 (나)가 녹색 종이 1개만큼 더 큽니다.

교사 네, 그러면 파랑 종이로 잰 사람들은 어떻게 비교되었나요?

아이들 (가)는 파랑 종이의 4배(창문을 덮는 데 파랑 종이 4개가 사용되었음)이고 (나)는 파랑 종이의 4배 반(창문을 덮는 데 파랑 종이 5개가 사용되었음)입니다. 그래서 (나)가 파랑 종이 반($\frac{1}{2}$)개만큼 더 큽니다.

교사 좋습니다. 그렇다면 파랑 종이로 잰 사람과 녹색 종이로 잰 사람이 서로 만나 아래와 같은 이야기를 나누고 있다면 (1) 어떤 현상이 벌어질까요? (2) 그 이유는 무엇일까요? (3) 이를 해결하기 위해서는 무엇이 필요한가요? 이 세 가지 질문에 대하여 모둠별로 협의한 후 모둠칠판에 써서 칠판 나누기 활동을 해 보도록 하겠습니다.

철수 : (가)는 8배인데 (나)는 9배이니까 (나)가 더 크지.

민국 : 그래? 이상한데. 분명히 (나)가 큰 것은 맞는데 내가 잰 결과는 (가)는 4배였고 (나)는 분명히 4배하고 반($\frac{1}{2}$)만큼 더 있었어.

아이들 (모둠별로 협의한 내용을 모둠칠판에 기록하여 칠판 앞에 세워 놓는다.)

교사 네. 그렇습니다. 서로 말이 달라 이해하기 어렵게 됩니다. 그 이유는 서로 넓이를 측정하고 이야기하면서 각자의 기준이 달랐기 때문에 이런 현상

이 벌어진 것입니다. 이를 해결하기 위해서는 공통된 기준이 필요합니다. 그렇다면 우선 공통된 기준으로 사용하기에 좋은 모양을 먼저 알아보도록 하겠습니다. 각 모둠별로 133쪽 활동 2에 있는 모양 다섯 가지 가운데 서로 다른 한 가지씩 선택한 후 그것을 오려 내어 나누어 준 색종이의 크기를 측정해 보도록 하겠습니다.(선택한 도형으로 나주어 준 색종이를 빈틈이 없이 덮는다고 생각하기) 측정이 어느 정도 마무리되면 활동을 하면서 알게 된 사실들을 모둠원들과 함께 모둠칠판에 정리해 보도록 합니다.

아이들 (각 모둠별로 협의하여 각기 다른 한 가지 모양을 선택한 후 그것을 오려 내어 색종이의 크기를 측정하는 활동을 수행한다. 수행 후에는 활동을 통해 알게 된 사실을 함께 나누며 정리한다.)

교사 자, 활동하면서 알게 된 사실들을 ○○모둠 ●●●가 발표해 보도록 합니다.

아이들 네. 정사각형 모양이 제일 쉽고 빠르고 편리하고 정확했습니다. 왜냐하면 나머지 모양들은 빈틈이 없이 딱 맞게 색종이를 측정하기 어렵고 불편하며 정확하게 재기가 힘들었는데(빈틈이 없이 색종이를 덮는 데는 어려움이 있음) 정사각형 모양은 그렇지 않았습니다.

교사 네, 잘 살펴보았습니다. 그렇다면 어떤 부분의 넓이를 재는 데 가장 좋은 모양은 어떤 것이라 할 수 있나요?

아이들 정사각형 모양입니다.

교사 네. 맞아요. 정사각형 모양 가운데서도 크기가 가로 1cm, 세로 1cm인 것을 우리는 단위넓이라 하고 1cm²라 쓰며 1 제곱센티미터라고 읽습니다. 교과서 134쪽 맨 위의 내용을 한번 다 같이 한

06 다각형의 넓이

목소리로 읽어 보도록 하겠습니다.

아이들 한 변이 1cm인 정사각형의 넓이를 $1cm^2$라 쓰고 1 제곱센티미터라고 읽습니다.

교사 그러면 각자 134쪽 마무리 활동에 주어진 도형의 넓이는 얼마인지 알아보도록 합니다.

아이들 (주어진 도형의 넓이를 구하고 서로 확인도 한다.)

교사 그런데 이렇게 작은 단위넓이로 매우 큰 직사각형 모양의 넓이를 구한다면 어떤 현상이 벌어질까요?

아이들 시간이 많이 걸릴 것 같습니다.

교사 네, 그렇겠지요? 그렇다면 매우 큰 직사각형 모양의 넓이를 구하려면 어떤 방법이 필요할까요?

아이들 $1cm^2$보다 더 큰 단위넓이가 필요합니다.

교사 그래요. 더 큰 단위넓이를 만들면 되겠군요. 길이에 1cm, 1m라는 단위길이가 있다면 넓이에는 $1cm^2$, $1m^2$라는 단위넓이가 있지요. 지금부터 $1m^2$에 대하여 살펴보도록 하겠습니다. 먼저 $1m^2$란 어떤 의미일까요?

아이들 한 변의 길이가 1m인 정사각형의 넓이를 말합니다.(가로가 1m, 세로가 1m인 정사각형의 넓이입니다.)

교사 그렇다면 $1m^2$는 $1cm^2$의 몇 배이고 왜 그렇게 되는지 설명해 볼 수 있도록 하겠습니다. 이를 위해 각 모둠별로 모두 일어서서 나누기 활동을 시작하도록 합니다. 활동이 끝나면 누구나 설명할 수 있어야 합니다.

아이들 ($1m^2$는 $1cm^2$의 몇 배인지 설명하는 방법에 대하여 서로 협의한다.)

교사 자, 협의 끝났지요? ○○모둠 ●●●가 발

표해 보도록 합니다.

아이들 한 변의 길이가 1m인 정사각형이니까 한 변의 길이 1m에는 1cm가 100개 있는 것과 같습니다. 그런데 $1m^2$는 1cm 100개짜리 줄이 100줄이 있는 것과 같으므로 $1m^2$에는 $1cm^2$가 10,000(1만)개 있는 것이라 할 수 있습니다. $1m^2=10,000cm^2$와 같습니다.(이와 같은 설명이 이루어질 수 있도록 아이들 간의 연결 짓기를 꾸준히 한다.)

교사 네, 맞아요. 설명을 아주 잘해 주었습니다. 그렇다면 지금부터 모둠별로 준비한 신문지를 이용하여 $1m^2$짜리 단위넓이를 만들어 보도록 합니다. 이것을 이용하여 주변에 있는 다양한 직사각형 모양의 넓이를 실제로 측정해 볼 것입니다.

아이들 (모둠별로 신문지를 이어 붙이고 잘라서 $1m^2$ 크기의 모양을 만든다.)

교사 다 만들었지요? 이제부터 $1m^2$ 크기의 단위넓이를 활용하여 우리 주위에 있는 직사각형 모양의 넓이를 실제로 측정해 보도록 합니다. 칠판, 교실, 복도, 문, 게시판, 벽면, 운동장, 체육관 등.

아이들 (각 모둠별로 협동적으로 다양한 장소의 실제 넓이를 측정하고 기록한다.)

교사 자, 단위넓이를 이용하여 실제 측정 활동을 해 본 소감이 어떠한가요?

아이들 재미있어요. 실제 크기가 어느 정도인지 경험해 보았습니다. 상상해 보기만 했던 것을 실제로 해 보니 실감이 났습니다.

교사 네, 그렇습니다. 그래서 머리로만 이해하는 것보다 실제로 경험해 보는 것이 더 좋은 것이라 말하는 것이지요. 오늘 모두 수고 많았습니다. 다음 시간에는 직사각형의 넓이를 구하는 방법에 대하여 함께 알아보도록 하겠습니다.

3차시 수업 소감

우선 3차시만 따로 떼어서 한 시간 수업을 하였다. 이 시간에는 (1) 서로 다른 단위넓이 사용의 문제점 생각해 보기 (2) 이를 해결하기 위해 공통된 단위넓이를 사용하고자 할 때 단위넓이의 모양으로 왜 정사각형을 사용하는지에 대하여 함께 알아보기 (2) 주어진 도형의 넓이와 단위넓이 사이의 관계에 대하여 살피기를 주목적으로 하였다.

우선 교과서 속 생각 열기로 간략히 두 창문 크기를 쉽게 비교할 수 없음을 이해하고(투명 종이로 본을 떠서 비교하기 생략-불필요한 활동임) 바로 활동 1로 넘어가 서로 다른 단위넓이를 이용하여 주어진 창문의 크기를 비교하는 상황을 통해 단위넓이가 통일되지 않았을 때 발생하는 문제점을 모둠 토론 활동으로 알아보았다. 대부분의 모둠이 문제점을 잘 정리해 주었다.

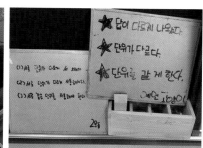

2015년 7월 서로 다른 단위넓이를 사용하여 넓이를 비교할 때 문제점 살피기(모둠 토론)

이어서 활동 2를 통해 단위넓이로 어떤 모양을 사용하는 것이 좋은지, 왜 그 모양이 좋은지, 이를 통해 넓이를 구한다는 것은 주어진 부분을 단위넓이를 이용하여 빈틈이 없이 덮는 것과 같은 상황이라는 인식을 갖도록 해 주는 것에 주안점을 두면서 활동을 안내하였다. 이를 위해 교과서에 그려진 다섯 가지 모양 중 모둠원들이 각자 한 가지씩 선택하여 $\frac{1}{4}$ 크기의 색종이를 빈틈이 없이 덮을 수 있는지 알아보도록 안내하였다. 아

이들은 모둠별로 교과서 속 도형을 오려서 한 가지씩 나누어 갖고 직접 색종이 위에 대고 그려 가면서 알아보는 활동을 하였다. 활동을 하면서 각자 갖고 있는 도형을 이용하여 주어진 색종이를 빈틈이 없이 덮고자 할 때 적절한지 또는 적절하지 않은지 그리고 그 이유는 무엇인지 생각한 후 모둠원들과 이야기를 나누어 보라는 안내도 해 주었다.

2015년 7월 단위넓이로 어떤 모양을 사용하는 것이 좋은지에 대하여 직접 살피기

06
다각형의
넓이

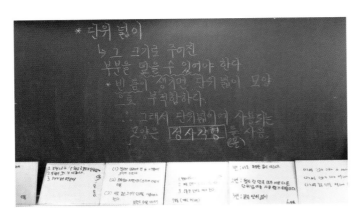

2015년 7월 단위넓이 3차시 활동 결과 판서

이렇게 활동한 결과로 아이들은 아래와 같은 사실을 발견해 내었다.

⑴ 동그라미, 오각형, 삼각형 등의 모양은 주어진 부분

을 빈틈이 없이 덮는 게 어렵거나 불가능하다.

⑵ 활동 자체도 힘들고 어렵다.(쉽게 덮어지지 않으며 시간도 많이 걸린다.)

⑶ 정사각형 모양은 빈틈이 없이 주어진 부분을 덮을 수 있고 다른 모양에 비하여 쉽고 빠르다.

⑷ 단위넓이로 사용하기에 알맞은 모양은 정사각형 모양이다.

이렇게 활동을 하고 나니 한 시간이 금방 가 버렸다. 마지막으로 '다 함께 한목소리로' 활동을 통해 단위넓이로 정사각형 모양을 사용하는 이유는 무엇인지에 대하여 5회 정도 반복하여 외치면서 마무리하였다. 의도된 대로 잘 이루어진 활동이라고 생각된다.

4~5차시 수업 소감

다음 날 두 시간을 이어서 블록 수업을 하였다. 어제 활동을 바탕으로 단위넓이 1cm²란 무엇이고 그것을 이용하여 넓이를 어떻게 측정하는지 알아보기, 1cm²와 1m² 사이의 관계 알기, 1m² 크기의 신문지를 이용하여 다양한 사물의 넓이 측정하기 등을 해 보았다.

수업 초반에 지난 시간에 공부했던 내용(특히 넓이를 측정한다는 것은 단위넓이로 주어진 부분을 빈틈없이 덮을 때 단위넓이가 얼마만큼 필요한지를 알아내는 일)을 되짚어 본 후 본래 수업 디자인한 것에 따라 134쪽 1cm²에 대한 안내를 먼저 살펴보았다. 이를 바탕으로 바로 아래에 있는 도형의 넓이도 쉽게 살펴보았다. 이 활동에서 특히 "가로에는 1cm² 크기의 단위넓이가 몇 개 있고, 그런 줄이 몇 줄 있는지를 잘 살펴야 합니다. 이것이 나중에 직사각형의 넓이를 구하는 데에도 도움이 됩니다." 하고 강조해 가면서 안내하였다. 활동이 빨리 마무리되면서 바로 이어서 실제 생활에서는 1cm²가

잘 사용되지 않는 이유를 함께 알아보았다. "우리 교실의 넓이를 측정하기 위해 손톱 크기 정도에 해당되는 1cm²의 단위넓이를 사용하여 덮으려고 한다면 어떤 현상이 벌어질까?" 그랬더니 아이들은 "시간이 무척 많이 걸리고 힘들 것 같아요. 중간에 하다가 포기할 것 같아요. 쉽지 않을 것 같아요. 정확하게 측정할 수 없을 것 같아요." 등 다양한 답변을 내놓았다. "그렇다면 이런 어려움을 해결하기 위해 무엇이 필요할까?" 했더니 금방 한 아이가 "1cm²보다 더 큰 단위넓이가 필요합니다."라고 말하였다. 그렇게 1cm²보다 더 큰 단위넓이의 필요성이 자연스럽게 대두되었고 길이의 기본 단위인 1cm, 1m처럼 넓이도 1cm², 1m²를 기본으로 한다는 것을 알려 준 뒤에 1m²의 의미를 교과서 속에 제시된 대로 함께 살펴보았다. 여기까지는 별로 어려움이 없었다. 그런데 다음 질문을 놓고 '모두 일어서서 나누기' 활동을 진행하는 데 생각보다 많은 시간이 사용되었

2015년 7월 1m²와 1cm²와의 관계 살피기 모두 일어서서 나누기 활동 및 판서

다. 교과서 속에는 없는 질문이지만 "1m²를 1cm² 크기의 정사각형으로 채우려면 1cm² 크기의 정사각형이 몇 개가 필요한가?(1m²는 1cm²의 몇 배인가?)"를 제시하고 이를 그림을 그려 가면서 설명할 수 있도록 모두 일어서서 나누기 활동으로 협의해 보라고 하였다. 그런데 이에 대한 개념을 잘 잡아 설명할 줄 아는 아이가 별로 없었다. 그냥 막연하게 가로는 1m이고 1m는 100cm이니까 직사각형의 넓이는 '가로×세로'로 구할 수 있기 때문에 1m²=100×100=10,000cm²와 같다고 대답하는 정도가 그나마 많이 고민한 상황이었다. 여기까지 모둠별로 협의하고 협의한 내용을 발표하면서 연결 짓기를 한 결과였다. 이미 선행학습을 한 상태에서 그냥 정확한 개념 없이 내린 결론이라 여겨졌다. 그래서 "왜 100×100을 해야 하지? 그리고 이것이 단위넓이인 1cm²와 무슨 관계가 있지? 왜 1m²가 1cm²의 10,000배가 될까?"라고 질문을 했더니 아무도 설명을 하지 못했다. 그래서 "몇 분 전 134쪽 맨 아래의 마무리 활동에서 모눈종이 위에 있는 직사각형의 넓이를 구하면서 어떤 방식으로 넓이를 계산했는지 생각하면 그와 같은 방식에 의해 이를 설명할 수 있다."고 해 주면서 다시 약 5분 정도의 시간을 더 주었다. 5분 후에 "설명을 해 볼 사람!" 했더니 겨우 한 명이 손을 들었다. 늘 수업이 시간에 눈빛이 초롱초롱하게 반짝이면서 한 가지도 놓치지 않으려고 노력하는 아이였다. 그래서 그냥 발표를 부탁하였다. "1m²는 가로와 세로가 각각 1m인 정사각형인데 가로 1m에는 1cm²짜리 정사각형이 100칸이 들어가게 됩니다. 그리고 세로 1m에는 1cm² 단위넓이

100칸짜리 100줄이 들어가게 됩니다. 그러니까 1m²=1cm²짜리가 100칸×100줄만큼 있는 것이 되므로 1m²=10,000cm²와 같아지게 되는 것입니다."라고 설명해 주었다. 아주 완벽한 설명이었다. 아이들이 모두 그 아이의 말을 듣고 이제야 제대로 이해할 수 있게 되었다면서 칭찬의 박수를 보내 주었다. 여기에 약 20분이 사용되었다.

그래도 시간은 충분하다고 생각하여 바로 준비해 온 신문지를 활용해서 1m² 크기의 단위넓이 모양을 만들어 보라고 하였다. 모둠별로 줄자를 이용하여 가로, 세로 1m를 재고 테이프로 붙이고 남는 부분은 오려 내고 하면서 1m² 단위넓이 모양을 만들었다. "각 모둠별로 만든 것을 들어 보세요. 그 크기를 눈으로 잘 살펴보면서 머릿속으로 기억해 두세요. '아, 이 정도 크기가 1m²구나!' 하고 말입니다. 이제부터 그것을 활용하여 주위의 다양한 사물의 넓이를 측정해 보도록 하겠습니다."고 말하였다. 말이 떨어지기 무섭게 아이들은 칠판, 게시판, 사물함, 교실 바닥, 창문 등에 달라붙어 서로 협동적으로 단위넓이를 이용하여 크기를 재느라 열을 올렸다. 교실 내에서 측정 활동을 하느라 목소리가 조금 높아지기는 했지만 다른 반에 방해가 될 정도의 소음이 아니라서 조금씩만 주의를 주면서 활동을 지속하게 하였다.

아이들은 눈에 보이는 대로 신문지를 대고 크기를 측정해 보는 활동을 하였다. 그러면서도 어떤 아이들은 내게로 와 "선생님. 잘 안 되는데요? 어려워요. 정확히 안 되는데요?" 하면서 어려움을 호소하였다. 나는 속으

2015년 7월 신문지로 1m² 만들어 보기 및 이를 활용한 넓이 재기 활동

로 '그런 것을 직접 느껴 보라고 바로 이런 활동을 하는 거야. 그 느낌을 다음 시간에 한번 이야기해 보면서 실제 현실에서는 어떻게 넓이를 측정하는지 알아볼 것이다.' 하고 생각하면서 겉으로는 "세상에 쉬운 일이 어디 있니? 어렵지만 한번 최선을 다해 측정해 보렴." 하고

답변해 주었다. 그러면서 그냥 웃어 주었다. 그렇게 두 시간은 흘러갔다. 활동이 마무리되고 아이들은 사용했던 단위넓이 신문지를 차곡차곡 접어 폐휴지함에 넣은 뒤 쉬는 시간을 맞이하였다. 오늘도 의도된 대로 잘 흘러가서 충분히 만족스러운 수업이었다고 생각한다.

🍎 6차시 직사각형의 넓이 구하기

교사 지난 시간에는 단위넓이에 대하여 알아보았습니다. 오늘은 단위넓이를 이용한 직사각형의 넓이를 구하는 방법을 여러분 스스로 탐구해 내는 시간을 가져 보도록 할 계획입니다. 먼저 약 5분간 교과서 138쪽 활동 1의 과정을 스스로 완성해 보기 바랍니다. 완성 후에는 모둠원들과 확인도 잊지 마세요.

아이들 (단위넓이를 이용하여 주어진 표를 완성하고 함께 확인도 한다.)

교사 표를 완성하고 주어진 도형의 넓이를 구하면서 단위넓이 1m²가 몇 개인지 어떤 방법을 사용하여 헤아렸나요?

아이들 가로에 1m²가 몇 개 있고, 그것이 몇 줄 있는지를 계산하였습니다. 그 방법은 가로(단위넓이 개수)×세로(줄의 수)입니다.

교사 그렇군요. 그렇다면 그런 방식에 의해 넓이를 구하는 것이 맞는지 139쪽 활동 2를 통해 다시 한 번 확인해 보도록 합니다. 활동 1과 같이 약 5분간 활동 시간을 가지면서 개인적으로 표를 완성하고 모둠원들과 함께 확인도 해 보세요.

아이들 (활동 1을 해결한 방법으로 주어진 표를 완성하고 함께 확인도 한다.)

교사 표를 완성하면서 이번에는 어떤 방법을 사용하여 넓이를 구하였나요?

아이들 가로(단위넓이 개수)×세로(줄의 수) 방법을 사용하였습니다.

교사 좋아요. 그러면 그 방법을 이용하여 139쪽 마무리 활동을 함께 해결해 보도록 합시다. 우선 철수네 집 전체 넓이는 얼마인지 알아봅시다.

아이들 가로는 3+5+4, 세로는 11이니까 12×11=132m²입니다.

교사 부모님 방, 욕실, 철수 방, 동생 방 각각의 넓이는 얼마인가요?

아이들 $7 \times 5 = 35m^2$, $3 \times 4 = 12m^2$, $5 \times 4 = 20m^2$, $4 \times 4 = 16m^2$입니다.

교사 네, 좋아요. 그렇다면 지금부터 여러분에게 미션활동 한 가지를 제시하도록 하겠습니다. 주어진 과제를 확실히 해결한 모둠은 누구라도 확실히 설명할 수 있도록 준비한 뒤 선생님에게로 와서 점검받기 바랍니다. 통과한 모둠만 이후에 자유 시간이 주어집니다. 각 모둠별로 한 사람씩 나와서 활동지 받아 가세요.

아이들 (각 모둠별로 미션활동을 해결한 뒤 모두가 설명할 수 있게 준비한 후 교사에게로 와서 점검을 받고 통과된 모둠만 자유 시간을 갖는다.)

수학 5-1	5. 다각형의 넓이 직사각형의 넓이	서울 초등학교
		5학년 반 번
		이름 :

[미션활동]

이 줄들은 길이가 각각 80m이다. 이 줄로 땅에 직사각형 모양으로 울타리를 치거라. 울타리 안의 땅을 너희들에게 주마. 지혜로운 사람이 가장 넓은 땅을 가지게 될 것이다.

※ 여러분이라면 땅의 울타리를 칠 때 가로와 세로의 길이를 얼마가 되게 할 생각인가요? 그때의 땅은 어떤 모양일까요?

06 다각형의 넓이

수업을 시작하면서 지난 시간에 공부했던 단위넓이에 대하여 되짚어 보고 잊지 말아야 할 핵심 개념[특히 가로(단위넓이 개수)×세로(줄의 수)로 넓이를 알아보았던 점]을 다시 한 번 강조하였다. 그러고 나서 $1m^2$ 크기의 단위넓이를 실제로 신문지로 만들어서 주변의 넓이를 측정해 보면서 느낀 점들을 약 5분간 이야기로 나누어 보았다. 많은 아이들이 "쉽지 않았어요. 잘될 것으로 생각했는데 그렇게 되지 않았어요. 생각보다 어려웠어요. 정확하게 하기 힘들었습니다." 등의 대답을 쏟아냈다. "그래요. 그것을 한번 직접 느껴 보라고 선생님이 이 활동을 소개했던 것입니다. 실제 삶 속에서 넓이를 측정할 때는 단위넓이를 이용하기는 하지만 그 크기를 실제로 만들어 일일이 들고 다니면서 재지는 않지요. 그것을 들고 다니지 않고서도 실제 넓이를 재기 위한 다양한 방법을 오늘 이 시간부터 공부하게 될 것입니다. 지금까지는 그것들을 위한 기초 이해를 돕기 위한 워밍업 시간이었답니다. 그러나 지금까지의 내용들을 이해하지 못한다면 뒤의 내용도 정확하고 확실한 이해가 어렵지요." 이렇게 정리를 하고 나서 바로 이어서 "가로(단위넓이 크기의 칸 수)×세로(줄의 수)를 꼭 기억하면서 교과서 138쪽, 139쪽을 각자 해결해보기 바랍니다. 다 된 사람은 모둠원들과 함께 확인도 해보도록 합니다. 잘 이해되지 않는 부분은 모둠원들끼리 서로 도움을 주고받도록 합니다. 특히 활동 2는 조금 생각해야 할 부분이 있습니다." 이렇게 안내를 하고 아이들 스스로 과제를 해결하도록 시간을 주었다.

활동 2에서 단위넓이의 $\frac{1}{4}$크기(길이로는 0.5m, 50cm)까지 제시되면서 아이들은 약간 혼란스러워하였지만 서로 도움을 주고받으면서 잘 해결해 나갔다. 이미 '가로(칸의 수)×세로(줄의 수)' 개념을 여러 차례 강조했던 터라서 해결하는 데 어려움이 없었다. 그리고 그것을 직사각형의 넓이를 구하는 방법으로 쉽게 받아들였다. 마무리를 하면서 "많은 사람들이 직사각형의 넓이

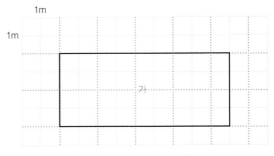

0.5m 단위까지 제시된 사례

를 구할 때 '가로의 길이×세로의 길이'라고 알고 있고 여러분 중에는 선행학습을 통해 그렇게 알아 왔지만 엄밀히 따지면 '가로의 길이×세로의 길이'가 아니라 '가로의 1줄에 놓은 단위넓이 크기 칸의 수×세로에 놓인 줄의 수'라고 해야 정확한 것이다. 즉 '가로 칸의 수×세로 줄의 수'인 것이지 '가로의 길이×세로의 길이'가 아닌 것이다."라고 확실히 정리를 해 주었다. 바로 이어서 139쪽 마무리 활동을 짧은 시간 동안 해결하였는데 여기까지 약 25분 정도의 시간이 흘렀다. 남은 15분 정도의 시간은 지금까지의 활동을 바탕으로 미션 과제를 해결하도록 하였다. 이제 아이들은 미션 과제만 제시하면 도전의식을 가지고 서로 해결해 보려고 막 덤빈다. 이번에도 각 모둠별로 여러 의견을 주고받으면서 활발한 토의 토론을 펼쳐 나갔다. 그러나 나의 착각은 여기서 끝났다. 생각보다 아이들 수준에 이 문제는 힘들었던 것 같다. 15분 안에 끝내지 못하고 다음 시간까지 이어졌다. 중간에 해결의 실마리가 잘 보이지 않아 모둠별 1명씩 불러내서 힌트를 주기도 하였다. 막연히 "이런 경우의 넓이가 제일 넓다."고 할 것이 아니라 표를 그려 가면서 둘레가 80m이니 가로와 세로 길이의 합이 40m가 될 수 있는 경우를 모두 살펴보는 과정에서 어떤 규칙을 발견하게 될 것이고 그것을 바탕으로 설명하면 될 것이라는 안내를 해 주었다. 그랬더니 조금씩 감을 잡아 나가기 시작하였다. 사실 이런 힌트를 주

면 거의 다 알려 준 것이나 다름없을 것이라 생각했다. 그런데 또 내가 너무 큰 기대를 했던 것일까. 가로, 세로 각각 20m라는 것까지는 알아냈는데 이를 정리하여 설명하는 말을 만들지 못하였다. 그래서 약간의 문장을 제시하여 주었다.

"가로, 세로 길이의 합이 40이 되는 다양한 경우를 만들어 넓이를 구하였을 때 넓이가 가장 큰 경우는 가로 (   ), 세로(   )일 때이다. 그때 그 모양은 (   )모양이다. 둘레의 길이가 똑같은 직사각형 모양은 매우 종류가 많다. 하지만 그 넓이는 모두 다르다. 둘레의 길이가 같은 직사각형 모양의 넓이는 (   )모양에 가까

울수록 커진다."

이렇게 문장을 어느 정도 만들어 제시해 주었더니 확실하게 이해할 수 있게 되었다. 오늘도 아이들을 통해 한 가지 깨달았다. 5학년 아이들은 아직 이런 수준까지 해결하기에는 무리가 따른다는 것을 알게 되었다. 내가 아이들에게 무리한 요구를 한 것이라는 생각이 들었다. 그렇게 다음 시간을 15분 정도 더 사용하고서야 끝맺음을 하였다. 다음 해에 이 부분을 한다면 미션활동은 따로 1차시 수업을 다루어야 할 것이라는 생각, 그래서 본 단원 교과서 맨 뒷부분에 따로 한 시간 정도 다루어 보라고 넣어 두었던 것이었나 하는 생각들을 하게 되었다.

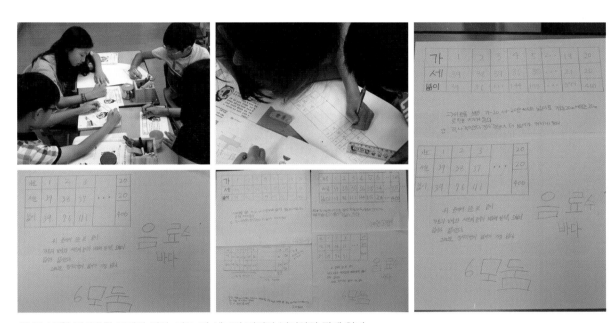

2015년 7월 직사각형 둘레의 길이, 가로 및 세로의 길이와 넓이와의 관계 알기

🍎 7차시 직각으로 이루어진 도형의 넓이 구하기

7차시 직각으로 이루어진 도형의 넓이 구하기 활동은 개별학습-협동학습이 동시에 어우러지면서 각 개인별, 모둠별로 나름의 속도에 따라 해결하고 그 과정에서 자연스럽게 도움을 주고받는 활동이 가장

좋다고 판단되어 특별히 수업을 디자인하여 제시하지 않았다. 단, 직각으로 이루어진 도형의 넓이를 구하는 방법은 한 가지만 있는 것이 아니라서 한 가지 사례를 통해 이미 넓이 구하는 방법을 알고 있는

06 다각형의 넓이

도형, 즉 여러 개의 직사각형 모양으로 잘라서 따로 계산한 뒤 더하거나 전체에서 일부를 빼거나 하는 방식으로 구할 수 있다는 것을 수업 전반부에 함께 알아보도록 하는 것도 생각해 볼 필요가 있다.(복

잡한 도형 1개 또는 교과서 속 질문 1개를 제시하고 이것을 해결하는 방법을 모둠별로 협동하여 모두 알아보도록 하는 방식으로 디자인할 수도 있음.)

7차시 수업 소감

7차시는 수업 초반에 간략한 안내(교과서 속에는 직각으로 이루어진 도형의 네 종류가 나온다. 각각의 도형을 책에서 오려서 A4용지에 붙이고 주어진 도형마다 해결하는 방법을 두 가지 이상 찾아 해결해 보기)만 하고 각 개인별로 해결을 하되 모둠원들과 도움을 주고받아도 된다고 하고 바로 활동에 들어갔다. 활동 속도는 아이들마다 천차만별이었다. 가장 빨리 해

결한 아이는 오리고 붙이고 두 가지씩 넓이 구하는 다양한 방법을 찾아 식과 함께 답을 구하기까지 약 20분 조금 넘게 걸렸다. 40분을 넘기는 아이들도 있었다. 모둠원들과 자연스럽게 도움을 주고받았다. 마침 수학 시간이 4교시여서 다 못한 아이들은 식사를 마치고 와서 마무리하고 제출하라고 안내하였다. 그렇게 식사를 마친 뒤 돌아와 끝까지 잘 마무리하였다.

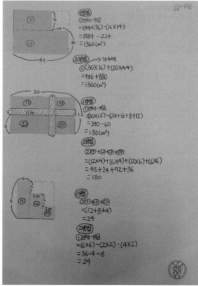
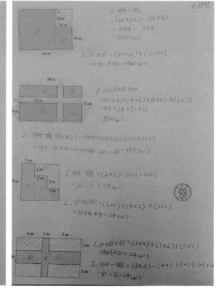

2015년 7월 직각으로 이루어진 도형의 넓이 구하기 활동 및 결과물

🍎 8~9차시 평행사변형의 넓이 구하기

교사 　오늘은 평행사변형의 넓이를 구하는 방법에 대하여 탐구해 보도록 하겠습니다. 먼저 평행사변형이란 어떤 것인지 함께 알아보도록 하겠습니다. 교과서 143쪽 평행사변형에 대한 안내를 함께 살펴보도록 하겠습니다. 먼저 각 부분의 명칭부터 잘 살펴보도록 합시다. 밑변이란 무엇인가요? 높이란 무엇인가요?

아이들 　밑변이란 평행사변형에서 평행한 두 변을 밑변이라고 하고, 높이란 두 밑변 사이의 거리를 말합니다.

교사 　좋습니다. 그러면 지금부터 두 밑변 사이의 거리를 표현할 수 있는 선, 즉 높이를 나타내는 선을 긋고자 합니다. 이때의 선은 밑변 위의 한 점으로부터 또 다른 밑변 위의 한 점까지 그을 수 있는 선분 중 길이가 가장 짧은 선이어야 하며 이럴 경우 높이를 나타내는 선은 각각 두 밑변으로부터 수직 관계에 있게 되는데 이를 우리는 '수선'이라고 부릅니다. 이해가 되었나요? 지금부터 평행사변형의 높이를 여러분이 직접 나타내 보도록 하겠습니다. 선생님이 나누어 주는 활동지에 그려진 각각의 평행사변형에 높이 부분을 표시하여 보도록 합니다. 먼저 선생님과 함께 한 번씩만 같이 표시해 보도록 합니다.(칠판에 직접 자를 대로 크게 그려 보이도록 한다.) 우선 높이가 도형의 안쪽에 표시되는 경우입니다. 이 경우에는 평행한 두 밑변 사이에 직각삼각자 등을 이용하여 수선을 그리면 그 수선의 길이가 곧 평행사변형의 높이가 됩니다.(아이들은 교사와

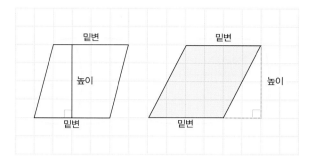

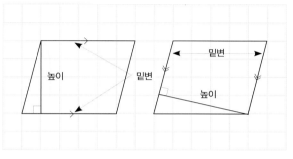

높이 표시의 다양한 방법 : 밑변을 어디에 두느냐에 따라 달라진다.

똑같이 자신의 활동지에 따라 그린다.) 다음은 높이가 도형의 바깥쪽에 표시되는 경우입니다. 이 경우 가장 먼저 할 일은 아래에 있는 밑변의 연장선을 오른쪽으로 길게 그리는 것입니다. 연장선을 그리고 난 뒤 한 꼭짓점으로부터 방금 그은 연장선까지 직각삼각자 등을 이용하여 수선을 내려 그리면 그 수선의 길이가 곧 평행사변형의 높이가 됩니다.(아이들은 교사와 똑같이 자신의 활동지에 따라 그린다.) 이제 남은 평행사변형에 각각 높이를 표시해 보도록 합니다. 개인별 활동이 끝나면 모둠원들은 서로 돌려 보면서 잘못 표시된 사람이 없는지 함께 확인도 합니다.

**06
다각형의
넓이**

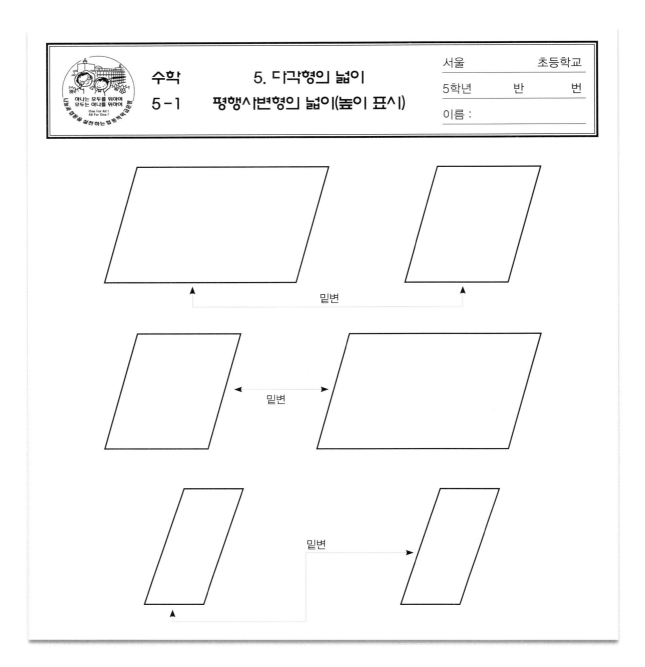

| 수학 | 5. 다각형의 넓이 |
| 5-1 | 평행사변형의 넓이(높이 표시) |

서울　　　　　　초등학교
5학년　　　반　　　번
이름 :

밑변

밑변

밑변

아이들　(주어진 활동지를 해결하고 함께 확인도 한다.)

교사　잘하였습니다. 이제부터는 평행사변형의 넓이를 구하는 방법을 탐구해 보도록 하겠습니다. 먼저 주어진 평행사변형을 이미 넓이 구하는 방법을 알고 있는 도형인 직사각형 모양으로 바꾸어 보도록 합시다. 이때 도형의 모양은 바뀌더라도 도형의 넓이는 바뀌지 않게 합니다. 바꾸는 방법은 한 가지만 있는 것이 아닙니다. 평행사변형을 자르거나 이동, 회전시켜도 됩니다. 몇 가지 방법이 있는지 모둠별로 최대한 많이 찾아내도록 합니다. 찾은 방법은 나누어 준 큰 종이에 붙이고 기록합니다.

단, 자르거나 이동, 회전시키기 전에 반드시 붉은색 싸인펜으로 평행사변형의 두 밑변에 표시를 하고, 파란색 싸인펜으로 평행사변형의 높이를 표시해 두

세요. 지금부터 활동을 시작하도록 합니다. 시간을 약 15~20분 정도 주도록 하겠습니다.

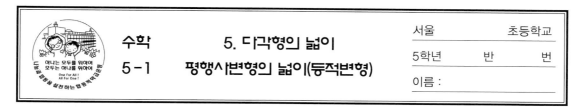

수학 5-1	5. 다각형의 넓이 평행사변형의 넓이(등적변형)	서울 초등학교
		5학년 반 번
		이름 :

오려서 쓰는 평행사변형 조각

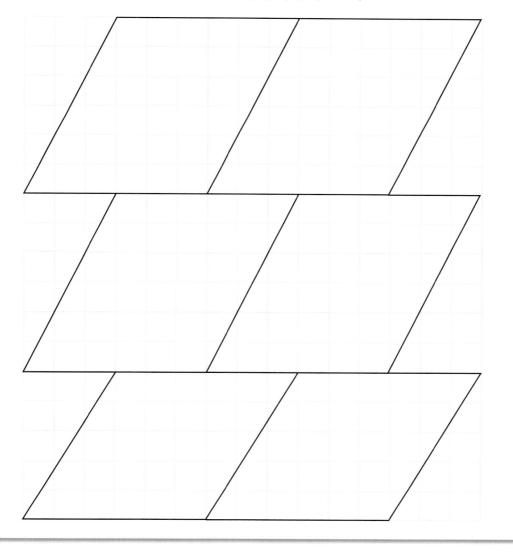

06
다각형의
넓이

아이들 (각 모둠원들은 협동적으로 평행사변형을 자르고 이동, 회전시켜 가면서 다양한 방법을 통해 직사각형 모양으로 만들어 본다. 찾은 방법은 나누어 준 종이에 붙이고 기록한다.)

교사 자, 이제 시간이 다 되었군요. 각 모둠별로 찾은 방법들이 기록된 종이를 모둠 순서대로 돌려 가면서 보고 다른 모둠에서 찾은 방법들을 함께 공유하도록 하겠습니다. 순환 복습 활동을 이제부터 시작합니다.(교사의 신호에 따라 모둠 순서대로 활동지를 돌려 가면서 살펴본다.) 네. 이렇게 여러 가지 방법이 있군요. 잘 살펴보았지요? 그러면 여러분이 탐구한 내용들을 바탕으로 평행사변형의 넓이를 구하는 방법을 알아내보도록 하겠습니다. "평행사변형을 직사각형으로 바꾸었을 때 ☐☐ 은 바뀌었지만 ☐☐ 는 바뀌지 않았다."에서 ☐ 안에 들어갈 낱말은 각각 무엇인가요?

아이들 모양, 넓이입니다.

교사 네, 그렇습니다. 그렇다면 여러분이 평행사변형에서 직사각형으로 변형시킨 것들을 잘 관찰해 보기 바랍니다. 밑변의 길이는 변화가 있었나요? 높이는 변화가 있었나요?

아이들 아니요? 밑변의 길이나 높이는 변화가 없었습니다.

교사 그런데 평행사변형에서의 밑변, 높이는 모양이 변한 직사각형에서 어떤 부분 또는 어떤 부분의 길이와 같아졌나요?

아이들 밑변은 직사각형에서의 가로, 높이는 직사각형에서의 세로와 같아졌습니다.

교사 그렇지요. 그렇다면 이 사실을 통해서 알 수 있는 사실은 무엇인가요?

아이들 평행사변형의 넓이를 구하는 방법은 직사각형의 넓이를 구하는 방법과 같다는 것입니다. 평행사변형의 밑변(=변형된 직사각형에서의 가로)×평행사변형의 높이(=변형된 직사각형에서의 세로)와 같이 구하면 됩니다.

교사 네, 잘 찾아주었습니다. 여러분이 알게 된 것을 바탕으로 143쪽 활동 3과 144쪽 활동 5, 145쪽 마무리 1, 2번 문제를 해결해 보세요.

아이들 (주어진 문제를 각자 해결하고 모둠원들끼리 확인도 한다.)

교사 144쪽 활동 5번을 통해 알게 된 사실은 무엇인가요?

아이들 평행사변형의 모양은 달라도 밑변의 길이, 높이가 같다면 넓이는 같다는 사실을 알게 되었습니다.

교사 네, 훌륭합니다. 방금 알아낸 이 사실 절대로 잊으면 안 됩니다. 매우 중요한 정보입니다. 그러면 지금부터 중요한 미션 과제를 하나 제시하겠습니다. 모둠원들과 협동적으로 해결해 보기 바랍니다. 오늘 공부한 중요한 내용들을 여기에 적용시킬 수 있어야 답을 찾게 됩니다. 모둠 토론 시간은 10~15분입니다.

모둠별 협동학습 미션 과제

"여러 개의 빨대를 자르고 이어 붙여서 직사각형을 만들었다. 이 직사각형을 옆으로 기울여 눕히면 아래와 같은 모양으로 바뀐다. 이렇게 모양이 바뀌었을 때 넓이는 커질까, 작아질까, 아니면 똑같을까?"

※ 아이들에게서 나올 수 있는 예상 답변

대답	이유	정답
다르다	모양이 다르기 때문이다.	×
	밑변은 같은데 높이가 낮아졌기 때문이다.	○
같다	모양이 달라져도 둘레의 길이가 같으니 넓이도 같다.	×
	직사각형 넓이는 평행사변형 넓이가 같기 때문이다.	×

아이들 (각 모둠별로 찾아낸 답과 그 이유를 발표한다. 교사는 아이들에서 나오는 다양한 이야기들 간의 연결 짓기를 통해 아이들 스스로 정답을 찾아갈 수 있도록 돕는다.)

교사 수고하였습니다. 오늘 수업은 이것으로 마치도록 하겠습니다.

8~9차시 수업 소감

오늘 수업은 평행사변형에 대하여 교과서 내용을 바탕으로 간략히 살펴보는 것부터 시작하였다. 2쌍의 변이 평행하고 변이 4개 있는 도형. 뒤 아래에 있는 두 변은 밑변, 두 밑변 사이의 가장 짧은 거리를 나타내는 선을 수선, 그 수선의 길이를 높이라고 한다는 점 등을 함께 알아보았다. 그러고 나서 평행사변형의 높이를 나타내는 선(수선)을 그리는 방법을 칠판에 직접 그려 가면서 내가 먼저 설명해 주고 아이들은 들은

내용을 바탕으로 주어진 활동지에 각자 직각 삼각자를 이용하여 그려 보면서 모둠원들끼리 살피고 점검하는 시간을 가졌다. 여기까지 시간은 약 25분 정도 소요되었다.

바로 이어서 평행사변형 넓이 구하는 방법 탐구를 위해 다양한 방법으로 직사각형으로의 등적변형 활동을 해 보면서 공식이 어떻게 만들어지는지 직접 알아낼 수 있도록 모둠별 협동학습을 진행하였다. 아이들은 저마

06 다각형의 넓이

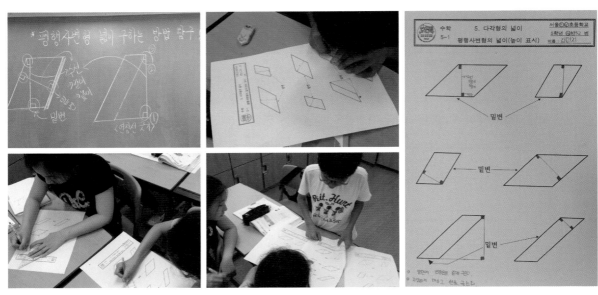

2015년 7월 평행사변형의 높이 표시하기 활동 및 결과물

다 오려 쓰는 평행사변형 활동지를 여러 가지 방법으로 자르고 이동시키고 회전시키면서 직사각형으로 등적변형을 시도하고 성공한 사례를 모둠원들과 공유하였다. 그렇게 찾은 다양한 방법을 도화지에 모두 붙이고

미션 과제 해결의 핵심 : 둘레의 길이는 변함이 없지만 높이가 낮아져 넓이는 달라진다는 사실을 아는 것

정리하는 데 약 30분이 사용되었다. 생각보다는 시간이 많이 걸렸다.

두 시간 블록 수업에서 약 60분 정도 시간이 흐르고 나니 교과서 문제해결하고 나면 미션활동은 할 수 없을 것 같아 아쉬웠다. 나중에 시간이 남는다면 미션 과제를 추가로 제시하겠다는 생각을 하면서 교과서 문제풀이로 들어갔다. 교과서 문제를 각자 해결하고 모둠원들끼리 확인 작업을 하고 나니 두 시간이 다 지나갔다. 오늘 활동을 하면서 직사각형으로의 등적변형을 하면서 어떤 아이들은 평행사변형을 자르면서 너무 많은 조각을 만들어 직사각형 모양을 만들기도 하였다. 잘못된 것은 아니지만 이 활동의 취지와 맞지 않아서 나중에 이 활동을 또 하게 된다면 4조각을 넘기지 않게 자르도록 조건을 두는 것도 나쁘지 않겠다는 생각이 들었다.

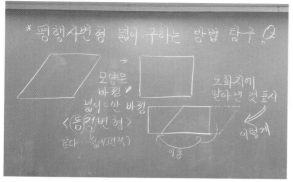

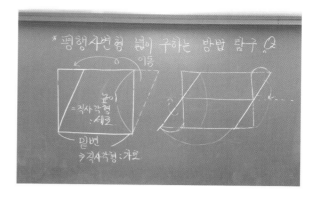

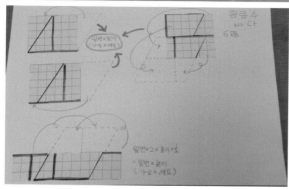

2015년 7월 직사각형으로의 등적변형을 통한 평행사변형 넓이 구하기 방법 탐구 사례

🍎 10~11차시 삼각형의 넓이 구하기

교사 오늘은 삼각형의 넓이를 구하는 방법에 대하여 탐구해 보도록 하겠습니다. 먼저 삼각형이란 어떤 것인지 함께 알아보도록 하겠습니다. 교과서 147쪽 삼각형에 대한 안내를 함께 살펴보도록 하겠습니다. 먼저 각 부분의 명칭부터 잘 살펴보도록 합시다. 함께 읽어 봅시다. 시~작!

아이들 삼각형에서 한 변을 밑변이라고 하고 밑변과 마주 보는 꼭짓점에서 밑변에 수직으로 그은 선분을 높이라고 합니다.

교사 좋습니다. 삼각형에서도 높이는 도형 내부에 그려지기도 하고 바깥에 그려지기도 합니다. 이는 앞서 살펴보았던 평행사변형과 같습니다. 바깥

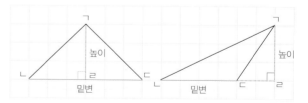

높이 표시의 다양한 방법 : 삼각형 또한 밑변을 어디에 두느냐에 따라 달라진다.

에 그릴 때는 밑변에 연장선을 그린 후 꼭짓점에서 연장선에 수선을 내려 그으면 됩니다. 이를 바탕으로 삼각형의 넓이를 구하는 방법을 탐구해 보도록 하겠습니다. 먼저 (1) 주어진 삼각형 1개를 이용하여 이미 넓이 구하는 방법을 알고 있는 도형인 직사

06 다각형의 넓이

각형 모양으로 바꾸어 보도록 합시다. 두 가지 정도 찾아보세요. 다음으로 (2) 주어진 삼각형 2개를 이용하여 평행사변형 모양으로 바꾸어 보도록 합시다. 두 가지 정도 찾아보세요. 마지막으로 (3) 주어진 삼각형 2개를 이용하여 평행사변형 모양으로 바꾸어 보도록 합시다. 한 가지만 만들어 봅니다. 삼각형을 자르거나 이동, 회전시켜도 됩니다. 이렇게

찾아낸 다양한 방법은 종이에 붙이고 기록합니다. 단, 자르거나 이동, 회전시키기 전에 반드시 붉은색 싸인펜으로 삼각형의 밑변에 표시를 하고, 파란색 싸인펜으로 삼각형의 높이를 표시해 두세요. 지금부터 활동을 시작하도록 합니다. 시간을 약 30분 정도 주도록 하겠습니다.

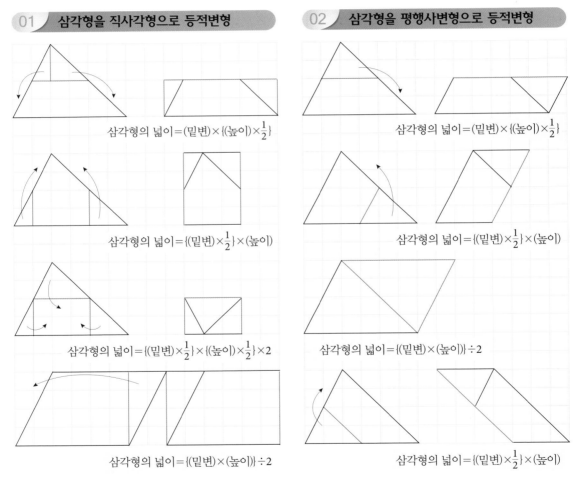

삼각형의 등적변형 사례 ⇨ 출처 : 부산광역시 교육연구정보원(박은주)

수학 5-1	5. 다각형의 넓이 삼각형의 넓이(등적변형)	서울　　　　　초등학교 5학년　　　반　　　번 이름 :

오려서 쓰는 삼각형 조각

06
다각형의
넓이

아이들 (각 모둠원들은 협동적으로 삼각형을 자르고 이동, 회전시켜 가면서 다양한 방법을 통해 직사각형 모양으로 만들어 본다. 찾은 방법은 나누어 준 종이에 붙이고 정리한다.)

교사 자, 이제 시간이 다 되었군요. 각 모둠별로 찾은 방법들이 기록된 종이를 모둠 순서대로 돌려 가면서 보고 다른 모둠에서 찾은 방법들을 함께 공유하도록 하겠습니다. 순환 복습 활동을 이제부터 시작합니다.(교사의 신호에 따라 모둠 순서대로 활동지를 돌려 가면서 살펴본다.) 네. 이렇게 여러 가지 방법이 있군요. 잘 살펴보았지요? 그러면 여러분이 탐구한 내용을 바탕으로 삼각형의 넓이를 구하는 방법을 알아내보도록 하겠습니다. 여러분이 삼각형에서 직사각형으로 변형시킨 것들 가운데 다음과 같은 삼각형을 예로 들어 함께 살펴보도록 합시다. 본래 삼각형의 밑변이었던 부분은 변형된 직사각형에서 어떻게 바뀌었고 길이는 변화가 있었나요? 본래 삼각형의 높이였던 부분은 직사각형에서 어떻게 바뀌었고 길이는 변화가 있었나요?(칠판에 큰 도화지를 이용하여 삼각형 모양을 만들어 붙이고 자르고 이동시켜 가면서 설명한다.)

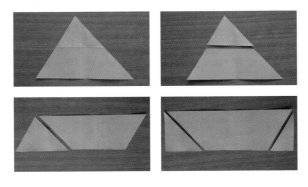

아이들 네. 삼각형의 밑변이었던 부분이 직사각형에서 가로로 바뀌었지만 길이는 그대로인데 높이였던 부분은 직사각형에서 세로로 바뀜과 동시에

길이가 $\frac{1}{2}$로 줄어들었습니다.

교사 그렇다면 여러분이 알아낸 정보들을 이용하여 바뀐 모양의 넓이를 구하는 방법을 말해 보도록 합시다. 이때 주의해야 할 점은 바뀐 직사각형에서 각 부분의 명칭은 삼각형의 가로, 삼각형의 높이, 삼각형 가로의 $\frac{1}{2}$, 삼각형 높이의 $\frac{1}{2}$이라는 용어로 고쳐서 사용합니다. 누가 한번 말해 볼까요? ○○모둠 ●●가 발표해 보도록 합니다.

아이들 삼각형 밑변의 $\frac{1}{2}$×높이입니다.(삼각형의 밑변×높이의 $\frac{1}{2}$)

교사 네, 잘 찾아주었습니다. 그런데 우리는 이미 곱셈식에서 곱하는 수의 순서를 앞뒤로 바꾸어 계산해도 값은 변화 없다는 것을 알고 있습니다. 또한 밑변의 $\frac{1}{2}$=밑변×$\frac{1}{2}$, 높이의 $\frac{1}{2}$은 높이×$\frac{1}{2}$이라고 고칠 수 있다는 것도 알고 있습니다. 그러면 이를 바탕으로 여러분이 도화지에 붙인 다양한 방법에 대하여 다시 식으로 정리해 보기 바랍니다. 각 모둠별로 다 정리되었으면 선생님에게 확인받도록 합니다.

아이들 (다시 식으로 정리를 해 본 뒤에 모둠별로 선생님에게 갖고 와서 확인을 받는다.) 삼각형 밑변의 길이×높이의 길이×$\frac{1}{2}$로 정리되었습니다.

교사 그래요. 지금까지 여러분은 바로 삼각형의 넓이를 구하는 방법을 알아낸 것입니다. 삼각형의 넓이는 어떻게 구할 수 있습니까?

아이들 밑변×높이×$\frac{1}{2}$입니다.

교사 네, 좋습니다. 그렇다면 삼각형 2개를 이용하여 평행사변형을 만들고 나서 삼각형 넓이를 구하는 방법을 알아보는 것에서 '밑변×높이'는 무엇의 넓이인가요?

아이들 평행사변형의 넓이입니다.

교사 그렇다면 왜 '÷2(또는 ×$\frac{1}{2}$)'을 했나요?

아이들 구하고자 하는 삼각형의 넓이는 전체 평행사변형 넓이의 반이기 때문입니다.

교사 훌륭합니다. 방금 알아낸 이 사실 절대로 잊으면 안 됩니다. 매우 중요한 정보입니다. 이제부터 남은 시간은 여러분 스스로 교과서 146~151쪽까지 해결해 보기 바랍니다. 혹시 잘 이해 안 되는

부분이 있다면 먼저 모둠원들에게 도움을 구하세요. 특히 150쪽 활동 6은 좀 더 신경 써서 과제 해결을 하기 바랍니다. 매우 중요한 정보가 담겨 있습니다. 활동이 마무리되면 모둠원들끼리 서로 확인도 합니다. 시작합니다.

아이들 (각 모둠별로 도움을 주고받으면서 교과서 문제해결 및 확인 작업을 한다.)

 10~11차시 수업 소감

사 실 교과서 속에는 똑같은 삼각형 2개를 이어 붙여 평행사변형을 만든 후 평행사변형의 넓이를 구한 후 2로 나누는 방식을 먼저 안내하고 이어서 색종이를 이용하여 접고, 오리고, 회전시키고, 이동시키는 방법으로 직사각형 모양을 만들어 구하는 방법을 안내하고 있다. 하지만 어떤 방식이든 결과는 같아진다. 사실 반힐의 제2수준에 해당되는 초등학교 5학년 아이들을 생각해 볼 때 주어진 삼각형 외에 한 개의 삼각형을 더 만들었다가 이를 다시 없애는 과정은 추상적 사고력

이 아직 덜 발달한 아이들에게 매우 어렵고 발달 단계에 맞지 않는 활동이라고 말할 수 있다. 따라서 먼저 삼각형을 평행사변형이 아닌 직사각형으로 등적변형을 시켜 보는 조작 활동을 통해 삼각형의 넓이를 구하는 방법을 직접 탐구해 낼 수 있도록 유도한 뒤 그에 추가하여 평행사변형으로 등적변형하기, 평행사변형으로 배적현형하기로 나아가는 것이 더 타당하다고 보겠다. 이런 생각을 바탕으로 삼각형의 넓이와 관련된 수업을 다음과 같이 재구성해 보았다.

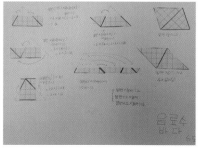
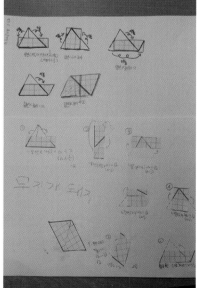

2015년 7월 직사각형, 평행사변형으로의 등적변형을 통한 삼각형 넓이 구하기 사례

06
다각형의
넓이

먼저 삼각형의 밑변, 높이에 대하여 간략히 안내한 후 지난 시간에 평행사변형 넓이를 구하는 방법 탐구와 같은 방법으로 오늘도 삼각형 넓이를 구하는 방법을 탐구하게 될 것이라고 안내하였다. 그리고 나서 먼저 ⑴ 삼각형 1개를 이용한 직사각형으로의 변형(등적변형) 두 가지 방법 ⑵ 삼각형 1개를 이용한 평행사변형으로의 변형(등적변형) 두 가지 방법 ⑶ 삼각형 2개를 이용한 평행사변형으로의 변형(배적변형) 한 가지 방법 순서로 탐구해 보라고 안내하였다. 아이들은 나름대로 열심히 노력하여 잘 찾아주었다. 여기까지 약 30분 정도 시간이 흘렀다. 이어서 미리 만들어 둔 삼각형 모양의 도화지를 칠판에 붙여서 직접 자르고 회전시키고 이동시켜 가면서 삼각형 넓이를 구하는 공식을 함께 만들어 보았다. 그런 뒤 자신들이 알아낸 다양한 결과에 대하여 칠판에 함께 알아본 것과 같이 공식으로 만들어 보라고 하였다. 그러자 각 모둠별로 열심히 공식 만들기 작업에 빠져들었다. 역시 이 작업은 아이들이 좀 힘

들어하기는 했지만 지난 시간에도, 이번 시간에도 열띤 토론 끝에 훌륭히 완성해 주었다.

각 모둠별로 완성되는 대로 선생님에게 가져와 점검을 받았다. 혹시나 하여 개별적으로 몇 명의 아이들에게 질문을 하기도 하였다. 분명히 무임승차하는 아이들이 있기 마련이라서. 질문을 하여 제대로 대답을 못하는 모둠은 다시 돌려보낸 뒤 정확하게 이해를 하고 오라 하였다. 통과한 모둠은 교과서 문제를 해결한 뒤 바로 점심 식사를 하라고 안내하였다. 그렇게 모든 모둠이 오늘 과제를 완수하고 점심 식사를 하였다. 마지막 모둠은 4교시를 약 10분 정도 넘겨서 통과하고 점심을 먹으러 갔다. 공식이 만들어지는 과정을 단지 설명으로, 추상적으로 이해하고 공식을 외워서 문제를 해결하는 것이 아니라 직접 자신들이 공식을 만들어 가는 과정을 기억하고 이해할 수 있도록 하는 일에 아이들의 모든 힘을 집중시켜야 한다는 나의 생각이 틀리지 않았기를 바라며 오늘 수업을 정리하였다.

🍎 12~13차시 사다리꼴의 넓이 구하기

교사 오늘은 사다리꼴의 넓이를 구하는 방법에 대하여 탐구해 보도록 하겠습니다. 먼저 사다리꼴에 대한 안내를 함께 읽어 보도록 하겠습니다. 153쪽 안내를 다 함께 한목소리로 읽습니다. 시~작!

아이들 사다리꼴에서 평행한 두 변을 밑변이라 하고, 밑변을 위치에 따라 윗변, 아랫변이라고 합니다. 이때 두 밑변 사이의 거리를 높이라고 합니다.

교사 여러분이 보는 모양과 같은 도형을 우리는 사다리꼴이라고 합니다. 원래 사다리꼴은 어떤 도형의 일부를 잘라 내고 난 나머지 부분만을 가리키는 것이랍니다. 그렇다면 사다리꼴이 되기 이전의 도형은 무엇인지(어떤 도형의 일부를 잘라 낸 것인

지) 모둠별로 토론해 보도록 합니다. 지금부터 모두 일어서서 나누기 활동을 통해 협의를 하고 협의한 결과는 모둠칠판에 그려서 칠판 나누기 활동으로 이어가 보도록 하겠습니다.

아이들 (각 모둠별로 질문에 대한 답을 찾기 위해 토론을 하고, 그 결과를 모둠칠판에 적어 칠판 앞에 게시한다.)

교사 네, 맞습니다. 바로 삼각형의 일부를 잘라 내고 남은 나머지 부분이 바로 사다리꼴이랍니다. 사다리꼴의 특성은 무엇인지 직사각형과 비교하여 벤 다이어그램으로 나타내 봅시다. 지금부터 시간을 5분 정도 주도록 하겠습니다. 주어진 종이에 2개

의 원을 겹치게 그려 공통점과 차이점으로 나누어 정리해 보도록 합니다.

아이들 (각 모둠별로 질문에 대한 답을 찾기 위해 협의를 하고, 그 결과를 나누어 준 종이에 벤 다이어그램 활동으로 정리한다.)

교사 각 모둠에서 어떤 공통점과 차이점이 나왔는지 이야기해 봅시다. 특히 차이점은 사다리꼴만 이야기합니다. ○○모둠 ●●이가 발표해 보도록 합니다.

아이들 네. 사다리꼴과 직사각형의 공통점은 변이 4개이고 각이 4개이며 꼭짓점도 4개인 도형이라는 점입니다. 그리고 차이점은 사다리꼴은 평행한 변이 1쌍만 있다는 점, 4개의 각의 크기 및 변의 길이가 각각 다르다는 점입니다.(이런 결과가 나올 수 있도록 아이들 간의 연결 짓기를 꾸준히 시도한다.)

교사 네, 잘 찾았습니다. 이제부터 여러분은 사다리꼴의 넓이를 구하는 방법을 탐구하게 될 것입니다. 먼저 주어진 사다리꼴 1개를 이용하여 직사각형 모양으로 바꾸는 방법 두 가지 정도만 알아보도록 합니다. 다음은 사다리꼴 2개를 이용하여 평행사변형으로 바꾸는 방법 한 가지만 알아보도록 합니다. 마지막으로 사다리꼴 1개를 2개의 삼각형으

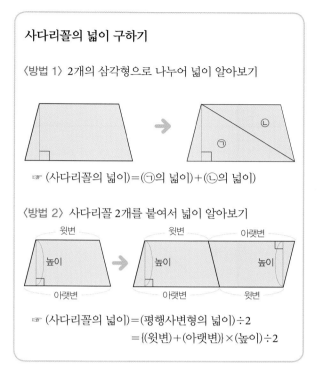

로 나누어 보도록 합니다. 이때 도형의 모양은 바뀌더라도 도형의 넓이는 바뀌지 않게 합니다. 사다리꼴을 자르거나 이동, 회전시켜도 됩니다. 찾은 방법은 나누어 준 큰 종이에 붙이고 기록합니다. 지금부터 활동을 시작하도록 합니다. 시간을 약 15~20분 정도 주도록 하겠습니다.

06 다각형의 넓이

오려서 쓰는 사다리꼴 조각

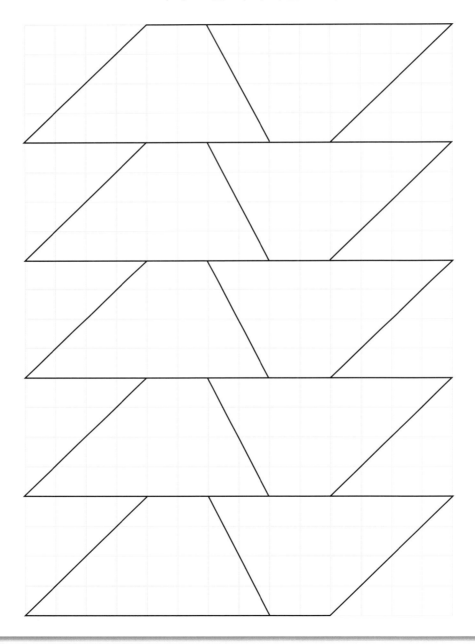

아이들 (각 모둠원들은 협동적으로 사다리꼴을 자르고 이동, 회전시켜 가면서 다양한 방법을 통해 직사각형 모양으로 만들어 본다. 찾은 방법은 나누어 준 종이에 붙이고 정리한다.)

교사 자, 이제 시간이 다 되었군요. 각 모둠별로 찾은 방법들이 기록된 종이를 모둠 순서대로 돌려 가면서 보고 다른 모둠에서 찾은 방법들을 함께 공유하도록 하겠습니다. 순환 복습 활동을 이제부터 시작합니다.(교사의 신호에 따라 모둠 순서대로 활동지를 돌려 가면서 살펴본다.) 네. 이렇게 여러 가지 방법이 있군요. 잘 살펴보았지요? 그러면 여러분이 탐구한 내용들을 바탕으로 사다리꼴의 넓이를 구하는 방법을 알아내 보도록 하겠습니다. 여러분이 사다리꼴에서 직사각형으로 변형시킨 것 가운데 다음과 같은 사례를 예로 들어 함께 살펴보도록 합시다. 본래 사다리꼴의 아랫변 또는 윗변, 높이였던 부분은 직사각형에서 어떻게 바뀌었고 각각의 길이는 변화가 있었는지 살펴봅시다. 어떤 변화가 있었나요?

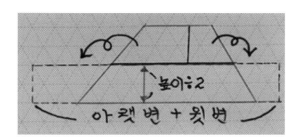

아이들 네. 높이였던 부분은 직사각형의 세로로 바뀌었는데 길이가 $\frac{1}{2}$로 줄어들었습니다. 또한 윗변 또는 아랫변은 두 변의 길이가 합해져서 직사각형의 가로로 바뀌었습니다.

교사 그렇다면 여러분이 알아낸 정보들을 이용

하여 사다리꼴에서 직사각형, 평행사변형 등으로 바뀐 모양의 넓이를 구하는 방법을 식으로 정리해 보도록 합시다. 이때 주의해야 할 점은 바뀐 직사각형에서 각 부분의 명칭은 사다리꼴의 윗변, 사다리꼴의 아랫변, 사다리꼴의 높이라는 용어로 통일하여 사용합니다. 각 모둠별로 도화지에 붙인 각각의 사례에 대하여 식으로 정리가 마무리되면 선생님에게 와서 점검을 받도록 합니다.

아이들 (각 모둠별로 협의하여 도화지에 식을 정리한 후 선생님에게 와서 점검을 받는다. 각 모둠원들이 함께 알아낸 내용이고 무임승차하는 아이들이 없는지 점검받는 아이들 모두에게 왜 그런 공식이 만들어졌는지를 꼼꼼하게 묻는다. 모르는 아이들이 있으면 다시 돌려보내고 확실히 이해한 후에 다시 찾아오도록 한다.)

교사 네, 훌륭합니다. 방금 여러분이 직접 자르고 회전시키고 이동시켜 가면서 알아낸 이 과정 및 결과 모두를 절대로 잊으면 안 됩니다. 매우 중요한 정보입니다. 이제부터 남은 시간은 여러분 스스로 교과서 152~155쪽까지 해결해 보기 바랍니다. 혹시 잘 이해 안 되는 부분이 있다면 먼저 모둠원들에게 도움을 구하세요. 특히 154쪽 활동 3은 좀 더 신경 써서 과제 해결을 하기 바랍니다. 왜냐하면 사다리꼴은 특별한 도형이어서 상황에 따라 넓이를 구하는 방법이 매우 다양하기 때문입니다. 활동이 마무리되면 모둠원들끼리 서로 확인도 합니다. 시작합니다.

아이들 (각 모둠별로 도움을 주고받으면서 교과서 문제해결 및 확인 작업을 한다.)

06 다각형의 넓이

01　사다리꼴을 삼각형으로 등적변형

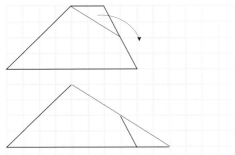

사다리꼴의 넓이＝{(윗변)＋(아랫변)}×(높이)×$\frac{1}{2}$

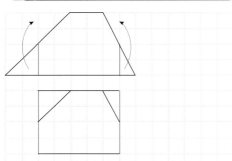

사다리꼴의 넓이＝{(윗변)＋(아랫변)}×(높이)×$\frac{1}{2}$

02　사다리꼴을 평행사변형으로 등적변형

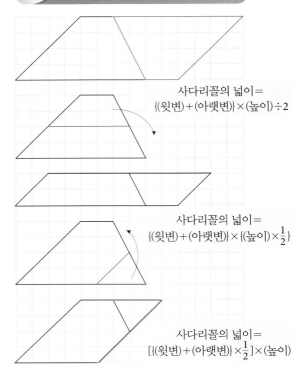

사다리꼴의 넓이＝
{(윗변)＋(아랫변)}×(높이)÷2

사다리꼴의 넓이＝
{(윗변)＋(아랫변)}×{(높이)×$\frac{1}{2}$}

사다리꼴의 넓이＝
[{(윗변)＋(아랫변)}×$\frac{1}{2}$]×(높이)

03　사다리꼴을 직사각형으로 등적변형

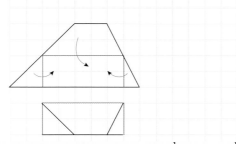

사다리꼴의 넓이＝[{(윗변)＋(아랫변)}×$\frac{1}{2}$]×(높이)

사다리꼴의 넓이＝[{(윗변)＋(아랫변)}×$\frac{1}{2}$]×{(높이)×$\frac{1}{2}$}×2

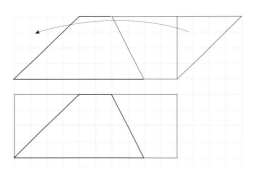

사다리꼴의 넓이＝{(윗변)＋(아랫변)}×(높이)÷2

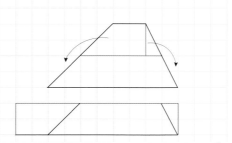

사다리꼴의 넓이＝{(윗변)＋(아랫변)}×{(높이)×$\frac{1}{2}$}

사다리꼴의 등적변형 사례 ⇨ 출처 : 부산광역시 교육연구정보원(박은주)

12~13차시 수업 소감

사실 교과서 속에는 똑같은 사다리꼴 2개를 이어 붙여 평행사변형을 만들거나 사다리꼴 내부를 삼각형, 직사각형 모양이 되도록 분할한 후 각각의 넓이를 구하여 더하거나 2개의 삼각형 모양으로 만들어 구하는 방법을 안내하고 있다. 하지만 어떤 방식이

사다리꼴이 어떤 도형에서 변형된 것인지 알아보는 활동 및 발표

든 결과는 같아진다. 반힐의 제2수준에 해당되는 초등학교 5학년 아이들을 생각해 볼 때 주어진 평행사변형 외에 한 개의 평행사변형을 옆에 더 붙였다가 이를 다시 없애는 과정은 추상적 사고력이 아직 덜 발달한 아이들에게 매우 어렵고 발달 단계에 맞지 않는 활동이라고 말할 수 있겠지만 그래도 시도는 해 보는 것이 나쁘지는 않다고 생각했고, 앞에서도 한 번 다룬 적이 있어서 사다리꼴을 2개의 삼각형으로 나누어 살펴보는 활동 및 직사각형으로 등적변형을 시켜 보는 조작 활동을 먼저 다루고 이어서 사다리꼴 2개를 이용하여 평행사변형으로 바꾸어 보는 배적변형을 시켜 보는 활동을 다루어 볼 수 있도록 수업을 디자인해 보았다.

먼저 사다리꼴의 구조를 살펴보고 사다리꼴이 어디에서 온 것인지를 살펴보는 활동으로 모두 일어서서 나누기 활동을 하였다. 몇 개의 모둠에서 삼각형의 일부를 잘라 낸 것임을 생각해 내었다.

이후에는 사다리꼴과 직사각형의 특징을 서로 비교

해 가면서 사다리꼴에 대한 이해를 도울 수 있도록 하기 위해 벤 다이어그램 활동으로 공통점과 차이점을 살펴보는 시간을 가졌다.

이어서 사다리꼴의 넓이 구하는 방법을 탐구하기 위해 2개의 삼각형으로 나누어 알아보기, 직사각형으로 등적변형을 하여 알아보기, 2개의 사다리꼴을 이용하여 평행사변형으로의 배적변형을 통해 알아보기를 하고 그 결과를 바탕으로 공식을 만들어 보도록 안내하였다. 지난 시간에 삼각형 공식 만들기 과정과 같은 방법으로 한다는 것을 강조해 주었다. 한 번 해 보았지만 쉽지는 않을 것이라 예상했다. 역시 그랬다. 5, 6교시 두 시간 블록 수업을 진행하였는데 마무리되는 대로 점검을 받으라 했지만 쉽게 되지 않았다. 거의 두 시간을 꽉 채우고 나서 한 모둠이 점검을 받고 통과하여 먼저 집으로 향했다. 시간 관계상 교과서 문제 풀이는 각자 집에서 과제로 해결해 오라고 하였다.

이후에도 한 모둠 한 모둠 시간 간격을 두고 천천히

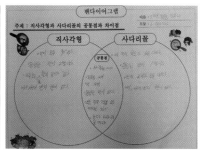

2015년 7월 사다리꼴과 직사각형의 공통점과 차이점 알기 벤 다이어그램 활동

06
다각형의
넓이

나와서 점검을 받고 집으로 향했다. 맨 마지막 모둠을 점검한 것은 수업 끝나고 30분 정도 더 지나서였다. 무임승차하는 아이들을 없애기 위해 꼼꼼하게 체크하고 점검하였더니 시간이 더 많이 흘렀다. 비록 시간이 더 많이 들기는 하였겠지만 단순하게 공식을 외우고 문제를 풀이하는 것보다 더 나은 것이었기를 간절히 바랄 뿐이다.

  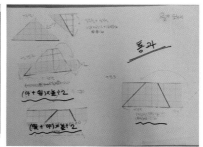

2015년 7월 사다리꼴의 넓이 구하는 방법 탐구-칠판 판서 및 활동 결과물

🍎 14~15차시 마름모의 넓이 구하기

교사 오늘은 마름모꼴의 넓이를 구하는 방법에 대하여 탐구해 보도록 하겠습니다. 먼저 마름모꼴에 대한 안내를 함께 읽어 보도록 하겠습니다. PPT를 모두 한목소리로 읽어 보기 바랍니다.

아이들 (PPT를 한목소리로 읽어 나간다.)

교사 마름모에 대한 특징을 잘 알아 두기 바랍니다. 마름모라는 명칭은 마름이라는 식물의 잎 모양이 이와 비슷하게 생겨서 거기에서 가져온 이름이랍니다. 사진을 보니 비슷하게 생겼지요? 이러한 마름모의 넓이는 어떻게 구하는지 지금부터 여러분이 함께 탐구해 나가도록 할 것입니다. 먼저 주어진 마름모꼴을 이용하여 이미 넓이 구하는 방법을 알고 있는 도형인 직사각형 모양으로 바꾸어 보도록

합시다. 이때 도형의 모양은 바뀌더라도 도형의 넓이는 바뀌지 않게 합니다. 바꾸는 방법은 한 가지만

마름이라는 식물의 모습
출처 : http://cafe.daum.net/dndlstn1085

있는 것이 아닙니다. 마름모꼴을 자르거나 이동, 회전시켜도 됩니다. 이렇게 하여 몇 가지 방법이 있는지 모둠별로 최대한 많이 찾아내도록 합니다. 찾은 방법은 나뉜 큰 종이에 붙이고 기록합니다. 지금부터 활동을 시작하도록 합니다. 시간을 약 15~20분 정도 주도록 하겠습니다.

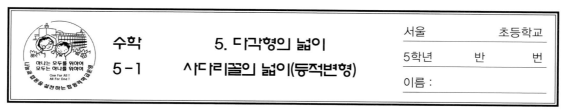

오려서 쓰는 마름모 조각

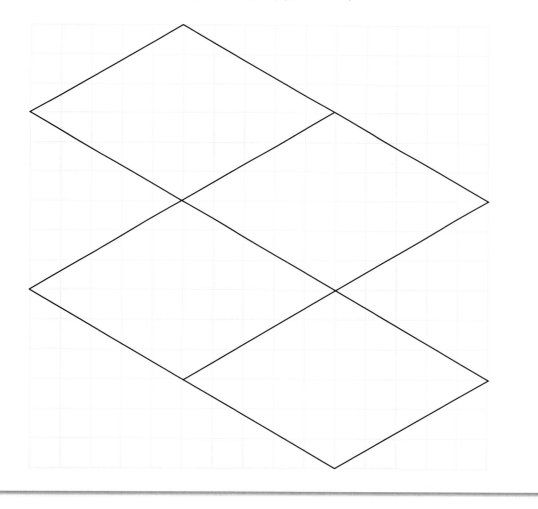

06
다각형의
넓이

(각 모둠원들은 협동적으로 삼각형을 자르고 이동, 회전시켜 가면서 다양한 방법을 통해 직사각형 모양으로 만들어 본다. 찾은 방법은 나누어 준 종이에 붙이고 정리한다.)

교사 자, 이제 시간이 다 되었군요. 각 모둠별로 찾은 방법들이 기록된 종이를 모둠 순서대로 돌려 가면서 보고 다른 모둠에서 찾은 방법들을 함께 공유하도록 하겠습니다. 순환 복습 활동을 이제부터 시작합니다.(교사의 신호에 따라 모둠 순서대로 활동지를 돌려 가면서 살펴본다.) 네. 이렇게 여러 가지 방법이 있군요. 잘 살펴보았지요? 그러면 여러분이 탐구한 내용들을 바탕으로 사다리꼴의 넓이를 구하는 방법을 알아내 보도록 하겠습니다. 여러분이 마름모꼴에서 직사각형으로 변형시킨 것 가운데 다음과 같은 사례를 예로 들어 함께 살펴보도록 합시다.

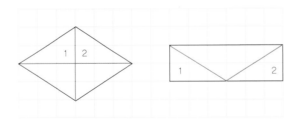

본래 마름모꼴의 어떤 부분이 변형된 직사각형의 가로가 되었나요? 또 마름모꼴의 어떤 부분이 변형된 직사각형의 세로가 되었나요? 또 각각의 길이는 변화가 있었는지 살펴봅시다. 어떤 변화가 있었나요?

아이들 처음 마름모에서 가로 방향으로 그었던 대각선은 바뀐 직사각형에서 가로로 바뀌었고 길이 도 변함이 없었지만 마름모에서 세로 방향으로 그었던 대각선은 세로로 바뀌었는데 길이는 $\frac{1}{2}$로 줄어들었습니다.

교사 그렇다면 여러분이 알아낸 정보들을 이용하여 바뀐 모양의 넓이를 구하는 방법을 식으로 정리해 보도록 합시다. 이때 주의해야 할 점은 바뀐 직사각형에서 각 부분의 명칭은 마름모의 가로 방향 대각선, 마름모의 세로 방향 대각선이라는 용어로 통일하여 사용합니다. 모둠별로 협의하여 정리한 후 모둠칠판에 써서 들어 보입니다.

아이들 (각 모둠별로 협의하여 모둠칠판에 기록한 후 동시에 들어 보이며 큰 소리로 말한다.) 가로 방향 대각선×세로 방향 대각선÷2입니다.(가로 방향 대각선×세로 방향 대각선×$\frac{1}{2}$입니다.)

교사 그래요. 지금까지 여러분은 바로 마름모의 넓이를 구하는 방법을 알아낸 것입니다. 마름모의 넓이는 어떻게 구할 수 있습니까?

아이들 한쪽 대각선×다른 대각선×$\frac{1}{2}$입니다.

교사 네, 훌륭합니다. 방금 여러분이 직접 자르고 회전시키고 이동시켜 가면서 알아낸 이 과정 및 결과 모두를 절대로 잊으면 안 됩니다. 매우 중요한 정보입니다. 남은 시간은 여러분 스스로 교과서 156~157쪽까지 해결해 보기 바랍니다. 혹시 잘 이해 안 되는 부분이 있다면 먼저 모둠원들에게 도움을 구하세요. 활동이 마무리되면 모둠원들끼리 서로 확인도 합니다. 시작합니다.

아이들 (각 모둠별로 도움을 주고받으면서 교과서 문제해결 및 확인 작업을 한다.)

14~15차시 수업 소감

본래의 교과서 구성은 1차시로 되어 있었다. 하지만 다른 도형에 비하여 조금 수월한 내용이라 생각하여 1차시로 구성한 것 같아서 아쉬움이 남았다. 그래서 조금 더 관련된 내용을 다루어 보기 위해 2차시로 구성하여 수업을 디자인하였다. 1차적으로 등적변형을 통한 마름모 넓이 구하는 방법 탐구 활동이 끝나면 배적변형이나 반적변형 사례를 협동적으로 추가 탐구할 수 있도록 수업을 디자인해 보았다.

우선 수업 시작부터 마름모의 특징을 살펴보았다. 4학년 때 공부한 것들을 나름 잘 기억하고 있었다. 아울러 명칭이 어디에서 왔는지 살펴보면서 마름이라는 식물 사진도 함께 살펴보았다. 마름이라는 식물은 과학 시간에도 공부한 적이 있다고 하였다. 이를 바탕으로 지난 시간까지 공부했던 것과 마찬가지로 직사각형으로의 등적변형 및 배적변형을 통해 공식을 만들어 보는 활동을 할 것이라 안내하였다. 오늘은 다양한 변형보다는 (1) 직사각형으로의 등적변형 사례 두 가지 (2) 직사각형으로의 배적변형 사례 한 가지를 알아보고 그

결과를 바탕으로 공식을 만들어 보도록 하였다.

각 모둠별로 변형이 완료되고 공식이 만들어지면 점검을 받도록 하였다. 활동을 시작하고 나서 약 30분 정도가 지나서야 첫 모둠이 점검을 받으러 나왔다. 지난 시간까지의 활동을 통해 어느 정도는 공식이 만들어지는 과정을 잘 이해하고 있었다. 먼저 점검을 받고 통과한 모둠은 교과서 문제 풀이에 들어갔다. 시간이 지나면서 대부분의 모둠은 점검을 잘 받았고 교과서 문제도 잘 해결하였다. 하지만 몇 명의 아이들은 여전히 공식 만들기를 어려워한다. 그 아이들은 공간 지각 능력이 매우 떨어지는 아이들이었다. 그래도 이런 활동을 꾸준히 지속하면서 조금씩 나아지는 모습이 나타났다. 처음에는 아예 공식이 만들어지는 과정을 설명조차 하지 못하였지만 지금은 조금이라도 설명을 하기 시작하였다. 부족한 부분은 인내심을 가지고 천천히 힌트를 주면서 설명을 마무리할 수 있도록 하였다. 이만큼까지 한 것만으로도 큰 발전을 한 것이라 난 생각하고 믿는다. 이제 한 시간 남았다.

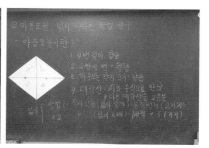

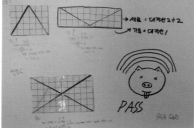

2015년 7월 마름모의 넓이 구하는 공식 탐구 활동 과정 및 결과

06
다각형의
넓이

🍎 16차시 다각형의 넓이 구하기

16차시 다각형의 넓이 구하기 활동은 앞의 7차시 직각으로 이루어진 도형의 넓이 구하기 활동과 같이 개별학습-협동학습이 동시에 어우러지면서 각 개인별, 모둠별로 나름의 속도에 따라 해결하고 그 과정에서 자연스럽게 도움을 주고받는 활동이 가장 좋다고 판단되어 특별히 수업을 디자인하여 제시하지 않았다. 단, 다각형의 넓이를 구하는 방법은 한 가지만 있는 것이 아니라서 한 가지 사례를 통해 이미 넓이 구하는 방법을 알고 있는 도형, 즉 여러 개의 직사각형 모양으로 잘라서 따로 계산한 뒤 더하거나 전체에서 일부를 빼거나 하는 방식으로 구할 수 있다는 것을 수업 전반부에 함께 알아보도록 하는 것도 생각해 볼 필요가 있다.(복잡한 도형 1개 또는 교과서 속 질문 1개를 제시하고 이것을 해결하는 방법을 모둠별로 협동하여 모두 알아보도록 하는 방식으로 디자인할 수도 있음.)

16차시 수업 소감

한 학기를 마무리하는 수업으로 간략히 진행하였다. 시작부터 개인별, 모둠별 활동으로 진행한다고 하면서 각자 교과서 문제를 해결해 보도록 하였다. 해결하는 과정에서 도움이 필요한 내용들은 모둠원들끼리 도움을 주고받을 수 있도록 하였다. 교과서 문제 풀이를 빠르게 마친 아이들은 마지막 차시 뒤에 있는 남은 문제들을 해결해 보면서 스스로 단원 정리를 할 수 있도록 하였다. 이로써 한 학기 동안의 수업이 모두 마무리되었다. 지금까지의 수학 수업을 돌아보면 그 어떤 해보다도 힘이 들었으면서도 그만큼 뿌듯하고 의미 있는 시간들이었다고 생각된다. 2학기 수학 수업 준비를 위해 방학 동안에 더 많은 연구와 준비를 해 두어야겠다고 다짐한다.

🍎 17차시 단원 정리─단원 평가

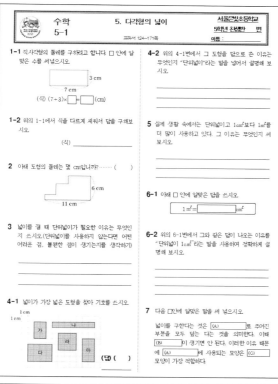

수학 5-1	5. 다각형의 넓이	서울은빛초등학교
	교과서 124~171쪽	5학년 참생반 번
		이름:

1-1 직사각형의 둘레를 구하려고 합니다. □ 안에 알맞은 수를 써넣으시오.

3 cm
7 cm

(식) (7＋3)× □ ＝ □ (cm)

1-2 위의 1-1에서 식을 다르게 세워서 답을 구해보시오.

(식)

2 아래 도형의 둘레는 몇 cm입니까? ( )

6 cm
11 cm

3 넓이를 잴 때 단위넓이가 필요한 이유는 무엇인지 쓰시오.(단위넓이를 사용하지 않는다면 어떤 어려운 점, 불편한 점이 생기는지를 생각하기)

4-1 넓이가 가장 넓은 도형을 찾아 기호를 쓰시오.

1 cm
1 cm
가 나 다 라 마

(답) ( )

4-2 위의 4-1번에서 그 도형을 답으로 쓴 이유는 무엇인지 "단위넓이"라는 말을 넣어서 설명해 보시오.

5 실제 생활 속에서는 단위넓이 1cm²보다 1m²를 더 많이 사용하고 있다. 그 이유는 무엇인지 써 보시오.

6-1 아래 □ 안에 알맞은 답을 쓰시오.

1m² ＝ □ cm²

6-2 위의 6-1번에서 그와 같은 답이 나오는 이유를 "단위넓이 1cm²"라는 말을 사용하여 정확하게 설명해 보시오.

7 다음 □안에 알맞은 말을 써 넣으시오.

넓이를 구한다는 것은 (A) (으)로 주어진 부분을 모두 덮는 다는 것을 의미한다. 이때 (B) 이 생기면 안 된다. 이러한 이유 때문에 (A) 에 사용되는 모양은 (C) 모양이 가장 적합하다.

8 아래 직사각형의 넓이를 구하려고 합니다. □안에 알맞은 수, 말을 써 넣으시오.

8 cm
13 cm

위의 직사각형은 단위넓이 1cm²가 가로로 □칸, 세로로 □줄이 있다는 것이다. 이렇게 본다면 모두 1cm² 단위넓이가 □개가 있다는 것을 알 수 있다. 그러므로 위의 직사각형의 넓이는 □ cm²가 된다.

9 둘레의 길이가 36 cm인 정사각형의 넓이는 몇 cm²입니까?

(답) cm²

10 둘레의 길이가 똑같이 40m인 직사각형과 정사각형 모양의 땅이 있다. 두 종류의 땅 중 어떤 땅의 넓이가 더 큰지, 왜 그렇게 생각하는지 표를 이용하여 설명해 보시오.

가로				
세로				
넓이				

( )모양의 땅 넓이가 더 넓다.

11 주어진 도형의 넓이를 구하려고 합니다. □ 안에 알맞은 수를 써넣으시오.

15 cm
㉮ 5 cm
㉯ 5 cm

(도형의 넓이)＝(㉮의 넓이)＋(㉯의 넓이)
＝ □ ＋26＝ □ (cm²)

12 색칠한 부분의 넓이는 몇 m²입니까?

2 m
6 m
1400 cm
( ) m²

13 평행사변형의 넓이를 구하는 공식을 만들어보려고 합니다. 아래 주어진 평행사변형을 넓이가 똑같은 직사각형으로 변형시켜서 공식을 만들고 설명해 보시오.

1 cm
1 cm

14 오른쪽 평행사변형의 넓이는 96 cm²입니다. 높이가 8 cm일 때 밑변은 몇 cm 입니까?

8 cm

( )cm

15-1 가와 넓이가 다른 것을 찾아 기호를 쓰시오.

1 cm
1 cm
가 나 다 라

15-2 위와 같은 모습을 통해 알 수 있는 사실 1가지는 무엇인지 쓰시오.

16 아래 주어진 평행사변형에 높이를 정확하게 표시하여 보시오.

밑변
밑변

17 아래 질문에 답을 해 보시오.

직사각형 모양의 상자가 있습니다. 이 상자를 위에서 눌렀다가 오른쪽 그림과 같이 옆으로 기울이면서 평행사변형 모양으로 변하면서 높이가 낮아졌습니다. 이렇게 모양이 평행사변형 모양으로 바뀌었을 때 넓이는 커질까, 작아질까, 아니면 똑같을까?

넓이는 (커진다, 작아진다, 변화 없다)
그렇게 생각하는 이유는

18 주어진 삼각형과 넓이가 같고 모양이 다른 삼각형을 그리시오.

▨ ＝1 cm²

19 □안에 알맞은 수를 써넣으시오.

30 cm
50 cm
□ cm
40 cm

20 넓이가 같은 평행사변형과 삼각형이 있습니다. 삼각형의 밑변이 8 cm일 때 높이는 몇 cm인지 풀이 과정을 쓰고 답을 구하시오.

7 cm
4 cm
8 cm

〈풀이〉

〈답〉 cm

21 넓이가 같은 도형끼리 짝지은 것은 어느 것입니까? ( )

1 cm
1 cm
가 나 다 라 마

① 가, 나 ② 가, 라
③ 다, 라 ④ 다, 마
⑤ 라, 마

22 주어진 평행사변형에서 변 ㄴㄷ의 길이는 몇 cm 인지 풀이 과정을 쓰고 답을 구하시오.

15 cm
8 cm
12 cm

〈풀이〉

〈답〉 cm

07 소수의 곱셈

단원 소개 및 문제의식 갖기

교사용 지도서를 보면 이 단원에서는 분수를 소수로, 소수를 분수로 나타내는 방법을 알고 이를 바탕으로 자연수의 곱셈과 같은 계산 알고리즘을 적용하여(위치적 기수법에 따른 소수점의 위치 결정) 실생활 속에서 소수의 곱셈 관련 문제를 이해하고 다루는 능력을 신장시키며 다음에 학습하게 될 소수의 나눗셈 및 혼합계산을 위한 기초를 다진다고 소개하고 있다.[1]

단원 학습 목표

내용	1. 분수를 소수로, 소수를 분수로 나타낼 수 있다. 2. (소수)×(자연수)의 계산 원리를 이해하고 계산할 수 있다. 3. (자연수)×(소수)의 계산 원리를 이해하고 계산할 수 있다. 4. 소수에 10, 100, 1000을 곱하는 경우와 자연수에 0.1, 0.01, 0.001을 곱하는 경우 곱의 소수점의 위치를 알 수 있다. 5. (소수)×(소수)의 계산 원리를 이해하고 다양한 형식으로 계산할 수 있다.
과정	1. 수직선, 그림, 소수의 덧셈, 분수의 곱셈, 자연수의 곱셈 활용 등의 다양한 전략을 토의하여 소수의 곱셈 결과와 계산 방법을 추론할 수 있다. 2. 소수에 10, 100, 1000을 곱하는 경우와 자연수에 0.1, 0.01, 0.001을 곱하는 경우 소수점의 위치 변화를 추론할 수 있다. 3. (소수)×(소수)를 여러 가지 방법으로 알아보고 계산 방법을 설명할 수 있다. 4. 정확한 답을 구하기 전에 어림을 통해 곱의 결과를 유추할 수 있다. 5. 소수의 곱셈을 해결하기 위해 적절한 전략을 선택하여 문제를 해결할 수 있다.
태도	1. 일상생활에서 소수의 곱셈이 사용되는 경우를 통하여 수학의 유용성을 깨닫고 수학에 흥미를 가질 수 있다. 2. 적절한 전략을 사용하여 문제를 해결하는 과정에서 자신감을 가질 수 있다.

---

1 2009 개정 교육과정에 따른 수학과 교사용 지도서 5학년 2학기. 2015. p. 101.

단원의 발전 계통

선수 학습	본 학습	후속 학습
• 3학년 분수와 소수 • 4학년 소수의 덧셈과 뺄셈 • 5학년 분수의 곱셈	• 분수를 소수로, 소수를 분수로 나타내기 • (소수)×(자연수), (자연수)×(소수)의 계산 원리를 알고 계산하기 • 소수에 10, 100, 1000을 곱하는 경우 곱의 소수점 위치 알아보기 • 자연수에 0.1, 0.01, 0.001을 곱하는 경우 곱의 소수점의 위치 알아보기 • (소수)×(소수)의 계산 원리를 알고 계산하기	• 5학년 분수의 나눗셈 • 5학년 소수의 나눗셈

위의 내용에 근거를 두고 교사용 지도서는 본 단원의 전개 계획을 아래와 같이 제시[2]하였으나 현장에서 그대로 따라서 지도하기에는 무리가 있다는 생각이 든다.

차시	재구성 이전	수업 내용 및 활동
1	단원 도입(스토리텔링)	• 스토리텔링을 통해 생활 속에서 소수의 곱셈의 필요성 알기
2	분수를 소수로 나타내기	• 분수를 소수로 나타내기
3	소수를 분수로 나타내기	• 소수를 분수로 나타내기
4	(소수)×(자연수) 계산하기 1	• (1보다 작은 소수)×(자연수)의 곱셈 계산 원리를 이해하고 계산하기
5	(소수)×(자연수) 계산하기 2	• (1보다 큰 소수)×(자연수)의 곱셈 계산 원리를 이해하고 계산하기
6	(자연수)×(소수) 계산하기 1	• (자연수)×(1보다 작은 소수)의 곱셈 계산 원리를 이해하고 계산하기
7	(자연수)×(소수) 계산하기 2	• (자연수)×(1보다 큰 소수)의 곱셈 계산 원리를 이해하고 계산하기
8	곱의 소수점 위치 알기	• 소수에 10, 100, 1000을 곱하는 경우와 자연수에 0.1, 0.01, 0.001을 곱하는 경우 곱의 소수점 위치의 원리를 이해하고 계산하기
9	(소수)×(소수) 계산하기 1	• 1보다 작은 소수끼리의 곱셈 계산 원리를 알고 다양한 형식으로 계산하기
10	(소수)×(소수) 계산하기 2	• 1보다 큰 소수끼리의 곱셈 계산 원리를 알고 다양한 형식으로 계산하기
11	단원 정리(문제 풀기)	• 단원에서 배운 내용을 문제 풀며 정리하기
12	문제해결	• 정삼각형 모양의 타일로 무늬를 만들 때 소수의 곱셈 활용하기
13	체험 마당	• 1.5L 물병으로 절약할 수 있는 물의 양을 소수의 곱셈을 통해 알아보기

---

2 2009 개정 교육과정에 따른 수학과 교사용 지도서 5학년 2학기. 2015. p. 103.

07
소수의
곱셈

문제의식을 갖게 만드는 점 몇 가지를 살펴보면 아래와 같다.

단원 지도를 위한 차시별 내용 및 시간 안배 문제

총 13차시 가운데 단원 도입 및 단원 정리, 문제해결과 체험 마당을 제외하면 9차시에 걸쳐 소수의 곱셈을 아이들이 이해할 수 있도록 지도하라는 말이다. 본 단원의 핵심이 십진 기수법 체계 내에서 각 자릿수 값에 집중하여 소수점의 위치를 결정(위치적 기수법)하는 힘을 기르고 소수 곱셈의 알고리즘을 익히는 것에 있다면 이를 위한 차시 내용 조절 및 시간 안배가 꼭 필요하다고 판단된다. 불필요한 내용은 줄이거나 없애고 체험 마당이나 놀이 마당 등의 활동은 수업 시간 중으로 끌어들여 자연스럽게 다루어질 수 있도록 할 필요성이 있다. 이를 통해 시수를 더 확보하여 아이들이 소수 곱셈의 알고리즘을 확실히 익히는 데 투입한다면 훨씬 더 의미 있는 수업이 이루어질 것이다.

단원 도입의 스토리텔링 수학에 대한 문제의식

매 단원마다 반복되는 이야기다. 특히 단원 초반에는 분수를 소수로, 소수를 분수로 나타내기를 통해 소수와 분수의 연결 짓기를 매우 중요하게 다루어야만 하는 곳이기 때문에 억지로 상황을 만들어 제시(예를 들어 탄산음료 0.5L짜리 3개 묶음 : 이런 식으로 표기되는 경우는 없다.)하기보다 분수를 소수로, 소수를 분수로 나타내고 크기 비교를 통해 둘 사이의 관계를 정확하게 이해할 수 있도록 하는 일에 시간을 할애한다면 아이들의 배움에 더 도움이 될 것이라 생각한다.

지나치게 세분화된 복잡한 내용 구성

교과서 내용을 보면 (소수)×(자연수), (자연수)×(소수), (소수)×(소수)를 모두 1, 2로 나누어 놓았다. 소수점의 위치를 발견하는 충분한 과정만 거친다면 이를 바탕으로 소수 곱셈의 알고리즘을 충분히 익힐 수 있다고 할 때 대소수(1보다 큰 소수 : 이 경우 분배법칙이 적용됨을 중요하게 다루어 주면 된다. 예를 들어 $1.8=1+0.8$이므로 $1.8×3=(1+0.8)×3=(1×3)+(0.8×3)$과 같이 해결할 수 있도록 하면 된다.)가 들어가 있다고 하여 따로 분리해 지도할 필요는 없다는 생각이 든다.

수 막대 제시 방법에 대한 고민

분수 단원에서도 그랬던 것처럼 미리 띠 모델을 다 잘라 놓고 색칠공부하라는 듯이 제시되어 있는 교과서 내용 구성에 아쉬움이 남는다. 아래와 같이 제시하는 것이 아이들에게 더 도움이 될 것이다.(아이들이 직접 수 막대를 10등분하여 나누어 보게 하고 1과 0.4를 각각 표시하여 보게 한다.)

(사례 1) 1.4×3을 그림으로 알아보기
⑴ 1.4를 띠 모델에 표시하여 보시오.

(2) 1.4×3을 띠 모델을 이용하여 해결해 보시오.

(사례 2) 2×0.7을 그림으로 알아보기

교과서는 아래와 같이 제시되어 있다.

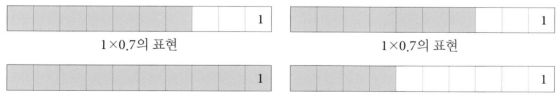

위에서 보는 바와 같이 크기 2를 전체 1로 보고 이를 10등분한 것 가운데 7조각을 선택한 것으로 되어 있다. 하지만 이는 분수에서와 마찬가지로 잘못되었다고 볼 수 있다. 따라서 아이들이 아래와 같이 해결할 수 있도록 제시되어야 한다.

1×0.7의 표현   1×0.7의 표현

1×0.7을 표현한 2개 수 막대를 조각 모음한 결과가 1.4가 된다는 것

※ 분수는 1과 단위분수를, 소수는 1을 매우 중요하게 다루어야 한다.

※ 위와 같이 제시해야 분수로 고쳐 계산하기에 대한 설명이 제대로 이루어진다.

가로셈 위주의 내용 제시

교과서 소수의 곱셈 내용 제시 형태를 보면 대부분이 가로셈 방식으로 되어 있다. 하지만 현실에서는 주로 세로셈을 활용할 뿐만 아니라 소수점의 위치 발견, 소수 곱셈의 알고리즘을 익히는 데는 세로셈이 더 유용하다고 볼 수 있다. 특히 교과서 속 마무리 질문은 아이들이 세로셈 방식으로 다시 고쳐서 쓰고 계산하는 수고로움을 덜어 주기 위해서라도 세로셈 방식으로 제시하는 것이 더 좋다.

07
소수의
곱셈

수직선 또는 띠 모델을 먼저 제시하고 분수의 곱셈으로 고쳐 계산하기를 나중에 제시한 것에 대한 고민

앞의 (사례 2)로 다시 돌아가 보자. 2×0.7을 그림으로 알아보라는 활동 속에는 이미 분수 개념이 포함되어 있는 것이다. 즉 전체 2라는 크기를 1로 보라는 것이다. 그리고 이것을 10등분한 것 가운데 7조각을 취하라는 것이다. 이에 대한 문제점은 앞에서 제시해 보았고 여기에서는 초등학교 단계 아이들의 사고 수준 및 과정을 생각해 볼 때 아래와 같은 순서로 제시되어야 왜 그런 결과를 얻을 수 있는지를 아이들이 제대로 이해할 수 있지 않을까 생각한다.

$$2 \times 0.7 = 2 \times \frac{7}{10} = \frac{2 \times 7}{10} = \frac{14}{10} = 1.4 \text{ (이 과정을 수 막대를 통해 확인하기 : 아래)}$$

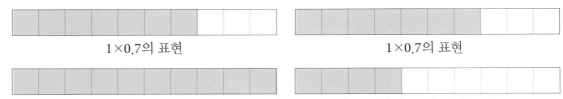

1×0.7의 표현   1×0.7의 표현

2×0.7＝1×0.7을 표현한 2개 수 막대를 조각 모음한 결과가 1.4가 된다는 것

그러나 교과서는 아래와 같이 띠 모델을 먼저 제시하고 분수로 고쳐서 계산하는 것을 뒤에 제시하면서 별개의 것처럼 다루도록 되어 있다.

(활동 1 과정)

(활동 2 과정)

$$2 \times 0.7 = 2 \times \frac{7}{10} = \frac{2 \times 7}{10} = \frac{14}{10} = 1.4$$

여전히 아이들에게 매우 힘든 질문

이전 수학 교과서에서처럼 "왜 그렇게 생각하지?"와 같은 유형의 질문이 역시 곳곳에서 발견된다. "~에서 알 수 있는 규칙을 이야기해 보시오.", "~하는 방법을 설명해 보시오."와 같은 질문이 이에 해당된다. 초등학교 수준의 아이들은 형식화된 학문적 이야기보다는 직관적 사고 또는 구체적 경험에 의한 원리나 규칙의 발견 등이 주된 내용이 되어야 하는데 이를 제대로 반영시키지 못한 질문(수학적 원리나 규칙을 진술하게 하는 식의 질문)이 곳곳에 나타나고 있어 아쉬움이 남는다.(활동을 잘하다가 갑자기 이런 질문을 접하면 아이들은 머릿속이 하얀 백지 상태처럼 변한다. 아이들의 사고가 단절된다는 것이다. 수학적 현상에 대하여 추상적인 용어를 활용해 일반화시킨다는 활동은 초등학교 아이들에게 적절하지 못한 것이라 할 수 있다.)

단원 재구성을 위한 방안

❶ 소수와 분수와의 관계에 집중하되 실생활과 관련지어 소수 표기의 다양한 사례, 소수로 표기할 때의 편리한 점과 불편한 점, 소수를 자연수로 바꾸기, 자연수를 소수로 바꾸기 등을 집중적으로 다루어 볼 수 있도록 한다.

❷ (소수)×(자연수)의 의미, (자연수)×(소수)의 의미가 서로 다름을 이해하고 그 계산 원리(자연수의 십진 기수법에 기초한 소수의 위치적 기수법에 집중 : 소수점의 위치 정하기, 소수점의 위치 정하기에서 패턴의 발견)에 집중할 수 있도록 한다. 이를 위해 띠 모델, 수직선 모델 등을 적극 활용하여 직접 조작 활동을 할 수 있게 한다.

❸ 대소수(1보다 큰 소수)의 경우 분배법칙이 적용됨을 중요하게 다룬다.

❹ 가로셈보다는 세로셈으로 해결할 수 있도록 안내한다. 이를 위해 ☐칸 노트를 적극 활용한다.(실제 수업 활동 참고)

❺ 간략히 접근할 수 있는 부분은 시간 줄이기, 억지스러운 스토리텔링이나 체험 마당, 문제해결 등은 재구성하여 미션활동 등으로 제시하고 아이들이 이해에 어려움을 겪는 부분에 시간을 더 할애하여 충분한 이해를 돕는다는 생각으로 교과서 내용을 재구성한다.

❻ 소수 곱셈의 알고리즘을 익히는 데 초점을 맞춘다.

단원 지도를 위한 재구성의 실제

차시	재구성 이후	수업의 목적
1	소수란 무엇인가? 소수도 곱셈이 가능한가?	
2		• 실생활 속 사례를 통해 소수 이해하기 • 소수를 분수로, 분수를 소수로 나타내기 • 소수로 표기할 때의 장점과 단점 이해하기
3	분수를 소수로, 소수를 분수로 나타내기	
4		
5	(소수)×(자연수) 계산하기	• (소수)×(자연수)의 의미 및 계산 원리 이해하기(분수로 고쳐 계산하기를 먼저 제시하고 수직선, 띠 모델 등을 나중에 제시하여 이해 돕기), 가로셈보다는 세로셈 방식으로 제시하기
6		

7	(자연수)×(소수) 계산하기	• (자연수)×(소수)의 의미 및 계산 원리 이해하기(분수로 고쳐 계산하기를 먼저 제시하고 수직선, 띠 모델 등을 나중에 제시하여 이해 돕기), 가로셈보다는 세로셈 방식으로 제시하기
8		
9	곱의 소수점의 위치 알기	• 소수에 10, 100, 1000을 곱하는 경우와 자연수에 0.1, 0.01, 0.001을 곱하는 경우 곱의 소수점 위치의 원리를 이해하고 계산하기
10	(소수)×(소수)의 계산 원리를 알고 다양한 형식으로 계산하기	• 소수 곱셈의 알고리즘을 익히고 다양한 형식으로 계산하기(1보다 작은 소수끼리의 곱셈, 1보다 큰 소수끼리의 곱셈 : 세로셈 계산하기, ☐ 칸 노트 적극 활용하기)
11		
12	공부한 내용 확인하기	• 미션 과제 해결하기
13	단원 정리(문제 풀기)−평가	• 단원 평가하기

위와 같이 크게 5부분으로 나누어 재구성한 이유는 다음과 같다.

먼저 앞에서 살펴본 문제의식을 바탕으로 실생활 속에서의 소수, 소수와 분수와의 관계에 대한 이해를 돕고자 하였다.

둘째, (소수)×(자연수)와 (자연수)×(소수)의 의미가 다름을 바탕으로 현재 아이들의 수준에 맞게 분수로 고쳐서 이해하기, 수 모형을 활용하여 이해하기 등을 통해 원리를 이해할 수 있도록 재구성해 보았다.

셋째, 곱의 소수점 위치 알기에서는 자연수의 십진 기수법에 기초한 소수의 위치적 기수법에 집중, 소수점의 위치 정하기에서 패턴의 발견에 집중할 수 있도록 재구성해 보았다.

넷째, 소수 곱셈의 알고리즘을 익히고 다양한 형식으로 계산할 수 있도록 하는 데 집중하여 내용을 재구성해 보았다. 특히 세로셈 중심으로, ☐ 칸 노트를 적극 활용하여 아이들이 소수 곱셈을 능숙하게 할 수 있도록 계획하였다.

참고 **소수의 곱셈 연산 능력 향상을 위한 팁**

소수점의 위치
• 소수와 자연수의 곱에서는 소수점 아래 자릿수만큼 소수점 찍기 : 자연수와 같이 계산한 뒤에 곱하는 수나 곱해지는 수의 소수점 아래 자릿수만큼 똑같이 소수점 찍기. 만약 소수 한 자릿수이면 답도 소수 한 자릿수, 두 자릿수이면 답도 소수 두 자릿수가 된다.
• 소수에 10, 100, 1000을 곱하면 소수점을 오른쪽으로 옮기기 : 곱의 소수점의 위치는 곱해지는 소수에서 곱하는 수의 0의 개수만큼 소수점을 오른쪽으로 옮기기
• 자연수에 0.1, 0.01, 0.001을 곱할 때는 소수점을 왼쪽으로 옮기기 : 자연수에 곱하는 소수의 소수점 아래 자릿수만큼 소수점을 왼쪽으로 옮기기

소수끼리의 곱셈에 익숙해지기

소수를 자연수로 생각하여 자연수의 곱을 구한 뒤에 소수점을 찍는다. 이때 곱한 결과의 소수점의 위치는 맨 오른쪽으로부터 두 소수의 소수점 아래 자릿수의 합과 같은 수만큼 옮겨 찍는다.

• 0.8×0.6의 계산

방법1 분수를 소수로 고쳐서 계산하기

$$0.8 \times 0.6 = \frac{8}{10} \times \frac{6}{10} = \frac{48}{100} = 0.48$$

방법2 자연수의 곱을 먼저 하고 소수점 찍기

$$\begin{array}{r} 0.8 \\ \times\ 0.6 \\ \hline \end{array} \Rightarrow \begin{array}{r} 8 \\ \times\ 6 \\ \hline 4\ 8 \end{array} \Rightarrow \begin{array}{r} 0.8 \\ \times\ 0.6 \\ \hline 0.48 \end{array}$$

• 3.2×2.4의 계산

방법1 분수를 소수로 고쳐서 계산하기

$$3.2 \times 2.4 = \frac{32}{10} \times \frac{24}{10} = \frac{768}{100} = 7.68$$

방법2 자연수의 곱을 먼저 하고 소수점 찍기

$$\begin{array}{r} 3.2 \\ \times\ 2.4 \\ \hline \end{array} \Rightarrow \begin{array}{r} 3\ 2 \\ \times\ 2\ 4 \\ \hline 1\ 2\ 8 \\ 6\ 4\ \\ \hline 7\ 6\ 8 \end{array} \Rightarrow \begin{array}{r} 3.2 \\ \times\ 2.4 \\ \hline 7.68 \end{array}$$

• 소수의 자연수의 곱셈

$$\begin{array}{r} 1.7 \\ \times\quad 5 \\ \hline \end{array} \Rightarrow \begin{array}{r} 1.7 \\ \times\quad 5 \\ \hline 8\ 5 \end{array} \Rightarrow \begin{array}{r} 1.7 \\ \times\quad 5 \\ \hline 8.5 \end{array}$$ 소수 한 자릿 수

• 소수에 10, 100, 1000 곱하기

0.35 × 10 ⇨ 0.3 5 ⇨ 3.5

0.35 × 100 ⇨ 0.3 5 ⇨ 35

0.35 × 1000 ⇨ 0.3 5 0 ⇨ 350

• 자연수에 0.1, 0.01, 0.001 곱하기

64 × 0.1 ⇨ 0 0 6 4 ⇨ 6.4

64 × 0.01 ⇨ 0 0 6 4 ⇨ 0.64

64 × 0.001 ⇨ 0 0 6 4 ⇨ 0.064

• 소수끼리의 곱셈

1	+	1	=	2
소수 한 자릿 수	×	소수 한 자릿 수	=	소수 두 자릿 수
소수 두 자릿 수	×	소수 두 자릿 수	=	소수 네 자릿 수
2	+	2	=	4

07
소수의
곱셈

🍎 1차시 소수란 무엇인가? 소수도 곱셈이 가능한가?

교사   2학기 수학 첫 시간입니다. 소수의 곱셈에 대하여 함께 알아보는 시간을 가질 것입니다. 그에 앞서서 이미 공부했던 소수에 대하여 다시 한 번 알아보고 넘어가도록 하겠습니다.

소수와 분수 중 어떤 것이 더 먼저 생겼는지 알고 있는가요? 네, 분수가 먼저 생겼지요. 기원전 1800년경 이집트 사람들이 만들었답니다. 분수가 생긴 이유는 무엇일까요? 네, 분수는 무엇인가의 크기를 똑같이 나누기 위해 생겨난 것입니다. 그런데 소수는 언제 생겨났는지 알고 있지요? 소수는 분수가 생겨난 이후 약 3000년 뒤인 1585년 벨기에 사람인 스테빈이 네덜란드 군대에서 장교로 일하면서 당시 형편이 어려웠던 군대가 돈을 빌려 쓴 대가로 매달 지불해야 하는 이자를 계산하는 게 너무 어렵고 힘들어 쉽게 계산하는 방법을 궁리하던 끝에 소수를 생각해 냈다고 합니다.

이렇게 만들어진 사람과 시기, 그 이유는 각기 다르지만 분수와 소수는 형제와 같아서 비슷한 점이 아주 많답니다. 또한 분수로 나타내는 것이 좋을 때도 있고 소수로 나타내는 것이 좋을 때도 있습니다. 3학년 때 공부했던 내용을 다시 정리해 보면 아래와 같습니다.

◯ 1을 10등분한 것 중 1개 $= \frac{1}{10}$, 이를 소수로 나타내면 0.1이 됩니다. $\frac{2}{10} = 0.2$, $\frac{3}{10} = 0.3$ ······ $\frac{9}{10} = 0.9$

◯ 1을 10등분한 것 중 1개를 또 다시 10등분한 것 중 1개 $= \frac{1}{100}$, 이를 소수로 나타내면 0.01이 됩니다. $\frac{2}{100} = 0.02$, $\frac{3}{100} = 0.03$ ······

◯ 소수도 자연수와 같이 자릿값이 있어서 소수점을 기준으로 오른쪽으로 갈수록 자릿값이 작아집니다. 자연수가 왼쪽으로 한 자리씩 이동할 때마다 자릿값이 10배씩 커지는 것처럼 소수는 오른쪽으로 한 자리씩 이동할 때마다 $\frac{1}{10}$배씩 작아집니다.(아래의 이미지 내용에 대하여 다시 한 번 되짚어 보면서 함께 충분히 시간을 보낸다.)

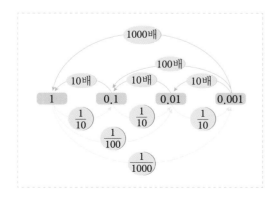

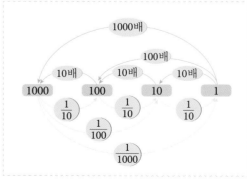

수업 흐름	교사의 발문
도입	▶ 소수 관련 자료 제시 : 돌아가며 읽기
전개	▶ 소수에 대한 간략한 개념 정리(위의 자료에서 이미지 관련 내용)
	▶ 이런 소수의 덧셈과 뺄셈에 대하여 4학년 때 공부하였다. 그렇다면 소수도 곱셈이 가능할까?
	• 문제 상황 예시 : 여러분이 급식으로 먹는 우유의 양은 200mL, 소수로는 0.2L. 여러분은 한 번에 몇 개나 먹을 수 있나요? 〈예〉 9개를 먹는다. ⇨ 그 양은 모두 얼마? 이를 식으로? ⇨ $0.2+0.2+\cdots\cdots+0.2=1.8$ 이렇게 해야 알 수 있지요? 그런데 계산이 너무 복잡하고 힘드네요. 이럴 때는 어떻게? 곱하기로 해요. 소수도 곱하기가 되나요?(된다고 말하는 아동이 있으면 직접 해 보라고 하기 ⇨ 답만 내는 식의 풀이를 하면 "왜 그렇게 해야 하지? 어떻게 해서 그렇게 풀게 되었지?" 하는 식으로 질문을 유도하면서 정확하게 이해하고 있는지를 묻는다. 이를 통해 단지 문제를 푼다는 것과 정확히 이해하고 있다는 것이 다르다는 것을 알게 하고 다음 시간부터 이를 알아 나가도록 할 것이라 안내한다.)
정리	▶ 우리 생활 속에서 소수의 곱이 사용되는 실제 사례에는 어떤 것이 있는가?
	▶ 소수의 곱셈은 어떻게 하면 되는지 다음 시간에 함께 알아보도록 해요.

 1차시 수업 소감

미리 계획한 바에 따라 자연스럽게 진행하였다. 처음에 복사물을 나누어 주고 소수의 역사를 알아봄과 동시에 지금까지 공부했던 내용들을 되짚어 보고자 하였다. 3학년 때부터 공부했던 소수에 대한 개념이 많이 흐트러져 있을 것이라 예상하였기 때문이다. 실제로 1을 10등분한 것, 100등분한 것에 대한 1조각을 분수와 연결 지어 소수를 같은 맥락에서 이해할 수 있도록 도왔다. 그런데 1의 10배가 10, 1의 100배가 100, 10의 100배가 1000이라는 관계는 잘 이해하였지만 1의 $\frac{1}{10}$은 0.1, 1의 $\frac{1}{100}$은 0.01, 1의 $\frac{1}{1000}$은 0.001 등의 관계는 좀 힘들어하였다. 그래서 이에 대한 이해를 돕는 활동에 많은 시간을 보냈다. 어느 정도 이해가 되었다고 생각하고 소수도 곱셈이 가능한가에 대하여 동수누가의 입장에서 자연수의 곱셈과 연결 지어 이해를 도왔다. 하지만 자연수의 곱셈과 다른 것 한 가지가 바로 소수점인데 선행학습을 한 아이들에게 $0.2 \times 7 = 1.4$에서 왜 소수점이 그 자리에 찍히게 되는지를 묻자 아무도 대답을 하지 못했다. 그래서 아이들에게 "이 질문에 대답을 할 줄 알아야 제대로 소수의 곱셈을 이해하였다고 말할 수 있는 것이란다. 그리고 다음 시간부터 이것을 함께 탐구해 나갈 것이다."라고 말하고 이번 시간을 마무리하였다. 딱 40분이 걸렸다.

2015년 8월 소수의 곱셈 단원 도입 활동(자료 : 돌아가며 읽기) 및 칠판 판서

07
소수의
곱셈

🍎 2~4차시 분수를 소수로, 소수를 분수로 나타내기

도입 및 전개
(2차시)

▶ $\frac{2}{5}$와 0.4L 비교하기(특별한 경우를 제외하고는 일관성 있게 띠 모델 조작 활동을 통해 이해 돕기 — 띠 모델에 표현하기) — 혼자 생각 ⇨ 모둠 토론 활동을 통해 모둠별로 문제해결 ⇨ 모두 함께 해결한 결과 연결 짓기(띠 모델을 제시할 때 칸을 미리 나누어 제시하지 않도록 한다.)

$\frac{1}{5}$		$\frac{1}{5}$		$\frac{1}{5}$		$\frac{1}{5}$		$\frac{1}{5}$	
0.1	0.1	0.1	0.1	0.1	0.1	0.1	0.1	0.1	0.1

▶ 0.4는 어떻게 설명할 수 있을까?(1을 10칸으로 나눈 것 중 1개)

▶ $\frac{2}{5}$는 1을 5칸으로 나눈 것 중 2개 ⇨ 이때 1을 10칸으로 나눈다면 몇 칸을 선택해야 $\frac{2}{5}$와 크기가 같아지는가?(이때 10칸으로 나눈다는 것은 분모를 얼마로 한다는 뜻인가? ⇨ 크기가 같은 분수 만들기)

▶ 왜 $\frac{2}{5}$를 분모가 10인 크기가 같은 분수로 만들어 보았을까?

▶ $\frac{8}{25}$과 0.35의 크기를 비교하려고 한다. $\frac{8}{25}$과 크기가 같은 분수를 만들어 0.35와 크기를 비교하려고 할 때 $\frac{8}{25}$의 분모는 얼마로 하면 좋은가? 그 이유는 무엇인가? 두 수를 비교한 결과는? — 혼자 생각 ⇨ 모둠 토론 활동을 통해 모둠별로 문제해결 ⇨ 모두 함께 해결한 결과 연결 짓기

전개
(3차시)

▶ $\frac{3}{4}$을 소수로 고치려고 한다. 크기가 같은 분수를 만들 때 분모를 얼마로 하면 좋은가? 그 이유는 무엇인가? 소수로 고치면 얼마가 되는가? — 혼자 생각 ⇨ 모둠 토론 활동을 통해 모둠별로 문제해결 ⇨ 모두 함께 해결한 결과 연결 짓기

▶ $\frac{1}{5}$을 소수로 고치려고 한다. 크기가 같은 분수를 만들 때 분모를 얼마로 하면 좋은가? 그 이유는 무엇인가? 소수로 고치면 얼마가 되는가? 분모를 100으로 하면 안 되는가? 그렇게 생각하는 이유는 무엇인가? 분모를 100으로 하여 소수로 고치면 얼마가 되는가? — 혼자 생각 ⇨ 모둠 토론 활동을 통해 모둠별로 문제해결 ⇨ 모두 함께 해결한 결과 연결 짓기

▶ 분수를 소수로 고치려면 어떻게 하면 좋은가?(주어진 분수를 분모가 10, 100 …… 이면서 크기가 같은 분수로 만들어 주면 된다.)

▶ 교과서 문제해결(12~13쪽)

전개 및 정리
(4차시)

▶ 0.5를 분수로 나타내 보고자 한다. 0.5를 띠 모델에 표시한다면 어떻게 되는가?(띠 모델을 제시할 때 미리 칸을 나누어 제시하지 않도록 한다.)

0.1	0.1	0.1	0.1	0.1	0.1	0.1	0.1	0.1	0.1

▶ 띠 모델에 표시한 것을 분수로 나타내면 어떻게 되는가?

▶ 2.4를 분수로 나타내 보고자 한다. 2.4를 띠 모델에 표시한다면 어떻게 되는가?

1									
1									
0.1	0.1	0.1	0.1	0.1	0.1	0.1	0.1	0.1	0.1

전개 및 정리 (4차시)

❱ 띠 모델에 표시한 것을 분수로 나타내면 어떻게 되는가?

❱ 1.25를 분수로 나타내 보고자 한다. 모눈종이에 1.25만큼 표시한다면 어떻게 되는가?

❱ 모눈종이에 표시한 것을 분수로 나타낸다면 어떻게 되는가?

❱ 모둠별 문제해결 ➩ 전체와 공유

2~4차시 수업 소감

2, 3차시를 블록 수업으로 진행하였다. 내용은 어렵지 않지만 분수를 소수로 고치면서 분모를 10으로, 100으로 하는 이유, 크기가 같은 분수 만들기 및 그 이유를 중심으로 반복적으로 활동을 하였다. 1학기에 띠 모델을 적극 활용한 분수 단원 학습 덕분에 아이들이 분수를 소수로 바꾸기 활동에 대하여 쉽게 이해를 하였다.

4차시 소수를 분수로 고치는 활동은 아이들이 굉장히 쉽게 이해를 하였다. 4차시에 2, 3차시 내용까지 종합하여 반복 학습 및 소수점 위치에 대한 명확한 이해

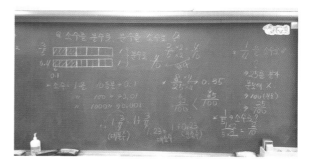

2015년 9월 분수를 소수로 고치기 칠판 판서

를 돕는 활동을 지속적으로 반복하면서 마무리하였다.

2015년 9월 분수를 소수로 고치기 활동

07 소수의 곱셈

🍎 5~6차시 소수×자연수

수업 흐름	교사의 발문

도입
❱ 소수×자연수 관련 상황 제시 : 0.5×3

전개
❱ 0.5×3은 어떤 뜻인가?(0.5를 3번 더한 것, 0.5를 3배한 것)

❱ 띠 모델로 나타내 보기

0.1	0.1	0.1	0.1	0.1	0.1	0.1	0.1	0.1	0.1

0.1	0.1	0.1	0.1	0.1	0.1	0.1	0.1	0.1	0.1

0.1	0.1	0.1	0.1	0.1	0.1	0.1	0.1	0.1	0.1

⇨

0.1	0.1	0.1	0.1	0.1	0.1	0.1	0.1	0.1	0.1

0.1	0.1	0.1	0.1	0.1	0.1	0.1	0.1	0.1	0.1

❱ 띠 모델로 나타낸 것을 분수로 나타내 보자－모둠칠판 활용, 혼자 생각하기 ⇨ 모둠원들과 각자 해결한 결과 공유 및 확인

$$0.5 \times 3 = \frac{5}{10} \times 3 = \frac{5 \times 3}{10} = \frac{15}{10} = 1.5$$

(1을 10개로 나눈 1조각을 0.1이라 할 때 0.1짜리가 15개 있는 것 ⇨ 1.5)

❱ 0.5 ⇨ 3을 세로셈으로 나타내 보자.(왜 소수점을 그 자리에 찍어야 하는지 분수로 고쳐서 계산한 과정과 연결지어 원리를 이해할 수 있도록 돕는다.)－모둠 토론(또는 모두 일어서서 나누기)

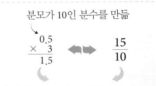

분모가 10인 분수를 만듦

연산 결과도 분모가 10인 분수를 만듦 ⇨ 소수점이 왜 그 자리에 찍히는지 이유 알기

❱ 소수×자연수 관련 상황 제시 : 1.4×3

❱ 1.4×3은 어떤 뜻인가?

❱ 띠 모델로 나타내 보기

0.1	0.1	0.1	0.1	0.1	0.1	0.1	0.1	0.1	0.1
0.1	0.1	0.1	0.1	0.1	0.1	0.1	0.1	0.1	0.1
0.1	0.1	0.1	0.1	0.1	0.1	0.1	0.1	0.1	0.1

0.1	0.1	0.1	0.1	0.1	0.1	0.1	0.1	0.1	0.1
0.1	0.1	0.1	0.1	0.1	0.1	0.1	0.1	0.1	0.1
0.1	0.1	0.1	0.1	0.1	0.1	0.1	0.1	0.1	0.1

⇩

0.1	0.1	0.1	0.1	0.1	0.1	0.1	0.1	0.1	0.1
0.1	0.1	0.1	0.1	0.1	0.1	0.1	0.1	0.1	0.1
0.1	0.1	0.1	0.1	0.1	0.1	0.1	0.1	0.1	0.1

0.1	0.1	0.1	0.1	0.1	0.1	0.1	0.1	0.1	0.1
0.1	0.1	0.1	0.1	0.1	0.1	0.1	0.1	0.1	0.1
0.1	0.1	0.1	0.1	0.1	0.1	0.1	0.1	0.1	0.1

❱ 띠 모델로 나타낸 것을 분수로 나타내 보자.－모둠칠판 활용, 혼자 생각하기 ⇨ 모둠원들과 각자 해결한 결과 공유 및 확인

$$1.4 \times 3 = \frac{14}{10} \times 3 = \frac{14 \times 3}{10} = \frac{52}{10} = 5.2$$

❱ 4.31×2를 분수로 해결하기

❱ 세로셈으로 해결하기

❱ 분수로 고쳐 해결한 것과 세로셈으로 해결한 것 함께 살피기 ⇨ 소수점이 어떤 자리에 찍히는지, 왜 그 자리에 찍히는지 이해시키기－모둠 토론(또는 모두 일어서서 나누기)

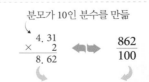

분모가 10인 분수를 만듦

연산 결과도 분모가 100인 분수를 만듦 ⇨ 소수점이 왜 그 자리에 찍히는지 이유 알기

정리
❱ 교과서 16~19쪽까지 각자 해결하기, 모둠원들과 함께 확인하기

※ 필요시 아래 활동지 제시 : 교과서 풀이 전 시간   들의 이해 정도를 알아보고자 할 때
적 여유가 생겼을 때 혹은 형성 평가 목적으로 아이

수학 5-1	1. 소수의 곱셈 (소수)×(자연수) 종합 활동지	서울 초등학교
		5학년 반 번
		이름 :

1. 아래 보기를 참고로 하여 주어진 문제를 해결하시오.

보기		7			0.	7			0.	0	7
	×	5		×		5		×			5
	3	5			3.	5			0.	3	5

	4			0.	4			0.	0	4			2	7			2.	7			0.	2	7
×		6	×			6	×			6	×			3	×			3	×				3

2. 보기와 같이 소수의 곱셈을 해결하시오.

보기	$8 \times 3 = 24$
	$0.8 \times 3 = \dfrac{8}{10} \times 3 = \dfrac{8 \times 3}{10} = \dfrac{24}{10} = 2.4$
	$0.08 \times 3 = \dfrac{8}{100} \times 3 = \dfrac{8 \times 3}{10} = 0.24$

(1) $8 \times 7 = 56$

$\quad 0.8 \times 7 =$ $\qquad\qquad\qquad$ $0.08 \times 7 =$

(2) $6 \times 9 = 54$

$\quad 0.6 \times 9 =$ $\qquad\qquad\qquad$ $0.06 \times 9 =$

오늘 수업의 핵심은 (소수×자연수)에서 '소수점이 왜 그 자리에 찍히는가를 확실히 이해하고 설명할 줄 안다.'는 것이었다. 띠 모델 표현 및 세로셈 계산을 보다 쉽게 하기 위하여 오늘부터 연산 노트 복사물을 나누어 주고 활동을 하였다. 그랬더니 아이들이 훨씬 더 수월하게 활동을 하였다.

처음 0.5×3에서 왜 소수점이 그 자리에 찍히는가에 대한 이해에 어려움이 있었지만 다음 질문인 1.4×3을 분수로 바꾸어 계산하기를 통해 소수점이 찍히는 자리를 이해하기 시작하면서 어느 정도 감을 잡기 시작하였다.

최종 질문은 4.31×2를 통해 많은 아이들은 왜 소수점이 그 자리에 찍히는가에 대한 이해 및 설명을 할 수 있을 만큼 되었다. 80분 블록 수업의 목적이 어느 정도 달성되었다는 생각이 들었다.

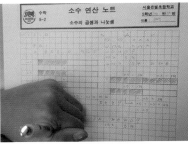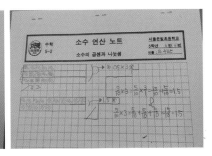

2015년 9월 소수×자연수 활동에서 띠 모델 및 분수로 해결하기 활동

2015년 9월 소수×자연수 활동에서 모둠 토론 및 도움 주고받기와 발표하기

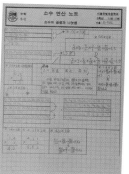

2015년 9월 소수×자연수 활동에서 연산 노트 활용 결과 사례 및 최종 칠판 판서

🍎 7~8차시 자연수×소수

수업 흐름	교사의 발문

도입

◐ 자연수×소수 관련 상황 제시 : 2×0.7

전개

◐ 2×0.7은 어떤 뜻인가?(2를 0.7배한 것)

◐ 띠 모델로 나타내 보기

$$(\boxed{0.1\ 0.1\ 0.1\ 0.1\ 0.1\ 0.1\ 0.1\ 0.1\ 0.1\ 0.1}\ \ \boxed{0.1\ 0.1\ 0.1\ 0.1\ 0.1\ 0.1\ 0.1\ 0.1\ 0.1\ 0.1})\times0.7=$$

$$(\boxed{0.1\ 0.1\ 0.1\ 0.1\ 0.1\ 0.1\ 0.1\ 0.1\ 0.1\ 0.1}\times0.7)+(\boxed{0.1\ 0.1\ 0.1\ 0.1\ 0.1\ 0.1\ 0.1\ 0.1\ 0.1\ 0.1}\times0.7)=$$

$$\boxed{0.1\ 0.1\ 0.1\ 0.1\ 0.1\ 0.1\ 0.1}+\boxed{0.1\ 0.1\ 0.1\ 0.1\ 0.1\ 0.1\ 0.1}$$

$$\Rightarrow \boxed{0.1\ 0.1\ 0.1\ 0.1\ 0.1\ 0.1\ 0.1}\ \boxed{0.1\ 0.1\ 0.1\ 0.1\ 0.1\ 0.1\ 0.1}\ 1.4$$

◐ 띠 모델로 나타낸 것을 분수로 나타내 보자 — 모둠칠판 활용, 혼자 생각하기 ⇨ 모둠원들과 각자 해결한 결과 공유 및 확인

$$2\times0.7=2\times\frac{7}{10}=(1\times\frac{7}{10})+(1\times\frac{7}{10})=\frac{7+7}{10}=\frac{2\times7}{10}=\frac{14}{10}=1.4$$

(1을 10개로 나눈 1조각을 0.1이라 할 때 0.1짜리가 14개 있는 것 ⇨ 1.4)

◐ 2×0.7을 세로셈으로 나타내 보자.(왜 소수점을 그 자리에 찍어야 하는지 분수로 고쳐서 계산한 과정과 연결 지어 원리를 이해할 수 있도록 돕는다.) — 모둠 토론
(또는 모두 일어서서 나누기)

◐ 자연수×소수 관련 상황 제시 : 2×1.2

◐ 2×1.2는 어떤 뜻인가?(2를 1.2배한 것, 1.2=1+0.2)

◐ 이의 해결에 분배법칙이 적용됨을 이해할 수 있도록 하기(분수의 곱셈에서도 똑같은 과정이 있었음)

> 분모가 10인 분수를 만듦
>
> $$\begin{array}{r}2\\\times\,0.\,7\\\hline1.\,4\end{array}\quad\Longleftrightarrow\quad\frac{14}{10}$$
>
> 연산 결과도 분모가 10인 분수를 만듦 ⇨ 소수점이 왜 그 자리에 찍히는지 이유 알기

◐ 띠 모델로 나타내 보기

$$(\boxed{0.1\ 0.1\ 0.1\ 0.1\ 0.1\ 0.1\ 0.1\ 0.1\ 0.1\ 0.1}\ \ \boxed{0.1\ 0.1\ 0.1\ 0.1\ 0.1\ 0.1\ 0.1\ 0.1\ 0.1\ 0.1})\times1+$$

$$(\boxed{0.1\ 0.1\ 0.1\ 0.1\ 0.1\ 0.1\ 0.1\ 0.1\ 0.1\ 0.1}\ \ \boxed{0.1\ 0.1\ 0.1\ 0.1\ 0.1\ 0.1\ 0.1\ 0.1\ 0.1\ 0.1})\times0.2=$$

$$(\boxed{0.1\ 0.1\ 0.1\ 0.1\ 0.1\ 0.1\ 0.1\ 0.1\ 0.1\ 0.1}\ \ \boxed{0.1\ 0.1\ 0.1\ 0.1\ 0.1\ 0.1\ 0.1\ 0.1\ 0.1\ 0.1})+$$

$$(\boxed{0.1\ 0.1}\ \ \boxed{0.1\ 0.1})=$$

$$\boxed{0.1\ 0.1\ 0.1\ 0.1\ 0.1\ 0.1\ 0.1\ 0.1\ 0.1\ 0.1}\ \boxed{0.1\ 0.1\ 0.1\ 0.1\ 0.1\ 0.1\ 0.1\ 0.1\ 0.1\ 0.1}\ \boxed{0.1\ 0.1\ 0.1\ 0.1}\ 2.4$$

◐ 띠 모델로 나타낸 것을 분수로 나타내 보자 — 모둠칠판 활용, 혼자 생각하기 ⇨ 모둠원들과 각자 해결한 결과 공유 및 확인

$$2\times1.2=(2\times1)+(2\times0.2)=2+(2\times\frac{2}{10})=2+\frac{2\times2}{10}=2+\frac{4}{10}=$$
$$2+0.4=2.4$$

정리

◐ 3×2.3을 분수로 해결하기

◐ 세로셈으로 해결하기

◐ 분수로 고쳐 해결한 것과 세로셈으로 해결한 것 함께 살피기 ⇨ 소수점이 어떤 자리에 찍히는지, 왜 그 자리에 찍히는지 이해시키기 — 모둠 토론(또는 모두 일어서서 나누기)

◐ 교과서 20~23쪽까지 각자 해결하기, 모둠원들과 함께 확인하기

> 분모가 10인 분수를 만듦
>
> $$\begin{array}{r}3\\\times\,2.\,3\\\hline9\\6\ \ \\\hline6.\,9\end{array}\quad\rightarrow\quad\frac{9}{10}$$
>
> $$\frac{60}{10}+\frac{9}{10}$$
>
> 연산 결과도 분모가 10인 분수를 만듦 ⇨ 소수점이 왜 그 자리에 찍히는지 알기

07
소수의
곱셈

수학 5-1	1. 소수의 곱셈 (자연수)×(소수) 종합 활동지	서울　　　　　　초등학교 5학년　　반　　번 이름 :

1. 아래 보기를 참고로 하여 주어진 문제를 해결하시오.

보기	$3 \times 8 = 24$	$3 \times 0.8 = \dfrac{3 \times 8}{10} = 2.4$
	$3 \times 0.08 = \dfrac{3 \times 8}{100} = 0.24$	$3 \times 0.008 = \dfrac{3 \times 8}{1000} = 0.024$

(1) $6 \times 7 = 42$

　　$6 \times 0.7 =$ 　　　　　　　　$6 \times 0.07 =$

　　$6 \times 0.007 =$

(2) $3 \times 26 = 78$

　　$3 \times 2.6 =$ 　　　　　　　　$3 \times 0.26 =$

　　$3 \times 0.026 =$

2. 다음에 주어진 문제를 세로셈으로 해결해 보시오.

	5			8		2 0		1 6		3 6		3 0
× 0. 7			× 0. 5 7		× 0. 6		× 2. 4		× 1. 8		× 1. 0 7	

7~8차시 수업 소감

지난 시간에 이어서 '자연수×소수'에 대하여 알아보는 시간을 가졌다. 지난 시간에 공부했던 소수 곱셈의 원리 학습(특히 소수점이 왜 그 자리에 찍히는가를 이해하고 설명할 수 있도록 하는 일)이 큰 도움이 되었던 것 같았다. 오늘 수업을 진행하는 데 굉장히 쉽게 넘어갈 수 있었다. 지난 시간과 오늘 수업을 통해 소수 곱셈의 원리 및 소수점이 찍히는 자리에 대한 이해를 충분히 한 것 같았다. 덕분에 시간적 여유가 생겨서

‘소수×자연수’와 ‘자연수×소수’ 부분에 대한 형성 평가 활동을 해 보았다. 평가 후에는 한 문항씩 앞에 나와 직접 풀고 설명도 할 수 있도록 해 보았다. 대체적으로 설명도 잘해 주었다. 평가 결과도 매우 만족스러웠다. 역시 원리의 이해에 초점을 맞춘 수학 수업 방향성의 설정은 아주 효과적이라는 사실을 또 한 번 깨닫게 되는 시간이었다.

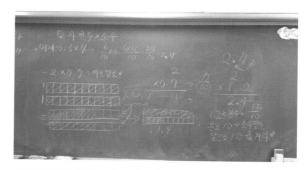

2015년 9월 자연수×소수 활동 칠판 판서

2015년 9월 자연수×소수, 소수×자연수 형성 평가 및 발표 활동

🍎 9차시 소수점 위치 알기

수업 흐름	교사의 발문
도입	❱ 10배, 100배, 1000배 …… 일 때의 소수점 위치와 0.1배($\frac{1}{10}$), 0.01배($\frac{1}{100}$), 0.001배($\frac{1}{1000}$) …… 일 때의 소수점 위치 이해하기(자연수에 10배, 100배, 1000배를 하면 자연수 뒤에 0이 1개, 2개, 3개 붙는다. 그렇다면 소수에 10배, 100배, 1000배를 하면 소수 뒤에도 0이 1개, 2개, 3개 붙을까?)
전개	❱ 3.146×10, 3.146×100, 3.146×1000을 통해 소수점의 자리 이동 규칙 알아내기(분수로 고쳐서 해결하기) — 모둠 토의, 모둠 칠판 활용 ❱ 365×0.1, 365×0.01, 365×0.001을 통해 소수점의 자리 이동 규칙 알아내기(분수로 고쳐서 해결하기) — 모둠 토의, 모둠 칠판 활용
정리	❱ 알아낸 규칙 함께 정리 및 적용하기(칠판에 함께 정리) • $7 \times 0.3 = \frac{7 \times 3}{10} = 2.1$, $7 \times 0.03 = \frac{7 \times 3}{100} = 0.21$, $7 \times 0.003 = \frac{7 \times 3}{1000} = 0.021$ • $2.569 \times 10 = \frac{2569 \times 10}{1000} = 25.69$, $2.569 \times 100 = \frac{2569 \times 100}{1000} = 256.9$ $2.569 \times 1000 = \frac{2569 \times 1000}{1000} = 2569$ ❱ 교과서 24~25쪽까지 각자 해결하기, 모둠원들과 함께 확인하기

07
소수의
곱셈

수학	1. 소수의 곱셈	서울	초등학교
5-1	곱의 소수점 위치 알기 활동지	5학년 반 번
		이름 :

1. 주어진 계산 결과를 바탕으로 다음 문제를 해결하시오.

$3 \times 7 = 21$	$0.6 \times 25 = 15$
$30 \times 0.7 =$	$6 \times 25 =$
$0.03 \times 7 =$	$600 \times 0.25 =$
$0.3 \times 0.7 =$	$0.6 \times 0.25 =$
$0.03 \times 70 =$	$6 \times 0.025 =$

9차시 수업 소감

처음 단원 학습을 시작할 때 소수 및 자연수에서 각 자리마다의 배수 관례를 짚어 보고 시작했었던 것을 다시 이 시간에 상기시키고 곱의 소수점 위치를 결정하는 데 필요한 내용을 스스로 알아낼 수 있도록 도왔다. 모둠 토론을 통해 10, 100, 1000을 곱할 때 소수점 위치 이동의 원리를 대부분 모둠에서 이끌어 냈다.

원리 학습을 모두 마치고 활동지를 나누어 준 뒤 개별적으로 해결하고 과정에서 도움이 필요한 것이 있으면 모둠원에

2015년 9월 곱의 소수점의 위치 알기 칠판 판서

게 요청하라고 하였다. 아울러 모두 해결하게 되면 결과를 서로 비교해 보면서 수정할 것이 있으면 수정할 수 있게 하였다. 대체로 무난하게 활동하였으며 큰 어려움이 없었다.

2015년 9월 곱의 소수점의 위치 알기 활동

결과 확인 및 도움 주고받기

🍎 10~11차시 소수×소수

수업 흐름	교사의 발문

도입

전개

🔖 소수×소수의 상황 제시 : 0.6×0.4

(1) 세로셈으로 해결하기

$$\begin{array}{r} 2 \\ \times\ 0.\ 7 \\ \hline 1.\ 4 \end{array}$$

답의 소수점은 0.7과 같은 소수 첫째 자리에 찍었다. ▶

$$\begin{array}{r} 0.\ 6 \\ \times\ 0.\ 4 \\ \hline 2.\ 4 \end{array}$$

이 경우도 답의 소수점은 앞의 것과 마찬가지로 0.6, 0.4와 같은 소수 첫째 자리에 찍는 것이 맞다. ▶

과연 그런가? 왜 맞는가? 왜 틀리는가?

$$\begin{array}{r} 0.\ 6 \\ \times\ 0.\ 4 \\ \hline 0.\ 2\ 4 \end{array}$$

왜 이 경우 답의 소수점이 0.6, 0.4와 같이 소수 첫째 자리까지 나타난 2.4가 아니라 소수 둘째 자리까지 나타난 0.24가 되었을까?(모두 일어서서 나누기) ⇨ 전체와 공유(발표, 서로 연결 짓기)

(2) 분수로 고쳐서 해결하기 : 위의 (1)번 문제해결을 위한 설명

$$0.6 \times 0.4 = \frac{6}{10} \times \frac{4}{10} = \frac{6 \times 4}{10 \times 10} = \frac{24}{100} = 0.24$$

(3) 6×4=24와 비교하여 0.6×0.4=0.24임을 설명하기

⇨ 6×4 = 24이지만 0.6×0.4는 $\frac{6 \times 4}{10 \times 10} = \frac{24}{100}$여서 분모가 100이 되므로 소수점은 2 앞에 찍힌다. 따라서 답은 0.24가 된다.

🔖 소수×소수의 상황 제시 : 3.6×2.8

(1) 세로셈으로 해결하기

(2) 왜 10.08로 소수 둘째 자리까지 나타냈어야 했는가?

⇨ 3.6×2.8 = $\frac{36 \times 28}{10 \times 10} = \frac{1008}{100}$이어서 분모가 100이 되므로 소수점은 '08' 앞에 찍힌다. 따라서 답은 10.08이 된다.

$$\begin{array}{r} 1\quad 4\qquad \\ 3.\ 6 \\ \times\ 2.\ 8 \\ \hline 2\ 8\ 8 \\ 7\ 2\quad \\ \hline 10.\ 0\ 8 \end{array}$$

정리

🔖 교과서 26~33쪽까지 각자 해결하기, 모둠원들과 함께 확인하기

10~11차시 수업 소감

시작하면서 모두 일어서서 나누기 활동으로 심진(心震)을 일으킬 수 있는 질문을 제시하고 왜 소수점이 그 자리에 찍혀야 하는지에 대하여 스스로 찾아낼 수 있도록 하였다. 대부분 잘 찾아내었다. 역시 원리 중심 수학의 힘은 대단했다.

모두 일어서서 나누기 한 내용에 대하여 분수로 나누어 해결해 보라고 하였는데 그 과정도 잘 해결해 주었다. 생각보다 빠르게 전개되었다. 남은 시간이 많았지만 교과서 끝까지 개별적으로 해결하고 모둠원들과 서로 도움도 주고받으며 결과 확인까지 할 수 있는 시간을 주었다. 두 시간을 꽉 채워 모두 마무리하였다.

07
소수의
곱셈

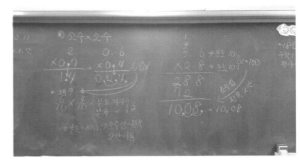

2015년 9월 단원의 최종 활동 소수×소수에 대한 모두 일어서서 나누기 활동 및 판서

최종적으로 교과서 문제해결하기 및 서로 도움 주고받기, 결과 확인

🍎 12차시 생활 속의 소수 곱셈 : 미션 과제 해결하기

수학 5-1	1. 소수의 곱셈 스토리텔링 모둠 미션활동지	서울　　　　　　초등학교 5학년　　반　　번 이름 :

[자료 출처] [2015 대구·경북 세계 물 포럼] 물을 아껴야 하는 이유는 무엇일까요?—작성자 대구광역시

물을 아껴야 하는 이유는 무엇일까요?
우리가 물을 아껴야만 하는 이유

다들 어떤 것을 아낌없이 펑펑 쓸 때 사용하는 "물 쓰듯 하다"라는 표현을 들어 보셨을 텐데요. 이 표현에서 우리가 물을 쓸 때 아무런 생각 없이 막 쓴다는 것을 알 수 있습니다. 특히 우리나라는 상수도 시설이 잘되어 있어 물의 부족함을 체감하기 어려운데요. 그래서 물을 낭비하는 경우도 많고 물을 왜 아껴야 하는지 진지하게 생각한 적도 없을 거예요.

하지만 계속해서 지금처럼 물을 쓴다면 언젠간 우리나라도 물이 부족해 어려움을 겪게 될 수 있습니다. 그러니 지금부터라도 왜 물을 아껴야 하는지를 확실히 알고, 물을 아껴 쓰는 습관을 들여야 합니다!

물이 부족하면…

물이 부족하게 된다면 어떻게 될까요? 우리의 일상생활이 유지가 되지 않을 거라 생각되는데요. 논밭에 물이 없어 농사를 망치고, 곡식과 채소의 가격이 어마어마하게 오르고, 공장들은 공업용수가 부족해 기계를 돌리지 못할 겁니다. 숲과

산의 나무들이 죽고, 하천은 메말라 물고기들도 죽겠죠. 사람들은 식수가 부족해 갈증을 호소할 것이고, 씻는 것은 물론 국물이 있는 요리는 하지 못할 것입니다. 상상만 해도 끔찍한 일이죠?

1인당 하루 320리터 사용!

물이 부족하면 어떻게 될지 잘 모르고 있는 사람들은 매일매일 많은 양의 물을 사용합니다. 통계

생산 원가	약 961(원/L)
수도 요금	약 609(원/L)

를 보면 우리나라는 1인당 하루 320리터의 물을 사용하고 있다고 합니다. 이 수치만 들었을 때는 감이 안 오는데요. 1인당 하루 121리터를 사용하는 선진국인 독일과 비교해 보면 무려 두 배 이상이나 많은 양의 물을 사용하는 거랍니다. 정말 놀랍죠? 그러므로 우리나라의 물 사용량이 많다는 점과 물이 부족하게 되었을 때의 상황을 알고 앞으로 물을 절약하도록 노력해야 합니다.

수돗물의 진짜 가격은 얼마?

이렇게 물을 쉽게 사용하는 이유 중 하나는 수도 요금이 높지 않아서일 수도 있는데요. 수돗물도 국가에서 관리하는 공공재이기 때문에 수익을 따지지 않고 낮은 가격에 공급되고 있습니다. 즉 생산원가 약 961(원/L)의 80% 수준인 약 609(원/L)인 원가 이하 가격으로 공급하고 있다는 얘기입니다. 원가에도 못 미치는 낮은 가격에 공급되고 있는 수돗물. 보이는 것보다 더 많은 돈이 낭비된다는 사실을 알았으니 아껴 써야겠죠?

물을 왜 아껴야 할까?

물을 아껴 써야 하는 이유는 크게 두 가지입니다. 하나는 미래의 물 부족에 대비해야 하는 것, 나머지 하나는 수질 오염을 막아 우리 생활의 질을 높이기 위해서입니다. 이를 심도 있게 살펴보았습니다.

사람들이 물을 많이 쓰면 물 수요를 충당하기 위해 수자원을 더 개발해야 합니다. 수자원을 개발하

기 위해 댐 건설, 지하수 개발 등을 구축하느라 비
용(국가의 돈, 세금)이 늘어나게 되죠. 그렇게 되
면 물 값이 오르고 개인 세금 부담이 늘어납니다.
물을 많이 사용한 국민들이 부담을 안게 되는 것
입니다.

환경적으로 생각해 보아도 마찬가지입니다.
물을 낭비하면 생활 하수가 증가하게 됩니다. 이
는 심각한 수질 오염과 물을 깨끗이 하기 위한 정
화 비용을 증가시키는 결과를 가져옵니다. 결국
하수도세가 올라 개인 세금 부담이 늘어납니다. 앞선 사례처럼 물을 낭비한 국민들에게 부담이 되돌
아오는 것입니다.

결론적으로 우리가 물은 아끼면 아낄수록 유리하다는 얘기입니다. 물을 절약하면 수도 요금이 줄
고 더 나아가 세금까지 줄어들게 됩니다. 또한 환경 오염 예방도 할 수 있습니다. 원가보다 낮은 가
격으로 공급되는 소중한 물! 물의 소중함과 왜 절약해야 하는지를 알고 '나부터' 물 절약에 앞장서
실천합시다!

◯ 1차 활동 : 모둠별로 주어진 자료를 '돌아가며 읽기'로 살펴보세요.

◯ 2차 활동 : 아래 질문을 읽어 보고 과제를 해결하기 위해 어떤 정보가 필요한지 함께 찾아보고 해
결해 나갑니다.

◯ 3차 활동 : 어떤 모둠원에게 문제를 해결하라고 맡겨도 한 사람도 빠짐없이 해결하고 설명할 수
있어야 합니다. 모둠원들이 서로 도움을 주고받아야 합니다.

[미션 질문 1] 우리나라 인구 1인당 1일 물 소비량을 금액(돈)으로 환산(바꾸어 계산)하면 얼마가 되는가?(참고하
기 : 1톤=1000L)

(해결 과정 쓰기)

[미션 질문 2] 독일 인구 1인당 1일 물 소비량을 금액(돈)으로 환산(바꾸어 계산)하면 얼마가 되는가?(참고하기
: 1유로=2015년 8월 27일 현재 1343.82원)

(해결 과정 쓰기)

[미션 질문 3] 위의 미션 질문 1, 2번을 해결한 결과를 바탕으로 볼 때 독일과 우리나라 사람 하루 1인당 물 소
비량을 비교한 결과가 말해 주는 중요한 의미 두 가지는 무엇인지 써 보시오.(아래는 모범 답안임)

(1) 우리나라 사람이 독일 사람의 약 3배 가까이 물을 사용한다.

(2) 물 소비량은 약 3배이나 물 값은 독일 사람이 약 2배 가까이 더 낸다.

[미션 질문 4] 국가가 물을 싸게 공급해 주고 있는 현재 우리나라 사람 1인당 하루 물 소비량으로 따져 볼 때 국가는 매일 얼마씩 손해를 보고 있는 셈인가?

(해결 과정 쓰기)

[미션 질문 5] 가정에서 물을 아껴 쓰기 위해 변기 물통에 1.5L 페트병을 넣고 쓰는 경우가 많다. 보통 4인 가정에서 1인당 하루 2번씩 물을 내린다고 할 때 한 달(30일)간 아껴 쓰는 물의 양과 그 비용을 계산해 보시오.

(해결 과정 쓰기)

 12차시 수업 소감

미션 과제를 제시하면서도 조금은 어려울 것이라는 생각도 했다. 역시 아이들은 힘들어하였다. 그래도 각 모둠별로 나름 이해를 하는 아이들이 1명 정도씩 다 있어서 해결은 해 나갔다. 중간에서 소수 계산이 조금 복잡한 문제가 있었는데 정확한 계산을 해내

는 일은 역시 쉽지 않았다. 계산 과정에서 실수를 하는 모둠이 많았다. 하다 보니 시간이 부족하여 못한 것은 집에 가서 해결한 뒤 스스로 배움 공책에 정리해 오라고 하였다. 다음 시간 평가를 마치고 약간의 시간을 내서 미션 과제 풀이를 함께 해 주도록 해야 할 것 같다.

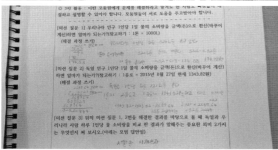 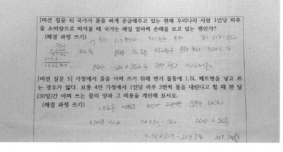

2015년 9월 단원의 최종 마무리 미션활동 과정 및 활동 결과물

수학 5-1	1. 소수의 곱셈	서울은빛초등학교 5학년 찬성반 번 이름 :
	교과서 6~41쪽	

1 분수를 소수로 고치는 과정입니다. □ 안에 알맞은 수를 써넣으시오.

$$\frac{3}{5} = \frac{3 \times \square}{5 \times \square} = \frac{\square}{10}$$

2 분모와 분자에 같은 수를 곱하여 분모가 10 또는 100인 분수로 고칠 수 있는 것을 모두 고르시오. ( )

① $\frac{2}{3}$ ② $\frac{3}{4}$ ③ $\frac{4}{5}$
④ $\frac{1}{6}$ ⑤ $\frac{7}{8}$

3 철수는 $\frac{1}{2}$을 소수로 고치는 과정에서 분자와 분모에 같은 수 50을 곱하였습니다. 잘못한 점이 있습니까?

Yes(있다)	No(없다)
이유 :	

4 영희는 분수 $\frac{3}{4}$을 소수로 고치면서 분자와 분모에 같은 수인 250을 곱해도 되는데 25를 곱하였다. 그 이유는 무엇인가?

이유:

5 수 막대를 보고 □ 안에 알맞은 수를 써넣으시오.

(1) 0.8 + 0.8 = □   (2) 0.8 × □ = □

6 0.4 × 3의 의미를 2가지만 써 보시오.

의미 1 :
의미 2 :

7 2.8 × 4를 분수로 고쳐서 해결하시오. 답은 소수로 나타내고 왜 소수점이 그 자리에 찍히는지 설명해 보시오.

* 2.8 × 4 =

이유(설명) :

8 아래 문제를 해결하시오.

(1) 3·65 × 4   (2) 2
              × 4.7

9 □안에 알맞은 수를 써넣으시오.

0.12 × 10 = □
0.12 × 100 = □
0.12 × 1000 = □

10 아래 계산이 어디가 잘못된 것인지 고쳐보고, 왜 잘못되었는지 그 이유를 써 보시오.

* 0.29 × 1000 = 29

이유(설명) :

11 계산이 **잘못된** 부분을 찾아 바르게 계산하고, 소수점이 왜 그 자리에 찍히는지 설명해 보시오.

```
   4 6
 × 0. 9 2      ⇨
 4 1 4 0
```

이유(설명) :

12 철수는 정육점에 가서 돼지고기를 0.7 kg씩 잘라서 12개를 포장해달라고 하였습니다. 철수가 사 온 돼지고기의 무게는 모두 몇 kg입니까?

〈풀이〉

〈답〉

13 다음 계산을 하시오.

(1)   0. 3   (2)   0. 6
    × 0. 7   × 0. 41

14 진호는 1 m에 0.085 kg인 리본을 0.4 m 샀습니다. 진호가 산 리본의 무게는 몇 kg인지 분수로 고쳐서 해결해 보시오. 답은 반드시 소수로 나타내시오.

〈분수로 고쳐 해결하기 과정〉

답 (   ) kg

15 아래 식에서 잘못된 부분을 바로잡아보시오. 그리고 왜 잘못되었는지, 그 이유는 무엇인지 설명해 보시오.

```
      2. 6
    × 5. 4
    1 0 4
  1 3 0
  1 4 0. 4
```
바로잡아 해결하는 곳

이유(설명) :

16 주어진 계산 결과를 바탕으로 다음 문제를 해결하시오.

3×7=21	0.6×25=15
30×0.7=	6×25=
0.03×7=	600×0.25=
0.3×0.7=	0.6×0.25=
0.03×70=	6×0.025=

17 □ 안에 알맞은 수는 무엇인지 쓰고, 그 이유를 설명해 보시오.

1.7 × □ = 0.017

이유(설명) :

18 집에서 학교까지의 거리는 50.93 m이고 집에서 도서관까지의 거리는 집에서 학교까지 거리의 1.8배입니다. 학교에서 도서관까지의 거리는 몇 m인지 답을 구하시오.

집 50.93 m 학교 도서관

〈답〉 _____ m

수학 5-2	소수 연산 노트 소수의 곱셈과 나눗셈	서울　　　　　초등학교
		5학년　　반　　　번
		이름 :

08 분수의 나눗셈

단원 소개 및 문제의식 갖기

교사용 지도서를 보면 실생활 속의 사례나 분수의 나눗셈이 사용되는 빈도는 낮지만 수학적 기식을 다루는 도구로서 중요한 역할(분수곱셈의 역연산으로 연산 기능 과장, 수학적·과학적 자료의 계산에 활용, 정확한 계산이 필요할 때 소수의 나눗셈보다 효과적일 수 있는 경우에 활용, 중학교에서 유리식의 계산을 다룰 때 기초 기능)을 한다고 안내되어 있다.[1]

단원 학습 목표

내용	1. (자연수)÷(자연수)를 곱셈으로 나타낼 수 있다. 2. 나눗셈의 몫을 분수로 나타낼 수 있다. 3. (진분수)÷(자연수)의 계산 원리를 이해하고 계산할 수 있다. 4. (가분수)÷(자연수)의 계산 원리를 이해하고 계산할 수 있다. 5. (대분수)÷(자연수)의 계산 원리를 이해하고 계산할 수 있다.
과정	1. 문제 상황을 곱셈 상황으로 이해하며 분수의 나눗셈으로 나타내고 분수의 나눗셈 문제를 해결할 수 있다. 2. 여러 가지 분수의 나눗셈 방법에 대하여 친구들과 이야기하며 수학적 의사소통 능력을 기를 수 있다. 3. 나눗셈 계산 절차의 의미를 알고 빠르고 편리하게 계산하는 방법을 추론해 낼 수 있다.
태도	1. 주어진 상황을 식으로 나타낼 수 있다. 2. 분수의 나눗셈 계산 방법과 분수의 곱셈 계산 방법의 이해를 통해 비슷한 점과 다른 점을 알 수 있다. 3. 계산 절차의 의미와 유용성을 찾을 수 있다.

단원의 발전 계통

선수 학습	본 학습	후속 학습
• 3학년 분수 • 4학년 분수의 덧셈과 뺄셈 • 5학년 분수의 덧셈과 뺄셈 • 5학년 분수의 곱셈	• 나눗셈을 분수의 곱셈으로 나타내기 • 나눗셈의 몫을 분수로 나타내기 • (진분수)÷(자연수)의 계산 • (가분수)÷(자연수)의 계산 • (대분수)÷(자연수)의 계산	• 6학년 분수의 나눗셈 • 6학년 소수의 나눗셈

---

1 2009 개정 교육과정에 따른 수학과 교사용 지도서 5학년 2학기. 2015. pp. 192~193.

위의 내용에 근거를 두고 교사용 지도서는 본 단원의 전개 계획을 아래와 같이 제시[2]하였으나 현장에서는 나름대로 재구성하여 지도할 필요성이 있다고 판단된다.

차시	재구성 이전	수업 내용 및 활동
1	단원 도입(스토리텔링)	• 분수의 나눗셈이 쓰이는 상황을 이해하고 실생활에 필요함을 느끼기
2	(자연수)÷(자연수)를 곱셈으로 나타내기	• (자연수)÷(자연수)를 곱셈으로 나타내는 방법 알기
3	나눗셈의 몫을 분수로 나타내기	• 나눗셈의 몫을 분수로 나타내는 방법 알기
4	(진분수)÷(자연수) 계산하기	• (진분수)÷(자연수)를 분수의 곱셈으로 나타내는 방법 및 계산하는 방법 알기
5	(가분수)÷(자연수) 계산하기	• (가분수)÷(자연수)를 분수의 곱셈으로 나타내는 방법 및 계산하는 방법 알기
6	(대분수)÷(자연수) 계산하기	• (대분수)÷(자연수)를 분수의 곱셈으로 나타내는 방법 및 계산하는 방법 알기
7	단원 정리(문제 풀기)	• 단원에서 배운 내용을 문제 풀며 정리하기
8	문제해결	• (소수)÷(자연수)를 적용하여 연비를 구하기 • 문제해결에 대한 논리적인 이유 말하기
9	이야기 마당	• 전자 저울로 무게를 재어 보고 그 무게를 똑같이 나눈 양 어림해 보기

위와 같은 내용 구성에 대하여 문제의식을 갖게 만드는 점 몇 가지를 살펴보면 아래와 같다.

(분수)÷(자연수) 계산의 핵심은 나눗셈을 곱셈으로 바꾸어 계산하기가 아니다

지도서의 지도상 유의점 및 단원 배경 지식을 살펴보면 '(분수)÷(자연수) 계산의 핵심은 나눗셈을 곱셈으로 바꾸어 계산할 수 있음을 아는 것, 이때 역수를 곱한다는 표현은 사용하지 않기'라고 되어 있다.[3] 하지만 나는 이 견해에 다른 생각을 갖는다. 나눗셈을 곱셈으로 바꾸어 계산할 수 있지만 왜 그렇게 바꾸어 계산하는지 설명할 수 없다면 그것은 제대로 이해한 것이 아니기 때문이다. 만약 제시된 내용이 목표가 된다면 굳이 세세하게 나누어 9차시까지 지도할 필요가 없다. 2~3차시면 끝낼 수 있다. 그러나 9차시까지 할애하여 지도하고자 한 이유는 다른 것에 있다고 본다. 나의 견해로 볼 때 본 단원의 핵심은 '분수의 나눗셈은 왜 역수로 바꾸어 곱셈을 해야 하는지를 설명할 수 있도록 하는 것'이 되어야 한

2 2009 개정 교육과정에 따른 수학과 교사용 지도서 5학년 2학기. 2015. p. 195.
3 2009 개정 교육과정에 따른 수학과 교사용 지도서 5학년 2학기. 2015. pp. 196~197.

08
분수의
나눗셈

다. 또한 역수라는 표현을 하지 않는다고 되어 있지만 그리 어려운 개념도 아니라고 본다면 그 표현을 자연스럽게 사용하는 것도 나쁘지 않다고 본다. 고민해 보기 바란다.

단원 도입의 스토리텔링 수학에 대한 문제의식

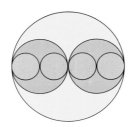

매 단원마다 반복되는 이야기다. 특히 단원 초반에는 실생활 속에서 분수의 나눗셈이 이루어지는 상황 또는 재미있는 이야기 상황을 만들어 단원 학습 내용과 연결 짓기를 해 주어야 한다. 왼쪽 그림처럼 원이라는 도형에 대하여 아직 제대로 경험해 보지 못한 아이들에게 원의 지름을 이야기하며 안쪽에 있는 가장 작은 원의 지름이 얼마인지 알아보라고 하는 식의 상황 제시는 아이들에게

또 다른 혼란스러움을 가져올 우려가 있다고 생각된다.

여전히 아이들에게 매우 힘든 질문 또는 의미 없는 질문

이전 수학 교과서에서처럼 "왜 그렇게 생각하지?", "~는 ~라 말할 수 있습니까?", "~는 ~와 같습니까?", "~는 ~로 나타낼 수 있습니까?", "~하는 방법을 말해 보시오."와 같은 질문이 이에 해당된다. 초등학교 수준의 아이들은 형식화된 학문적 이야기보다는 직관적 사고 또는 구체적 경험에 의한 원리나 규칙의 발견 등이 주된 내용이 되어야 하는데 이를 제대로 반영하지 못한 질문(수학적 원리나 규칙을 진술하게 하는 식의 질문)이 곳곳에 나타나고 있어 아쉬움이 남는다.(활동을 잘하다가 갑자기 이런 질문을 접하면 아이들은 머릿속이 하얀 백지 상태처럼 변한다. 아이들의 사고가 단절된다는 것이다. 수학적 현상에 대하여 추상적인 용어를 활용해 일반화시킨다는 활동은 초등학교 아이들에게 적절하지 못한 것이라 할 수 있다.)

정확한 원리 이해보다는 문제 풀이 중심의 혼란스러운 교과서 내용 구성

1학기 분수의 곱셈 단원에서와 같은 문제점들이 수정되지 않은 채 문제 풀이 중심으로 교과서 내용이 구성되어 있어서 아쉬움이 남는다. 특히 교과서 여기저기에서 직사각형의 넓이 모델을 그대로 도입하는 점이나 1 또는 단위분수 개념을 중요하게 다루지 못하고 있다는 점에서 특히 그러하다.

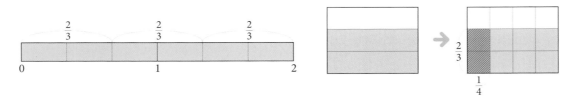

2009 개정 교육과정에 따른 수학과 교사용 지도서 5학년 2학기. 2015. p. 201. 지도 방안 예시

위와 같은 방안을 바탕으로 교과서는 같은 방식의 문제해결을 제시하고 있다. 그런데 특이한 점은 2

차시에서 지도서에 제시된 내용(위의 왼쪽 2÷3 사례)과 교과서에 제시된 내용의 해결 방법이 다르다는 것이다. 교과서 89쪽을 보면 3÷2에 대하여 아래와 같이 제시하고 있다.

$$3 \div 2 = \frac{1}{2} \text{이 } 3\text{개} = \frac{1}{2} \times 3 (\text{또는 } 3 \times \frac{1}{2}) = \frac{3}{2}$$

1학기 분수의 곱셈 지도에서 제안했던 재구성 방안에 의하면 지도서에 제시된 방안보다 교과서에 제시된 방안이 더 바람직하다 할 수 있다. 그리고 이 개념은 이후의 다른 차시에서도 같은 맥락에서 일관성 있게 제시되어야 했으나 그렇지 못하고 넓이 모델을 제시하여 해결하도록 제시하였기에 매우 아쉬움이 남는다. 이에 대한 문제점 및 바람직한 대안에 대해서는 1학기 분수의 곱셈 단원을 다시 한 번 살펴보기 바란다. 이 외에도 띠 모델이나 넓이 모델을 제시하면서 역시나 미리 칸을 다 나누어 주고 아이들에게 색칠 공부하라는 식으로 구성된 문제점은 여전히 수정되지 않고 있다.

지나치게 세분화된 내용 구성

본 단원의 원리는 하나다. 그리고 그 원리는 상황에 따라서 바뀌지 않는다. 그럼에도 불구하고 교과서 내용은 상황에 따라 마치 다른 원리가 적용되는 것처럼 지나치게 세분화되어 있다는 점(자연수÷자연수, 진분수÷자연수, 가분수÷자연수, 대분수÷자연수)에서 문제의식을 가질 수밖에 없다. 이를 좀 더 단순하게 재구성하되 확실하게 개념 및 원리 지도를 할 수 있는 방향으로 나아갈 수 있도록 하는 방안이 필요하다.

단원 재구성을 위한 방안

❶ 본 단원은 분수의 나눗셈에서 나누는 수(제수)가 자연수인 경우에 국한된 내용을 다루고 있다. 이 단원의 핵심은 자연수로 나눌 때 그 자연수를 분모로 하는 단위분수의 곱으로 표현하기(역수)가 목적이 아니라 왜 역수로 바꾸어 곱셈으로 바꾸어 계산하는지를 설명할 수 있도록 하는 일이다.

$\square \div 3 = \square \times \frac{1}{3}$로 고쳐서 표현하고 계산하는 일은 지극히 기능적인 면만 강조한 것이며 반복 훈련만으로도 얼마든지 쉽게 목표에 도달할 수 있다. 하지만 왜 그렇게 고쳐서 계산해야 하는지를 이해하고 설명하는 일은 결코 쉬운 일이 아니다. 본 단원의 목표는 바로 여기에 있다. 그리고 그 해법은 이미 1학기 분수의 곱셈 단원에서 제시한 바 있다. 이를 위해서는 아래와 같은 개념을 아이들이 확실히 이해할 수 있도록 해야 한다.

① $\square \div 3 = \square$ 의 $\frac{1}{3}$ 배 $= \square \times \frac{1}{3}$ 과 같다는 점(이의 증명은 아래 그림)

② 2÷3의 사례(자연수÷자연수)

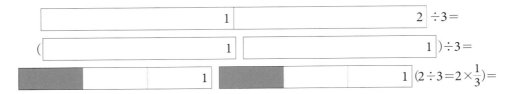

나누는 수 3을 분모로 하는 단위분수의 곱으로 전환된다는 것을 이해하고 설명할 수 있어야 한다.

③ $\frac{3}{4} \div 2$ 의 사례(진분수÷자연수)

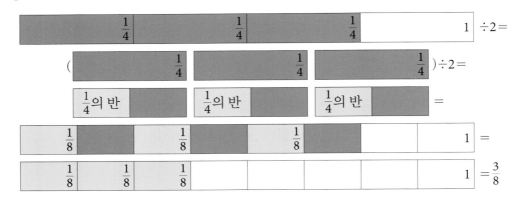

⇨ $\frac{3}{4}$ 은 $\frac{1}{4}$ 이 3개 있는 것

⇨ $\frac{3}{4} \div 2$ 는 각각의 $\frac{1}{4}$ 조각을 2등분한 것 $= \frac{3}{4}$ 의 $\frac{1}{2} = \frac{3}{4} \times \frac{1}{2} = \frac{1}{8}$ 이 3개 있는 것

⇨ $\frac{1}{8} \times 3 = \frac{3}{8}$

⇨ $\frac{3}{4} \div 2$(2를 분모로 하는 단위분수의 곱으로 전환) $= \frac{3}{4} \times \frac{1}{2}$ 이 되는 과정의 이해 및 설명이 가능해야 함(왜 '÷2'가 '$\times \frac{1}{2}$'이 되는지를 설명할 수 있어야 한다.)

④ $\square \div 3 = \square$ 를 3등분한 것 $= \square \times \frac{1}{3}$ 이라는 **사실을 이해하기**

❷ 심진(心震)을 일으켜 개념을 명확히 하도록 돕는 일은 매우 유용한 내용의 재구성 방향이 될 수 있다. 앞에서도 꾸준히 강조해 왔지만 문제를 푼다고 해서 그것을 제대로 이해하였다고 할 수는 없는 일이다. 분수의 나눗셈 5학년 과정에서 이러한 문제를 제시하면 아이들은 혼란스러워한다. 이를 통해 개념을 확실히 이해할 수 있도록 돕는 일이 필요하다.

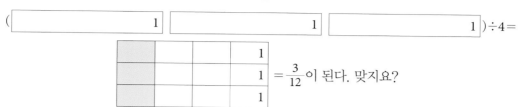

$$3 \div 4 =$$

$$(\boxed{ 1} \quad \boxed{ 1} \quad \boxed{ 1}) \div 4 =$$

			1
			1
			1

$= \dfrac{3}{12}$ 이 된다. 맞지요?

⇨ 이와 같은 질문을 통해 아이들이 알고 있다고 생각하는 것을 뒤흔들어 놓아 자신이 정확하게 제대로 알고 있지 못했다는 것을 스스로 깨닫게 함으로써 보다 명확한 이해를 도울 수 있다.

❸ 단원의 핵심을 명확히 하는 일이 최우선이다. 제일 중요한 점은 단순한 연산 능력 향상이 아니라 분수 나눗셈이라는 연산에 대한 '원리 이해를 바탕으로 한 연산 능력 향상'이 되어야 하며 이 과정을 통해 아이들은 자기 스스로 인지 구조를 재구성해 나갈 수 있도록 해야 한다. 교사의 임무는 이를 적극적으로 도울 수 있는 방안을 강구하는 것이 본 단원에서 제일 중요한 과제라 할 수 있다.

❹ 현재 발달 수준(이미 알고 있는 분수 곱셈의 원리 : 1학기 학습 내용)을 토대로 Scaffolding(재구성된 내용, 또래 아이들, 교사, 핵심 질문, 협동학습 등)을 확실하게 세워 아이들이 서로 도움을 주고받으면서 근접 발달 영역(분수 나눗셈의 원리 이해)에까지 도달할 수 있도록 내용을 재구성하도록 한다.(학습이 발달을 선도한다는 진리가 그대로 드러날 수 있도록 재구성) 이런 과정을 통해 아이들은 분수 곱셈의 원리를 기반으로 한 분수 나눗셈에 대한 인지 구조를 스스로 재구성해 나갈 것이다. 이것이 바로 배움의 과정인 것이다.

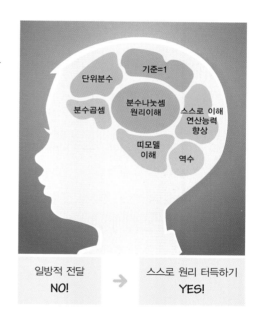

08
분수의
나눗셈

단원 지도를 위한 재구성의 실제

차시	재구성 이후	수업의 목적
1	분수의 나눗셈이란?	• 분수의 나눗셈이 쓰이는 상황 이해하기, 실생활에 필요함을 느끼기, 분수의 곱셈과 연결 짓기
2	분수의 곱셈과 분수의 나눗셈 연결 짓기 ⇨ (자연수)÷(자연수) 계산하기 및 미션활동	• 분수의 곱셈(단위분수의 곱)을 통해 (자연수)÷(자연수)=(자연수)×(자연수)가 된다는 것을 이해하고 설명하기, 띠 모델을 통한 이해, (자연수)÷(자연수) 계산하기, 미션 과제 해결하기[심진(心震)을 일으키는 과제 제시 및 해결하기]
3		
4	3차시까지 활동 종합 정리	• 분수의 나눗셈에 대한 기본 원리 종합 정리(짝 점검 활동)
5	(진분수)÷(자연수), (가분수)÷(자연수), (대분수)÷(자연수) 계산하기	• (진분수)÷(자연수)를 분수의 곱셈으로 나타내는 방법 및 계산하는 방법 알기, 이를 통해 (가분수)÷(자연수), (대분수)÷(자연수)를 스스로 해결할 수 있도록 하기, 띠 모델을 통한 이해
6		
7		
8	단원 학습 총정리	• 단원 학습 활동에 대한 총정리—특히 띠 모델을 통한 이해 및 설명에 집중하기
9	단원 정리(문제 풀기)	• 단원에서 배운 내용을 문제 풀며 정리하기

아래와 같이 크게 두 부분으로 나누어 재구성한 이유는 다음과 같다.

먼저 띠 모델을 통해 '분수의 곱셈＝분수의 나눗셈'이라는 사실, 분수의 나눗셈 과정은 전혀 새로운 내용이 아니라 1학기에 공부한 분수의 곱셈 과정과 다르지 않다는 점을 먼저 이해시키고 띠 모델 조작 활동을 통해 '(자연수)÷(자연수)＝분수의 곱셈'이 됨을 설명할 수 있도록 하였다.

둘째, 띠 모델 조작 활동을 통해 알게 된 분수 나눗셈의 기본 원리를 바탕으로 나누는 수(제수)가 자연수인 경우의 다양한 분수 나눗셈 사례를 스스로 해결하고 설명할 수 있도록 하고자 하였다. 그 과정에서 수학적 의사소통 및 앎의 나눔과 협동적 배려가 잘 드러날 수 있도록 하였다.

셋째, 이와 같은 재구성을 통해 앞에 제시하였던 문제점을 극복하고 분수 나눗셈의 원리 이해 및 설명, 분수 나눗셈 연산 능력 향상을 꾀할 수 있도록 하였다.

생각이 살아 있는
협동학습 수학 수업의 날제

🍎 1~4차시 실생활과 분수의 나눗셈, 자연수÷자연수

교사 수학 첫 시간입니다. 오랜 옛날 조상들의 지혜를 통해 활동을 열어 볼까요?

옛말에 콩 한 조각도 나누어 먹으라는 말이 있지요. 그것은 무슨 뜻일까요? 다 함께 만들어 가는 공동체 정신이 아닐까요? 작은 것 하나도 서로 나누고 베풀면서 생활하는 습관을 들이라는 것, 주변에는 나보다 더 어려운 이웃이 나의 손길을 기다리고

있음을 알라는 것이라 생각됩니다. 여러분도 그런 실천을 해 보시는 것은 어떨까요?

여기에 상우가 빵 한 개를 갖고 있습니다. 늘 베풀며 살라는 부모님 말씀을 기억하며 주변에 있는 세 명의 친구들과 빵을 나누어 먹으려고 합니다. 그러면 한 사람은 얼마씩 먹게 될까요? 색종이를 이용하여 알아봅시다.(모두 4명이 나누어 먹는다는 말)

수업 흐름	교사의 발문
도입	▶ (자연수÷자연수) 나눗셈이 필요한 상황 제시 : 색종이로 알아보기 • '1÷4' 상황=이것이 가지는 의미, $1÷4=\frac{1}{4}$임을 확인
전개	▶ 다양한 (자연수÷자연수) 나눗셈 상황 제시 : 각자 활동지에 해결 • 등분한 각 칸에 반드시 단위분수 표시를 하도록 안내하기 • 1÷3, 1÷5 등의 상황이 가지는 의미 알아보기 ▶ 위의 활동과 1학기에 공부했던 분수의 곱셈 상황과 연결 짓기 • $1÷4=1×\frac{1}{4}$로 바꿀 수 있음을 설명할 수 있도록 하기 ⇨ 1을 4등분한 것 가운데 1조각, 1을 $\frac{1}{4}$배한 것 : 두 가지는 서로 같은 뜻. 따라서 $1÷4=1×\frac{1}{4}$이라 할 수 있다.(서로 바꾸어 쓸 수 있음을 알기)

🌐 **문제 상황 1)** 2÷3은 어떻게 해결할까?(그림으로 해결하기)

▶ 모둠칠판 활용하기, 혼자 생각 ⇨ 모둠 토론 ⇨ 발표

$\frac{1}{3}$	$\frac{1}{3}$	$\frac{1}{3}$

1m

$\frac{1}{3}$	$\frac{1}{3}$	$\frac{1}{3}$

1m

▶ $2÷3=2×\frac{1}{3}=\frac{2}{3}$로 고칠 수 있음을 이해하기(1학기 분수의 곱셈 $2×\frac{1}{3}$을 어떻게 해결했었는지 기억을 떠올리도록 돕기)

🌐 **문제 상황 2)** 3÷5는 어떻게 해결할까?(그림으로 해결하기)

▶ 모둠칠판 활용하기, 혼자 생각 ⇨ 모둠 토론 ⇨ 발표

$\frac{1}{5}$	$\frac{1}{5}$	$\frac{1}{5}$	$\frac{1}{5}$	$\frac{1}{5}$
$\frac{1}{5}$	$\frac{1}{5}$	$\frac{1}{5}$	$\frac{1}{5}$	$\frac{1}{5}$
$\frac{1}{5}$	$\frac{1}{5}$	$\frac{1}{5}$	$\frac{1}{5}$	$\frac{1}{5}$

$3÷5=3×\frac{1}{5}=\frac{3}{5}$임을 확인하기

08
분수의
나눗셈

[1차 기본 활동지]

3L의 오렌지 주스를 4명이 똑같이 나누어 담으려고 한다. 1명이 몇 L의 오렌지 주스를 먹을 수 있는지 그림으로 그려서 알아보시오.(아래 그림에 색칠하여 표시하시오.)

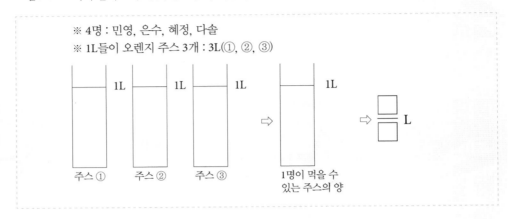

(1) ①번 주스를 먼저 4명에게 똑같이 나누어 주도록 하자.(위의 주스 ①번 그림에 표시하기 —4가지 색으로 표시하기 또는 4명의 이름을 넣어 표시하기)

(2) ②번 주스도 4명에게 똑같이 나누어 주도록 하자.(위의 주스 ②번 그림에 표시하기 —4가지 색으로 표시하기 또는 4명의 이름을 넣어 표시하기)

(3) ③번 주스도 4명에게 똑같이 나누어 주도록 하자.(위의 주스 ③번 그림에 표시하기 —4가지 색으로 표시하기 또는 4명의 이름을 넣어 표시하기)

(4) ①번과 ②번, ③번 주스 그림을 보고 1명이 먹을 수 있는 주스의 양을 오른쪽 그림에 표시하도록 하자.(색으로 칠하여 표시하기)

(5) 1명이 먹을 수 있는 주스의 양을 분수로 표시하기

(6) 위의 내용을 식으로 정리하고 해결하기

[2차 심화 활동지] : 모둠 토론

※ 아래 상우의 설명에 대하여 각 모둠별로 토론하여 보자. 상우는 활동 1번 문제를 아래와 같이 해결하였다.

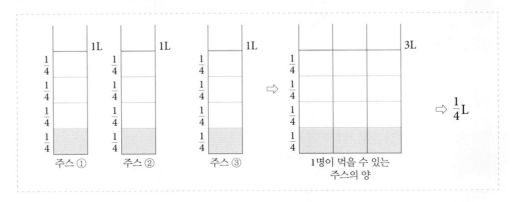

⇨ 상우의 설명

(1) 주스 ①과 주스 ②, 주스 ③을 합하여 오른쪽 그림과 같이 붙여 놓고 보면 전체 3L를 4등분한 것과 같이 된다.
(2) 전체 3L를 4등분한 후 하나의 덩어리가 1명이 먹을 수 있는 주스의 양이 된다.
(3) 그러므로 결론은 $\frac{1}{4}$이 답이 되어야 하며 $\frac{3}{4}$은 틀린 답이라 할 수 있다.

총정리 ▶ 4차시에서 지금까지의 활동 과정 총정리하기 : 짝 점검 활동을 통해 다시 한 번 점검하고 되짚어 보기(활동지 제작 및 배부)

1~4차시 수업 소감

본 래의 계획에 따라 간략한 이야기로 시작을 열었다. 이어서 1÷4 상황을 제시하고 '분수의 나눗셈'의 세계로 들어가기 위한 워밍업을 시작하였다. 의미를 생각해 보고 이를 색종이로 표현해 보고 띠 모델로도 표현해 보고.

한 시간을 통해 1÷4가 $1 \times \frac{1}{4}$과 같다는 사실, 1÷4를 $1 \times \frac{1}{4}$로 바꿀 수 있다는 사실 하나를 이해할 수 있도록

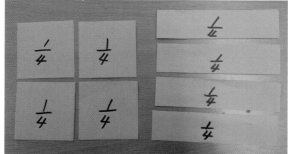

2015년 9월 분수의 나눗셈 단원 도입 1차시 활동 칠판 판서 및 색종이 조작 활동물

도왔고 아이들은 대체로 잘 이해하였다.(1÷4＝1을 4등분한 것 가운데 하나. 1의 $\frac{1}{4}$배)

2차시에는 지난 시간에 알아보았던 내용을 바탕으로 2÷3, 3÷5를 띠 모델로 해결해 보고 각각의 상황이 1학기에 공부했던 분수의 곱셈 상황과 똑같다는 사실을 발견해 내는 수업을 진행해 나갔다. 우선 2÷3을 띠 모델로 모둠 칠판에 표현해 보도록 하였다. 1학기에 충분히 활동한 터라서 큰 어려움은 없었다. 그런 뒤에 그 상황을 분수의 곱셈으로 바꾸어 표현해 보게 하였다. 모둠칠판을 활용하여 그림으로 그려 보고 그 그림을 분수의 곱셈으로 바꾸어 표현해 보면서 지난 시간에 공부했던 내용과 다시 연결 짓기를 하였다. 결국 아이들은 이 과정을 통해 $2÷3＝2 \times \frac{1}{3}$, $3×5＝3 \times \frac{1}{5}$이 된다는 사실을 이해하기 시작하였다. 그 이후는 1학기에 공부했던 분수의 곱셈 과정과 똑같기 때문에 다른 설명은 필요 없었다.

그렇게 탐구 과정을 마쳤는데 시간이 약 15분 정도 남아서 교과서 내용 해결을 할 수 있도록 안내하였다.

3차시에는 기초적인 문제를 먼저 제시하고 해결하게 한 뒤 그 내용에 대하여 심진(心震)을 일으키는 문제 상황을 제시하고 보다 정확히, 깊이 있게 이해할 수 있도록 돕는 시간을 가졌다.

아이들은 1차 기본 과제를 해결하면서 지금까지 해온 것과 같은 맥락에서 이해하고 해결하였지만 2차 질

08
분수의
나눗셈

2015년 9월 분수의 나눗셈 2차시 개인 생각 및 모둠 토론, 칠판 판서 및 발표

2015년 9월 분수의 나눗셈 3차시 모둠 토론 및 발표

문지를 받아들면서부터는 고민을 하기 시작했다. 그러나 몇 명의 아이들은 1학기 분수의 덧셈 단원을 시작하기 전 출발점 점검을 해 보는 차원에서 제시했던 질문과 유사하다는 것을 딱 알아채기도 하였다. 그렇게 모둠별로 이 과제를 함께 해결하고 누구를 지목하더라도 설명할 수 있도록 서로 공유하라고 하였다. 충분한 시간이 흐른 뒤 1명을 지목하고 칠판에 그림을 그려 가면서 설명할 수 있도록 하였다. 3명 정도가 차례로 나와 앞 사람에게서 부족한 내용들을 조금씩 보충해 가면서 개념을 잡아 나갔다. 하지만 1학기에 했던 그 질문의 영향을 받은 탓인지 자꾸만 아이들은 "물병 이야기－물병에 들어 있는 물이 합쳐지는 것이지 물병까지 합쳐지는 것은 아니다."는 말만 되풀이하였다. 그러던 차에 4번째 보충 발표를 하게 된 아이에게서 매우 중요한 말이 나왔다. 바로 '기준으로서의 1'이 변했기 때문에 '상우'의 해결 방법은 잘못된 것이라는 설명을 하였다. 처음에 기준은 1L였는데 상우가 해결한 결과를 놓고 보면 기준이 3L로 바뀌었기 때문에 잘못된 해결이라는 설명이었다. '옳다구나!' 싶어서 바로 "지금 발표한 ○

○의 설명 가운데 다른 사람이 짚어 내지 못한 매우 중요한 것 한 가지가 들어 있다. 그게 무엇인지 잘 들었나요?" 하고 질문하였다. 그랬더니 대체로 아이들이 "기준이 달라졌다는 말이요!"라고 찾아내었다. "그래, 분수에서 기준 1이 흐트러지면 안 됩니다. 이 질문은 여러분이 그것을 제대로 이해하고 있는지 그리고 분수의 나눗셈에서도 이 개념은 매우 중요한 요소로 작용한다는 것을 이해할 수 있도록 돕기 위해 만든 질문이랍니다. 도움이 되었나요?" 아이들은 "아, 그렇구나." 하고 고개를 끄덕였다. 이렇게 하고 나니 40분이 꽉 채워졌다.

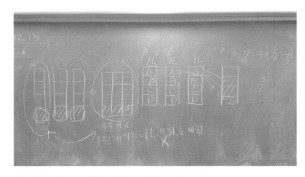

1차 질문 및 2차 질문에 대한 풀이 결과

짝 점검 활동지(분수의 나눗셈 : 자연수 ÷ 자연수)

모둠원 1	모둠원 2
1. 2÷3을 띠 모델로 해결해 보시오.	2÷3을 분수의 곱셈으로 바꾸어 해결해 보시오.
2. 3÷5를 분수의 곱셈으로 바꾸어 해결해 보시오.	2. 3÷5를 띠 모델로 해결해 보시오.
3. 4÷5를 띠 모델로 해결해 보시오.	3. 4÷5를 분수의 곱셈으로 바꾸어 해결해 보시오.
4. 3÷2를 분수의 곱셈으로 바꾸어 해결해 보시오.	4. 3÷2를 띠 모델로 해결해 보시오.
5. 5÷3을 띠 모델로 해결해 보시오.	5. 5÷3을 분수의 곱셈으로 바꾸어 해결해 보시오.

4차시 짝 점검 활동지

오늘 수학 수업도 의미 있는 시간이었다.

4차시에는 이전 시간까지의 원리가 이후의 모든 과정에도 적용된다는 사실을 근거로 하여 좀 더 기초를 다져 보자는 차원에서 짝 점검 활동으로 종합 정리를 해 보았다. 늘 그렇지만 어떤 과정을 진행해도 100% 모든 아이들이 목표에 도달하기는 참으로 힘들다는 생각이 든다. 무엇을 해도 잘 이해하지 못하거나 어려워하는 아이들이 발생한다. 다만 이렇게 할 때가 안 할 때보다 훨씬 낫기 때문에 하는 것이라 여겨진다. 짝 점검 활동 및 칠판에 발표하는 과정을 통해 아직 어려움을 겪고 있는 몇몇 아이들을 다시 한 번 찾아내었다. 이들을 위한 보완책은 다음 수업을 진행해 나가는 과정을 통해 마련해 보아야겠다.

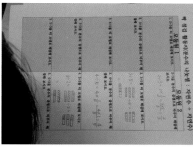

2015년 9월 분수의 나눗셈 4차시 짝 점검 활동 및 활동 결과 사례

🍎 5차시 (진분수)÷(자연수)

수업 흐름	교사의 발문
도입	▶ (진분수)÷(자연수) 곱셈 상황의 제시 및 함께 해결하기(전체 학습) • '$\frac{1}{2}÷2$' 상황 = 이것이 가지는 의미 함께 생각해 보기(예를 들어 '빵 $\frac{1}{2}$ 조각을 2명이 나누어 먹기') ⇨ $\frac{1}{2}÷2=\frac{1}{2}×\frac{1}{2}$ ⇨ 1학기에 공부했던 분수의 곱셈 상황과 동일한 것임을 함께 확인하기 ⇨ 띠 모델로 함께 알아보기(지난 시간까지의 과정을 통해 '÷2=×$\frac{1}{2}$'이라는 원리가 모든 과정에 동일하게 적용됨을 이해할 수 있도록 돕기)
전개	▶ 교과서 활동 1, 2, 3 및 마무리 문제를 짝 점검 활동지라 생각하고 교과서 질문을 이용하여 짝 점검 활동하기 : 짝 점검 활동을 할 때 교과서 질문에 있는 그대로 답을 하는 것이 아니라 칠판에 판서한 내

08 분수의 나눗셈

용과 같은 과정으로 해결할 수 있도록 하기

정리
▶ 모둠원들과 짝 점검 결과 함께 확인하고 수정하기
▶ 도착점 행동에 대한 발표 및 점검하기(몇 명의 아동에게 칠판에 제시된 기본 문제를 해결하도록 하고 함께 지켜보며 확인하기)

5차시 수업 소감

이전 시간까지 활동을 통해 '$\div ◎ = \times \frac{1}{◎}$'이라는 원리가 이후의 모든 활동에도 똑같이 적용된다는 사실을 지속적으로 강조해 왔다. 그리고 5차시 수업을 시작하면서 다시 한 번 강조를 하고 시작하였다.

수업 시작 초반에 $\frac{1}{2} \div 2$를 제시하고 함께 풀이하는 과정을 살펴보았다. 띠 모델을 통해 과정을 이해하면서 $\frac{1}{2} \div 2 = \frac{1}{2} \times \frac{1}{2}$이 됨을 이해하는 것이 가장 핵심이었다.

1학기에 학습했던 분수의 곱셈 단원이 본 단원 활동 과정에 그대로 적용된다는 것을 미리 알고 있었기 때문에 1학기에 띠 모델을 통해 이해하도록 하는 활동에 매우 많은 시간과 노력을 투자했었고 그 효과가 본 단원에 그대로 나타나고 있음을 확인할 수 있었다. 아이들은 띠 모델을 통해 과정을 그대로 그림으로 보여 주는 일에 큰 어려움이 없었다. 물론 일부 아이들은 여전히 힘들어한다. 그래도 전혀 이해를 못하는 것은 아닐 뿐만 아니라 알고리즘만 익혀서 답만 내면 그만이라는 식의 수학 수업보다는 훨씬 더 자신들이 성장해 가고 있다는 것을 알기에 그들은 나름대로 열심히 노력하고 있고 우리 반 수학 수업에 대하여 스스로 자부심을 갖

고 있다. 수학 수업이 좋다고 말이다. 수학 수업이 제일 의미 있다고 말이다.(집에서 아이들이 하는 말을 학부모 상담을 할 때 부모님들께서 찾아와 내게 전하시는 말씀들이다. 또한 '스스로 배움 공책' 등에 아이들 스스로 그날의 학습 활동에 대한 소감이나 느낌 등을 적어 놓는 경우에도 이런 이야기들이 자주 눈에 띈다.)

기본 질문을 함께 해결해 나가면서 과정(아래 칠판 판서 내용 참고)을 쉽게 이해한 아이들은 교과서 속 질문을 그대로 짝 점검 활동으로 해결해 나갔다.(교과서 속 질문에 있는 그대로 답을 하는 것이 아니라 활동 1, 활동 2, 활동 3, 마무리 질문에 대하여 그냥 수식만 주어졌다고 생각하고 칠판 판서 내용과 같이 교과서 가장자리의 여백에 짝 점검 활동과 같은 방식으로 해결해 나갈 수 있도록 안내하였고 아이들은 별 무리 없이 해결해 나갔다.) 교과서 문제를 짝 점검 활동으로 해결한 뒤 마무리 단계에서 몇 명의 아이들을 호명하여 칠판에 제시된 기본 질문에 대하여 해결할 수 있도록 하면서 도착점 행동에 대한 점검까지 해 보았다. 대체적으로 큰 무리 없이 진행된 수업이었다.

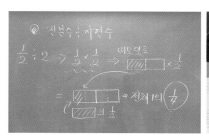

2015년 9월 분수의 나눗셈 5차시 칠판 판서 및 짝 점검 활동과 발표

🍎 6차시 (가분수)÷(자연수)

수업 흐름	교사의 발문
도입	▶ (가분수)÷(자연수) 곱셈 상황의 제시 및 함께 해결하기(전체 학습)

도입
- '$\frac{3}{2}÷2$' 상황 = 이것이 가지는 의미 함께 생각해 보기(예를 들어 '빵 $\frac{3}{2}$ 조각을 2명이 나누어 먹기 = $\frac{1}{2}$크기의 빵 3개를 2명이 나누어 먹을 때 1명이 먹는 양은 얼마인지 알기'와 같은 상황임을 이해)

전개
$\Rightarrow \frac{3}{2}÷2 = \frac{3}{2}×\frac{1}{2} \Rightarrow$ 1학기에 공부했던 분수의 곱셈 상황과 동일한 것임을 함께 확인하기 $\Rightarrow$ 먼저 식으로 해결해 보기 $\Rightarrow$ 띠 모델로 해결해 보기(개별 활동 $\Rightarrow$ 모둠원들과 확인 : 지난 시간까지의 과정을 통해 '$÷2 = ×\frac{1}{2}$'이라는 원리가 모든 과정에 동일하게 적용됨을 이해할 수 있도록 돕기)

정리
▶ 교과서 속 내용에 대한 개별 활동 및 모둠원들과 확인하기

▶ 도착점 행동에 대한 발표 및 점검하기(몇 명의 아동에게 칠판에 제시된 기본 문제를 해결하도록 하고 함께 지켜보며 확인하기)

🎯 6차시 수업 소감

지난 시간에 공부했던 내용에 대하여 확인해 보는 활동으로 칠판에 (진분수)÷(자연수) 상황을 제시하고 한 명의 아동을 지목하여 해결해 나가는 과정을 함께 살펴보았다. 이어서 (가분수)÷(자연수) 상황을 제시하고 그것에 대하여 먼저 식으로만 해결해 보게 하였

다. 모둠칠판에 해결한 것을 들어 보이게 한 뒤 확인해 보았다. 거의 모든 아이들이 식으로 해결하는 것은 거뜬히 해냈다. 문제는 띠 모델로 표현해 보는 것이다. 몇 명의 아이들은 아직도 꽤 힘들어한다. 그래도 어찌어찌 해낸다. 식으로 해결한 것에 대하여 띠 모델로 표현해

2015년 10월 분수의 나눗셈 6차시 전시 학습 확인 및 식으로 풀기, 띠 모델로 해결하기

2015년 10월 분수의 나눗셈 6차시 띠 모델 해결 및 모둠 협의, 칠판 풀이 및 판서

08
분수의
나눗셈

보라는 활동에 역시 시간이 약간 걸렸다. 개인적으로 해결한 것에 대하여 모둠원들과 함께 협의해 보면서 수정하는 시간도 가졌다. 해결한 결과에 대하여 몇 명의 아동을 지목하여 칠판에 풀어 보도록 하면서 함께 수정해 나갔다.

함께 살펴본 뒤에 교과서 속 문제들을 개별적으로 풀고 모둠원들과 확인까지 하였다. 이어서 추가 질문을 칠판에 2개 제시하고 몇 명의 아동을 지목하여 해결해

나가는 과정을 함께 지켜보기도 하였다. 이렇게 40분이 흘러갔다. 많은 아이들이 이제 띠 모델로까지 거뜬히 해낸다. 실력이 많이 향상되었다. 그러나 늘 몇 명의 아이들은 여전히 힘들어한다. 이런 상황은 어쩔 수 없는가 보다 하는 생각도 든다. 100% 구제한다는 것은 나만의 욕심일 수 있다는 생각으로 스스로를 위로하며 오늘 하루도 수업 후 소감을 정리한다.

🍎 7~8차시 (대분수)÷(자연수), 단원 학습 총정리

수업 흐름	교사의 발문
도입	▶ (대분수)÷(자연수) 곱셈 상황의 제시 및 함께 해결하기(전체 학습)
	• '$1\frac{1}{2} \div 4$' 상황 = 이것이 가지는 의미 함께 생각해 보기(예를 들어 '빵 $1\frac{1}{2}$ 조각을 4명이 나누어 먹을 때 1명이 먹는 양은 얼마인지 알기'와 같은 상황임을 이해)
전개	⇨ $1\frac{1}{2} \div 4 = 1\frac{1}{2} \times \frac{1}{4}$ 1학기에 공부했던 분수의 곱셈 상황과 동일한 것임을 함께 확인하기 ⇨ 먼저 식으로 해결해 보기 ⇨ 띠 모델로 해결해 보기(개별 활동 ⇨ 모둠원들과 확인 : 전체 발표 활동 ⇨ 칠판 앞에 나와서 설명하고 함께 살펴보기 및 수정하기)
	• 다른 문제 함께 해결하기 및 살펴보기
	▶ $2\frac{2}{3} \div 3$, $4\frac{1}{2} \div 2$ 해결하기(개별 활동 및 모둠 활동, 발표하고 설명하기 및 수정하기)
정리	▶ 교과서 속 내용에 대한 개별 활동 및 모둠원들과 확인하기

7~8차시 수업 소감

두 시간 연속 블록 수업을 진행하였다. 지난 시간까지 공부했던 원리가 이번 시간에도 그대로 적용된다는 것, 1학기에 공부했던 분수의 곱셈과 똑같다는 것을 아이들은 그대로 인지한 상태에서 학습을 시작하였다. 그래서일까 크게 어려워하지는 않았다. 대부분의 아이들은 수식으로 해결하는 것은 잘 해낸다. 하지만 띠 모델을 통해 설명하는 것은 아직도 꽤 어려워한다. 그래도 이해하려고 노력하는 모습이 참 좋다.

도입 단계에서 '$1\frac{1}{2} \div 4$' 상황을 제시하고 먼저 식으로 해결하게 하였다. 식으로는 쉽게 하였다. 띠 모델로 해결하는 것은 좀 더 많은 시간을 필요로 하였다. 먼저 주어진 문제를 잘 해결하고 나서 추가로 두 문제를 더 제시한 후 같은 과정을 반복하였다. 두 문제 추가 제시를 통해 단원 학습 내용에 대한 총정리를 해 주었다. 그러고 나니 시간이 약 13분 정도 남았다. 이 시간은 개별적으로 교과서 내 문제를 해결하라고 안내하면서 마무리하였다.

2015년 10월 분수의 나눗셈 7~8차시 띠 모델 해결 및 모둠 협의, 칠판 풀이 및 판서

🍎 9차시 단원 정리－단원 평가

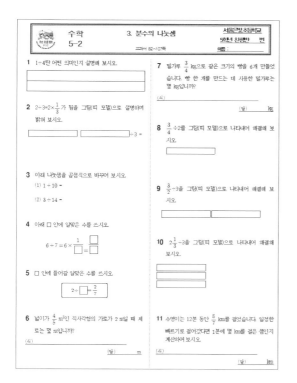

09 소수의 나눗셈

단원 소개 및 문제의식 갖기

교사용 지도서를 보면 소수의 나눗셈이 필요한 실제 상황을 바탕으로 (소수)÷(자연수), (자연수)÷(자연수)의 계산 원리를 이해하고 소수의 나눗셈을 할 수 있도록 한다고 되어 있다.[1]

단원 학습 목표

내용	1. (소수)÷(자연수)의 계산 결과를 어림할 수 있다. 2. 몫이 소수 한 자리의 대소수인 (소수)÷(자연수), 몫이 두 자리의 대소수인 (소수)÷(자연수)의 계산 원리를 이해하고 계산할 수 있다. 3. 몫이 1보다 작은 소수인 (소수)÷(자연수)를 계산할 수 있다. 4. 소수점 아래 0을 내려 계산해야 하는 (소수)÷(자연수)를 계산할 수 있다. 5. 몫의 소수 첫째 자리에 0이 있는 (소수)÷(자연수)를 계산할 수 있다. 6. (자연수)÷(자연수)의 몫을 소수로 나타낼 수 있다. 7. (자연수)÷(자연수)의 몫을 반올림하여 나타낼 수 있다.
과정	1. 자연수의 나눗셈, 분수의 나눗셈 등의 원리를 활용하여 (소수)÷(자연수), (자연수)÷(자연수)의 계산 방법을 추론할 수 있다. 2. (소수)÷(자연수), (자연수)÷(자연수)와 관련된 실생활 문제를 해결할 수 있다. 3. (소수)÷(자연수), (자연수)÷(자연수)를 계산하는 방법에 대한 자신의 아이디어를 표현할 수 있으며 다른 사람과 의사소통할 수 있다.
태도	1. 일상생활과 관련된 (소수)÷(자연수) 상황을 해결하는 활동을 통해 수학의 유용성을 깨닫고 흥미를 가질 수 있다. 2. 스스로 수학적 사실을 추측하고 이를 설명하는 과정을 통해 자신감을 가질 수 있다. 3. (소수)÷(자연수)의 다양한 계산 과정을 통해 다른 사람의 생각을 이해하려는 태도를 가질 수 있다.

단원의 발전 계통

선수 학습	본 학습	후속 학습
• 3학년 분수와 소수 • 5학년 분수의 곱셈 • 5학년 소수의 곱셈 • 5학년 분수의 나눗셈	• 몫이 한 자리, 소수 두 자리의 대소수인 (소수)÷(자연수) 계산하기 • 몫이 1보다 작은 소수인 (소수)÷(자연수) 계산하기 • 소수점 아래 0을 내려 계산해야 하는 (소수)÷(자연수) 계산하기 • 몫의 소수 첫째 자리에 0이 있는 (소수)÷(자연수) 계산하기 • (자연수)÷(자연수)의 몫을 소수로 나타내기 • (자연수)÷(자연수)의 몫을 반올림하여 나타내기	• 6학년 분수의 나눗셈 • 6학년 소수의 나눗셈

---

1 2009 개정 교육과정에 따른 수학과 교사용 지도서 5학년 2학기. 2015. p. 228.

위의 내용에 근거를 두고 교사용 지도서는 본 단원의 전개 계획을 아래와 같이 제시[2]하였으나 현장에서는 나름대로 재구성하여 지도할 필요성이 있다고 판단된다.

차시	재구성 이전	수업 내용 및 활동
1	단원 도입(스토리텔링)	• 스토리텔링을 통해 생활 속에서 소수의 나눗셈이 필요한 상황 이해하기
2	(소수)÷(자연수) 계산하기 1	• 몫을 어림하여 보고 (소수)÷(자연수)를 분수로 고쳐서 계산하기
3	(소수)÷(자연수) 계산하기 2	• 몫이 소수 한 자리의 대소수인 (소수)÷(자연수)의 계산 원리를 이해하고 계산하기
4	(소수)÷(자연수) 계산하기 3	• 몫을 어림하여 보고 (소수)÷(자연수)를 분수로 고쳐서 계산하기 • 몫이 소수 두 자리의 대소수인 (소수)÷(자연수)의 계산 원리를 이해하고 계산하기
5	(소수)÷(자연수) 계산하기 4	• 몫을 어림하여 보고 (소수)÷(자연수)를 분수로 고쳐서 계산하기 • 몫이 1보다 작은 소수인 (소수)÷(자연수)의 계산 원리를 이해하고 계산하기
6	(소수)÷(자연수) 계산하기 5	• 몫을 어림하여 보고 (소수)÷(자연수)를 분수로 고쳐서 계산하기 • 소수점 아래 0을 내려 계산해야 하는 (소수)÷(자연수)의 계산 원리를 이해하고 계산하기
7	(소수)÷(자연수) 계산하기 6	• 몫을 어림하여 보고 (소수)÷(자연수)를 분수로 고쳐서 계산하기 • 몫의 소수 첫째 자리에 0이 있는 (소수)÷(자연수)의 계산 원리를 이해하고 계산하기
8	(자연수)÷(자연수) 계산하기 1	• (자연수)÷(자연수)의 몫을 소수로 나타내기
9	(자연수)÷(자연수) 계산하기 2	• (자연수)÷(자연수)의 몫을 반올림하여 필요한 자리까지 나타내기
10	단원 정리(문제 풀기)	• 단원에서 배운 내용을 문제 풀며 정리하기
11	문제해결	• (소수)÷(자연수)를 적용하여 연비 구하기 • 문제해결에 대한 논리적인 이유 말하기
12	체험 마당	• 전자저울로 무게를 재 보고 그 무게를 똑같이 나눈 양을 어림해 보기

위와 같은 내용 구성에 대하여 문제의식을 갖게 만드는 점 몇 가지를 살펴보면 아래와 같다.

차시별 내용에 있어서 불필요한 질문과 활동

각 차시별 내용 구성을 보면 활동 1에서는 식 세우기, 식의 값 어림해 보기, 어떻게 어림했는지 설명해 보기로, 활동 2에서는 분수로 고쳐서 계산하기 및 세로셈으로 해결하기로 되어 있다. 나의 관점으로 본다면 특히 활동 1은 불필요한 과정일 수 있다. 오히려 곧바로 식을 제시하고 소수의 나눗셈 원리 이해

---

2 2009 개정 교육과정에 따른 수학과 교사용 지도서 5학년 2학기. 2015. pp. 229~231.

09
소수의
나눗셈

제2장 협동학습으로 만드는 5학년 수학 수업   345

를 위해 조작 활동 및 분수로 고쳐서 이해하기로 들어가는 것이 아이들의 이해를 보다 확실하게 하는 데 도움이 될 수 있다. 게다가 왜 분수로 고쳐서 계산해야 하는지, 그것이 소수의 나눗셈 원리의 이해 (특히 몫의 소수점 자리 결정과의 관계)와 어떻게 연결되는지 전혀 설명이 없다. 그저 분수로 고쳐서 계산하라는 것뿐이다. 본 단원의 핵심이 수 연산 능력 숙달, 특히 소수의 나눗셈 연산 능력의 숙달에 있다면 소수의 나눗셈 연산에 대한 알고리즘의 이해가 선행되어야 한다. 이를 바탕으로 소수의 나눗셈을 잘할 수 있도록 내용 및 시간 조절을 적절하게 해야 한다면 교사가 나름대로의 중심을 잡고 적절히 교과서 내용을 재구성할 필요가 있다고 판단된다.

나누는 수가 '자연수'인 경우로 한정되어 있는 5학년 소수의 나눗셈 단원에 있어서 중요한 것은 '소수점의 위치를 정하는 것' 한 가지다. 이에 대한 원리를 잘 이해한다면 나머지 내용들은 쉽게 해결할 수 있는 것들이다. 그리고 그 원리의 이해에 도움을 주는 제일 중요한 활동은 분수로 고쳐서 계산하는 과정과 조작 활동과의 연결 짓기를 통해 소수점의 위치가 어떻게 정해지는지 그 원리를 이해하는 일이다. 그런데 교과서는 마치 '분수로 고쳐서 계산할 수도 있고 조작 활동을 통해 계산할 수도 있다'는 식으로 활동 제시만 있고 그런 과정이 '소수점의 위치를 정하는 것'과 어떤 연계성이 있는지를 제대로 연결 짓지 못하고 있다. 이 활동에 시간을 좀 더 할애하여 아이들이 확실하게 이해할 수 있도록 차시 및 내용 재구성이 꼭 필요하겠다. 좀 더 자세한 설명은 뒤에 제시할 단원 재구성 방안에서 다루도록 하겠다.

단원 도입의 스토리텔링 수학에 대한 문제의식

매 단원마다 반복되는 이야기다. 특히 단원 초반에는 왜 이렇게 복잡한 소수의 나눗셈을 공부해야 하는지를 다른 그 어떤 단원보다도 실생활 속에서 찾아 연결 짓기를 해 주어야 하는 중요한 곳이기 때문에 보다 아이들 삶 속에서 의미 있는 소재와 내용을 찾아 제시하고 이를 바탕으로 아이들의 탐구 및 사고 활동을 이끌어 내려는 노력이 필요하다고 볼 수 있다.

여전히 아이들에게 매우 힘든 질문

이전 수학 교과서에서처럼 "왜 그렇게 생각하지?", "어떻게 어림했는지 설명해 보시오.", "~하는 방법을 알아보시오."와 같은 질문이 이에 해당된다. 초등학교 수준의 아이들은 형식화된 학문적 이야기보다는 직관적 사고 또는 구체적 경험에 의한 원리나 규칙의 발견 등이 주된 내용이 되어야 하는데 이를 제대로 반영시키지 못한 질문(수학적 원리나 규칙을 진술하게 하는 식의 질문)이 곳곳에 나타나고 있어 아쉬움이 남는다.(활동을 잘하다가 갑자기 이런 질문을 접하면 아이들은 머릿속이 하얀 백지 상태처럼 변한다. 아이들의 사고가 단절된다는 것이다. 수학적 현상에 대하여 추상적인 용어를 활용해 일반화시킨다는 활동은 초등학교 아이들에게 적절하지 못한 것이라 할 수 있다.)

원리 이해보다는 문제 풀이 중심의 교과서 내용 구성

초등 단계의 아이들은 숫자만을 이용한 문제 풀이 중심의 수학은 매우 힘들어한다. 설령 문제는 풀더라도 왜 그렇게 되는지를 이해하지 못하는 아이들이 많다. 왜냐하면 절차만을 알려 주는 수학 수업이기 때문이다. 왜 그렇게 되는지 알려 주지도 않고 그냥 절차만 알려 주면서 그렇게 따라 하기만 하면 답을 낼 수 있다는 식의 수학 수업을 받은 아이들이 단지 문제를 푼다고 해서 이해하였다고 말할 수 없는 경우가 매우 많다. 본 단원도 그런 식으로 구성되어 있어서 걱정스럽다. 본 단원 또한 왜 그렇게 되는지를 아이들이 이해할 수 있도록 하기 위해 조작 활동을 적극 도입하지 않으면 안 된다.(예 : 1을 0.1짜리 10개로 바꾸어 띠 모델이나 수직선 모델에 표시해 보는 일 등)

절차만 알려 주기 방식 (사례 1)

대부분의 차시에서 아래와 같은 방식으로 소수점 위치를 정하는 이유를 제시하고 있다. 뿐만 아니라 지도서에서도 단원 배경지식을 아래와 같이 밝히고 있다.

$$26 \div 2 = 13이다. \ 26의 \frac{1}{10}배가 \ 2.6이므로 \ 2.6 \div 2의 \ 몫은 \ 13의 \frac{1}{10}인 \ 1.30이 \ 된다.$$

다. (자연수)÷(자연수)와 (소수)÷(자연수) 비교하기

소수의 나눗셈과 자연수의 나눗셈의 비교 활동은 자연스럽게 자연수의 나눗셈을 통해 소수의 나눗셈의 몫을 구할 수 있다는 계산 원리를 터득하는 데 도움을 준다. 예를 들어, $56 \div 4 = 14$와 $5.6 \div 4 = 1.4$의 비교 활동을 통해 5.6은 56의 $\frac{1}{10}$배가 된다는 점을 인식하게 되고 $5.6 \div 4$의 몫도 $56 \div 4$의 몫인 14의 $\frac{1}{10}$배로 구할 수 있다는 계산 방법을 알게 될 것이다.

$$56 \div 4 = 14 \xrightarrow{\times \frac{1}{10}} 5.6 \div 4 = 1.4$$
$$\xrightarrow{\times \frac{1}{10}}$$

2009 개정 교육과정에 따른 수학과 교사용 지도서 5학년 2학기. 2015. p. 233.

하지만 왜 그렇게 해야 하는지에 대한 이유 및 아이들에게 어떻게 해서 이렇게 하게 되었는지를 설명할 수 있도록 자세히 안내하지 못하고 있다. 사실 이런 상황은 초등 5학년 수학 수준을 넘어선 이야기다. 등식의 성질에 대한 것이기 때문이다. 등식의 성질은 6학년 단계에서 약간 다루고 중학교 과정에서 본격적으로 다룬다. 그런데 이유도 없이 5학년 단계에서 그냥 이렇게 해서 답을 구한다는 식으로 지도한다는 것은 어딘가 맞지 않다는 생각이 든다.

절차만 알려 주기 방식 (사례 2)

세로셈을 제시하고 몫을 정하는 과정에서 교과서는 모두 아래와 같이 몫의 소수점은 나뉘는 수와 같은 자리에 정하는 것으로 모두 제시되어 있다.

하지만 왜 그렇게 해야 하는 것일까 하는 생각과 고민이 필요한 시점이다. 이를 해결하기 위해서는 분수로 고쳐서 해결하기 및 띠 모델을 이용해서 계산하기와 제대로 연결 짓기를 해 주어야 가능한 일이다. 그 과정에서 아이들은 자연스럽게 세로셈에서 소수점의 위치가 어떻게 결정되는지를 터득해 나가

09 소수의 나눗셈

게 될 것이다.

단원 재구성을 위한 방안

❶ 처음 시작되는 '(소수)÷(자연수)=몫이 소수 한 자리인 경우'의 이해를 돕기 위해 분수로 고쳐서 해결하기, 띠 모델이나 수직선 등을 활용한 조작 활동을 매우 중요하게 다룬다. 이 활동을 통해 소수도 자연수처럼 나눌 수 있으며(등분의 개념) 그 결과는 소수가 된다는 것, 몫의 소수점 자리가 왜 그렇게 정해지는지를 자연스럽게 터득할 수 있도록 한다.(특히 자연수로 나누어지지 않을 때 1을 0.1짜리 10개로 바꾸어 조작 활동을 해 보는 경험은 소수의 나눗셈 이해에 매우 큰 도움이 된다.)

$$3.4 \div 2 = \frac{34}{10} \div 2 = \frac{34}{10} \times \frac{1}{2} = \frac{17}{10} = 1.7 \text{(이 과정을 아래 띠 모델과 연결 짓기)}$$

$$3.4 \div 2 = (2 + 1.4) \div 2 = (2 \div 2) + (1.4 \div 2) = 1 + 0.7 = 1.7 \text{(이 과정을 아래 띠 모델과 연결 짓기)}$$

1=0.1이 10개									
0.1	0.1	0.1	0.1	0.1	0.1	0.1	0.1	0.1	0.1
0.1	0.1	0.1	0.1						

위에서 보는 바와 같이 2로 나눌 수 있는 부분은 직접 나누고 나뉘지 않는 부분인 1.4는 0.1짜리 조각으로 나누어 2등분해 보는 조작 활동을 해 보도록 해야 한다. 이런 과정을 거치면 1과 0.1짜리 조각 7개로 등분이 된다는 사실을 알게 된다. 그 결과 답이 1.7이라는 것을 알게 된다. 분수로 해결하는 과정과 이 과정의 연결 짓기를 통해 소수 나눗셈의 원리(특히 소수점의 위치 결정)를 충분히 이해하게 되면 몫이 소수 두 자리인 경우도 그 원리를 이용하여 보다 쉽게 해결할 수 있게 된다. 또한 아래와 같이 분수로 해결하기와 세로셈과의 연결 짓기 및 비교를 통해 몫의 소수점 자리가 어떻게 결정되는지 보여 주는 일, 종국에 가서는 몫의 소수점은 나뉘는 수와 같은 자리에 위치하게 된다는 사실을 아이들 스스로 시행착오를 경험하게

$$3.4 \div 2 = \frac{34}{10} \div 2$$
$$= \frac{34}{10} \times \frac{1}{2}$$
$$= \boxed{\frac{17}{10}}$$
$$= 1.7$$

둘의 비교를 통해 소수점 자리가 어떻게 결정되는지를 이해할 수 있도록 연결 짓기

$$\begin{array}{r} \boxed{1.7} \\ 2\overline{)3.4} \\ \underline{2} \\ 1\,4 \\ \underline{1\,4} \\ 0 \end{array}$$

하면서 터득하게 하는 일은 수학 수업의 가장 중요한 원칙이 아닐까 생각한다. 이를 위한 교사의 번뜩이는 생각을 바탕으로 한 교과서 내용 재구성은 필수가 아닐 수 없다.

❷ 소수 나눗셈에서 소수점의 위치를 결정하는 원리의 이해에 집중할 수 있도록 각 차시별로 내용 재구성을 통해 중요한 활동에 충분한 시간 안배를 할 수 있도록 한다. 그 과정에서 구체적인 조작 활동, 분수로 고쳐서 이해하기, 세로셈으로 나아가기 등의 과정을 충분히 거치도록 한다.

❸ 1을 0.1짜리 10개로 바꾸어 이해하는 것이 잘되었다면 0.1을 0.01짜리 10개로 바꾸어 이해하는 과정까지 차근차근 진행하여 소수의 나눗셈을 확실하게 이해할 수 있도록 돕는다. 이 과정에서 분수로 바꾸어 계산하는 것과 함께 연계하여 지도한다.

❹ 소수 나눗셈의 알고리즘(세로셈의 절차를 가리킴 : 연산 단원의 핵심, 자연수의 나눗셈과 비슷하지만 중요한 차이점은 소수점의 위치를 정하는 원리)을 충분히 이해하고 익혔다면 소수의 나눗셈 연산 숙달 단계에서 가로셈보다는 세로셈으로 해결할 수 있도록 안내한다. 왜냐하면 실제로 소수의 나눗셈을 할 때 가로셈으로 해결하는 경우는 거의 없기 때문이다. 이를 위해 □칸 노트를 적극 활용한다.(실제 수업 활동 참고)

❺ 간략히 접근할 수 있는 부분은 시간 줄이기, 억지스러운 스토리텔링이나 체험 마당, 문제해결 등을 재구성하여 미션활동 등으로 제시하고 아이들이 이해에 어려움을 겪는 부분에 시간을 더 할애하여 충분한 이해를 돕는다는 생각으로 교과서 내용을 재구성한다.

❻ 절대로 잊지 말아야 할 점은 연산 영역의 단원이라서 연산에 대한 숙달이 목적인 것은 사실이지만 알고리즘의 습득 자체보다 알고리즘의 이해가 확실하게 선행되어야 한다는 것이다.(특히 소수점의 위치가 결정되는 원리 이해)

단원 지도를 위한 재구성의 실제

차시	재구성 이후	수업의 목적
1	소수의 나눗셈 상황 알기	• 소수의 나눗셈이 필요한 상황 이해하기
2	(소수)÷(자연수) 계산하기 ⇨ 몫이 소수 한 자리의 대소수인 경우	• 계산 원리 이해하기(1을 0.1짜리 조각 10개로 잘라서 이해하기) 및 나눗셈 해결하기
3		• 계산 원리 이해하기(1을 0.1짜리 조각 10개로 잘라서 이해하기 ⇨ 분수로 고쳐서 계산하기와 연결 짓기) 및 나눗셈 해결하기
4	(소수)÷(자연수) 계산하기 ⇨ 몫이 소수 두 자리의 대소수인 경우	• 계산 원리 이해하기(0.1을 0.01짜리 조각 10개로 잘라서 이해하기 ⇨ 분수로 고쳐서 계산하기와 연결 짓기) 및 나눗셈 해결하기

09
소수의
나눗셈

5	(소수)÷(자연수) 계산하기 ⇨ 몫이 1보다 작은 소수인 경우	• 계산 원리 이해하기(1을 0.1짜리 조각 10개로, 0.1을 0.01짜리 조각 10개로 잘라서 이해하기 ⇨ 분수로 고쳐서 계산하기와 연결 짓기) 및 나눗셈 해결하기
6	(소수)÷(자연수) 계산하기 ⇨ 소수점 아래 0을 내려 계산하는 경우	• 계산 원리 이해하기(1을 0.1짜리 조각 10개로, 0.1을 0.01짜리 조각 10개로 잘라서 이해하기 ⇨ 분수로 고쳐서 계산하기와 연결 짓기) 및 나눗셈 해결하기
7	(소수)÷(자연수) 계산하기 ⇨ 몫의 소수 첫째 자리에 0이 있는 경우	• 계산 원리 이해하기(1을 0.1짜리 조각 10개로, 0.1을 0.01짜리 조각 10개로 잘라서 이해하기 ⇨ 분수로 고쳐서 계산하기와 연결 짓기) 및 나눗셈 해결하기
8	(자연수)÷(자연수) 계산하기 ⇨ 몫이 소수인 경우	• 계산 원리 이해하기(1을 0.1짜리 조각 10개로, 0.1을 0.01짜리 조각 10개로 잘라서 이해하기 ⇨ 분수로 고쳐서 계산하기와 연결 짓기) 및 나눗셈 해결하기
9	(자연수)÷(자연수) 계산하기 ⇨ 몫을 반올림하여 나타내기	• (자연수)÷(자연수)의 몫을 반올림하여 필요한 부분까지 나타낼 수 있도록 하기
10	단원 정리(문제 풀기)−평가	• 단원 평가하기

아래와 같이 크게 세 부분으로 나누어 재구성한 이유는 다음과 같다.

먼저 실생활 속에서의 나누는 수가 '자연수'인 경우로 한정된 소수 나눗셈에 대한 사례를 바탕으로 조작 활동을 통해 소수 나눗셈의 기본 원리와 관련된 부분을 하나로 묶어 전반적인 이해를 돕고자 하였다. 왜냐하면 몫이 한 자리이든 두 자리이든 또는 순소수이든 대소수이든 그 원리는 똑같기 때문이다. 사실 교과서 내용 구성은 하나의 원리를 너무 세세하게 나누어 놓아 오히려 복잡한 느낌을 갖게 만들고 각각의 내용이 분절적인 것처럼 느껴지게 구성되어 있다. 이런 부분을 적절히 재구성하여 하나의 원리가 그대로 적용됨을 아이들이 깨달을 수 있도록 지도하고 나머지 시간들은 그 원리의 이해 및 숙달에 집중할 수 있도록 하는 것이 좋겠다.

둘째, 조작 활동을 통해 알게 된 소수 나눗셈의 기본 원리를 바탕으로 특별한 사례에 해당되는 소수점 아래 0을 내려 계산하는 경우와 몫의 소수 첫째 자리에 0이 있는 경우를 따로 다루어 그 깊이를 더해 보고자 하였다.

셋째, 자연수의 나눗셈이지만 자연수 범위 내에서 나누어떨어지지 않아 몫이 소수인 경우 및 소수 범위 내에서도 나누어떨어지지 않아 필요한 부분까지 반올림하여 표현하는 경우(무한소수)에 대하여 알아볼 수 있도록 구성해 보았다.

넷째, 재구성 계획과 같이 2차시를 줄여도 충분한 학습이 가능하기 때문에 다른 단원에서와 달리 본래 12차시로 계획되어 있던 단원 수업 시수를 10차시로 축소하였다.

몫의 소수점 위치

- (소수)÷(자연수)의 계산은 몫의 소수점의 위치가 중요 : 소수의 나눗셈은 자연수와 같은 방법으로 계산하고, 몫의 소수점을 나누어지는 수의 소수점의 자리에 맞추어 찍기. 나누어지는 수가 소수 한 자릿수이면 몫도 소수 한 자릿수, 나누어지는 수가 소수 두 자릿수이면 몫도 소수 두 자릿수.

- 소수의 나눗셈을 하는 과정에서 나누어지는 수가 나누는 수보다 작을 때는 몫의 자리에 0을 써 주고 계속 계산 : 자연수의 계산과 같다. 이럴 땐 나눌 수 없는 해당 자리의 몫에 0을 써 준 뒤에 다음 자리의 숫자를 내려서 계산하면 된다.

- 몫이 나누어떨어지지 않는 소수의 나눗셈도 자연수의 나눗셈과 같이 반올림을 이용하여 해결 : 여기에서는 반올림을 하는 위치가 매우 중요하다. 소수 첫째 자리까지 나타내려면 소수 둘째 자리에서 반올림을 하고, 소수 둘째 자리까지 나타내려면 소수 셋째 자리에서 반올림을 해야 하기 때문. 즉 구하려고 하는 자리의 바로 아래 자리에서 반올림해야 한다는 기본적인 규칙만 기억하면 된다.

- 자릿수가 다른 (소수)÷(소수)에서는 나누는 수를 자연수로 바꾸어 계산하기 : 자릿수가 다른 소수의 나눗셈에서 소수점을 어떻게 옮기는가 하는 것이 무척 중요하다. 쉽게 하려면 나누는 수를 자연수가 되도록 만들어 주어야 한다. 이 경우 나누는 수와 나누어지는 수의 소수점을 오른쪽으로 똑같은 자리만큼 옮기고 계산하면 훨씬 수월해진다.

소수의 나눗셈에 익숙해지기

소수의 나눗셈에서 몫의 소수점의 위치는 소수점을 옮긴 위치에 따르고, 나머지의 소수점은 나누어지는 수의 처음 소수점의 위치에 따른다.

소수의 나눗셈

● (소수)÷(자연수)

소수 한 자릿수

$$6 \overline{)9.6} \quad \frac{1.6}{}$$

소수 두 자릿수

$$13 \overline{)40.82} \quad \frac{3.14}{}$$

● 소수 첫째 자리의 몫이 0이 되는 나눗셈

$$7 \overline{)56.42}$$ 몫 8.06

4를 7로 나룰 수 없으니까 몫의 첫째 자리에는 0을 써 주고 다음 자리를 내려서 계산한다.

● 나누어떨어지지 않는 나눗셈($14 \div 9 = 1.555 \cdots$)

소수 둘째 자리에서 반올림 ⇨ $1.\dot{5}5\cdots \to 1.6$

소수 셋째 자리에서 반올림 ⇨ $1.5\dot{5}5 \to 1.56$

반올림을 어느 자리에서 하느냐에 따라 답이 달라진다.

● 자릿수가 같은 소수의 나눗셈

$$0.36 \overline{)19.08} \quad \frac{53}{}$$

나누는 수가 소수 한 자리이므로 소수점을 오른쪽으로 한 자리씩 옮긴다.

● 자릿수가 다른 소수의 나눗셈

$$51.2 \overline{)163.8.4} \quad \frac{3.2}{}$$

나누는 수가 소수 한 자리이므로 소수점을 오른쪽으로 한 자리씩 옮긴다.

● 몫과 나머지의 소수점 찍기

몫 ⟶ 2.9

$$8.5 \overline{)24.6.9}$$

몫의 소수점 나눠지는 수의 옮긴 소수점의 위치와 같다.

나머지 ⟶ 0.04

나머지의 소수점 나눠지는 수의 처음 위치와 같다.

09
소수의
나눗셈

🍎 1차시 소수÷자연수의 상황 알기

교사 　소수의 나눗셈 첫 시간입니다. 오늘은 이런 가상의 상황으로 첫 번째 활동을 열어 볼까 합니다. 여기에 3.6m의 끈(1m 3개, 0.6m 1개)이 있습니다. 이를 3명이 나누어 가진다면 1명이 가질 수 있는 끈의 길이는 얼마나 될지 알아봅시다.

수업 흐름	교사의 발문
도입	▶ '3.6÷3'의 상황 제시 ⇨ 3.6에 대한 조작 활동을 통해 나눌 수 있는 방법 생각해 보기(3.6은 3+0.6임을 이해하기, 0.6은 0.1이 6개임을 이해하기) ⇨ 3.6÷3 ⇨ 3÷3=1, 0.6÷3=0.2 ⇨ 1+0.2=1.2가 1명이 가질 수 있는 끈의 길이임을 이해하기(띠 모델을 통해 '소수÷자연수' 상황도 자연수의 나눗셈과 같은 방식으로 나눌 수 있다는 사실을 이해할 수 있도록 하기) 　÷3 = 대개 오른쪽 그림과 같이 　　　　　 　　 이렇게 나누어 가질 수 있는 방법을 쉽게 생각한다. 하지만 전체를 0.1m짜리 36칸으로 생각하여 나누어 갖는 방법도 생각해내는 아이들이 있을 수 있다.
전개	▶ 비슷한 상황 추가 제시 ⇨ 조작 활동 하기("한 번 해 본 것으로 확실히 이해하기 어려우니 조작 활동을 더 해 보도록 하자."고 안내) • 5.2m÷4명 상황 제시 : 위의 그림과 같이 다양한 방식으로 조작 활동을 통해 해결할 수 있도록 시간 주기, 모둠원 간 협의하기(특히 5.2m÷4에서 우선 4명이 1m씩 나누어 갖고 나서 나머지 1.2m를 어떻게 4명이 나누어 가질 수 있을까 하는 상황을 제시한 후 어떻게 해결할 것인가에 대하여 토의 토론할 수 있도록 하기 ⇨ 1.2m를 0.1m짜리 12개로 생각하여 해결하기) ▶ 지금까지 해결한 내용을 바탕으로 소수÷자연수를 어떻게 계산하는지 말 또는 글로 정리해 보기(먼저 자연수를 나누고 남은 것은 0.1짜리로 바꾸어 똑같이 나누었다.)
정리	▶ 위의 과정을 세로셈으로 바꾸어 안내하기(앞에서 띠 모델 및 수식으로 알아본 것이 세로셈 과정에 고스란히 나타나고 있음이 눈에 보이도록 설명하기 ⇨ 앞으로 소수의 나눗셈을 보다 쉽고 빠르게 할 수 있는 방법을 탐구해 나갈 것이라 안내)

단원 도입 활동으로 소수의 나눗셈 상황에서 실제로 우리는 어떻게 나눗셈을 적용하는가에 대하여 알아보면서 소수의 나눗셈 기본 원리에 대한 맛보기 활동으로 다음과 같이 수업을 진행하였다.

먼저 '3.6÷3'의 상황을 제시하고 어떻게 나누는가를 통해 자연수부터 나누고 나서 소수 부분을 나눈다는 사실을 알 수 있도록 도왔다. 이어서 '5.2÷4'를 통해 앞서서 알아보았던 것에 대한 확인을 하게끔 안내하였다. 특히 '5.2÷4'에서는 먼저 자연수 부분부터 나누고 더 이상 나눌 수 없는 자연수는 소수로 고친 후에 다시 나눌 수 있다는 사실을 아이들은 이제 막 이해하기 시작하였다.

뒤를 이어서 조작 활동 및 띠 모델을 통해 알아본 것을 세로셈으로 함께 알아보면서 조작 활동 및 띠 모델을 통해 알아본 과정이 세로셈 과정에 그대로 나타나 있다는 사실을 처음 아이들은 눈으로 확인하였다. 이후

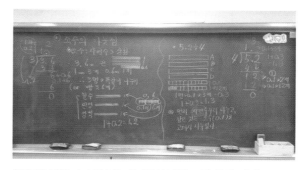

2015년 10월 소수의 나눗셈 1차시 단원 도입 활동 판서

부터는 소수의 나눗셈에 대한 보다 확실한 이해 및 소수점의 위치가 왜 그 자리에 찍히는지를 이해할 수 있도록 돕는 시간을 가져 보겠다고 하면서 한 시간 수업을 마무리하였다. 대체로 아이들은 "아. 그런 것이었구나. 자연수의 나눗셈과 크게 다르지 않구나. 어렵지 않네."하는 말을 하기도 하였다. 비교적 성공적인 단원 도입 활동이었다는 생각이 든다.

단원 도입 활동 : 혼자 생각 ⇨ 모둠 토론 및 도움 주고받기 활동

09
소수의
나눗셈

🍎 2~3차시 소수÷자연수 1 : 몫이 소수 한 자리인 대소수

수업 흐름	교사의 발문

도입	▷ '2.6÷2'의 상황 제시 ⇨ 먼저 분수로 고쳐 계산하기
	 • $2.6 \div 2 = \frac{26}{10} \div 2 = \frac{26}{10} \times \frac{1}{2} = \frac{13}{10} = 1.3$ (분모가 10인 것에 주목)
	 • 세로셈으로 해결해 보기 : 연산 노트 또는 모둠칠판 활용하기
	
	 $$2\overline{)2.6} \qquad \begin{array}{c} 1.3 \\ \hline \end{array}$$ • 소수점이 이 자리에 찍히는 이유 알기
	   – 분수로 해결하기 과정에서 $\frac{13}{10} = 1.3$에 주목하기
	   – 분모에 10이 있기 때문에 소수 첫째 자리까지 나타나게 된다.('분수로 해결하기'와 '세로셈'의 비교를 통해 소수점의 위치가 결정되는 원리를 이해할 수 있도록 하기)

전개	▷ 비슷한 상황 추가 제시 ⇨ 분수로 해결하기를 먼저 한 후 세로셈으로 해결하기를 나중에 하기 : $16.8 \div 12$를 먼저 분수로 해결한 후 세로셈으로 해결하기 • 모둠칠판에 분수로 해결하기 및 서로 확인하기 • 모둠칠판에 세로셈으로 해결하기 및 서로 확인하기 • 왜 소수점이 그 자리에 찍히는지 설명할 수 있도록 하기 ▷ 짝 점검 활동으로 2~3차시 수업 활동 결과 확인하기
정리	▷ 교과서 114~117쪽까지 해결하기(주어진 질문 모두 각각 두 가지 방법으로 해결하기 : 분수로 해결하기, 세로셈으로 해결하기)

2~3차시 수업 소감

도입 활동부터 2.6÷2를 제시하면서 수식으로 모둠칠판에 해결해 보라고 하였다. 잠시 후 모둠칠판을 들어서 확인해 보니 모두 잘 해결하였다. 이제 수식으로 해결하는 것은 곧잘 한다. 아이들이 해결한 내용을 칠판에 써 가면서 다시 확인하는 과정을 가졌다. $2.6 \div 2 = \frac{26}{10} \div 2 = \frac{26}{10} \times \frac{1}{2} = \frac{13}{10} = 1.3$과 같은 과정에서 $\frac{13}{10} = 1.3$, 즉 분모가 10이기 때문에 소수로 고치면 1.3이 된다는 사실과 처음 2.6을 분수로 고칠 때 분모가 그대로 결과에 영향을 준다는 사실을 다시 한 번 더 확인하였다. 그러면서 분모가 10이라는 것을 강조하기 위해서 칠판 판서에도 색 분필로 강조하여 쓰기도 하였다. 그것이 세로셈에서의 결과와 관련이 있다는 사실을 힌트로 제공하기 위함이었다. 그런 후에 세로셈 과정을 함께 해 보았다. 여기에서 세로셈의 결과로 소수점이 왜 그 자리에 찍히는지를 설명할 수 있도록 모둠원들끼리 협의해 보라고 하였다. 모둠 토론 초반에는 바로 답을 하지 못하였지만 분수로 고쳐서 수식으로 해결하는 과정에서 힌트를 얻어서 답을 해 보라고 하였더니 금방 답을 찾아 설명할 수 있을 정도가 되었다. 사실 교과서에는 분수로 고쳐서 계산하는 과정만 나와 있지 이 과정이 교과서에 왜 수록되었으며 그 과정을 통해 우리는 무엇을 알아 나가야 하는지에 대하여(그 과정이 계산 결과에 따른 소수점 위치를 결정하는 데 영향을 준다는 사실을 이해할 수 있도록 돕는다

2015년 10월 소수의 나눗셈 2차시 활동 및 칠판 판서

는 사실) 정확한 안내가 되어 있지 않다. 심지어는 지도서에조차도 어떤 설명을 찾아볼 수 없다. 이렇게 놓고 보면 소수의 나눗셈을 해결하는 방법은 분수로 고쳐서 계산하기와 세로셈으로 해결하기, 띠 모델 등의 그림으로 해결하기 등 다양한 방법이 있다는 사실을 알게 하는 것만으로 생각하기 쉽다. 그래서 아쉬운 생각이 많이 든다. 이렇게 1차적으로 정리를 마치고 나서 추가로 비슷한 과정을 경험할 수 있는 질문 하나를 제시하고 개별적으로 해결한 뒤 모둠원들과 확인하라는 안내를 하였다. 이어서 몇 명의 아동을 호명하여 칠판에 수식으로, 세로셈으로 직접 해결해 보라고 하였다. 이번 시간 내용은 그리 어렵지 않아서 그런지 모두가 잘 이해하고 있었다.

시간표 조정 관계로 블록 타임 수업을 진행하지 못하여 3차시 수업을 다음 시간으로 넘겼다. 3차시 수업은 지난 시간에 살펴본 내용을 다시 한 번 점검해 보면서 바로 짝 점검 활동으로 넘어갔다.

짝 점검 활동을 통해 소수의 나눗셈 기초 원리 및 소수점 자리가 어떻게 결정되는지에 대한 확실한 이해를 다졌다. 그리고 나니 시간이 약 20분 정도 남았다. 남은 시간은 교과서 문제 및 익힘책 문제해결 활동으로 사용하였다.

2015년 10월 소수의 나눗셈 3차시 활동 짝 점검 활동

09
소수의
나눗셈

🍎 4차시 소수÷자연수 2 : 몫이 소수 두 자리인 대소수

수업 흐름	교사의 발문
도입	▶ '8.56÷4'의 상황 제시 ▷ 먼저 분수로 고쳐 계산하기

* $8.56 \div 4 = \frac{856}{100} \div 4 = \frac{856}{100} \times \frac{1}{4} = \frac{214}{100} = 2.14$(분모가 100인 것에 주목)
* 세로셈으로 해결해 보기 : 연산 노트 또는 모둠칠판 활용하기

<table>
<tr><td>

$$
\begin{array}{r}
2.14 \\
4\,)\overline{8.56} \\
\underline{8} \\
5 \\
\underline{4} \\
16 \\
\underline{16} \\
0
\end{array}
$$

</td><td>

* 소수점이 이 자리에 찍히는 이유 알기
  - 분수로 해결하기 과정에서 $\frac{214}{100} = 2.14$에 주목하기
  - 분모에 100이 있기 때문에 소수 둘째 자리까지 나타나게 된다.('분수로 해결하기'와 '세로셈'의 비교를 통해 소수점의 위치가 결정되는 원리를 이해할 수 있도록 하기)

</td></tr>
</table>

전개

▶ 비슷한 상황 추가 제시 ▷ 분수로 해결하기를 먼저 한 후 세로셈으로 해결하기를 나중에 하기 : 91.44÷4를 먼저 분수로 해결한 후 세로셈으로 해결하기

* 모둠칠판 또는 연산 노트에 분수로 해결하기 및 서로 확인하기
* 모둠칠판 또는 연산 노트에 세로셈으로 해결하기 및 서로 확인하기
* 왜 소수점이 그 자리에 찍히는지 설명할 수 있도록 하기

정리

▶ 교과서 118~119쪽 각자 개별적으로 해결하기 및 모둠원들과 확인

4차시 수업 소감

지난 시간까지 알아본 소수 나눗셈의 기본 원리에 대하여 다시 한 번 짚어 보고 바로 핵심 질문을 제시하였다. 우선 '8.56÷4'를 분수로 고쳐서 계산하고 이를 다시 세로셈으로 할 수 있도록 안내하였다. 이번 시간부터는 모둠칠판보다는 연산 노트를 집중적으로 사용하겠다고 하였다. 자연수의 나눗셈 및 소수의

나눗셈에서 매우 중요한 요소 가운데 하나는 자릿수를 정확하게 맞추는 일이기 때문이다. 이에 대한 설명도 함께 하면서 연산 노트를 이용하여 문제를 해결하라고 하였다. 아이들은 연산 노트를 활용하여 수식으로 해결하기 및 세로셈으로 해결하기를 잘 해냈다.

각 개인별로 해결한 내용은 모둠원들과 함께 점검해

2015년 10월 소수의 나눗셈 4차시 연산 노트를 활용한 활동

보도록 하였다. 특히 왜 소수점이 그 자리에 찍히는지에 대하여 설명할 수 있도록 해야 한다고 강조하기도 하였다. 아이들은 그에 대한 내용을 글로 연산 노트에 직접 쓰기도 하였다. 대체로 아이들은 소수점이 왜 그 자리에 찍히는지 이제는 잘 설명할 줄 안다.

2개의 기본 질문을 해결한 뒤 교과서 속 마무리 문제를 다시 연산 노트에 옮겨 쓰고 분수로 해결하기 및 세로셈으로 해결하기 방법을 모두 활용하여 해결하라

고 하였다. 교과서 속 문제는 하지 않아도 된다고 하였다.(앞의 단원 소개 및 문제의식 갖기에서 그 이유를 이미 밝힌 바 있으므로 자세한 설명은 생략함) 그렇게 시간을 보내고 나니 시간이 거의 맞아떨어졌다. 이제 다음 한 시간이면 기본 원리는 모두 마무리된다. 다음 시간까지 잘 마무리하고 거기까지 내용에 대하여 형성 평가를 한번 실시해 보는 것도 좋겠다는 생각이 든다.

🍎 5차시 소수÷자연수 3 : 몫이 1보다 작은 소수인 경우

수업 흐름	교사의 발문
도입	▶ '7.2÷8'의 상황 제시 ⇨ 먼저 분수로 고쳐 계산하기

• $7.2 \div 8 = \frac{72}{10} \div 8 = \frac{72}{10} \times \frac{1}{8} = \frac{9}{10} = 0.9$(분모가 10인 것에 주목)

• 세로셈으로 해결해 보기 : 연산 노트 또는 모둠칠판 활용하기

$$\begin{array}{r} 0.9 \\ 8\overline{)7.2} \\ 7\ 2 \\ \hline 0 \end{array}$$

• 소수점이 이 자리에 찍히는 이유 알기
– 분수로 해결하기 과정에서 $\frac{9}{10} = 0.9$에 주목하기
– 분모에 10이 있기 때문에 소수 첫째 자리까지 나타나게 된다.('분수로 해결하기'와 '세로셈'의 비교를 통해 소수점의 위치가 결정되는 원리를 이해할 수 있도록 하기)

전개 ▶ 비슷한 상황 추가 제시 ⇨ 분수로 해결하기를 먼저 한 후 세로셈으로 해결하기를 나중에 하기 : 0.78÷6을 먼저 분수로 해결한 후 세로셈으로 해결하기

• 모둠칠판 또는 연산 노트에 분수로 해결하기 및 서로 확인하기
• 모둠칠판 또는 연산 노트에 세로셈으로 해결하기 및 서로 확인하기
• 왜 소수점이 그 자리에 찍히는지 설명할 수 있도록 하기

정리 ▶ 심진(心震)을 일으키는 질문 제시

	1.	7
×		3
	2	1
		3
	2.	4

⇨ 검산

$$\begin{array}{r} 1.7 \\ 3\overline{)2.4} \\ 3 \\ \hline 2\ 1 \\ 2\ 1 \\ \hline 0 \end{array}$$

• 어떤 점이 잘못되었는지 살펴보고 설명하기
• 소수의 나눗셈에 있어서 자릿수가 매우 중요함을 다시 한 번 확인하는 활동이 될 수 있도록 하기

▶ 교과서 120~121쪽 각자 개별적으로 해결하기 및 모둠원들과 확인

09
소수의
나눗셈

수업을 시작하면서부터 곧바로 핵심 질문으로 넘어갔다. 나누어지는 수가 나누는 수보다 작을 경우 몫이 1보다 작게 된다는 사실을 이해하고 이런 경우에 몫을 어떻게 구하고 소수점이 어떻게 찍히는지를 이해하는 내용이 본 차시의 핵심이다. 오른쪽과 같은 내용을 이해하는 것인데 생각보다 잘 이해하였다. 핵심 내용의 이해가 빨라 본시 과제 활동을 금방 마무리하였다.

이어서 심화 활동을 위해 활동지를 제시하고 모둠별로 완전학습이 이루어질 수 있도록 안내하였다. 개인 및 모둠별 과제 해결, 전체 발표 및 공유까지 약 20분 정도 시간이 사용되었다. 틀린 부분을 고칠 수는 있는

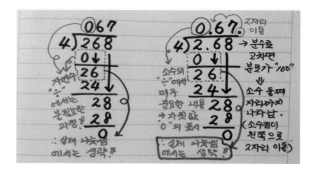

2015년 11월 소수의 나눗셈 5차시 핵심 이해 내용

데 왜 그렇게 고쳐야 하는지를 설명하는 데 시간이 많이 걸렸다.

2015년 11월 소수의 나눗셈 5차시 심화 과제 해결 과정 및 판서

🍎 6차시 소수÷자연수 4 : 소수점 아래 0을 내려 계산하는 경우

수업 흐름	교사의 발문
도입	▶ '8.6÷5'의 상황 제시 ⇨ 먼저 분수로 고쳐 계산하기

- $8.6 \div 5 = \frac{86}{10} \div 5 = \frac{86}{10} \times \frac{1}{5} = \frac{86}{10}$, 여기에서 어떻게 해야만 소수로 고칠 수 있는가 모둠 협의(적당한 시간 동안 혼자 생각 ⇨ 모둠원들과 함께 의견 나누기 및 과제 해결 ⇨ 전체와 공유) ⇨ 분수를 소수로 고칠 때 분모는 10, 100, 1000으로 만들어 준다는 것을 바탕으로 분자와 분모에 같은 수 2를 곱하여 크기가 같은 분수를 만들어 분모를 100으로 만들어 준다는 사실을 발견할 수 있도록 한다. ⇨ $\frac{86}{50} = \frac{172}{100} = 1.72$(분모가 최초 10에서 100으로 바뀐 것에 주목)

- $8.6 \div 5 = \frac{86}{10} \div 5 = \frac{86}{10} \times \frac{1}{5}$ 에서 분모 10을 그대로 두고 약분이 안 될 경우 분모를 10이 아니라 100 또는 1000으로 고쳐 보기 ⇨ $8.6 = \frac{86}{10}$, $8.60 = \frac{860}{100}$ ⇨ 그러나 두 가지 경우 모두 수의 크기는 변함이 없다는 것을 이해하기(0.6 = 0.1이 6개, 0.01이 60개 = 0.60이라는 사실을 이해할 수 있도록 안내)

전개
- 세로셈으로 해결해 보기 : 연산 노트 또는 모둠칠판 활용하기

$$\begin{array}{r} 1.72 \\ 5\overline{)8.60} \\ 5 \\ \hline 3\,6 \\ 3\,5 \\ \hline 10 \\ 10 \\ \hline 0 \end{array}$$

- 소수점이 이 자리에 찍히는 이유 알기
  - 분수로 해결하기 과정에서 $\frac{86}{10} = \frac{860}{100}$ 으로 바뀐 것에 주목하기
  - $\frac{860}{100}$ 의 분모에 100이 있기 때문에 소수 둘째 자리까지 나타나게 된다.(소수점 아래 0을 내려 계산한다는 것은 분모의 크기가 10배, 100배 늘어난다는 것을 의미함.)

정리
▶ 비슷한 상황 추가 제시 ⇨ 분수로 해결하기를 먼저 한 후 세로셈으로 해결하기를 나중에 하기 : 9.1÷5를 먼저 분수로 해결한 후 세로셈으로 해결하기
- 모둠칠판 또는 연산 노트에 분수로 해결하기 및 서로 확인하기
- 모둠칠판 또는 연산 노트에 세로셈으로 해결하기 및 서로 확인하기
- 왜 소수점이 그 자리에 찍히는지 설명할 수 있도록 하기

▶ 교과서 122~123쪽 각자 개별적으로 해결하기 및 모둠원들과 확인

6차시 수업 소감

수업 도입 단계부터 문제 상황을 제시하면서 분수로 고쳐서 풀어 보도록 하였다. 몇 명의 아동은 분모가 10 또는 100이 아니라서 '어떻게 소수로 고치지?' 하며 막히는 듯했으나 모둠원들에게 도움을 구하면서 자연스럽게 해결해 나가는 모습을 보여 주었다. 각 모둠별로 분수를 소수로 고칠 때 분모가 10의 배수여야 고칠 수 있다는 사실, 그리고 분모가 10의 배수가 아닐 때는 분자와 분모에 같은 수를 곱하여 크기가 같은 분수를 만들 수 있다는 사실을 정확히 이해하고 있는 아이들이 많았다. 그래서 나름 쉽게 해결되었다. 다음 단계로 연산 노트에 세로셈으로 해결해 보도록 하였는데 이 또한 쉽게 해결은 하였다. 하지만 역시 '왜 소수점 아래 0을 내려 계산해야 하는가?'에 대한 설명(0.1의 자리에서 나누어 떨어지지 않을 경우 0.1은 0.01

이 10개 모여서 된 것이라는 사실을 통해 8.6이 8.60으로 된다는 점 ⇨ 0.6 = 0.01이 60개 모여서 이루어진 것)을 하는 부분에 있어서는 자신 있게 설명하기를 힘들어 하는 아이들이 꽤 많았다. 그래도 아이들 간의 연결 짓기를 통해 천천히 설명할 수 있다는 자신감을 얻어 나갔다. 아이들이 찾아 나간 것들을 모아 내가 한 번 체계적으로 설명을 해 주었다. 그런 후에 다른 문제를 더 제시하고 풀이 및 설명을 해 보라고 하였다. 그랬더니 좀 더 나아졌다. 배움이라는 것이 아이들마다 속도, 폭, 깊이 등이 모두 다르다는 점을 다시 한 번 느꼈고 그래도 모든 아이들이 빠르든 늦든 나름의 속도로 따라오고 있다는 생각 또한 확실히 느낄 수 있었던 시간이었다. 다음 시간에는 공식적으로 공개수업이 계획되어 있다. 나야 뭐 공개수업이든 말든 일상적으로 하던 수업 그

09
소수의
나눗셈

대로 보여 주는 것을 중요하게 여기기 때문에 별로 신경은 쓰지 않는다. 다만 공개수업을 하면서 나의 수업 설계 과정에서 함께 참여하지 않는 사람들이 나의 수업을 보러 왔다가 그냥 나가거나 협의회에 참여하여 이런저런 말을 한다는 것 자체가 별로 바람직하지 않게 여겨질 뿐이다. 나는 늘 공개수업을 수학으로 한다. 일부러 그렇게 정하여 나의 수학 교과에 대한 전문성을 키워 나가고자 노력하고 있는 중이다.

올해 초 동학년에서 수학 교과를 중심으로 공동연구하고 돌아가면서 서로의 수업을 보면서 피드백하자는 이야기가 있었고 이 때문에 내가 동학년 선생님들에게 각 단원을 심층적으로 분석한 자료를 나누어 주고 이를 바탕으로 함께 수업 디자인 및 실천을 해 나갔고 그 과정을 지금까지 지속해 오고 있다. 또한 나의 교실은 공식적인 공개수업이 아니더라도 늘 열어 두고 동학년 선생님들께서 언제든지 들어오셔서 수업을 참관하고 함께 고민할 수 있도록 하고 있다. 그리고 간간이 선생님들께서 자신의 교과 수업 시간에 나의 교실을 방문하셔서 수학 수업을 관찰하고 수업 후 관찰한 내용 및 이후의 수업 활동에 대하여 다양한 생각과 이야기를 나누어 오고 있다. 아직은 이런 식의 수업 연구 과정이 익숙하지 않아 철저히 이루어지지 않고는 있지만 그래도 예전의 수업 연구 및 수업 공개 방식보다는 훨씬 더 발전한 모습을 보이고 있어서 다행이라는 생각이 든다.

2015년 11월 소수의 나눗셈 6차시 모둠 협의 및 발표, 판서 결과

🍎 7차시 소수÷자연수 5 : 몫의 소수 첫째 자리에 0이 있는 경우

수업 흐름	교사의 발문
도입	▶ '8.2÷4'의 상황 제시 ⇨ 먼저 분수로 고쳐 계산하기 • $8.2 \div 4 = \frac{82}{10} \div 4 = \frac{82}{10} \times \frac{1}{4}$, 여기에서 어떻게 해야만 소수로 고칠 수 있는가 생각해 보기(지난 시간 공부했던 과정) • $8.2 = \frac{82}{10}$, $8.20 = \frac{820}{100}$ ⇨ 그러나 두 가지 경우 모두 수의 크기는 변함이 없다는 것을 이해하기(0.2 = 0.1이 2개, 0.01이 20개 = 0.20이라는 사실을 이해할 수 있도록 안내) ⇨ $8.2 \div 4 = 8.20 \div 4 = \frac{820}{100} \div 4 = \frac{820}{100} \times \frac{1}{4} = \frac{205}{100} = 2.05$ • 세로셈으로 해결해 보기 : 연산 노트 또는 모둠칠판 활용하기
전개	보통 이 과정을 생략하고 몫에 0을 넣는다. $$\begin{array}{r} 2.05 \\ 4\,\overline{)\,8.20} \\ 8 \\ \hline 2 \\ 0 \\ \hline 20 \\ 20 \\ \hline 0 \end{array}$$ • 소수점이 이 자리에 찍히는 이유 알기 – 분수로 해결하기 과정에서 $\frac{82}{10} = \frac{820}{100}$ 으로 바뀐 것에 주목하기 – $\frac{820}{100}$ 의 분모에 100이 있기 때문에 소수 둘째 자리까지 나타나게 된다.(소수점 아래 0을 내려 계산한다는 것은 분모의 크기가 10배, 100배 늘어난다는 것을 의미함.)
정리	▶ 비슷한 상황 추가 제시 ⇨ 분수로 해결하기를 먼저 한 후 세로셈으로 해결하기를 나중에 하기 : 10.3÷5를 먼저 분수로 해결한 후 세로셈으로 해결하기 • 모둠칠판 또는 연산 노트에 분수로 해결하기 및 서로 확인하기 • 모둠칠판 또는 연산 노트에 세로셈으로 해결하기 및 서로 확인하기 • 왜 소수점이 그 자리에 찍히는지 설명할 수 있도록 하기 ▶ 교과서 124~125쪽 각자 개별적으로 해결하기 및 모둠원들과 확인

7차시 수업 소감

공개수업을 하였다. 물론 특별히 준비된 공개수업이 아니라 철저히 일상적인 수학 시간 모습 그대로 공개하였다. 나의 학급 아이들도 이제는 수시로 이런 상황을 접하다 보니 다른 반 선생님께서 교실에 들어와 자신들이 공부하는 장면을 들여다보아도 특별히 긴장하거나 별다른 모습을 보이지 않고 보통 때와 다르지 않은 모습을 보인다. 나는 이게 정상이라고 생각한다.

오늘은 어제에 이어서 몫의 소수 첫째 자리에 0이 있

은 경우에 대하여 공부를 하게 되었다. 하지만 원리는 이전 시간까지 한 내용과 다르지 않다. 아이들도 그것을 충분히 알아차릴 것이라 생각하고 지난 시간과 특별히 다르지 않게 문제를 제시하고 차근차근 해결해 나갔다.

우선 문제를 제시하고 분수로 고쳐서 해결할 수 있도록 하였다. 지난 시간에 공부했던 내용이라서 그런지 쉽게 해결하였다. 발표도 잘하였다. 이어서 세로셈으로 해결해 보게 하였는데 이 과정 초반에 몇몇 아이들은 "어라? 분수로 해결한 것과 답이 다르네? 분수로 해결할 때는 2.05였는데 세로셈으로 하니 2.5가 나오네? 뭐가 맞는 걸까?"라고 말하였다. 그러면서 다른 모둠원들과 이에 대하여 자연스럽게 모둠 협의에 들어갔다. 이제는 자신의 과제 해결 과정에서 궁금한 것, 문제 상황에 봉착했을 때 아이들은 자신의 주변 모둠원들과 서로 도움을 주고받는 것을 자연스럽게 생각한다. 이런 모습을 지켜본 동학년의 한 선생님은 수업이 끝나고 점심시간에 같이 식사를 하는 자리에서 "선생님 반 아이들은 수학 시간에 자신이 잘 모르거나 궁금한 것에 대하여 모둠원들과 협의도 잘하고 토론도 잘하네요. 대부분의 아이들이 자연스럽게 자신의 생각을 나누는 모습을 보며 참 부러웠어요."라고 말해 주었다. 이것이 1년 내내 협동학습을 통한 수학 수업(특히 구조를 적용한 수학 수업 및 비구조화된 수학 수업의 일상화를 지향, 문제 풀이식이 아닌 과정 중심, 원리 중심, 이해 중심의 토론식 수학 수업을 지향)에 심혈을 기울인 덕분일 것이라는 생각에 내심 다행이라는 생각이 들었다. 올해를 거울 삼아 내년에도 다른 학년 담임을 하여 수학 교과 연구에 한층 더 박차를 가해야겠다는 생각이 들었다.

2015년 11월 소수의 나눗셈 7차시 모둠 협의

아이들은 모둠 협의를 통해 이번 시간의 학습 목표에 그리 어렵지 않게 도달하였다. 그리고 100%까지는 아니더라도 많은 아이들이 어렴풋이나마 어떻게 해서 몫의 소수 첫째 자리에 0이 오는지 설명할 수 있게 되었다. 이어서 비슷한 문제를 한 개 더 제시하고 세로셈으로만 한 번 더 해결하고 설명도 해 보도록 하였다. 몇 명의 아이들이 칠판 앞에 나와 서로 해 보겠다고 손을 들었다. 1명을 지목하였더니 한 번에 풀고 나름은 만족스럽게 설명도 하고 들어갔다. 시간이 조금 남아서 교과서 문제를 각자 해결하도록 하고 수업을 마무리하였다.

🍎 8차시 소수÷자연수 6 : 몫이 소수인 경우

수업 흐름	교사의 발문
도입	▶ 문제 상황 제시 이전에 자연수와 소수와의 관계 안내하기 • 0.1이 9개 = 0.9, 0.1이 10개 = 1.0 ⇨ 그러나 보통은 1이라 쓴다. • 자연수의 자리를 기준으로 쓰면 1, 0.1의 자리를 기준으로 쓰면 1.0으로 생각하면 된다는 것을 이해하기 • 2 = 1이 2개, 0.1이 20개(2.0), 0.01이 200개(2.00)가 모여서 된 수라는 것을 통해 자연수와 소수, 0.1의 자리, 0.01의 자리와의 관계를 이해할 수 있도록 돕기
전개	▶ '3÷4'의 문제 상황 제시 ⇨ 세로셈으로 계산하기(연산 노트 활용)

$$\begin{array}{r} 0.75 \\ 4\overline{)3.00} \\ 0 \\ \hline 30 \\ 28 \\ \hline 20 \\ 20 \\ \hline 0 \end{array}$$

• 소수점이 이 자리에 찍히는 이유 알기
  – 3을 0.1, 0.01의 자리를 기준으로 하여 생각할 수 있도록 돕기
  – 분모에 100이 있기 때문에 소수 둘째 자리까지 나타나게 된다.(소수점 아래 0을 내려 계산한다는 것은 분모의 크기가 10배, 100배 늘어난다는 것을 의미함.)

▶ 비슷한 상황 추가 제시 ⇨ 분수로 해결하기를 먼저 한 후 세로셈으로 해결하기를 나중에 하기 : 4÷5를 먼저 분수로 해결한 후 세로셈으로 해결하기

• 연산 노트에 세로셈으로 해결하기 및 서로 확인하기
• 왜 소수점이 그 자리에 찍히는지 설명할 수 있도록 하기

정리 ▶ 교과서 126~127쪽 각자 개별적으로 해결하기 및 모둠원들과 확인

 8차시 수업 소감

오늘은 소수에 대한 이해를 좀 더 깊이 해 보는 것을 시작으로 수업을 열어 나갔다. 소수도 자연수도 1의 자리를 기준으로 표현하면 1, 2, 3 등과 같이 표현되지만 0.1의 자리를 기준으로 표현하면 1.0, 2.0, 3.0 등과 같이 표현될 수 있다는 것을 아이들이 이해할 수 있도록 설명하였다. 그런 뒤에 오늘 수업의 핵심을 담은 기본 문항을 제시하였더니 아이들 스스로 쉽게 해결해 나갔다. 물론 왜 그렇게 해결하는지 그 과정에 대한 자신 있는 설명은 아직 미흡하다. 하지만 나름은 해 나가고 있다. 오늘 과정도 매우 쉽게 진행되었고 아이

들은 큰 어려움 없이 내용을 이해하고 받아들였다.

여기에서 한 가지 생각해 볼 점이 있다. 이전 차시에서 제시된 과정인 '0을 내려서 계산하기'에서 '0을 내려 계산하기'인가 아니면 '0을 올려 쓰기'인가 하는 점이 바로 그것이다. 사실 처음부터 0을 표시하고 내려 준 것이 아니라 계산 과정에서 0.1(소수 첫째 자리)을 기준으로 생각하여 자릿값 0을 표시하여 주고 1은 0.1이 10개 ⇨ 1.0, 0.01(소수 둘째 자리)을 기준으로 생각하여 자릿값 0을 표시하여 주고 0.1은 0.01이 10개 ⇨ 0.10과 같이 쓰게 된 것이다. 그렇다면 '0을 내려 계산

2015년 11월 소수의 나눗셈 8차시 칠판 판서

하기'가 아니라 계산 과정에서 생긴 '0을 올려 쓰기'가 되어야 하는 것이 맞다. 이런 생각을 바탕으로 나는 수업 시간에 '0을 내려 계산하기'식으로 설명하지 않고 '0을 올려 쓰기'로 설명하고 판서도 그렇게 하였다.(판서 사례에서 화살표 방향 참고) 그렇게 '0'을 올려 쓴 결과 처음의 3에서 3.00과 같이 표현되었고 이를 분수로 표현하면 분모가 100이 되어 소수점이 왼쪽으로 2자리 옮겨 가게 되어 소수 둘째 자리까지 표현된다는 사실을 아이들이 이해할 수 있도록 설명하였고 아이들도 그와 같이 정확히 설명할 수 있도록 지도하였다. 이제 소수의 나눗셈 원리는 모두 끝났다. 이제 남은 내용은 어림하기와 관련하여 소수의 나눗셈을 지도하는 것뿐이다. 다음 시간도 큰 무리는 없을 것이라 생각된다.

🍎 9차시 소수 ÷ 자연수 7 : 몫을 반올림하여 나타내기

수업 흐름	교사의 발문

도입	❱ 문제 상황 제시 이전에 올림, 반올림, 버림에 대하여 이해하기
	❱ 몫을 어림하여 나타내는 이유 : 나눗셈이 나누어떨어지지 않거나 몫을 간단히 나타낼 수 없을 때(몫이 간단한 소수로 구해지지 않을 때) 어림하여 나타냄을 알기
	❱ 아래 세 문장의 차이점 이해하기
	   (1) 몫을 ○째 자리에서 반올림(올림, 버림)하여 나타내기
	   (2) 몫을 반올림(올림, 버림)하여 ○째 자리까지 나타내기
	   (3) 몫을 소수 ○째 자리 미만은 반올림(올림, 버림)하여 나타내기

전개 및 정리	❱ 문제 상황 '4 ÷ 7' 제시 • 지금까지 공부한 소수의 나눗셈 원리를 바탕으로 주어진 조건에 맞게 몫을 구하기 ❱ 교과서 속 문제해결 : 129쪽 문제해결

9차시 수업 소감

마지막 수업 시간의 핵심은 소수를 어림하여 나타내기라 할 수 있다. 일상생활 속에서 나누어떨어지지 않는 경우 어림하여 수의 크기를 표현하고자 할 때 반올림, 올림, 버림 중 한 가지 방법을 택하게 된다는 것을 알고 반올림, 올림, 버림의 의미 및 그 방법을 알아 간다는 것이 이번 시간의 목표이지만 사실 간단한 것 같으면서도 아이들은 매우 어려워하였다. 왜냐하면 반올림, 올림, 버림 자체는 어렵지 않은데 아래와 같은

세 문장의 차이점을 이해하고 주어진 조건에 맞게 문제를 해결한다는 것에 대하여 굉장히 힘들어하였다.

- 몫을 ○째 자리에서 반올림(올림, 버림)하여 나타내기
- 몫을 반올림(올림, 버림)하여 ○째 자리까지 나타내기
- 몫을 소수 ○째 자리 미만은 반올림(올림, 버림)하여 나타내기

내가 생각해 봐도 그럴 수밖에 없다. 어찌 생각해 보

면 말장난에 불과한 것일지 모르겠지만 세 가지 문장은 매우 큰 차이를 보이고 있기 때문이다. 결국은 세 문장의 차이점을 확실히 이해하고 주어진 조건에 따라 문제를 정확히 해결할 때까지 여러 번 반복하여 익숙해지도록 할 수밖에 없는 일이라 여겨진다. 이렇게 아이들은 소수의 나눗셈 과정을 모두 마쳤다. 며칠 뒤에 단원 평가가 이루어진다고 안내를 하고 남은 시간 동안 교과서 속 문제를 해결하고 모둠원들과 결과도 확인할 수 있도록 하였다.

🍎 10차시 단원 정리 – 단원 평가

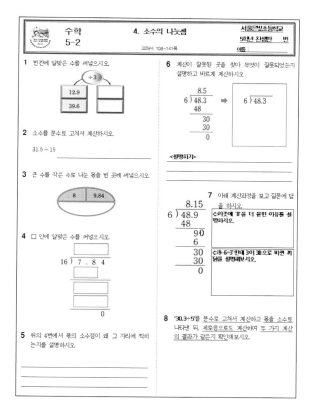

10 자료의 표현

단원 소개 및 문제의식 갖기

교사용 지도서를 보면 일상생활에서의 통계 개념 가운데 자료 전체의 고른 값을 나타내는 대푯값의 하나인 평균(자료의 분포를 직관적으로 파악, 자료를 통계적으로 분석하기 위한 핵심적인 역할)이라는 기본 개념, 확률 개념의 기초가 되는 직관적 표현으로서 '사건이 일어날 가능성', 자료의 특징을 직관적으로 판단할 수 있도록 돕는 도구 가운데 그림그래프에 대하여 학습한다고 안내되어 있다. 그 목적은 평균 개념의 이해, 이를 통한 자료의 특성과 의미 해석, 실생활 활용, 사건이 일어날 가능성에 대한 이해, 자료의 특징을 알맞게 드러내는 그림그래프를 통해 자료의 특성과 의미를 알아보는 능력을 키운다고 되어 있다.[1]

단원 학습 목표

내용	1. 평균의 의미를 알고 평균의 필요성을 이해할 수 있다. 2. 평균을 구하는 방법을 이해하고 계산 원리를 익혀 평균을 계산할 수 있다. 3. 여러 가지 방법으로 평균을 구할 수 있다. 4. 평균을 이용하여 여러 가지 문제를 해결할 수 있다. 5. 실생활 속에서 가능성을 말로 표현할 수 있다. 6. 실생활 속에서 가능성을 수로 나타낼 수 있다. 7. 그림그래프를 이해하고 그림그래프를 해석할 수 있다. 8. 자료를 조사하여 목적에 알맞은 그래프로 나타낼 수 있다.
과정	1. 평균의 의미를 알아보며 평균의 필요성을 찾아 말할 수 있다. 2. 평균을 구하는 여러 가지 방법을 유추할 수 있다. 3. 실생활 속에서 가능성을 통해 여러 가지 일을 예측할 수 있다. 4. 그래프에 대한 해석을 토론하는 과정에서 추론하고 의사소통할 수 있다.
태도	1. 평균이 일상생활에서 이용되는 상황을 통하여 수학의 유용성을 깨닫고 수학에 흥미를 가질 수 있다. 2. 자신의 해결 방법을 자신 있게 발표하고 친구를 설득하는 과정에서 자신감을 가질 수 있다.

---

1 2009 개정 교육과정에 따른 수학과 교사용 지도서 5학년 2학기. 2015. pp. 306~307.

단원의 발전 계통

선수 학습	본 학습	후속 학습
• 3학년 자료의 정리 • 4학년 막대그래프 • 4학년 꺾은선그래프	• 평균의 의미와 필요성 알기 • 평균을 구하는 방법 이해 및 평균 계산하기 • 평균을 이용하여 문제해결하기 • 가능성을 말로 표현하기 • 가능성을 수로 나타내기 • 그림그래프 알아보기 • 목적에 알맞은 그래프로 나타내기	• 6학년 비와 비율 • 6학년 비율 그래프

위의 내용에 근거를 두고 교사용 지도서는 본 단원의 전개 계획을 아래와 같이 제시[2]하였으나 현장에서는 나름대로 재구성하여 지도할 필요성이 있다고 판단된다.

차시	재구성 이전	수업 내용 및 활동
1	단원 도입 (스토리텔링)	• 생활에서 평균의 개념, 확률의 기초 개념, 그림그래프가 사용되는 상황 이해하기
2	평균 알기	• 평균의 의미를 알고 평균의 필요성 이해하기
3	평균 구하기(1)	• 평균을 구하는 방법 이해, 계산 원리를 익혀 평균 계산하기
4	평균 구하기(2)	• 여러 가지 방법으로 평균 구하기
5	평균을 이용하여 문제해결하기	• 평균을 이용하여 여러 가지 문제해결하기
6	사건이 일어날 가능성 이야기하기	• 실생활 속에서 사건이 일어날 가능성을 말로 표현하기
7	사건이 일어날 가능성을 수로 표현하기	• 실생활 속에서 사건이 일어날 가능성을 수로 나타내기
8	그림그래프 알기	• 그림그래프를 이해하고 해석하기
9	목적에 알맞은 그래프로 나타내기	• 자료를 조사하여 목적에 알맞은 그래프로 나타내기
10	단원 정리(문제 풀기)	• 단원에서 배운 내용을 문제 풀며 정리하기
11	문제해결	• 생활 문제 상황에서 평균의 개념을 적절하게 활용하는 능력 기르기
12	이야기 마당	• 평균이 사용되는 여러 가지 생활 장면을 살펴보고 평균의 다양한 의미 이해하기

---

2 2009 개정 교육과정에 따른 수학과 교사용 지도서 5학년 2학기. 2015. p. 309.

10
자료의
표현

앞에서와 같은 내용 구성에 대하여 문제의식을 갖게 만드는 점 몇 가지를 살펴보면 다음과 같다.

흥미롭지 않은 단원 도입의 스토리텔링

매 단원마다 반복되는 이야기다. 특히 단원 초반에는 실생활 속에서 경험할 수 있는 실제 상황 또는 재미있는 이야기 상황을 교실로 가져와 단원 학습 내용과 연결 짓기를 해 주어야 한다. 어설픈 상황은 시작부터 아이들의 흥미와 학습 동기를 떨어뜨려 배움과 거리를 두게 만든다.

5학년 아이들 수준에 맞지 않는 질문

교과서 1차시 내용을 살펴보면 첫 질문부터 1학년 아이들 수준 정도에 해당되는 질문이 제시되어 있다.(고리 던지기 상황, 각자 갖고 있는 고리의 수는 성진 8, 정원 4, 건욱 1, 은진 3, 소현 4. 성진과 건욱이가 고리 던지기를 하면 공정한 경기가 되겠는가? 고리를 똑같이 나누어 가지려면 어떻게 해야 하나? 똑같이 나누어 가지면 한 사람이 몇 개씩 가지게 되나? 등을 묻고 있다. 5학년 수준에 잘 맞는다고 여겨지는지 다시 한 번 묻고 싶다.) 그 뒤로 이어지는 질문들도 표에 제시되어 있는 것을 그냥 읽는 수준의 질문들이다. 차라리 평균에 대한 개념과 의미를 먼저 알려 주고 그런 개념이 적용되는 다양한 상황과 연계하여 직관적으로 평균값을 생각해 보는 시간, 그 과정에서 평균이라는 것을 어떻게 구하게 되는지 자연스럽게 연결 지을 수 있도록 하는 것이 좋지 않을까 생각한다.

여전히 아이들에게 매우 힘든 질문 또는 의미 없는 질문

이전 수학 교과서에서처럼 "그냥 표를 보고 단순한 수치를 답하라는 식의 질문", "~을 어떻게 비교하면 좋겠습니까?", "각 모둠의 성적을 대표하는 값을 어떻게 정하면 공정한 경기가 되겠습니까?", "~을 이야기해 보시오, 그 이유를 이야기해 보시오.", "~하는 방법을 말해 보시오."와 같은 질문이 이에 해당된다. 이런 질문들은 교사가 적절히 생략하거나 다른 질문으로 바꾸어 아이들의 사고를 자극하도록 해야 한다.

지나치게 세분화된 내용 구성

본 단원의 핵심은 평균 구하기, 자료 해석, 그림그래프로 표현하기, 이들의 활용이다. 그런데 이를 여러 차시로 마구 쪼개어 놓고 상황만 달리 제시하여 전혀 다른 것을 지도하는 것처럼 되어 있어 아쉬움이 남는다. 차라리 지도서에 제시된 지도상의 유의점처럼 신문이나 여러 통계 자료를 바탕으로 수업을 진행하면서 자연스럽게 수업 목표에 도달할 수 있도록 하거나 아이들이 직접 자료를 조사·수집하고 통계 내기, 해석하기, 그래프 그리기 등을 하는 것이 더 좋은 수업이 될 것이라 생각된다.

현실적이지 않은 문제 상황의 제시

교과서 속 평균을 이용한 문제해결 상황에서 제기 차기 대표 선수를 뽑는데 평균을 구하여 뽑는 상황이 나와 있다. 현실적으로 우리는 이런 상황을 만들지 않는다. 심지어 운동 분야 국가대표를 뽑을 때도 평균을 활용하지 않는다. 단 한 번의 기회가 대표를 만든다. 사실 평균을 구한다는 것은 뒤에 이어질 내용인 '평균을 활용하여 앞으로 어떤 사건이 일어날 가능성 및 앞으로의 일에 대한 예상, 예측하기를 통해 문제해결하기' 등과 더 깊은 관련성을 맺고 있다. 예를 들어 보면 다음과 같다.

❶ 내가 치킨 전문점을 개업하였다. 다음 날 몇 마리 정도를 미리 준비해 두어야 되는지 예상하고자 할 때 평균을 이용할 수 있다. 무조건 미리 생닭을 많이 준비해 둘 수는 없는 일이다. 따라서 개업 후 상당 기간 동안 매일 판매한 수의 평균값을 구하여 그에 비슷한 수만큼의 생닭 주문을 꾸준히 해 나가게 된다.

❷ 내가 일하면서 받는 봉급에서 매달 조금씩 고정된 일정 금액을 빼서 저축하고자 할 때 평균적으로 매달 지출되는 돈이 얼마이고 남는 돈이 얼마인지 알아야만 저축액을 산출해 낼 수 있다. 이를 위해 몇 개월 정도는 실제 사용된 금액을 바탕으로 평균액을 뽑아 보아야 어느 정도 금액을 고정적으로 저축할 수 있을지 정할 수 있다. 이를 위해 가계부 또는 금전출납부 작성은 꼭 필요한 일이겠고.

❸ 농구 선수를 실제 시합에 뛰게 할 때 각 개별 선수가 여러 시합에서 얻은 점수를 바탕으로 하여 평균 득점이 높은 사람을 감독은 더 선호한다. 평균 득점은 그에 대한 믿음이기도 하고 실제 시합에서도 그 정도의 점수를 낼 수 있는 확률이 높기 때문이다.

실제 생활 속에서 평균값은 이런 식으로 앞으로 일어날 일이나 상황에 대한 예측, 예상하기에 더 많이 이용되고 있다는 사실을 안다면 실제 수업 시간에 다루는 일도 보다 피부에 와 닿는 상황을 설정하거나 실제 삶 속의 자료를 교실로 가져와 아이들이 직접 표를 만들고 수치를 기록하고 평균값을 구한 뒤 앞으로 일어날 일이나 그 일에 대한 대책, 대안 모색하기 등의 활동을 해 보는 것이 더 좋지 않을까 생각한다.

예1 우리 학급 친구들의 한 달 평균 독서량, 우리 학교 학년별 학생들의 평균 독서량, 학급별 평균 독서량, 월별 독서량 등 ⇨ 이를 통해 독서 교육에 대한 대안 또는 프로그램 마련 등의 계획 세우기 등이 가능할 수 있다.

예2 매일매일 자신의 TV 시청 시간 또는 컴퓨터 활용 시간, 휴대전화 이용 시간 등을 꼼꼼히 체크, 기록하기 ⇨ 이를 통해 앞으로 TV 시청 시간 조절, 컴퓨터 활용 시간 조절, 휴대전화 이용 시간 조절을 위한 계획 세우기 등에 활용할 수 있다.

10
자료의
표현

단원 재구성을 위한 방안

❶ 실생활 속에서 평균을 구하는 이유 및 그 활용에 중점을 두어 지도할 수 있도록 한다.

❷ 평균을 구하는 방법을 짧은 시간 안에 확실히 지도하고 이를 바탕으로 실생활 속에서 평균을 꼭 구할 필요가 있는 사례를 찾아 평균을 구하고 왜 평균을 구하고자 하였는지, 그 결과를 통해 우리가 알수 있는 사실 등을 아이들이 직접 설명해 볼 수 있도록 수업을 디자인한다.

❸ 단순히 평균을 구하는 것에 중심을 두기보다 평균값의 활용 및 해석에 중심을 두어 수업을 디자인한다.

❹ 확률의 기초 개념으로서 사건이 일어날 가능성에 대한 이해를 중심으로 아이들이 서로 생각을 나누며 '가능성을 수치로 표현하기'라는 다양한 활동 경험을 제공할 수 있도록 한다.

❺ 꺾은선그래프, 막대그래프, 그림그래프라는 세 가지 그래프 간의 차이점 및 특징을 이해하고 그래프를 읽고 해석하는 활동에 중점을 두어 수업을 디자인한다. 이를 위해 뉴스 등의 실생활 속 자료를 적극 활용할 수 있도록 한다.

단원 지도를 위한 재구성의 실제

차시	재구성 이후	수업의 목적
1	평균의 개념 이해 및 평균 구하기	• 평균의 개념, 평균을 구하는 방법 이해하기 • 계산 원리를 익혀 평균 계산하기
2	평균의 필요성 이해 및 평균을 이용하여 문제해결하기	• 평균의 필요성 이해하기(실생활 속 사례를 통해 이해) • 실생활 속에서 일어날 수 있는 사례를 통해 평균을 이용한 여러 가지 문제해결하기
3		
4		
5	사건이 일어날 가능성	• 실생활 속에서 사건이 일어날 가능성을 말로 표현하기 및 수로 나타내기
6	그림그래프 알기, 목적에 알맞은 그래프	• 그림그래프를 이해하고 해석하기(꺾은선그래프, 막대그래프와 비교 이해)
7	목적에 알맞은 그래프로 나타내기 및 해석하기	• 실생활 속에서 평균을 낼 필요가 있는 사례를 조사한 뒤 그 목적에 알맞은 그래프로 나타내고 평균값 구하기 및 설명하기
8		
9		
10	단원 정리(문제 풀기)	• 단원에서 배운 내용을 문제 풀며 정리하기
11	단원 정리(문제 풀기)−평가	• 단원 평가하기

아래와 같이 크게 네 부분으로 나누어 재구성한 이유는 다음과 같다.

먼저 수학 문제를 풀기 위해 평균 개념을 이해하고 평균을 구하는 것이 아니라 실생활 속에서 평균 구하기가 왜 필요하고 어떻게 활용되는지를 이해할 수 있도록 하기 위함이다. 이를 위해 평균 구하기의 실제는 두 시간에서 한 시간으로 조정하였다.

둘째, 확률의 기초 개념으로서 사건이 일어날 '가능성을 수치로 표현하기'에 중점을 두어 핵심만 간략히 지도해 보고자 하였다. 이를 위해 두 시간에서 한 시간으로 조정하였다. 그리고 지금까지 조정된 두 시간은 목적에 알맞은 그래프 나타내기 활동에 할애하여 좀 더 실제적이고 탐구적인 수학 수업이 이루어질 수 있도록 하였다.

셋째, 그림그래프에 대하여 꺾은선그래프와 막대그래프와의 비교를 통해 이해할 수 있도록 하되 그 해석에 중점을 두어 지도하고자 하였다.

넷째, 앞의 세 가지 활동 결과를 토대로 실생활 속에서 평균을 낼 필요가 있는 사례를 조사한 뒤 그 목적에 알맞은 그래프로 나타내고 평균값 구하기 및 설명하기를 할 수 있도록 디자인해 보았다. 이를 위해 1주일 정도 시간을 갖고 모둠원들끼리 틈틈이 모여 실제 자료를 수집·정리하기, 평균값 구하기, 그림그래프로 나타내기, 해석하기 등의 과정을 거친 뒤 전시물로 최종 결과물이 산출될 수 있도록 하였다.

10
자료의
표현

🍎 1차시 평균의 개념 이해 및 평균 구하기

수업 흐름	교사의 발문

도입

❱ 평균의 의미 알아보기 : 자료 전체의 합을 자료의 개수로 나눈 값

- 전체에서 중간에 있는 값을 가리키기도 함

전개

❱ 평균을 구하는 방법 알기

- 평균 = 자료 값의 합 ÷ 자료의 수
- 평균 × 자료의 수 = 자료 값의 합

🌐 예 1) 철수의 최근 5주 동안의 독서량 : 모둠 토론

1주	2주	3주	4주	5주
3	5	4	5	3

- 위의 자료를 보고 철수의 주당 평균 독서량 구하기
- 위의 자료에 대한 평균값이 의미하는 것은 무엇인가?

🌐 예 2) 영희네 월 정기 저축 금액 정하기 : 모둠 토론

영희네는 매월 소득이 500만 원으로 고정되어 있다. 최근 5개월간의 총지출을 계산한 결과는 아래와 같다. 영희네는 매월 똑같은 금액을 은행에 저축하고자 한다. 저축액을 얼마로 정해야 하는가?

1월	2월	3월	4월	5월
420만	400만	440만	410만	430만

- 위의 자료에 대한 평균값이 의미하는 것은 무엇인가?
- 매월 얼마를 은행에 저축하는 것이 좋겠는가?

🌐 예 3)

민수네는 지난 1년 동안 매월 전기 사용료를 구해 보았더니 평균 12,000원이 나왔다. 그런데 이번 달에는 전기 사용료가 1만 원이 나왔다. 이것을 어떻게 해석할 수 있는가? 이 결과를 통해 민수네는 어떤 생각을 할 수 있을까? (개인 생각 ⇨ 모두 일어서서 나누기)

정리

❱ 교과서 문제해결 : 176~177쪽 해결

1차시 수업 소감

단원 목표를 '평균 구하기 ➡ 평균값에 대한 해석'에 두고 단원을 시작하는 첫 시간부터 바로 평균 구하기에 필요한 과정 및 절차를 안내하였다. 이를 위해 보통 표로 제시된 자료에서 자료 값, 자료의 수, 자료 값의 합이 무엇인가에 대하여 판서를 통해 설명해 주었다. 이어서 자료의 합을 구하게 하고 자료의 수로 나누어 보게 하였다. 매우 쉽게 할 수밖에 없었다. 3학년 수학 내용이니까 말이다. 그리고 그렇게 나온 결과 값이 바로 평균이라고 안내해 주었다.

그리고 지금까지 한 과정을 앞서 설명한 용어를 사용하여 식으로 함께 정리해 보자고 하였다. 그렇게 평균을 구하는 방법이 식으로 먼저 정리되었다. 그와 함께 식에서 유도되는 또 다른 식도 주어진 자료를 통해 함께 알아보았다. 그랬더니 아이들은 "아, 평균이라는 것 굉장히 쉽네!"라고 말하였다. 그래서 이렇게 말해 주었다. "이렇게 쉽게 할 수 있는 것을 5학년에 넣은 이유는 분명히 다른 것에 있겠지요? 지금부터 그 이유를 함께 알아보도록 할 것입니다. 이제 여러분에게 제시하는 자료를 보고 평균을 먼저 구해 보기 바랍니다." 하면서 (예 1) 자료를 칠판에 제시하였다. 평균은 쉽게 구하였다. 결과를 확인하고 나서 아이들에게 이렇게 질문하였다.

"여러분이 구한 평균값이 의미하는 것은 무엇일까

요? 이렇게 구한 평균값을 가지고 어떻게 해석해야 할까요? 지금부터 그것을 모둠원들과 먼저 상의해 보기 바랍니다."

그러자 아이들은 다양한 이야기를 나누었지만 갈피를 잡지 못하는 눈치였다. 적당한 시간이 흐른 뒤에 정리가 채 안 되었더라도 일단 멈추고 아무나 지목한 후 구한 평균값의 뜻을 풀이해 보라고 하였다. 그랬더니 매우 장황하게 설명을 늘어놓고서 결국은 평균 4권이 나왔다는 식의 계산 과정만을 설명하고 말았다. 그래서 내가 이렇게 모범답안과 같은 설명을 해 주었다.

"철수는 표에 제시된 것과 같이 5주 동안 읽은 책을 보면 매주 평균적으로 4권 정도씩 읽었다고 할 수 있다."

그랬더니 아이들이 '아, 그렇게 하는 거예요?' 하는 눈치였다. 그래서 이렇게 질문을 더 이어 나갔다.

"철수는 다음 주에도 몇 권 정도의 책을 읽을 것이라 예상하나요?"

"4권 정도요."

쉽게 대답하였다. 꼬리에 꼬리를 무는 질문을 또 다시 이어 갔다.

"왜 4권이라 대답했는지요?"

"지금까지 계속 4권 가까이 읽어 왔으니 앞으로도 그럴 것이라 생각합니다."

2015년 11월 자료의 표현 1차시 모둠 토론 및 판서

10
자료의
표현

"그래요. 맞아요. 바로 이럴 때 평균이 활용되는 것이랍니다. 평균을 왜 구하고 그것을 어떻게 활용하는지 좀 더 알아보기 위해 다음 자료를 보기 바랍니다."라고 말하면서 월별 지출액을 표로 제시한 후 평균값을 먼저 구해 보라고 하였다. 역시 평균값은 금방 구했다. 이어서 이런 질문을 하였다.

"이 집은 매월 500만 원씩 수입이 생깁니다. 여러분이 구한 평균값 420만 원을 가지고 이 집의 수입과 지출에 대하여 해석을 내려 봅시다. 지금부터 모둠 토론에 들어갑니다."

아이들은 머리를 맞대고 어떻게 설명하는 것이 좋은지 의견을 나누었다. 이런 경험이 부족해서인지 여기저기에서 "선생님 어떻게 하는지 잘 모르겠어요. 어려워요."라고 말하는 아이들이 많았다. 그래서 나는 "처음이라서 그래요. 조금만 더 해 보면 어느새 쉬워질 것입니다."라고 말하면서 시간을 더 주었다. 잠시 뒤에 이야기 나눈 것을 전체와 공유해 보자고 하였다. 몇 명의 아이가 자신에게 발표를 시켜 달라고 손을 들었다. 그래서 한번 발표를 시켜 보았다. 그랬더니 제대로 된 해석을 내놓았다.

"이 집은 매월 500만 원씩 월급을 받는데 매달 조금씩 다르기는 하지만 약 420만 원 정도씩 지출을 하였습니다. 그래서 이 집은 매달 약 80만 원 정도씩 돈이 남게 됩니다."

아주 훌륭한 해석이었다. 아이들은 '아, 그런 거였구나!' 하는 눈치였다. 그래서 또 다시 질문을 이어 갔다.

"여러분이 구한 평균값을 바탕으로 이 집에서는 매달 똑같은 금액으로 저축을 하려고 합니다. 얼마씩 저축을 하면 좋을까요?"

그러자 아이들은 바로 "80만 원 정도씩입니다."라고 대답하였다. 그래서 "왜 그렇게 생각하지요?" 하고 추가 질문을 이어 갔다.

"네. 500만 원 수입에 평균 420만 원씩 썼으니까 매달 80만 원 정도씩 남는다는 것이잖아요. 그러니 매달 남는 80만 원은 그대로 저축을 할 수 있다는 거죠."

"좋아요. 이제 해석이 조금씩 되어 가네요. 지금까지 여러분은 평균값을 구하고 그를 해석한 뒤 앞으로 일어날 일에 대한 예측을 해 본 것입니다. 이처럼 평균값은 우리 생활 속에서 현재까지의 상황과 앞으로 일어날 일에 대한 예측을 하고자 할 때 많이 활용된답니다. 한 가지 사례를 더 볼까요?" 하면서 마지막 사례를 제시하고 주어진 문제를 해결한 뒤 그에 대한 해석을 해 보라고 하였다. 모두 일어서서 나누기 활동을 시작하였다. 잠시 시간이 흐른 뒤에 대부분의 모둠이 자리에 앉았다. 무작위로 아무나 지목하였다. 아직은 해석하는 일에 서툰 표정이 역력했다. 그래도 첫발은 잘 내디뎠다. 두 번만의 활동으로도 조금씩 감을 잡아 나갔다. 2~3명의 발표를 이어 가면서 해석에 수정이 가해졌다. 세 번째 아동이 발표하면서 해석이 완성되었다.

"매월 약 12,000원 정도 전기료를 사용하는 그 집에서 이번 달에는 10,000원 정도의 전기료를 사용했다고 하였으니 그 집은 이번 달에 전기를 매우 절약하여 썼다고 할 수가 있습니다."

훌륭히 마무리되었다. 산뜻하게 첫 시간을 시작하였다. 다음 시간에 평균 구하기 및 그에 대한 해석하기를 몇 번 더 해 보면 보다 더 많은 아이들이 감을 잡을 것이라 예상된다.

🍎 2~4차시 평균의 필요성 이해 및 평균을 이용한 문제해결

수업 흐름	교사의 발문

도입 및 전개

▶ 평균을 구하는 이유 알아보기 – 평균을 알아야 문제를 해결할 수 있는 실생활 속 상황 제시 : 모둠 토론

🌏 **미션활동 1) 평균을 구해야 하는 상황**

철수는 새롭게 생선을 파는 가게를 시작하였다. 생선은 그날 모두 판매하지 않으면 신선도가 떨어져 다음 날 판매를 할 수가 없다.

어떤 날은 생선을 너무 적게 준비하여 손님이 와도 판매를 못한 적도 있었지만 어떤 날은 너무 많이 준비하여 미처 다 판매를 하지 못해서 손해를 보게 되었다. 철수는 순간 고민을 하게 되었다. "앞으로 매일 고등어 생선을 몇 마리씩 받아 두었다가 판매를 하는 것이 좋을까?"

여러분이라면 매일 몇 마리씩 준비를 해 두겠는가?

10일간 매일 판매한 고등어 마리 수

	1일	2일	3일	4일	5일	6일	7일	8일	9일	10일
마리	8	5	10	7	6	11	9	5	12	7

- 그렇게 생각하는 이유는?
- 위와 같은 상황으로 볼 때 평균을 구하면 어떤 점이 좋은가?
  ① 앞으로 준비할 상품 주문량을 예측할 수 있다. ② 상품의 판매량을 전체적으로 파악할 수 있다. ③ 손해를 덜 볼 수 있다. ④ 상품의 판매 전략을 세울 수 있다.

🌏 **미션활동 2) 평균을 구해야 하는 상황**

여러분이라면 어떤 농구 선수를 경기에 선발로 출전시키겠는가?

철수와 영민의 최근 7경기 득점 상황

철수	6	24	8	10	32	5	20
영민	18	16	19	16	15	15	15

- 그 이유는 무엇인가?
- 이 상황에서 평균값은 무엇을 의미하는가?
  ① 그 사람이 매일 경기에서 보여 주는 득점 가능성과 믿음, ② 철수는 득점이 꾸준하지 못한 반면 영민은 꾸준하게 득점을 하고 있어 감독 입장에서 철수보다는 영민에가 더 믿음이 간다.

▶ 평균을 구하는 이유 명확히 정리하기

(1) 자료나 통계를 분석할 때 쓸모가 있기 때문이다.

(2) 현재까지의 상황이 어떤지 파악을 하는 데 아주 유용하다.

(3) 현재까지의 상황을 바탕으로 앞으로 일어날 상황에 대한 예측이 가능해진다.

(4) 의사결정에 도움을 준다.

▶ 평균의 함정이 있다면?

⇨ 전체의 중간에 해당되는 값이므로 전체를 있는 그대로 보여 주지 못한다. 따라서 '평균값'에 바탕을 두고 어떤 자료나 상황을 살펴볼 때는 그 안에 숨은 함정을 항상 주의 깊게 살펴보아야 한다.

10 자료의 표현

- 지식채널e 평균의 함정(https://youtu.be/Pp_Pd6GZLOE)
- EBS 지식 너머 초등수학 평균의 함정(http://www.ebs.co.kr/tv/show?prodId=10294&lectId=3122685)

(예) 우리나라의 연평균 기온은 12℃ 정도가 된다. 평균기온만 생각한다면 우리나라는 매우 생활하기 좋을 것으로 생각된다. 하지만 실제로는 봄, 여름, 가을, 겨울 사계절이 뚜렷하게 나타나며 계절마다 기온차가 매우 크다. 여름에는 기온이 40℃ 가까이 오르는가 하면 겨울에는 영하 10℃ 이하로 떨어지는 날도 많다.

🌐 평균의 함정 예시 문제 1 : 모둠 토론

오랜 옛날 병사들을 이끌고 전쟁터로 가던 장수는 큰 강 앞에 이르러 고민을 하게 되었습니다.
'그냥 강을 건널까? 아니면 돌아서 갈까?'
그러던 중 인근을 지나던 마을 사람을 만나게 되었습니다. 장수는 그 마을 사람에게 물었습니다.
"이 강의 깊이가 대략 어느 정도 되는가?"
"예, 장군님. 이 강의 깊이는 평균적으로 1미터 정도입니다."
이 말을 들은 장수는 생각했습니다.
'우리 병사들 키는 모두 1.5미터가 넘으니 강을 직접 건너는 데 지장이 없겠구나.'
장수는 모든 병사에게 바로 명령을 내렸습니다.
"모두 곧바로 강을 건너도록 하여라."

- 이후에 어떤 일이 일어났을까? 다양한 상황을 생각해 보자.
- 왜 그런 상황이 벌어지게 되었는지 이야기해 보자.
- 이와 같은 문제점을 해결하기 위해 무엇이 필요한가?

🌐 평균의 함정 예시 문제 2 : 모둠 토론

A회사의 평균 월급은 455만 원이고 B회사의 평균 월급은 350만 원이라고 한다.

- 여러분이라면 어떤 회사에 취직하고 싶은가?
- A회사 개별 직원 모두가 B회사 개별 직원들보다 월급이 더 많다고 말할 수 있을까?

아래의 예를 근거로 다시 한 번 생각해 보자. 평균 월급은 위와 동일하다고 할 때 각 사원의 봉급 내용이다.

	직원 1	직원 2	직원 3	직원 4	직원 5	직원 6	직원 7	직원 8	직원 9	직원 10	직원 11
A회사	2000만	300만	300만	300만	300만	300만	300만	300만	300만	300만	300만
B회사	390만	390만	390만	350만	350만	350만	350만	350만	310만	310만	310만

- 위와 같은 경우라면 어떤 회사에 취직하겠는가?
- 이 경우 평균값은 믿을 수 있는가?

🌐 평균의 함정과 그에 대한 극복 : 돌아가며 읽기

평균은 극단에 속한 한 개의 수치 때문에 왜곡되기 쉽다. 위의 사례에서 A회사의 경우 2천만 원을 받는 1명으로 인해 455만 원이라는 평균 월급은 대푯값으로써 적절하지 못한 것이 된다.

다음의 사례처럼 우리나라 1인당 국민소득이 2015년 약 2만 8천 달러라면 4인 1가구 기준으로 볼 때 1년 동안 약 1억 정도의 소득이 발생해야 한다. 하지만 정말 그럴까? 우리나라 4인 1가구 소득이 1억 이상 되는 가정은 그리 많지 않을 것이다. 오히려 대부분의 가정은 1억 이하이며 그 가운데서도 매우 많은 수의 가정은 5천만 원 정도가 채 되지 않는다. 그런데도 이런 평균수치가 나오는 이유는 고소득

쪽의 극단에 있는 소수 인원의 소득이 저소득자의 소득보다 몇 배나 더 많기 때문이라 할 수 있다. 이런 현상이 커질수록 그 나라에서는 빈익빈 부익부 현상이 심화되어가고 있으며 중산층의 수가 줄어들고 있는 상황이라 말할 수 있다.

위와 같이 극단치가 있을 경우에는 평균보다는 전체 수치를 순서대로 나열한 뒤 제일 중앙에 있는 값(중앙값 : 위의 사례로 볼 때 11명 중 가운데인 6번째 있는 사람의 월급)을 대푯값으로 사용하거나 가장 많은 수의 사람들이 받는 월급(최빈값 : 위의 사례로 볼 때 A회사는 300만 원을 받는 사람 수가 가장 많고, B회사는 350만 원을 받는 사람 수가 가장 많다. 따라서 최빈값은 각각 300만 원, 350만 원이 된다.)을 대푯값으로 보는 것이 바람직하다고 볼 수 있다.

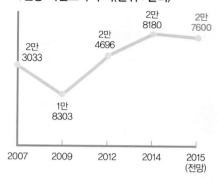

1인당 국민소득 추이(단위 : 달러)

자료 : 한국은행, LG경제연구원

아래와 같은 경우를 볼 때 평균 소득은 7,300만 원 정도가 된다. 그러나 실제 상황을 보면 평균 아래인 사람이 10명 중 7명이나 된다. 이런 상황에서 평균값은 전체 상황을 제대로 나타내 주지 못한다. 오히려 중앙값인 5천만 원 또는 4천만 원 정도를 전체의 대푯값으로 볼 때 전체 상황을 좀 더 잘 이해할 수 있을 것이다.

	국민 1	국민 2	국민 3	국민 4	국민 5	국민 6	국민 7	국민 8	국민 9	국민 10
소득	2억	1억	8천만	7천만	5천만	4천만	3천만	2천만	2천만	2천만

결론은 이렇다. 모든 경우에 평균값을 적용해서는 안 된다. 그렇다고 하여 평균값이 잘못되었고 중앙값이나 최빈값이 정확한 것이라 말할 수도 없다. 어떤 값을 적용하느냐의 문제는 어디까지나 통계를 작성, 분석하고 제공하는 사람의 관점과 판단에 달려 있다.(합리적인 판단하에 집단이나 상황의 특성을 잘 나타낼 수 있는 값을 대푯값으로 설정하고 이용하는 사람들이 오해하지 않도록 해야만 한다.) 아울러 통계를 이용하는 사람들도 통계에 대한 기본적인 지식을 가지고 제대로 된 정보를 읽어 낼 수 있는 힘을 길러야 한다.(자칫하면 잘못된 통계 자료를 사용하거나 타인들에게 제공함으로써 그릇된 결과를 초래하거나 큰 손해를 끼칠 수도 있으며 사회적으로 엄청난 혼란을 불러일으킬 수 있게 된다. 이런 현상을 없애거나 최소화시키기 위해 우리는 통계를 공부해야만 한다. 그것이 바로 우리가 통계를 공부해야 하는 확실한 이유인 것이다.)

❭ 평균의 또 다른 활용

우리 반 아이들 5명의 1일 평균 스마트폰 사용 시간=평균 80분

	A	B	C	D	E
시간	80분	100분	40분	70분	?

- E 아동은 하루에 몇 분 동안 스마트폰을 사용하였는가?(개인 생각 ➭ 해결 방법 및 과정에 대하여 모두 일어서서 나누기 ➭ 전체 공유하기)

정리　❭ 교과서 문제해결 : 178~183쪽 해결

10
자료의
표현

수업을 시작하면서 지난 시간에 알아본 평균 구하기 및 해석하기를 다시 한 번 되짚어 보고 새롭게 평균을 구해야 하는 상황 두 가지를 활동지로 제시하였다.

고등어 판매와 관련하여 각자 활동지를 읽어 보고 먼저 자신의 생각을 정리할 시간을 가진 후 모둠원들과 생각을 공유하였다. 적당한 시간이 흘러 각 모둠별로 논의한 결과를 전체와 공유하였다. 평균값은 손쉽게 구하였다. 해석을 어떻게 해야 할 것인지가 관건이었다. 먼저 한 명의 아동을 지목하였더니 다음과 같은 해석을 내놓았다.

"평균이 8로 나왔다는 것으로 보아 철수네 집에서는 그동안 고등어를 매일 8마리 정도씩 판매를 하였다고 말할 수 있습니다."

어느 정도 해석은 되었다. 그래서 질문을 이어 갔다.

"그렇다면 내일 판매할 고등어를 주문하려고 합니다. 몇 마리를 주문해야 할까요?"

질문과 동시에 무작위로 아무나 지목하여 답변 및 그 이유를 들어 보았다.

"8마리입니다. 왜냐하면 평균적으로 매일 8마리 정도씩 판매했으니 내일도 그 정도 판매를 할 수 있을 것이라 예상하여 8마리를 주문하면 될 것입니다."

비교적 정확한 해석을 내렸다. 하지만 내 생각에는 분명히 다른 생각도 있을 것이라 판단하여 의견이 다른 사람이 있나 찾아보았다.

"네. 좋습니다. 혹시 다른 의견 있나요?"

"저는 9마리 정도 주문할 것입니다. 왜냐하면 그동안의 판매량을 보면 어떤 날은 8마리보다 더 많이 판매한 날이 있었던 것으로 보아 1마리 정도는 손해를 볼 수도 있다는 생각으로 더 주문을 해도 괜찮을 것 같기 때문입니다."

이 의견을 들은 다른 아이들은 모두 고개를 끄덕이며 그렇게 생각할 수도 있다며 그것도 답이 될 수 있다는 사실, 생각의 다름을 이해하고 받아들였다. 내가 의도한 대로 수업은 잘 흘러갔다.

1차 미션활동 해결 후 자료 해석을 바탕으로 평균을 왜 구해야 하였는지에 대하여 아이들과 함께 추론을 해 나갔다. 그 결과로 평균을 구하는 이유에 대한 나름대로의 결론을 판서에서 보는 바와 같이 네 가지로 내렸다. 내심 나는 만족스러웠다. 바로 이어서 2차 미션활동을 제시하면서 어떤 선수를 출전시킬 것인지, 그 이유는 무엇인지 모둠 토론에 들어가도록 하였다. 역시 활발한 토론이 이어졌고 대체로 나름의 해석을 내렸으며 그 결과는 대부분은 비슷하였다.

"영민을 출전시킬 것입니다. 평균은 영민이 1점 높았기 때문입니다. 이왕이면 1점이라도 더 낼 수 있을 것이라 예상되는 사람을 출전시켜야 이길 수 있거든요."

역시 또 다른 해석을 내릴 수 있지 않을까 하는 생각에 추가 질문을 하였지만 이 경우에는 다른 해석을 내리는 아이가 없었다. 그래서 힌트를 주었다.

2015년 11월 자료의 표현 2차시 평균에 대한 이해—미션 해결을 위한 모둠 토론

2차시 칠판 판서 : 평균을 구하는 이유 알기

"각 경기에서 영민과 철수가 득점한 점수 상황을 살펴보기 바란다. 영민의 점수는 매일 어떠했는지, 철수는 매일 어떠했는지. 그러면 또 다른 해석을 내릴 수 있을 것이다."

잠시 뒤 한 명의 아이가 알겠다는 듯이 손을 번쩍 들었다. 그리고 새로운 해석을 내놓았다.

"영민을 출전시킨다는 것은 같습니다. 그런데 이유는 또 다른 것 한 가지가 있습니다. 영민은 매일 평균 점수

와 비슷하게 고르게 득점을 했어요. 그런데 철수는 달랐습니다. 어떤 날은 평균보다 아주 많이 득점했지만 어떤 날은 평균보다 훨씬 낮은 점수를 득점했습니다. 그래서 철수에게서는 출전시켰을 때 우리 팀이 승리할 수 있을 것이라는 확신이 서지 않을 것입니다. 하지만 영민이는 꾸준히 일정한 점수를 득점해 주어서 다음 경기에서도 비슷한 점수를 득점해 줄 수 있을 것이라는 믿음이 가게 됩니다. 그래서 영민을 출전시킬 수밖에 없습니다."

이 답변을 들은 아이들은 모두 고개를 끄덕이며 동조를 해 주었다. 나 또한 내가 기대했던 해석이 나와서 무척 행복했다. 하면 할수록 아이들은 내가 던져 주는 것을 자신의 것으로 만들어 나가는 힘이 커 가고 있음을 나는 실감하고 있다. 그런 기쁨과 뿌듯함이 1년 내내 5학년 교육과정 재구성 및 협동학습으로 수학 수업하기를 꾸준히 이어 갈 수 있도록 해 주는 원동력이 되고 있는 것 아닐까 생각하며 오늘 수학 수업을 즐겁게 마무리하였다.

 3~4차시 수업 소감

오늘은 평균의 함정에 대하여 아이들이 아주 기초적인 수준 정도만이라도 이해할 수 있도록 돕고자 하는 의도로 수업을 디자인하였고, 준비한 대로 잘 펼쳐 나갔다. 지난 시간까지 공부한 평균 구하기에 대하여 좀 더 깊이 있는 수업이 전개되었다.

먼저 우리나라의 연평균 기온을 놓고 그에 대한 해석을 내리게 한 다음 여기에서 주의해야 할 점, 평균값이 가지는 함정에 대하여 생각해 보는 시간을 갖도록 하였다. 외국 사람이 우리나라의 연평균 기온만 믿고 왔을 때 난처한 상황에 놓일 수 있는 경우가 있다면 무엇일까 하는 질문에 아이들은 아주 추운 겨울이나 아주 더운 여름에 왔을 때라고 쉽게 답변해 주었다. 그 이유에 대하여 묻자 추운 겨울에는 영하 10도 정도로 기온이

내려가는데 평균기온에는 그런 내용이 없다고 하였다. 여기에서부터 평균값이 가지는 함정(모든 수를 다 보여 주지 않는다는 것)에 대한 이해가 서서히 시작되고 있다는 생각을 아이들은 서서히 갖게 되었다. 이후 미션

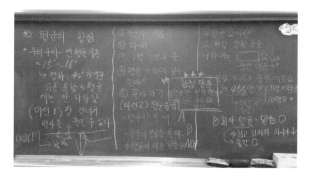

2015년 12월 자료의 표현 3~4차시 평균의 함정 판서

10
자료의
표현

2015년 12월 자료의 표현 3~4차시 평균의 함정에 대한 미션 해결-모둠 토론

활동지를 나누어 주면서 평균의 함정에 대한 학습이 본격적으로 시작되었다.

미션활동지 1을 받자마자 아이들은 머리를 맞대고 생각을 모아 갔다. 비교적 쉬운 질문이라 길게 시간이 걸리지는 않았다. 어떤 상황이 벌어질 수 있을까 하는 질문에 아이들은 다양한 경우의 상황을 내놓았고, 그 문제점을 해결하기 위해서 자신이 군대를 이끄는 장수라면 어떻게 할 것인지에 대한 대책도 내놓았다. 1차적으로 평균값에 대하여 무조건 믿었다가는 큰 손해를 볼 수 있다는 생각을 아이들은 이전보다 깊이 할 수 있게 되었다.

2차 미션활동지를 나누어 주기 전에 평균 월급만 알려 주고 어떤 회사에 취직하고 싶은지를 물었다. 역시 A회사였다. 하지만 활동지를 나누어 주고 평균 월급을 알아보자 모두 생각이 바뀌었다. 이럴 때 평균값에 대한 믿음이 가지 않는다는 것이 모든 아이들의 공통된 의견이었다. 여기에서 평균값에 대한 정의를 다시 한 번 짚어 보면서 의미를 명확히 해 주었다. 그리고 회사 A의 경우 평균값을 믿게 되면 어떤 오해가 빚어지는지 알아가는 시간을 가졌다. 우선 평균값보다 높은 월급을 갖는 사람은 1명뿐이라는 상황을 아이들은 모든 자료값을 살펴보며 알게 되었다. 또한 평균값은 중간값, 대푯값이라는 것을 바탕으로 A회사의 평균값은 대푯값, 중간값이 될 수 없음 또한 알게 되었다. A회사에서 1명만 빼면 모두 평균 월급보다 적게 받고 있기 때문에 평균값은 회사 직원들의 봉급에 대한 정보를 제대로 알려 주지 못하게 되고 이를 믿고 A회사에 입사한 사람들은 후회를 하게 될 것이라는 사실도 알게 되었다. 이와

는 달리 B회사에서는 평균값이 중앙값, 대푯값의 의미를 갖기 때문에 평균값에 믿음이 간다는 생각이 지배적이었다. 이를 바탕으로 평균의 함정에 빠지지 않으려면 어떻게 해야 하겠느냐는 질문에 잠시 생각할 시간을 갖더니 이내 "평균만 보지 말고 모든 자료를 꼼꼼히 살펴봐야 합니다."라고 대답이 나왔다. 이제 되었다는 생각이 들었다. 그래서 따로 준비한 자료를 나누어 주고 아이들과 함께 읽어 보면서 평균의 함정 및 그 극복 방안에 대하여 살펴보는 시간을 가졌다.

이 시간을 통해 아이들은 평균의 함정에 빠지지 않기 위한 방법, 평균값 이외에 중앙값, 최빈값도 있다는 것을 알게 되었다. 결국 중앙값이 되었든 최빈값이 되었든 평균값이 되었든 어떤 상황을 정확히 이해하려면 모든 자료값을 다 살피지 않으면 안 된다는 것을 아이들은 이해하게 되었다. 이렇게 하고 나니 시간이 약 12분 정도 남아서 동영상 2편 <지식채널e 평균의 함정>, <EBS 지식 너머 초등수학 평균의 함정>을 시청하면서 보충 설명을 해 주었다. 이해가 조금 어렵다는 표정의

<EBS 지식 너머 초등수학 평균의 함정> 중에서

아이들도 있었다. 하지만 무조건 평균만 믿어서는 안 된다는 점, 모든 자료값을 꼼꼼히 살펴야만 상황을 정확히 이해하고 앞으로 일어날 일이나 의사결정에서 실수나 손해를 줄일 수 있다는 것은 확실히 알게 된 시간이었다고 확신한다. 시간이 약간 부족해서 하지 못한 평균값의 또 다른 활용 및 교과서 속 문제해결은 개인 과제로 남기고 다음 수학 시간까지 해결해 오는 것으로 정리하며 시간을 마쳤다.

🍎 5차시 사건이 일어날 가능성

수업 흐름	교사의 발문
도입	❯ 사건이 일어날 가능성에 대하여 자신의 생각을 있는 그대로 말하기 　예 생활 속에서 경험할 수 있는 다양한 사건들
전개	❯ 사건이 일어날 가능성에 대하여 보다 구체적이며 형식화된 말로 표현하기 　예 전혀 불가능. 가능성 낮음. 보통. 가능성 높음. 확실히 가능 ❯ 사건이 일어날 가능성을 수로 나타내기 　예 $0, \frac{1}{4}(25\%), \frac{2}{4}(50\%), \frac{3}{4}(75\%), 1(100\%)$ 〈교과서 184~187쪽까지 내용을 중심으로 핵심만 다룸〉
정리	사건이 일어날 가능성 어떤 상황에서 특정한 사건이 일어날 수 있을 것이라 생각하는 정도

전혀 불가능　　가능성 낮음　　가능성 반반　　가능성 조금 큼　　매우 확실함

$$0 \qquad \frac{1}{4} \qquad \frac{2}{4} \qquad \frac{3}{4} \qquad 0$$
$(0\%) \qquad (25\%) \qquad (50\%) \qquad (75\%) \qquad (100\%)$

〈모둠 토론 자료〉

옛날 어느 마을에 욕심쟁이 부자 영감이 살고 있었습니다. 그리고 같은 마을에 딸 하나를 데리고 힘겹게 살아가는 농부가 있었습니다. 그런데 그 농부는 너무 가난하여 욕심쟁이 부자 영감에게 돈을 빌려 썼는데 어느새 갚을 날이 되었지만 돈을 갚을 길이 막막하여 부자 영감에게 찾아가 갚을 날을 미루어 달라고 하였지만 막무가내였습니다. 부자 영감은 돈이 없으면 딸이라도 내놓으라고 하였습니다. 가난한 농부는 딸을 내놓을 수 없다고 하자 부자 영감은 딸을 빼앗을 욕심에 꾀를 내어 가난한 농부에게 제안을 하였습니다.

(뒷면에 계속)

10
자료의
표현

"이 주머니에는 검은색 돌과 흰색 돌이 각각 1개씩 들어 있다. 네가 흰색 돌을 뽑으면 모든 것을 없던 것으로 하겠다. 하지만 검은색 돌을 뽑으면 딸은 내가 데려가도록 하겠다."

사실 욕심쟁이 영감은 주머니에 검은색 돌만 2개 넣어 놓았던 것이었습니다. 가난한 농부는 이를 알지 못하였지만 그의 딸은 이를 알아차리고 나서 자신이 돌을 뽑겠다고 나섰습니다.

이 말을 들은 가난한 농부는 어쩔 줄 몰라 하였습니다. '잘못하여 검은 돌을 뽑으면 어떻게 하지?' 하며 떨었지만 그의 딸은 걱정하시지 말라 하며 안심을 시켰다. 그러고 나서 욕심쟁이 영감에게 다가가 당당히 말을 하였다.

"내가 흰 돌을 뽑게 되면 반드시 약속을 지켜 주시오."

"암, 당연히 그렇게 해야지."

드디어 가난한 농부의 딸은 주머니 속의 돌을 1개 뽑았습니다. 과연 그 결과는 어떻게 되었을까요? 참으로 신기하게도 딸은 욕심쟁이 영감에게 끌려가지 않았답니다. 어떻게 해서 가난한 농부와 딸은 이 위기를 극복할 수 있었을까요?

5차시 수업 소감

특별한 내용이 없어서 교과서 내용 중심으로 질문에 대한 답을 함께 생각해 보면서 넘어갔다. 생각해 볼 점들이 그리 많지 않아 2차시 분량으로 되어 있었지만 30분 정도 지나고 나니 내용이 다 정리되었다. 그래서 미리 준비한 자료를 제시하고 함께 해결해 보라고 하였다. 5분 정도 시간을 준 후에 이야기 나온 것들을 공유해 보았다. 여러 이야기가 나왔다. 손에 흰색 돌을 쥐고 주머니에 손을 넣었다가 빼면 된다는 의견도 있었고, 손에 흰색 물감을 바르고 있다가 주머니에 손을 넣어 검은 돌에 흰색이 다 발라진 뒤 꺼내면 된다는 의견도 있었다. 그러다 어느 한 모둠에서 나름대로의 답이 나왔다.

"돌을 1개 뽑아서 아무도 보지 못하게 멀리 던져 버립니다. 그런 뒤 주머니 속에 있는 돌이 어떤 색인지 보면 됩니다. 주머니 속에 있는 돌이 검은색이라면 농부의 딸이 꺼낸 돌은 자동적으로 흰색 돌이 되는 것이니까요."

그러자 아이들은 모두 "아, 그렇구나!" 하며 발표한 아이의 말을 받아들였다. 이렇게 사건이 일어날 가능성에 대한 학습은 간략히 마무리하고 다음 시간에 그래프와 관련하여 공부하게 될 것이라는 안내와 함께 활동을 정리하였다.

🍎 6차시 그림그래프 알기, 목적에 알맞은 그래프

수업 흐름	교사의 발문
도입	❱ 나누어 준 활동 자료 돌아가며 읽기, 읽으면서 중요한 부분이 무엇인지 파악하고 밑줄 긋기(모둠원들과 협의, 이해 안 되는 부분에 대하여 서로 도움 주고받기)
전개	❱ 각자 교과서 188~193쪽까지 해결하기(190, 191쪽의 수치는 임의로 불러 주기 : 직접 조사해도 좋지만 7~9차시를 위해 간략히 활동할 수 있도록 한다.)
정리	❱ 각자 해결한 내용 모둠별로 확인하기, 전체 공유하기

〈6차시 활동 자료〉

♣ 통계란 무엇인가?

일상생활 속의 여러 가지 현상에 대한 자료를 수집, 분류하고 그것을 표현하고 풀이하여 설명하는 것을 말한다. 통계의 목적은 자연현상 또는 사회현상을 파악하여 앞으로의 일을 예측하거나 내다보기 위함이라 할 수 있다.

통계의 시작은 기준을 정하고 그에 따라 여러 사물을 분류한 뒤 분류한 것들의 개수를 세어 어느 집단이나 무리의 수가 크고 작은지를 알아보는 활동에서 비롯된다. 수를 헤아린 뒤에는 이를 잘 알아보기 쉽게 표나 다양한 형태의 그래프로 정리하면 된다.

자료의 분류, 통계와 같은 수학적 개념은 조사한 내용에 대한 결과를 적절히 해석할 줄 아는 것이 매우 중요하다. 따라서 이 영역에 대한 수업은 무엇인가에 대하여 직접 조사하여 얻은 결과를 한눈에 알아보기 쉽게 표나 그래프로 나타내고 설명하고 이해하는 경험을 직접 해 보는 것이 가장 핵심이라 할 수 있다.

☞ 자료 분류하기 : 적절한 기준을 정하고 그에 따라 여러 사물을 분류하는 것으로서 표나 그래프 등으로 나타내고 설명하는 활동 이전에 반드시 거쳐야 하는 활동이다. 이 모든 활동은 자료를 조직화하고 앞으로 일어날 일을 예측하는 능력을 키우는 데 도움을 준다.

♣ 다양한 그래프에 대하여

통계의 수치를 시각적으로 알아보기 쉽게 해 주는 데 가장 큰 의의가 있다.

1. 막대그래프

비교 대상이 있을 경우(수량의 상대적 크기 비교) 혹은 어떤 것을 강조하고자 할 때 쓰인다. 양의 크기를 막대의 길이로 표현한다.

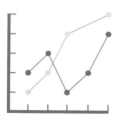

2. 꺾은선그래프

나타내고자 하는 대상이 시간의 흐름과 관련이 있을 때(연속적인 변화를 나타내고자 할 때, 앞으로 어떻게 변화할 것인지에 대한 예측도 가능) 사용한다.(시간 흐름에 따른 기온 변화, 연령 변화에 따른 체중 증가, 연도에 따른 인구 변화 등 : 가로축은 시간, 세로축은 수량)

(뒷면에 계속)

10
자료의 표현

3. 원그래프(파이 차트, 때에 따라서는 도넛 모양으로 나타내기도 함)

전체에서 부분의 비율을 나타낼 때 효과적으로 사용된다. 원 전체를 100으로 보고 각 부분의 비율을 부채꼴 면적으로 표현한다. 일반적으로 시계 방향으로 크기 순서대로 배열한다.

4. 그림그래프

면적을 가지는 그림(수량을 그림의 크기로 나타냄)으로 변수의 분포를 시각적으로 한눈에 알아보기 쉽게 나타내고자 할 때 효과적으로 사용된다.

6차시 수업 소감

이번 시간에는 준비된 읽기 자료를 처음부터 나누어 주고 한 문단씩 돌아가며 읽기를 한 후에 서로 중요한 부분이 무엇이고 이해가 필요한 부분은 무엇인지를 찾아가며 서로 도움을 주고받도록 하였다. 이후에 궁금한 점에 대하여 질문을 먼저 받아 보았는데 별다른 질문이 없어서 다양한 그래프에 대하여 중요한 부분들을 다시 한 번 짚어 가면서 설명을 해 주었

다. 아울러 그림그래프를 그리는 방법에 대하여 간략히 설명해 주기도 하였다. 이렇게 약 20분 정도가 흘렀다. 남은 20분 동안은 교과서에 나와 있는 문제를 해결하는 데 시간을 보냈다. 아주 특별한 내용은 없었기 때문에 문제해결한 것들에 대하여 답을 공유하고 나서 다음 시간에 직접 해야 할 과제들을 간략히 소개한 후 마무리하였다.

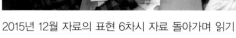

2015년 12월 자료의 표현 6차시 자료 돌아가며 읽기

🍎 7~9차시 목적에 알맞은 그래프로 나타내기 및 해석하기

수업 흐름	교사의 발문
도입	▶ 모둠별로 해야 할 과제에 대한 세밀한 안내
	• 모둠별로 한 가지 주제를 정하여 직접 조사하고 표로 정리하기 및 그래프로 나타내고 해석하기에 대해 안내하기
	• 예를 들어 설명하기
전개	▶ 모둠별 협의 : 모둠별로 주변에서 직접 조사해야 할 자료 선정하기
	• 왜 그 자료를 조사하려고 하는지 생각해 보기
	• 조사를 위해 어떤 준비를 하고 어떻게 조사해야 할지 생각해 보기
	• 조사를 위한 역할 분담 및 날짜 계획 세우기
	• 자료 조사 후 해야 할 일 협의하기
	▶ 조사한 자료 표로 정리하기 ⇨ 목적에 알맞은 그래프로 나타내기 ⇨ 그래프 해석하기
정리	▶ 각 모둠별로 발표하기

7~9차시 수업 소감

처음 계획은 3차시로 아이들 스스로가 주변에서 일어나고 있는 현상에 대한 정보를 수집하여 직접 통계 자료를 만들고 그에 대한 그래프 그리기 및 해석하기였는데 미리 생각했던 것에 비하여 나의 고민과 준비도 부족하여 아이들 스스로 자료를 수집하는 과정은 생략하고 아이들에게 기본 자료를 나누어 주는 것으로 만족해야 했다. 나의 준비가 좀 더 철저했더라면 아이들 스스로가 주제를 정하고 자료 및 정보 수집, 정리하는 경험도 했었을 터인데 하는 아쉬움을 뒤로한 채 수업을 시작하였다.

내가 아이들에게 제시한 자료는 2015년 12월까지 학년별/학급별 도서 대출 수량 및 학년별/학급별 현재 인원에 관련된 자료였다. 도서실 사서교사에게 미리 부탁하여 뽑아 놓은 것이었다. 나누어 주고 전체 설명을 먼저 시작하였다. 어떤 자료가 있는지 살펴보게 하고 각 모둠별로 어떤 과제를 해결해야 하는지 어떻게 자료들을 만들어야 하는지 등에 대한 예시 설명을 해 주었다.

아이들은 의욕에 찬 눈으로 설명을 듣고 자료도 살펴보면서 머리로는 다양한 구상을 하는 듯했다.

모둠별 과제는 이러했다.

1. 모둠별로 상의하여 아래 과제 중 한 가지를 선택하여 표로 만들기
   • 학년별 총 독서량 및 1인당 평균 독서량에 대한 자료를 통계표로 만들기
   • 5학년 학급별 총독서량 및 1인당 평균 독서량에 대한 자료를 통계표로 만들기
2. 두 가지 중 한 가지를 선택한 후 그림그래프로 나타내기
3. 통계표 및 그림그래프에 대한 적절한 해석 내리기
   • 현재까지의 상황에 대한 해석
   • 이런 결과가 나오게 된 원인 분석
   • 바람직한 해결 방안 제시

2015년 12월 자료의 표현 7~9차시 모둠별 과제 해결

협의 후 진행 과정을 보니 학년별 독서량 및 1인당 독서량을 선택한 모둠과 5학년 학급별 독서량 및 1인당 독서량을 선택한 모둠이 반반 정도 되었다. 과제 선택 후 함께 1인당 평균 독서량을 구하여 수치가 맞는지 확인도 해 보고 검토도 하는 모습이 보였다. 수치를 어느 정도 구한 후에는 표를 어떻게 만드는 것이 좋은지 연습장에 그리고 지우고 다시 그리기를 반복하면서 통계표 만들기에 열중하였다.

이렇게 약 40분 정도 시간이 흐르자 통계표가 어느 정도 완성되었다. 이제 이를 그림그래프로 나타내는 것 및 해석만 남았다. 제일 중요한 일들만 남은 것이다. 먼저 각 모둠별로 어떤 모양으로 그림그래프를 그릴 것인지, 수량은 어떤 모양으로 디자인할 것인지 협의에 들어갔다. 나름대로 협의는 하였지만 잠시 뒤에 디자인 결과를 보니 조금은 아쉬웠다. 그림그래프는 한눈에 알아보기 쉽게 나타내야 하는 것과 아울러 시각적인 면도 고려해야 하는데 내가 그 부분을 가볍게 설명하고 넘어갔더니 시각적인 면에서 그다지 높은 점수를 줄 만한 디자인을 한 모둠은 없었다. 아이들이 생각한 것들에서 약간씩 팁을 주는 것으로 만족해야만 했다.

그림그래프가 다 완성된 후에는 해석을 어떻게 쓸 것인지 고민하였다. 해석은 정말 어려워하였다. 해석을 어떻게 써야 할지 난감해하는 아이들이 많아서 잠시 활동을 멈추게 하고 예시 설명을 하였다. 일종의 주장하는 글처럼 해야 한다고 안내를 하였다.

"현재까지 독서량은 각각 어떻게 되고 그중에서 제일 많은 곳은 어디며 적은 곳은 어디다. 이렇게 독서량이 차이가 많이 나는 이유를 생각해 보면 ~ ~ 등에 원인이 있다고 말할 수 있을 것이다. 이런 문제점들을 해결하기 위해서는 ~ ~ 방법 등이 있을 것이라 생각된다."

그렇게 예시문을 기초로 하여 각 모둠별로 나름대로의 해석 및 해결 방안을 내놓았다. 대부분의 모둠이 과제를 마무리하기까지 약 80분 정도가 사용되었다. 애초에 계획하였던 세 시간에서 두 시간으로 단축된 것이다. 좀 더 세밀하게 활동을 디자인하였다면 세 시간을 채우고도 남았을 것이라 생각한다. 약간의 아쉬움은 남지만 매우 흡족한 시간이었다. 아이들도 이런 식의 과제 수행을 처음 해 보았지만 나름대로 뿌듯해하는 모습이었다. 결과물들을 교실 벽에 걸어 놓고 다른 모둠에서는 어떤 식으로 했는지 살펴보는 시간도 가졌다. 아이들 나름대로 다른 모둠의 결과를 보면서 어떤 점들이 좋았는지 어떤 점에서 보완이 필요한지 등에 대하여 이야기를 나누는 모습이 눈에 띄었다. 올해 1년 동안 참 많이 성장했다는 생각이 들었다. 그렇게 수업을 마무리하고 나서 수업의 과정 및 결과물을 놓고 동학년 선생님들과 이야기를 나누었다. 다른 반에서도 같은 식으로 진행을 해 보겠다고 말을 하였다. 다른 반에서는 같은 수업 설계이지만 어떤 상황이 만들어질지 사뭇 궁금해진다.

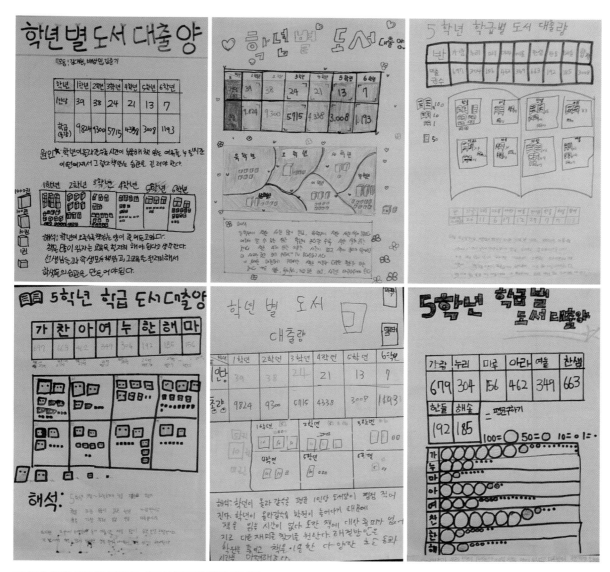

2015년 12월 자료의 표현 7∼9차시 모둠별 활동 결과물

10
자료의
표현

🍎 10차시 단원 정리−문제해결하기

수업 흐름	교사의 발문
개별 학습 및 모둠별 도움 주고받기	❱ 교과서 194~197쪽까지 개인별로 문제해결하기 ❱ 해결 과정에서 모둠원들과 서로 도움 주고받기 ❱ 해결 후 함께 결과 점검하고 확인하기

🍎 11차시 단원 정리−단원 평가

수학 5-2   6. 자료의 표현   서울은빛초등학교
교과서 170~206쪽   5학년 찬샘반 번   이름:

1 다음 질문에 알맞은 답을 하시오.

과 자료의 값을 모두 더하여 자료의 수로 나눈 값을 [ ] (이)라고 합니다.

2 실생활 속에서 평균값을 구하는 이유에 대하여 2가지만 써 봅시다.(왜 평균값을 구하는가? 구하여서 어떻게 활용하려고 하는가?)

(1)

(2)

3 다양한 그래프에 대한 대표적인 특징을 1가지씩 써 놓은 것입니다. 서로 알맞게 연결해 보시오.

꺾은선그래프		비교의 대상이 있는 경우
막대그래프		전체에 대한 부분의 비율
그림그래프		시간의 흐름에 따른 변화
원그래프		한 눈에 알아보기 쉽게 표현

※ 주머니 속에 흰색 바둑돌 2개가 있습니다. 주머니에서 바둑돌 1개를 꺼낼 때 물음에 답하시오.(4~5)

4 꺼낸 바둑돌이 검은색일 가능성은 어떤 수로 나타낼 수 있습니까? ( )
① 0   ② $\frac{1}{4}$ ③ $\frac{1}{2}$
④ $\frac{3}{4}$ ⑤ 1

5 꺼낸 바둑돌이 흰색일 가능성을 수직선에 나타낸 것은 어느 것입니까? ( )

① ② ③ ④ ⑤
0   $\frac{1}{4}$ $\frac{1}{2}$ $\frac{3}{4}$ 1

---

6 사건이 일어날 가능성이 1인 것을 찾아 기호를 쓰시오.

㉠ 주사위를 던져 7의 눈이 나올 가능성
㉡ 검은색 공만 들어 있는 주머니에서 검은색 공을 꺼낼 가능성
㉢ 1부터 4까지 쓰인 4장의 카드에서 1이 쓰인 카드를 뽑을 가능성

( )

※ 주머니 속에 흰색 탁구공 2개와 주황색 탁구공 2개가 있습니다. 주머니에서 탁구공 1개를 꺼낼 때 물음에 답하시오. (7~8)

7 꺼낸 탁구공이 흰색일 가능성을 어떤 수로 나타낼 수 있습니까? ( )
① 0   ② $\frac{1}{4}$ ③ $\frac{1}{2}$
④ $\frac{3}{4}$ ⑤ 1

8 꺼낸 탁구공이 주황색일 가능성을 분수로 나타내시오.

( )

9 철수네 모둠원의 개인별 연간 독서량을 나타낸 표를 보고 철수네 모둠원들의 1인당 평균을 독서량을 구하려고 합니다. 다음 물음에 답하시오.

< 철수네 모둠원의 개인별 연간 독서량 >

모둠원	민수	철수	영희	민지	준영
독서량	243	218	235	327	252

243+218+235+327+252 = [ ]
= [ ](권)

---

10 효주의 농구 득점 상황을 나타낸 표입니다. 5번의 경기까지 평균 점수가 24점이 되려면 5번째 경기에서는 몇 점을 받아야 하는지 답을 구하시오.

< 효주의 농구 경기 득점 상황 >

횟	1	2	3	4	5
점수(점)	18	26	20	30	

( )점

※ ○○초 5학년에서는 겨울을 앞두고 어려운 이웃을 돕기 위한 모금을 해였는데 그 결과는 아래와 같습니다. 표를 보고 물음에 답을 하시오. (11~12)

< 반별 모금액 >

이름	1반	2반	3반	4반
모금액(원)	34,000	42,000	36,000	40,000

11 5학년 4개 학급의 평균 모금액은 얼마인가요?

( )원

12 5학년 4개 학급의 평균 모금을 3,000원 더 올리려면 모금 총액은 얼마 더 모아야 하나요?

( )원

※ 하성이네 학교의 마을별 학생 수를 나타낸 그림그래프 입니다. 물음에 답하시오. (13~14)

< 마을별 학생 수 >

가 나 다 라 마

◉100명 ◎10명 •1명

13 학생 수가 가장 많은 마을은 어느 마을입니까? ( )
①가마을   ②나마을   ③다마을
④라마을   ⑤마마을

14 학생 수가 가장 적은 마을의 학생 수는 몇 명입니까?

( )명

---

15 민철이는 과학수업을 위해서 매일 점심시간마다 운동장에서의 온도를 측정하였습니다. 운동장에서의 온도 변화를 그래프로 나타내고자 할 때 적절한 그래프는 무엇입니까?

( )

16 순영이는 사회 시간에 세계 여러 나라별 쌀 생산량을 조사한 후 발표를 위하여 그래프로 나타내고자 합니다. 어떤 그래프로 나타내는 것이 좋을까요?

17 민수와 영호의 최근 5경기 농구 시합에서의 득점 상황을 나타낸 표입니다.

< 민수의 농구 경기 득점 상황 >

경기	1	2	3	4	5
점수(점)	16	20	15	18	17

< 영호의 농구 경기 득점 상황 >

경기	1	2	3	4	5
점수(점)	2	46	6	0	32

(1) 위와 같은 자료를 바탕으로 다음 시합에서 선발로 뛸 선수를 정한다면 누구를 뽑겠는가?

( )

(2) 그 이유는 무엇인지 두 사람을 비교하여 설명해 보시오.

18 미국에 사는 도시는 한국에 사시는 할머니 댁에 방문하기 위해 한국의 날씨를 살펴보았습니다. 연평균 기온이 15° 정도가 된다고 하여 안심하고 얇은 옷에 가벼운 외투 정도만 준비하여 1월에 한국을 방문하였다가 큰 낭패를 보았습니다. 왜냐하면 한국은 날씨가 너무 추웠기 때문입니다. 이 상황에서 도시가 한 실수는 무엇이며, 이런 실수를 하지 않기 위해서는 어떻게 해야 하나요?

11 여러 가지 단위

단원 소개 및 문제의식 갖기

교사용 지도서를 보면 본 단원은 현실에서 접하는 넓이와 무게의 단위를 이해하고, 나아가 이들을 적절하게 선택하고 표현하기 위해서 여러 가지 단위를 학습할 필요가 있다고 보고 일상생활 속에서 경험할수 있는 사례를 바탕으로 여러 가지 단위를 접목시켜 수학적 갈등 상황을 해결할 수 있게 함으로써 문제해결 능력을 기르기 위함과 동시에 보다 큰 단위의 무게 및 넓이에 대한 양감을 기를 수 있도록 하기위해 설정되었다고 안내되어 있다.[1]

단원 학습 목표

내용	1. m^2보다 더 큰 넓이 단위인 a의 필요성을 알고 1a와 $1m^2$ 사이의 관계를 이해할 수 있다. 2. a보다 더 큰 넓이 단위는 ha의 필요성을 알고 1ha와 1a 사이의 관계를 이해할 수 있다. 3. ha보다 더 큰 넓이의 단위인 km^2의 필요성을 알고 $1km^2$와 1ha 사이의 관계를 이해할 수 있다. 4. 넓이 단위 사이의 관계를 연관 지을 수 있다. 5. 넓이를 크기에 따라 알맞은 단위를 사용하여 나타낼 수 있다. 6. 무게 단위 t의 필요성을 알고 1t과 1kg 사이의 관계를 이해할 수 있다.
과정	1. 작은 단위의 불편함으로 토론하는 과정을 통해 새로운 단위의 필요성을 찾아 말할 수 있다. 2. 일상생활에서 크기에 따라 적절한 넓이 단위를 선택하는 과정에서 양감을 기를 수 있다. 3. 넓이 단위 사이의 관계를 추론하는 과정을 설명할 수 있다. 4. 문제 상황을 해결하는 방법을 토론하는 과정에서 추론하고 의사소통할 수 있다.
태도	1. 일상생활에서 넓이와 무게의 단위를 사용하여 표현하는 경험을 통해 수학의 유용성을 깨닫고 수학에 　흥미를 가질 수 있다. 2. 자신의 해결 방법을 자신 있게 발표하고 친구를 설득하는 과정에서 자신감을 가질 수 있다.

---

1 2009 개정 교육과정에 따른 수학과 교사용 지도서 5학년 2학기. 2015. pp. 270~271.

단원의 발전 계통

선수 학습	본 학습	후속 학습
• 3학년 무게의 보편 단위의 필요성 이해 및 1kg과 1g 도입하기 • 3학년 1kg과 1g 사이의 관계 알기 • 5학년 넓이의 보편 단위의 필요성 이해 및 $1cm^2$과 $1m^2$ 도입하기 • 5학년 $1cm^2$와 $1m^2$ 사이의 관계 알기	• 큰 넓이 단위의 필요성 이해하기 • 1a와 1ha, $1km^2$ 도입, 1a와 1ha, $1km^2$ 사이의 관계 알기, m^2, a, ha, km^2를 이해하고 넓이 단위들 사이의 관계 알기 • 무게의 단위인 t의 필요성을 이해하고 1t 도입하기 • 1t와 1kg 사이의 관계 알기	• 6학년 원의 넓이 • 6학년 직육면체의 겉넓이 • 6학년 직육면체의 부피 • 6학년 원기둥의 겉넓이 • 6학년 원기둥의 부피

위의 내용에 근거를 두고 교사용 지도서는 본 단원의 전개 계획을 아래와 같이 제시[2]하였으나 현장에서는 나름대로 재구성하여 지도할 필요성이 있다고 판단된다.

차시	재구성 이전	수업 내용 및 활동
1	단원 도입	• 스토리텔링을 통해 넓이와 무게에 대한 새로운 단위가 필요한 상황 이해하기 • 운동장 넓이 측정하기를 통해 더 큰 단위 필요성 인식하기
2	$1m^2$보다 더 큰 단위 알기	• $1m^2$의 불편함을 통해 더 큰 단위인 1a의 필요성 인식하기 • 1a와 $1m^2$ 사이의 관계 알기
3	1a보다 더 큰 단위 알기	• 1a의 불편함을 통해 더 큰 단위인 1ha의 필요성 인식하기 • 1a와 1ha 사이의 관계 알기
4	1ha보다 더 큰 단위 알기	• 1ha의 불편함을 통해 더 큰 단위인 $1km^2$의 필요성 인식하기 • 1ha와 $1km^2$ 사이의 관계 알기
5	넓이 사이의 관계 알기	• m^2, a, ha, km^2를 이해하고 넓이 단위 사이의 관계 탐구하기 • 크기에 따라 알맞은 넓이 단위 사용하기
6	1kg보다 더 큰 단위 알기	• kg의 불편함을 통해 더 큰 단위인 t의 필요성 인식하기 • 1t과 1kg 사이의 관계 이해하기
7	단원 정리(문제 풀기)	• 단원에서 배운 내용에 대한 문제 풀며 정리하기
8	문제해결	• 넓이와 무게를 고려하여 놀이공원의 공간을 새롭게 배치하는 문제해결하기
9	놀이 마당	• 넓이와 무게 단위 사이의 관계를 해결하여 땅 차지하기 놀이 및 차지한 땅의 넓이 구하기

위와 같은 내용 구성에 대하여 문제의식을 갖게 만드는 점 몇 가지를 살펴보면 다음과 같다.

---

2 2009 개정 교육과정에 따른 수학과 교사용 지도서 5학년 2학기. 2015. p. 271.

II
여러 가지
단위

반복되는 불필요한 스토리텔링

모든 단원 도입에서 불필요한 스토리텔링이 지속되고 있다. 이 부분을 생략하고 바로 본시 활동으로 들어가서 학습에 좀 더 시간이 필요한 내용에 한 시간을 활용하거나 다른 단원에 시간을 보태는 것도 생각해 볼 일이다.

불편하지 않은데 불편하게 생각해야 한다고 강요하는 것 같은 질문

2차시와 3차시, 6차시에서 각각 $1,000m^2$, $1,200a$, $2,000kg$을 제시하고 자릿수가 커져서 나타내는 데 불편하게 생각해야 한다고 강요라도 하는 듯하다. 정말로 그런지 모르겠다. 내 생각에 이 정도 크기의 수는 전혀 불편하지 않다. 그래서 그보다 더 큰 단위의 필요성을 별로 느낄 수 없다. 또한 단원 목표에서 양감을 익히게 한다지만 아이들은 실제로 운동장에 나가서 직접 줄자 등을 이용하여 몸으로 익히면서 그 크기가 얼마나 되는지를 직접 경험해 볼 수 있는 $1a$의 개념조차 이론상으로만 공부하고 있다는 생각이 들어 안타까운 마음이 든다. 게다가 이런 질문들(어떤 점이 불편합니까? 보다 큰 넓이의 단위를 어떻게 나타내면 좋을지 이야기해 보시오.)이 6차시까지 계속 활동 1과정에서 반복되고 있어 싫증마저 들게 한다.

실제 삶 속에서 별로 경험해 보지 못하는 사례나 상황의 제시

실제 생활 속에서 단위가 매우 큰 넓이나 무게를 나타내는 상황은 주로 신문, 뉴스 등을 통해 듣고 보게 된다.(주로 생산 또는 수출이나 수입하게 된 곡물이나 과일 등의 무게, 농사짓는 논밭이나 임야 면적 또는 산불 등이나 자연재해로부터 피해를 받은 면적 등) 하지만 책 속의 사례들은 그냥 각각 주어진 조건에 따라 보다 큰 단위로 환산하기 위해 제시된 것만 같아서 아쉽기만 하다. 이런 사례 속에서 아이들은 주어진 넓이나 무게를 단지 숫자로만 인식하고 다른 단위로의 환산에만 신경 쓸 뿐 실제로 그 무게나 넓이가 얼마나 되는가 하는 양감에 대하여 별 느낌을 갖지 못하게 된다.

단원 재구성을 위한 방안

❶ 스토리텔링을 생략하고 운동장으로 나가 바로 $1m^2$ 크기의 정사각형을 직접 그려 보는 조작 활동으로부터 시작하여 $1a$ ⇨ $1ha$까지 확대, 그에 대한 양감 익히기까지 자연스럽게 접근할 수 있도록 수업을 디자인할 계획이다.(운동장, 건물, 학교 전체 크기 재 보기 등)

❷ $1km^2$에 대한 이해 단계에서도 조작 활동을 함께 병행하되 지도 또는 사회과부도 등을 통해 그 크기를 상상해 보면서 양감과 함께 익혀 나갈 수 있도록 디자인할 계획이다. 아울러 m^2, a, ha, km^2 간의

관계를 종합적으로 이해하고 정리하면서 넓이를 나타내는 큰 단위의 학습에 대하여 마무리할 수 있게 할 계획이다.

❸ kg보다 큰 단위인 t에 대해서는 지금까지의 실생활 속에서 자주 듣고 경험해 왔던 것이라서 따로 분리하여 간략히 지도할 수 있도록 디자인해 보고자 한다.

❹ 끝으로 큰 단위의 무게나 넓이를 나타내는 것들은 주로 뉴스나 신문 등을 통해 가장 많이 접하게 된다는 점에 착안하여 지금까지 실제로 보도되었던 뉴스 기사를 바탕으로 보도된 내용에 담긴 넓이나 무게의 실제 양감 느껴 보기, 그 내용에 담긴 의미, 그 뉴스가 우리의 실제 삶에 얼마나 큰 영향을 미치는지 등에 대하여 생각해 볼 수 있는 시간이 될 수 있도록 미션활동을 제시해 보고자 한다.

[예시] 실제 산불이 일어나 ○○ha를 불태웠다. ⇨ 우리 학교 운동장이 약 1ha. 그것의 몇 배? 그 넓은 곳에 나무는 몇 그루? 그것이 다 사라졌다. 이에 대한 생각은? 다시 그만큼 되기까지 얼마나 많은 시간과 노력이 필요할까? 왜 이런 일이 일어났는가? 예방할 수 있는 방법은 없을까? 우리가 할 수 있는 일은 무엇일까?

단원 지도를 위한 재구성의 실제

차시	재구성 이후	수업의 목적
1	단원 도입 및 1m², 1a, 1ha에 대한 이해	• 1m², 1a, 1ha에 대한 이해 • 1m², 1a, 1ha에 대한 실제 크기 경험하기(양감 익히기) ⇨ 운동장에 나가서 실제 크기 재 보기, 학교 건물, 학교 운동장, 학교 전체, 마을 크기 재 보기
2		
3		
4	1km²에 대한 이해	• 1km²에 대한 이해(실제 크기 상상해 보기, 양감 익히기 – 지도 또는 사회과부도 활용)
5	1m², 1a, 1ha, 1km² 사이의 관계 이해	• 1m², 1a, 1ha, 1km²를 이해하고 넓이 단위 사이의 관계 추론하기
6	1kg보다 더 큰 단위 이해	• kg보다 더 큰 단위인 t의 필요성 인식하기 • 1t과 1kg 사이의 관계 이해하기
7	미션활동	• 미션 과제 해결하기(실생활 속에 나타난 여러 가지 단위와 관련된 과제 제시 및 해결하기)
8	단원 정리(문제해결)	• 단원에서 배운 내용에 대한 문제 풀며 정리하기
9	단원 정리(문제 풀기) – 평가	• 단원 평가하기

11
여러 가지 단위

아래와 같이 크게 세 부분으로 나누어 재구성한 이유는 다음과 같다.

먼저 $1m^2$보다 큰 단위의 넓이를 도입하기 위해 처음부터 양감 익히기 활동과 함께 자연스럽게 접근할 수 있는 조작 활동을 통해 $1m^2$ ⇨ $1a$ ⇨ $1ha$ ⇨ $1km^2$의 순서로 내용을 익히고 그 과정 속에서 서로 간의 관계를 함께 파악할 수 있도록 하기 위함이다. 둘째, 단원 내용 가운데 1차시로 구성되어 있는 무게에 관한 내용 역시 큰 무리가 없을 뿐만 아니라 지금까지의 실생활 속에서 자주 듣고 경험해 왔던 것이라서 따로 분리하여 간략히 지도할 수 있도록 하였다. 셋째, 실생활 속에서 경험할 수 있는 미션활동의 제시를 통해 본 단원과 관련된 문제해결능력을 기르고 단원에서 학습한 내용이 우리의 실생활과 밀접한 관련을 맺고 있다는 점, 모르게 되면 실생활에서 불편함을 경험할 수 있다는 것을 깨달을 수 있도록 하기 위함이다.

🍎 1~3차시 단원 도입 및 1m², 1a, 1ha에 대한 이해

수업 흐름	교사의 발문
도입	▶ 줄자 혹은 끈을 이용하여 운동장에 1m² 단위넓이 크기 만들기(실제 양감 동시에 익히기) : 모둠별로 1m, 10m, 50m 길이 끈 준비
전개	▶ 운동장에 한 변의 길이가 10m인 정사각형 그리기 : 1a에 대한 이해 및 실제 양감 익히기 ⇨ 운동장 넓이, 건물 한 층의 바닥 넓이, 체육관 넓이 어림잡아 보기(1m²의 100배)
	▶ 한 변의 길이가 100m인 정사각형 생각해 보기 : 1ha에 대한 이해 및 실제 양감 익히기 ⇨ 학교 전체 크기 실제 측정해 보기, 학교 주변 동네의 크기 실제 측정해 보기(1a의 100배)
	▶ 학교 주변의 지도를 보고 1ha는 어느 정도인지 표시해 보기, 학교 주변 마을의 크기 알아보기
정리	▶ 1m², 1a, 1ha에 대한 이해, 교과서 148~151쪽까지 해결하기

 1차시 수업 소감

본 단원의 시작은 운동장에서 하였다. 아이들은 수학 시간인데 왜 운동장에 내려가느냐면서 질문을 던져 왔다.

"오늘부터는 여러 가지 단위에 대하여 공부를 시작할 터인데 1학기에 공부했던 넓이에 대하여 좀 더 큰 단위를 알아보고자 한다. 1학기에 공부했던 단위넓이에는 무엇이 있었지?" 하는 질문에 잠시 침묵이 흐르다가 금방 답변이 터져나왔다.

"1cm²와 1m²요!" 하고 답이 나왔다.

"그래요. 그런데 단위넓이 1cm²보다 1m²를 사용하면 더 좋은 점은 무엇이라 했었는지 기억나는지요?"

"네. 단위넓이로 1m²를 사용하면 큰 넓이를 나타낼 때 수의 크기가 작아져서 불편하지 않아요. 큰 넓이를 1cm² 단위로 나타내면 숫자가 커져서 불편해요."

"그렇습니다. 그런데 1m²의 단위넓이로도 불편할 때가 있습니다. 어떤 경우일까요?"

"네. 아주 넓은 땅의 넓이를 나타낼 때 1m² 단위로 표현하면 숫자가 또 커져서 불편해져요."

"훌륭합니다. 그래서 1m²보다 좀 더 큰 단위넓이가 필요하게 되었지요. 오늘은 1m²보다 한 단계 더 큰 단위넓이에 대하여 알아보게 될 것입니다. 그것은 바로 1a(1아르)라는 것입니다. 이를 설명하기 위해 1m²에 대한 의미부터 다시 한 번 짚어 보고자 합니다. 1m²를 어떻게 설명하면 좋을까요?"

"네, 가로와 세로의 길이가 1m인 정사각형의 넓이입니다."

"좋습니다. 오늘 공부하게 될 1a는 가로와 세로의 길이가 10m인 정사각형의 넓이를 말합니다. 기호로는 1a라 쓰고 읽을 때는 '1아르'라고 읽습니다. 따라서 크게 말해 보세요. 1아르!"

"(모두 함께) 1아르!"

"그런데 오늘 수학 공부를 위해 운동장에 나온 이유는 1a의 크기를 숫자로만 이해하지 말고 실제 눈으로, 몸으로 익혀 보고 이해하기 위함입니다. 1a를 공부하

2015년 11월 여러 가지 단위 1차시 수업 : 1m², 1a 그리기

자신들이 그려 놓은 1a 단위넓이의 선을 따라 몸으로 익히기(걸음으로 재 보기)

였지만 그 크기가 대략 어느 정도인지에 대한 감각을 익히지 않으면 공부한들 아무 소용이 없을 것입니다. 이를 위해 모둠별로 선생님이 나누어 주는 도구를 이용하여 직접 1a 크기의 정사각형을 운동장에 그려 보고 그 크기가 얼마나 되는지 몸으로도, 눈으로도 익혀 보는 시간을 갖도록 할 것입니다. 모둠별로 나와서 도구를 받아 간 뒤 바로 시작해 보도록 합니다."

각 모둠에 1.5m 길이의 줄자와 10m 길이의 끈, 땅에 선을 그리기 위한 나무막대 2개씩을 나누어 주었다. 아이들은 서로 도와 가며 단위넓이 크기의 정사각형을 그려 나갔다. 그리고 난 뒤 "와, 1a의 크기가 꽤 크네요!" 하고 말하는 아이도 있었다. 먼저 그린 모둠의 아이들에게 "그린 선을 따라서 가로 또는 세로의 길이 10m가 너희들 발걸음으로 몇 걸음 정도 되는지 한번 몸으로도 느껴 보렴." 하고 말해 주었더니 선을 따라 걸어 보고 각자 잰 결과를 내게 달려와 말하기도 하였다. 모든 모둠이 1a 크기의 정사각형을 그린 뒤 미션활동을 제시하였다.

"운동장은 몇 a 정도가 될까? 한번 예상을 먼저 해 보고 실제 측정해 보자."

말이 끝나기 무섭게 아이들은 달려 나갔다. 얼마쯤 시간이 흐른 뒤에 가장 먼저 측정을 완료한 모둠이 달려왔다.

"선생님 15아르 정도 됩니다. 맞지요?"

"어떻게 해서 15아르라고 측정 결과를 갖고 왔지?"

"먼저 가로를 10m 줄로 재어 보았더니 5번 정도 나왔고 세로를 재어 보았더니 3번 정도 나왔습니다. 그러니 1a가 가로로 5칸, 세로로 3줄이 있는 셈이 됩니다. 그러니 모두 15칸이 되어서 15a가 되는 것입니다."

내가 바라는 정확한 답이 나왔다. 자신들이 직접 측정한 과정을 말로 자연스럽게 설명한 것이다. 그리고 어느 정도 맞아떨어졌다. 측정을 마치고 뒤를 이어서 오는 다른 모둠에서도 내가 바라는 답들이 흘러나왔다. 여기까지 오는 데 시간이 약 35분 정도 흘러갔다. 블록 수업을 할 수 없는 상황이라서 일단 이렇게 정리하고 도구들을 잘 챙겨서 교실로 올라온 뒤 다른 과목 수업 시간에서 10분 정도의 시간을 할애하여 오늘 경험한 내용을 다시 정리하였다.

"오늘 1a는 가로, 세로의 길이가 각각 10m인 정사각형의 넓이를 말한다는 것을 새롭게 알게 되었습니다. 그리고 그 크기가 어느 정도 되는지 머릿속에 그려 보기도 하였습니다. 또한 운동장 크기도 대충 알게 되었습니다. 우리 교실은 1a보다 클까요, 작을까요?"

여기저기에서 크다 작다는 말들이 마구 터져 나왔다. 그래서 오늘 사용한 10m 길이 줄을 직접 펼쳐 보았다. 순수하게 교실 크기만 재어 보았더니 칠판 쪽의 벽면 길이가 약 9m 정도였다. 그러면서 아이들은 대충 교실 정도의 넓이보다 약간 큰 넓이가 1a에 해당된다는 사실 또한 다시 한 번 확실히 이해할 수 있게 되었다. 마지막으로 1a는 가로와 세로가 각각 10m이니 그 넓이는 몇 m²가 되는지 계산해 보라 하였다. 물론 100m²라

는 답변은 쉽게 나왔다. 그러면서 1a=100m²가 된다는 관계도 자연스럽게 접근하게 되었다. 이렇게 첫 시간을 마무리하고 다음 시간에는 1ha 단위를 공부하기 위해 다시 한 번 밖으로 나가서 그 넓이를 몸으로 직접 익혀 보는 시간을 가져 볼 계획이다.

2차시 수업 소감

1ha에 대한 개념 및 실제 양감을 익히기 위해 운동장으로 다시 한 번 나갔다. 지난 시간 덕분에 1a에 대한 개념 및 양감은 어느 정도 갖추어졌다. 오늘은 1ha에 대한 개념을 먼저 간략히 안내하였다. 1a는 가로, 세로의 길이가 10m라면 1ha는 가로, 세로의 길이가 100m인 정사각형을 가리킨다는 것, 1ha 넓이의 정사각형 안에 1a가 가로로 10칸, 세로로 10줄이 들어가니 1ha에는 1a가 100개 들어간다는 것도 함께 이해할 수 있도록 안내하였다. 그 이후 1ha의 크기는 어느 정도 될지 알아보기 위해 우리 학교 전체 넓이를 한번 측정해 보라고 하였다. 수업 전 미리 학교 전체 넓이를 알아보았다. 다행히도 내가 근무하는 학교는 그 모양이 정사각형과 비슷한 모양을 하고 있었고 가로, 세로의 길이가 100m에 거의 근접하고 있었다.

모둠별로 10m 길이의 끈 1개씩만 나누어 주고 학교 전체의 가로, 세로 길이를 측정해 보라고 하였다. 아이들은 모둠별로 흩어져 어디를 어떻게 측정해야 하는지 이야기를 나누기 시작하였다. 물론 그냥 담장을 따라서 재 보자고 행동부터 옮기는 모둠도 있었다. 그 모둠을 따라갔더니 역시 담장을 따라가다가 화단 및 나무 등에 막혀 제대로 측정할 수 없게 되자 "선생님, 더 이상 잴 수 없어요."라고 소리쳤다. "학교 전체 넓이와 관련하여 가로, 세로의 길이를 잴 때 꼭 담장을 따라가면서 재야 할까?" 이 한마디만 툭 던져 두고 자리를 피했다. 그러자 이내 방법을 모색하고 제대로 길을 찾기 시작하였다. 그렇게 10분 정도 시간이 흘렀을까? 한 모둠

학교 담장을 따라가며 길이를 재고 있는 아이들 : 2015년 11월 여러 가지 단위 2차시 수업 1ha에 대한 이해

이 측정을 끝냈다고 다가왔다.

"그래, 가로와 세로는 각각 어느 정도 되니?"

"이 끈이 10m니까 1a가 되잖아요. 가로는 이 끈이 9번하고 반 조금 넘었습니다. 세로는 9번 나왔습니다."

"그러면 우리 학교 넓이는 어느 정도 되니?"

"가로를 10이라 하고 세로 9를 곱하면 95a 정도 됩니다."

"그래 그 정도가 되겠구나. 오늘 공부 시작할 때 1ha는 몇 a라 했었는지?"

"100a입니다. 우리 학교 크기는 100a가 조금 안 됩니다. 하지만 1ha의 크기가 비슷합니다."

"그래, 우리 학교 넓이는 약 1ha 정도 된단다. 앞으로 1ha를 생각할 때 무엇을 생각하면 될까?"

"우리 학교 전체 넓이를 생각하면 될 것 같습니다."

"그래요. 그러면 다음 미션을 안내합니다. 본관 건물

의 넓이는 몇 a가 되는지 측정하고 오세요."

 아이들은 그렇게 모둠별로 측정한 결과를 가지고 내게 오는 대로 묻고 답하기를 7번 진행하였다. 일곱 모둠이 모두 2차 미션까지 마무리하고 나니 딱 40분이 흘러갔다. 이번 수업 시간도 나름은 잘 진행된 것 같았다.

교실에서 숫자만으로 계산하고 답을 구하는 것보다 훨씬 질 높은 수업이 되었다는 생각이 들었다. 다음 시간은 1a 및 1ha의 적용을 위해 마을 지도를 가지고 접근해 보아야겠다.

🍎 4~5차시 1km²에 대한 이해 및 1m², 1a, 1ha, 1km² 간의 관계 살피기

수업 흐름	교사의 발문
도입	❯ 1km²에 대한 이해 돕기 : 가로, 세로의 길이가 각각 1km인 정사각형의 넓이. 1km는 어느 정도의 거리일까 생각해 보게 하기(내가 근무하는 학교의 정문에서부터 구파발 전철역 입구까지의 거리가 약 1km의 거리에 해당된다.)
전개	❯ 사회과부도 혹은 구나 시도 단위 지도 준비하여 제시 - 1km가 어느 정도 되는지 지도에서 살펴보기 ⇨ 지도에서 가로, 세로가 각각 1km인 정사각형 그려 보기 ⇨ 그 넓이가 1km²임을 이해하기(모둠 미션활동 제시하기 : 현재 내가 지도하고 있는 아이들은 서울시 은평구에 살고 있으니 은평구 지도를 준비하여 나누어 주고 자신들이 살고 있는 지역의 넓이를 어림하여 구해 보기 : 이를 통해 1km² 넓이에 대한 양감 익히기) ❯ 1m², 1a, 1ha, 1km² 간의 관계에 대한 이해 돕기
정리	❯ 교과서 문제해결하기 : 152~155쪽 문제해결

4~5차시 수업 소감

지난 시간에 이어 1km²의 넓이에 대한 이해 및 양감 익히기 활동을 하기 위해 아이들이 살고 있는 동네의 지도를 교실에 가져왔다. 1km²에 대한 개념 정의부터 알려 주고 그 1km 거리가 어느 정도 되는지, 그리고 그 길이를 한 변으로 한 정사각형은 어느 정도인지 인근 동네에서 아이들이 알고 있는 정보를 바탕으로 이해를 도왔다. 많은 아이들은 1km²의 넓이가 꽤 크다는 것을 인식하기 시작했다. 그래서 지도를 나누어 주고 지도상에 표시된 정사각형이 1km²를 나타낸다는 것, 그래서 진관동은 넓이가 대략 어느 정도 되는지 계

<진관동 넓이 어림하여 알아보기 : 1㎢, 1ha, 1a에 대한 이해 넓히기 및 양감 익히기>

2015년 11월 여러 가지 단위 4~5차시 1km² 단위 수업

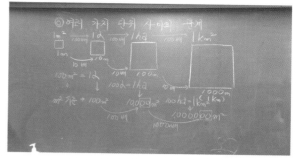

넓이를 나타내는 여러 가지 단위 간의 관계

산해 보라고 모둠 과제를 제시하였다. 그러자 아이들은 진지하게 움직였다. 어떤 모둠은 지도 전체를 주어진 정사각형 크기만큼 분할하는가 하면 어떤 모둠은 지도 전체의 넓이를 km² 단위로 구한 뒤 진관동에 포함되지 않은 부분만의 넓이를 대략 계산하여 구하기도 하였다. 참으로 다양한 방법이 사용되었다. 그게 수학의 묘미가 아닐까 하는 생각이 들었다. 거의 대부분 모둠에서 비슷한 수치가 나왔다. 12~13km²로 어림잡아 왔다. 어떻게 해서 그렇게 나왔냐고 했더니 나름대로 분할을 해서 구하였다는 설명이 이어졌다. 내가 예상했던 바와 같이 잘 이루어졌다.

여기까지 진행하는 데 생각보다 시간이 많이 들지 않

았다. 이제 아이들은 각 단위별로 대략적인 이해와 양감까지 익히게 되었다. 마지막으로 여러 가지 넓이를 나타내는 단위 간의 관계를 한눈에 알아보기 쉽게 정리를 칠판에 함께 해 나갔다. 이 또한 지금까지 공부해오면서 틈이 나는 대로 보다 작은 단위와 보다 큰 단위 간의 관계를 지속적으로 함께 알아 왔기 때문에 크게 어려움이 없었다. 그래도 돌다리도 두드려 보고 건넌다는 심정으로 세밀하게 살펴보기를 약 10분 정도 하였다. 이후에 남는 시간은 교과서 속에 있는 문제를 개별적으로 풀이하고 모둠원들과 도움 주고받기 및 결과 확인하는 시간으로 가졌다. 이번 단원은 생각보다 아이들이 잘 이해하고 넘어갔다.

아이들 활동 결과물

내가 참고로 아이들에게 제시하려고 만들어 놓은 사례

II 여러 가지 단위

6차시 1kg보다 더 큰 단위 이해

수업 흐름	교사의 발문
도입	▶ 무게의 단위에 대한 안내 : g, kg, t 단위에 대한 이해 돕기
	• 일반적인 실생활 속 무게를 나타내는 단위 말하기 : g, kg
	• 두 단위 사이의 관계 알기 : 1,000g = 1kg
전개	• kg보다 더 큰 단위 알기 : t(톤)
	• 1kg과 1t 사이의 관계 알기 : 1,000kg = 1t
	• 생각 내놓기 구조 활동 : 실생활 속에서 t(톤) 단위를 쓰는 사례를 알고 있는 대로 말해 보기 ⇨ 모둠별로 모아진 다양한 사례 발표하기 ⇨ 전체와 공유
정리	▶ 교과서 문제해결하기 : 156~157쪽 문제해결

6차시 수업 소감

무게와 관련해서는 아이들이 넓이와는 좀 다르게 잘 이해하고 있는 것 같았다. 처음 g, kg두 단위 사이의 관계부터 잘 알고 있었다. 이미 t(톤)이라는 단위도 대부분 알고 있었다. 그래서 세 단위 사이의 관계를 한눈에 알아보기 쉽게 칠판에 함께 정리해 보았다.

한편 실생활 속에서는 1,000kg, 즉 1톤이 넘지 않아도 t을 단위로 가끔 표현하는 경우를 보게 된다. 그 이유를 아이들에게 질문으로 던졌다.

"자, 0.1t과 100kg 중 어떤 쪽이 더 무거울까? 바로 대답해 보세요."

"0.1톤이요. 100kg이요. 같아요." 하면서 여러 답이 동시에 흘러나왔다. 다르다고 말한 아이들도 잠시 생각해 보더니 같다고 정정하였다. 그래서 이렇게 질문을 다시 하였다.

"그래요. 둘의 무게는 같습니다. 0.1t과 100kg의 무게는 같은데 어떤 때는 100kg이라 말하지 않고 0.1t이라고 말하기도 한다. 그 이유는 무엇일까?"

그러자 갑자기 아무도 대답을 하지 않았다. 잠시 침묵이 흘렀다. 그래서 나는 바로 보조 질문을 이어 갔다.

"0.1톤이라고 말할 때와 100킬로그램이라고 말할 때 어떤 쪽이 더 무거운 느낌이 드는지요?"

"0.1톤이요. 100킬로그램이요."

2015년 11월 여러 가지 단위 6차시 1t의 이해-생각 내놓기 활동 및 칠판 판서

두 가지 답이 동시에 흘러나왔지만 0.1톤이라 말하는 쪽이 더 많았다. 각각의 답변에 대하여 이유를 물어보았다.

"100이라는 숫자가 0.1보다 커서요. 톤이라는 단위가 킬로그램이라는 단위보다 더 큰 느낌이 들어서요."

답은 아이들에게서 나왔다. 흔히 100kg이라 말하지 않고 0.1t이라고 말하는 이유는 그만큼 무게가 무겁다는 것을 강조하기 위하여 쓰는 것이라는 것.(TV 오락 프로그램을 보다 보면 가끔 정○○라는 예능인의 몸무게를 말할 때 그런 식으로 표현하는 것을 많이 보게 된다.)

이어서 생각 내놓기 활동을 통해 톤 단위의 무게가 생활 속에서 사용되는 사례를 찾아보라고 하였다. 다양한 이야기가 나왔다. 발표를 통해 함께 공유한 후에 시간을 보내 약 7~8분 정도 시간이 남았다. 남은 시간은 교과서 문제해결에 할애하고 활동을 마무리하였다. 나름 깔끔하게 진행된 수업이었다는 생각이 든다.

🍎 7차시 미션활동 : 실제 생활 속에서 여러 가지 단위 경험하기

수업 흐름	교사의 발문
도입	▶ 신문 기사 내용 간략히 간추린 복사물 배부(가끔 뉴스 등을 통해 보도되고 있는 넓이 단위 사용 사례 제시)
전개	• 뉴스 기사 속의 넓이 단위 찾기 ⇨ 보다 작은 단위넓이로 고쳐서 계산해 보기 ⇨ 보다 큰 단위넓이로 고쳐서 계산해 보기 ⇨ 그 크기가 어느 정도 되는지 머릿속으로 상상해 보기(우리 동네 크기의 몇 배 정도 되는지 상상해 보기) ▶ 뉴스 기사를 통해 우리가 알아야 할 일, 생각해 볼 일, 노력해야 할 일 등을 함께 생각해 보기 ▶ 남은 시간에 교과서 문제해결하기
정리	▶ 교과서 문제해결하기 : 158~163쪽(다음 시간과 이어짐)

참고 · 뉴스 속 여러 가지 단위 활용 사례 살피기

최종 피해규모 : 이재민 61가구 187명, 산림 3,834헥타르, 건물 135동(가옥 78채 포함), 영농준비용 육모상자 1만 5천 개, 종자 4천 킬로그램
피해 추정 금액 : 20여억 원

1996년 4월 23일, 대한민국 강원도 고성군 죽왕면에서 발화하여 4월 26일까지 강원도 고성군 일대의 산림 3,834헥타르를 태우고 61가구 187명의 이재민을 발생시킨 대한민국 최대 규모의 산불, 이 산불이 바로 고성 산불입니다.

(뒷면에 계속)

II
여러 가지
단위

최종 피해규모 : 이재민 390여 가구 850여 명, 인명피해 2명 사망, 15명 부상, 산림 23,794헥타르
피해 추정 금액 : 350여억 원

1996년 고성 산불을 겪은 강원도 고성은 2000년 4월 7일, 다시 한 번 고난을 겪었습니다. 대한민국 강원도 고성군 토성면 학야리에서 발화하여 4월 15일까지 강원도 고성군과 삼척시, 동해시, 강릉시, 경상북도 울진군 일대의 산림 23,794헥타르를 태우고 850여 명의 이재민을 발생시킨 산불, 바로 동해안 산불입니다.

자료 : 우리나라 역사상 가장 최악의 산불(http://blog.naver.com/soje1234/220408680707)

 7차시 수업 소감

수업 시작부터 활동지를 복사하여 나누어 주고 모둠별로 내용을 함께 읽어 보라고 시간을 주었다. 읽은 후에 공부했던 넓이 관련 내용이 나와 있는 부분에 표시를 하라고 하였다. 표시한 후 여러 가지 단위로 다시 고쳐서 계산해 보게 하였다. 자료에는 ha가 주로 사용되었는데 이를 m², a, km² 등의 단위로 고쳐서 알아보았다. 그런 후에 아이들이 익혔던 넓이에 대한 감각을 동원하여 산불로 인하여 훼손된 땅의 넓이가 우리 학교, 우리 동네의 크기의 몇 배에 해당되는지 상상해 보게 하였다. 아이들은 깜짝 놀랐다. 그렇게 큰 넓이만큼의 산이 불에 타서 잿더미로 변했다는 것에 아이들은 무척 안타까워하였다. 그래서 자료에 제시되어 있는 것 외에 손실액을 추가로 더 계산해 보았다. 산에 심어져 있는 나무는 피해액에 산정이 안 되어 있기 때문이었다. 대충 1m²당 나무 1그루, 그리고 그 값은 대략 1만 원 정도로 계산해 보았다.

실로 어마어마한 피해액이 나왔다. 특히 2000년 4월 고성 산불 피해액을 계산하다가 입을 다물지 못할 정도의 피해액이 나오자 아이들은 "휠 ~"하면서 눈을 동그랗게 뜨기까지 하였다. 게다가 돈으로는 계산할 수 없는 것도 있다는 아이들 의견도 있었다. 그것이 무엇이냐는 질문에 숲과 나무가 가져다주는 산소, 열매, 각종 산나물 등을 예로 들은 답변이 나왔다. 제법 생각이 깊어졌다. 게다가 한 번 망가지는 데는 단지 몇 시간이 걸렸지만 다시 원래대로 되돌리는 데는 최소한 50~100년 이상 걸린다는 이야기까지 자연스럽게 이어졌다. 마침 계절이 가을에서 겨울로 접어들고 있던 터라 불조심에 대한 내용, 산불에 대한 주의 및 경각심 고취까지 1석 2조의 수업을 진행하였다. 그렇게 정리하고 나니 10분 정도의 시간이 남아서 다음 시간에 살펴볼 교과서 속 문제를 미리 해결해 보라고 시간을 주고 마무리하였다.

🍎 8차시 단원 정리 : 교과서 문제해결

수업 흐름	교사의 발문
개별 학습 및 모둠별 도움 주고받기	▶ 교과서 158~163쪽까지 개인별로 문제해결하기 ▶ 해결 과정에서 모둠원들과 서로 도움 주고받기 ▶ 해결 후 함께 결과 점검하고 확인하기

🍎 9차시 단원 정리─단원 평가

수학 5-2	5. 여러 가지 단위 교과서 142~169쪽	서울은빛초등학교 5학년 찬샘반 번 이름

〈지식・이해 : 1~7〉 다음 물음에 알맞은 답을 하시오.

1 1㎡에 대하여 설명해 보시오.

_____

2 한 변이 100m인 정사각형의 넓이를 [ ]라 쓰고 [ ]라고 읽습니다.

3 넓이가 1a인 정사각형의 한 변의 길이는 [ ] m입니다.

4 한 변이 [ ] m인 정사각형의 넓이를 1km²라 쓰고 1제곱킬로미터라 읽습니다.

5 1g이 [ ]개 모이면 1kg이 됩니다.

6 무게를 나타내는 단위인 1톤(t)에 대하여 kg을 단위로 하여 설명해 보시오.

_____

7 아래 □ 안에 알맞은 답을 쓰시오.

1 km² = [ ] ha = [ ] a = [ ] m²

[ ]배 [ ]배

1 m² 1 a 1 ha

1 ha = [ ] m² 1 a = [ ] m²

1톤(1t) = [ ] g

〈적용 : 8~13〉 다음 물음에 알맞은 답을 하시오.

8 아래 □ 안에 알맞은 답을 하시오.

3500 a = [ ] m²

9 넓이를 비교하여 ○ 안에 >, =, <를 알맞게 써넣으시오.

240 ha ○ 240000 a

18000 a ○ 1.8 km²

10 운동장에 가로가 30m, 세로가 40m인 평행사변형을 그렸습니다. 그린 평행사변형의 넓이를 m²와 a로 나타내시오.

( ) m²
( ) a

11 모눈 한 칸의 넓이를 1 a라고 할 때 도형 전체의 넓이는 몇 ha입니까?

1 a

( ) ha

12 □ 안에 알맞은 수를 써넣으시오.

(1) 4 t = [ ] kg   (2) 1700 kg = [ ] t

13 쌀 한 가마니의 무게는 80 kg입니다. 쌀 150가마니의 무게는 몇 t입니까?

(식) _____ (답) _____ t

〈분석 : 14~17〉 다음 물음에 알맞은 답을 하시오.

14 가와 나 중에서 어느 것의 넓이가 더 넓은지를 구하는 풀이 과정을 쓰고 답도 쓰시오.

가 : 가로가 700 m이고 세로가 3000 m인 직사각형 땅
나 : 가로가 4 km인 정사각형 땅

〈풀이〉 _____

〈답〉 _____

※ 체험 학습에서 찬샘내 학교 5학년 학생이 수확한 고구마의 무게를 조사하여 나타낸 표입니다. 물음에 답하시오. (15~16)

〈반별 고구마 수확량〉

반	1반	2반	3반
수확량	0.8 t	860kg	890000g

15 수확량이 가장 많은 반은 몇 t의 고구마를 수확하였습니까?

( ) t

16 5학년 학생들이 수확한 고구마를 모두 실으려면 적어도 몇 t 트럭이 필요합니까? ⋯⋯⋯ ( )

① 2 t 트럭   ② 3 t 트럭   ③ 4 t 트럭
④ 5 t 트럭   ⑤ 6 t 트럭

17 아래 주어진 문장의 □ 안에 a, ha, km² 가운데 어떤 단위가 들어가야 하는지 쓰고, 다른 단위가 들어가면 안 되는지 설명해 보시오.

서울은빛초등학교 전체의 넓이는 약 1 □ 정도가 된다.

(답) _____

〈설명〉 _____
_____

〈종합 및 평가 : 18~21〉 다음 물음에 알맞은 답을 쓰시오.

18 5분에 받을 수 있는 물의 무게가 40 kg인 수도로 1.2 t까지 물이 들어가는 수영장에 물을 가득 채우려고 합니다. 수영장에 물을 가득 채우는 데 몇 시간 몇 분이 걸리는지 풀이 과정을 쓰고 답을 구하시오.

〈풀이〉 _____

〈답〉 ____ 시간 ____ 분

19 넓이가 18ha인 밭이 있습니다. 이 밭을 60a씩 똑같이 나누어 각각 다른 종류의 채소를 심으려고 합니다. 밭에는 모두 몇 종류의 채소를 심을 수 있습니까?

( ) km

20 벽돌 한 장의 무게는 500 g이고 한 번 나를 때마다 8장씩 나른다고 합니다. 벽돌 2 t을 모두 나르려면 몇 번을 날라야 하는지 풀이 과정을 쓰고 답을 구하시오.

〈풀이〉 _____

〈답〉 _____ 번

21 0.1톤(t)과 100kg은 서로 무게가 같다. 하지만 느낌상 둘의 무게는 어떻게 표현할 때 더 무거운 것처럼 느껴지는가?

( )이라고 표현할 때

* 그 이유는 무엇인가?

〈설명〉 _____
_____

12 합동과 대칭

단원 소개 및 문제의식 갖기

교사용 지도서를 보면 합동과 대칭은 일상생활에서 흔히 찾을 수 있는 주제이며 예술적 조형미와도 관련이 깊다고 하면서 합동과 대칭 학습을 통해 디자인에 응용하기 및 주변 환경과 예술 작품에 대한 소양을 기를 수 있다고 소개하고 있다.

한편 도형의 합동은 도형의 대칭을 학습하기 위한 선수 학습 요소이며 도형의 성질을 이해하고 도형을 그리는 데 필요한 것이고, 도형의 대칭은 각기둥과 각뿔, 원기둥과 원뿔, 구를 배우는 기본이 되는 학습 요소라고 강조하는 것 또한 잊지 않고 있다.[1]

단원 학습 목표

내용	1. 합동인 도형을 이해하고 만들 수 있다. 2. 합동인 두 도형에서 대응점, 대응변, 대응각을 이해하고 그 성질을 알 수 있다. 3. 합동인 삼각형을 그리는 방법을 이해하고 그릴 수 있다. 4. 선대칭도형의 개념을 알고 대칭축을 찾을 수 있다. 5. 선대칭도형의 성질을 알고 그릴 수 있다. 6. 점대칭도형의 개념을 알고 대칭의 중심을 찾을 수 있다. 7. 점대칭도형의 성질을 알고 그릴 수 있다. 8. 선대칭도형과 점대칭도형에 관련된 여러 가지 문제를 해결할 수 있다.
과정	1. 합동이 필요한 상황을 알고 문제를 해결할 수 있다. 2. 합동의 개념을 알고 추론을 통해 문제해결 과정을 설명할 수 있다. 3. 대칭이 필요한 상황을 알고 문제를 해결할 수 있다. 4. 대칭의 개념을 알고 추론을 통해 문제해결 과정을 설명할 수 있다.
태도	1. 일상생활 속 합동과 대칭이 필요한 상황을 알고 적용하는 활동을 통해 수학의 유용성을 느낄 수 있다. 2. 실제 자신의 생활 장면 속에서 합동과 대칭인 도형을 찾는 활동을 통해 수학에 대한 흥미와 자신감을 가질 수 있다.

---

1 2009 개정 교육과정에 따른 수학과 교사용 지도서 5학년 2학기. 2015. pp. 144~145.

단원의 발전 계통

선수 학습	본 학습	후속 학습
• 1학년 여러 가지 모양 • 2학년 여러 가지 도형 • 3학년 평면도형 • 4학년 각도와 삼각형, 다각형 • 5학년 직육면체	• 도형의 합동 이해하기, 찾기, 만들기 • 대응점, 대응변, 대응각 알아보기 • 합동인 삼각형 그리기 • 선대칭도형 알아보기, 성질 이해하기, 그리기 • 점대칭도형 알아보기, 성질 이해하기, 그리기	• 6학년 각기둥과 각뿔, 원기둥, 원뿔, 구

위의 내용에 근거를 두고 교사용 지도서는 본 단원의 전개 계획을 아래와 같이 제시[2]하였으나 현장에서는 나름대로 재구성하여 지도할 필요성이 있다고 판단된다.

차시	재구성 이전	수업 내용 및 활동
1	단원 도입(스토리텔링)	• 이야기를 통해 도형의 합동과 대칭이 필요한 상황 이해하기
2	도형의 합동 알기	• 모양과 크기가 같은 도형 식별 방법 이야기하기 • 합동인 도형을 찾아 합동의 개념 알기
3	합동인 도형의 성질 알기	• 합동인 두 도형을 통해 대응점, 대응변, 대응각 식별하기 • 합동인 도형의 성질 이해하기
4	합동인 삼각형 그리기(1)	• 세 변의 길이가 주어진 삼각형과 합동인 삼각형 그리는 방법 이해하기 및 그리기
5	합동인 삼각형 그리기(2)	• 두 변의 길이와 그 사이에 있는 각의 크기가 주어진 삼각형과 합동인 삼각형 그리는 방법 이해하기 및 그리기
6	합동인 삼각형 그리기(3)	• 한 변의 길이와 그 양 끝 각의 크기가 주어진 삼각형과 합동인 삼각형 그리는 방법 이해하기 및 그리기
7	선대칭도형과 그 성질 알기	• 선대칭도형과 대칭축의 개념 알기 • 선대칭도형과 대칭축 찾기 • 대칭축에 의한 수직이등분 이해하기 • 선대칭도형 그리는 방법 알기 및 그리기
8		
9	점대칭도형과 그 성질 알기	• 점대칭도형과 대칭의 중심 알기 • 점대칭도형과 대칭의 중심 찾기 • 대칭의 중심에서 같은 거리에 있는 대응점 이해하기 • 점대칭도형 그리는 방법 알기 및 그리기
10		

2　2009 개정 교육과정에 따른 수학과 교사용 지도서 5학년 2학기. 2015. pp. 147~148.

12
합동과 대칭

11	공부를 잘했는지 알아보기	• 배운 내용에 대한 문제 풀며 정리하기
12	문제해결	• 도형의 합동과 대칭을 이용하여 문제해결하기
13	놀이 마당	• 놀이를 통해 선대칭도형과 점대칭도형 개념 확인하기

위와 같은 내용 구성에 대하여 문제의식을 갖게 만드는 점 몇 가지를 살펴보면 아래와 같다.

여전히 흥미롭지 않은 단원 도입의 스토리텔링 및 불필요한 질문들

본 단원도 다른 단원과 크게 다르지 않다. 재미있는 이야기 상황을 교실로 가져와 단원 학습 내용과 연결 짓기를 해 준다고 하면서 한지 공방을 찾아간 이야기를 들려주는 식으로 되어 있지만 이런 식의 어설픈 이야기보다는 아이들에게 색종이 한 장씩 나누어 주고 반을 접게 한 후 가위를 이용하여 다양한 모양으로 자르게 한 후 펼쳤을 때 좌우는 모양과 크기가 같은 도형이 된다는 것을 직접 확인하는 것만으로도 짧은 시간 안내 단원 학습을 위한 충분한 워밍업이 될 수 있다고 생각한다.

또한 불필요한 질문이나 어떻게 답을 해야 할지 난감할 정도의 질문들은 여전히 반복되고 있다.("~을 설명해 보시오.", "~을 비교해 보시오.", "~(방법)을 이야기해 보시오.") 이런 내용들에 대해서는 적절히 재구성하여 지도할 필요가 있다고 판단된다.

단원 목표와 일치되지 않은 교과서 내용 구성 및 활동

도형의 합동

도형의 합동을 다루는 부분에 있어서 학습 목표는 합동에 대한 이해, 합동인 삼각형을 그리기 위한 세 가지 조건 이해라 할 수 있다. 그러나 실제 교과서 51쪽 활동 3을 보면 대응변의 길이를 재어 비교해 보라 제시하고 있다. 이미 질문의 조건에서 "합동인 두 도형"이라 했으면 굳이 길이를 잴 필요가 없다는 것이 나의 생각이다. 합동의 조건에서 "포개었을 때 겹쳐진다는 것"은 변의 길이, 각도의 크기, 도형의 크기 등이 모두 같다는 추론이 가능한데 왜 굳이 길이를 측정하여 비교를 해야 하고 이런 활동을 위해 한 시간씩이나 할애를 해야 하는지 도무지 이해가 가지 않는다.

또한 합동인 삼각형 그리기에서 중요한 것은 합동인 삼각형을 그리기 위한 세 가지 조건의 이해(왜 그 조건에서만 합동인 삼각형을 그릴 수 있는가? 다른 조건에서는 합동인 삼각형을 그릴 수 없는가? 어느 한 가지 조건이라도 달라지면 합동인 삼각형은 그릴 수 없는가? 합동이라는 개념과 삼각형 그리기 사이에 어떤 연관성이 있는가?)인데 교과서 52~57쪽을 보면 그냥 순서에 따라 그리면 삼각형을 그릴 수 있다는 점에 초점을 맞추고 있는 것 같아 매우 아쉽다는 생각이 든다. 이런 식이라고 한다면 교과서 내용 구성에서 '합동'이라는 말을 삭제하였을 때 '왜 이 내용을 합동이라는 주제 속에서 다룰까? 그냥 '삼각형 그리기'라고 제목을 따로 붙여도 되지 않을까?' 하는 생각을 들게 한다. 따라서 이 부분은 교사의 교과 교육학적 전문지식을 바탕으로 단원의 제목 및 목표와 관련지어 재구성하여 지도하지 않으면 안 된다.

도형의 대칭

도형의 대칭을 다루는 부분에 있어서 학습 목표는 지도서 단원 개관에도 안내된 바와 같이 합동 개념을 바탕(모양과 크기의 변화 없이)으로 하여 어떤 조건에 따라 다른 위치로 이동시키기라 할 수 있다.(이를 나는 합동이동이라 표현하고자 한다.) 그러려면 대칭이동을 먼저 이해하고 그 결과로 만들어진 대칭도형을 알아 나가야 하는데 교과서 내용 구성은 거꾸로 되어 있다. 대칭도형을 먼저 이해하고 대칭이동을 나중에 다루고 있어서 무엇인가 아쉽다는 생각이 든다. 이는 대칭도형과 대칭이동에 대한 명확한 개념 정리가 되어 있지 않기 때문이라는 생각이 든다. 그러다 보니 교과서 내용 구성 및 질문에 있어서 두서가 없고 불필요한 질문들이 많이 들어가 있는 것을 볼 수 있다.(대칭도형은 대칭이동의 결과로 만들어진 것이라면 대칭이동을 먼저 다루어야 할 것이며 대칭이동을 다루다 보면 대칭축 또는 대칭점을 중심으로 대응각, 대응변의 위치, 대응각 또는 대응변의 크기와 길이, 대칭축 또는 대칭점까지의 거리 및 관계 등을 자연스럽게 알아 나가게 될 것인데 그런 과정을 차근차근 순서 있게 다루지 못하다 보니 이런 것들에 대한 질문을 따로 빼서 1차시 수업으로 구성해 놓은 모습을 볼 수 있다.) 따라서 개념에 대한 정확한 이해를 바탕으로 교사가 순서를 바로잡아 재구성하여 지도하지 않으면 안 된다.

합동과 대칭도형 간의 연관성을 제대로 밝히지 못하고 있는 부분

지도서 앞부분에서도 설명한 바와 같이 도형의 합동은 도형의 대칭을 공부하기 위한 선수 학습 요소라 할 수 있다. 하지만 실제 교과서 내용 구성에 있어서는 그 관계를 제대로 밝히지 못하고 있는가 하면(이전 교과서에서는 합동과 대칭을 별도의 단원으로 따로 구성하였지만 이번에는 한 단원으로 묶어 놓았다. 하지만 하나의 단원으로 묶기만 하고 순서에 따라 나열만 하였을 뿐 둘 사이의 관계는 전혀 고려하지 않고 있음이 교과서 곳곳에 드러나고 있다. 결론적으로 말하자면 2015년에 바뀐 교과서는 이전 교과서 구성과 달라진 것이 없다는 것이다. '점대칭 위치에 있는 도형, 선대칭 위치에 있는 도형'만 빠졌을 뿐이다.) 그 관계를 무시하고 대응변, 대응각의 크기 등을 측정해 보라는 식의 질문들이 마구 널려 있다. 대칭도형은 합동이동에 의해 만들어진 결과라면 굳이 측정해 보지 않아도 각의 크기와 변의 길이가 같다는 것을 추론해 낼 수 있어야 하지 않을까? 이렇게 생각한다면 교과서 내용 구성 및 질문 내용이 얼마나 잘못된 것인지, 불필요한 내용으로 시간을 낭비하고 있는 것은 아닌지 다시 한 번 생각해 봐야 한다.

작도에 필요한 도구의 활용에 대한 이해 부족

여기에서는 각도기, 자, 컴퍼스가 주로 사용되는데 아이들은 한 점으로부터 특정한 거리에 있는 점을

12
합동과
대칭

만들어 내는 데 있어서 자만 활용할 수 있다고 생각한다. 하지만 컴퍼스로도 가능한 이야기다. 또한 각도기 또한 각도와 관련하여 하나의 직선을 그을 수 있는 도구로서 자와 비슷한 기능을 갖고 있다는 것 또한 아이들은 잘 모르고 있다. 그렇기 때문에 합동인 삼각형을 그릴 때 어떤 조건하에서는 어떤 도구를 사용해야만 하는가에 대한 연결 짓기가 잘 되지 않아 아이들은 이 부분을 무척 어려워한다. 따라서 작도에 필요한 도구의 이해를 돕기 위해 별도의 시간을 마련하려는 교사의 노력이 매우 절실히 요구된다고 볼 수 있다.

단원 재구성을 위한 방안

❶ 단원을 통해 이루고자 하는 목표를 명확히 설정함이 우선이라 생각하여 단원 목표를 아래와 같이 재설정해 보았다.

차시	도형의 합동	도형의 대칭
표면적 교육과정 목표	1. 도형의 합동에 대한 이해 2. 삼각형의 합동 조건에 대한 이해 3. 합동인 삼각형 그리기 4. 작도 도구 활용 능력 기르기	1. 용어에 대한 명확한 이해(대칭, 대칭이동, 대칭도형) 2. 합동과 대칭 간의 관계 연결 짓기 3. 대칭이동하기 및 대칭도형 이해
잠재적 교육과정 목표	1. 도형(평면과 공간) 감각 및 그와 관련된 능력 기르기 2. 평면과 공간에 대한 직관적 사고력 기르기 3. 반 힐의 제2수준에 해당되는 아이들의 논리적 추론 능력 기르기(제3수준으로 나아가기)	

❷ 도형의 합동 1차시에서는 직관적 사고에 기반을 두고 아래와 같이 수업을 디자인해 보고자 하였다. 왜냐하면 초등 기하학에서의 목표가 도형 감각 기르기에 있다면 이는 직관적 사고가 바탕이 되어야 하기 때문이다.

직관적 사고

경험, 추리, 판단 등에 의하지 않고 대상을 직접적으로 파악하는 것을 말함(보는 즉시 이해함 ⇨ 감으로 느낄 수 있어야 함)

예 합동인 도형을 감으로 느끼기

⇨ 도형을 이동시키거나 돌리거나 뒤집어도 같은 모양이 된다는 것을 직관적으로 알아내는 힘, 이를 위해서는 조작적 사고가 기반이 되어야 한다. 조작적 사고를 통해 모양과 크기가 같음을 이해하는 과정이 반드시 필요하다.(교과서 구성 과정도 이 순수에 의해야 한다.)

예) 조작적 사고 : 2개의 도형을 겹쳐서 완전히 포개어진다는 것을 이해 또는 확인하기, 직관적 사고 : 눈으로 도형을 보는 것만으로 포개어지는 것을 이해 또는 판단하기, 추상적 사고 : 조작 또는 직관에 의하지 않고 논리적 추론과 판단을 바탕으로 모양과 크기가 같다는 것을 이해하고 밝히는 것

이에 따라 단원 학습 1차시에서 조작적 사고가 가능한 활동을 제일 먼저 제시하고 이를 통해 '합동 ＝모양과 크기가 같음'을 이해할 수 있도록 돕고자 하였다. 수업의 실제에서 교사가 초반에 어떤 도형을 여러 번 겹쳐 그리도록 하거나 투명 종이에 본을 떠 보라고 하였다면 바로 그런 차원에서라고 이해하면 된다.

합동에 대한 기본 이해를 바탕으로 반례를 통해 합동에 대한 이해의 깊이를 더할 수 있는 활동을 제시한 것도 같은 맥락에서 이해하면 좋을 것이다.[3]

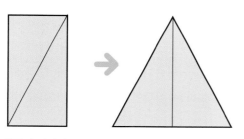

1. 합동이 아니다
크기는 같지만 모양이 다르다. 포개어지지 않는다.

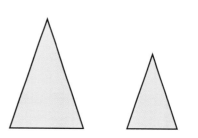

2. 합동이 아니다
모양은 같지만 크기가 다르다. 포개어지지 않는다.

※ 반례를 통해 합동의 필수 요소인 크기, 모양을 아이들 스스로 알아낼 수 있도록 유도하기 : 모양과 크기가 동시에 모두 같아야 한다는 것이 1차시 지도의 핵심
❸ 도형의 합동 2차시에서는 앞서 제기했던 문제점을 바탕으로 작도에 필요한 도구를 이해하는 시간을 갖도록 하였으며 이를 바탕으로 자연스럽게 합동인 삼각형 그리기와 연결되도록 디자인해 보았다.

---

3 이런 생각에 따라 교과서 속(51쪽 활동 3)에 제시된 길이나 각을 재어 보는 일은 과감히 빼 보았다. 이 활동의 목표는 측정이 아니라 '합동＝포개어진다＝모양, 크기가 똑같다＝대응변의 길이, 대응각의 크기가 똑같다'라는 추론하기에 있기 때문이라 보았기 때문이다. 따라서 대응점, 대응각, 대응변이라는 용어만 알려 주면 합동인 도형의 성질을 이해하는 데 전혀 지장이 없을 것이라 판단된다.(합동인 것을 알려면 합동의 정의대로 포개어 보면 된다. 게다가 주어진 질문에 이미 합동이라는 말이 표현되어 있기 때문에 더욱더 측정할 필요성을 느끼지 못한다.)

12
합동과
대칭

컴퍼스에 대한 이해

컴퍼스란 흔히들 원을 그리는 도구라고 알고 있다. 하지만 이는 컴퍼스 기능 가운데 하나일 뿐이고 엄격히 말하자면 원을 그리는 도구가 아니라 한 개의 점으로부터 같은 거리에 있는 무수히 많은 점들을 만들어 내는 도구라고 해야 맞다.(원이란 1개의 점으로부터 같은 거리에 있는 점들의 집합-점들을 연결한 것) 또한 컴퍼스는 하나의 직선 위에서 똑같은 간격으로 점을 찍어 나갈 때(divide-분할) 또는 2개의 점 사이 거리나 간격을 다른 곳에 똑같이 옮기고자 할 때도 쓰인다.

각도기에 대한 이해

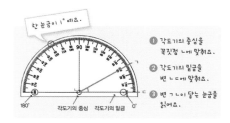

각도기란 흔히들 각을 재는 도구라고만 알고 있다. 하지만 각도기의 기능은 한 가지 더 있다. 각도와 관련하여 하나의 직선을 그을 수 있는 도구라는 점이다.

그런데 아이들은 각도기를 사용해 본 경험이 그리 많지 않아 각을 재는 모습을 보면 굉장히 서툴다. 특히 각도기의 중심을 꼭짓점에 맞추는 일부터 각도기의 밑금에 맞추는 일을 잘 하지 못하는 아이들이 꽤 많다. 그 외에도 각도기의 눈금 가운데 어디를 읽거나 해당되는 각도에 점을 찍은 후 직선을 그어야 할지 혼란스러워하는 아이들도 꽤 있다. 충분한 활용을 통해 익숙해지도록 하는 시간이 필요하겠다.(빈 종이에 주어진 각을 표현하려면 먼저 한 변을 그리는 일이 필요하다는 것부터 알게 해야 한다.)

❹ 도형의 합동 3~4차시에는 삼각형을 이루는 요소 6가지(3개의 변, 3개의 각 : 6가지 요소를 모두 알아야 삼각형을 그릴 수 있는 것은 아니다.)를 살펴보면서 삼각형의 합동 조건을 알고 실제로 합동인 삼각형을 그리는 데 집중해 보도록 하였다. 이 단계의 수업 디자인을 하는 데 기본이 되는 사고는 다음과 같다.

삼각형을 그린다는 것

3개의 꼭짓점 위치를 정하고 점과 점 사이를 선분으로 연결하는 일

※ 삼각형 그리기는 반드시 어느 한 변(최소한 어느 변의 길이는 반드시 주어진다.)을 먼저 그리는 것으로 시작된다. 어느 한 변을 먼저 그린다는 것은 사실 2개의 꼭짓점 위치를 결정하는 일이다.

※ 나머지 하나의 꼭짓점 위치를 결정하기 위해 필요한 몇 가지 있는데 그것이 바로 교과서에 제시된 세 가지 방법이다.

⑤ 도형의 합동 5~7차시에는 합동인 삼각형을 그리는 데 필요한 최소한의 조건을 바탕으로 삼각형의 합동 조건에 대한 다양한 이해에 집중해 보는 시간으로 디자인해 보았다. 주된 활동은 미션활동의 해결이다.

합동인 삼각형 그리기 활동과 지난 시간 학습 내용과의 연결 짓기

1. 어떤 삼각형에서 세 변의 길이를 알면 그와 합동인 삼각형을 그릴 수 있다.
2. 어떤 삼각형에서 두 변의 길이와 그 끼인각의 크기를 알면 그와 합동인 삼각형을 그릴 수 있다.
3. 어떤 삼각형에서 한 변의 길이와 양 끝 각의 크기를 알면 그와 합동인 삼각형을 그릴 수 있다.

지난 시간에 학습한 내용인 합동인 삼각형 그리기 세 가지 활동과 다양한 상황에 따른 합동인 삼각형 그리기의 최소 조건 간 연결 짓기가 필요한 순간이다. 이것이 없다면 교육과정 및 교과서 내용 구성은 합동인 삼각형 그리기가 아니라 단순히 삼각형 그리기 활동이 되어 버리게 된다.

⑥ 도형의 대칭 8차시에는 대칭, 대칭이동, 대칭도형에 대한 명확한 개념 정리 및 그에 대한 이해를 돕는 시간으로 디자인해 보았다.

대칭[對稱]
① 사물들이 서로 동일한 모습으로 마주 보며 짝을 이루고 있는 상태
② 점, 선, 면 또는 이들로 이루어진 도형이 기준이 되는 점이나 직선 또는 평면을 사이에 두고 서로 같은 거리에 맞서는 일
③ 대(對) : 짝을 이룬다는 의미
④ 칭(稱) : 저울을 의미
⑤ 양팔저울처럼 양쪽이 짝을 이루어 서로 똑같은 모습으로 균형을 이루어 평평하게 마주 보고 있는 모양

대칭이동(합동이동)
주어진 도형을 모양이나 크기가 변하지 않게(합동이 되도록) 뒤집거나 회전시켜 이동시키는 활동(조작 활동)

대칭도형
대칭이동(조작 활동)의 결과로 만들어진 도형

평행이동	선대칭이동	점대칭이동
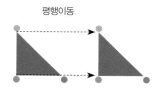	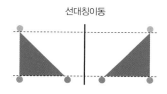	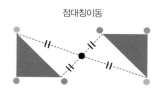

12
합동과
대칭

이를 위해 거울, 색종이, 알파벳 모형 등을 이용해 보도록 하였다.

❼ 도형의 대칭 9~10차시에는 선대칭이동과 선대칭도형에 대하여 알아보는 시간으로 디자인해 보았다.

여러 가지 도형을 한 직선을 중심으로 대칭이동시키는 활동을 경험하게 한 후 그 결과로 만들어진 선대칭도형을 살펴보면서 대칭이동 전의 도형과 모양, 크기가 변함없음을 확인해 보는 시간을 갖는다.(대칭축을 중심으로 접었을 때 포개어진다.) 아울러 선대칭도형에서 대칭축이 가지는 의미, 대응점, 대응변과의 관계도 함께 살필 수 있도록 디자인해 보았다.

❽ 도형의 대칭 11~12차시에는 점대칭이동과 점대칭도형에 대하여 알아보는 시간으로 디자인해 보았다.

여러 가지 도형을 한 점을 중심으로 대칭이동시키는 활동을 경험하게 한 후 그 결과로 만들어진 점대칭도형을 살펴보면서 대칭이동 전의 도형과 모양, 크기가 변함없음(다만 $180°$ 회전되었다는 점만 다름)을 확인해 보는 시간을 갖는다.(대칭의 중심을 중심으로 $180°$ 돌렸을 때 포개어진다.) 아울러 점대칭도형에서 대칭의 중심이 가지는 의미, 대응점, 대응변과의 관계도 함께 살필 수 있도록 디자인해 보았다.

❾ 마지막 13차시는 그동안 학습했던 내용에 대한 평가 시간으로 계획하였다.

단원 지도를 위한 재구성의 실제

차시	재구성 이후	수업의 목적
1	합동에 대한 이해	• 합동의 개념을 정확히 이해하기
2	작도 도구에 대한 이해	• 컴퍼스, 각도기의 기능과 특성에 대한 이해 및 활용 능력 향상시키기
3	삼각형의 합동 조건을 알고 합동인 삼각형 그리기	• 삼각형을 이루는 6가지 요소 이해하기
4		• 삼각형의 합동 조건 알기 및 합동인 삼각형 그리기
5		
6	미션활동	• 합동인 삼각형을 그리기 위한 최소한의 조건 이해-세 가지 합동 조건과 관련된 다양한 상황을 통해 이해하기-미션활동
7		
8	대칭, 대칭이동, 대칭도형	• 대칭, 대칭이동, 대칭도형에 대한 개념 이해하기

9	선대칭이동과 선대칭도형	• 선대칭이동과 선대칭도형에 대한 성질 이해하기
10		
11	점대칭이동과 점대칭도형	• 점대칭이동과 점대칭도형에 대한 성질 이해하기
12		
13	단원 정리(문제 풀기)—평가	• 단원 평가하기

아래와 같이 크게 네 부분으로 나누어 재구성한 이유는 다음과 같다.

먼저 수학 문제를 풀기 위해 평균 개념을 이해하고 평균을 구하는 것이 아니라 실생활 속에서 평균 구하기가 왜 필요하고 어떻게 활용되는지를 이해할 수 있도록 하기 위함이다. 이를 위해 평균 구하기의 실제는 두 시간에서 한 시간으로 조정하였다.

둘째, 확률의 기초 개념으로서 사건이 일어날 '가능성을 수치로 표현하기'에 중점을 두어 핵심만 간략히 지도해 보고자 하였다. 이를 위해 두 시간에서 한 시간으로 조정하였다. 그리고 지금까지 조정된 두 시간은 목적에 알맞은 그래프 나타내기 활동에 할애하여 좀 더 실제적이고 탐구적인 수학 수업이 이루어질 수 있도록 하였다.

셋째, 그림그래프에 대하여 꺾은선그래프와 막대그래프와의 비교를 통해 이해할 수 있도록 하되 그 해석에 중점을 두어 지도하고자 하였다.

넷째, 앞의 세 가지 활동 결과를 토대로 실생활 속에서 평균을 낼 필요가 있는 사례를 조사한 뒤 그 목적에 알맞은 그래프로 나타내고 평균값 구하기 및 설명하기를 할 수 있도록 디자인해 보았다. 이를 위해 1주일 정도 시간을 갖고 모둠원들끼리 틈틈이 모여 실제 자료를 수집 · 정리하기, 평균값 구하기, 그림그래프로 나타내기, 해석하기 등의 과정을 거친 뒤 전시물로 최종 결과물이 산출될 수 있도록 하였다.

12
합동과
대칭

🍎 1차시 합동에 대한 이해

수업 흐름	교사의 발문
도입	▶ 색종이를 여러 번 접어서 오리거나 여러 장을 겹친 후 오려 내기
	▶ 오려 낸 색종이를 뒤집거나 돌려 보면서 크기와 모양 살피기(달라진 점, 다른 점, 같은 점 등 : 색깔은 영향을 주지 않음)
	▶ 뒤집거나 돌려도 크기와 모양은 달라지지 않는 두 도형 : 겹쳐 보면(포개어 보면) 1개인 것처럼 보인다. 이때 두 도형은 합동
전개	▶ 교과서 48쪽 〈활동 1〉 서로 합동인 도형 찾기 : 투명 종이 활용
	▶ 반례를 통한 합동의 핵심 요소 이해하기 : 모양과 크기(색종이를 오린 후 직접 조작 활동을 통해 이해하기)
정리	▶ 교과서 49쪽 과제 해결하기

1차시 수업 소감

마지막 단원이라 소개하며 시작을 알렸더니 벌써 마지막 단원이냐고 아쉬움을 표현하는 아이도 있었고 이제 한 단원만 공부하면 드디어 끝이 난다고 시원스럽게 생각하는 아이도 있었다. 어찌 되었든 끝까지 잘 마무리해 보자고 말을 아끼며 새롭게 1차시 수업을 진행하였다.

먼저 색종이 1장과 가위를 나누어 주고 2번을 접어

정사각형 모양으로 만든 뒤 마음에 드는 모양으로 자르되 가능하면 복잡하지 않은 도형으로 자르라고 안내하였다.(다 잘랐을 때 4장의 종이가 각각 분리되도록 자르라고 설명을 덧붙이기도 하였다.) 그렇게 자른 4장의 도형을 가지고 90° 회전, 180° 회전, 뒤집기 등을 해 보면서 어떤 변화가 있었는지 함께 살펴보았다.

아이들은 자신이 잘라 낸 도형을 공책에 90° 회전,

2015년 12월 도형의 합동과 대칭 1차시 합동인 도형 만들기 및 교과서 문제해결 활동

180° 회전, 뒤집기 상황을 만들어 보고 붙여 가며 달라진 것은 무엇이고 변화가 없는 점은 무엇인지 살펴보면서 합동의 개념을 차츰 이해하기 시작하였다. 조작 활동의 결과로 아이들은 어떤 식으로 회전을 하거나 뒤집어도 크기나 모양은 변화가 없다는 공통점을 알아냈다. 역시 초등 기하학을 공부하는 데 있어서 아이들이 직접 조작해 보는 활동은 매우 중요하다는 것을 다시 한 번 느끼게 된다. 어떤 아이는 변화된 내용 가운데 색깔의 변화도 있다고 말하는 아이도 있었다. 그래서 색의 변화는 도형의 합동을 결정하는 요소에 포함시키지 않는다고 해 주었다.(지금은 서로 다른 색깔의 색종이로 해서 그런데 만약 이 종이가 앞면 뒷면 모두 같은 색의 종이라고 생각해 보자고 보충 설명을 해 주었다.) 그런 후에 처음 등장하는 "포개어진다"는 말의 의미를 설명해주면서 포개어진다는 것은 2개의 도형이 모양과 크기가 같다는 것 그리고 그런 2개의 도형을 "서로 합동이다."라고 말한다는 것을 칠판에 쓰면서 합동의 중요한 두 가지 요소를 함께 알아 나갔다.

이어서 교과서 활동 1을 해결하라고 하였는데 별 어려움 없이 잘해 나갔다. 이후에 반례를 통하여 합동에 대한 이해의 깊이 더하기 활동을 해 보았다. 직사각형을 대각선으로 잘라 2개의 직각삼각형 모양으로 만든 후 판서에서 보는 바와 같이 삼각형 모양으로 만든 후 자르기 전의 도형과 자르고 나서 삼각형 모양으로 바뀐 도형 간에 차이점과 공통점을 말해 보자고 하였다.

그런 후 자르기 전과 자른 후 바뀐 이 도형은 서로 합동이라고 말할 수 있느냐는 질문에 일부 아이들은 "합동이 맞습니다."라고 말하기도 하였다. 그래서 합동의 정의를 다시 한 번 생각해 보라고 하였다. 그랬더니 잠시 뒤에 모두 합동이 아니라고 말하였다. 무작위로 한 명을 호명하여 "왜 합동이 아닐까?" 하였더니 "크기는 같은데 모양이 달라져서 그렇습니다."라고 하였다. 이 말을 바탕으로 질문에 꼬리를 이어 갔다. "크기는 같은데 모양이 달라졌다? 모양이 달라지면 왜 합동이 아닐까?"라는 질문을 하며 모두 일으켜 세워 모두 일어서서 나누기 활동에 들어갔다. 생각을 공유하며 나의 질문에 대한 답을 추론해 내는 시간은 그리 길지 않았다. 모두 앉은 후에 무작위로 한 명을 호명한 후 어떤 생각이 공유되었는지 알아보았다. "네. 모양이 달라지면 겹쳤을 때 포개어지지 않기 때문입니다."라고 답변이 나왔다. 아이들 모두 같은 생각이었다. 이어서 다른 반례를 제시하면서 이 또한 합동인지 아닌지, 왜 아닌지에 대하여 생각하는 시간을 주고 무작위로 호명하여 질문하였다. 이전 사례 때문인지 쉽게 설명을 하였다. 그렇게 약 30분 정도 시간을 가지며 아이들은 합동에 대한 개념을 확실하게 다져 갔고 남은 7분 정도의 시간 동안 교과서 문제를 해결한 후 모둠원들끼리 확인해 보는 시간을 가졌다. 비교적 복잡한 내용이 아니라서 그런지 아이들은 편안한 모습으로 첫 단추를 잘 끼워 나갔다.

도형의 합동과 대칭 1차시 칠판 판서

🍎 2차시 작도 도구에 대한 이해

수업 흐름	교사의 발문
질문과 답변	◗ 각과 각도에 대한 이해
	◗ 각도기에 대한 이해
기능 익히기	• 각도기의 기능 : (1) 각을 재는 일, (2) 각도와 관련하여 하나의 직선을 긋는 도구
	• 각도기 사용법 익히기 : 설명식 활동
질문과 답변	(일방적인 설명보다는 "무엇부터 해야 할까?"라는 질문부터 시작하여 한 단계씩 아이들 스스로 찾아 낼 수 있도록 문답식으로 진행한다. ① 하나의 점을 찍고 그 점에서부터 시작되는 반직선 그리기 : 이 때의 점이 각에서는 꼭짓점에 해당되고 반직선은 각에서의 변에 해당된다. ② 꼭짓점과 각도기의 중심 맞추기, ③ 각도기의 밑금과 변 맞추기, ④ 또 다른 변이 지나는 곳에 해당되는 각을 읽거나 원하는 만 큼의 각도에 점을 찍어 표시하기, ⑤ 꼭짓점에서부터 새롭게 찍은 점까지 선을 그어 연결하기)
기능 익히기	◗ 컴퍼스에 대한 이해
	• 컴퍼스의 기능 : ① 한 개의 점으로부터 같은 거리에 있는 무수히 많은 점을 만들어 내는 일(원이 란 한 개의 점으로부터 같은 거리에 있는 점들의 집합-점들을 연결한 것), ② 하나의 직선 위에서 똑같은 간격으로 점을 찍어 나가는 일(divide-분할), ③ 두 개의 점 사이 거리나 간격을 다른 곳에 똑같이 옮기는 일
	• 컴퍼스 사용법 익히기(컴퍼스를 이용한 다양한 무늬 만들기 등)

2차시 수업 소감

삼 각형의 합동 조건을 다루기 전에 작도 도구에 대한 이해 및 각이라는 도형에 대한 개념을 좀 더 명확히 정리를 해 주어야겠다는 생각으로 수업을 디자인하였다.

수업 초반에 각이라는 도형에 대한 개념부터 정리해 나갔다. "각은 도형이라 할 수 있는가?"라는 질문에 모

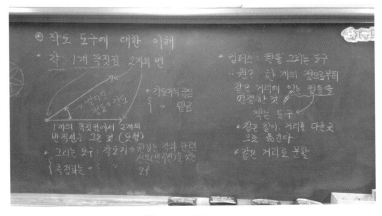

2015년 12월 도형의 합동과 대칭 2차시 판서

든 아이들이 "아닙니다."라고 이야기했다. "왜 아니라고 생각하지?"라는 내 질문에 "뚫려 있기 때문입니다."와 비슷한 답변이 대부분이었다. 이전까지의 학년에서 도형이라는 기하학 영역을 공부하면서 각에 대한 개념 형성이 제대로 안 되었던 것, 도형을 공부하면서 주로 삼각형, 사각형, 원 등과 같이 막혀 있는 도형만 다루었기 때문이라 여겨졌다.

각을 이루는 요소로부터 시작하여 각에 대한 정의까지 판서와 함께 정리하며 설명을 잘 마무리하였다. 이후에 각도기의 구성요소(눈금, 각도기의 중심, 각도기의 밑금 등)를 안내하고 각도기의 기능과 역할, 각을 측정하고 각을 그리는 순서에 대하여 차근차근 기억을 더듬어 가며 복습하였다. 아이들은 각도기의 기능과 역할 가운데 각과 관련하여 선분을 긋는 도구라는 것을 마치 처음 알게 되었다는 눈치였다.

이어서 컴퍼스의 기능에 대하여 알아보았다. 역시 "컴퍼스는 무엇을 하는 도구이지?"라는 질문에 "원을 그리는 도구입니다."라는 답이 바로 나왔다. "그럼 그것 말고는 할 수 있는 것이 없을까?"라는 이어진 질문에 묵묵부답이었다. 그럴 수밖에 없었을 것이라 생각된다. 그래서 원에 대한 개념 정의로부터 다시 출발하여

한 개의 점으로부터 같은 거리에 있는 점들을 찍는 도구라는 것, 같은 길이, 같은 거리를 다른 곳으로 그대로 옮길 때도 사용한다는 것, 한 개의 선분 등을 같은 길이 또는 거리로 분할할 때 사용된다는 것을 실제로 칠판에 그려 가면서 안내해 주었다. 새로운 사실을 알게 되었다면서 고개를 끄덕이는 아이들이 많았다. 그런데 한 명이 "꽃무늬와 같은 것을 만들 때도 써요."라고 하였다. "그래, 이 세 가지 기능을 이용하면 그런 것까지 할 수 있단다."라고 말하면서 이제부터 그것을 실제로 만들어 볼 것이라 말하였다. 실제로 컴퍼스 사용법 익히기 단계에서 하려고 했던 것인데 마침 말이 나와서 바로 연결 지어 컴퍼스 사용법 손에 익히기 및 무늬 만들기 활동에 들어갔다. 칠판에 내가 먼저 교사용 컴퍼스를 사용하여 무늬를 예시로 만들어 보이자 굉장히 신기하게 생각하기도 하였다. 그 광경을 지켜보더니 모두가 이면지, 연습장, 공책 등을 꺼내 놓고 컴퍼스를 사용하기 시작하였다.

그렇게 10분 정도 활동하다가 정리하면서 시간을 마무리하였다. 좀 더 여유가 있었다면 한 시간 정도를 더 해서 컴퍼스 및 각도기 사용법이 손에 충분히 익숙해질 수 있도록 하였더라면 좋았을 것이라는 생각도 들었다.

2015년 12월 도형의 합동과 대칭 2차시 컴퍼스 사용법 익히기

12
합동과
대칭

🍎 3~4차시 삼각형의 합동 조건을 알고 합동인 삼각형 그리기

수업 흐름	교사의 발문

도입

▶ 합동인 삼각형에서의 대응점, 대응변, 대응각

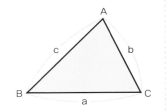

세 꼭짓점이 A, B, C인 삼각형 ABC를 기호로 △ABC와 같이 나타낸다.
이때 ∠A와 마주 보는 변 BC를 ∠A의 대변이라 하고, ∠A를 변 BC의 대각이라고 한다. 한편 꼭짓점 A, B, C의 대변 BC, CA, AB를 각각 a, b, c로 나타내기도 한다.

전개

1. 대변(opposite side) : 각과 마주 보는 변을 그 각의 대변이라고 한다.
2. 대각(opposite angle) : 변과 마주 보는 각을 그 변의 대각이라고 한다.
3. 대응(correspondence) : 서로 합동인 두 도형에서 포개어지는 꼭짓점과 꼭짓점, 변과 변, 각과 각은 서로 대응한다고 한다.

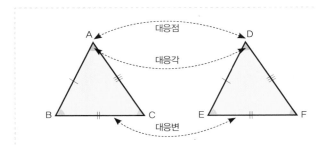

- 대응점 : 같은 위치에 있는 점
- 대응변 : 같은 위치에 있는 변, 길이는 같음
- 대응각 : 같은 위치에 있는 각, 크기는 같음

※ 각의 크기, 변의 길이 등을 직접 측정하지 않아도 대응변, 대응각의 길이와 크기가 같다는 사실을 '합동' 개념과 관련지어 추론해 낼 수 있게 함.

▶ 삼각형 A와 합동인 삼각형 B 그리기 : 삼각형 A를 구성하는 6개의 요소인 3개의 꼭짓점(=3개의 각 : 2개의 변이 만나는 꼭짓점에서 각이 만들어진다.), 3개의 변과 똑같이 그리는 일(단지 삼각형을 그리기 위한 최소한의 요소를 알아 가는 것이 아니라 삼각형 A의 6가지 요소 가운데 최소한 몇 가지 요소를 알아야 합동인 삼각형 B를 그릴 수 있는가라는 관점에서 지도한다.)

삼각형의 합동 조건
두 삼각형은 다음의 각 경우에 서로 협동이다.
① 대응하는 세 변의 길이가 각각 같을 때
② 대응하는 두 변의 길이가 각각 같고, 그 끼인각의 크기가 같을 때
③ 대응하는 한 변의 길이가 같고 그 양 끝 각의 크기가 각각 같을 때

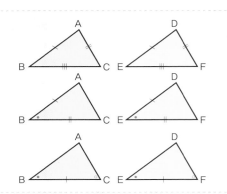

※ 앞의 세 가지 조건에 따라 실제로 하나씩 그려 가면서 이해하기(자, 각도기, 컴퍼스를 활용하여 그리기)

※ 잊지 말아야 할 중요한 개념 두 가지

⇨ 삼각형을 그리기 위해서는 3개의 꼭짓점이 먼저 정해져야 변을 그릴 수 있다는 사실

⇨ 삼각형의 세 변은 '길이가 가장 긴 변의 길이 > 나머지 두 변의 길이의 합' 관계에 있다는 사실

정리 ❯교과서 50~57쪽까지 실제 활동했다는 사실 확인 및 마무리 활동

 3~4차시 수업 소감

수업 초반에 합동인 두 삼각형을 제시하고 대응변, 대응점, 대응각에 대한 설명을 하였다. 이후에 합동인 삼각형을 그리기 위한 준비 작업을 하였다. 점이 2개가 있어야 선분 1개가 만들어진다는 것, 삼각형은 3개의 꼭짓점의 위치가 정해졌을 때 그려진다는 것, 삼각형에서 변 1개의 끝에는 꼭짓점 2개가 놓여 있다는 것, 가장 긴 변의 길이는 나머지 두 변의 길이의 합보다 작다는 점 등을 함께 알아보고 직접 증명도 해 보았다. 그런 뒤에 아래와 같은 전제를 바탕으로 합동인 삼각형을 그리기 위한 세 가지 방법 및 조건에 대하여 살펴보면서 실제 삼각형 그리기 활동을 먼저 하였다.

(선생님은 종이에 삼각형 그림 1장을 들고 있다. 여기에는 다음과 같은 조건이 적혀 있다.) 이 조건에 따라 여러분은 합동인 삼각형을 그려 보기 바랍니다.

첫 번째 삼각형은 세 변의 길이만 주어져 있습니다.(길이를 불러 주고 그려 보게 하였다.)

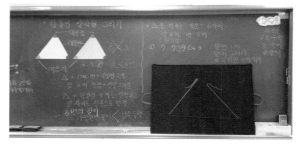

2015년 12월 도형의 합동과 대칭 3~4차시 도입 단계에서의 핵심 사항에 대한 칠판 판서(판서 내용에서 '대응변'은 노란색 종이에 흰색 분필로 선을 그은 것이기 때문에 보이지 않는 상황임)

두 번째 삼각형은 두 변의 길이와 그 사이에 끼인 각의 크기만 주어져 있습니다.(두 변의 길이와 그 사이에 끼인 각을 불러 주고 그려 보게 하였다.)

세 번째 삼각형은 한 변의 길이와 그 양 끝 각의 크기만 주어져 있습니다.(한 변의 길이와 양 끝 각의 크기만 불러 주고 그려 보게 하였다.)

교과서 속 마무리 질문에서 주어진 조건을 이용하여 직접 작도하기

12
합동과
대칭

소위 말해서 SSS합동, SAS합동, ASA합동을 순서대로 아이들과 함께 직접 작도해 보았다.(한 단계씩 천천히 함께 그려 나갔다. 나는 칠판에, 아이들은 공책에.) 작도 후에는 모둠원들끼리 투명 종이를 활용하여 합동인지 아닌지도 확인해 보도록 하였다. 아이들은 오늘 활동이 재미있기도 하고 나의 설명이나 안내가 귀에 쏙쏙 들어온다고 말하였다. 확인까지 끝난 후에 교과서를 열어서 어디까지 내용을 한 것인지 확인하고 나서 교과서 속에 있는 마무리 문제를 각자 해결해 보면서 2시간 블록 수업을 마무리하였다.

다음 시간에는 오늘 공부한 내용을 바탕으로 합동인 삼각형을 그리기 위한 최소한의 조건에 대하여 다양한 사례를 통해 이해의 폭과 깊이를 더해 보고자 한다. 주로 미션활동을 통한 모둠 토의 토론 활동이 진행될 것이다.

🍎 5~7차시 합동인 삼각형을 그리기 위한 최소한의 조건 이해하기

수업 흐름	교사의 발문
도입 전개 및 정리	❱ 합동인 삼각형을 그리기 위한 세 가지 방법 확인(한 가지 사례씩 작도하기) ❱ 합동인 삼각형을 그리기 위한 최소한의 조건 세 가지 확인하기 ❱ 미션활동 제시 및 모둠 토론(또는 모두 일어서서 나누기 활동) 　(1) 1개의 요소만 알면 그릴 수 있을까? 　(2) 2개의 요소만 알면 그릴 수 있을까? 　(3) 3개의 요소만 알면 그릴 수 있을까? ※ 삼각형 A와 똑같은 삼각형 B를 그리기 위해서 알아야 할 삼각형 A의 최소한의 요소는 세 가지 ⇨ 이와 관련된 미션 과제 해결

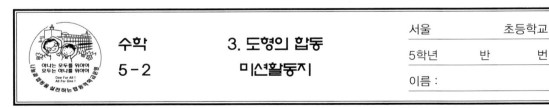

| 수학
5-2 | 3. 도형의 합동
미션활동지 | 서울　　　　　초등학교
5학년　　　반　　　번
이름 : |

1. 보기에 주어진 삼각형과 합동인 삼각형을 그릴 수 없는 것을 고르고 그 이유를 말해 보시오.

※보기

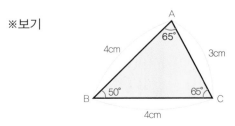

1)번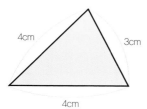

2)번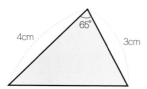

3)번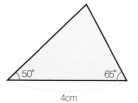

4)번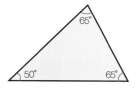

2. 다음 삼각형 중 서로 합동인 것끼리 짝 지어 보고, 이때 이용한 합동 조건을 말해 보시오.

1)번

2)번

3)번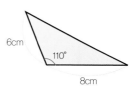

4)번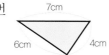

5)번

6)번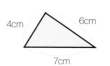

3. 두 개의 변의 길이와 끼인각이 아닌 다른 각의 크기를 알 때 정확히 합동인 삼각형을 그릴 수 있는가?

4. 아래 그림에 나타나 있는 조건만으로 두 삼각형은 서로 합동이라 말할 수 있는가?

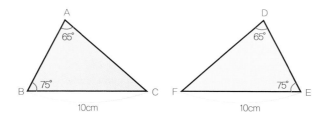

(뒷면에 계속)

12
합동과
대칭

5. 아래 보기에 있는 두 삼각형이 서로 합동일 때 아래 질문에 답하시오.

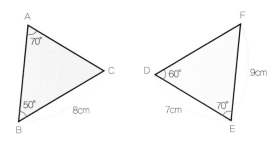

(1) 변 BC의 대응변을 써 보시오.

(2) 각 A의 대응각을 써 보시오.

6. 다음 중에서 보기와 합동인 삼각형을 찾아보시오.

1)번

2)번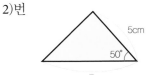

3)번

4)번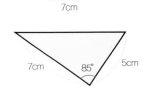

7. 아래 그림에서 두 개의 삼각형이 합동이 되기 위해 더 알아야 할(꼭 필요한) 조건을 보기에서 모두 찾아보시오.

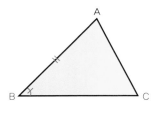 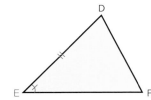

1) $\overline{BC} = \overline{EF}$ 2) $\overline{AC} = \overline{DF}$

3) $\overline{BC} = \overline{DE}$ 4) $\angle A = \angle D$

5~7차시 수업 소감

지난 시간에 그려 보았던 세 가지 사례에 대하여 한 번씩 그려 보는 활동으로 시간을 열었다. 이후에 합동인 삼각형을 그리기 위해 최소한 세 가지 요소가 필요하다는 것, 그리고 어떤 경우에는 세 가지 요소를 알아도 그릴 수 없는 경우가 있다면 그 이유는 무엇인지 알아보기 위해 모둠 미션 과제를 제시하는 방식으로 수업을 진행하였다. 사실 이런 식의 질문들은 중등 수준에 해당된다고 볼 수 있다. 그래도 아이들이 어떻게 사고하고 탐구하는지 알아보기 위해 의도적으로 과제를 만들어 제시해 보았다. 처음에는 무척 힘들어하는 눈치였다. 그래서 각 과제마다 그림을 그려 가면서 왜 그런 상황이라면 합동인 삼각형을 그릴 수 있는지 혹은 왜 그릴 수 없는지를 예를 들어 가면서 설명할 수 있도록 하자고 하였다.("주어진 상황에서 이런 경우가

된다면 합동인 삼각형을 그릴 수 없어요."라고 말할 수 있는 사례를 찾아보기) 그랬더니 서서히 과제를 해결하는 모둠이 늘어나기 시작하였다. 매번 과제마다 적절한 시간을 함께 탐구한 후에 무작위로 한 명을 지목하여 발표하면서 정확한 설명이 이루어질 수 있도록 수정해 나갔다.

어떤 과제의 경우 아이들이 이해를 힘들어할 때는(특히 ASS 또는 SSA 조건에서는 왜 합동인 삼각형을 그릴 수 없는지에 대하여 제일 이해하기 어려워하는 모습이었다.) 직접 작도 도구를 활용하여 그려 보게 한 뒤 각자 그린 삼각형이 합동이 되는지를 살펴보도록 하였다. 이를 통해 '이런 조건에서는 합동인 삼각형을 그리려고 해도 각자 다른 삼각형을 그릴 수밖에 없구나.' 하는 생각을 경험적으로 증명해 보는 시간도 가졌다. 그렇게 하니 세 시간이 충분히 지나갔다. 중등 과정이라 걱정은 했지만 약간 수준이 높았던 점은 있으니 전혀 할 수 없는 내용은 아니라는 생각이 들었다.(모든 과제를 정확히 이해하고 해결을 하여 모둠원들에게 예를 들어 설명해 주는 아이도 분명이 몇 명 있었다.) 나름은 의미 있는 시간이었다고 생각된다. 이 부분은 교사의 생각과 판단에 따라서 매우 큰 변화가 있을 수 있다고 사료된다.

2015년 12월 도형의 합동과 대칭 5~7차시 미션 과제 해결 사례 및 모둠 토론

🍎 8차시 대칭, 대칭이동, 대칭도형

수업 흐름	교사의 발문
도입	🔸 대칭이란 무엇인가?
전개	1. 사물들이 서로 동일한 모습으로 마주 보며 짝을 이루고 있는 상태
	2. 점, 선, 면 또는 이들로 이루어진 도형이 기준이 되는 점이나 직선 또는 평면을 사이에 두고 서로 같은 거리에 맞서는 일
	3. 대(對) : 짝을 이룬다는 의미
	4. 칭(稱) : 저울을 의미
	5. 양팔저울처럼 양쪽이 짝을 이루어 서로 똑같은 모습으로 균형을 이루어 평평하게 마주 보고 있는 모양
	6. 주변에서 대칭 사례(사물이나 도형 등, 거울 이용하기, 색종이 자르기, 데칼코마니 등)를 찾아보기
	🔸 대칭이동(합동이동)이란 무엇인가?
	주어진 도형을 모양이나 크기가 변하지 않게(합동이 되도록) 뒤집거나 회전시켜 이동시키는 활동(조작 활동) : 색종이 또는 거울 활용하기 ⇨ 특히 어떤 조작 활동이 이루어졌는지에 핵심을 두기(뒤집기, 180° 회전하기)
	🔸 대칭도형 : 대칭이동(조작 활동)의 결과로 만들어진 도형
정리	🔸 다음 시간에 선대칭도형, 점대칭도형에 대하여 공부하게 될 것이라는 예고를 하며 마무리

 8차시 수업 소감

오늘은 대칭, 대칭이동, 대칭도형의 의미에 대한 이해를 돕는 시간으로 40분을 다 보냈다. 특히 대칭이동 가운데 5학년에서는 뒤집기에 의한 이동(선

2015년 12월 도형의 합동과 대칭 8차시 칠판 판서

대칭도형), 회전에 의한 이동(점대칭도형 : 180° 회전만 다룸)만 공부하게 된다는 것. 이전 시간에 공부한 합동과 관련이 있다는 것(합동이동)을 중요하게 다루었다.

색종이를 접고 자르면서 좌우 대칭이 되도록 만들어 보기도 하였고 거울을 이용하여 사물을 비춰 보면서 크기, 모양이 같아지는 것을 눈으로 보면서 그 개념을 확실히 다져 나갔다. 오늘의 조작 활동을 바탕으로 다음 시간에 선대칭이동 및 선대칭도형을 중점적으로 다루어 보고자 한다.

아이들은 역시 무엇인가를 직접 만지고 자르고 움직이고 하면서 생각하고 고민하면서 배워 나간다는 것을 또 한 번 느끼게 된다.

🍎 9~10차시 선대칭이동과 선대칭도형

수업 흐름	교사의 발문

도입 📎 선대칭이동 체험하기

전개 1. 특정 모양으로 마분지 오리기(반쪽 하트나 삼각형, 원 등 : 모둠별로 네 종류의 도형 모양 1세트씩 미리 만들어 나누어 주기)

2. 대칭축이 되는 선 긋기

3. 대칭축이 되는 선의 왼쪽에 마분지를 대고 따라 도형 그리기

4. 대칭축을 중심으로 도형 뒤집기(선대칭이동)

5. 대칭축이 되는 선의 오른쪽에 마분지를 대고 따라 도형 그리기

6. 선대칭도형 확인하기(모양, 크기 : 합동) ⇨ 선대칭도형

📎 선대칭도형의 특징 이해하기

1. 대응점, 대응변, 대응각 알기

2. 대칭축과 대응점 사이의 관계 알기 : 두 대응점 사이를 2등분, 두 대응점 사이를 이은 선분과 대칭축이 만나 이루는 각은 90°

📎 선대칭도형 그리기 : 그리는 방법 이해하기

1. 대응점을 먼저 찍는다.

2. 대응점 사이를 선분으로 연결한다.

📎 선대칭도형 찾기 및 대칭축 그리기

1. 대칭축이 1개인 것

2. 대칭축이 2개 이상인 것

정리 📎 교과서 58~63쪽 해결하기

 9~10차시 수업 소감

오늘 수업은 지난 시간에 함께 알아본 대칭, 대칭이동, 대칭도형의 개념을 떠올리는 것으로 시작하였다. 그러고 나서 오늘은 선대칭이동, 선대칭도형에 대하여 공부하게 될 것이라는 수업 목표 제시를 이어 갔다.

처음에 검은색 두꺼운 도화지로 직각삼각형을 칠판에 붙인 후 대칭축을 중심으로 뒤집기 이동(선대칭이동)하는 모습을 직접 보여 주면서 "이것이 선대칭이동이란다. 그리고 선대칭이동하기 전의 모습은 이러했는데 대칭축을 중심으로 선대칭이동한 후의 모습은 이러하단다. 그래서 대칭축을 중심으로 양쪽에 있는 도형

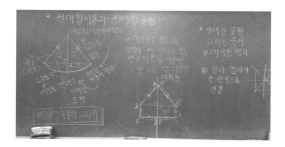

2015년 12월 도형의 합동과 대칭 9~10차시 칠판 판서

이 대칭을 이루기 때문에 우리는 이렇게 생긴 도형을 선대칭도형이라고 한단다."라고 설명해 주었다. 아이들은 대칭이동이라는 것을 이제 확실히 이해하였다. 그

12 합동과 대칭

선대칭이동을 통한 선대칭도형 그리기 활동

래서 미리 만들어 놓은 네 종류의 다양한 도형을 각 모둠에 나누어 주고 서로 1개씩 돌아가면서 선대칭이동을 하여 선대칭도형을 그려 보게 하였다. 직접 조작 활동하기 전에 "선대칭이동을 통한 선대칭도형을 그리기 위해 가장 먼저 할 일은 무엇일까요?"라고 질문을 던졌더니 몇 명의 아이가 동시에 "대칭축을 그리는 것입니다."라고 말해 주었다. 나머지 아이들도 '아하, 그렇구나!' 하는 반응을 보이며 고개를 끄덕이는가 하면 알겠다는 듯이 환한 미소를 지어 보였다.

각 모둠 아이들은 받아 간 다양한 모양의 도형을 나누어 갖고 돌아가면서 공책에 대고 본을 떠서 그려 가면서 선대칭이동을 통한 선대칭도형을 그리기 시작하였다. 다른 모둠원들은 서로 확인 작업도 이어 갔다.

모두 잘 그린 것을 확인한 후에 대응점, 대응변, 대응각, 대응점을 연결한 선분과 대칭축과의 관계도 함께 살펴보았다. 특히 대응점을 연결한 선분과 대칭축과의 관계에 있어서 "왜 대칭축은 두 대응점 사이를 2등분할까요?"라고 질문을 하였더니 바로 "합동이기 때문입니다. 대칭축을 중심으로 접었을 때 포개어지는 것이 선대칭도형인데 2등분되지 않으면 서로 합동이 아니라는 것입니다."라고 대답이 나왔다. 대칭이동은 곧 합동이동이라는 것을 이제 확실히 이해하고 있다는 생각이 들었다. 또한 "두 대응점 사이를 연결한 선분과 대칭축은 어떻게 만나는가?"라는 질문에 "수직합니다. 90°로 만납니다. 직각으로 만납니다."라는 같지만 서로 다른 용어를 사용한 답변이 흘러나왔다. 여기에 꼬리를 무는 나의 질문이 또 이어졌다. "왜 90°로 만난다고 생각하나요? 90°로 만나지 않으면 안 될까요?"라고 물었다. 그랬더

니 잠시 생각에 잠겼다가 한 아동이 "90°로 만나지 않으면 대칭축이 삐뚤어져 있다는 것과 같습니다. 그러면 삐뚤어진 대칭축을 중심으로 접었을 때 두 도형은 포개어지지 않게 됩니다. 그러면 합동이 아니라서 선대칭도형이라 할 수 없습니다."라고 말하였다. 어떻게 생각하느냐는 나의 질문에 나머지 아이들은 "맞는 말입니다."라고 답변하였다. 아주 정확한 답변이었다. 이제 선대칭도형은 완벽하게 이해를 한 것 같았다.

이후 남은 시간은 선대칭 도형을 그리기 위해서는 순서대로 ⑴ 대칭축 그리기, ⑵ 대응점 찍기, ⑶ 대응점 사이를 순서대로 선분으로 연결하기라는 것을 함께 정리한 뒤 교과서 58~63쪽까지 각자 해결 및 모둠별로 확인하라고 시간을 주었다. 대부분의 아이들은 쉽게 끝냈다. 그런데도 시간이 약 10분 정도 남았다. 그래서 각도기, 컴퍼스, 자를 꺼내 놓고 합동인 삼각형 그리기 활동을 복습하였다. 제법 아이들은 합동과 대칭이라는 단원을 재미있어한다. 자신들이 조금씩 개념을 알아 간다는 기쁨, 그리고 스스로 무엇인가 직접 그려 보는 일을 통해 새로운 것을 배워 알게 되었다는 기쁨이 함께 하고 있다는 생각이 들었다. 오늘 수업 시간이 끝날 즈음 한 명의 아이가 "우와, 이제 내일 수학 시간이면 모두 끝난다."라고 하자 다양한 반응이 쏟아졌다. "벌써 끝났어? 와, 좋다."의 반응이 섞였다. 끝나서 기분 좋다는 생각도 '지겨운 수학이 다 끝났다'는 느낌보다는 '무엇인가 배운 것들이 많아서 즐겁고 보람 있는 시간들이었다'는 느낌과 생각이길 바라는 마음 간절하다. 이런 마음이 나만의 사치스러운 욕심이 아니길 바라며 오늘 활동을 정리한다.

🍎 11~12차시 점대칭이동과 점대칭도형

수업 흐름	교사의 발문
도입	🔽 점대칭이동에 대한 이해 : 180° 회전에 대한 경험
전개	1. 교과서 65쪽 활동 2의 평행사변형, 69쪽 마무리 질문의 첫 번째 도형에 투명 종이를 대고 그린 후 회전이동시켜 보기 ⇨ 몇 도 회전했을 때 처음과 똑같은 모양이 되는지 알기(교사 : 칠판에 똑같은 모양으로 크게 만들어 함께 회전이동하며 확인)

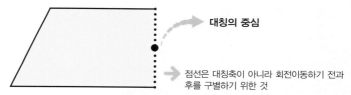

대칭의 중심

점선은 대칭축이 아니라 회전이동하기 전과 후를 구별하기 위한 것

🔽 점대칭도형에서 대칭의 중심, 대응변, 대응점, 대응각 이해하기

1. 위의 활동을 그대로 이용하여 안내하기
2. 대칭의 중심과 대응점 사이의 관계 알기 : 대칭의 중심은 대응점을 이은 선분을 반으로 똑같이 나눈다.

🔽 점대칭도형 그리기 : 그리는 방법 이해하기

1. 대응점을 먼저 찍는다.
2. 대응점 사이를 선분으로 연결한다.

🔽 대칭의 중심 찾기, 점대칭도형 찾기

1. 교과서 속의 다양한 도형을 활용하여 대칭의 중심 찾기를 이해(대응점끼리 대각선을 그었을 때 모든 대각선이 만나는 1개의 점)
2. 점대칭도형인지 아닌지 확인하기

정리	🔽 교과서 64~69쪽 해결하기

 11~12차시 수업 소감

오늘 블록 수업 시간이 1년 동안의 수학 수업의 마지막 시간이라는 말로 시작을 열었다. 그랬더니 어떤 아이들은 "벌써요?"라는 반응도 있었고 "와, 이제 드디어 끝났다." 하는 반응도 있었다. 나름대로의 느낌을 뒤로하고 지난 시간에 공부했던 선대칭이동 및 선대칭도형에 대한 핵심을 되짚어 보면서 오늘 공부할 내용과 연결 짓기를 시도하였다.

우선 선대칭이동과 점대칭이동이 무엇이 다른지에 대한 이해를 돕는 활동부터 펼쳐 나갔다. 선대칭도형은 대칭축을 중심으로 접었을 때(뒤집었을 때) 합동이 되는 도형, 점대칭도형은 대칭의 중심을 중심으로 회전시켰을 때 합동이 되는 도형이라는 것, 선대칭도형에서 대응점은 대칭축을 가운데 두고 서로 마주 보지만 점대칭도형은 대칭의 중심을 가운데 두고 서로 반대편에 위치한다는 것, 선대칭도형에서 2개의 대응점은 대칭축을 중심으로 접었을 때 서로 만나지만 점대칭도형에서

12
합동과
대칭

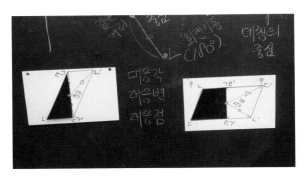

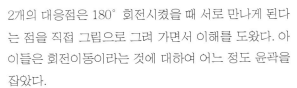

2015년 12월 도형의 합동과 대칭 11~12차시 칠판 판서

2개의 대응점은 180° 회전시켰을 때 서로 만나게 된다는 점을 직접 그림으로 그려 가면서 이해를 도왔다. 아이들은 회전이동이라는 것에 대하여 어느 정도 윤곽을 잡았다.

이어서 교과서에 나와 있는 도형 2개를 활용하여 직접 회전이동을 해 보이겠다는 생각을 가지고 칠판에 미리 만들어 놓은 자료들을 붙이고 돌려가며 아이들이 눈으로 직접 보고 관찰할 수 있도록 하였다. 이와 동시에 투명 종이를 활용하여 아이들도 직접 조작 활동(회전이동)을 통해 어떻게 점대칭도형이 만들어지는지를 경험해 나갔다. 2개의 도형을 직접 회전이동하고 그 결과로 알아낸 점대칭도형을 통해 대응점, 대응변, 대응각도 동시에 다루었다. 또한 대응점끼리 서로 선분으로 연결하다 보면 모든 선분이 만나는 곳에서 바로 대칭의 중심이 만들어진다는 것, 대칭의 중심은 두 대응점을 연결한 선분을 2등분한다는 점도 함께 알아냈다. 이렇게 하고 나니 아이들은 점대칭도형을 쉽게 이해하였다는 표정이었다. 지난 시간에 공부했던 선대칭도형과 공통점이 많았기 때문이라 여겨진다. 마지막으로 점대칭도형을 그리는 방법도 선대칭도형을 그리는 것과 똑같다는 것을 확인한 아이들은 스스로 교과서 문제를 풀고 모둠원들과 확인 작업에 들어갔다.

모든 모둠이 교과서 문제해결 및 확인까지 하고 나니 10분 정도 시간이 남았다. 그래서 맨 뒤에 있는 '공부를 잘했는지 알아보기'까지 해결하면서 교과서 진도를 모두 마무리한다고 안내하였다. 이렇게 1년 동안의 수학 수업은 잘 마무리되었다. 아이들도 시원하겠지만 나

또한 아주 속이 시원하다. 어떤 교과 수업보다 더 심혈을 기울였고 연구 시간도 많이 투자한 것이었기에 마지막 순간까지 철저하게 설계하고 준비하였고 유종의 미를 거두기 위해 최선을 다했다. 그 마침표를 오늘 찍고 나니 아주 기분이 좋았다. 수업을 마치면서 아이들에게 질문을 던졌다.

"올 1년 동안 선생님과 수학 공부를 하면서 수학이라는 과목에 대한 여러분의 생각은 4학년까지의 생각과 별다른 차이점이 없나요?"

80% 넘는 아이들이 많이 변했다고 손을 들었다. 그러면서 이렇게 말하였다.

"수학이 재미있어졌습니다. 지겨운 느낌이 많이 사라졌어요. 부담이 별로 없었습니다. 수학 실력이 많이 좋아졌습니다."

"어떤 점에서 수학 실력이 좋아졌다고 생각하니?"

"그냥 답을 구하는 것보다 왜 그런 답이 나왔는지를 생각하면서 공부를 하다 보니 더 많은 것을 알게 되었습니다. 4학년 때까지와는 정말로 다른 수학 시간이었습니다. 내년 6학년이 되어서도 이렇게 수학 공부를 하고 싶어요."라고 말하는 아이가 있었고 많은 아이들이 이에 공감하였다. 이와 더불어 이런 말도 이어졌다.

"선생님 설명을 듣고 혼자서 문제 풀고 답을 구하는 것보다 왜 그렇게 되는지, 어떻게 해야만 문제가 해결되는지, 어떤 과정을 거쳐야 그런 결과가 나오게 되는지를 스스로 생각하고 모둠원들과 함께 나누고 토론도 하고 미션활동도 하면서 협동적으로 공부를 하였기 때문에 더 좋았습니다."

올해 내가 진정으로 바랐던 것들이었다. 1년이 지나고 나니 협동학습의 위력이 더욱더 대단하게 여겨지면서 이것을 선택하기를 정말로 잘하였다는 생각이 다시 한 번 들었다. 어떤 아이는 쉬는 시간에 내게 다가와 "내년에도 선생님께서 6학년 우리들 수학을 가르쳐 주시면 안 되나요?"라고 하였다. 이런 말을 하는 아이에게 미안하기도 하였다. 나의 목표와 계획이 이미 서 있기 때문이었다. "

6학년이 되면 너희들 선생님께서 역시 잘 지도해 주실 것이다. 그러니 걱정하지 말거라." 이렇게 안심시키면서 돌아가는 아이 뒷모습을 바라보았다. '정말로 올한 해 수학 시간이 이 아이들에게는 의미 있는 시간들이었기에 이런 모습을 보이고 있는 것 아닐까?'라는 생각을 하며 내년 새로운 학년에서의 수학 수업을 위해 올 겨울방학에도 연구 활동을 잘 진행하여야겠다는 다짐과 각오를 다졌다.

교과서 문제해결하기 및 도움 주고받기, 모둠원들과 함께 확인하기

12
합동과
대칭

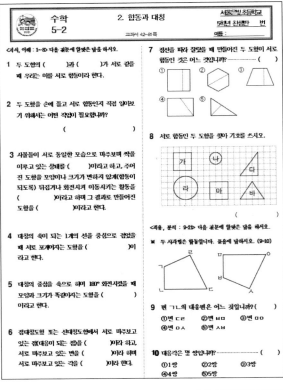

수학 5-2	2. 합동과 대칭	서울온빛초등학교
	교과서 42~61쪽	5학년 찬샘반 번 이름:

〈여시, 이해: 1~8〉 다음 물음에 알맞은 답을 하시오.

1 두 도형의 ( )과 ( )가 서로 같을 때 우리는 이를 서로 합동이라 한다.

2 두 도형을 손에 들고 서로 합동인지 직접 알아보기 위해서는 어떤 작업이 필요합니까?
( )

3 사물들이 서로 동일한 모습으로 마주보며 짝을 이루고 있는 상태를 ( )이라고 하고, 주어진 도형을 모양이나 크기가 변하지 않게(합동이 되도록) 뒤집거나 회전시켜 이동시키는 활동을 ( )이라고 하며 그 결과로 만들어진 도형을 ( )이라고 한다.

4 대칭의 축이 되는 1개의 선을 중심으로 접었을 때 서로 포개어지는 도형을 ( )이라고 한다.

5 대칭의 중심을 축으로 하며 180° 회전시켰을 때 모양과 크기가 똑같아지는 도형을 ( )이라고 한다.

6 점대칭도형 또는 선대칭도형에서 서로 마주보고 있는 짝(대응)이 되는 점을 ( )이라 하고, 서로 마주보고 있는 변을 ( )이라 하며 서로 마주보고 있는 각을 ( )이라 한다.

7 점선을 따라 잘랐을 때 만들어진 두 도형이 서로 합동인 것은 어느 것입니까? ( )
① ② ③ ④ ⑤

8 서로 합동인 두 도형을 찾아 기호를 쓰시오.
가 나 다 라 마 바
( )

〈적용, 분석: 9~21〉 다음 물음에 알맞은 답을 하시오.

※ 두 사각형은 합동입니다. 물음에 답하시오. (9~10)

9 변 ㄱㄴ의 대응변은 어느 것입니까? ( )
①변 ㄷㄹ ②변 ㅂㅁ ③변 ㅁㅁ ④변 ㅁㅅ ⑤변 ㅅㅂ

10 대응각은 몇 쌍입니까? ( )
①1쌍 ②2쌍 ③3쌍 ④4쌍 ⑤5쌍

11 삼각형 ㄱㄴㄷ과 삼각형 ㄹㅁㅂ은 서로 합동입니다. 삼각형 ㄱㄴㄷ이 이등변삼각형일 때 삼각형 ㄹㅁㅂ의 둘레는 몇 cm입니까?
( ) cm

※ 자와 컴퍼스, 각도기를 사용하여 아래 주어진 삼각형의 실제 길이와 각도에 맞게 합동인 삼각형을 그리시오. (아래 주어진 그림은 실제 크기가 아님) (12~13)

12

13

14 아래 주어진 두 도형을 합동이라고 말할 수 없는 이유는 무엇입니까?
이유(설명) :

15 오른쪽 삼각형과 합동인 삼각형은 그릴 수 없습니다. 그 이유를 설명하시오.
〈이유〉

16 선대칭도형이 아닌 것은 어느 것입니까? ( )
① ㄹ ② ㅅ ③ ㅇ ④ ㅈ ⑤ ㅍ

17 아래 주어진 선대칭도형에 각각 대칭축을 1개씩만 그려보시오.
① ② ③

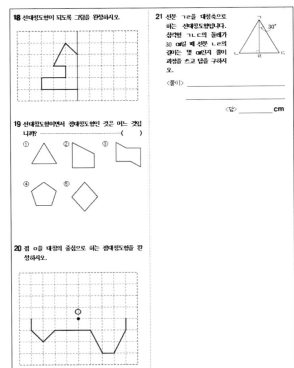

18 선대칭도형이 되도록 그림을 완성하시오.

19 선대칭도형이면서 점대칭도형인 것은 어느 것입니까? ( )
① ② ③ ④ ⑤

20 점 ㅇ을 대칭의 중심으로 하는 점대칭도형을 완성하시오.

21 선분 ㄱㄹ을 대칭축으로 하는 선대칭도형입니다. 삼각형 ㄱㄴㄷ의 둘레가 30 cm일 때 선분 ㄴㄷ의 길이는 몇 cm인지 풀이 과정을 쓰고 답을 구하시오.
〈풀이〉
〈답〉 _____ cm